左傳注疏

四部備要

經部

上海中華書局據阮刻本校刊

桐鄉 陸費逵 總勘

杭縣 高時顯 吳汝霖 輯校

杭縣 丁輔之 監造

附釋音春秋左傳注疏卷第三十 襄五年盡九年

杜氏注　孔穎達疏

經五年春公至自晉○夏鄭伯使公子發來聘發子產父○叔孫豹鄫世子巫如晉比魯大夫故書巫如晉○巫亡扶反○仲孫蔑衛孫林父會吳于善道魯衛俱受命於晉故不言及吳先在善道二大夫往會之故曰會吳善道地闕【疏】注魯衛至地闕○正義曰諸言及者皆魯君命之使與彼行故稱及彼此傳稱晉將為吳合諸侯使魯衛先會之魯衛俱受命於晉非是魯君命蔑使與林父會吳故不言及也下文戚之會序吳於列書公會晉侯云云吳人鄫人于戚此不序吳於林父之下而別云會吳者為吳人先在善道蔑與林父往彼會之故云會吳也十年會吳于柤成十五年會吳于鍾離皆是吳在彼地往彼會之故殊會吳也公羊以為外吳言春秋內其國而外諸夏內諸夏而外夷狄故殊會以外之左氏無此義杜不從公羊故皆云吳在彼也下戚會不殊吳者來會于戚故與諸國同序列也○秋大雩

○楚殺其大夫公子壬夫。書名罪其貪○公會晉侯宋公陳侯衛侯鄭伯曹伯莒子邾子滕子薛伯齊世子光吳人鄫人于戚穆叔使鄫人聽命。於會故鄫見經不復殊吳者吳來會于戚○見賢遍反復扶又反下同　公至自會無傳○冬戍陳諸侯在戚會皆受命戍陳各還國遣戍不復有告命故獨書魯戍【疏】注諸侯至魯戍○正義曰此戍陳及十年戍鄭虎牢傳二年城楚丘案傳皆諸國同行而經獨書魯者城楚丘傳云不書所會後也彼為魯人後期諸侯已散故作獨城之文此則於戚之會受命戍陳十年諸侯伐鄭於伐鄭受命戍鄭虎牢還國各自遣戍更無告命故獨書魯戍也○楚公子貞帥師伐陳公

會晉侯宋公衛侯鄭伯曹伯齊世子光救陳十有二月公至自救陳無傳○辛未

季孫行父卒

傳五年春公至自晉公在晉既聽屬鄫聞其見伐遂命臧紇出救故傳稱經公至以明之○王使王叔陳生愬戎于晉王叔周卿士也戎陵。虣周室故告愬。於盟主○愬悉路反虣白報反晉人執之士魴如京師言王叔之貳於。戎也王叔反有二心。於戎失奉使之義故晉執之○使所吏反○夏鄭子國來聘通嗣君也鄭僖公初即位○穆叔覲鄫大子于晉以成屬鄫覲見也前年請屬鄫故將鄫大子巫如晉以成之○覲直歷反見賢遍反疏注覲見至成之○正義曰覲見釋詁文也前年魯請屬鄫雖被晉許而鄫人未知故將巫至晉以成之書曰叔孫豹鄫大子巫如晉言比諸魯大夫也豹與巫俱受命於魯故經不書及比之魯大夫疏豹與至大夫○正義曰巫若。自受鄫命則豹當言及今巫來至魯魯侯命之命與豹同行與豹俱受魯命故經不言及比之魯大夫也魯大夫兩人同行皆不言及文十八年公子遂叔孫得臣如齊定六年季孫斯仲孫何忌如晉其類皆是也○吳子使壽越如晉壽越吳大夫辭不會于雞澤之故三年會雞澤吳不至今來謝之且請聽諸侯之好更請會○好呼報反晉人將爲之合諸侯使魯衛先會吳且告會期以其道遠故使魯衛先告期○將爲于僞反故孟獻子孫文子會吳于。善道二子皆受晉命而行○秋大雩旱也雩夏祭所以祈甘雨若旱則又脩其禮故雖秋雩非書過也然經與過雩同文是以傳每釋之曰旱也雩而獲雨故書雩而不書旱疏注雩夏至書旱○正義曰例稱龍見而雩是夏祭常禮所以祈甘雨也過時則書若值歲旱則又脩此雩禮而為祈禱故雖秋雩非書過也此是為旱而雩非常雩過時也但經書大雩則過雩旱雩無以相別故為旱而雩傳皆言旱以釋之釋例曰始夏而雩者為純陽用事防有。旱。災而祈之也至於四時之旱。又。因用此禮而求雨故亦曰雩經書雩而傳不以旱釋之者皆過雩也經書過雩則與旱雩不別故傳皆發之是解發傳言旱之意也雩為旱禱而不書旱者雩而獲雨故書雩而不書旱雩不得雨則書旱以明災成僖二十一年夏大旱是也雩而獲雨則書雩穀梁傳文也

〇楚人討陳叛故討治也曰由令尹子辛實侵欲焉乃殺之書曰楚殺其大夫公子壬夫貪也君子謂楚共王於是不刑陳之叛楚罪在子辛共王既不能素明法教陳叛之日又不能嚴斷威刑以謝小國而擁其罪人與兵致討加禮於陳而陳恨彌篤乃怨而歸罪子辛子辛之貪雖足以取死然共王用刑為失其節故言不刑〇共音恭斷丁亂反

疏注陳之至不刑〇正義曰釋例曰陳之叛楚罪在子辛共王既不能明法示教以肅大臣陳叛之日又不能嚴斷威刑以謝小國而擁其罪人以興兵致討暴師經年加禮於陳陳恨彌篤乃愠而歸罪子辛子辛之貪雖足以取死然共王用刑為失其節故君子論之以為不刑也加禮於陳者謂四年楚將伐陳聞喪乃止是也不刑者言不得用刑之道也

詩曰周道挺挺我心扃扃講事不令集人來定逸詩也挺挺正直也扃扃明察也講謀也言謀事不善當聚致賢人以定之〇挺挺他頂反扃扃工迥反徐孔穎反己則無信而殺人以逞不亦難乎共王伐宋封魚石背盟敗于鄢陵殺子反公子申及壬夫八年之中戮殺三卿欲以屬諸侯故君子以為不可〇背音佩

疏注共王至不可〇正義曰釋例以君子此言止為殺公子中與壬夫二人而已此注又兼言殺子反者傳言己則無信尤。共王也背盟而敗于鄢陵及殺子反皆是共王無信之事故追。言。之也殺此三卿。欲。令諸侯息怨還來屬己故言欲以屬諸侯以屬諸侯者僖十九年傳文也逞訓

解也共王殺此三人望解己意而諸侯不從意竟不解故云殺人以逞不亦難乎夏書曰成允成功亦逸書也允信也言信成然後有成功【疏】注亦逸至成功○正義曰此虞書大禹謨之文禹是夏王故傳稱夏書杜不見古文故稱逸書亦。亦前逸詩也彼舜謂禹能成聲教之信成治水之功爲二事此傳引之言共王無信故無成功杜順傳意言信成然後有成功爲一事也○九月丙午盟于戚會吳且命戍陳也公及其會而不書盟非公後會蓋不以盟告廟【疏】注公及至告廟○正義曰凡諸侯會而盟者皆先會而後盟非先盟而後會旣及其會知非後盟釋例曰盟于鄧盟於犖盟于戚公既在會而不書其盟者以埋推之會在盟前知非後盟也蓋公還告會而不告盟也穆叔以屬鄫爲不利使鄫大夫聽命于會鄫近魯竟故欲以爲屬國既而與莒有怨魯不能救恐致譴責故復乞還之傳言鄫人所以見於戚會○近附近之近下文陳近同竟音境譴棄戰反復扶又反見賢遍反○楚子囊爲令尹公子貞○囊乃郎反○范宣子曰我喪陳矣楚人討貳而立子囊必改行改子辛所行○喪息浪反行如字徐下孟反而疾討陳也疾急也陳近于楚民朝夕急能無往乎有陳非吾事也無之而後可言晉力不能及陳故七年陳侯逃歸○朝夕如字

冬諸侯戍陳備楚子囊伐陳十一月甲午會于城棣以救之公及救陳而不及會故不書城棣城棣鄭地陳留酸棗縣西南有棣城○棣力計反一音徒妹反【疏】注公及至棣城○正義曰桓十五年公會宋公衛侯陳侯于褎伐鄭既會而伐弁會書之計此亦當書會故解之公及救陳而不及其會故不書會○季文子卒大夫入斂公在位在阼階西鄉○斂力豔反鄉許亮反【疏】注在阼階西鄉○正義曰喪大記云大夫之喪將大斂既鋪絞紟衾衣君至主人迎先入門右巫止于門外君釋菜祝先入升堂君即位于序端士喪禮君若

有賜焉則視斂既布衣君至君升自阼階西鄉以君臨士喪西鄉知臨大夫之喪即位于序端者亦西鄉也鄭玄士冠禮注云阼猶酢也東階所以荅酢賓客也堂東西牆謂之序劉炫又引記云君既即位于序端卿大夫即位于堂廉楹西北面東上主人房外南面主婦尸西東面遷尸卒斂宰告主人降北面于堂下君撫之主人拜稽顙君降升主人馮之命主婦馮之士之喪將大斂君不在其餘禮猶大夫也

宰庀家器爲葬備 庀具也○庀匹婢反○

無衣帛之妾無食粟之馬無藏金玉無重器備 器備謂珍寶甲兵之物○衣於既反無食如字又音嗣重如字又直龍反

君子是以知季文子之忠於公室也相三君矣而無私積可不謂忠乎 ○相息亮反積子賜反

疏 相三君矣○正義曰季孫行父以文六年見經則爲卿久矣宣公之初襄仲執政宣八年仲遂卒後始文子得政故至今爲相三君也

經六年春王三月壬午杞伯姑容卒○夏宋華弱來奔 華椒孫 ○秋葬杞桓公 無傳 ○滕子來朝○莒人滅鄫○冬叔孫豹如邾○季孫宿如晉 行父之子 ○十有二月齊侯滅萊 書十二月從告

傳六年春杞桓公卒始赴以名同盟故也 杞入春秋未嘗書名桓公三與成同盟故赴以名

疏 注杞入至以名○正義曰杞入春秋以來唯僖二十三年杞成公卒用夷禮書杞子卒未嘗書杞君之名也世本杞桓公是成公之弟成公卒而桓公立至此七十一年唯成五年盟于蟲牢七年于馬陵九年于蒲魯杞俱在未嘗與襄同盟嫌其不合以名赴故傳發之釋例曰杞伯姑容未與襄同盟而事逮其父用同盟之禮蓋。斷

好之義也嫌於赴非所盟之君故傳曰始赴以名同盟故也

宋華弱與樂轡少相狎長相優又相謗也狎親習也優調戲也○少詩照反狎戶甲反長丁丈反調徒弔反【疏】注狎親至戲也○正義曰論語云雖狎必變曲禮云賢者狎而敬之狎是相褻慢相貫習之名也二十八年傳稱慶氏之徒觀優至於魚里是優為戲名也晉語有優施史記滑稽傳有優孟優旃皆善為優優遂以優著名是優為調戲也

子蕩怒以弓梏華弱于朝子蕩樂轡也張弓以貫其頸若械之在手故曰梏○梏古毒反貫古亂反【疏】注子蕩至曰梏○正義曰貫者穿也張弓以貫沓其頸穿於弓之中故曰貫其頸周禮掌囚有梏桎在手曰梏在足曰桎頸貫於弓若手在梏故云以弓梏也桎梏俱名為械釋名云械者戒也戒止人使不得遊行也

平公見之曰司武而梏於朝難以勝矣司武司馬言其懦弱不足以勝敵○懦乃亂反又乃臥反

遂逐之夏宋華弱來奔司城子罕曰同罪異罰非刑也專戮於朝罪孰大焉亦逐子蕩子蕩射子罕之門曰幾日而不我從言我射女門女亦當以不勝任見逐○射食亦反注同幾居豈反女音汝勝音升

子罕善之如初言子罕雖見辱不追忿所以得安【疏】司城至如初○正義曰子罕以華弱奔後而發此言蓋以告諸大夫非告君也亦逐子蕩一句亦是子罕之語說子蕩之罪言亦宜逐子蕩也子蕩恐即被逐故射子罕之門宋亦不復逐之子蕩作被逐之意故云幾日而不我從也宋人不復更逐故子罕善之如初不恨其射門也或當實逐子蕩故子蕩云幾日而不我從理亦通也○注言子至得安○正義曰服虔云言子罕不阿同族亦逐樂轡以正國法忠之至也及樂轡射其門畏從華弱之罰復善樂轡如初是為茹柔吐剛喪其志矣傳故舉之明春秋之義善惡俱見杜以春秋之世君弱臣強莫不蓋失掩罪以相忍為國向戌欲蓋華臣子罕不怨樂轡皆忍忿求安之事不足以為大尤知傳載此言是善其得安非尤其從惡故異於服

也○秋滕成公來朝始朝公也○莒人滅鄫鄫恃賂也鄫有貢賦之賂在魯恃之而慢莒故滅之○冬穆叔如邾聘且脩平平四年狐駘戰○晉人以鄫故來討曰何故亡鄫鄫屬魯特賂而慢莒魯不致力輔助無何以還晉尋便見滅故晉責魯季武子如晉見且聽命始代父為卿見大國且謝亡鄫聽命受罪○見賢遍反注同

疏注始代至受罪○正義曰昭二年晉韓宣子來聘傳曰告為政而來見也大國政卿尚來見小國知此傳言見者是始代父為政卿往見於大國也○

十一月齊侯滅萊萊恃謀也賂夙沙衛之謀也事在二年於鄭子國之來聘也四月晏弱城東陽而遂圍萊子國聘在五年二年晏弱城東陽至五年四月復託治城因遂圍萊○復扶又反甲寅堙之環城傅於堞堞女牆也堙土山也周城為土山及女牆○堙音因環戶關反又音患傅音附堞音牒一名俾倪亦謂之俾倪徐養涉反

疏注堞女至女牆○正義曰兵書攻城有為堙之法宣十五年公羊傳曰子反乘堙而窺宋城是堙為土山使高與城等而攻之也言環城是環遶其城知周。帀其城為土。山也

及杞桓公卒之月此年三月乙未王湫帥師及正輿子棠人軍齊師王湫故齊人成十八年奔萊正輿子萊大夫棠萊邑也北海卽墨縣有棠鄉三人帥別邑兵來解圍○湫子小反徐子鳥反齊師大敗之敗湫等丁未入萊萊共公浮柔奔棠正輿子王湫奔莒莒人殺之四月陳無宇獻萊宗器于襄宮無宇桓子陳完玄孫襄宮齊襄公廟○共音恭晏弱圍棠十一月丙辰而滅之遷萊于郳遷萊子于郳國○遷萊于郳五兮反本或作遷于郳萊衍字

疏遷萊于郳○正義曰郳卽小邾也二年傳曰滕薛小邾之不至皆齊故也小邾附屬於齊故滅萊國而遷其君於小邾使之寄居以

終身也高厚崔杼定其田定其疆界高厚高固子○疆居良反
經七年春郯子來朝○夏四月三卜郊不從乃免牲稱牲既卜日也卜郊又非禮也○郯音談疏夏四
月。至免牲○正義曰周禮大宰職云祀五帝前期十日帥執事而卜日然則將
祭十日之前預卜之蓋一旬一卜也傳稱啓蟄而郊建寅之月也此四月三卜
蓋三月二卜四月又一卜也春分之前猶是啓蟄節內於法仍可以郊據傳獻
子之言三卜在春分之後則初卜即。已大晚故三卜而涉於春分也人心欲其
吉不吉是不從不從則不郊故免牲而不殺也○注稱牲至禮也○正義曰僖
三十一年夏四月四卜郊不從乃免牲傳曰禮不卜常祀而卜其牲。日牛卜日
曰牲牲成而卜郊上怠慢此經與彼正同唯四卜三卜爲異耳彼言其非則此
亦非也牛已稱牲是既卜日矣牲既成矣而又卜郊與僖同譏故云又非禮也
○小邾子來朝○城費南遺假事難而城之○費音祕難乃旦反疏注南遺至城之○正義曰此傳唯說南遺請城之由不言時與
不時則知南遺假託言有事難而請城之○秋季孫宿如衛○八月螽無傳爲災故書○冬十月衛侯使孫
林父來聘壬戌及孫林父盟楚公子貞帥師圍陳○十有二月公會晉侯宋公
陳侯衛侯曹伯莒子邾子于鄬謀救陳陳侯逃歸不成救故不書救也鄬鄭地○鄬于軌反字林凡吹反疏注謀救至鄭地
○正義曰楚既圍陳而陳侯亦列於會者當是圍之不密故陳侯得出會求
救也陳侯逃歸陳遂屬楚諸侯不與楚戰各自罷歸不成爲救故不書救也鄭
伯髡頑如會未見諸侯丙戌卒于鄵實爲子駟所弑以瘧疾赴故不書弑稱名爲書卒同盟故也如會會。於鄬也未見諸
侯未至會所而死鄵鄭地不欲再稱鄭伯故約文。上其名於會上○鄵七報反又采南反字林千消反弑音試下同爲書于僞反上其時掌反疏注實爲至

會上○正義曰魯之隱閔實被弒而書薨諱而不言弒則亦不以被弒赴諸侯此鄭伯實爲子駟所弒而以瘧疾赴於諸侯亦如隱閔之類諱而不言弒故魯史不得書弒也穀梁傳曰禮諸侯不生名此其生名何也卒之名也卒之名則何爲加之如會之上見以如會卒也是言書名爲書卒而稱之也三年盟于雞澤五年盟于戚鄫鄭俱在同盟故赴以名法當書名故進名於上其名本爲下卒非是生名之也如會者會諸侯於鄬欲往赴其會也公羊傳曰未見諸侯其言如會何致其意也原其意本欲往會故書之也未見諸侯言其未至會所而死非至會而不見也書卒于鄵者赴以所卒之地故書之

陳侯逃歸畏楚逃晉而歸

傳七年春郯子來朝始朝公也○夏四月三卜郊不從乃免牲孟獻子曰吾乃今而後知有卜筮夫郊祀后稷以祈農事也郊祀后稷以配天后稷周始祖能播殖者

疏注郊祀至殖者○正義曰言后稷周之始祖能播殖者辨知后稷是何人不爲能播殖故祀以祈農事自謂郊天以祈農耳案孝經云孝莫大於嚴父嚴父莫大於配天則周公其人也昔者周公郊祀后稷以配天宗祀文王於明堂以配上帝止云配天而祀之不言祈農也郊特牲說郊天之義曰萬物本乎天人本乎祖此所以配上帝也郊之祭也大報本反始也宣三年公羊傳曰郊則曷爲必祭稷王者必以其祖配王者則曷爲必以其祖配自內出者無匹不行自外至者無主不止何休云天道闇昧故推人道以接之不以文王配者重本尊始之義也據此諸文則郊祭天者爲物本於天故祭天以報本神必須配故推祖以配天止報生成之恩非求。未來之福此傳專言郊祀。社稷主爲祈農事者斯有旨矣祭祀者爲報已往非求將來之福也但祭爲明神神所享神以將來致福將來而獲多福乃由祭以得之禮器稱君子曰祭祀不祈祭者意雖不祈其實福以祭降以祭獲福卽祈之義也宗廟之祭緣生事死盡其孝順之心非求耕稼之利少牢饋食者大夫之祭禮也其祭之末尸嘏主人使女受福于天宜稼于田彼豈爲田而祭哉神以宜田福之耳郊天之義亦由是也神以人爲主人以穀爲命人以精意事天天以宜稼祐人以此謂之祈農本意非祈農也詩噫嘻序曰春夏祈穀于上帝禮孟春之月月令曰是月也天子乃以元日祈穀于上帝即是郊天之祭也其下即云乃擇元辰天子親載耒耜躬耕帝籍。是郊而後耕也獻子此言正與禮合孝經。止言尊嚴其父祖述孝子之志本意不說郊天之祭無由得有祈穀之言何休膏肓執彼難此追而想之亦可以歎息也

是故啓蟄而郊郊而後耕今既耕而卜郊宜其不從也啓蟄夏正建寅之月耕謂春分○蟄直立反夏戸雅反

【疏】注啓蟄至春分○正義曰釋例曰曆法正月節立春啓蟄爲中氣二月節雨。水春分爲中氣是啓蟄爲夏正建寅之月中氣也月令祈穀之後即擇日而耕初耕亦在正月傳言既耕而卜郊宜其不從是此卜之時已涉春分之節日時過不復可郊故言耕謂春分指釋獻子言耕是春分之節不謂春分始可耕也釋例又曰僖公襄公夏四月卜郊但譏其非所宜卜不譏其四月不可郊也孟獻子曰啓蟄而郊郊而後耕耕謂春分也言得啓蟄即當卜郊不得過春分也是言此卜在春分之後故獻子譏之據傳獻子此言郊天之禮必用周之三月而雜記云孟獻子曰正月日至可以有事於上帝七月日至可以有事於祖七月而禘獻子爲之也此與禮記俱稱獻子二文不同必有一謬禮記後人所錄左傳當得其眞若七月而禘獻子爲之則當獻子之時應有七月禘者烝嘗過則書禘過亦宜書何以獻子之時不書七月禘也足知禮記之言非獻子矣

○南遺爲費宰費季氏邑叔仲昭伯爲隧正隧正主役徒昭伯叔仲惠伯之孫○隧音遂

【疏】注隧正至役徒○正義曰九年注云隧正官名五縣爲隧則隧正當周禮之遂人也掌諸遂之政令徒役出諸遂之民故爲主。役。徒者

欲善季氏而求媚於南遺謂遺請城費使遺請城吾多與而役故季氏城費傳言祿去公室季氏所以強○小邾穆公來朝亦

始朝公也亦鄭子也○秋季武子如衛報子叔之聘且辭緩報非貳也子叔聘在元年言國家多難故不時報○難乃旦反○冬十月晉韓獻子告老公族穆子有廢疾穆子韓厥長子成十八年為公族大夫○十長丁丈反下師長同將立之代厥為卿辭曰詩曰豈不夙夜謂行多露詩言雖欲早夜而行懼多露之濡己義取非禮不可妄行疏詩曰至多露○正義曰詩國風召南行露之首章也言人行者豈不欲早夜而行乎謂早夜而行則多露濡己義取非禮不可以妄行穆子引之言非其才不可以妄居官位又曰弗躬弗親庶民弗信詩小雅。言譏在位者不躬親政事則庶民不。奉信其命言己有疾不能躬親政事疏弗躬至弗信○正義曰此詩小雅節南山之篇詩注云言王之政不躬而親之則恩澤不信於衆民矣無忌不才讓其可乎請立起也無忌穆子名起無忌弟宣子也與田蘇游而曰好仁田蘇晉賢人蘇言起好仁○好呼報反注及下同詩曰靖共爾位好是正直神之聽之介爾景福靖安也。介。助也。景。大也詩小雅言君子當思不出其位求正直之人與之並立如是則神明順之致大福也○共音恭下注同介音界下及注同疏注介助也景大也○正義曰定本介景皆為大也恤民為德靖共其位。所以恤民疏注靖共至恤民○正義曰天生烝民立君以牧之君不獨治為臣以佐之君之與臣皆為恤民而設之也能安靖共敬在其職位是其所以憂民也正直為正正己心正曲為直正人曲參和為仁德正直三者備乃為仁○參七南反或音三如是則神聽之介福降之立之不亦可乎言起有此三德故可立疏詩曰至可乎○正義曰詩小雅小明之篇言人能安靖共敬以居爾之職位愛好正直之人與之共處於朝則神明聽順之當助女以大福也既引詩文又述其意能憂念下民是為德也正直己心是為正也能以己正正人之曲是爲直也此德也正也直也。三者和備是爲仁也人能如是則神明聽順之大福降與之田蘇是知人者也田蘇言起好仁起必備有此行立之不亦可乎庚戌使宣子朝遂老韓厥致仕晉侯謂韓無忌仁使掌公族大夫爲之師長疏注爲之師長○正義曰無忌先爲公族大夫今言使掌是與諸公族大夫爲師長也○衛孫文子來聘且拜武子之言緩報非貳之言而尋孫桓子之盟盟在成三年公登亦登禮登階臣後君一等○後胡豆反下文不後寡君同疏注禮登至一等○正義曰聘禮公迎賓。于大門內及廟門公揖入立。于中庭納賓賓。入三揖至。于階三讓公升二等鄭玄云先賓升二等亦欲君行一臣行。二言君先升二等然後臣始升一等是禮登階臣當後君一等叔孫穆子相趨進曰諸侯之會寡君未嘗後衛君敵體並登○相息亮反下駟相同嘗後如字徐胡豆反今吾子不後寡君寡君未知所過吾子其少安安徐也孫子無辭亦無悛容悛改也○悛七全反穆叔曰孫子必亡爲臣而君過而不悛亡之本也詩曰退食自公委。蛇。委。蛇。委蛇順貌詩召南言人臣自公門入私門無不順禮○委於危反蛇以支反下同召上照反謂從者也。從順也。衡而委蛇必折衡橫也橫不順道必毀折爲十四年林父逐君起本疏詩曰至必折○正義曰詩國風召南羔羊之篇言大夫賢者退朝而食從公門入私門委蛇委蛇然委蛇順從之貌詩之此意。謂順者也今孫子爲臣而君自處是橫不順道以橫道而爲委蛇其人必將毀折不得終其職位○楚子囊圍陳會于鄬以救之晉會諸侯○鄭僖公之爲大子也於成之十六年魯成公○疏注魯成公○正義曰杜必言魯成公者欲明非鄭成公也知非者以鄭成公成七年卽位至襄二年卒唯十四年無十六年故也與子罕適晉不禮焉又與子豐適楚亦不禮焉子豐穆公子及其元年朝于晉鄭僖元年魯襄三年子豐欲愬諸晉而廢之子罕止之及將會于鄬子駟相又不禮焉侍者諫不聽又諫殺之及鄬子駟使賊夜弒僖公而以瘧疾赴于諸侯傳言經所以不書弒簡公生五年奉而立之僖公子○陳人患楚楚圍陳故慶虎慶寅謂楚人曰吾使公子黃往而執之二慶陳執政大夫公子黃哀公弟疏使公子黃往○正義曰於時楚師圍陳使公子黃往入楚軍也楚人從之○爲執黃爲于僞反二慶使告陳侯于會鄬會之曰楚人執公子黃矣君若不來羣臣不忍社稷宗廟懼有二圖背君屬楚○背音佩陳侯逃歸鄬會所以不書救

經八年春王正月公如晉○夏葬鄭僖公無傳○鄭人侵蔡獲蔡公子燮。鄭子國稱人刺其無故侵蔡以生國患燮蔡莊公子○燮息協反疏注鄭子至公子○正義曰此決舍之入陳鄭有宿怨此時與蔡無怨晉復無命使侵無故興師以生國患以其勳而無謀故貶之釋例曰陳蔡楚之與國鄭欲求親於晉故伐而入之晉士莊伯詰其侵小且問陳之罪子產荅以東門之役故免於譏及其侵蔡既無晉令又無直辭君死主少興師以求媚於晉不能以德懷親以直報怨故二大夫異於子產也陳之見伐本以助晉晉不逆勞而以法詰之得盟主。遠理故仲尼曰晉爲伯鄭入陳非文辭不爲功善之也○季孫宿會晉侯鄭伯齊人宋人衛人邾人于邢。丘時公在晉晉悼難勞諸侯唯使大夫聽命故季孫在會而公先歸○邢徐音刑難乃旦反疏注時公至先歸○正義曰公以正月如晉此會之下始云公至

則晉侯適會公乃歸魯季孫蓋從公朝晉即從晉赴會故季孫在會而公先歸○公至自晉無傳○莒人伐我東鄙○秋

九月大雩○冬楚公子貞帥師伐鄭○晉侯使士匄來聘

傳八年春公如晉朝且聽朝聘之數晉悼復修霸業故朝而稟其多少○復扶又反霸本亦作伯音霸又如字疏注晉悼至多少○正義曰昭三年鄭子大叔云文襄之霸也令諸侯三歲而聘五歲而朝自襄以後晉德少衰諸侯朝聘無復定準今晉悼復脩霸業更合諸侯故公朝晉而稟其多少如公朝者蓋亦非一晉侯謙不敢在國約束故出外合之又難煩諸侯使大夫聽命。政爲邢丘之會以。命朝聘之數數之多少傳亦無文據子太叔之言不說悼公之法而遠陳文襄之令則悼公此命還同文襄耳非復別制法也○○鄭羣公子以僖公之死也謀子駟子駟先之夏四月庚辰辟殺子狐子熙子侯子丁辟罪也加罪以戮之○先悉薦反又如字辟婢亦反注同熙許其反徐音怡○疏注辟罪至戮之○正義曰辟罪釋詁文也不直言殺而云辟殺明是加誣以罪而殺之子駟知其謀己不以罪殺恐動衆心故加誣以罪言其罪自當死非爲己討所以自解說也孫擊孫惡出奔衛二孫子狐之子疏注二孫子狐之子○正義曰賈逵云然未必有文可據相傳爲此說也○庚寅鄭子國子耳侵蔡獲蔡司馬公子燮鄭侵蔡欲以求媚於晉子耳子良之子不言敗唯以獲告疏注鄭侵至獲告○正義曰於時鄭無蔡怨又無晉令鄭自發心侵蔡知欲求媚於晉也獲其將必與之戰戰敗乃獲之不言敗者唯以獲告不告敗也鄭人皆喜唯子產不順子產子國子不順衆而喜曰小國無文德而有武功禍莫大焉楚人來討能勿從乎從之晉師必至晉楚伐鄭自今鄭國不四五年弗得

寧矣子國怒之曰爾何知國有大命而有正卿童子言焉將爲戮矣大命起師行軍之命

○五月甲辰會于邢丘以命朝聘之數使諸侯之大夫聽命季孫宿齊高厚宋向戌衛甯殖邾大夫會之晉難重煩諸侯故使大夫聽命鄭伯獻捷于會故親聽命獻蔡捷也大夫不書尊晉侯也晉悼復文襄之業制朝聘之節儉而有禮德義可尊故退諸侯大夫以崇之[疏]注晉悼至崇之○正義曰禮卿不會公侯會則貶之稱人自是常例而云尊晉侯者此有鄭伯在會自與晉侯相敵諸卿不敵晉侯無罪不合貶也但欲尊晉侯無辭以見之故貶大夫以尊之大夫非有罪也文二年晉宋陳鄭四國之卿伐秦皆貶稱人尊秦謂之崇德其意與此同也諸侯之卿皆貶而獨不貶季孫宿者文元年公孫敖會晉侯于戚注云禮卿不會公侯而春秋魯大夫皆不貶者體例已舉故據用魯史成文是其義也言儉而有禮德義可尊者難煩諸侯使大夫聽命。亦是有禮之事也○莒人伐我東鄙以疆鄫田莒既滅鄫魯侵其西界故伐魯東鄙以正其封疆○疆居良反注同○秋九月大雩旱也

○冬楚子囊伐鄭討其侵蔡也子駟子國子耳欲從楚子孔子蟜子展欲待晉待晉來救子孔穆公子子蟜子游子子展子罕子○蟜居表反子駟曰周詩有之曰俟河之清人壽幾何逸詩也言人壽促而河清遲喻晉之不可待○壽音授或如字注同幾居豈反兆云詢多職競作羅兆卜詢謀也職主也言既卜且謀多則競作羅網之難無成功○難乃旦反[疏]兆云詢多○正義曰杜云兆卜詢謀也既卜且謀多如杜此言則云是語辭謀之多族民之多違族家也事滋無成滋益也民急矣姑從楚以紓吾民晉師至吾又從之敬共幣帛以

待來者小國之道也犧牲玉帛待於二竟二竟晉楚界上○紓音舒共音恭竟音境注同以待彊者而庇民焉寇不爲害民不罷病不亦可乎子展曰小所以事大信也小國無信兵亂日至亡無日矣五會之信謂三年會雞澤五年會戚又會城棣七年會鄬八年會邢丘○庇必利反又音祕下同罷音皮【疏】注謂三至邢丘○正義曰鄬之會鄭伯未至而卒亦數之者鄭伯雖身死耳其會與鄭同謀故數之今將背之雖楚救我將安用之言失信得楚不足貴○背音佩至卷末皆同親我無成晉親鄭鄙我是欲楚欲以鄭爲鄙邑而反欲與成不可從也言子駟不可從不如待晉晉君方明四軍無闕八卿和睦必不棄鄭四軍謂上中下新軍也軍有二卿【疏】八卿和睦○正義曰八卿者據九年傳荀罃將中軍士匄佐之荀偃將上軍韓起佐之欒黶將下軍士魴佐之趙武將新軍魏絳佐之楚師遼遠糧食將盡必將速歸何患焉舍之聞之舍之子展名杖莫如信完守以老楚杖信以待晉不亦可乎子駟曰詩云謀夫孔多是用不集詩小雅孔甚也集就也言人欲爲政是非相亂而不成○杖直亮反下同守手又反或如字下守官弁注同發言盈庭誰敢執其咎言謀者多若有不善無適受其咎○咎其九反下同適丁歷反下同如匪行邁謀是用不得于道匪彼也行邁謀謀於路人也不得于道衆無適從【疏】詩云至于道○正義曰詩小雅小旻之三章也言謀事之夫甚多是非相奪無可適從爲是之故其事用此益不成也發言訩訩而盈滿於庭無能決當是非事若不成誰敢執其咎責者如彼道上行人每得人即與之謀意無所從爲是之故用此不得于正道也○注匪彼至適從○正義曰鄭玄以匪爲非如非行邁之謀言止而不行坐圖

遠近也杜以如者如似他物故以匪為彼言如彼行人逢值路問其所從也鄭以行為道邁為行言道上行人杜亦當然。岐請從楚騑也受

其咎騑子駟名○騑芳非反乃及楚平使王子伯駢告于晉伯駢鄭大夫○駢扶賢反又扶經反曰君命敝

邑脩而車賦儆而師徒以討亂略蔡人不從敝邑之人不敢寧處悉索敝賦。索。盡

也○儆居領反索悉各反注同一音所百反以討于蔡獲司馬燮獻于邢丘今楚來討曰女何故稱

兵于蔡稱舉也○女音汝焚我郊保郭外曰郊保守也馮陵我城郭馮迫也○馮皮冰反注同敝邑之衆夫

婦男女不遑。啓處以相救也遑暇也啓跪也○跪其委反【疏】注遑暇也啓跪也○正義曰皆釋言文也舍人曰閑暇無事也

李巡曰啓小跪也翦焉傾覆無所控告翦盡也控引也○覆芳服反控苦貢反民死亡者非其父兄即其

子弟夫人愁痛夫人猶人人也○夫音扶注同不知所庇民知窮困而受盟于楚孤也與其二

三臣不能禁止孤鄭伯不敢不告知武子使行人子員對之曰君有楚命見討之命亦

不使一介。行李告于寡君一介獨使也行李行人也○介古賀反注同獨使所吏反而即安于楚君之所欲

也誰敢違君寡君將帥諸侯以見于城下唯君圖之為明年晉伐鄭傳見賢遍反或如字○晉范

宣子來聘且拜公之辱謝公此春朝告將用師于鄭公享之宣子賦摽有梅摽有梅詩召南

摽落也梅盛極則落詩人以興女色盛則有衰衆士求之宜及其時宣子欲魯及時共討鄭取其汲汲相赴○摽徐扶妙反又扶表反興許膺反季武

子曰誰敢哉言誰敢不從命今譬。於草。木寡君在君君之臭味也言同類○譬本亦作辟音譬後放此歡以承命何時之有遲速無時武子賦角弓角弓詩小雅取其兄弟。婚姻無相遠也賓將出武子賦彤弓彤弓天子賜有功諸侯之詩欲使晉君繼文之業復受彤弓於王○彤徒冬反復扶又反宣子曰城濮之役在僖二十八年○濮音卜我先君文公獻功于衡雍受彤弓于襄王以爲子孫藏。藏之以示子孫○雍於用反藏如字徐才浪反匄也先君守官之嗣也敢不承命言己嗣其父祖爲先君守官不敢廢命欲匡晉君君子以爲知禮彤弓之義義在晉君故范匄受之所謂知禮

疏注彤弓至知禮○正義曰文四年甯俞來聘爲賦彤弓甯俞不敢當此賦彤弓而宣子受之故解其意彼以彤弓當甯俞故甯俞不敢受此賦彤弓其義在於晉君非當范匄故范匄受之而爲知禮也

經九年春宋災天火曰災來告故書

疏注天火至故書○正義曰得告則書史之常例於此須言告者公羊傳曰外災不書此何以書爲王者之後記災也曷爲或言災或言火大者曰災小者曰火然則內何以不言火內不言火者甚之也公羊此言不可通於左氏故杜明爲此注以異之

○夏季孫宿如晉○五月辛酉夫人姜氏薨成公母○秋八月癸未葬我小君穆姜無傳四月而葬速○冬公會晉侯宋公衛侯曹伯莒子邾子滕子薛伯杞伯小邾子齊世子光伐鄭十有二月己亥同盟于戲。伐鄭而書同盟則鄭受盟可知傳言十有。二月己亥以長曆推之十二月無己亥經誤戲鄭地○戲許宜反

疏注伐鄭至鄭地○正義曰成十七年夏公會尹子云云伐鄭六月乙酉同盟于柯陵於時鄭實不服諸侯自同盟耳鄭不

與盟也此注云伐鄭而書同盟則鄭受盟可知者此盟鄭與傳文分明不是準約同盟之文始知鄭與盟也杜言此解經於盟不書鄭伯之意耳經若重序諸侯必當鄭伯在列但經已前目諸侯不復重序鄭伯不見故特解之以其伐鄭而書同盟則鄭與盟可知同盟之文足以包鄭故不復見鄭伯耳非謂因伐而同盟者所伐之國必與也柯陵之盟鄭實不服諸侯自相與盟非同鄭也文同事異不可執彼以難此十一年諸侯伐鄭同盟于亳城北其文與此同矣此經書十二月己亥同盟于戲傳言十一月己亥同盟于戲經傳不同必有一誤而傳於戲盟之下更言十二月癸亥門其三門己亥在癸亥之前二十四日。杜以長曆推之十一月庚寅朔十日得己亥十二月己未朔五日得癸亥故長曆參校上下己亥在十一月十日又十二月五日有癸亥則其月不得有己亥經書十二月誤也此誤者唯以一字誤為二非書經誤也

楚子伐鄭

傳九年春宋災樂喜為司城以為政樂喜子罕也為政卿知將有火災素戒為備火之政【疏】注樂喜至之政〇正義曰文七年及成十五年二傳言宋六卿之次皆云右師左師司馬司徒司城司寇其右師最貴故華元曰我其右師君臣之訓師所司也然則宋國之法當右師為政卿今言司城為政卿者蓋宋以華閱是華元之子以元有大功使閱繼其父耳子罕賢知故特使為政齊。任管夷吾魯任叔孫婼皆位卑而執國政此亦當然也此傳言以為政者以為救火之政耳但從此以後歷檢傳文鄭人。討賊宋人獻玉。抶築臺之謳削向戌之賞皆是政卿之任故言為政卿也下晉侯云宋災於是乎知有天道是宋人自知天道當有火災故子罕素相戒勑為備火之政也自伯氏司里以下巷伯儆宮以上皆是子罕素戒之也其享祀之事是。政卿命之非子。罕也使伯氏司里伯氏宋大夫司里里宰【疏】注伯氏至里宰〇正義曰釋言。氏里邑也李巡云里居之邑也是里為邑居之名也周禮五鄰為里以五鄰必同居故以里為名里長謂之宰周禮里宰。每里下士一人謂六遂之內二十五家之長也此言司里謂司城。內。之民若今城內

之坊巠也里必有長不知其官之。名周禮有里宰故以宰言之非是郊外之民二十五家之長也使伯氏司此城內諸里之長令各率里內之民表火道以來

皆使此伯氏率里民爲之火所未至徹小居塗大屋太屋難徹就塗之陳畚挶。具綆缶。畚。簣籠挶土轝綆汲索缶

汲器○畚音本草器也挶九錄反綆古杏反汲水索缶方九反汲汲水瓦器簣其位反籠力東反轝音預汲音急索悉各反疏注畚簣至汲器○正義曰說文

云畚蒲器所以盛糧也宣二年注云畚以草索爲之其器可以盛糧又可以盛土也論語稱爲山用簣是簣爲盛土之器故以畚爲簣籠也說文云挶戟持也

戟持者執持此轝其臂如戟形故也其字從手謂以手持物也與畚共文畚是盛土之器則挶是轝土之物也綆者汲水之索儀禮謂之繘方言云自關而東

周洛韓魏之間謂之綆關西謂之繘釋器云盎謂之缶說文云缶瓦器所盛酒漿亦謂之罌罌可以汲水故云汲器也易井卦亦謂取井水爲汲也以備

水器盆。鑑之屬○鑑戶暫反疏注盆鑑之屬○正義曰周禮凌人春始治。鑑鄭玄云鑑如甀大口以盛。冰則鑑是盛水之器知備水器者備盆鑑之

屬量輕重計人力所任○任音壬蓄。水潦積土塗巡丈。城繕守備巡行也。丈度也繕治也行度守備之處恐因災

有亂○蓄本又作畜勑六反潦音老守手又反注守備同巡行下孟反下同度待洛反下同處昌慮反疏巡丈城○正義曰十尺爲丈巡行其城以丈度

之故云丈城表火道火起則從其所趣標表之○摽必遙反使華臣具。正徒華臣華元子爲司徒正徒役徒也司徒之所主也

疏注華臣至主也○正義曰周禮大司徒掌徒庶之政令小司徒凡用衆庶則掌其政教凡國之大事致民是司徒掌役徒也言具正徒司里所使。遂正所

納皆是臨時調民而役之若今之夫役也司徒所具正徒者常共官役若今之正丁也令隧正納郊保奔火所隧正官名也五縣爲

隧納聚郊野保守之民使隨火所起往救之○隧音遂疏注隧正至救之○正義曰此隧正當。天子之遂大夫故遂大夫職云各掌其遂之正令遂人職

云五家爲鄰五鄰爲里四里爲酇五酇爲鄙五鄙爲縣五縣爲遂鄭司農云王國百里內爲六鄉外爲六遂鄭玄云郊內比閭族黨州鄉郊外鄰里酇鄙縣遂異其名者示相變耳尚書費誓云魯人三郊三遂然則諸侯之有鄉遂亦以郊內郊外別之也郊內屬鄉者近於國都司徒自率之以入城矣郊外屬遂者是郊野保守之民不可全離所守司徒令遂正量其多少納之於國隨火所起而奔往救之華臣直言具正徒不言其事者以是郊內之民共救火百役卽上畜水潦積土塗之類非唯救火而已若郊保之民既遠故使隨火所起奔往救之直救火而已

使華閱討右官官庀其司亦華元子代元爲右師討治也乇具也使具其官屬○閱音悅庀芳婢反注同向戌討左亦如之向戌左師使樂遄庀刑器亦如之樂遄司寇刑器刑書○遄市專反【疏】注樂遄至刑書○正義曰此人掌具刑器知其爲司寇也恐其爲火所焚當是國之所重必非刑器爲刑書也哀三年魯人救火云出禮書御書書不名器此言刑器必載於器物鄭鑄刑書而叔向責之晉鑄刑鼎而仲尼譏之彼鑄之於鼎以示下民故譏其使民知之此言刑器必不在鼎當書於器物官府自掌之不知其在何器也或書之於版號此版爲刑器耳

使皇鄭命校正出馬工正出車備甲兵庀武守皇鄭皇父充石之後校正主馬工正主車使各備其官○鄭音云本亦作員音同校戶教反注同出馬如字徐尺遂反下同守手又反下同【疏】注皇鄭至其官○正義曰服虔云皇鄭皇父充石之後十世宗卿爲人之子大司馬椒也車馬甲兵司馬之職使皇鄭掌此事皇鄭必是司馬也校正主馬於周禮爲校人是司馬之屬官也周禮司馬之屬無主車之官巾車車僕職皆掌車乃爲宗伯之屬昭四年傳云夫子爲司馬與工正書服是諸侯之官司馬之屬有工正主車也國有火災恐致姦寇故使司馬命此二官出車馬備甲兵以防非常也傳言庀武守者甲兵器械藏於府庫若今武庫使具其守守此武庫也此事輕於車馬故後言之

使西鉏吾庀府守鉏吾大宰也府六官之典○鉏吾音魚【疏】注鉏吾至之典

○正義曰鉏吾大宰傳無其文賈逵云然相傳說耳不知其本何所出也周禮大宰之職掌建邦之六典以佐王治邦國一曰治典二曰教典三曰禮典四曰政典五曰刑典六曰事典六官之典謂此也杜以府爲六官之典當謂六官之典其事載之於書故使具其守劉炫以爲府守謂府庫守藏今知不然者以百司府藏已屬左右二師上華閱討右官官庀其司向戌討左亦如之則是府庫之物二師摠令羣官所主案哀三年魯遭火災出禮書御書藏象魏皆以典籍爲重明此府守是六官之典若以爲府庫財物便是不重六典唯貴財物劉以爲府庫而規杜非也

令司宮巷伯儆宮司宮奄臣巷伯寺人皆掌宮內之事○儆音景【疏】注司宮至之事○正義曰昭五年傳楚子欲以羊舌肸爲司宮欲加宮刑以此知司宮奄臣謂奄人爲臣主司宮內周禮無司宮巷伯之官唯有內小臣奄上士四人掌王后之命正其服位鄭玄云奄稱士者異其賢也奄人之官此最爲長則司宮當天子之內小臣也周禮又云寺人主之正內五人鄭玄云正內路寢也釋宮云宮中巷謂之壼孫炎曰巷舍閒道也王肅云今後宮稱永巷是巷者宮內道名伯長也是宮內門巷之長也周禮內小臣其次即有寺人故知巷伯是寺人也又以詩篇名巷伯經云寺人孟子作爲此詩故知巷伯寺人一也鄭以巷伯爲內小臣既無明文各以意說

二師令四鄉正敬享二師左右師也鄉正鄉大夫享祀也【疏】注二師至祀也○正義曰周禮大司徒云五家爲比五比爲閭四閭爲族五族爲黨五黨爲州五州爲鄉鄉大夫每鄉卿一人天子六鄉即以卿爲之長此傳云二師命四鄉正則別立鄉正非卿典之但其所職掌當天子之鄉大夫耳周禮鄉大夫各掌其鄉之政教正月之吉受教法于司徒退而頒之于其鄉則鄉正當屬司徒此傳言二師命之者上文右師討右左師討左則宋國之法二師分掌其方左右各掌其二鄉并言其事故云二師命四鄉正也費誓云魯人三郊三遂則魯立三鄉此云命四鄉正則宋立四鄉也周禮鄉爲一軍大國三軍宋是大國不過三軍而有四鄉者當時所立非正法也於是宋置六鄉況四鄉乎周禮祭人鬼曰享故享爲祀也止令敬享不知所享何神周禮大祝國有天

災彌祀社稷禱祠鄭玄云天災疫癘水旱也彌猶徧也徧祀社稷及諸所禱又大司徒以荒政十有二聚萬民其十有一曰索鬼神鄭衆云索鬼神求廢祀而脩之雲漢之詩所謂靡神不舉靡愛斯牲者也彼凶荒之年水旱之災尚索鬼神而祭之此遇天火爲災亦當偏祀羣神其所合祭皆應祭之也蓋火起始命之祭耳

祝宗用馬于四墉祀盤庚于西門之外祝大祝宗宗人墉城也用馬祭于四城以禳火盤庚殷王宋之遠祖城積陰之氣故祀之凡天災有幣無牲用馬祀盤庚皆非禮○墉本又作庸音同盤字亦作般步干反禳如羊反

疏注祝大至非禮○正義曰周禮大祝掌六祝之辭以事鬼神祇祈福祥小宗伯掌建國之神位特牲少牢士大夫之祭祀也皆宗人掌其事然則諸是祭神言辭大祝掌之禮儀宗人掌之故所有祭祀皆祝宗同行此事別命祝宗使奉此祭非鄉正所爲也文承二師命下亦是二師命之不復言命者亦從上省文也用馬者以馬爲牲祭於四面之城以禳火也禳卻也卻火使滅也盤庚湯之九世孫殷之第十九王也自盤庚至紂又十二王而殷滅盤庚弟小乙是宋微子之八世祖也盤庚之爲殷王無大功德而祀盤庚者當時之意不知何故特祀之也祀盤庚不別言牲明其祀亦用馬也城以積土爲之土積則爲陰積積陰之氣或能制火故祭城以禳火禮亦無此法也莊二十五年傳例曰凡天災有幣無牲用馬祀盤庚皆非禮言用馬祭城祭盤庚皆非禮也此備火災所使羣官急者在前緩者在後故先伯氏司里次華臣具正徒次到隧正納郊保然後二師撼庀羣官先右後左尊卑之次也以刑器車馬甲兵典法國之所重故特命三官庀具其物先外官備具救火然後及內故次司宮巷伯人事既畢乃祭享鬼神故次敬享祀盤庚之事也

晉侯問於士弱弱士渥濁之子莊子○渥於角反曰吾聞之宋災於是乎知有天道何故問宋何故自知天道將災對曰古之火正或食於心或食於咮以出內火是故咮爲鶉火心爲大火謂火正之官配食於火星建辰之月鶉火星昬在南方則令民放火建戌

之月大火星伏在日下夜不得見則令民內火禁放火○咮竹又反徐丁遘反出如字徐尺遂反內如字徐音納鶉音純見如字又賢遍反

疏注謂火至放火○正義曰昭二十九年傳五行之官有木正火正金正水正土正立此五官各掌其職封爲上公祀爲貴神謂能其事者後世祀之火正之官居職有功祀火星之時以此火正之神配食也五行之官每歲五時祀之謂之五祀月令云其神句芒祝融后土蓐收玄冥配五帝而食其神矣而火正又配食於火星者以其於火有功祭火星又祭之后稷得配天又配稷火正何故不得配帝又配星也有天下者祭百神天子祭天之時因祭四方之星諸侯祭其分野之星其祭火星皆以正配食也火正配火星而食有此傳文其金木水土之正不知配何神而食經典散亡不可知也周禮司爟掌行火之政令季春出火民咸從之季秋內火民亦如之鄭玄云火所以用陶冶民隨國而爲之鄭司農云以三月本時昏心星見於辰上使民出火九月本黃昏心星伏在戌上使民內火故春秋傳曰以出內火周禮所言皆據夏正故杜以周禮之意解其心咮爲火之由建辰之月即月令季春之月日在胃昏七星中南方七星有井鬼柳星張翼軫七者共爲朱鳥之宿星即七星也咮謂柳也春秋緯文耀鉤云咮謂鳥陽七星爲頸宋均注云陽猶首也柳謂之咮咮鳥首也七星爲朱鳥頸也咮與頸共在於午者鳥之正宿口屈在頸七星與咮體相接連故也鶉火星昏而在南方於此之時令民放火咮星爲火之候故於十二次咮爲鶉火也建戌之月即月令季秋之月日在房東方七宿角亢氐房心尾箕七者共爲蒼龍之宿釋天云大辰房心尾也大火謂之大辰孫炎曰龍星明者以爲時候大火心也在中最明故時候主焉以是故此傳心爲大火九月日體在房房心相近與日俱出俱沒伏在日下不得出見故令民內火禁放火也火宮合配其人蓋多不知誰食於心誰食於咮也此傳鶉火大火共爲出火之候周禮之注不言咮者以咮非內火之候故唯指大火以解出內之文故其言不及咮也

陶唐氏之火正閼伯居商丘陶唐堯有天下號閼伯高辛氏之子傳曰遷閼伯於商丘主辰辰大火也今爲宋星然則商丘在宋地○閼於葛反

疏

注陶唐至宋地○正義曰史記五帝本紀云帝堯爲陶唐氏是堯有天下以陶唐爲代號也氏猶家也古言高辛氏陶唐氏猶言周家夏家也閼伯高辛氏之子還閼伯于商丘主辰皆昭元年傳文也爾雅以大火爲大辰是辰爲大火也昭十七年傳云宋大辰之虛是大火爲宋星也閼伯已居商丘○祀大火今大火爲宋星則知宋亦居商丘以此明之故云然則商丘在宋地也釋例云宋商商丘三名一地梁國睢陽縣也傳曰陶唐氏之火正閼伯居商丘祀大火又曰宋大辰之虛也然則商丘在宋或以爲漳水之南故殷虛爲商丘非也是由商丘所在不明故釋例與此注俱以閼伯明之

祀大火而火紀時焉謂出內火時相土因之故商主大火相土契孫商之祖也始代閼伯之後居商丘祀大火○相息亮反注同契息列反

疏正

祀大火至大火○正義曰祀大火者閼伯祀此大火之星居商丘而祀火星也相土因之復主大火是商丘之地屬大火也然則在地之土各有上天之分周禮保章氏以星土辯九州之地所封封域皆有分星鄭玄云星土星所主土也封猶界也大界則曰九州州中諸國之封域於星亦有分焉其書亡矣今其存可言者十二次之分也星紀吳越也玄枵齊也娵訾衞也降婁魯也大梁趙也實沈晉也鶉首秦也鶉火周也鶉尾楚也壽星鄭也大火宋也析木燕也是言地屬於天各有其分之事也鄭唯云其存可言不知存者本是誰說其見於傳記者則此云商主大火昭元年傳云參爲晉星二十八年傳云龍宋鄭之星則蒼龍之方有宋鄭之分也又曰以害鳥帑周楚惡之則朱鳥之方有周楚之分也昭七年四月日食傳稱魯衞惡之去衞地如魯地則春分之日在魯衞之分也又十年傳曰今茲歲在顓頊之虛姜氏任氏實守其地則於時歲星在齊薛之分也又三十二年傳曰越得歲而吳伐之凶則於時歲星在吳越之分也晉語云實沈之虛晉人是居周語云歲在鶉火我有周之分野是有分野之言也天有十二次地有九州以此九州當彼十二次周禮雖云皆有分星不知其分誰分之也何必所分能當天地星紀在於東北吳越實在東南魯衞東方諸侯遙屬戌亥之次又三家分晉方始有趙而韓魏無分趙獨有之漢書地理志分

郡國以配諸次其地分或多或少鶉首極多鶉火甚狹徒以相傳爲說其源不可得而聞之於其分野或有妖祥而爲占者多得其効蓋古之聖哲有以度知非後人所能測也○注相土至大火○正義曰殷本紀契生昭明昭明生相土相土是契孫也本紀云帝舜封契於商鄭玄云商國在大華之陽皇甫謐云今上洛商縣是也如鄭玄意契居上洛之商至相土而遷於宋之商及湯有天下遠取契所封商以爲一代大號服虔云相土居商丘故湯以爲天子號王肅書序注云契孫相土居商丘故湯以爲國號案詩述后稷云即有邰家室述契云天命玄鳥降而生商即稷封邰而契封商也若契之居商即是商丘則契已居之不得云相土因閼伯也若別有商地則湯之爲商不是因相土矣且經傳言商未有稱商丘者。釋例云宋之先契佐唐虞封於商武王封微子啓爲宋公都商丘是同鄭玄說也傳言商主大火商謂宋也宋主大火耳成湯不主火也宋是商後謂宋爲。昭商昭八年傳曰自根牟至于商衛是名宋爲商之驗釋例曰商宋一地謂此商也相土商之祖者是湯之祖亦宋之祖也堯封閼伯於商丘比及相土應歷數世故云代閼伯之後居商丘祀大火也商人閱其禍敗之釁必始於火是以曰知其有天道也閱猶數也商人數所更歷恆多火災宋是殷商之後故知天道之災必火○釁許靳反數所主反下同更音庚【疏】商人至道也○正義曰閱猶數也釁謂間隙也商人謂殷商之人爲王之時數其禍敗之釁隙必始於火言其政教有失將欲致禍既開禍敗之釁必有火災應之也今宋是商後亦如商世欲有禍敗必初始於火是以言曰知其有天道也然殷商不居商丘必有火者以商是相土子孫相土居商丘祀火之故故火之爲災連及殷商之世也傳唯言此而已亦不知爾時宋有何失而致此災公曰可必乎對曰在道國亂無象不可知也言國無道則災變亦殊故不可必知【疏】公曰至知也○正義曰公曰此事可必乎伯有慾失必致火乎對曰在其君之所行道耳若時政小失天未棄之或下災異冀其覺悟或可常有火災也若國家昏亂無復常象不可知也象謂妖祥有所象似以戒人也國若無道災變亦殊既無所象故不可必知也○夏季武子如晉報宣子之聘也宣子聘在八年○穆姜薨於東宮太子宮也穆姜淫僑如欲廢成公故徙居東宮事在成十六年始往而筮之遇艮之八䷳艮下艮上周禮大卜掌三易然則雜用連山歸藏周易二易皆以七八爲占故言遇艮之八○艮古根反

疏注艮下至之八○正義曰周禮大卜掌三易之法一曰連山二曰歸藏三曰周易鄭玄云易者揲蓍變易之數可占者也名曰連山似山之出內雲氣也歸藏者萬物莫不歸而藏於其中也洪範言卜筮之法三人占則從二人之言孔安國云夏殷周卜筮各異三法並卜從二人之言是言筮用三易之事也大卜周官而職掌三易然則周世之卜雜用連山歸藏周易也周易之爻唯有九六此筮乃言遇艮之八二易皆以七八爲占故此筮遇八謂艮之第二爻不變者是八也揲蓍求爻繫辭有法其揲所得有七八九六說者謂七爲少陽八爲少陰其爻不變也九爲老陽六爲老陰其爻皆變也周易以變爲占占九六之爻傳之諸筮皆是占變爻也其連山歸藏以不變爲占占七八之爻二易並亡不知實然以否世有歸藏易者僞妄之書非殷易也假令二易俱占七八亦不知此筮爲用連山爲用歸藏所云遇艮之八不知意何所道以爲先代之易其言亦無所據賈鄭先儒相傳云耳先儒爲此意者此言遇艮之八下文穆姜云是於周易晉語公子重耳筮得貞屯悔豫皆八其下司空季子云是在周易並於遇八之下別言周易知此遇八非周易也

史曰是謂艮之隨䷐震下兌上隨史疑古易遇八爲不利故更以周易占變爻得隨卦而論之

疏注震下至論之○正義曰震爲雷兌爲澤象曰澤中有雷隨鄭玄云震動也兌說也內動之以德外說之以言則天下之民慕其行而隨從之故謂之隨也史疑古易遇八者爲不利故更以周易占變變其爻乃得隨卦而論之所以說姜意也

隨其出也史謂隨非閉固之卦君必速出姜曰亡。亡猶無也○亡如字讀者或音無是於周易曰隨元亨利貞无咎。易筮皆以變者占遇一爻變義

異則論象故姜亦以象爲占也史據周易故指言周易以折之〇亨許庚反下同彖吐亂反折之設反疏注易筮至折之〇正義曰易筮皆以變者爲占

傳之諸筮皆是也若一爻獨變則得指論此爻遇一爻變以上或二爻三爻皆變則每爻義異不知所從則當總論象辭故姜亦以象爲占此元亨利貞无咎

是隨卦之彖辭也史言是謂艮之隨者據周易而言故姜亦指言周易以折之也周易卦下之辭謂之爲彖彖者統論一卦之體明其所由之主遺象云元亨

利貞无咎者元長也長亦大也亨通也貞正也隨卦震下兌上以剛下柔動而適說故物皆隨之而不能大通於事逆於時也相隨而不爲利正共適邪淫則

災之道也必有此元亨利貞四德乃得无咎過耳無此四德則不免於咎元體之長也亨嘉之會也利義之和也貞

事之幹也體仁足以長人嘉德足以合禮利物足以和義貞固足以幹事然故。

不可誣也是以雖隨无咎言不誣四德乃遇隨无咎明無四德者則爲淫而相隨非吉事〇長丁丈反下同嘉德易作嘉會疏

注言不至吉事〇正義曰不誣四德者四德實有於身不可誣罔以無爲有也如是乃遇隨卦可得身无咎耳明其無此四德而遇隨卦者乃是淫而相隨非

是善事故得隨必有咎也穆姜自以身無四德遇隨爲惡其意謂隨爲惡卦故云雖隨无咎今我婦人而與於亂固在下位

婦人卑於丈夫〇與音預而有不仁不可謂元不靖國家不可謂亨作而害身不可謂利弃

位而姣姣淫之別名〇姣戶交反注同徐又如字服氏同嵇叔夜音效疏注姣淫之別名〇正義曰服虔讀姣爲放效之效言效小人爲淫淫自出

於心非效人也今時俗語謂淫爲姣故以姣爲淫之別名不可謂貞有四德者隨而無咎我皆無之豈隨也

哉我則取惡能無咎乎必死於此弗得出矣傳言穆姜辯而不德疏元體至出矣〇正義曰自幹事以上與周

易文言正同彼云元者善之長此云體之長彼云嘉會足以合禮此云嘉德唯二字異耳其意亦不異也元者始也長也物得其始爲衆善之長於人則。謂首爲元元是體之長以善爲體知亦善之長也亨通也嘉善也物無不通則爲衆善之會故通者善之會也物得裁成乃名爲義義理和協乃得其利故利者義之和也貞正也物得其正乃成幹用故正者事之幹也體仁以仁爲體也君子體是仁人堪得與人爲長體仁足以長人也身有美德勤與禮合嘉德足以合禮也以己利物義事和協利物足以和義也正而牢固事得幹濟貞固足以幹事也此四德者在身必然固不可誣罔也是以雖得隨卦而得其身无咎今我婦人也而與於僑如之亂婦人卑於男子固在下位而有不仁之行不可謂之元也不安靖國家欲除去季孟不可謂之亨也作爲亂事而自害其身使放於東宮不可謂之利也棄夫人之德位而與僑如淫姣不可謂之貞也自此元亨利貞四德乃得隨而无咎四德我皆無之豈當隨卦也哉我則自取此惡其身能无咎乎必死於此宮不能出矣

○秦景公使士雅。乞師于楚將以伐晉楚子許之子囊曰不可當今吾不能與晉爭晉君類能而使之隨所能○雅苦田反舉不失選得所選○選息戀反注同官不易方方猶宜也其卿讓於善讓勝己者其大夫不失守各任其職其士競於教奉上命其庶人力於農穡種曰農收曰穡【疏】注種曰農收曰穡○正義曰農是力田之名詩毛傳云種之曰稼斂之曰穡稼者言如嫁女之有所生也穡愛也言愛惜而收斂之也此文穡無所對故以農爲種名其實農是營田之名種曰稼也○商工皁隸不知遷業四民不雜【疏】注四民不雜○正義曰齊語四民者士農工商此傳言其士競於教是說士也庶人力於農穡是說農也士農已訖唯有工商在耳故以皁隸賤官足成其句杜言四民不雜通上士庶爲四非以皁隸工商爲四也○韓厥老矣知罃稟焉以爲政代將中軍范匄少於中行偃而上之

使佐中軍使匄佐中軍偃將上軍○少詩照反下同中行戶郎反韓起少於欒黶而欒黶士魴上之使佐上軍黶魴讓起起佐上軍黶將下軍魴佐之○黶於斬反魏絳多功以趙武為賢而為之佐武新軍將將子匠反君明臣忠上讓下競尊官相讓勞職力競當是時也晉不可敵事之而後可君其圖之王曰吾既許之矣雖不及晉必將出師秋楚子師于武城以為秦援秦人侵晉晉饑弗能報也為十年晉伐秦傳○饑音飢又音幾○冬十月諸侯伐鄭鄭從楚也庚午季武子齊崔杼宋皇鄖從荀罃士匄門于鄟門鄭城門也三國從中軍○鄟音專本亦作專衛北宮括曹人邾人從荀偃韓起門于師之梁師之梁亦鄭城門三國從上軍滕人薛人從欒黶士魴門于北門二國從下軍○杞人郳人從趙武魏絳斬行栗二國從新軍行栗表道樹○行栗如字行道也疏斬行栗○正義曰行道也謂之行栗必是道上之栗周語云列樹以表道知此行栗是表道之樹甲戌師于氾眾軍還聚氾鄭地東氾○氾音凡令於諸侯曰脩器備兵器戰備盛餱糧餱乾食○盛音成餱音侯歸老幼示將久師居疾于虎牢諸侯已取鄭虎牢故使諸軍疾病息其中肆眚圍鄭肆緩也眚過也不書圍鄭逆服不成圍○眚生領反徐所幸反疏注肆緩至成圍○正義曰肆訓為緩從罪人謂放赦之也將求民力開恩赦罪赦諸侯之軍內犯法者服虔以為放鄭因案傳未與鄭戰無因可放設使有因可放鄭人以戰而獲非有所犯不得謂之肆眚也不書圍鄭者此肆眚圍鄭是號令之辭耳鄭人聞而逆服不成圍故也鄭人恐乃行成與晉成也○恐丘勇反○中行獻子曰遂圍之以

待楚人之救也而與之戰不然無成獻子荀偃也恐楚救鄭鄭復屬之○復扶又反知武子曰許之盟

而還師以敝楚人敝罷也○罷音皮○吾三分四軍分四軍爲三部疏注分四軍爲三部○正義曰賈逵以爲三分四軍爲

十二部鄭衆以爲分四軍爲三部杜以分爲十二則一部人少不足亢敵故從鄭說分四軍爲三部晉各一動而楚三來欲罷楚使不能也與諸侯

之銳以逆來者來者楚也於我未病楚不能矣晉各一動而楚三來故曰不能猶愈於戰勝聚戰暴骨

以逞不可以爭言爭當以謀不可以暴骨○暴蒲卜反注同徐扶沃反爭爭鬭之爭注同又如字大勞未艾君子勞心

小人勞力先王之制也艾息也言當從勞心之勞○艾魚廢反又五蓋反注同○諸侯皆不欲戰乃許鄭成

十一月己亥同盟于戲鄭服也鄭服故言同。盟將盟鄭六卿公子騑子駟。公子發子國公子

嘉子孔公孫輒子耳公孫蠆子蟜○蠆勑邁反公孫舍之子展及其大夫門子皆從鄭伯門子卿之

適子○從才用反適丁歷反疏注門子。卿。之適子○正義曰周禮小宗伯掌三族之別以辯親疏其正室皆謂之門子鄭玄云正室適子也將代父當門

者也是卿之適子爲門子也晉士莊子爲載書莊子士弱載書盟書曰自今日既盟之後鄭國而不唯

晉命是聽而或有異志者有如此盟如違盟之罰公子騑趨進曰天禍鄭國使介居

二大國之間介猶閒也○介音界注同猶閒音問廁之閒又如字大國不加德音而亂以要之謂以兵亂之。力強要

鄭○要一遙反注強要下要人要盟皆同強其丈反使其鬼神不獲歆其禋祀其民人不獲享其土利夫

婦辛苦墊隘無所厎。告墊隘猶委頓。厎至也○歆許今反墊丁念反隘於懈反厎音旨自今日既盟之後鄭國
而不唯有禮與彊可以庇民者是從而敢有異志者亦如之亦如此盟庇必利反○荀偃
曰改載書子駟亦以所言載於策故欲改之公孫舍之曰昭大神要言焉要誓以告神若可改也大
國亦可叛也知武子謂獻子曰我實不德。而要人以盟豈禮也哉。非禮何以主
盟姑盟而退脩德息師而來終必獲鄭何必今日我之不德民將棄我豈唯鄭
若能休和遠人將至何恃於鄭乃盟而還遂兩用載書○休許虯反○晉人不得志於鄭以
諸侯復伐之十二月癸亥門其三門三門鄟門師之梁北門也癸亥月五日晉果三分其軍各攻一門○復扶又反閏
月戊寅濟于陰阪侵鄭以長曆參校上下此年不得有閏月戊寅戊寅是十二月二十日疑閏月當爲門五日五字上與門合爲閏則
後學者自然轉日爲月晉人三番四軍更。攻鄭門門各五日晉各一攻鄭三受敵欲以苦之癸亥去戊寅十六日以癸亥始攻攻輒五日凡十五日鄭故不服
而去明日戊寅濟于陰阪復侵鄭外邑陰阪。洧津○閏月依注讀爲門五日阪音反又扶板反番芳元反更音庚復扶又反洧于軌反【疏】注以長至洧津
○正義曰杜以長曆推之此年無閏故知此閏字當爲門五又月當爲日也晉人分四軍爲三番以二番爲待楚之備一番以攻鄭之門一番一門以癸亥初
攻。每門五日積十五日欲以苦鄭而來楚也楚不敢來鄭猶不服至明日戊寅濟于陰阪復侵鄭外邑而後歸也鄭都洧水之旁故知陰阪洧津也衛氏難云
案昭二十年朔旦冬至其年云閏月戊辰殺宣姜又二十。二年云閏月取前城並不應有閏而傳稱閏是史之錯失不必皆在應閏之限杜豈得云此年不得

有閏而改爲門五日也若然閏月殺宣姜閏月取前城皆爲門五日乎秦氏釋云以傳云三分四軍又云十二月癸亥門其。三門既言三分則三。番攻門計癸亥至戊寅十六日番別攻門五日三五十五日明日戊寅濟于陰阪上下符合故杜爲此解蘇氏又云案長曆襄十年十一月丁未是二十四日十一年四月己亥是十九日據丁未至己亥一百七十三日計十年十一月之後十一年四月之前除兩箇殘月唯置四箇整月用日不盡尚餘二十九日故杜爲長曆於十年十一月後置閏既十年有閏明九年無閏也

次于陰口而還陰口鄭地名子孔曰晉師可擊也師老而勞且有歸志必大克之子展曰不可傳言子展能守信○公送晉侯晉侯以公宴于河上問公年季武子對曰會于沙隨之歲寡君以生沙隨在成十六年晉侯曰十二年矣是謂一終一星終也歲星十二歲而一周天

疏注歲星至周天○正義曰直言一星終知是歲星者以古今曆書推步五星金水日行一度土三百七十七日行星十二度火七百八十日行星。四白。一十五度四者皆不得十二年而一終唯木三百九十八日行星三十三度十二年而彊一周舉其大數十二年而一終故知是歲星

國君十五而生。子冠而生子禮也冠成人之服故必冠而後生子○冠古亂反注下皆同君可以冠矣大夫盇爲冠具武子對曰君冠必以祼享之禮行之祼謂灌鬯酒也享祭先君也○盇戶臘反祼古亂反灌古亂反

疏注祼謂至。祭。先君也○正義曰周禮大宗伯以肆獻祼享先王鬱人凡祭祀之祼事和鬱鬯以實彝而陳之鄭玄云鬱鬱金香草也鬯釀秬爲酒芬香條暢於上下也築鬱金煑之以和鬯酒郊特牲云灌用鬯臭鄭玄云灌謂以圭瓚酌鬯始獻神也然則。祼即灌也故云祼謂灌鬯酒也祼是祭初之禮故舉之以表祭也周禮祭人鬼曰享故云享祭先君也劉炫云冠是大禮當偏。羣廟

以金石之樂節之

以。鍾磬為舉動之節以先君之祧處之諸侯以始祖之廟為祧○祧他彫反【疏】君冠至處之○正義曰冠是嘉禮之大者當祭以告神故有祼享之禮以祭祀也國君無故不徹縣故有金石之樂行冠禮之時為舉動之節也冠必在廟故先君之祧處之也既行祼享祭必有樂所言金石節之謂冠時之樂非祭祀之樂也諸侯之冠禮亡唯有士冠禮在耳其禮亦行事於廟而不為祭祀士無樂可設而唯處祧同耳士冠必三加始加緇布冠次加皮弁次加爵弁公則四大戴禮公冠篇於士三冠後更加玄冕是也案此傳文則諸侯十二加冠也文王十三生伯邑考則十二加冠親迎。于渭用天子禮則天子十二冠也晉語柯陵會趙武冠見范文子冠時年十六七則大夫十六冠也士庶則二十而冠故曲禮云二十曰弱冠是也○注諸侯至為祧○正義曰祭法云遠廟為祧天子有二祧鄭玄云祧之言超也超上去意也諸侯無祧聘禮云不腆先君之祧是謂始祖廟也聘禮注云天子七廟文武為祧諸侯五廟則祧始祖也是亦廟也言祧者祧尊而廟親待賓客者上尊者然則彼以始祖之尊故特言祧耳昭元年傳云敢愛豐氏之祧大夫之廟亦以祧言之是尊之意也不待至魯而假於衛者及諸侯賓客未散故也今寡君在行未可具也請及兄弟之國而假備焉晉侯曰諾公還及衛冠于成公之廟成公今衛獻公之曾祖從衛所處【疏】注成公至所處○正義曰成公是獻公曾祖衛世家文也服虔以成公是衛之曾祖即云祧謂曾祖之廟也曾祖之廟何以獨有祧名王制大夫三廟一昭。一穆與太祖之廟為三鄭之豐氏豈得立曾祖之廟乎而亦謂之祧也杜。言從衛所處意在排舊說也以晉悼欲速故寄衛。廟而假。鍾磬其祼享之禮歸魯乃祭耳假鍾磬焉禮也。○楚子伐鄭與晉成故子駟將及楚平子孔子蟜曰與大國盟口血未乾而背之可乎子駟子展曰吾盟固云唯彊是從今楚師至晉不我救則楚彊矣盟誓之言豈敢背之且要盟無質神弗臨也質主也【疏】注質主也○正義曰質之爲主以意言耳無正訓也晉云唯晉命是聽鄭云唯彊是從二辭俱以告神是其無定主也服虔云質誠也無忠誠之信故神弗臨也○所臨唯信信者言之瑞也瑞符也○善之主也是故臨之神臨之明神不蠲要盟蠲潔也○背之可也乃及楚平公子罷戎入盟同盟于中分中分鄭城中里名罷戎楚大夫○罷音皮徐音彼中分並如字徐音丁仲反○【疏】注中分鄭城中里名○正義曰言入盟是入城盟也入城而言盟地知是城內里名楚莊夫人卒共王母王未能定鄭而歸○晉侯歸謀所以息民魏絳請施舍施恩惠舍勞役輸積聚以貸輸盡也○積子賜反下同聚才住反貸他代反自公以下苟有積者盡出之國無滯積散在民亦無困人不匱乏○匱公無禁利與民共○民亦無貪民禮讓行○祈以幣更不用牲○賓以特牲務崇省○省所景反器用不作因仍舊○車服從給足給事也行之期年國乃有節三駕而楚不能與爭三駕三興師謂十年師於牛首十一年師於向其秋觀兵於鄭東門自是鄭遂服○期音基本亦作朞向舒亮反

附釋音春秋左傳注疏卷第三十

春秋左傳注疏卷三十校勘記

附釋音春秋左傳注疏卷第三十 襄五年盡九年　阮元撰盧宣旬摘錄

（經五年）

此魯大夫故書巫如晉 宋本淳熙本岳本足利本此作比字按作比是也謂比鄫世子於魯大夫○今訂正

仲孫蔑衛孫林父會吳于善道 纂圖本毛本仲誤叔

楚殺其大夫公子壬夫 匡謬正俗云壬夫當爲王夫非也說見經元年

穆叔使鄫人聽命於會 宋本淳熙本岳本足利本於作于

（傳五年）

戎陵虢周室 釋文陵作凌

故告愬於盟主 纂圖本毛本於作于宋本淳熙本無於字足利本同

言王叔之貳於戎也 纂圖本毛本於作于非也

王叔反有二心於戎 毛本於作于

巫若自受鄫命 毛本自誤坐

故孟獻子孫文子會吳于善道纂圖本毛本吳于誤吳子

防有旱災而祈之也閩本監本毛本旱災誤災旱

又因用此禮而求雨監本又因作叉則非案杜氏釋例作則又

尤共王也毛本共誤工

故追言之也此本言之二字闕今據宋本閩本監本毛本補正

欲令諸侯息忿閩本欲改故非也

亦亦前逸詩也監本毛本亦亦作亦逸非也

(經六年)

季孫宿如晉宿外傳作夙鄭氏檀弓注亦作夙正義引世本云行父生夙案宿乃古文夙字

(傳六年)

蓋斷好之義也毛本作善斷亦非宋本斷作繼

恃之而慢言宋本淳熙本岳本纂圖本監本毛本言作菑是也

告爲政而來見也盧文弨校本見下增禮字據昭二十年傳文也

十一月 案經作十二月者杜以爲從告也

甲寅堙之環城傅於堞 案玉篇垔字下引杜注云土山也又陻字注同垔杜注作垔傳文可知蓋顧野王所見本作垔也石經堞作堞避唐太宗諱

知周市其城爲土山也 宋本閩本監本市作帀毛本亦誤市山誤城

乙未王湫帥師及正輿子棠入軍齊師 閩本脫帥字

遷萊于郳 釋文無萊字云本或作遷萊于郳萊衍字案石經萊字下改刊此行十一字蓋初刻時本無萊字也

〈經七年〉

夏四月至免牲 閩本監本毛本至誤乃

則初卜郊已大晚 毛本已作以案已以古通用

而卜其牲曰 宋本監本曰作日是也

如會會於鄬也 纂圖本於作于非也

故約文上其名於會上 纂圖本閩本監本毛本上誤作書釋文亦作上其名與正義合是也足利本上改作正非

〈傳七年〉

郊則曷爲必祭稷宋本閩本監本毛本作祭此本誤察今訂正

非求未來之福宋本閩本監本毛本作未此本誤云今訂正

此傳專言郊祀社稷宋本毛本社作后與傳合

詩噫嘻序曰閩本噫誤意

躬耕帝籍案月令籍作藉

孝經止言尊嚴其父閩本監本毛本止誤只

今既耕而卜郊石經而下有後字疑衍文案正義及曲禮正義應劭風俗通義引傳文皆無後字

二月節驚蟄沈彤驚蟄改作雨水按沈彤改是也與古曆合不然驚蟄即啓蟄不當重複〇今正

故爲主役徒者宋本閩本監本毛本役徒誤倒

公族穆子有廢疾石經宋本岳本廢作癈是也案說文癈固病也與廢興字有別凡經典癈疾字宋後俗本多作廢

言譏在位者宋本無言字

則庶民不奉信其命淳熙本奉誤秦

介助也景大也正義引定本介景皆爲大也

靖共至恤民 宋本此節正義在詩曰至可乎正義之下

三者和備 毛本三作二非也

公迎賓于大門內 宋本監本亦作于下立于至于同毛本並誤作於

賓父三揖 監本毛本父作又宋本作入與聘禮合

亦欲君行一臣行一 宋本作臣行二是也

委蛇委蛇 石經初刻作委委蛇蛇案詩羔羊釋文云沈讀作委委蛇蛇是沈氏所見本作兩重文也下衡而委蛇石經初亦作蛇

從順行 宋本淳熙本足利本行作也是也

謂順者也 毛本謂作爲非也

（經八年）

獲蔡公子燮 淳熙本閩本監本燮改爕案穀梁作濕陸氏音義曰濕本又作隰左氏作燮

得盟主遠理 閩本監本毛本遠作道

邾人于邢丘 足利本邢誤刑山井鼎云下傳注皆同非也

（傳八年）

晉悼復脩霸業 足利本霸作伯釋文亦作伯音霸又如字云本亦作霸

使大夫聽命政 宋本監本毛本政作故屬下句

以命朝聘之數 毛本命作明非也

童子言焉 石經子下旁增何字後人據俗刻妄加也

亦是有禮之事也 宋本亦上有卽字

以待彊者而庇民焉 毛本庇作庀非也

無適受其咎 淳熙本無作无考文補遺咎下有也字

謀於路人也 纂圖本毛本於作于

逢值岐路 閩本監本岐作歧字按歧路字卽岐山字也後人妄別爲歧字非也

徼而師徒 毛本師作司非也

索盡也 釋文亦作索陸粲附注云旣云悉則不得重言盡矣廣雅釋詁索取也悉索蓋言盡取以行也或疑索當爲率據國語云悉帥敝賦率與索通譌爲索耳陳樹華云索訓爲取固是或說則非

不遑啓處 石經宋本岳本遑作皇注皇暇也岳本作遑

亦不使一介行李告于寡君 石經宋本淳熙本足利本介作个注同釋文亦作个

今譬於草木 釋文作今辟案羣經音辨引傳亦作今辟於艸木云今本作譬

取其兄弟婚姻 宋本婚作昏

彤弓天子賜有功諸侯之詩 重脩監本彤誤形

以爲子孫藏 釋文藏作臧案懷藏字古皆作臧

（經九年）

傳言十有二月己亥 淳熙本無有字宋本翻岳本作十一月不誤足利本同

經以長曆推之 宋本經作杜是也

（傳九年）

齊任管夷吾 宋本毛本任作用

鄭人討賊 宋本討作請非也

抶築臺之謳 毛本抶作扶非也

是政卿命之 宋本政作二

非子罕也閩本監本罕作産非也

釋言氏宋本氏作云是也

每里下士一人毛本每作五非也

謂司城內之民閩本監本內之誤倒

不知其官之名毛本名誤民

陳畚揭揭字石經初刻从才改刊从木惠棟云唐石經作梮正義曰其字从手此臆說也漢書引此傳作輂輂音菊與梮同音史記河渠書云山行則梮韋昭曰梮木器如今輂狀人轝以行也然則輂與梮音義皆同案說文有梮字無揭字正義云其字從手謂以手持物與畚共文畚是盛土之器則揭是轝土之物是孔沖遠所據之本从才不从木必以爲梮是揭非未可也

畚貫籠正義本亦作貫釋文作貫

揭土轝釋文轝作輿

盆罌之屬閩本監本毛本罌誤甖正義同

周禮凌人春始治罌閩本監本毛本罌作甖非案周禮作鑑說文鑑大盆也凌閩本監本誤淩

罌如甄大口以盛冰監本毛本冰誤水

蓄水潦釋文蓄作畜本又作蓄漢書五行志引傳作畜顏師古云蓄讀曰畜

巡丈城各本作丈此本誤文注及正義同今並訂正

使華臣具正徒案漢書五行志引作儲正徒

遂正所納山井鼎云遂恐隧誤

此隧正當天子之遂毛本天作大非也

注樂遄至刑書毛本改作樂遄司寇刑器刑書非也

必非刑器爲刑書也宋本必非下有刑人之器故以六字

使皇鄖命校正出馬釋文鄖本亦作員音同山井鼎云上下諸文崇禎本皆作挍今不悉記當以意求也案毛本作挍避所諱

皇鄖至其官毛本鄖下增皇父二字非舊式也

與工正書服閩本監本書誤義

杜以府爲六官之典閩本監本府誤此

故使具其守監本毛本其作官

謂奄人爲臣毛本爲作謂非也

寺人王之王內五人閩本監本毛本作主之主內亦誤宋本下王字作正是也

二師令四鄉正敬享石經初刻亦作令改刊作命案正義引傳文並作命是孔氏所據本作命也

此傳云二師令四鄉正閩本此處闕宋本令作命是也○今依作命

故云二師命四鄉正也閩本監本毛本命作令非

周禮大祝閩本此處闕監本毛本禮誤神

祀盤庚于西門之外釋文盤作般字亦作盤案洪氏隸釋載蔡邕石經殘碑於盤庚下篇首句作般則知盤本作般也

以出內火漢書五行志引傳作以出入火惠棟云周毛伯鄭敦云毛伯內門立中庭內讀爲入立讀爲位古文春秋經公即位爲公即立出入火爲出內火皆古文也尚書九江納錫大龜史記內作入是古入字皆作內

皆以正配食也宋本以下有火字是也

以三月本時昏監本三作二非也

傳曰遷閼伯於商邱宋本淳熙本岳本纂圖本於作于宋本正義亦作于監本曰誤日

祀大火閩本監本毛本祀作祝非也

相土因之惠棟云汲郡古文曰帝相十五年商侯相土作乘馬鄭氏周禮校人注引世本亦云相土作乘馬古文土土相亂如盉和鍾以土爲士牧

敦以土爲土土又與杜通故荀子云杜作乘馬

娵訾衞也毛本娵作娵非也

分郡國以配諸次閩本監本郡誤羣

多得其効浦鏜正誤効作效

今上洛商縣是也監本上作止非也

釋例云監本釋誤則

謂宋爲昭商宋本無昭字是也

穆姜薨於東宮石經宋本於作于

遇艮之八石經艮上體畫作巽卦非也

艮下艮上宋本淳熙本岳本足利本上字下有艮字是也

周禮大卜宋本大卜作大十謬

連山似山之出內雲氣也監本出誤山

三人占宋本三上有云字

澤中有雷隨 閩本此處缺重脩監本雷誤當

史謂隨非閉固之卦 足利本謂作爲非

姜曰亡是於周易曰 諸本亡字絕句何焯云當以是字絕句言必亡是理也按亡句絕言無速出之事是於周易言此艮之八在周易則隨也

隨元亨利貞無咎 纂圖本無作无下同案洪氏容齋三筆云今易書无咎无妄多作无失之其實非也

然故不可誣也 石經宋本岳本纂圖本毛本足利本作故點本閩本誤作固

注言不至吉事 此節正義宋本在元體至出矣之下姣淫至別名之上

於人則謂首爲元 閩本監本毛本謂作爲非也

秦景公使士雅乞師于楚 釋文亦作雅監本誤作雅閩本作雅案說文雅字注云春秋時秦有士雅于纂圖本毛本改作於非也

甲戌師于氾 石經宋本岳本纂圖本作甲戌是也閩本監本氾作汜注同石經作氾非也

盛餱糧 葉抄釋文餱作糇案糇本作餱說文云餱乾食也徐鍇傳云今人謂飯乾餱爲餱詩小雅伐木篇云乾餱以愆大雅公劉篇云乃裹餱糧是也

鄭服故言同盟 宋本無盟字案文章正宗引注亦無盟字

公子發 閩本監本脫公字

注門子卿之適子毛本卿之二字改作至字

謂以兵亂之力強要鄭纂圖本毛本力作功山井鼎云功當作力是也

無所底告石經宋本岳本底作厎注同釋文亦作厎是也說詳宣三年

我實不德而要人以盟豈禮也哉非禮何以主盟案石經德字起非字止爲一行計十一字陳樹華云疑初刻次句無而字或無以字

更改鄭門宋本岳本纂圖本閩本監本毛本改作攻是也

陰阪有津宋本淳熙本岳本纂圖本閩本監本毛本有作洧不誤

以癸亥初攻毛本攻作文誤也

又二十二年閩本監本毛本二年誤三年

門其三門閩本三作二非也

則三番攻門閩本監本番作分非也

火七百八十日行星四百一十五度毛本四一二字誤倒李銳云漢書三統術曰火一見七百八十日千五百六十八萬九千七百分凡行星四百一十五度八百二十一萬八千五分

國君十五而生子 淳熙本生誤孟

注祼謂至祭先君也 宋本無祭先二字此節正義在君冠至處之之下諸侯至爲祧之上

然則祼卽灌也 監本祼誤灌

冠是大禮當徧羣廟 宋本徧下有告字是也

以鍾磬爲舉動之節 宋本淳熙本纂圖本閩本監本毛本鍾作鐘

親迎于渭 毛本于作於

一昭一穆 監本下一字脫毛本作二非

杜言從衞所處 閩本監本毛本言作意

故寄衞庿而假鍾磬 宋本閩本監本毛本庿作廟案庿古廟字鍾宋本閩本監本毛本作鐘

假鍾磬焉禮也 石經宋本岳本纂圖本閩本監本毛本鍾作鐘

質誠也 閩本監本誠作成案王應麟困學紀聞引作誠

蠲潔也 纂圖本閩本監本毛本㓗作潔並俗字宋本作絜

春秋左傳注疏卷三十校勘記

附釋音春秋左傳注疏卷第三十一 襄十年盡十二年

杜氏注　孔穎達疏

經十年春公會晉侯宋公衛侯曹伯莒子邾子滕子薛伯杞伯小邾子齊世子光會吳于柤吳子在柤晉以諸侯往會之故曰會吳吳不稱子從所稱也。柤楚地○柤莊加反○疏注吳子至楚地正義曰成十五年諸侯大夫會吳于鍾離五年魯衛會吳于善道皆大夫來也此傳云會吳子壽夢則吳子自來也五年戚之會吳序鄫上此殊吳者亦如鍾離善道晉以諸侯往彼會之故曰會吳也哀十三年公會晉侯及吳子于黃池彼稱吳子此不稱子者從其所稱也蘇氏云謂諸侯直稱之曰吳故從諸侯之所稱也至於黃池之會自去其僭號而稱子以告令諸侯故諸侯亦從而稱之也劉炫云從所稱者諸侯盟會會則必自言其爵盟則自言其名故盟得以名告神會得以爵書策吳是東夷之君未閑諸夏之禮於此自稱為吳不知以爵告衆故從所稱書吳也故釋例云吳晚通上國故其君臣朝會不同於例亦猶楚之初始是言吳未知稱爵也○夏五月甲午遂滅偪陽偪陽妘姓國今彭城。傳陽縣也因相會而滅之故曰遂○偪徐甫目反又彼力反本或作逼妘音云疏注偪陽至曰遂○正義曰偪陽妘姓傳文也鄭語云妘姓鄔。鄶路偪陽也遂者因上事生下事之辭此因相會而遂滅偪陽雖復隔以日月文猶繫於會相因會相而始謀滅之故言遂也○公至自會無傳○楚公子貞鄭公孫輒帥師伐宋○晉師伐秦荀罃不書不親兵也疏注荀罃至兵也○正義曰傳稱荀罃伐秦而經不書罃知罃不親兵以師告也○秋莒人伐我東鄙○公會晉侯宋公衛侯曹伯莒子邾子齊世子光滕子薛伯杞伯小邾子伐鄭齊世子光先至於師爲盟主所尊故在滕上○【疏】注齊世。至滕上○正義曰周禮典命諸侯之適子誓於天子攝其君則下其君之禮一等未誓則以皮帛繼子男鄭玄云誓猶命也言誓者。用天子既命以爲之嗣也十九年傳云光之立也列於諸侯矣則光是未誓者也法當繼於子男之下相之會列於小邾之下是其正也於此伐也傳稱崔杼使大子光先至于師故長於滕晉悼以齊是大國光復先至心善其共遂進其班爲盟。主所尊故在滕上言其非正法也

○冬

盜殺鄭公子騑公子發公孫輒非國討當兩稱名氏殺者非卿故稱盜以盜爲文故不得言其大夫【疏】注非國至大夫○正義曰若國家討而殺之則舉國名言殺其大夫若非國討兩下相殺則兩書名氏王札子殺召伯毛伯是也此非國討亦當兩書名氏但殺之者尉止司臣之徒皆非卿也非卿則名氏不合見經故稱之爲盜凡言其者是其所有也君是臣之君故書弒其君臣是君之臣故書殺其大夫盜者寇賊之名賤之不繫於國被殺者非盜之所有既以盜爲文故不得言其大夫若如他物殺之然哀四年盜殺蔡侯申注云賤者故稱盜不言弒其君賤盜也文十六年公羊傳曰大夫弒君稱名氏賤者窮諸人大夫相殺稱人賤者窮諸盜其義雖不可通於左氏其言賤盜之意則同

○戍。鄭虎。牢伐鄭諸侯。各受晉命。戍虎牢不復爲告命故獨書魯。戍而不敘諸侯○復扶又反

○楚公子貞帥師救鄭○公至自伐鄭無傳

傳十年春會于柤會吳子壽夢也壽夢吳子乘○夢莫公反【疏】注壽夢吳子乘○正義曰十二年吳子乘卒是也服虔云壽夢發聲吳蠻夷言多發聲數語共成一言壽夢一言也經言乘傳言壽夢欲使學者知之也然壽夢與乘聲小相涉服以經傳之異即欲使同之然則餘祭戴吳豈復同聲也當是名字之異故末言之

三月癸丑齊高厚相大子光以先會諸侯于鍾離不敬吳子未至。光從東道與東諸侯會遇非本期地故不書會高厚高固子也癸丑月二十六日○相息亮反下同【疏】注吳子至六日○正義曰言先會諸侯則

是會期未到故知吳子未至而諸侯自會也相與鍾離相近地在宋之東南知光從東道與東方諸侯遇蓋邾莒滕薛之徒自相會遇也本非期會之地會亦不以告魯故不書也如杜此注則吳子未至亦未赴於相而上注云吳子在相諸侯往會之者吳子元遣告晉言已至相而已非晉侯自期於相召吳子使赴也戚之會則吳子在善道召使赴戚故與諸國同序於列也杜明言癸丑是三月二十六日下四月戊午云月一日五月庚寅云月四日甲午云月八日所以明言日者欲證前九年閏月為門五日於上下日月相當故杜備言其日也劉炫曰杜言癸丑二十六日者見與下四月一日會相近知非二會也

士莊子。曰高子相大子以會諸侯將社稷是衛而皆不敬厚與光俱不敬棄社稷也其將不免乎為十九年齊殺高厚二十五年弒其君光傳

夏四月戊午會于柤經書春書始行也戊午月一日

疏注經書春書始行○正義曰傳言夏會而經書春知經書始行傳言會日也諸赴盟會者初去告行而已盟會必行還乃書何則初去之時未知所會幾國豈得即書會也明其皆是行還告廟乃書之耳但所書者或追記發國之初或即書所會之日此會相以其經傳不同乃知春行夏會其餘傳無會日亦應有如此者如此之類是追記初行也二十年六月庚申公會晉侯云云于澶淵成五年十二月己丑公會晉侯云云于蟲牢如此之類是即書會日也此蓋舊無定法史官不同故立文異耳

○晉荀偃士匄請伐偪陽而封宋向戌焉以宋常事晉而向戌有賢行故欲封之為附庸○行下孟反荀罃曰城小而固勝之不武弗勝為笑固請丙寅圍之弗克丙寅四月九日孟氏之臣秦堇父輦重如役堇父孟獻子家臣步挽重車以從師○堇徐音謹挽音晚

疏輦重如役○正義曰重者車名也載物必重謂之重人挽以行謂之輦軍行以載器物止則以為藩營此人挽此重車以從役也宣十二年解已具之

偪陽人啓門諸侯之士門焉見門開故

攻之縣門發郰人紇抉之以出門者門者諸侯之士在門內者也紇郰邑大夫仲尼父叔梁紇也郰邑魯縣東南莝城是也言
紇多力抉舉縣門出在內者○縣音玄注及下同郰側留反紇恨發反抉烏穴反徐又古穴反出如字一音屈遂反【疏】縣門至門者○正義曰縣門者編版
廣長如門施關機以縣門上有寇則發機而下之諸侯之士攻偪陽之門已有入者縣門乃發郰人紇抉而舉之以出門者門者謂攻門者也紇為郰邑大夫
公邑大夫皆以邑名冠之呼為某人孔子之父名紇字叔梁古人名字並言者皆先字而後名故史記孔子世家稱為叔梁紇也服虔云抉撅也謂以木撅抉
縣門使舉令下容人出也門者下屬為句狄虒彌建大車之輪而蒙之以甲以為櫓狄虒彌魯人也蒙覆也櫓大楯
○虒音斯彌徐音彌一音武脾反櫓音魯楯常尹反又音尹左執之右拔戟以成一隊百人為隊○隊徒對反徐徒猥反【疏】
狄虒至一隊○正義曰鄭玄云大車平地載任之車也考工記車人為車柯長三尺大車轂長半柯輪崇三柯是輪高九尺其車圍圓周二丈七尺建立也立
此大車之輪而覆之以甲以為櫓也考工記殳長尋有四尺車戟常崇於殳四尺八尺曰尋倍尋曰常則戟長一丈六尺也隊是行列之名百人為隊相傳為
然成一隊者言其當百人也○孟獻子曰詩所謂有力如虎者也詩邶風也○邶音佩主人縣布堇父登
之及堞而絕之偪陽人縣布以試外勇者○堞音牒徐養涉反隊則又縣之蘇而復上者三主人辭焉
乃退主人嘉其勇故辭謝不復縣布○隊直類反復扶又反注同上時掌反三息暫反又如字【疏】蘇而復上○正義曰宣八年傳曰晉人獲秦諜殺諸
絳市六日而蘇則蘇者死而更生之名也堇父隊而悶絕似若死然得蘇悟而復緣布上帶其斷以徇於軍三日帶其斷布以示勇○
斷徒亂反徇似俊反諸侯之師久於偪陽荀偃士匄請於荀罃曰水潦將降懼不能歸向夏

恐有久雨從丙寅至庚寅二十五日故曰久〇潦音老請班師班還也〇知伯怒知伯荀罃〇知音智投之以机出於其

間出偃匄之間〇机本又作几同曰女成二事而後告余二事伐偪陽封向戌〇女音汝下及注皆同〇余。恐亂命以

不女違既成改之為亂命女既勤君而興諸侯牽帥。老夫以至于此既無武守無武功可執守

而又欲易余罪曰是實班師不然克矣謂偃匄將言爾余羸老也可重任乎不任受女此責〇羸

劣危反重直用反任音壬注同七日不克必爾乎取之言當取女以謝不克之罪五月庚寅月四日荀偃士匄

帥卒攻偪陽親受矢石躬在矢石間〇卒音子忽反〇【疏】注躬在矢石間〇正義曰服虔云古者以石為箭鏑引國語有隼集於陳

侯之庭楛矢貫之石砮以證石為箭鏃若石是箭鏃則猶是矢也何須矢石並言杜言在矢石間則不以石為矢也周禮職金凡國有大故而用金石則掌其

令鄭玄云用金石者作槍雷之屬雷即礧也兵法守城用礧石以擊攻者陳思王征蜀論云下礧成雷榛殘木碎是也〇甲午滅之月八日書

曰遂滅偪陽言自會也。言其因會以滅國非之也【疏】注言其至之也〇正義曰僖四年公會齊侯云云侵蔡蔡潰遂伐楚二十三年

齊侯伐衞遂伐晉如此之類一行而有二事者法當言遂遂非善惡之名而此傳特云書曰遂滅偪陽言自會也則知此言遂者有非之之意所以然者彼因

伐遂伐本謀。伐行兵容可一舉而伐兩國會非征伐之事荀偃士匄於會始請則偪陽無大罪諸侯無宿謀因會滅人情在可責傳稱言自會也是。尤其從會

行也釋例云會以訓上下敘德刑遂滅偪陽言滅生於會非本意也是言因會以滅國非之之事也書曰者是仲尼新意則舊史不然本蓋別書諸侯滅偪陽

仲尼改之而言遂耳以與向戌向戌辭曰君若猶辱鎮撫宋國而以偪陽光啓寡君羣臣

安矣其何貺如之言見賜之厚無過此○貺音況賜也【疏】光啓寡君○正義曰光昭宋國開其疆竟以賜寡君若專賜臣是臣與諸侯以自封也其何罪大焉敢以死請乃予宋公○宋公享晉侯于楚丘請以桑林桑林殷天子之樂名【疏】注桑林至樂名○正義曰若非天子之樂則宋人不當請荀罃不須辭以宋人請而荀罃辭明其非常樂也宋是殷後得用殷樂知桑林是殷天子之樂名也經典言樂殷為大護而此復云桑林者蓋殷家本有二樂如周之大武象舞也名為大護則傳記有說湯以寬政治民除其邪虐言能覆護下民使得其所故名其樂為大護其曰桑林先儒無說唯書傳言湯伐桀之後大旱七年史卜曰當以人為禱湯乃翦髮斷爪自以為牲而禱於桑林之社而雨大至方數千里或可禱桑林以得雨遂以桑林名其樂也皇甫謐云殷樂一名桑林以桑林為大護別名無文可馮未能察也

荀罃辭辭讓之荀偃士匄曰諸侯宋魯於是觀禮宋王者後魯以周公故皆用天子禮樂故可觀魯有禘樂賓祭用之禘三年大祭則作四代之樂別祭羣公則用諸侯樂○禘大計反【疏】注禘三年大祭則作四代之樂別至樂侯○正義曰明堂位云季夏六月以禘禮祀周公於大廟朱干玉戚冕而舞大武皮弁素積裼而舞大夏彼禘祭唯用大武大夏而不言韶護以二十九年魯為季札舞四代之樂知四代之樂魯皆有之明堂位云凡四代之服器魯兼用之禘是三年大祭禮無過者知禘祭於大廟則作四代之樂也禮唯周公之廟得用天子之禮知其別祭羣公則用諸侯之樂諸侯之樂謂時王所制之樂大武是也然則禘是禮之大者羣公不得與同而於賓得同禘者禘者敬鄰國之賓故得用大祭之樂也其天子享諸侯亦同祭樂故大司樂云大祭祀王出入奏王夏尸出入奏肆夏牲出入奏昭夏大饗不入牲其他如祭祀鄭注云不入牲不奏昭夏王出入賓出入亦奏王夏奏肆夏又禮記祭統云大嘗禘升歌清廟下管象仲尼燕居云兩君相見亦升歌清廟下而管象是祭與享賓用樂同也而荀罃云我辭

禮矣沈氏云嘉樂不野合故也魯之禘祭用四代樂則天子禘用六代樂也鄭康成義以爲禘祫各異祫大禘小天子祫用六代之樂禘用四代之樂魯有禘樂謂有周之禘祭之樂非左氏義也劉炫云禘是大禮賓得與同者享賓用樂禮傳無文但賓禮既輕必異於禘魯以享賓當時之失用之已久遂以爲常荀偃士匄引過謬之事以詔晉侯使聽宋耳魯以禘樂享賓猶以十一牢爲士鞅吳以引徵百牢亦非正也宋以桑林享君不亦可乎言。具天子樂也舞師題以旌夏師。樂。師也旌夏大。旌也題識也以大旌表識其行列○題大令反夏戶雅反注同識申志反又如字下同行戶郎反

疏舞師題以旌夏○正義曰舞師樂人之。師主陳設樂事者也謂舞初入之時舞師建旌夏以引舞人而入以題識其舞人之首故晉侯卒見懼而退入于房也謂之旌夏蓋形制大而別爲之名也

晉侯懼而退入于房旌夏非常卒見之人心偶有所畏○卒寸忽反去旌卒享而還及著雍疾晉侯疾也著雍晉地○去起呂反著徐都慮反一音除慮反雍於用反卜桑林見祟見於卜兆○見賢遍反注同祟息遂反荀偃士匄欲奔請禱焉奔走還宋禱謝○禱丁老反荀罃不可曰我辭禮矣彼則以之以用之猶有鬼神於彼加之罪言自當加於宋晉侯有間間疾差也○差初賣反以偪陽子歸獻于。武宮謂之夷俘諱俘中國故謂之夷○俘芳夫反

疏謂之夷俘○正義曰昭十七年晉荀吳滅陸渾之戎獻俘于文宮不言謂之夷俘彼真是戎也此言謂之夷俘明非夷而謂之夷知其諱俘中國改名之也莊三十一年傳例曰凡諸侯有四夷之功則獻于王中國則否中國之俘既不合獻王故獻廟亦諱知其無罪內慙於心故諱之謂之夷俘

偪陽妘姓也使周內史選其族嗣納諸霍人禮也霍晉邑內史掌爵祿廢置者使選偪陽宗族賢者令居霍奉妘姓之祀善不滅姓故曰禮也使周史者示有王命○令力呈反下令在勸令同

疏注霍晉至王命

〇正義曰霍是舊國閔元年晉獻公滅之以爲晉邑也內史掌爵祿廢置周禮
內史職文也禮天子不滅國諸侯不滅姓其身有罪宜廢者選其親而賢者更
紹立之論語所云興滅國繼絕世者謂此也晉侯以偪陽之罪不合絕祀故歸
諸天子使周內史選偪陽宗族賢者繼嗣偪陽之後令居晉之霍邑以奉妘姓
之祀依鄭語及世本皆云偪陽妘姓是祝融之孫陸終第四子求言之後虞夏
以來世祀不絕今復繼之善其不滅姓故曰禮也晉侯不自選其人而使周內
史者諸侯不得專封示有王命不自專也言納諸霍人者此霍邑或稱霍人猶
如晉邑謂之柏人也必知霍人爲霍邑者班固漢書樊噲傳云攻霍人是霍人
邑名也劉炫云霍晉邑人掌邑大夫猶鄫邑大夫稱鄫人紇蓋使爲晉附庸也
師歸孟獻子以秦堇父爲右嘉其勇力生秦
丕茲事仲尼言二父以力相尚子事仲尼以德相高〇秦丕茲一本作秦不茲〇六月楚子囊鄭子耳伐宋師
于訾毋宋地〇訾子斯反毋音無庚午圍宋門于桐門不成圍而攻其城門〇晉荀罃伐秦報其侵也
侵在九年〇衛侯救宋師于襄牛鄭子展曰必伐衛不然是不與楚也得罪於晉又
得罪於楚國將若之何子駟曰國病矣師數出疲病也〇數所角反疲音皮子展曰得罪於二大
國必亡病不猶愈於亡乎諸大夫皆以爲然故鄭皇耳帥師侵衛楚令也亦兼受楚
之勑命也皇耳皇戌子孫文子卜追之獻兆於定姜姜氏問繇繇兆辭〇繇直救反
疏注繇兆辭〇正義曰周禮
大卜掌三兆之法一曰玉兆二曰瓦兆三曰原兆其經兆之體皆百有二十其
頌皆千有二百鄭玄云頌謂繇也是言灼龜得兆其兆各有繇辭即下三句是
也此傳唯言兆有此辭不知卜得何兆但知舊有此辭故卜者得據以荅姜耳
其千有二百皆此類也此繇辭皆韻古人讀雄與陵爲韻詩無羊正月皆以雄

韻蒸韻陵是其事也曰兆如山陵有夫出征而喪其雄姜氏曰征者喪雄禦寇之利也大
夫圖之衞人追之孫蒯獲鄭皇耳于犬丘蒯孫林父子○喪息浪反下同禦魚呂反蒯苦怪反○秋七月
楚子囊鄭子耳伐。我西鄙於魯無所恥諱而不書其義未聞疏注於魯至未聞○正義曰服虔云不書諱從晉不能服鄭旋復
爲楚鄭所伐恥而諱之也杜以從盟主而不能服叛國於魯未足爲恥被伐無所可諱故云其義未聞還圍蕭八月丙寅克之蕭宋
邑九月子耳侵宋北鄙孟獻子曰鄭其有災乎師競已甚競爭競也○爭爭鬬之爭下文有之爭同
周猶不堪競況鄭乎周謂天王有災其執政之三士乎鄭簡公幼少子駟子國子耳秉政故知三士任其禍也爲
下盜殺三大夫傳○少詩照反任音壬○莒人閒諸侯之有事也故伐我東鄙諸侯有討鄭之事○閒閒廁之閒
○諸侯伐鄭齊崔杼使大子光先至于師故長於滕。大夫宜賓之以上卿而今晉悼以一時之宜令在滕
侯上故傳從而釋之○長丁丈反己酉師于。牛首鄭地○初子駟與尉止有爭將禦諸侯之師而
黜其車禦牛首師也黜減損尉止獲又與之爭獲囚俘子駟抑尉止曰爾車。非禮也言女車猶多過
制○疏注言女至過制正義曰前已減損其車復云爾車非禮明是仍嫌車多言其過制大夫之制不知車當幾乘從軍之車未必制有定限子駟心憎尉
止嫌其豪富本意不爲過禮制也遂弗使獻不使獻所獲初子駟爲田洫司氏堵氏侯氏子師氏皆
喪田焉洫田畔溝也子駟爲田洫以正封疆而侵四族田○洫況域反堵音者或丁古反喪息浪反下同疆居良反疏注洫田至族田正義曰考

工記匠人爲溝洫耜廣五寸二耜爲耦一耦之伐廣尺深尺謂之甽田首倍之廣二尺深二尺謂之遂九夫爲井井間廣四尺深四尺謂之溝方十里爲成成間廣八尺深八尺謂之洫方百里爲同同間廣二尋深二仞謂之澮然則溝洫俱是通水之路相對大小爲異耳皆於田畔爲之故云田畔溝也爲田造洫故穪田洫此四族皆是富家占田過制子駟爲此田洫正其封疆於分有剩則減給他人故正封疆而侵四族田也小司徒云九夫爲井四井爲邑四邑爲丘四丘爲甸四甸爲縣四縣爲都注云此謂都鄙采地之制也故五族聚羣不逞之人因公子之徒以作亂八年子駟所殺公子。媐等之黨○媐許其反本亦作熙又音怡於是子駟當國攝君事也子國爲司馬子耳爲司空子孔爲司徒冬十月戊辰尉止司臣侯晉堵女父子師僕帥賊以入晨攻執政于西宮之朝公宮殺子駟子國子耳劫鄭伯以如北宮子孔知之故不死子孔公子嘉也知難不告利得其處也爲十九年殺公子嘉傳○難乃旦反處昌慮反書曰盜言無大夫焉尉止等五人皆士也大夫謂卿子西聞盜不儆而出子西公孫夏子駟子○儆音景夏戶雅反尸而追盜先臨尸而。追。盜盜入於北宮乃歸授甲臣妾多逃器用多喪子產聞盜子國子爲門者置守門庀羣司具衆官○庀匹婢反閉府庫愼閉藏完守備成列而後出兵車十七乘千二百七十五人○藏才浪反又如字守手又反乘繩證反尸而攻盜於北宮子蟜帥國人助之殺尉止子師僕盜衆盡死侯晉奔晉堵女父司臣尉翩司齊奔宋尉翩尉止子司齊司臣子○翩音篇子孔當國代子駟爲載書以位序聽政辟自羣卿諸司各守其職位以受執政之法不得與朝政○辟婢亦反與音預下魯不與同【疏】注自羣至朝政○正義曰於時鄭伯幼弱政在諸卿國事相與議之不得一人獨決子孔性好專權自以身既當國望其一聽於己新經禍亂與大夫設盟爲盟載之書曰自羣卿諸司以下皆以位之次序一聽執政之法悉皆稟受成旨不得干與朝政令其權柄在己也大夫諸司門子不順子產謂之專欲難成謂此也服虔云鄭舊世卿父死子代今子孔欲擅改之使以次先爲士大夫乃至卿也若如服言唯當門子恨耳何由大夫諸司亦不順也子孔若爲此法卽是自害其子子孔之子亦當恨何獨他家門子乎焚書倉門則還依舊法舊法若父死子代子產卽應代父何由十九年始立爲卿大夫諸司門子弗順將誅之子孔欲誅不順者○子產止之請爲之焚書既止子孔又勸令燒除載書○爲于僞反子孔不可曰爲書以定國衆怒而焚之是衆爲政也國不亦難乎難以至治○治直吏反○子產曰衆怒難犯專欲難成合二難以安國危之道也不如焚書以安衆子得所欲欲爲政也衆亦得安不亦可乎專欲無成犯衆興禍子必從之乃焚書於倉門之外衆而後定不於朝內燒欲使遠近見所燒○諸侯之師城虎牢而戍之晉師城梧及制欲以偪鄭也不書城魯不與也梧制皆鄭舊地○梧音吾士魴魏絳戍之書曰戍鄭虎牢非鄭地也言將歸焉二年晉城虎牢而居之今鄭復叛故脩其城而置戍鄭服則欲以還鄭故夫子追書繫之于鄭以見晉志○復扶又反見賢遍反下同○【疏】諸侯至歸焉○正義曰如此傳文諸侯戍虎牢士魴魏絳戍梧與制耳其虎牢之內亦應更有晉戍也二年晉城虎牢則虎牢久已屬晉非復鄭有今繫鄭者晉侯之意鄭人若服將歸之焉善晉侯故探其心而繫之鄭也釋例曰虎牢鄭之郊竟晉人既有之矣又城而居之

將以脅鄭鄭畏而強服遇楚而復叛八年之間一南一北至於數四晉悼慮其未已故大城置戍先以示威鄭服之日釋戍而歸之德立刑行故能終有鄭國春秋探書其本心善之也鄭及晉平○楚子囊救鄭十一月諸侯之師還鄭而南至於陽陵還繞也陽陵鄭地○還本亦作環戶關反徐音患注同楚師不退知武子欲退曰今我逃楚楚必驕驕則可與戰矣武子荀罃欒黶曰逃楚晉之恥也合諸侯以益恥不如死我將獨進師遂進己亥與楚師夾潁而軍潁水出城陽至下蔡入淮○潁音穎子矯曰諸侯既有成行必不戰矣言有成去之志從之將退不從亦退從猶服也退楚必圍我猶將退也不如從楚亦以退之以退楚○宵涉潁與楚人盟夜渡畏晉知之欒黶欲伐鄭師伐涉潁者荀罃不可曰我實不能禦楚又不能庇鄭鄭何罪不如致怨焉而還致怨爲後伐之資○禦魚呂反庇必利反今伐其師楚必救之戰而不克爲諸侯笑克不可命勝負難要不可命以必克○要一遙反不如還也丁未諸侯之師還侵鄭北鄙而歸欲以致怨楚人亦還鄭服故也○王叔陳生與伯輿爭政二子王卿士○王輿本又作與音同王右伯輿右助○右音又注同王叔陳生怒而出奔及河王復之欲奔晉殺史狡以說焉說王叔也○狡古卯反說音悅注同又如字不入遂處之處叔河上晉侯使士匄平王室王叔與伯輿訟焉爭曲直王叔之宰宰家臣與伯輿之大夫瑕禽瑕禽伯輿屬大夫坐獄於王庭獄訟

也周禮命夫命婦不躬坐獄訟故使宰與屬大夫對爭曲直士匄聽之王叔之宰曰篳。門。閨。竇。之人而皆陵其上其難爲上矣篳門柴門閨竇小戶穿壁爲戶上銳下方狀如圭也言伯輿微賤之家○篳音必閨音圭本亦作圭竇音豆瑕禽曰昔平王東遷吾七姓從王牲用備具王賴之而賜之騂旄之盟平王徙時大臣從者有七姓伯輿之祖皆在其中主爲王備犧牲共祭祀王特其用故與之盟使世。守其職騂旄赤牛也舉騂旄者言得重盟不以犬雞○從才用反注同又如字騂息營反字林許營反旄音毛爲于僞反共音恭【疏】注平王至犬雞○正義曰七姓從王從王之大臣有七姓也瑕禽言伯輿之祖是七。從之一言其世貴也其祖爲王主備犧牲以共祭祀王家牲用備具王特賴之言其世有功也平王初遷國家未定故與大臣結盟令使世掌其職也周禮牧人陽祀用騂牲檀弓云周人尚赤牲用騂尚書洛誥云文王騂牛一武王騂牛一諸言騂皆是赤牛則知此騂旄是赤牛也旄謂尾也共旌旗之用故其字從。旌。旗者旌旗行而從風偃也曰世世無失職若篳門閨竇其能來東底。乎且王何賴焉言我若貧賤何能來東使王特其用而與之盟邪底至也○底音旨今自王叔之相也政以賄成隨財制政而刑放於寵寵臣專刑不任法【疏】刑放於寵正義曰刑罰放赦之事在於寵臣官之師旅不勝其富師旅之長皆受賂吾能無篳門閨竇乎言王叔之屬富故使吾貧【疏】不勝其富○正義曰勝訓堪也言財多故不可用盡不能堪此富唯大國圖之圖猶議也下而無直則何。謂正矣正。者。不。失。下。之。直。○何或作可誤也【疏】下而至正矣○正義曰凡在上正定在下須明在下曲直瑕禽自云己有直理不被上知則是使下無直在上何謂正矣故云正者不失下之直也劉炫云七年傳云正直爲正正曲爲直晉斷王朝之獄乃以下正上宣子若在下而無直心何以謂之爲

正也勸宣子使心正矣范宣子曰天子所右寡君亦右之所左亦左之。宣子知伯輿直不欲自專故推之於

王○右音又下同左音佐下同左右亦並如字疏天子至左之○正義曰人有左右右便而左不便故以所助者為右不助者為左宣子知伯輿直故從王

之所助也使王叔氏與伯輿合要合要辭王叔氏不能舉其契要契之辭○契苦計反注同疏使王至其

契○正義曰周禮。鄉士職云辯其獄訟異其死刑之罪而要之鄭玄云要之為其罪辭如今劾矣彼謂官人略取罪狀為其要約之辭如今斷事也漢世名斷

獄為劾故云如今劾矣此言要辭亦是辭之要約如今辯荅也合要者使其各為要約言語兩相辯荅伯輿辭直王叔無以應之故不能舉其要約之辭也

王叔奔晉不書不告也單靖公為卿士以相王室代王叔

經十有一年春王正月作三軍增立中軍萬二千五百人為軍疏注增立至為軍○正義曰昭五年云舍中軍明此年作而

彼年舍故知舊有二軍今增立中軍也然則正是作中軍耳而云作三軍者傳言三子各毀其乘則舊時屬己之乘毀之以足成三軍是舊軍盡廢而全改作

之故云作三軍也杜見其以。三改。二復據彼中軍之文故言增立中軍耳萬二千五百人為軍周禮夏官序文○夏四月四卜郊不從

乃不郊無傳疏夏四至不郊○正義曰此四月四。卜與僖三十一年文同蓋亦三月三卜而四月又一卜也止言不郊不言免牲免牛蓋不以其禮

免直使歸其本牧而已故不書也○鄭公孫舍之帥師侵宋○公會晉侯宋公衛侯曹伯齊世

子光莒子邾子滕子薛伯杞伯小邾子伐鄭世子光至復在莒子之先故晉悼亦進之○復扶又反疏注世

子至進之○正義曰劉炫以為序莒上者直是先至非為先莒今知不然者往年傳云齊大子光先至于師故長於滕是前經為先滕至序在滕子之上今經

序在莒子之先明知亦先莒而至也若非先莒而至唯當還滕子上耳劉炫无所依馮直云先至更長之而規杜氏非也序○秋七月己未

同盟于亳城北亳城鄭地伐鄭而書同盟鄭與盟可知亳薄洛反徐扶各反與音預○公至自伐鄭無傳○楚子鄭

伯伐宋○公會晉侯宋公衛侯曹伯齊世子光莒子邾子滕子薛伯杞伯小邾

子伐鄭晉遂尊光會于蕭魚鄭服而諸侯會蕭魚鄭地公至自會无傳以會至者觀兵而不果侵伐疏注以會至侵伐○正

義曰劉炫云杜釋例自言事勢相接或以始至或以終致是時史異辭何爲此注而云不果侵伐今知劉說非者凡云或以始致或以終致皆據實有伐事今據傳文云觀兵于鄭東門是則實無伐事故云不果侵伐劉不達此意而規杜非也○楚人執鄭行人良霄良霄公孫輒子伯有也○霄音消○冬秦人伐晉

傳十一年春季武子將作三軍魯本無中軍唯上下二軍皆屬於上有事三卿更帥以征伐季氏欲專其民人故假立中軍因以改作○更音庚疏注魯本至改作○正義曰以昭五年舍中軍知此時作者作中軍是魯本无中軍也以閔元年晉侯作二軍謂之上軍下軍知魯有二軍亦名上下軍也此言請爲三軍各征其軍知往前二軍皆屬公也明其有事則三卿更互帥之以征伐耳三卿不得專其民也此時襄公幼弱季氏世秉魯政因公之少欲專其民故假立中軍因以改作也禮明堂位云成王封周公於曲阜地方七百里其時必有三軍也詩魯頌閟宮頌僖公能復周公之宇云公徒三萬鄭玄云大國三軍合三萬七千五百人言三萬者舉成數也則僖公復古制亦三軍矣蓋自文公以來霸主之令軍多則貢。事自減爲二軍耳非是魯衆不滿三軍也若然昭五年舍中軍書之於經往前若減一軍亦應書之而經不書者作三軍與舍中軍皆是變故改常卑弱公室季氏秉國權專擅改作故史特書之耳若國家自量彊弱其軍或減或益國史不須書也何則僖公復古始有三萬則以前國无三萬矣僖公作亦不書何怪舍不書也蘇氏亦云僖公之時實有三軍自文以後舍其一軍不書者非是故有所舍故不書蘇氏又云鄭注詩公徒三萬以為三軍鄭荅臨碩之問云公徒三萬為二軍者鄭隨問而荅當以詩箋為正蘇氏又云蒐于紅革車千乘所以今不滿三軍者以當時采地衆多公邑民少故不能滿三軍三子各毀其乘以足之與前解異也周禮小司徒云凡起徒役无過家一人是家出一人故鄉為一軍天子六軍出自六鄉則大國三軍出自三鄉其餘公邑采地之民不在三軍之數季武子今為三軍則異於是矣以魯國屬公之民皆分為三亦謂之三軍其軍之民不啻一萬二千五百家也何則魯國合竟之民屬公者豈唯有三萬七千五百家乎明其決不然矣由此言之此作三軍與禮之三軍名同而實異也春秋之世兵革遞興出軍多少量敵彊弱勍寇未息卒士盡行士卒之數无復定準成二年韋之戰晉車八百乘計有六萬人唯三卿師之昭十三年平丘之會晉叔向云寡君有甲車四千乘在計四千士卒成二十四軍爾時晉國唯立三軍則甲車四千屬三軍耳其軍豈止一萬二千五百人乎昭八年魯蒐于紅傳稱革車千乘千乘之衆充三軍之數明知此分合竟之民以為三軍軍之所統其數異於禮也○膏肓何○休以為左氏說云尊公室休以為與舍中軍義同於義左氏為短鄭康成箴云左氏傳云作三軍三分公室各有其一謂三家始專兵甲卑公室云左氏說者尊公室失左氏意遠矣義符杜說也

告叔孫穆子曰請為三軍各征其軍征賦稅也三家各征其軍之家屬○稅舒銳反【疏】注征賦至家屬○正義曰周禮大司徒以土均之法制天下之地征王制云市廛而不稅關譏而不征經典之文通謂賦稅為征故云征賦稅也往前民皆屬公公稅其民以分賜羣臣今武子欲令民即屬己己所應得自稅取之恐穆子不從故先○言之請分國內之民以為三軍三家各自征稅其軍之家屬冀望穆子亦便於己而從其計也言軍之家屬者丁壯從軍者官無所稅其家屬不入軍者乃稅之耳**穆子曰政將及子子必不**

能政者霸國之政令禮大國三軍魯次國而爲大國之制貢賦必重故憂不能堪【疏】注政者至能堪○正義曰於時天子衰微政在霸主霸主量國大小
責其貢賦若爲。三軍則是次國若作三軍則爲大國大國之制貢賦必重故云霸主重貢之政將及於子子必不能堪之憂其不能堪之言三軍不可爲也魯
爲三軍二軍國之大小同耳但作三軍則自同大國自同大國則霸主必依大國責其貢重也武子固請之穆子曰然則盟諸
穆子知季氏將復變易故盟之○復扶又反乃盟諸僖閎僖公之門○閎音宏【疏】注僖宮之門○正義曰釋宮云衖門謂之閎孫炎曰巷舍
閭道也李巡曰閎巷頭門也以此知僖閎是僖公。之。廟門也詛諸五父之衢五父衢道名在魯國東南詛以禍福之言相要○詛側慮反父
音甫衢其俱反要一遙反正月作三軍三分公室而各有其一三分國民衆三子各毀其乘壞其軍乘
分以足成三軍○乘繩證反注及下並同壞音怪足將住反亦如字【疏】注壞其至三軍○正義曰往前民皆屬公國家自有二軍若非征伐不屬三子故三
子自以采邑之民以爲己之私乘如子產出兵車十七乘之類是其私家車乘也今既三分公室所分得者即是己有不須更立私乘故三子各自毀壞舊時
車乘部伍分以足成三軍也壞者壞其部伍將領也令使各自屬其軍不復立私乘故也季氏使其乘之人以其役邑入者
無征使軍乘之人率其邑役入季氏者无公征不入者倍征不入季氏者則使公家倍征之設利病欲。駈使入己故昭五年傳曰季氏盡征
之民辟倍征故盡屬季氏【疏】季氏至倍征○正義曰其乘之人即所分得者國內三分有一之人也役謂共官力役則今之丁也邑謂賦稅若今之租調也
以其役之與邑皆來入季氏者則无公征也若不以入季氏者則使公家倍征之當輸一而責其二也設利害以懼民毆之使入己耳民畏倍征故盡歸季氏
所分得者無一入公也知邑是賦稅者以言役邑入則役之與邑皆從民而入官也從民入官唯。在力役與賦稅耳故知邑是賦稅也賦稅而謂之邑者賦稅

所入若私邑故以邑言之然孟氏使半爲臣若子若弟取其子弟之半也四分其乘之人以三歸公而取其一叔孫氏使盡爲臣盡取子弟以其父兄歸公【疏】孟氏至爲臣○正義曰昭五年傳追說此事云季氏盡征之叔孫氏臣其子弟孟氏取其半焉叔孫氏臣其子弟不臣父兄謂取二分而二歸公也孟氏取其半又如叔孫所取其中更取其半又以半歸公謂取一分而三歸公也彼傳順序此文顚倒傳意以叔孫爲主而先說孟氏言孟氏如叔孫所得使其半爲己之臣叔孫所得子與弟也此孟氏若子若弟是子弟中課取其一又分半以歸公也叔孫使子弟盡爲己臣唯以父兄歸公耳不然不舍制軍分民不如是則三家不舍其故而改作也此蓋三家盟詛之本言○舍音捨【疏】注制軍至未言○正義曰如上所分三家所得又各分爲四季氏盡取四分叔孫取二分而二分歸公孟氏取一分而三分歸公分國民以爲十二三家得七公得五也舍謂舍故也制三軍分國民若不如是則三家不肯舍其故法而別改作也使盡爲臣以上是序事之辭不然不舍一句是要契之語故云此蓋三家盟詛之本言盟詛本言必應詳具但史家略取其意而爲之立文不復如本辭耳○鄭人患晉楚之故諸大夫曰不從晉國幾亡幾近也○幾音機注同徐音譏楚弱於晉晉不吾疾也疾急也晉疾楚將辟之何爲而使晉師致死於我言當作何計楚弗敢敵而後可固與也固與晉也子展曰與宋爲惡諸侯必至吾從之盟楚師至吾又從之則晉怒甚矣晉能驟來楚將不能吾乃固與晉大夫說之使疆場之司惡於宋使守疆場之吏侵犯宋○說音悅疆居良反注同場音亦注同宋向戌侵鄭大獲子展曰師而伐宋可矣若我伐宋諸侯之伐我必疾吾乃聽命焉且告於楚楚師至

吾乃。與之盟而重賂晉師乃免矣言如此乃免於晉之難○難乃旦反楚夏鄭子展侵宋欲以致諸侯○四月諸侯伐鄭己亥齊太子光宋向戌先至于鄭門于東門傳釋齊太子光所以序莒上也向戌不書宋公在會故其莫晉荀罃至于西郊東侵舊許許之舊國鄭新邑○莫音暮

疏東侵舊許○正義曰昭十二年傳楚子云我伯父昆吾舊許是宅鄭人貪賴其田而不我與是舊許爲鄭邑也謂之舊許明是許之舊國許南遷而鄭得之

衛孫林父侵其北鄙六月諸侯會于北林師于向向地在潁川長社縣東北○向舒亮反右還次于瑣北行而西爲右還熒陽宛陵縣西有瑣侯亭○瑣素果反宛於阮反又於元反圍鄭觀兵于南門觀示也西濟于濟隧濟隧水名○濟隧上子禮反下音遂鄭人懼乃行成秋七月同盟于亳范宣子曰不愼必失諸侯愼敬威儀謹辭令諸侯道敝而無成能無貳乎數伐鄭皆罷於道路○數所角反罷音皮乃盟載書曰凡我同盟毋蘊。年蘊積年穀而不分災○毋音無下皆同蘊紆粉反毋壅利專山川之利○壅於勇反毋保姦藏罪人毋留慝速去惡○慝他得反下同去起呂反救災患恤禍亂同好惡獎。王室。獎助也○好惡並如字或讀上呼報反下惡路反獎將丈反或間茲命司愼司盟名山名。川二司天神○間間廁之間茲命本或作茲盟誤

疏注二司天神○正義曰盟告諸神而先稱二司知其是天神也覲禮諸侯覲于天子爲宮方三百步壇十有二尋深四尺加方明于其上方明者木也方四尺設六色青赤白黑玄黃設六玉圭璋琥璜璧琮公侯伯子男皆就其旂而立天子祀方明禮日月四瀆山川丘陵彼。方雖不言盟其所陳設盟之禮也鄭玄云方明者上下四方神明之象也會同而盟明神監之

則謂之天之司盟有象者猶宗廟之有主乎天子巡守之盟其神主日諸侯之盟其神主山川王官之伯會諸侯而盟其神主月是言盟之所告告天神也鄭云。神監之謂之司盟司盟非一神也其司愼亦不知指斥何神但在山川羣神之上知其是天神耳名山山之有名者謂五嶽四鎮也名川謂四瀆也

羣祀羣祀在祀典者先王先公先王諸侯之大祖宋祖帝乙鄭祖厲王之比也先公始封君○大音泰凡大祖大廟大官皆放此比必利反七姓十二國之祖七姓晉魯衛鄭曹滕姬姓邾小邾曹姓宋子姓齊姜姓莒己姓杞姒姓薛任姓實十三國言十二誤也○己音紀或音杞任音壬

疏注七姓至誤也○正義曰十三國爲七姓世本世家文也姬即次曹意及則言不以大小爲次也實十三國而言十二服虔云晉主盟不自數知不然者案定四年祝佗稱踐土之盟云晉重魯申於。是晉爲盟主自在盟內何因晉今主盟乃不。自數故知字誤也劉炫難服虔云案宣子恐失諸侯謹愼辭令告神要人身不自數己不在盟彼叛必速豈有如此理哉

明神殛之殛誅也○殛紀力反注同俾。失其民隊。命亡氏踣其國家踣斃也○俾本又作卑必爾反隊直類反踣蒲北反徐又敷豆反斃婢世反○楚子囊乞旅于秦乞師旅於秦秦右大夫詹帥師從楚子將以伐鄭鄭伯逆之丙子伐宋鄭逆服故更伐宋也秦師不書不與伐宋而還○詹之廉反與音預○九月諸侯悉師以復伐鄭此夏諸侯皆復來故曰悉師○復扶又反注同鄭人使良霄大宰石㚟如楚告將服于晉曰孤以社稷之故不能懷君君若能以玉帛綏晉不然則武震以攝威之孤之願也楚人執之書曰行人言使人也書行人言非使人之罪古者兵交使在其間所以通命示整或執殺之皆以爲譏也既成而後告故書在蕭魚下石㚟爲介故不書○㚟勑略反攝如字又之涉反使所吏反注同介音界

疏注書行至不書○正義曰釋例曰使以行言言以接事信令之要於是乎在舉不以怒則刑不濫刑不濫則兩國之情得通兵有不交而解者皆行人之勳也是以雖飛矢在上走驛在下及其末節不統大理遷怒肆忿快意於行人譬諸豺狼求食而已傳曰鄭人使伯蠲行成晉人殺之非禮也兵交使在其間可也故夫子特顯行人之文行人有六而傳發其三者因良霄以顯其稱行人之事因千徵師以示其非罪因叔孫婼以同外內大夫則餘三人皆隨例而爲義也諸以行人爲名通及外內以卿出使義取於非其罪也若濤塗甯喜之屬罪在其身鄭叔詹魯行父之等以執政受罪本非使出故不稱行人從實而書皆以罪之也鄭祭仲之如宋也非會非聘與於見誘而以行人應命不能死節挾僞以篡其君故經不稱行人以罪之也是言罪之故不稱行人則稱行人者皆無罪也鄭人先遣告楚乃從諸侯故傳在會先也經在會後既成而後告執故書執在蕭魚會下○諸侯之師觀兵于鄭東門

鄭人使王子伯駢行成甲戌晉趙武入盟鄭伯冬十月丁亥鄭子展出盟晉侯二盟不書不告十二月戊寅會于蕭魚經書秋史失之疏注經書秋史失之○正義曰會于蕭魚經雖無月但會下有冬故以爲會在秋也傳言日月次第分明是經。繆史官失之也庚辰赦鄭囚皆禮而歸之納斥候不相備也○斥徐音尺一音昌夜反禁侵掠晉侯使叔肸告于諸侯叔肸叔向也告諸侯亦使赦鄭囚○掠音亮肸許乙反向許丈反公使臧孫紇對曰凡我同盟小國有罪大國致討苟有以藉手鮮不赦宥寡君聞命矣言晉討小國有藉手之功則赦其罪人德義如是不敢不承命○藉在夜反注同鮮息淺反宥音又○鄭人賂晉侯以師悝師觸師蠲悝觸蠲皆樂師名○悝苦回反蠲古玄反又音圭疏注悝觸蠲皆樂師名○正義曰樂師稱師下稱賂以樂知此三人皆樂師悝觸蠲是其名也服虔見下有鐘鎛。師磬卽云三師鐘師鎛。磬師謂悝能鐘觸能鎛鐲能磬也然則鄭人以師。茂師慧賂宋者又能鐘乎能鎛乎三師必是能鐘磬者要不可卽以名次配言之

廣車軘車淳十五乘甲兵備 廣車軘車皆兵車名淳耦也○廣古曠反下軘徒溫反淳述倫反徐又之倫反乘繩證反及注同【疏】注廣車至耦也○正義曰皆是兵車而別為之名蓋其形制殊用處異也鄭玄云廣車橫隙之車也服虔云軘車屯守之車也或可因所用遂為名及其用之亦無常也射禮數射筭。二筭為純一。筭為奇是淳為耦也

凡兵車百乘 他兵車及廣軘共百乘【疏】注他兵至百乘○正義曰偏見服本皆云淳十五乘則凡兵車百乘者更合言軘廣或軘廣之外別有百乘杜本軘。十五乘更以他兵車七十乘增軘廣共為百乘耳知非軘廣之外更有百乘而云兼軘廣者以上既言廣車軘車下云凡兵車百乘言凡是總攝之辭故知總上軘廣也若然直言兵車百乘於理自足上別云廣車軘車者以廣車軘車甲兵備足自外之車甲兵不備又別有車名非軘廣也

歌鐘。二肆 肆列也縣。鐘十六為一肆二肆三十二枚○肆音四縣音玄【疏】注肆列至二枚○正義曰以肆為列者鐘磬皆編縣之在簨虡而各有行列也周禮小胥云凡縣鐘磬半為堵全為肆鄭玄云鐘磬者編縣之二八十六枚而在一虡謂之堵鐘一堵磬一堵謂之肆半之者謂諸侯之卿大夫士也諸侯之卿大夫半天子之卿大夫西縣鐘東縣磬士亦半天子之士縣磬而已如鄭彼言鐘與磬全乃成為肆此傳於鐘卽言肆者十六枚而在一虡古今皆同其虡不可分也虡不可分而云有全有半明如鄭言鐘磬相對肆為全單為半。此傳言歌鐘二肆則兼有磬矣若其無磬不得成肆杜以傳唯云歌鐘故但解鐘。數云三十二枚其磬數亦同矣此二肆皆為編縣也下云及其鎛磬者鎛是大鐘磬是大磬皆特縣之非編縣也據鄭玄禮圖如此也言歌鐘者歌必先金奏故鐘以歌名之晉語孔晁注云歌鐘鐘以節歌也劉炫云傳言歌鐘二肆及其鎛磬則鎛磬亦二肆肆之為名實由鐘磬相對但傳於磬下不復更言其數於鐘則言二肆明鎛磬數與之同乃成肆若磬無二肆則半賜魏絳無磬矣安得有金石

也知色別。各三十二枚也歌必先云云同及其鎛磬鎛磬皆樂。器○鎛音博女樂二八十六人晉侯以樂之半賜

魏絳曰子教寡人和諸戎狄以正諸華在四年八年之中九合諸侯如樂之和疏八年至之和○正義曰服虔云八年從四年以來至十一年也九合諸侯者五年會于戚一也其年又會于城棣救陳二也七年會于鄬三也八年會于邢丘四也九年。會于戲五也十年會于相六也又戍鄭虎牢七也十一年同盟于亳城北八也又會于蕭魚九也晉語說此事云於今八年七合諸侯孔晁云不數救陳與戍鄭虎牢餘爲七也如樂之和謂諸侯和同如樂之相應和也無所不諧諧亦和也。○九合諸侯謂五年會戚又會城棣救陳七年會鄬八年會邢丘九年盟于戲十年會柤又伐鄭戍虎牢十一年同盟亳城北又會蕭魚請與子樂之共此樂○樂音洛一音岳注同辭曰夫

和戎狄國之福也八年之中九合諸侯諸侯無慝君之靈也二三子之勞也臣何力之有焉抑臣願君安其樂而思其終也詩曰樂只。君子殿天子之邦詩小雅也謂諸侯有樂美之德可以鎭撫天子之邦殿鎭也○殿都遍反注及下同樂只君子福祿攸同攸所也便蕃左右亦是帥從便蕃數也言遠人相帥來服從便蕃然在左右○蕃音煩注同數所角反疏詩曰至帥從○正義曰詩小雅采菽之篇也旨美也言樂美之德君子以有樂美之德可以鎭撫天子之邦國也以有樂美之德政故爲福祿之所同歸也既能鎭邦國受福祿雖復疏遠之人便蕃然數來在其左右亦於是相帥而來從之也夫樂以安德和其心也義以處之處位以義禮以行之行教令信以守之守所行仁以厲之厲風俗而後可以殿邦國同福祿來遠人所謂樂也言五德皆備乃爲樂非但金石書曰居。

安思危書逸思則有備有備無患敢以此規規正公公曰子之教敢不承命抑微子

寡人無以待戎待遇接納不能濟河渡河南服鄭夫賞國之典也藏在盟府司盟之府有賞功之制有

疏注司盟至之制○正義曰周禮司盟會同則掌其盟約之載既盟則貳之貳之者寫兩本盟書一埋盟處一藏盟府也唯言會同之盟不掌功勳之事而得有賞功之制者僖五年傳曰虢仲虢叔爲文王卿士勳在王室藏於盟府是司盟之府掌藏功勳典策故有賞功之制也不可廢也子其

受之魏絳於是乎始有金石之樂禮也禮大夫有功則賜樂。疏注禮大至賜樂○正義曰以魏絳蒙賜始有金石之樂知未賜不得有也賜之而云禮也知禮法得賜之也周禮小胥云大夫判縣士特縣鄉飲酒禮云笙入堂下磬南北面鄉射禮云縣于洗東北西面喪大記云疾病君大夫徹縣是大夫得有鐘磬之樂有功乃賜之正禮也唯言魏絳有金石之樂不言女樂女樂房中私宴之樂或不以賜之○秦庶長

鮑庶長武帥師伐晉以救鄭庶長秦爵也不書救鄭已屬晉無所救○長丁丈反下及注同鮑步卯反鮑先入晉地

士魴禦之。少秦師而弗設備壬午武濟自輔氏從輔氏渡河○御魚呂反後放此與鮑交伐晉

師己丑秦晉戰于櫟晉師敗績易秦故也不書敗績晉恥易秦而敗故不告也櫟晉地○櫟力的反徐失灼反易以豉反

經十有二年春王二月。莒人伐我東鄙圍台琅邪費縣南有台亭○台勑才反又音臺一音翼之反季孫

宿帥師救台遂入鄆鄆莒邑○鄆音運○夏晉侯使士魴來聘○秋九月吳子乘卒五年

會於戚公不與盟而赴以名○與音預【疏】注五年至以名○正義曰劉炫云杜於五年注以為公及其盟還而不以盟告廟也今注云會於戚公不與盟而赴以名何爲兩注自相矛楯今知劉難非者以戚盟經既不書公之與否又傳無其事杜弘通其義故爲兩解劉不尋杜旨而規其過非也○冬楚公子貞帥師侵宋○公如晉

傳十二年春莒人伐我東鄙圍台季武子救台遂入鄆乘勝入鄆報見伐○取其鍾以爲公盤謝前年伐鄭師○秋吳子壽夢卒壽夢吳子之號臨於周廟禮也周廟文王廟也周公出文王故魯立其廟吳始通故曰禮○臨力蔭反下同【疏】注周廟至曰禮○正義曰杜以下文周廟尊於周公之廟知是文王廟也以鄭祖厲王立所出王廟知爲周公出文王故魯立其廟也哀二年蒯聵禱云敢昭告皇祖文王衛亦立文王廟也郊特牲曰諸侯不敢祖天子大夫不敢祖諸侯而公廟之設於私家非禮也而諸侯得立王廟者彼謂無功德非王命而輒自立之則爲非禮魯衛有大功德王命立之是其正也鄭祖厲王亦然此是常禮特於吳子而傳發例者以吳始通公能依禮故於此言禮也○凡諸侯之喪異姓臨於外於城外向其國○向或作嚮許亮反【疏】注於城外向其國○正義曰禮奔喪之記云哭父之黨於廟母妻之黨於寢師於廟門外朋友於寢門外所識於野張帷此傳言於外與彼於野同於城外向其國張。帷而哭之耳同姓於宗廟。所出王之廟【疏】同姓於宗廟○正義曰此即周廟也但發大例意通古今故不復斥言周耳其實於周之世亦周廟也異姓之國無所出王之廟者其哭同姓必不得同諸異姓亦當於祖廟同宗於祖廟始封君之廟○同族於禰廟父廟也同族謂高祖以下○禰乃禮反○是故魯爲諸姬臨於周廟諸姬同姓國○爲于僞反下皆同○爲邢。凡蔣。

茅胙祭臨於周公之廟即祖廟也六國皆周公之支子別封爲國共祖周公○邢音刑蔣將丈反案富辰所稱邢在蔣下今傳在凡上未知何者爲是茅亡交反胙才故反祭側界反徐又如字○冬楚子囊秦庶長無地伐宋師于楊梁以報晉之取鄭也取鄭在前年梁國睢陽縣東有地名楊梁○長丁丈反下同○靈王求后于齊齊侯問對於晏桓子桓子對曰先王之禮辭有之天子求后於諸侯諸侯對曰夫婦所生若而人不敢譽亦不敢毀故曰若如人○譽音餘又如字○妾婦之子若而人言非適世也適丁歷反無女而有姊妹及姑姊妹疏○及姑姊妹○正義曰釋親云父之姊妹曰姑樊光曰春秋傳云姑姊妹然則古人謂姑爲姑姊妹若父之姊爲姑姊父之妹爲姑妹列女傳梁有節姑妹入火而救兄子是謂父妹爲姑妹也後人從省故單稱爲姑也古人稱祖父近世單稱祖亦此類也則曰先守某公之遺女若而人齊侯許昏王使陰里逆之陰里周大夫結成也爲十五年劉夏逆王后傳○守手又反夏戶雅反○公如晉朝且拜士魴之辱禮也士魴聘在此年夏嫌君臣不敵故曰禮也○秦嬴歸于楚秦景公妹爲楚共王夫人○嬴音盈楚司馬子庚聘于秦爲夫人寧禮也子庚莊王子午也諸侯夫人父母既沒歸寧使卿故曰禮疏秦嬴至禮也○正義曰此事不見於經而傳自廣記備言以明禮之事耳楚共王以成元年即位秦嬴歸楚蓋應多年傳因子庚之聘發其歸楚非此年歸而即使歸寧案昭元年秦鍼奔晉傳云其母曰弗去懼選鍼則景公之弟昭元年其母猶在此注云父母既沒歸寧使卿者父母並在則身自歸寧若父沒母存身不自歸則亦使卿寧也杜云父母既沒連言之耳

附釋音春秋左傳注疏卷第三十一

春秋左傳注疏卷三十一校勘記　阮元撰盧宣旬摘錄

附釋音春秋左傳注疏卷第三十一 襄十年盡十二年石經春秋經傳集解襄二第十五岳本襄字下增公字並盡十五年

〔經十年〕

相楚地 淳熙本相誤相惠棟云相是宋地非楚地也晉楚方爭而與諸侯會於其地必無是理也案京相璠云相宋地今彭城偪陽縣西北有相水溝去偪陽八十里東南流逕偪陽縣故城東北又南亂於沂而注於沭謂之相口城此云楚地乃轉寫之誤或以昭六年注相鄭地當之其說更非

遂滅偪陽 釋文云偪徐仙民音甫目反本或作逼惠棟云徐音是也漢書古今人表有福陽子案注云妘姓師古曰即偪陽也穀梁作傅陽郡國志云傅陽有相水引經文亦作福並音之轉耳石經及諸刻本皆作偪

今彭城傳陽縣也 宋本岳本纂圖本監本毛本傳作傅不誤閩本作偪

鄅鄶路偪陽也 毛本鄶誤鄫

齊世至滕上 閩本監本毛本世下增子字

用天子旣命以爲之嗣也 宋本用作明與鄭注合

爲盟主所尊 監本主作王非也

戍鄭虎牢 監本戍誤戊石經虎作虍避所諱

各受晉命戍虎牢 淳熙本各誤名監本戍作戊亦非下同

〔傳十年〕

光從東道與東諸侯會遇 纂圖本監本毛本光作先非也

士莊子曰 惠棟云服虔本作士莊伯見太平御覽石經及宋刊本皆作子

郰人紇抉之 惠棟云鄹元引作鄹人論語同案郰字古或省文从取說文曰郰魯下邑孔子鄉从邑取聲

百人爲隊 文選東都賦注引作百人爲一隊案各本無一字李注以意增也

庫人爲車 宋本監本毛本庫作車

隊則又縣之 石經隊作墜案碑土字後加

余恐亂命 淳熙本余誤命

牽帥老夫 文選李注謝宣遠荅靈運詩引帥作率案帥率字通

言其因會以滅國 監本滅作威誤

本謀氏行兵 閩本氏作戍監本作戊毛本作戉並形相近而誤宋本作伐是也〇今從宋本

是九其從會行也監本毛本九作究亦非宋本作九不誤〇今從宋本

經典言樂殷爲大護盧文弨校本樂殷作殷樂

或可禱桑林以得雨儀禮經傳通解引亦作可閩本監本毛本作曰非是

注禘三年大祭則作四代之樂別至樂侯宋本無年大祭則作四代之樂別十字樂侯監本毛本作侯樂

與注文合宋本同

禘者敬鄰國之賓宋本無禘者二字齊召南亦以二字爲衍文是也

下管象閩本監本毛本管上有而字與祭統合

言具天子樂也宋本淳熙本岳本監本足利本具作俱是也

師樂師也宋本淳熙本作師帥也與釋文正義皆合案鄭注周禮地官云師之言帥也是也

旌夏大旌也案後漢書馬融傳廣成頌注引大旌作大旗

舞師樂人之帥閩本監本毛本帥作師非也

以偪陽子歸獻于武宮淳熙本于作於

謂之柏人也閩本監本柏作栢

掌邑大夫宋本掌下有霍字

生秦丕茲釋文云一本作秦不茲家語秦商字不慈案丕不經典中每多互用

言二父以力相尙宋本纂圖本監本毛本二作董段玉裁曰作二者是也下文秦丕茲仲尼爲二子則秦堇父郰人紇爲二父二父以力相尙事見上文韓文公書張中丞傳後云兩家子弟才智下不能通知二父志亦爲妄人改作二賢

以德相高纂圖本閩本監本毛本高誤尙

楚子囊鄭子耳伐我西鄙石經宋本淳熙本岳本伐作侵不誤

大夫宜賓之以上卿宋本淳熙本岳本纂圖本監本毛本夫作子是也

己酉師于牛首宋本纂圖本閩本監本毛本于作於石經淳熙本作于

爾車非禮也石經車下旁增多字惠棟云案注當有多字也按云非禮故注以猶多釋之非傳文本有多字也凡石經旁增之字皆淺人惑於俗本所爲

公子婜釋文云婜本亦作熙宋本淳熙本足利本作熙字按婜字見說文女部說樂也

先臨尸而追盜淳熙本作追賊宋本作逐賊案陳樹華云上傳云帥賊以入盜卽賊也傳言追盜故注以逐賊釋之宋本是也

還鄭而南釋文曰還本又作環惠棟云案鄭注士喪禮云古文環作還哀三年傳道還公宮同公羊傳云以地還之也又云師還齊侯按還環古今

字

子蟜曰 案石經此處刓缺顧炎武云蟜誤嬌所據乃王堯惠謬刻也諸本前後皆作蟜是也

霄涉潁 石經宋本岳本纂圖本監本毛本霄作宵案張猛龍碑霄作宵蓋字形之小誤後遂因宵而譌作霄岳氏之九經三傳沿革例曾辨霄字之譌而未詳其致誤之由

我實不能禦楚 釋文作能御淳熙本重我字非也

又不能庀鄭 補各本庀作庇

今伐其師 顧炎武云石經今誤令案石經此處缺所據乃謬刻也

右助 宋本淳熙本岳本足利本助下有也字

篳門閨竇之人 釋文閨本亦作圭案文選李注謝玄暉拜中軍記室辭隨王牋引作篳門圭竇玉篇云蓽亦作篳惠棟云說文引作篳門圭窬康成禮記注篳門荆竹織門也圭窬門旁窬也穿墻爲之如圭矣玉篇亦引作窬窬竇古音同部字

使世守其職 淳熙本脫守字

是七從之一 宋本從作姓不誤

故其字從旌旗者 宋本旌旗作㫃㫃是也

其能來東底乎石經宋本岳本作厎乎釋文同

不勝其富此節正義宋本在注文師旅之長皆受賂句下

則何謂正矣石經何字殘缺釋文云何或作可誤也陳樹華云古文可爲何字之省文按古人語急可謂猶言何可謂也

正者不失下之直閩本監本此七字誤作正義讵上脱注字

所左亦左之石經上左字殘缺淳熙本作右非也

周禮卿士職云宋本卿作鄉是也

（經十一年）

杜見其以三改二閩本監本毛本改作以二改三按以三改二謂以今之三改昔之二亦通

此四月四卜宋本閩本監本毛本並作卜此本誤十今訂正

己未同盟于亳城北石經宋本岳本已作己是也公羊穀梁亳作京公羊疏云穀梁與此同左傳經作亳城北服氏之經亦作京城北乃與此傳同之也惠棟云案亳城當依服氏作京京鄭地在滎陽隱元年傳謂之京城是也

（傳十一年）

軍多則貢事監本毛本事下衍多字閩本初刻亦無後擠增宋本事作重不誤

膏肓何休以爲左氏說云監本毛本肓作盲非案膏肓何休當作何休膏肓各本誤倒

故先言之宋本言作告是也

若爲三軍閩本毛本若下衍不字三字宋本作二是也

是僖公之廟門也宋本之廟作廟之是也

壞其軍乘纂圖本閩本監本毛本軍誤車

欲馹使入己岳本纂圖本足利本馹作驅按馹俗驅字古文作敺

唯在力役宋本在作有是也

吾乃與之盟補各本乃作又

毋薀年釋文亦作蘊石經薀字改刊初刻作蘊非也

獎王室岳本纂圖本毛本獎作奬注同

名山名川石經初刻作大川改刻名

彼方雖不言盟宋本方作文不誤

鄭云神監之宋本云下有明字是也

於是晉爲盟主 盧文弨校本是作時

乃不自數 毛本自誤目

俾失其民 釋文云俾本又作卑陳樹華云釋文前以卑爲正以俾爲一作之字此又以卑爲一作之字疑傳寫之誤

隊命亡氏 石經隊作墜

則稱行人者 宋本者作若

是經繆 監本毛本繆改謬

服虔見下有鐘鎛師磬 宋本監本毛本無師字是也

鐘師鎛磬師 宋本鎛下有師字不誤

然則鄭人以師茂師慧賂宋者 宋本茂作茷是也

數射筭 毛本筭作算下並同按說文作筭者今之筭籌也作算者數也用字之例當於具數字作算筭籌字作筭而唐石宋槧多用筭少用算者音同而義近之故也近刻則多用算

杜本軘十五乘 臧禮堂云杜訓淳爲耦耦爲十五則三十乘故下云更以他兵車七十乘共爲百乘是杜本當作淳不作軘也

歌鐘二肆 岳本鐘作鍾注同注內懸鐘鐘字釋文作鍾陳樹華云今傳文依石經注依宋本俱作鐘字前後一例也

單爲半此宋本此作也是也

故但解鐘數監本毛本數作磬非也

各三十二枚也閩本監本各作名非也

鑄磬皆樂器纂圖本毛本器作名非也

八年至之和宋本此節正義在無所不諧注下

九年會于戲五也浦鏜正誤會作盟是也

諧亦和也此句下閩本監本有○毛本無○而九合諸侯至會蕭魚五十二字皆以釋文誤作注

樂只君子淳熙本閩本足利本亦作只與詩合下同石經宋本岳本纂圖本監本毛本作旨

書曰居安思危惠棟云周書程典作於安思危楚策虞卿謂春申君曰臣聞之春秋於安思危所謂春秋即左傳也虞卿傳左氏春秋於鐸椒轉授荀卿然則傳文居安當作於安案居於音相近

公曰子之教敢不承命抑微子石經子之子字起微子微字止此行只九字初刻似尚多一字

禮大夫有功則賜樂監本此節注下脫疏字

士魴禦之淳熙本岳本禦作御釋文亦作御

（經十二年）

春王二月 石經宋本淳熙本岳本足利本二作三不誤

夏晉侯使士魴來聘 公羊魴作彭何休解云考諸正本皆作士魴作彭者誤矣

秋九月吳子乘卒 案傳作吳子壽夢卒十年正義引服虔云壽夢發聲吳蠻夷言多發聲數語共成一言壽夢一言也經言乘傳言壽夢欲使學者知之也錢大昕云乘壽皆齒音當讀如疇與乘為雙聲夢古音莫登切與乘為疊韻併兩字為一言孫炎制反切蓋萌芽於此

（傳十二年）

公能休禮 閩本監本毛本休作體亦誤宋本作依是也○今訂從宋本

張帷而哭之耳 監本帷誤帳

同族於禰廟 淳熙本廟作朝誤也

為邢凡蔣茅胙祭 釋文云案富辰所稱邢在蔣下今傳在凡上未知何者為是

師于楊梁 石經宋本淳熙本楊作揚注同郡國志梁國下有陽梁聚引傳文作楊案廣雅云楊揚也詩王風揚之水釋文云或作楊二字古多通用

故曰若如人 齊召南云而訛作如案而如也注正以如釋而

言非適世也 宋本淳熙本岳本纂圖本監本毛本無世字是也

及姑姊妹此節正義宋本在先守某公之遺女若而人下

父之姊妹曰姑姊妹曰三字模糊依閩本監本毛本補宋本曰作爲與釋親合

然則古人謂姑爲姑姊妹若父之姊爲姑姊妹若父三字模糊依閩本監本毛本補宋本若作蓋是也

梁有節姑姊妹案下文取其兄子則姑姊是矣而列女傳姝作姊疑今列女傳誤釋隸載武梁祠堂畫像亦作姑姊

王使陰里逆之補毛本逆作結是也案十行本初刻是結字後改誤逆

春秋左傳注疏卷三十一校勘記

附釋音春秋左傳注疏卷第三十二 襄十三年盡十五年

杜氏注　孔穎達疏

經十有三年春公至自晉○夏取邿邿小國也任城亢父縣有邿亭傳例曰書取言易也○邿音詩任音壬亢苦浪反又音剛父音甫易以豉反傳同○秋九月庚辰楚子審卒共王也成二年大夫盟于蜀○冬城防

傳十三年春公至自晉孟獻子書勞于廟禮也書勳勞於策也。桓二年傳曰公至自唐告於廟也凡公行告於宗廟反行飲至舍爵策勳焉禮也桓十六年傳又曰公至自伐鄭以飲至之禮也然則還告廟及飲至及書勞三事偏行一禮則亦書至悉闕乃不書至傳因獻子之事以發明凡例釋例詳之○舍如字又音捨

疏注書勳至詳之○正義曰其書勞與策勳一也周禮王功曰勳事功曰勞對則勳大而勞小故傳變文以包之注云書勳勞於策明其不異也桓二年傳發凡例有告廟也飲至也策勳也桓十六年傳言飲至此年傳言書勞二者各舉其一所以反覆凡例以此知三事偏行一禮則亦書至悉闕乃不書至耳所云偏行一禮謂偏行告至其飲至策勳則不可偏行也何則告廟因行飲至舍爵而即策勳飲至並行之於廟豈得不告至而在廟聚飲乎不告至而入廟書勞乎明其決不然矣但告至已後或飲至而不書勞或書勞而不飲至二事或有闕其一者傳因獻子書勞復言禮也所以發明凡例釋例曰公行或朝或會或盟或伐得禮失禮其事非一故傳隨而釋之於盟釋告廟嫌他例不通故復總云凡公行告于宗廟反行飲至舍爵策勞焉禮也此以明公之出竟當無不告及其反也則必飲至有功。成策勳故公至自伐鄭傳重言以飲至之禮孟獻子書勞于廟傳復云禮所以反覆凡例也公朝於晉而獻子書勞知策勳非唯討伐之功雖或常行有以定國安民亦書功於廟也然則凡反行飲至必以嘉會昭告祖禰有功則

舍爵策勳無勞告事而已○夏郜亂分爲三國分爲三部志力各異師救郜遂取之魯師也經不稱師不滿二千五百人
傳通言之【疏】。注魯師至言之○正義曰莊八年師及齊師圍郕彼是大夫將滿師故稱師此亦大夫將所將不滿二千五百人故直言取郜而不得言師也
傳言師者師是衆人總名雖少亦通言之。凡書取言易也不用師徒及用師徒而不勞雖國亦曰取【疏】注不用至曰取○正義曰宣九年取
根牟傳曰言易也成六年取鄟傳曰言易也昭四年取鄫傳曰言易也莒亂著丘公立而不撫鄫鄫叛而來故曰取凡克邑不用師徒曰取與此四發取例傳
皆云言易也取鄫之下又發凡例云克邑不用師徒曰取者不用師徒即是易得之狀所以覆明凡例也若用而不勞則與不用相似故杜云用而不勞亦曰
取也凡例克邑郜乃是國知雖國亦曰取釋例曰取者乘其衰亂或受其潰叛或用。小師而不頓兵勞力則直言取如取如攜言其易也傳四發取例者郜以
師徒鄫叛而來根牟東夷鄟附庸國名各不同故也郜爲小國非邑非夷故以凡例附之用大師焉曰滅敵人距戰斬獲俘馘用力難重雖邑
亦曰滅○馘古獲反【疏】注敵人至曰滅○正義曰國大邑小嫌邑易國難滅取止見難易不由國邑大小故注辯之上云易則雖國亦曰取此取郜郜是國
也此言用力難重則雖邑亦曰滅僖二年虞師晉師滅下陽昭十三年吳滅州來皆邑而言滅是也弗地曰入謂勝其國邑不有其地【疏】謂勝
至其地○正義曰入謂入其都邑制其民人當入之日與滅亦同。但尋即去之不爲己有故云勝其國邑不即有其土地如此之類謂之爲入國邑雙舉者國
邑皆稱入也文十五年晉郤缺入蔡是入國也成七年吳入州來九年楚人入鄆是入邑也若然閔二年狄入衛哀八年宋公入曹二者傳皆言滅而經書入
者釋例曰狄滅衛而書入者狄無文告衛之君臣死盡齊桓存之以告諸侯言狄已去不能有其土地也曹背晉而奸宋是以致討宋公既還而不忍褚師之
詬怒而反兵一舉滅曹滅非本志故以入告也○荀罃士魴卒晉侯蒐于緜上以治兵爲將命軍帥也必蒐而命之所

以與衆共○爲于僞反帥所類反使士匄將中軍辭曰伯游長伯游荀偃○長丁丈反昔臣習於知伯是以佐之非能賢也七年韓厥老知罃代將中軍士匄佐之匄今將讓故謂爾時之舉不以己賢事見九年○見賢遍反請從伯游荀偃將中軍代荀罃士匄佐之位如故使韓起將上軍辭以趙武又使欒黶以武位卑故不聽更命黶辭曰臣不如韓起韓起願上趙武君其聽之使趙武將上軍武自新軍超四等代荀偃韓起佐之位如故欒黶將下軍魏絳佐之黶亦如故絳自新軍佐超一等代士魴○新軍無帥將佐皆還○將子匠反晉侯難其人使其什吏率其卒乘官屬以從於下軍禮也得慎舉之禮○難乃旦反或如字什音十卒子忽反乘繩證反

疏晉侯至禮也○正義曰什吏謂十人長也從車曰卒在車曰乘新軍將佐皆還晉侯選賢未得難用其人使其軍內十人之長率其步卒車士與其新軍官屬軍尉司馬之類以從於下軍令下軍將佐兼領之得慎舉之禮也周禮夏官序云凡制軍萬有二千五百人爲軍軍將皆命卿二千有五百人爲師師帥皆中大夫五百人爲旅旅帥皆下大夫百人爲卒卒長皆上士二十五人爲兩兩司馬皆中士五人爲伍伍皆有長不言十人有長而此傳云什吏者夏官所云周禮之正法耳其量時制事未必盡然尚書牧誓有千夫長百夫長齊語管子設法五人爲伍五十人爲小戎二百人爲卒二千人爲旅萬人爲軍吳語王孫雄設法百人爲行十行一旌十旌一將軍引司馬法云十人之帥執鈴百人之帥執鐸千人之帥執鼓萬人之將執大鼓三者數人置帥皆以什計之異於周禮則晉人爲軍或十人置吏也○

晉國之民是以大和諸侯遂睦君子曰讓禮之主也范宣子讓其下皆讓欒黶爲汰弗敢違也晉國以平數世賴之刑善也

夫刑法也○汏音泰數所主反夫音扶一人刑善百姓休和可不務乎書曰一人有慶兆民賴之
其寧惟永其是之謂乎周書呂刑也一人天子也寧安也永長也義取上有好善之慶則下賴其福○休許虯反好呼報反周之
興也其詩曰儀刑文王萬邦作孚詩大雅言文王善用法故能爲萬國所信孚信也言與善也疏詩曰至善
也○正義曰此大雅文王之篇儀善也刑法也孚信也善用法者文王也言文王善用法故能爲萬國所信言文王之法善也及其衰也其詩
曰大夫不均我從事獨賢詩小雅刺幽王役使不均故從事者怨恨稱己之勞以爲獨賢無讓心○言不讓也疏詩曰
至讓也○正義曰詩小雅北山之篇刺幽王役使不均平被使之人自稱己之功勞我所以特從王事者在上獨以我爲賢自云己賢是不讓也○世之
治也君子尚能而讓其下能者在下位則貴尚而讓之○治直吏反小人農力以事其上是以上下
有禮而讒慝黜遠由不爭也謂之懿德及其亂也君子稱其功以加小人加陵也君
子在位者○慝他得反遠于萬反又如字爭爭鬬之爭○小人伐其技以馮君子馮亦陵也自稱其能爲伐○技其綺反馮皮冰反
是以上下無禮亂虐並生由爭善也爭自善也謂之昏德國家之敝恆必由之傳言晉之
所以興○楚子疾告大夫曰不穀不德少主社稷生十年而喪先君未及習師保
之教訓而應受多福多福謂爲君○少詩照反喪息浪反是以不德而亡師于鄢鄢在成十六年○鄢音偃以
辱社稷爲大夫憂其弘多矣弘大也若以大夫之靈獲保首領以歿於地唯是春

秋窀穸之事窀厚也穸夜也厚夜猶長夜春秋謂葬埋○殁音沒窀張倫反一音徒門反穸音夕【疏】注窀厚至葬埋○正義曰

晉語云。窀厚也說文云夕暮也從月半見。夜字從夕知是以夕為夜也厚長意同故厚夜猶長夜也孝經云春秋祭祀以時思之故春秋謂祭祀也長夜者言夜不復明死不復生故長夜謂葬埋也以其事施於葬故今字皆從穴王意自貶祭之與葬皆不敢從先君之禮

所以從先君於禰廟者從先君代為禰廟【疏】注從先至禰廟○正義曰祭法云諸侯立五廟曰考廟王考廟皇考廟顯考廟祖考廟此云禰廟即彼考廟也曲禮云生曰父死曰考考成也言有成德也禰近也於諸廟父最為近也禮三年之喪畢則以遷新主入廟是從先君代為禰廟也計昭穆之次昭次入昭廟穆次入穆廟皆代為祖廟而言代為禰廟者是從先君之近也

○請為靈若厲欲受惡謚以歸先君也亂而不損曰靈戮殺不辜曰厲大夫擇焉莫對及五命乃許秋楚共王卒子囊謀謚大夫曰君有命矣子囊曰君命以共若之何毀之赫赫楚國而君臨之撫有蠻夷奄征南海以屬諸夏而知其過可不謂共乎請謚之共大夫從之傳言子囊之善○共音恭下同夏戶雅反○吳侵楚養由基奔命子庚以師繼之子庚楚司馬○養叔曰吳乘我喪謂我不能師也養叔養由基也必易我而不戒戒備也○易以豉反子為三覆以待我覆伏兵○覆扶又反我請誘之子庚從之戰于庸浦庸浦楚地○浦判五反大敗吳師獲公子黨君子以吳為不弔不用天道相弔恤詩曰不弔昊天亂靡有定言不為昊天所恤則致罪也為明年會向傳○昊胡老反【疏】不弔至有定○正義曰詩小雅。南山之篇○冬城防書事時也土功

雖有常節通以事間爲時【疏】注土功至爲時○正義曰莊二十九年傳例曰凡土功龍見而畢務戒事也火見而致用水昏正而栽是土功之常節也本設此節以爲農事既間故以此時興土功今此冬城防經傳皆不言月當在火見致用之前此歲農收差早雖天象未至而民事已間故云土功雖有常節通以事間爲時言時節未是時而事以得時故言書事時也釋例曰冬城防臧武仲請畢農事故傳曰書事時也言興作出火見致用之前亦得兼以事時而禮之

於是將早城臧武仲請俟畢農事禮也○鄭良霄大宰石㚟猶在楚十一年楚人執之至今石㚟言於子囊曰先王卜征五年先征五年而卜吉凶也征謂巡守征行○先征悉薦反守手又反注同○注先征至征行○正義曰先征五年而卜其吉凶也者以謂征前五年而預卜之也征訓行也先王之行謹慎而卜必是禮之大者大禮遠行莫過巡守故知征謂巡守也征行釋言文也傳言卜征五年未知何代之禮案尚書舜典云五載一巡守孔安國云堯舜同道舜攝則然堯又可知周禮大行人云十有二歲王巡守殷國王制云天子五年一巡守鄭玄云天子以海內爲家時一巡省之五年者虞夏之制也周則十二歲一巡守如孔鄭之言唐虞及夏皆五年一巡守然則卜征五年虞夏法也在周之世而遠陳虞夏法者蓋重古而言之或周之巡守不必十二年也周十二年一巡守法歲星行天一周也虞夏五年一巡守取五行遞王而徧也

而歲習其祥祥習則行五年五卜皆同吉乃巡狩【疏】而歲至則行○正義曰禮記云卜筮不相襲鄭玄云襲因也釋詁云祥善也歲因其善謂去年吉今年又吉也善因則行謂五年五吉善善相因襲則先王然後行巡守也傳稱卜不習吉而得五年五卜者卜不習吉謂不可一時再卜耳此則每年一卜非相習也

不習則增脩德而改卜不習謂卜不吉○不習則增絕句一本無增字則連下總爲句【疏】注不習謂卜不吉○正義曰其善不因往年是謂不習吉也脩德改卜更以卜吉爲始又得五吉乃行也

今楚實不競行人何罪不能

脩德。與晉競。止鄭一卿以除其偪一卿謂良霄使睦而疾楚以固於晉焉用之位不偪則大臣睦怨

疾楚則事晉固○焉用之本或作何用之於虔反【疏】止鄭至用之○正義曰。貴者多則勢相偪今止鄭一卿於楚以除其國內相偪之患。位。不。偪。則大臣

和睦使鄭在家之人和睦而疾楚。以。牢。固事於晉焉用之何須用此良霄留之於楚使歸而廢其使行而見執於楚鄭又遂堅事晉是鄭廢本

見使之意○其使所吏反注同怨其君以疾其大夫而相牽引也不猶愈乎楚人歸之【疏】。使歸至愈

乎○正義曰往者鄭使良霄向楚其意欲。得楚執良霄鄭得堅事晉國是鄭本遣良霄其意如此今若放良霄使歸於鄭則鄭不得堅事晉國是廢其本使之

意蘇氏之說亦然也良霄被執久留在楚今若歸之則怨恨其君以憎疾其大夫而相牽引令鄭國大臣不和則事晉之心不固不猶少差乎方言云病差謂

之愈後年注以愈爲差此亦當爲差也服虔云愈猶病愈是愈爲差之義也鄭玄論語注云愈猶勝也

經十有四年春王正月季孫宿叔老會晉士匄齊人宋人衛人鄭公孫蠆曹人

莒人邾人滕人薛人杞人小邾人會吳于向叔老聲伯子也魯使二卿會晉敬事霸國晉人自是輕魯幣而益敬

其使故叔老雖介亦列於會也齊崔杼宋華閱衛北宮括在會惰慢不攝故貶稱人蓋欲以督率諸侯獎成霸功也吳來在向諸侯會之故曰會吳向鄭地○

其使所吏反介音界惰徒臥反【疏】。十。四。年注叔老至鄭地○正義曰叔老聲伯子叔肸孫故以叔爲氏也卿出聘使及盟會皆以大夫爲介禮之常也此會

魯使季孫宿與叔老二卿會晉敬事霸國故以卿爲介於例唯征戰重兵詳內略外魯師出征伐則諸將並書其聘與會唯書使主其介不合書也晉人自是

輕魯幣而益敬其使叔老雖則爲介而晉爲盟主亦列之於會魯人以其並列於會故並書之也傳稱宋華閱仲江會伐秦向之會亦如之則此會宋亦二卿

華閱猶尚被貶仲江固不在列若二卿並敬其事俱得列會亦當並書於策何則盟主列之於會魯史無容略之也故傳言崔杼華閱會伐秦不書惰也向之會亦如之北宮括不書於向書於伐秦攝也是齊宋衛三國之卿於此會也惰慢不自整攝故貶稱人罪其身故去名氏猶序鄭卿之上從其大小舊次也在會惰慢未是大尤即加貶責者此是仲尼新意蓋欲督率諸侯奬成晉悼霸功故也以吳來在向諸侯就向會之故不序吳於列而云會吳于向與鍾離善道同也

○二月乙未朔日有食之無傳

○夏四月叔孫豹會晉荀偃齊人宋人衛北宮括鄭公孫蠆曹人莒人邾人滕人薛人杞人小邾人伐秦齊宋大夫不書義與向同

○己未衛侯出奔齊諸侯之策書孫甯逐衛侯春秋以其自取奔亡之禍故諸侯失國者皆不書逐君之賊也不書名從告

疏注諸侯至從告○正義曰二十年甯子疾召悼子曰諸侯之策云云甯殖自爲此言明知諸國策書皆云孫林父甯殖逐衛侯不言衛侯自出奔也仲尼脩春秋以其自取奔亡之禍故諸。失國者皆是被臣逐之悉非其君自出仲尼尤其不能自安皆不書逐君之賊所以責其君也北燕伯款出奔齊蔡侯朱出奔楚並書名此不書名從告也釋例曰諸侯奔亡皆迫逐而苟免非自出也傳稱孫林父甯殖出其君名在諸侯之策此以臣名赴告之文也仲尼之經更沒逐者之名主以自奔爲文責其君不能自安自固所犯非徒所逐之臣也衛赴不以名而燕赴以名各隨赴而書之義在於彼不在此也杜言在彼不在此者義在自出爲罪不在名與不名以其失國已足罪賤不假復以名責故史記隨赴而書仲尼依舊爲定也曲禮云諸侯失地名滅同姓名記之所言當據春秋爲義滅同姓名春秋既依用之則失地書名亦是大例而杜云名與不名無義例者案經書衛侯燬滅邢傳云同姓也故名其言與記符同左氏本有此例也失地書名則傳無其事且記言失地者謂國被人奪非棄位出奔者也州公如曹紀侯大去皆是失地之君經不書名亦不發傳知失地之君不以名爲貶也穀伯綏鄧侯吾離來朝公羊傳皆云何以名失地之君也則禮記之文或據公羊之義不可通於左氏故杜不爲此說○莒人侵我東鄙無傳報入鄆○秋楚公子貞帥師伐吳○冬季孫宿會晉士匄宋華閱衞孫林父鄭公孫蠆莒人邾人于戚

傳十四年春吳告敗于晉前年爲楚所敗會于向爲吳謀楚故也謀爲吳伐楚○爲于僞反注爲吳卒不爲同范宣子數吳之不德也以退吳人吳伐楚喪故以爲不德數而遣之卒不爲伐楚執莒公子務婁在會不書非卿○務徐莫侯反又音如字婁力侯反或力俱反以其通楚使也莒貳於楚故。比年伐魯○使所吏反將執戎子駒支駒支戎子名范宣子親數諸朝行之所在亦設朝位曰來姜戎氏昔秦人迫逐乃祖吾離于瓜州四嶽之後皆。姓姜又別爲允姓瓜州地在今燉煌○迫音百瓜古華反燉徒門反煌音皇疏。傳注四嶽至燉煌○正義曰周語稱堯遭洪水使禹治之共之從孫四嶽佐之胙四嶽國命爲侯伯賜姓曰姜賈逵云共共工也從孫同姓末嗣之孫四嶽官名大嶽也主四嶽之祭焉姜炎帝之姓其後變易至於四嶽帝復賜之祖姓以紹炎帝之後是四嶽爲姜姓也下傳云謂我諸戎四嶽之裔冑是姜戎爲四嶽之後姜姓故稱姜戎也昭九年傳云先王居檮杌于四裔故允姓之姦居于瓜州伯父惠公歸自秦而誘以來同說此事而云允姓知姜姓之後又別爲允姓也其姜姓是帝堯所賜允姓不知誰賜之也周語云胙四嶽國爲侯伯謂爲諸侯之長下注云四嶽堯時方伯據彼文而知之乃祖吾離被苫蓋蓋苫之別名○被普支反苫式占反蓋戶臘反爾雅曰白蓋謂之苫蒙荊棘以來歸我先君蒙冒也○冒莫報反疏○注蓋苫之別名○正義曰釋器云白蓋謂之苫孫炎曰白蓋茅苫也郭璞曰白茅苫也今江東呼為蓋○。被苫蓋蒙荊棘○正義曰被苫蓋言無布帛可衣唯衣草也蒙荊棘言無道路可從冒榛藪也說其窮困之極耳我先君惠公有不腆之田腆厚也○腆他典反○與女剖分而食之中分為剖○女音汝下同○剖普口反中丁仲反又如字今諸侯之事我寡君不如昔者蓋言語漏洩。則職女之由職主也○洩息列反徐音以世反詰朝之事爾無與焉詰朝明旦不使復得與會事○詰起吉反朝如字注同與音預注及下同復扶又反與將執女對曰昔秦人負恃其衆貪于土地逐我諸戎惠公蠲其大德蠲明也○疏昔秦至諸戎○正義曰僖二十二年傳云秦晉遷陸渾之戎于伊川則秦晉共遷之也昭九年傳云惠公歸自秦而誘以來又似晉侯獨誘之也此云秦人逐之惠公與田乃是被秦逐而自歸晉也三文不同者此戎本處瓜州在秦之西北秦貪其土晉貪其人二國共誘而使遷僖傳是其實也昭傳王專責晉故指言晉耳此傳宣子施恩於戎故言被逐歸晉駒支順宣子之言故云秦貪土地逐我諸戎秦本。貪其土地而遷。也謂我諸戎是四嶽之裔胄也四嶽堯時方伯姜姓也裔遠。也胄後也○裔以制反胄直又反毋是翦棄翦削也○毋音無賜我南鄙之田狐狸所居豺狼所嗥我諸戎除翦其荊棘驅其狐狸豺狼以為先君不侵不叛之臣至于今不貳不內侵亦不外叛○貍力之反又作狸同豺仕皆反嗥戶羔反昔文公與秦伐鄭秦人竊與鄭盟而舍戍焉在僖三十年於是乎有殽之師在僖三十三年○殽戶交反晉禦其上戎亢其下亢猶當也○秦亢苦浪反師不復我諸戎實然譬如捕鹿晉人角之諸戎掎之掎其足也○捕音步與晉徐又音賦掎居綺反踣之踣僵也○踣蒲北反又蒲豆反僵居良反疏譬如至踣之○正義曰角之謂執其角也掎之言戾其足也前覆謂之踣言與晉共倒之戎何以不免自是以來晉之百役與我諸戎相繼于時言給晉役不曠時以從執政猶殽志也意常如殽無。中二也豈敢離遏今官之師旅無乃實有所闕以攜諸侯而罪我諸戎我諸戎飲食衣服不與華同贄幣不通言語不達何惡之能為不與於會亦無瞢焉瞢悶也○遏他歷反贄音至不與音預瞢莫贈反徐又武登反一音武忠反○賦青蠅而退青蠅詩小雅取其愷悌君子無信讒言○蠅似仍反愷開在反悌徒禮反下文及注同宣子辭焉辭謝使即事於會成愷悌也成愷悌不信讒也不書者戎為晉屬不得特達於是子叔齊子為季武子介以會自是晉人輕魯幣而益敬其使。齊子叔老字也言晉敬魯使經所以並書二卿○介音界使所吏反注同○吳子諸樊既除喪諸樊吳子乘之長子也乘卒至此春十七月既葬而除喪○長丁丈反將立季札札諸樊少弟○札則八反少詩照反季札辭曰曹宣公之卒也諸侯與曹人不義曹君曹君公子負芻也殺太子而自立事在成十三年將立子臧子臧去之遂弗為也以成曹君君子曰能守節君義嗣也諸樊適子故曰義嗣○適丁歷反誰敢奸君有國非吾節也札雖不才願附於子臧以無失節固立之棄其室而耕乃舍之傳言季札之讓且明吳兄弟相傳○奸音干傳直專反○夏諸侯之大夫從晉侯伐秦以報櫟之役也櫟役在十一年晉侯待于竟使六卿帥

諸侯之師以進言經所以不稱晉侯○竟音境及涇不濟諸侯之師不肯渡也涇水出安定朝那縣至京兆高陸縣入渭○朝如字
如淳音株那乃多反叔向見叔孫穆子穆子賦匏有苦葉詩邶風也義取於深則厲淺則揭言己志在於必濟○匏白交
反揭起例反疏注詩邶至必濟○正義曰此詩本文云匏有苦葉濟有深涉深則厲淺則揭釋水全引下三句而釋之云揭者揭衣也以衣涉水為厲繇
膝以下為揭繇膝以上為涉繇帶以上為厲李巡云濟渡也水深則厲水淺則揭衣渡也不解衣而渡水曰厲孫炎曰揭褰衣裳也以衣涉水濡褌也詩意言
遇水深淺期之必渡穆子賦此詩言己志在於必濟也魯語云叔向見叔孫穆子穆子曰豹之業在匏有苦葉矣叔向退召舟虞與司馬曰夫苦匏不材於人
共濟而已魯叔孫賦匏有苦葉必將涉矣彼叔向之意取匏有苦葉為義此注取深厲淺揭為義者穆子止賦此詩不言所取之意未必叔向曲得其情杜以
厲揭為義切於取匏有苦葉故不從國語而別為此解叔向退而具舟魯人莒人先濟鄭子蟜見衛北宮
懿子曰與人而不固取惡莫甚焉若社稷何懿子說二子見諸侯之師而勸之
濟濟涇而次傳言北宮括所以書於伐秦○說音悅秦人毒涇上流師人多死飲毒水故鄭司馬子蟜
帥鄭師以進師皆從之至于棫林棫林秦地○棫位逼反徐于目反一音於鞠反不獲成焉秦不服疏不獲
成焉○正義曰此役止為報櫟之敗非欲求與秦成而云不獲成者凡興師伐國彼若服罪謝過即當相與和平故注解其意不獲成焉者止謂秦不服也服
虔云不得成戰陳之事案傳諸伐國者皆服之而已不是皆成戰陳之事此何以獨云不獲成戰也荀偃令曰雞鳴而駕塞井夷
竈示不反唯余馬首是瞻言進退從己欒黶曰晉國之命未是有也余馬首欲東乃歸

黶惡偃自專故棄之歸○惡烏路反下軍從之左史謂魏莊子曰不待中行伯乎中行伯荀偃也莊子魏絳也左史晉大夫莊子曰夫子命從帥夫子謂荀偃○帥所類反下及注皆同欒伯吾帥也吾將從之從帥所以待夫子也以從命為待也欒黶下軍帥莊子為佐故曰吾帥伯游曰吾令實過悔之何及多遺秦禽軍師不和恐多為秦所禽獲○遺唯季反乃命大還晉人謂之遷延之役遷延却退欒鍼曰此役也報櫟之敗也役又無功晉之恥也吾有二位於戎路欒鍼欒黶弟也二位謂黶將下軍鍼為戎右敢不恥乎與士鞅馳秦師死焉士鞅反鞅士匄子欒黶謂士匄曰余弟不欲往而子召之余弟死而子來是而子殺余之弟也弗逐余亦將殺之士鞅奔秦欒黶汰侈誣逐士鞅也而女也○侈昌氏反本或作奓又尺氏反女音汝疏注欒黶至女也○正義曰欒鍼自以家有二位恥其無功與士鞅共馳秦師非鞅召之是誣逐士鞅也於是齊崔杼宋華閱仲江會伐秦不書惰也臨事惰慢不脩也仲江宋公孫師之子向之會亦如之衛北宮括不書於向亦惰書於伐秦攝也能自攝整從鄭子蟜俱濟涇秦伯問於士鞅曰晉大夫其誰先亡對曰其欒氏乎秦伯曰以其汰乎對曰然欒黶汰虐已甚猶可以免其在盈乎盈黶之子秦伯曰何故對曰武子之德在民如周人之思召公焉愛其甘棠況其子乎武子欒書黶之父也召公奭聽訟於甘棠之下周人思之不害其樹而作勿伐之詩在召南○召上照反注同奭詩亦反欒

黶死盈之善未能及人武子所施沒矣而黶之怨實章將於是乎在秦伯以爲知言爲之請於晉而復之爲傳二十一年晉滅欒氏張本○施如字又始豉反爲之于僞反○衛獻公戒孫文子甯惠子食勑戒二子欲共宴食【疏】注勑戒至宴食○正義曰君之於臣有禮食宴食儀禮公食大夫禮者主國之君食聘賓之禮也其食己之大夫亦當放之而迎送荅拜之儀有差降耳曲禮云凡進食之禮左殽右胾鄭玄云此大夫士與賓客燕食之禮其禮食則宜放公食大夫禮也如鄭之言大夫與客禮食尚放公食大夫禮明知國君與臣禮食亦當放之公食大夫之禮其禮甚大衛侯雖則無道不應與臣禮食而得棄之射鴻知是公自勑戒二子欲共爲宴食宴食者閑燕無事召臣與之共食耳皆服而朝服朝服待命於朝【疏】注服朝服○正義曰言服而朝明朝服也諸侯每日視朝其君與臣皆服玄冠緇布衣素積以爲裳禮通謂此服爲朝服宴食雖非大禮要是以禮見君故服朝服公食大夫之禮賓朝服則臣於君雖非禮食亦當服朝服也日旰不召旰晏也○旰古旦反而射鴻於囿二子從之從公於囿○射食亦反囿音又不釋皮冠而與之言皮冠田獵之冠也既不釋冠又不與食【疏】注皮冠至與食○正義曰此公射鴻於囿而冠皮冠明皮冠是田獵之冠也且虞人掌獵昭二十年傳曰皮冠以招虞人又十二年傳言雨雪楚子皮冠以出出田獵也是諸侯之禮皮冠以田獵周禮司服云凡甸冠弁服鄭玄云甸田獵也冠弁委貌也其服緇布衣素積以爲裳是服諸侯視朝之服也彼天子之禮故以諸侯朝服而田異於此也昭十二年傳又云右尹子革夕王見之去。皮冠。杜云敬大臣是君敬大臣宜釋皮冠既不釋皮冠又不與食二子所以。怒也二子怒孫文子如戚戚孫文子邑孫蒯入使孫蒯孫文子之子○使所吏反又如字公飲之酒使大師歌巧言之卒章巧言詩小雅其卒章曰彼何人斯居河之麋無拳無勇職爲亂

階戚衛河上邑公欲以喻文子居河上而爲亂大師掌樂大夫○飲於引反欒亡悲反本或作湄拳音權大師辭師曹請爲之辭以爲不
可師曹樂人初公有嬖妾使師曹誨之琴誨教也○嬖必計反師曹鞭之公怒鞭師曹三百故
師曹欲歌之以怒孫子以報公公使歌之遂誦之恐孫蒯不解故○解音蟹蒯懼告文子文
子曰君忌我矣弗先必死欲先公作亂欲先息薦反○并帑於戚帑子也○并必政反帑音奴【疏】并帑於戚○正
義曰孫子衛朝大臣食邑於戚其子先分兩處將欲作亂慮禍及其子故令并帑處於戚而入見蘧伯玉曰君之暴虐子所
知也大懼社稷之傾覆將若之何伯玉蘧瑗○蘧其居反覆芳服反瑗于眷反對曰君制其國臣敢
奸之奸猶犯也雖奸之庸知愈乎言逐君更立未知當差否○愈羊主反愈差也差初賣反遂行從近關出懼難作欲
速出竟○難乃旦反竟音境下文皆同【疏】從近關出○正義曰聘禮及竟謁關人鄭玄云古者竟上爲關以譏異服識異言又周禮司關注云關界上之
門也衛都不當竟中其界有遠有近欲速出竟故從近關出也公使子蟜子伯子皮與孫子盟于丘宮孫子皆
殺之三子衛羣公子疑孫子故盟之丘宮近戚地○蟜古表反近附近之近四月己未子展奔齊子展衛獻公弟公如鄄
鄄衛地鄄音絹○使子行於孫子孫子又殺之使往請和也子行羣公子公出奔齊孫氏追之敗公
徒于河澤濟北東阿縣西南有大澤鄄人執之公徒因敗散還故爲公執之○爲于僞反下爲孫氏同【疏】注公徒至執之○正義曰
服虔云執追公徒者公如鄄故鄄人爲公執之計孫氏追公徒衆必盛鄄人爲公可言與之戰耳不得言執之也且文承敗公徒下豈敗公徒之後乃執之乎

下文方說二子追公豈復是鄆人執二子也故杜以爲公徒因敗而散亡鄆人爲公執散走者初尹公佗學射於庾公差庾公
差學射於公孫丁二子追公二子佗與差爲孫氏逐公徒何反差初佳反徐初宜反○佗公孫丁御公爲公御也
子魚曰射爲背師不射爲戮射爲禮乎子魚庾公差禮射不求中○射食亦反下及注除禮射一字皆同或一讀射而
禮乎食夜反背音佩中丁仲反射兩軥而還軥車軛卷者○軥其俱反徐又古豆反軛於革反卷音權又起權反尹公佗曰子爲
師我則遠矣乃反之佗不從丁學故言遠始與公差俱退悔而獨還射丁公孫丁授公轡而射之貫臂貫佗
臂○貫古亂反一音官注同【疏】初尹至貫臂○正義曰孟子云鄭人使子濯孺子侵衛衛使庾公之斯追之子濯孺子疾作庾公之斯至曰夫子何爲不
執弓曰今日我疾作不可以執弓庾公之斯曰小子學射於尹公之佗尹公之佗學射於夫子我不忍以夫子之道反害夫子雖然今日之事君事也我不敢
廢抽矢叩輪去其金發乘矢而後反其姓名與此略同行義與此正反不應一人之身有此二行孟子。辯士之說或當假爲之辭此傳應是實也○注軥車軛
○正義曰說文云軥。車軛下曲者服虔云車軛兩邊叉馬頸者子鮮從公子鮮公母弟及竟公使祝宗告亡且告無
罪告宗廟。定姜曰無神何告若有不可誣也誣欺也定姜公適母○適丁歷反有罪若何告無舍
大臣而與小臣謀一罪也先君有冢卿以爲師保而蔑之二罪也謂不釋皮冠之比○舍音
捨比必二反也余以巾櫛事先君而暴妾使余三罪也告亡而已無告無罪時姜在國故不使得
告無罪○櫛側乙反【疏】暴妾使余○正義曰言暴虐使余如妾公使厚成叔弔于衛曰寡君使瘠聞君不撫

社稷而越在他竟越遠也㑺厚成叔名○厚本或作郈音同弔于衞本或作弔于衞侯侯衍字也㑺在亦反若之何不弔以
同盟之故使㑺敢私於執事執事衞諸大夫曰有君不弔弔恤也有臣不敏敏達也疏有臣不敏
○正義曰不敏不達於禮也君不赦宥臣亦不帥職增淫發洩其若之何衞人使大叔儀對
大叔儀衞大夫○洩息列反大音泰曰羣臣不佞得罪於寡君寡君不以即刑而悼棄之以爲君
憂君不忘先君之好辱弔羣臣又重恤之重恤謂愍其不達也○好呼報反重直用反注及下同敢拜君
命之辱重拜大貺謝重恤之賜厚孫歸復命語臧武仲曰衞君其必歸乎有大叔儀
以守守於國○語魚據反守手又反有母弟鱄以出或撫其內或營其外能無歸乎齊人以郲
寄衞侯郲齊所滅郲國○鱄徐市轉反又音專郲音來及其復也以郲糧歸言其貪右宰穀從而逃歸衞
人將殺之穀衞大夫也以其從君故欲殺之○從才用反又如字注同辭曰余不說初矣言初從君非說之不獲已耳○說音
悅注及下同疏余不說初矣○正義曰言余之不說於君初即然矣不得已而從之出耳非是愛君而從在道始悔而反也余。狐裘而羔
袖言一身盡善唯少有惡喻己雖從君出其罪不多○袖本又作褏在又反疏狐裘而羔袖○正義曰玉藻云君衣狐白裘錦衣以裼之又曰錦衣狐裘
諸侯之服也是裘之用皮狐貴於羔也乃赦之衞人立公孫剽剽穆公孫○剽匹妙反一音甫遙反字林父召反孫林父
甯殖相之以聽命於諸侯聽盟會之命○相息亮反衞侯在郲臧紇如齊唁。衞侯。與之言虐

退而告其人曰衛侯其不得入矣其言糞土也亡而不變何以復國武仲不書未爲卿○唁魚變反徐作𠍱音唁弔失國曰唁糞方問反子展子鮮聞之見臧紇與之言道順道理臧孫說謂其人曰衛君必入夫二子者或輓之或推之欲無入得乎爲二十六年衛侯歸傳○輓音晚推如字又他回反

○師歸自伐秦晉侯舍新軍禮也成國不過半天子之軍成國大國○舍音捨下及注同疏注成國大國○正義曰周禮大宗伯以九儀之命正邦國之位五命賜則七命賜國鄭玄云則地未成國之名王之下大夫四命出封加一等五命賜之以方百里二百里三百里之地者方四百里以上爲成國如鄭之言成國者唯公與侯耳伯雖與侯同命地方三百里未得爲成國也成國乃得半天子之軍未成則不得也夏官序云大國三軍次國二軍小國一軍當以公侯爲大國伯爲次國子男爲小國也諸侯五等唯有三等之命伯之命數可以同於侯其軍則計地大小故伯國之軍不得同於侯也此據禮正法耳春秋之世鄭置六卿未必不爲三軍周爲六軍諸侯之大者三軍可也於是知朔生盈而死朔知罃之長子盈朔弟也盈生而朔死○知音智長丁丈反盈生六年而武子卒彘裘亦幼皆未可立也新軍無帥故舍之彘裘士魴子也十三年荀罃士魴卒其子皆幼未任爲卿故新軍無帥遂舍之○彘直例反帥所類反注同任音壬

師曠侍於晉侯師曠晉樂大師子野晉侯曰衛人出其君不亦甚乎對曰或者其君實甚良君將賞善而刑淫養民如子蓋之如天容之如地民奉其君愛之如父母仰之如日月敬之如神明畏之如雷霆其可出乎夫君神之主也民

之望也若困民之主。匱神乏。祀百姓絕望社稷無主將安用之弗去何爲天生
民而立之君使司牧之勿使失性有君而爲之貳貳卿佐○出如字徐音黜仰本亦作卬音仰霆徒丁反又
音挺本又作匱匱其位反乏祀本或作之祀誤也去起呂反使師保之勿使過度是故天子有公諸侯有卿
卿置側室側室支子之官大夫有貳宗貳宗宗子之副貳者士有朋友庶人工商皁隸牧圉皆有
親暱以相輔佐也善則賞之賞謂宣揚暱女乙反○疏。注賞謂宣揚○正義曰賞者善之名也但上之善下則賜之以財
故遂以賞爲賜財之號此言天子以下皆有臣僕以輔佐其上而下之賞上不得奉以貨財唯當延其譽耳故知賞謂宣揚也過則匡之匡正也
患則救之救其難也難乃旦反○失則革之革更也自王以下各有父兄。子。弟以補察其政
補其愆過察其得失史爲書謂大史君舉則書疏注謂大至則書○正義曰周禮有大史小史內史外史御史史官有五名知此史謂大史者以
傳稱齊崔杼弑其君云大史書之知君舉則書皆大史書也瞽爲詩瞽盲者爲詩以風刺○瞽音古盲莫庚反風芳鳳反疏注瞽盲至風刺○正
義曰周禮樂官大師之屬有瞽矇之職鄭玄云凡樂之歌必使瞽矇爲焉命其賢知者以爲大師小師鄭衆云無目眹。謂之瞽有目眹而無見謂之矇無目是
盲者也詩者民之所作采得民詩乃使瞽人爲歌以風刺非瞽人自爲詩也周語云天子聽政公卿至於列士獻詩瞽陳曲章昭云公以下至上士各獻諷諫
之詩瞽陳樂曲獻之於王是言瞽爲歌詩之事。工誦箴諫工樂人也誦箴諫之辭○箴之林反疏注工樂至之辭○正義曰儀禮通謂樂人
爲工工亦瞽也詩辭自是箴諫而箴諫之辭或有非詩者如虞箴之類其文似詩而別且諫者萬端非獨詩箴而已詩必播之於樂餘或直誦其言。與歌誦小

別故使工瞽異文也周語云師箴瞍賦矇誦亦是因事而異文耳**大夫規誨**規正諫誨其君【疏】注規正諫誨其君○正義曰規亦諫也鄭玄詩
箋云規者正圓之器以恩親正君曰規然則物有不圓者規之使圓行有不周者正之使備猶規正物然故云規正諫誨其君也○**士傳言**士卑不得
徑達聞君過失傳告大夫○傳直專反注同**庶人謗**庶人不與政聞君過則誹謗○與音預非如字本或作誹音亦同又甫味反【疏】注庶人至
誹謗○正義曰庶人卑賤不與政教聞君過失不得諫爭得在外誹謗之謗謂言其過失使在上聞之而自改亦是諫之類也○昭四年傳鄭人謗子產周語
厲王虐國人謗王皆是言其實事謂之爲謗但傳聞之事有實有虛或有妄謗人者今世遂以謗爲誣類是俗易而意異也周語云庶人傳語是庶人亦得傳
言以諫上也此有士傳言故別云庶人謗爲等差耳**商旅于市**旅陳也陳其貨物以示時所貴尚【疏】注旅陳至貴尚○正義曰旅陳釋詁文也
商旅于市謂商人見君政惡陳其不正之物以諫君也易云商旅不行旅亦是商此云陳者彼云商旅不行故以旅爲商此文連于市若以旅爲商且云商旅
于市則文不成義故以旅爲陳也劉炫云王制言巡守之事云命市納賈以觀民之所好惡志淫好辟鄭玄云市典市者賈謂物貴賤厚薄也質則用物貴淫
則侈物貴此亦彼類彼上觀民此民觀上商陳此物自爲求利非欲諫君但觀所陳則貴尚可見在上審而察之其過足以自改故亦爲諫類則齊鬻踊之比
是也**百工獻藝**獻其技藝以喻政事○技其綺反【疏】百工獻藝○正義曰周禮考工記云審曲面勢以飭五材以辨民器謂之百工鄭玄云五
材各有工言百衆言之也則工是巧人能用五材金木水火土者也此百事之工各自獻其藝能以其所能譬喻政事因獻所造之器取喻以諫上也即夏書所
云工執藝事以諫是也**故夏書曰遒人以木鐸徇于路**逸書遒人行人之官也木鐸木舌金鈴徇於路求歌謠之言○遒在
由反徐又在幽反又子由反鐸待洛反徇似俊反鈴力丁反【疏】注逸書至之言○正義曰此在胤征之篇其本文云每歲孟春遒人以木鐸徇于路官師

相規工執藝事以諫其或不共邦有常刑此傳引彼略去每歲孟春直引遒人
以下乃以正月孟春結之殷勤以示歲首恆必然也孔安國云遒人宣令之官
木鐸金鈴木舌所以振文教也周禮無遒人之官彼云其或不共邦有常刑是
號令羣臣百工使之諫也木鐸徇路是號令之事孔言宣令之官杜必以爲行
人之官者以其云徇於道路故以爲行人之官采訪謌謠者與孔宣令之官其
事不異劉炫以爲杜不見古文以遒人爲宣令之官徇路求諫而規杜氏不見
古文誠如劉說然杜之所解於義自通苟生異見其義非也官師相規官師大夫自相規正疏注官師至規正○正義曰杜意謂師爲長故以
官師爲大夫言大夫是羣官之長大夫自相規正案孔安國云官衆衆官也更
相規闕其意以師爲衆杜必知官師是大夫者此云官師相規上云大夫規誨
規文既同故以爲大夫尚書文無所對故孔云官衆衆官也工執藝事以諫所謂獻藝正月孟春於是乎有之諫
失常也有遒人徇路之事天之愛民甚矣豈其使一人肆於民上肆放也以從其淫而棄
天地之性必不然矣傳善師曠能因問盡言○從子用反本或作縱○秋楚子爲庸浦之役故在前年○爲于
僞反子囊師于棠以伐吳吳不出而還子囊殿殿。軍。後○殿多練反以吳爲不能而弗儆吳
人自皐舟之隘要而擊之皐舟吳險阨之道○儆音景隘於懈反要一遙反阨於賣反楚人不能相救吳人
敗之獲楚公子宜穀傳言不備不可以師○王使劉定公賜齊侯命將昏於齊故也定公劉夏位賤以能而使
之傳稱諡舉其終○曰昔伯舅大公右我先王股肱周室師保萬民世胙大師以表東海
胙報也表顯也謂顯封東海以報大師之功○右音又胙才故反○疏。師保萬民○正義曰師法也保安也言大公與民爲法而民得以安也尚書泰誓武

王數紂之罪云放黜師保孔安國云可法以安者反放退之是謂良臣爲民之師保也〇王室之不壞。緊伯舅是賴〇緊發聲壞如
字服本作懷緊爲兮反〇疏王室至是賴〇正義曰服虔本壞作懷解云懷柔也緊蒙也賴特也王室之不懷柔諸侯特蒙齊桓之匡正也孫毓云案舊本
及賈氏皆作壞杜雖不注當謂王室之不傾壞者唯伯舅大公是賴也上文不言桓公不得爲賴桓公也今余命女環環齊靈公名〇女音汝環
戶關反茲率舅氏之典纂乃祖考無忝乃舊。敬之哉無廢朕命纂繼也因昬而加褒顯傳言王室不
能命有功〇晉侯問衛故於中行獻子問衛逐君當討否獻子荀偃〇對曰不如因而定之衛有君
矣謂剽已立伐之未可以得志而勤諸侯史佚有言曰因重而撫之重不可移就撫安之〇佚音逸
仲虺有言曰亡者侮之亂者取之推亡固存國之道也仲虺湯左相〇虺許鬼反侮亡浦反相息亮反
疏仲虺至道也〇正義曰尚書仲虺之誥云兼弱攻昧取亂侮亡推亡固存邦乃其昌孔安國云弱則兼之闇則攻之亂則取之有亡。形則侮之有亡道則
推而亡之有存道則輔而固之王者如此國乃昌威此傳取彼之意而攻爲之辭其言非本文也〇君其定衛以待時乎待其昬亂之時
乃伐之〇冬會于戚謀定衛也定立剽〇〇范宣子假羽毛。於齊而弗歸齊人始貳析羽爲旌
王者。游車之所建齊私有之因謂之羽。毛宣子聞而借觀之〇析星歷反疏注析羽至覲之〇正義曰周禮司常掌九旗之物名全羽爲旞析羽爲旌道車
載旞。游車載旌鄭玄云全羽析羽皆五采繫之於旞旌之上所謂注。旄於干首也凡九旗之帛皆用絳道車象路也王以朝夕燕出入游車木路也王以田以
鄙是其析羽爲旌王者游車之所建也鄭玄唯言全羽析羽有五采耳猶不辯羽是何羽周禮有夏采之官鄭玄云夏采夏翟羽色禹貢徐州貢夏翟之羽有

虞氏以爲綏後世或無故染鳥羽象而用之謂之夏采其職云掌大喪以乘車建綏復于四郊鄭玄云明堂位曰有虞氏之旂夏后氏之綏則旌旗有。是。綏者或以旄牛尾爲之綴於。橦上所謂注。旄於。干首者釋。天云注旄首曰旌李巡曰以旄牛尾著旌首者也孫炎曰析五采羽注旄上也下亦有旄緌據彼諸文言之則羽旄者有五色鳥羽又有旄牛尾也言全羽析羽者蓋有全取其翅或析取其翮故有全析二名也繫此鳥羽牛尾而於干首猶自別有絳爲旒縿縣之於干今之旗羈尚然也此傳直言羽耳注不引全羽而以析羽解之者以全羽尊於析羽齊人建以赴會當是羽之賤者故以爲析羽不然則無以知之計羽毛所用其費無多晉人自應有之而此年范宣子假羽毛於齊定四年晉人假羽旄於鄭皆假之他國者或當制作巧異故聞而借觀之○楚子囊還自伐吳卒將死遺言謂子庚必城郢楚徙都郢未有城郭公子燮公子儀因築城爲亂事未得訖子囊欲訖而未。暇故遺言見意○見賢遍反君子謂子囊忠君薨不忘增其名謂前年諡君爲共○將死不忘衛社稷可不謂忠乎忠民之望也詩曰行歸于周萬民所望忠也詩小雅忠信爲周言德行歸。於忠信即爲萬民所瞻望○行下孟反注同【疏】行歸于周○正義曰此詩小雅都人士之篇也。○注云城郭之域曰都言都人之士所行要歸於忠信其徐萬民寡識者咸瞻望而法傚之

經十有五年春宋公使向戌來聘二月己亥及向戌盟于劉【疏】十。五。年及向戌盟于劉○正義曰荀庚孫良夫郤犨等來聘且尋盟皆直云及某盟不言地者由在國與之盟也此言盟于劉者出國與盟故書其盟地猶如晉侯與公出盟于長樗也釋例劉地闕蓋魯城外之近地也○劉夏逆王后于齊劉采地夏名也天子卿書字劉夏非卿故書名天子無外所命則成故不言逆女

疏注劉采至逆女○正義曰宣十年天王使王季子來聘傳稱劉康公來聘是王季子食采於劉遂爲劉氏此劉夏當是康公之子卽前年傳稱劉定公是也釋例曰天子公卿書爵此言天子卿書字又云劉夏非卿其實非大夫而云非卿者以名相配以劉夏非卿稱名故云天子卿書字以決之傳稱卿不行故云劉夏非卿以對之皆望經傳爲義也或以爲無爵卿書字杜何意於此獨舉無爵之卿也諸侯之娶言逆女此與桓八年皆言逆王后者天子無外所命則巳成后矣故不言逆女也劉炫云例云天子公卿書爵此言卿書字者以其有爵則書爵無則書字傳稱官師卽此劉夏釋例以夏爲士則夏此時似未有爵若夏是卿當書字傳言卿不行非禮則此禮本當使卿故以卿決之卿當書字夏非卿故書名例稱天子大夫書字但此禮不使大夫故不以大夫決之○

夏齊侯伐我北鄙圍成公救成至遇無傳遇魯地書至遇公畏齊不敢至成○季孫宿叔孫豹帥師城成郛備齊故夏城非例所譏○秋八月丁巳日有食之無傳八月無丁巳丁巳七月一日也日月必有誤○邾人伐我南鄙○冬十有一月癸亥晉侯周卒四同盟疏注四同盟○正義曰周以成十八年卽位其年盟于虛朾襄三年于雞澤五年于戚九年于戲十一年于亳城北凡五同盟言四者唯數襄公盟也

傳十五年春宋向戌來聘且尋盟報二年豹之聘尋十一年亳之盟見孟獻子尤其室尤。責過也曰子有令聞而美其室非所望也對曰我在晉吾兄爲之毀之重勞且不敢閒傳言獻子友于兄且不隱其實○閒音閒重直用反閒閒廁之閒疏傳注傳言至其實○正義曰閒非也不敢非兄是友于兄也不隱其實者謂恕情實言無無所隱諱。也故云不隱其實也○官師從單靖公逆王后于齊卿不行非禮也官師劉夏也天子官師非卿也劉夏獨過魯告昏故不書單靖公天子不親昏使上卿逆而公監之故曰卿不行非禮○過古禾反監工銜反【疏】注官師至非禮○正義曰祭法云官師一
廟鄭玄云官師中士下士也釋例云元士中士稱名劉夏。右尚是也下士稱人公會王人于洮是也是天子之官師非卿故劉夏從單靖公而譏卿不行也桓
八年祭公來遂逆王后于紀經書祭公此云官師從單靖公唯書劉夏知劉夏獨過魯告昏靖公不至魯也祭公言來遂逆此劉夏不言來遂逆者彼祭公命
魯主昏則是因來遂逆此不命魯主昏直過魯告耳故不言來遂也公羊穀梁亦皆直云過我也此公。既行矣唯譏卿之不行不譏王不親逆是知於禮天子
不親昏使上卿逆而公臨之故唯言卿不行非禮也釋例據此傳知天子當使公卿天子不親逆也○楚公子午爲令尹代子囊○公
子罷戎爲右尹蔿子馮爲大司馬子馮叔敖從子○罷音皮又戶買反蔿于委反馮皮水反從才用反【疏】。注子馮叔敖從
子○正義曰案世本蔿艾獵是孫叔敖之兄馮是艾獵之子則馮是叔敖兄之子也杜集。解及釋例皆以蔿艾獵叔敖爲一人馮是叔敖之子世本轉寫多誤
杜當考得其真公子橐師爲右司馬公子成爲左司馬屈到爲莫敖屈到屈蕩子○橐音託成音城屈居
勿反公子追舒爲箴尹追舒莊王子子南○箴之林反屈蕩爲連尹養由基爲宮廐尹以靖國人
君子謂楚於是乎能官人官人國之急也能官人則民無覦心無覬覦以求幸○廐徐音救覦
羊朱反徐音喻覬音冀○【疏】屈蕩爲連尹○正義曰服虔云連尹射官言射相連屬也若是主射當使養由基爲之何以使由基爲宮廐尹棄能不用豈得
爲能官人也官名臨時所作莫敖之徒並不可解故杜皆不解之詩云嗟我懷人寘彼周行能官人也詩周南也寘置
也行列也周偏也詩人嗟。嘆言我思得賢人置之徧於列位是后妃之志以官人爲急○寘之豉反下同行戶郎反注及下同徧音遍下同【疏】注詩周至

為急○正義曰周南卷耳之篇也序云后妃之志又當輔佐君子求賢審官故詩人述其意后妃嗟歎言我思得賢人置之使徧於列位是后妃之志以官人為急故嗟歎思之 王及公侯伯子男甸采衛大夫各居其列所謂周行也言自王以下諸侯大夫各任其職則是詩人周行之志也甸采衛五服之名。也天子所居千里曰圻其外曰侯服次曰甸服次曰男服次曰采服次曰衛服五百里為一服不言侯男略舉也○任音壬圻音祈【疏】王及至行也○正義曰后妃之志志在輔王求賢置之於公卿以下之位耳非欲更別求賢置之於王位也但公卿以下尚欲使之皆賢豈欲王之不賢乎雖不欲他賢代王而欲使王行益賢也以周訓為徧言徧在列位故自王以下及六服之內大夫以上皆言之各以賢能居其列位是詩人所謂周行者也計后妃之意亦下及士但傳以士卑故指言大夫耳詩傳以周行謂周之列位此注云周徧者斷章為義與詩說不同也此云能官人者謂能官用賢人為公侯以下王則天之所命非人所用兼言王者王居天位脩行善政則是為能官人故杜云自王以下各任其職 ○鄭尉氏司氏之亂其餘盜在宋亂在十年 鄭人以子西伯有子產之故納賂于宋三子之父皆為尉氏所殺故 以馬四十乘百六十四○乘繩證反下千乘同 與師茷師慧樂師也茷慧其名○茷扶廢反徐音伐 三。月公孫黑為質焉公孫黑子。晳○質音致晳星歷反 司城子罕以堵女父尉翩司齊與之良司臣而逸之賢而放之○女音汝 託諸季武子武子寘諸卞子罕以司臣託季氏○卞皮彥反 鄭人醢之三人也三人。堵女父尉翩司齊○【疏】。鄭人醢之三人○正義曰以文承司臣之下嫌其亦醢司臣故言。之三人 師慧過宋朝將私焉私小便 其相曰朝也相師者○相息亮反注及下同 慧曰無人焉相曰朝也何故無人慧曰必無人焉若猶有人豈其以千乘之相易淫樂之矇必無人焉故也千乘相謂子產等也言不爲子產殺三盜得賂而歸之是重淫樂而輕國相○易以豉反輕也矇音蒙爲于僞反下文爲之攻之同子罕聞之固請而歸之言子罕能改過○夏齊侯圍成貳於晉故也不畏霸主故敢伐魯於是乎城成郛郛郭也○秋邾人伐我南鄙亦貳於晉故使告于晉晉將爲會以討邾莒十二年十四年莒人伐魯未之討也晉侯有疾乃止冬晉悼公卒遂不克會爲明年會溴梁傳○溴古闃反○鄭公孫夏如晉奔喪子蟜送葬夏子西也言諸侯畏晉故卿共葬○共音恭○宋人或得玉獻諸子罕子罕弗受獻玉者曰以示玉人玉人能治玉者玉人以爲寶也故敢獻之子罕曰我以不貪爲寶爾以玉爲寶若以與我皆喪寶也不若人有其寶【疏】不若○有其寶○正義曰我得不貪女得其玉是我女二人各有其寶稽首而告曰小人懷璧不可以越鄉言必爲盜所害○喪息浪反納此以請死也請免死子罕寘諸其里使玉人爲之攻之攻治之也富而後使復其所賣玉得富○十二月鄭人奪堵狗之妻而歸諸范氏堵狗堵女父之族狗娶於晉范氏鄭人既誅女父畏狗因范氏而作亂故奪其妻歸范氏先絕之傳言鄭之有謀○堵音者狗本或作苟娶七住反

附釋音春秋左傳注疏卷第三十二

春秋左傳注疏卷三十二校勘記　阮元撰盧宣旬摘錄

附釋音春秋左傳注疏卷第三十二 襄十三年盡十五年春秋正義卷第二十二

〔經十三年〕

〔傳十三年〕

桓二年傳曰 淳熙本桓作相避所諱

有功成策勳 宋本成作則案儀禮經傳通解引亦作則

注魯師至言之 宋本以下正義四節總入弗地曰入注下

師是衆人摠名 宋本人下有之字是也

或用小師 閩本監本毛本小作少

與滅亦同 毛本同作名非也

昔臣習於知伯 纂圖本毛本知作智非

以從於下軍 石經以從於下四字是改刻疑初刻脫一字

晉侯至禮也 宋本以下正義三節摠入恆必由之注下

欒黶為汰 石經宋本汰作汏是也與葉抄釋文合

言文王之法善也 毛本之作用

小人農力以事其上 石經初刻作展力後改農陳樹華云魏了翁讀書雜抄曰農力乃農用八政之農厚是也按古文鴻範農用八政鄭云農讀曰醲

獲保首領以歿於地 釋文亦作歿音沒石經宋本岳本足利本作沒案傳文前後多作沒

注窀厚至葬埋 宋本以下正義二節總入大夫從之注下

窀厚也 宋本窀作屯與晉語合

從月半見 宋本見作是非也

夜字從夕 宋本夜作亱是也

禮三年之喪畢 宋本無之字

則以遷新主入廟 宋本則以二字作遠祖遞三字各本作主此本誤士今訂正

是從先君之近也 宋本作謂與見在生者為禰廟

赫赫楚國 石經楚字改刊

則致羿也陸粲附注云羿字誤當作亂字

詩小雅南山之篇宋本雅下有節字

注土功至爲時宋本此節正義在禮也句下

水昏正而栽水昏正而四字此本實缺據宋本補閩本監本毛本栽作裁非也

故以此時與土功以此時與四字此本實缺據宋本補閩本監本毛本以此時與作得用力於非也

當在火見致用之前此歲農收差早之前此歲四字此本實缺據宋本補閩本監本毛本此歲誤作當時此本農作震亦非

故云土功雖有常節通以事閑爲時有常節通四字此本實缺據宋本閩本監本毛本補

言時節未是時此本是字實缺據宋本閩本監本毛本補

故言書事時也釋例曰事時也釋四字此本實缺據宋本閩本監本毛本補閩監毛釋誤經

書事時也言與作出火時也言與四字此本實缺據宋本補閩本監本毛本言與作此字非也

於是將早城諸本作早此本誤早今訂正

征謂巡守征行各本作守釋文云下同本又作狩

注先征至征行此本注上脫疏字宋本以下正義五節揔入楚人歸之句下

而卜其吉凶也者以謂征前五年而預卜之也也者以三字宋本無此本作墨釘之也上卜字誤小

依宋本閩本監本毛本改正

先王之行謹慎而卜必是禮之大者慎而卜必是五字此本實缺據宋本補閩本監本毛本慎而卜必作敬之

至況非也

征謂巡守也征行釋言文也也征行釋言五字此本實缺據宋本補閩本監本毛本脫上也字釋言誤作之禮

案尚書舜典云五載一巡守典云五載一五字此本實缺據宋本補閩本監本毛本典誤時脫云字

堯又可知周禮大行人云周禮大行人五字此本實缺據宋本補閩本監本毛本知下衍矣字禮大行人誤作官又

天子五年一巡守鄭玄云巡守鄭玄四字此本實缺據宋本補閩本監本毛本鄭玄二字誤傳字

虞夏之制也周則十二歲一巡守制也周則十五字此本實缺據宋本補閩本監本毛本脫也字

一巡守然則卜征五年巡守然則卜五字此本實缺據宋本補閩本監本毛本然則作是字非也

蓋重古而言之蓋重古而言五字此本及閩本實缺依宋本監本毛本補

周十二年一巡守法歲星行天一周也守法歲星行五字此本實缺據宋本補閩本監本毛本法誤者脫行

字

虞夏五年一巡守取五行遞王而徧也年一巡守取五字此本實缺據宋本補閩本監本毛本守誤者王誤主脫取字

而歲習其祥祥習則行鄭注禮記表記周禮大卜正義引傳習作襲案習古文襲字

五年五卜此本下五年實缺據宋本岳本足利本補淳熙本作王纂圖本閩本監本毛本作習亦非

祥善也歲因其善謂去年吉也歲因其善五字此本實缺據宋本補閩本監本毛本脫因字歲作習善作祥並非

謂五年五吉善善相因善善相因四字此本實缺據宋本補閩本監本毛本善善相因作歲歲因襲非也

而得五年五卜者卜不習吉年五卜者卜五字此本實缺據宋本補閩本監本毛本五卜誤吉字下卜字誤彼

謂不可一時再卜耳此則每年一卜再卜耳此則五字此本實缺據宋本補閩本監本毛本再卜誤重吉脫耳字

不習則增脩德而改卜石經脩字下後人旁增其字非唐刻也毛本脩作修

不習謂卜不吉習字此本空闕據各本補

其善不因往年善不因往年五字此本實缺據宋本補閩本監本毛本善作曰因往作習者並誤年字亦脫

脩德改卜更以卜吉爲始（卜更以卜吉五字此本實缺據宋本補閩本監本毛本上卜字誤行脫更字卜吉誤六年）

不能脩德與晉競（不字與字此本實缺能誤龍據宋本淳熙本岳本閩本監本補正纂圖本毛本脩作修）

貴者多則勢相偪（毛本貴誤責）

位不偪則大臣和睦（位不偪則四字此本實缺據宋本補閩本監本毛本脫位字）

以牢固事於晉（以牢固事四字此本實缺據宋本補閩本監本毛本牢固二字誤作堅）

使歸至愈乎（使字此本實缺據各本補）

其意欲得楚執員霄（得字此本實缺據宋本補閩本監本毛本作使）

〈經十四年〉

十四年注叔老至鄭地（宋本無十四年三字）

故諸失國者（閩本監本毛本諸下有侯字宋本同脫失字）

〈傳十四年〉

故比年伐魯（宋本比作此字按此字非是十年秋莒人伐我東鄙十二年春莒人伐我東鄙圍台十四年夏莒人侵我東鄙故曰比年伐魯）

四嶽之後皆姓姜（宋本淳熙本岳本足利本姓姜作姜姓是也）

傳注四嶽至燉煌　宋本無傳字以下正義五節摠入而益敬其使注下

被苫蓋蒙荊棘　宋本此節正義在蓋苫之別名條前

蓋言語漏洩　淳熙本洩作泄是也李善注文選贈文叔良詩任彥昇奏彈曹景宗引作漏洩

秦本實其土地而遷也　宋本實下有貪字也上有之字閩本監本毛本脫實字

裔遠也　岳本脫也字

狐貍所居　岳本依釋文作狸案說文無狸字陸氏云本又作貍

無中二也　纂圖本毛本中作有非也

取其愷悌君子　釋文愷作凱下及注同案下文石經及各本並作愷淳熙本作檍謬

齊子叔老字也　顧炎武云齊子叔老謚也注作字蓋傳寫之誤

曹君公子負芻也　毛本君誤召

詩邶至必濟　宋本以下正義三節摠入爲之請於晉而復之注下

鞶帶以上爲厲　閩本監本上作止非也

左史晉大夫　宋本岳本足利本夫作史

故曰吾帥 淳熙本帥作師非也

吾今實過 宋本岳本監本足利本今作令與石經合

士鞅反 顧炎武云石經反誤及案石經此處刓缺所據乃王堯惠刻也

欒黶汏侈 宋本汏作汰淳熙本作去

秦伯問於士鞅曰 淳熙本問誤門

召公奭聽訟於甘棠之下 宋本足利本訟下有舍字淳熙本甘誤世

勑戒至宴食 宋本以下正義十二節揔入欲無入得乎注下

明皮冠是田獵之冠也 毛本明作昭非也

王見之去皮冠 案昭十二年傳作去冠被

所以怒也 毛本怒誤忘

公如鄆 閩本監本如作于非也

使子行於孫子 石經子行二字改刊此行只九字初刻尚有一字山井鼎云足利本後人記云子行下異本有請字然則石經刊去之字卽請字也

敗公徒于河澤 石經宋本淳熙本岳本纂圖本監本毛本河作阿不誤案水經河水注引傳作柯澤

射爲禮乎也 石經爲字改刊釋文云或一讀射而禮乎疑石經爲字初刻乃而字

孟子辯士之說 閩本監本毛本辯作辨

軥車軛下曲者 宋本無車字與今說文同

告宗廟 宋本淳熙本岳本足利本廟下有也字

公使厚成叔弔于衛 釋文厚本或作郈弔于衛本或作弔于衛侯侯衍字也案李注文選嵇康哀憤詩引作郈成叔惠棟云呂氏春秋有郈成子與右宰穀同時以傳考之即厚成叔也厚與郈通世本作厚外傳作郈禮記作后左氏或作厚或作郈字異而實同

余狐裘而羔袖 石經余下後人旁增猶字非也

臧紇如齊唁衛侯 釋文云唁徐作殆字按殆字古書少有

與之言 淳熙本岳本與之上有衛侯二字與石經合

注成國大國 宋本此節正義在故舍之注下

賜之以方百里二百里三百里之地者方四百里以上爲成國 按此與今周禮注不同而不可據改

敬之如神明石經初刻作明神改刻神明

夫君神之主也民之望也宋本淳熙本岳本上也字作而與石經合

若困民之主匱神乏祀釋文亦作乏云本或作之祀誤也沈彤云主當作生乏

注賞謂宣揚宋本以下正義十節總入必不然矣注下

各有父兄子弟淳熙本兄子二字誤倒

無目眹謂之瞽宋本眹作联下文同按联乃俗字說文有眹無联眹之言縫也

是言瞽爲歌詩之事宋本事下有也字

以歌誦小別閩本監本毛本以作與

以恩親正君曰規此本恩字模糊依宋本正德本閩本改正監本毛本恩親作愚見非也

聞君過則誹謗宋本足利本則作得陳樹華云玩正義中聞君過失不得諫爭得在外誹謗之之文則諸本作則者非也釋文誹作非云本或作誹

昭四年閩本監本毛本昭上誤增○

遒人以木鐸徇于路淳熙本于作於與石經合釋文亦作於注內徇於路於字纂圖本監本毛本作于非閩本監本毛本徇作狥亦誤正

義及下注同

木舌金鈴釋文鈴下有也字

天之愛民甚矣淳熙本天誤夫

殿軍後纂圖本監本毛本軍後互倒

右我先王詩伐木正義引作佐我先王

師保萬民宋本以下正義二節揔入無廢朕命注下

王室之不壞釋文云服本壞作懷

無忝乃舊纂圖本監本毛本舊作舅非也

仲虺至道也宋本以下正義二節揔入齊人始貳注下

有亡形則侮之案作形與譌孔傳合毛本形作刑非也

假羽毛於齊而弗歸案毛乃旄之誤當改正注同經典旄誤爲毛者不止此一處也

王者游車之所建案孟子梁惠王疏引注文作斿車

游車載旌案周禮游作斿

所謂注旄於干首也閩本監本旄作毛非也

則旌旗有是緌者毛本緌作綏非也段玉裁周禮漢讀考云是緌乃徒緌之誤

綴於幢上宋本幢作橦是也

所謂注旄於干首者閩本監本旄作旌非毛本干誤于

釋天云閩本監本毛本天誤文

子囊欲訖而未暇淳熙本暇作假非也

言德行歸於忠信纂圖本監本毛本於作于

〇注云城郭之域曰都宋本毛本無〇是也浦鏜正誤云注當作箋是也

（經十五年）

十五年及向戌盟于劉宋本無十五年三字以下正義二節摠入夏逆王后于齊注下

皆望經傳為義也閩本監本毛本傳下衍以字

（傳十五年）

尤責過也纂圖本毛本責誤貴

無所隱諱也宋本無也字

劉夏右尙是也宋本閩本監本毛本右作石

此公旣行矣閩本監本旣作就非

子馮叔敖從子宋本以下正義四節揔入所謂周行也注下

杜集解及釋例毛本解作云非也

詩人嗟嘆宋本淳熙本岳本嘆作歎

甸采衞五服之名也纂圖本閩本監本毛本脫也字

詩注以周行浦鏜云注當作傳是也

三月公孫黑爲質焉宋本三作二

公孫黑子晳纂圖本閩本監本毛本晳誤晢後同

三人堵女父尉翩司齊毛本堵誤者山井鼎云當作堵

鄭人醢之三人宋本此節正義在子罕闢之節注下

故言之三人宋本無之字

豈其以千乘之相　宋本作豈以其誤

是重淫樂而輕相國　宋本足利本相國作國相是也

爲明年會溴梁傳　宋本淳熙本岳本纂圖本溴作湨

不若有其寶　宋本若下有人字是也此節正義在富而後使復其所注下

是我女二人各有其寶　宋本女上有與字

鄭人既誅女父　淳熙本誅誤詸

春秋左傳注疏卷三十二校勘記

杜氏注　孔穎達疏

經十有六年春王正月葬晉悼公踰月而葬速也【疏】十六年注踰月而葬速○正義曰四年七月夫人姒氏薨八月葬我小君定姒纔別月耳杜云踰月而葬速也今晉悼往年十一月卒此年正月葬積三月也杜亦云踰月而葬者踰越也所越有多有少俱是踰越之義故杜弘通兩解之。○三月公會晉侯宋公衞侯鄭伯曹伯莒子邾子薛伯杞伯小邾子于溴梁。不書高厚逃歸故也溴水出河內軹縣東南至溫入河○溴古闃反徐公壁反軹之氏反韋昭音枳【疏】注不書至故也○正義曰傳於會溴梁之下晉侯與諸侯宴乃言高厚逃歸則高厚會訖乃逃也於會不書齊者以高厚逃歸晉人怒之諸侯即有伐齊之志不與高厚得爲來會公歸告廟歷告所會不告高厚故不書也戊寅大夫盟諸大夫本欲盟高厚高厚逃歸故遂自共盟雞澤會重序諸侯今此間無異事即上諸侯大夫可知○重直用反【疏】注諸大至可知○正義曰公羊以爲溴梁之盟君若贅旒然穀梁云不曰諸侯之大夫大夫不臣也皆以爲此時諸侯微弱權在大夫諸侯皆在而大夫自盟政教約信在於大夫其事不由君也不曰諸侯之大夫者刺大夫不臣也買服取以爲說言惡大夫專而君失權也案傳荀偃怒使諸侯大夫盟高厚以君臣不敵故使大夫盟之君使之盟非自專也以齊人既有二心高厚歌詩不類知小國必有從齊者也諸侯大夫本意欲盟高厚高厚雖已逃歸仍恐餘國有二故大夫遂自共盟使同會之國皆一其志也雞澤之會。又隔袁僑如會故重言諸侯之大夫今此間無異事直言大夫即是上會諸侯之大夫不言諸侯以可知故也○晉人執莒子邾子以歸邾莒二國數侵魯又無道於其民故稱人以執不以歸京師非禮也○數所角反【疏】注邾莒至禮也○正義曰十二年莒人伐我東鄙十四年莒人侵我東鄙十五年邾人伐我南鄙是邾莒二國數侵伐魯也凡例云君不道於其民則稱人以執知此二國君又皆無道於民故稱人以執之也諸侯不得相治故成十五年晉侯執曹伯僖二十八年晉人執衛侯皆書歸于京師此言以歸乃是自歸。晉國故非禮也

○齊侯伐我北鄙無傳齊貳晉故○夏公至自會無傳○五月甲子地震無傳○叔老會鄭伯晉荀偃衛甯殖宋人伐許荀偃主兵當序鄭上方示叔老可以會鄭伯故荀偃在下【疏】注荀偃至在下○正義曰春秋之例征伐則主兵者為先雖大夫為將諸侯從之亦以主兵為先僖二十七年楚人陳侯蔡侯鄭伯許男圍宋。取其事也但禮卿不會公侯會伯子男可也方示叔老可以會鄭伯故退荀偃於下所以特見此義故發傳云為夷故也宋大於衛稱人而在衛下宋使大夫為將故也○秋齊侯伐我北鄙圍郕。郕音成○大雩無傳書過○冬叔孫豹如晉

傳十六年春葬晉悼公平公即位平公悼公子彪。○彪彼蚪反○羊舌肸為傅肸叔向也代士渥濁○肸許乙反向許丈反【疏】傳羊舌肸為傅○正義曰成十八年傳士渥濁為大傅此代士渥濁亦當為大傅也○宣十六年士會將中軍且為大傅注云大傅孤卿彼以中軍之將兼之故知是孤卿也士渥濁以大夫居之今此復代渥濁亦是大夫也昭五年傳楚子稱叔向為上大夫明此以上大夫為傅也諸侯之有孤卿猶天子之有三公無人則闕故隨其本官高下而兼攝之也而衛冀隆不違此意以士渥濁叔向等皆為卿故為大傅若是大夫何得居孤卿之任妄以難杜於義非也○張君臣為中軍司馬張老子代其父祁奚韓襄欒盈士鞅為公族大夫祁奚去中軍尉為公族大夫去劇職就閒官韓襄無忌子也○閒音閑也虞丘書為乘馬御代程鄭○乘繩證反○改服脩官烝于曲沃

既葬改喪服脩官選賢能曲沃晉祖廟烝冬祭也諸侯五月而葬既葬卒哭作主然後烝嘗於廟今晉踰月葬作主而烝祭傳言晉將有溴梁之會故速葬○烝之承反警守而下會于溴梁順河東行故曰下○警居領反守手又反○命歸侵田諸侯相侵取之田○以我故執邾宣公莒犂比公犂比莒子號也十二年十四年莒人侵魯前年邾人伐魯晉將爲魯討之悼公卒不克會故平公終其事○犂徐力私反一音力令反比音毗注同爲于僞反下文爲夷同且曰通齊楚之使邾莒在齊楚往來道中故幷以此責之經書執在大夫盟下既盟而後告○使所吏反○晉侯與諸侯宴于溫使諸大夫舞曰歌詩必類歌古詩當使各從義類○齊高厚之詩不類齊有二心故○疏注齊有二心故○正義曰歌古詩各從其恩好之義類高厚所歌之詩獨不取恩好之義類故云齊有二心劉炫云歌詩不類知有二心者不服晉故違其令違其令是有二心也荀偃怒且曰諸侯有異志矣使諸大夫盟高厚高厚逃歸齊爲大國高厚若此知小國必當有從者疏注齊爲至從者○正義曰荀偃不言齊有異志而云諸侯有異志故解之以高厚若此故知小國必當有從者總疑諸侯有異志不獨疑齊故高厚雖逃猶自諸國共盟也於是叔孫豹晉荀偃宋向戌衛甯殖鄭公孫蠆小邾之大夫盟曰同討不庭自曹以下大夫不書故傳舉小邾以包之○向舒亮反戌音恤蠆勑邁反○許男請遷于晉許欲叛楚諸侯遂遷許許大夫不可晉人歸諸侯。唯以其師討許之不肯遷鄭子蟜聞將伐許遂相鄭伯以從諸侯之師鄭與許有宿怨故其君親行○蟜居表反相息亮反穆叔從公從公歸○從才用反又如字注同齊子帥師會晉荀偃書曰會鄭伯爲夷故也夷平也春秋於魯事所記不與外事同者客主之言所以爲文固當異也魯卿每會公侯春秋無譏故於此示例不先書主兵之荀偃而書後至之鄭伯時皆諸侯大夫義取皆平。故得會鄭伯○

疏注夷平至鄭伯○正義曰春秋於魯事所記不與外事同者於外則依實而言於魯則言不以實不實者魯國大小是宋衛之匹其常會序列當在宋下衛上及其書策皆云公會某侯雖會霸主亦魯在其上大夫出會魯亦在先如此者客主之言所以爲文其言固當有異耳以主客之故先魯而後他國魯非實在先也傳稱在禮卿不會公侯而魯卿每會公侯春秋無譏文元年公孫敖會晉侯于戚是也杜云體例已舉據用魯史成文是春秋無譏既常不譏無以示可否之義故於此變文以示例特言書曰是仲尼新意舊史當書荀偃在前今仲尼改之不先書主兵之荀偃而書後至之鄭伯以當時共伐許者皆是諸侯之大夫義取與鄭伯尊卑皆平得會鄭伯故也言後至之鄭伯者三月會于溴梁夏公至自會則鄭伯亦已歸矣五月之下始書伐許鄭伯聞將伐許乃從諸侯之師是諸侯謀伐已定鄭伯始來從之故杜言後至也

夏六月次于棫林庚寅伐許次于函氏棫林函氏皆許地○棫爲逼反徐于日反函音咸

○晉荀偃欒黶帥師伐楚以報宋揚。梁之役晉師獨進。揚梁役在十二年○黶其斬反

楚公子格帥師及晉師戰于湛阪襄城昆陽縣北有湛水東入汝○格古核反湛而林反徐又丈林反一音直斬反阪音反徐或扶板反

楚師敗績晉師遂侵方城之外不書不告復伐許而還許未還故○復扶又反

○

秋齊侯圍郕。郕魯孟氏邑。貳晉故伐魯孟孺子速徼之孟獻子之子莊子速也徼要也○孺本作獳如住反速本亦作遬音同徼古堯反要一遙反

齊侯曰是好勇去之以爲之名速遂塞海陘而還海陘魯隘道○好呼報反陘音刑徐古定反隘於懈反

○冬穆叔如晉聘且言齊故言齊再伐魯

晉人曰以寡君之未禘祀禘祀三年

喪畢之吉祭○禘大計反【疏】注禘祀至吉祭○正義曰僖三十三年傳云凡君薨卒哭而祔祔而作主特祀於主烝嘗禘於廟如彼傳文則既祔之後可以爲烝嘗也閔二年五月吉禘于莊公以其時未可吉書吉以譏之此年正月晉已烝于曲沃仍云未得禘祀知。其禘祀是三年喪畢之吉祭也與民之未息新伐許及楚不然不敢忘穆叔曰以齊人之朝夕釋憾。於敝邑之地是以大請敝邑之急朝不及夕引領西望曰庶幾乎庶幾晉來救○朝夕如字下同憾本亦作感戶暗反比執事之閒恐無及也見中行獻子賦圻父圻父詩小雅周司馬掌封畿之兵甲故謂之圻父詩人責圻父爲王爪牙不脩其職使百姓受困苦之憂而無所止居○比必利反閒音閑行戶郎反圻其依反父音甫注同【疏】圻父○正義曰此詩小雅篇刺宣王也云圻父予王之爪牙胡轉予于恤靡所止居注云宣王之末司馬職廢此勇力之士責司馬云我乃王之爪牙之士當爲王閑守之衞女何移我於憂使我無所止居乎謂見使從軍與姜戎戰于千畝而敗之時也獻子曰偃知罪矣敢不從執事以同恤社稷而使魯及此及此憂見范宣子賦鴻鴈之卒章鴻鴈詩小雅卒章曰鴻鴈于飛哀鳴嗸嗸唯此哲人。謂我劬勞言魯憂困嗸嗸然若鴻鴈之失所大曰鴻小曰鴈○嗸五刀反劬求于反宣子曰匄在此敢使魯無鳩乎鳩集也○匄古害反鳩居牛反【疏】注鳩集也○正義曰釋詁云鳩聚也聚亦集之義國有兵寇則民人不得集聚也

經十有七年春王二月庚午邾子牼卒無傳宣公也四同盟○牼苦耕反又戶耕反【疏】十七年注宣公也四同盟○正義曰經不書葬故詳言其謚牼以成十八年即位其年盟于虛朾襄三年于雞澤五年于戚九年于戲十一年于亳城北十六年于溴梁皆魯邾俱在凡

六同盟沈氏云去虛朾之盟又不數溴梁故爲四劉炫以爲杜氏誤非也○宋人伐陳○夏衞石買帥師伐曹買石稷子
○秋齊侯伐我北鄙圍桃○高厚帥師伐我北鄙圍防。弁縣東南有桃虛○虛起居反○九月
大雩無傳書過○宋華臣出奔陳暴亂宗室懼而出奔實以冬出書秋者以始作亂時來告○華戶化反疏注暴亂至來告○正
義曰傳說此事文在冬。不知其實以冬出經書在秋故知追以秋告實冬出而告以秋明以華臣始作亂時來告也但傳因華臣之出本其懼罪之由故於冬
之下追言華閱卒耳其實華閱之卒或在九月之前華臣弱其室殺其宰。不在九月內耳○冬邾人伐我南鄙
傳十七年春宋莊朝伐陳獲司徒卬卑宋也司徒卬陳大夫卑宋不設備○朝如字凡人名字皆放此卬五郎反
注同○衞孫蒯田于曹隧越竟而獵孫蒯林父之子蒯苦怪反隧音遂竟音境○。飲馬于重丘重丘曹邑○飲於鴆反重
直龍反○毀其瓶重丘人閉門而詢之。詢罵也○瓶步經反詢呼豆反罵馬嫁反曰親逐而君爾父爲厲
厲惡鬼林父逐君在十四年○疏傳親逐至爲厲○正義曰蒯與其父共逐其君則是身親爲惡故言親逐而君爾父爲厲者父爲惡首故以惡鬼罵之○
是之不憂而何以田爲夏衞石買孫蒯伐曹取重丘孫蒯不書非卿疏注孫蒯不書非卿○正義曰經
書他國征伐例書元帥而已此經已書石買縱蒯是卿亦不書杜爲此注者蘇氏云孫氏世爲上卿蒯若是上卿應書蒯不書石買故云非卿也或。可事由孫
蒯故決之曹人愬于晉爲明年晉人執石買傳○愬悉路反齊人以其未得志于我故前年圍成。辟孟孺子秋齊
侯伐我北鄙圍桃高厚圍臧紇于防防臧紇邑紇恨發反○師自陽關逆臧孫至于旅松

陽關在泰山鉅平縣東旅松近防地也魯師畏齊不敢至防○近附近之近下居近同○郰叔紇臧疇臧賈帥甲三百宵犯齊師送之而復郰叔紇叔梁紇臧疇臧賈臧紇之昆弟也三子與臧紇共在防故夜送臧紇於旅松而復還守防○郰側留反復還扶又反○齊師去之失臧紇故齊人獲臧堅堅臧紇之族○齊侯使夙沙衛唁之且曰無死使無自殺○唁音彥堅稽首曰拜命之辱抑君賜不終姑又使其刑臣禮於士以杙抉其傷而死言使賤人來唁己是惠賜不終也夙沙衛奄人故謂之刑臣○杙羊職反抉烏穴反徐又古穴反傷如字一本作瘍音羊疏君賜不終正義曰來唁是君之恩賜使賤者唁是爲惠不終也服虔云言君義己故來唁之是惠賜也謂己無死不以義望己是不終也○冬邾人伐我南鄙爲齊故也齊未得志於魯故邾助之○爲于僞反○宋華閱卒華臣弱臯比之室臣閱之弟臯比閱之子弱侵易之○比音毗易以豉反使賊殺其宰華吳賊六人以鈹殺諸盧門合左師之後盧門宋城門合向戌邑後屋後○鈹普皮反左師懼曰老夫無罪賊曰臯比私有討於吳遂幽其妻幽吳妻也曰畀余而大璧。畀與也○畀必利反注同宋公聞之曰臣也不唯其宗室是暴大亂宋國之政必逐之左師曰臣也亦卿也大臣不順國之恥也不如蓋之乃舍之左師爲己短策苟過華臣之門必騁。惡之○騁勑領反惡烏路反年末注同疏。不如蓋之○正義曰服虔云蓋覆蓋之言左師。無鷹鸇之志而蓋不義之人故尤之此未必然正是左師諱國惡恥聞於外故蓋之耳非是畏華臣也○爲己短策○正義曰服虔云策馬捶也自爲短策過華臣之門助御者擊馬而馳惡之甚也必爲短策者私助御者不欲使人知也十一月甲午國人逐瘈狗。瘈狗入於華臣氏國人從之華臣懼遂奔陳華臣心不自安見逐狗而驚走○瘈徐居世反一音制字林作狾九世反云狂犬也○宋皇國父爲大宰爲平公築臺妨於農功。周十一月今九月收斂時○大音泰後放此爲平于僞反妨音芳收如字又手又反子罕請俟農功之畢公弗許築者謳曰澤門之皙。實興我役。澤門宋東城南門也皇國父白皙而居近澤門○謳烏侯反澤門本或作皐門者誤也皙星歷反徐思益反邑中之黔實慰我心子罕黑色而居邑中○黔徐音琴一音其廉反子罕聞之親執扑。扑杖○扑普卜反以行築者而抶其不勉者曰吾儕小人皆有闔廬以辟燥濕寒暑闔謂門戶閉塞○行下孟反抶音恥乙反儕仕皆反闔戶臘反廬力居反【疏】注闔謂門戶閉塞○正義曰月令仲春脩闔扇鄭玄云用木曰闔用竹葦曰扇是闔爲門扇所以閉塞廬舍之門戶也今君爲一臺而不速成何以爲役役事也謳者乃止或問其故子罕曰宋國區區而有詛有祝禍之本也傳善子罕分謗○區丘于反詛莊慮反祝之又反○齊晏桓子卒晏嬰父也晏嬰麤。縗斬斬不緝之也縗在胸前麤三升布○麤本又作麁縗本又作衰七雷反注同緝七入反○【疏】注斬不至升布○正義曰喪服斬衰裳傳曰斬者何不緝也馬融云不緝不緶也謂斬布用之不緶其端也衰用布爲之廣四寸長六寸當心故云在胸前也喪服傳曰衰三升鄭玄云布八十縷爲升然則傳以三升之布布之最。麤故謂之。麤也以。麤布爲衰而斬之故以。麤縗斬爲文之次苴絰帶杖菅屨苴麻之有子者取。甚麤也杖竹杖菅屨草屨○苴七徐反絰直結反以苴麻爲絰及帶杖禮記云苴杖竹也菅古顏反屨九具反【疏】苴絰帶杖菅屨

○正義曰喪服云苴絰杖絞帶此傳帶不言絞亦當爲絞帶也若要帶則謂之絰故喪服注云麻在首在要皆曰絰喪服傳曰苴絰者麻之有蕡者也。杖竹。杖也絞帶。兮繩帶也馬融云蕡者枲實枲麻之有子者其色麤惡故用之苴者麻之色鄭玄士喪禮注云苴麻者其貌苴服重者尚麤惡喪服及此傳絰帶杖三者皆在苴下言其色皆苴也絰帶用麻杖用竹麻竹雖異而其苴則同故三者共蒙苴也鄭玄云麻在首在要皆曰絰此言絰者謂首絰也凡喪服冠纓帶屨皆象吉時常服但變之使麤惡耳其衰與絰是新造以明義故特爲立其名衰之言摧也絰之言實也明孝子之心實摧痛故制此服立此名也衰當心絰在首獨立名於心首者心是發哀之主首是四體。所先故制服以表之要絰之下又有絞帶。絰殺首絰五分之一絞帶殺要絰亦然雖大小有三等而同用苴麻喪服杖在帶上此傳杖在帶下者喪服具明其服故杖在上然後言絞帶冠繩纓此傳略言其禮欲明帶與絰俱用麻故杖在帶下喪服傳云菅屨者菅菲也菲者屨之別名故杜注云草屨也

食鬻。居倚廬寢苫枕草此禮與士喪禮略同其異唯枕草耳然枕凷亦非喪服正文○鬻之六反一音羊六反謂朝一溢米暮一溢米倚廬於綺反廬倚東牆而爲之故一曰倚廬苫傷廉反編草也枕之鴆反注同王倹云夏枕凷冬枕草凷音苦對反一音苦怪反疏注此禮。與。士。喪。禮至正文○正義曰喪服傳文及士喪禮記皆云居倚廬寢苫枕凷歠粥朝一溢米夕一溢米是此禮與士喪禮略同其異者唯彼言枕凷此言枕草耳然枕凷者乃是禮記及喪服傳耳亦非喪服正文杜意言古禮未必無枕草之法也居倚廬寢苫者鄭玄云。倚木爲廬在中門外東方北戶苫編稾也此初喪爲然其既虞之後則每事有變具於禮文鄭玄云二十兩曰溢爲米一升二十四分升之一知者古者一斛百二十斤一斗十二斤十二兩斤百九十二兩一升十九兩二分少八分未充二十兩更取一升分作百九十二分二十四分取一得八分添前十九兩二分是爲二十兩也

其老曰非大夫之禮也。時之所行士及大夫縗服各有不同晏子爲大夫而行士禮其家臣不解故譏之○解音蟹也疏注時之至譏之○正義曰

雜記云大夫為其父母兄弟之未為大夫者之喪服如士服士為其父母兄弟之為大夫者之喪服如士服如彼記文則大夫與士喪服不同記是後人所記記當時之事今此晏子之老亦譏晏子所為非大夫之禮是時之所行士及大夫喪服各有不同也晏子實為大夫而行當時之士禮晏子反時以從正其家老不解謂晏子為失故據時所行而譏之也晏子其父始卒則晏子未為大夫言晏子為大夫者禮喪服大夫之子行從大夫之法曰唯卿為大夫晏子惡直己以斥時失禮故孫辭略荅家老○疏注晏子至家老○正義曰檀弓云魯穆公之母卒使人問於曾申曾申對曰哭泣之哀齊斬之情饘粥之食自天子達然則天子以下其服父母尊卑皆同無大夫士之異晏子所行是正禮也言唯卿得服大夫服我是大夫得服士服又言己位卑不得從大夫之法者是惡其直己以斥時之失禮故孫辭略荅家老也家語曾子問此事孔子云晏平仲可謂能辟害也不以己是而駮人之非孫辭以辟咎義也夫家語雖未必是孔子之言要其辭合理故王肅與杜皆為此說鄭玄注雜記引此傳言晏子云唯卿為大夫此平仲之謙也言喪服服布麤衰斬衰三升義服斬衰三升半為母服齊衰四升正服齊衰五升義服齊衰六升降服大功七升正服大功八升義服大功九升降服小功十升正服小功十一升義服小功十二升緦麻十五升去其半鄭注雜記云士為父斬衰縷如三升半而三升不緝言縷之精麤如三升半成布而縷三升故云麤衰在齊斬之間鄭又云士為母衰五升縷而四升為兄弟衰六升縷而五升鄭玄以雜記之文士為父母兄弟之服不得與大夫同皆縷細降一等其縷數與大夫同但雜記之文記當時之制以當時大夫與士有異故為此解非杜義也

經十有八年春白狄來不言朝不能行朝禮○夏晉人執衞行人石買石買卽是伐曹者宜卽懲治本罪而晉因其為行人之使執之故書行人以罪晉○使所吏反○秋齊師伐我北鄙不書齊侯齊侯不入竟○竟音境○冬十月

公會晉侯宋公衞侯鄭伯曹伯莒子邾子滕子薛伯杞伯小邾子同圍齊齊數行不義諸侯同心俱圍之○數所角反曹伯負芻卒于師無傳禮當與許男同三同盟○芻初俱反疏十八年注禮當至同盟○正義曰僖四年許男新臣卒傳曰葬之以侯禮也凡諸侯薨于朝會加一等諸侯命有三等男加一等葬之以侯禮此曹是伯爵與許男同當葬以公禮也彼許男之卒不書于師此言卒于師者釋例曰若卒于朝會或書師或書地者史之成文非義例所存也負芻以成十四年卽位十五年盟于戚十七年于阿陵襄五年于戚九年于戲十一年于亳城北十六年于溴梁凡六同盟不數成公之盟溴梁是大夫去之是爲三劉炫以杜爲誤非也○楚公子午帥師伐鄭

傳十八年春白狄始來白狄狄之別名未嘗與魯接故曰始○夏晉人執衞行人石買于長子執孫蒯于純留長子純留二縣今皆屬上黨郡孫蒯不書父在位蒯非卿○長丁丈反或如字純徒溫反或如字地理志作屯爲曹故也前年衞伐曹○爲于僞反○秋齊侯伐我北鄙中行獻子將伐齊夢與厲公訟弗勝厲公獻子所弒者○弒申志反公以戈擊之首隊於前跪而戴之奉之以走見梗陽之巫皋梗陽晉邑在太原晉陽縣南皐巫名也夢弁見之○隊直位反跪其委反奉芳勇反梗古杏反皐古刀反他日見諸道與之言同巫亦夢見獻子與厲公訟巫曰今兹主必死若有事於東方則可以逞巫知獻子有死徵故勸使快意伐齊獻子許諾晉侯伐齊將濟河獻子以朱絲係玉二瑴雙玉曰瑴瑴古學反○而禱曰齊環怙恃其險負其

衆庶環齊靈公名負依也○禱丁老反一音丁報反怙音戶棄好背盟陵虐神主神主民也謂數伐魯殘民人○好呼報反背音
佩數所角反曾臣彪將率諸侯以討焉彪晉平公名稱臣者明上有天子以謙告神曾臣猶末臣疏傳注彪晉至末臣○正義
曰王制云五嶽視三公四瀆視諸侯則諸侯於河神其辭不得稱臣故解其意
稱臣者以明上有天子言己是天子之臣以謙告神也曾祖曾孫者曾爲重義
諸侯之於天子無所可重曾臣猶末臣謙卑之意耳其官臣偃實先後之守官之臣偃獻子名○先悉薦反後戶豆反守手又反又如字
苟捷有功無作神羞羞恥也官臣偃無敢復濟偃信巫言故以死自誓○復扶又反下注復與同唯爾有
神裁之沈玉而濟○冬十月會于魯濟尋溴梁之言同伐齊溴梁在十六年盟曰同討不庭○沈
音鴆或如字濟子禮反齊侯禦諸平陰塹防門而守之廣里平陰城在濟北盧縣東北其城南有防防有門於門外作
塹橫行廣一里故經書圍○禦魚呂反塹七豔反廣古曠反注同疏注平陰至書圍○正義曰平陰城南有防者形猶在杜觀其跡而知之也言塹防門
而守之明是齊人自於門外作塹以固守也此平陰齊邑而言圍齊者沈氏云
君在故稱圍劉炫云案下傳范鞅門于雍門又門于揚門州綽門于東閭既門
其三門即是圍事杜何知不以門于三門爲圍必以禦諸平陰爲圍乎今刪定
知不然者案上九年諸侯伐鄭傳稱門其三門而經不稱圍則攻門非圍也此
傳云塹防門而守之則是被圍之道
劉以門其三門爲圍而規杜氏非也夙沙衛曰不能戰莫如守險謂防門不足爲險弗
聽諸侯之士門焉齊人多死范宣子告析文子析文子齊大夫子家○析星歷反曰吾知子敢
匿情乎魯人莒人皆請以車千乘自其鄉入既許之矣若入君必失國子盍圖

之子家以告公公恐晏嬰聞之曰君固無勇而又聞是弗能久矣不能久敵晉○匿女力反
乘繩證反盍戶臘反恐曲勇反齊侯登巫山以望晉師巫山在盧縣東北晉人使司馬斥山澤之險雖
所不至必旆而疏陳之斥候也疏建旗以爲陳示衆也○斥音尺一音昌夜反旆步蓋反陳直覲反注同使乘車者左
實右僞以旆先僞以衣服爲人形也建旆以先驅輿曳柴而從之以揚塵齊侯見之畏其衆也乃
脫歸脫不張旗幟○脫敕括反注同一音他外反幟申志反一音赤志反丙寅晦齊師夜遁師曠告晉侯曰烏烏
之聲樂齊師其遁烏烏得空營故樂也○遁徒困反樂音洛注同邢伯告中行伯邢伯晉大夫邢侯也中行伯獻子曰
有班馬之聲夜遁馬不相見故鳴班別也○別彼列反齊師其遁叔向告晉侯曰城上有烏齊師其
遁十一月丁卯朔入平陰遂從齊師夙沙衛連大車以塞隧而殿此衛所欲守險○連大並
如字隧者遂道也殿都練反下及注同殖綽郭最曰子殿國師齊之辱也奄人殿師故以爲辱○最徐子會反子姑
先乎乃代之殿衛殺馬於隘以塞道恨二子故塞其道欲使晉得之○心隘於懈反晉州綽及之射殖
綽中肩兩矢夾脰脰頸也○射食亦反下注同中丁仲反夾古洽反或古協反脰音豆【疏】注脰頸也○正義曰說文云脰項也考工記云
以脰鳴者又曰大體短脰數目頭脰公羊傳稱宋萬搏閔公絕其脰鄭玄何休皆以脰爲頸頸之與項亦一物也曰止將爲三軍獲不
止將取其衷不止復欲射兩矢中央○衷音忠顧曰爲私誓州綽曰有如日言必不殺女明如日○女音汝乃

弛弓而自後縛之 反縛之○弛式氏反本又作施音同 其右具丙 州綽之右 亦舍兵而縛郭最皆衿甲而縛 衿甲不解甲○舍音捨衿其鴆反 疏 乃弛弓○正義曰下云其右具丙亦舍兵則此是州綽弛弓也 坐于中軍之鼓下晉人欲逐歸者魯衛請攻險 險固城守者○守手又反 己卯荀偃士匄以中軍克京茲 在平陰城東南 乙酉魏絳欒盈以下軍克邿 欒黶死其子盈佐下軍平陰西有邿山○邿音詩 趙武韓起以上軍圍盧弗克十二月戊戌及秦周伐雍門之萩 秦周魯大夫趙武及之共伐萩也雍門齊城門○雍於用反萩音秋本又作秋 范鞅門于雍門其御追喜以戈殺犬于門中 殺犬示間暇○間音閑 孟莊子斬其橁以爲公琴 莊子孺子速也橁木名○橁勑倫反又相倫反 己亥焚雍門及西郭南郭劉難士弱率諸侯之師焚申池之竹木 二子晉大夫○難乃多反又如字 壬寅焚東郭北郭范鞅門于揚門 齊西門 州綽門于東閭 齊東門 左驂迫還于東門中以枚數闔 枚馬檛也闔門扇也數其枚示不恐○驂士南反迫音百還音旋一音患枚每回反數所主反注同闔戶臘反檛陟瓜反恐曲勇反 齊侯駕將走郵棠 郵棠齊邑○郵音尤 大子與郭榮扣馬 大子光也榮齊大夫○扣音口 曰師速而疾略也 言欲略行其地無久攻意○行下孟反 將退矣君何懼焉且社稷之主不可以輕輕則失衆君必待之將犯之大子抽劍斷鞅乃止甲辰東侵及濰南及沂 濰水在東莞東北至北海都昌縣入海沂水出東莞蓋縣至下邳入泗○輕遣政反下同斷音短濰本又作維音同沂魚依反

莞音官蓋古害反郲蒲悲反泗音四○鄭子孔欲去諸大夫欲專權○去起呂反下同將叛晉而起楚師以去
之使告子庚子庚弗許子庚楚令尹公子午楚子聞之使楊豚尹宜告子庚曰國人謂不
穀主社稷而不出師死不從禮不能承先君之業死將不能。先君之禮○豚徒門反不穀即位於今五年
師徒不出人其以不穀為自逸而忘先君之業矣謂己未嘗統師自出大夫圖之其若之
何子庚歎曰君王其謂午懷安乎吾以利社稷也見使者稽首而對曰諸侯方
睦於晉臣請嘗之嘗試其難易也○使所吏反易以豉反若可君而繼之不可收師而退可以無
害君亦無辱子庚帥師治兵於汾襄城縣東北有汾丘城○汾扶云反於是子蟜伯有子張從鄭
伯伐齊子張公孫黑肱子孔子展子西守二子知子孔之謀二子子展子西○守手又反下完守同完守
入保完城郭內保守子孔不敢會楚師楚師伐鄭次於魚陵魚陵魚齒山也在南陽犨縣北鄭地○犨尺由反
右師城上棘遂涉潁次于旃然將涉潁故於水邊權築小城以為進退之備旃然水出滎陽。城皐縣東入汴○旃之然反汴皮
彥反蔿子馮公子格率銳師侵費滑胥靡獻于雍梁胥靡獻于雍梁皆鄭邑河南陽翟縣東北有雍氏城○蔿
本又作蘧于委反馮皮冰反費扶味反滑于八反雍於用反右回梅山在滎陽密縣。東北回如字徐胡猥反○侵鄭東北至于
蟲牢而反子庚門于純門信于城下而還信再宿也○牢方刀反純如字一音市荀反涉於魚齒之

下魚齒山之下有滍水故言涉○滍音雉甚雨及之楚師多凍役徒幾盡晉人聞有楚師師曠曰不害吾驟歌北風又歌南風南風不競歌者吹律以詠八風南風音微故曰不競也。師。也師曠唯歌南北風者聽晉楚之強弱○凍丁弄反幾音祈驟仕救反【疏】甚雨及之○正義曰楚師南行有大雨從北而南逐及楚師○注歌者至彊弱○正義曰律呂雖有十二其風有八八風者乾風不周坎風廣莫艮風調震風明庶巽風清明離風景坤風涼兌風閶闔八方之風風別先有音曲總吹律呂以詠八方音曲今師曠以律呂歌南風音曲南風音微不與律聲相應故云不競服虔以爲卯西以北律呂爲北風以南爲南風與杜八風義違非杜義也多死聲楚必無功董叔曰天道多在西北歲在豕韋月又建亥故曰多在西北南師不時必無功不時謂觸歲月叔向曰在其君之德也言天時地利不如人和【疏】多死聲○正義曰服虔云南風律氣不至故聲多死○注歲在至西北○正義曰歲。君右行於天大率一歲行一次二十八年歲在星紀距此十一年卻而數之此年在豕韋豕韋一名娵訾當亥之次也周十二月夏之十月其月又建亥故曰多在西北○注言天至人和○正義曰孟子云天時不如地利地利不如人和

附釋音春秋左傳注疏卷第三十三

春秋左傳注疏卷三十三校勘記

阮元撰盧宣旬摘錄

附釋音春秋左傳注疏卷第三十三襄十六年盡十八年石經春秋經傳集解襄三第十六岳本襄字下增公字並盡二十二年

〔經十六年〕

十六年注踰月而葬速宋本無十六年三字

故杜宏通兩解之宋本之作也

三月公會晉侯至湨梁石經宋本岳本湨作溴下同釋文同案湨聲與狊聲迥別陸氏公羊音義云狊本又作溴今公羊亦作溴

不書至故也宋本以下正義二節總入大夫盟注之下

又隔袁僑如會宋本又作文

十五年邾人伐我南鄙毛本邾作莒非也

乃是自歸晉國毛本晉作于非也

取其事也宋本取作是不誤

圍郕宋本岳本郕作成與石經合傳同案公羊穀梁皆作成

悼公子彪 釋文彪下有也字諸本脫

傳羊舌肸爲傳 監本傳作注非也宋本毛本脫傳字宋本以下正義四節總入速遂塞海陘而還注下

士渥濁爲大傳 閩本亦誤作傳下同宋本監本毛本作傅是也今改正

○宣十六年 宋本○無浦鏜正誤云宣上當脫注代士渥濁五字

無忌子也 宋本足利本無也字

晉人歸諸侯 淳熙本人作候非也

故得會鄭伯 宋本足利本脫故字

以報宋揚梁之役 足利本揚作楊注同石經初刻從木後改从才說詳十二年

秋齊侯圍郕 監本郕作成是也注同

貳晉故伐魯 淳熙本貳作二非

注禘祀至吉祭 宋本以下正義三節總入宣子曰節注下

知其禘祀 宋本其作此與續儀禮經傳通解引合

以齊人之朝夕釋憾於敝邑之地釋文憾作感云本亦作憾案羣經音辨云感恨也動也戶暗切春秋傳朝夕釋感於敝邑

哀鳴嗸嗸此本下嗸字作嗷今改正

謂我劬勞淳熙本謂作爲非是

〔經十七年〕

弁縣東南有桃虛閩本監本毛本此注入圍桃下

不知其實以冬出宋本不作下屬上句讀

不在九月內耳宋本不作當

〔傳十七年〕

傳十七年石經宋本淳熙本岳本纂圖本足利本作七此本誤一今正

飲馬于重丘釋文飲上有遂字

重丘人閉門而詢之宋本閉誤閑

親逐至爲厲宋本以下正義二節總入注文晉人執石買傳下

或可事由孫蒯故決之閩本監本毛本可作曰

齊人以其未得志于我故淳熙本纂圖本于作於非也

前年圍成辟孟孺子毛本成改郕

郰叔紇岳本郰作鄹釋文同

抑君賜不終姑又使其刑臣禮於士石經此行君字起刑字止此行只九字非初刻也

以杙抉其傷而死釋文云傷一本作瘍○〔補〕案此本瘍誤瘍今正

曰畀余而大璧閩本監本璧誤壁

苟過華臣之門必騁顧炎武云石經騁誤聘案石經此處不誤炎武非也

不如蓋之宋本以下正義二節總入遂奔陳注之下

左師經鷹鶉之志宋本毛本經作無是也今正監本無字改刊

國人逐瘈狗瘈狗入於華臣氏釋文云瘈字林作狾案說文狾字下引春秋傳曰狾犬入華臣氏之門漢書五行志引亦作狾是左傳古文本作狾也諸本無之門字惟論衡感類篇引與說文同

妨於農功石經宋本淳熙本岳本纂圖本足利本功作收釋文同

澤門之皙纂圖本閩本監本毛本皙作晢注同案晢乃明晢之晢从日折聲與此从白析聲異也石經及各本作澤門釋文云本或作皐者誤案詩

大明緜正義引作臯門之晳惠棟云古臯澤字相同孫叔敖碑云收九睪之利婁壽以爲澤字但臯字白下本睪爲四下夲本一字漢碑从四下羊者誤上林賦云亭臯十里服虔注云臯澤也詩鶴鳴于九臯王仲任薛夫子皆以爲九折之澤諸侯本有臯門何獨宋不然也

親執扑　釋文亦作扑足利本作朴石經初作朴後唐元度校正從扌是也

注闔謂門戶閉塞　宋本此節正義在注文傳善子罕分謗之下

晏嬰麤縗斬　釋文麤作麄云本又作麤縗作衰云本又作縗案說文無麄字鄭注禮記雜記後漢書東海恭王傳注李善注文選解嘲注齊竟陵文宣王行狀引傳文並作麤斬衰陸氏以縗爲又作之字按縗見說文乃喪服正字而經典多假衰爲之

注斬不至升布　宋本以下正義五節總入曰唯卿爲大夫節注下

故云有脅前也　宋本毛本有作在有字誤也今正

布之最麤　宋本麄作麤下同

取甚麤也　宋本淳熙本岳本纂圖本足利本甚作其不誤

杖竹杖也　宋本杖上有苴字按喪服傳作苴杖竹也

絞帶兮繩帶也　監本毛本兮作弓亦非宋本作者與喪服傳合

首是四體所先　閩本監本毛本所作之

又有絞帶宋本帶下有要字

食鬻案鄭注禮記雜記漢書東海恭王傳引作食粥

注此禮與士喪禮至正文宋本無與士喪禮四字

同木爲廬閩本監本毛本同作用亦非宋本作倚是也今依改

詩之所行宋本淳熙本岳本纂圖本監本毛本詩作時不誤今依改

行從大夫之法宋本行作得是也

義服齊服六升宋本下服字作衰是也今依改

（經十八年）

十七年于阿陵補諸本阿作柯

（傳十八年）

厲公獻子所弑者釋文弑作殺淳熙本脫者字

首隊於前石經隊作墜俗字

獻子以朱絲係玉二瑴岳本瑴作瑴與釋文合

齊環怙恃其險石經齊下後人旁增侯字

注彪晉至末臣宋本此節正義在南及沂注下

平陰城在濟北盧縣東北陳樹華云案酈道元水經注八引注文縣下有故城二字

平陰至書圍宋本以下正義三節總入注文彪晉至末臣節之後

形猶在宋本形上有地字是也

又門于揚門宋本場作揚是也

僞以衣服爲人形也宋本足利本服作物淳熙本作旆非

以揚塵淳熙本揚作楊非

齊師其遁淳熙本其誤之

曰有班馬之聲郭注爾雅釋言引作般馬之聲案班般古字通

乃代之殿淳熙本代誤伐

欲使晉得之心宋本淳熙本岳本足利本無心字纂圖本作也亦非此本心下有隘於懈反四字乃釋文而誤入者○補案心字當改○

數目頭脰宋本頭作顧不誤

稱宋萬愽閔公 宋本毛本愽作搏不誤閩本監本作摶非也

乃弛弓而自後縛之 釋文云弛本又作施音同閩本監本縛作縳非也下同

反縛之 岳本之作也

平陰西有邿山 淳熙本山誤出此本山下有邿音詩三字乃釋文而誤入者○今加○

及秦周伐雍門之萩 惠士奇云呂氏春秋愼大篇曰齊達子率其餘卒以軍於秦周高誘注曰秦周齊城門名也案秦周當是齊地名杜注以爲魯大夫失之閩本萩誤荻釋文云本又作秋按萩者楸之假借字如史漢貨殖傳千樹萩即千樹楸也

孟莊子斬其櫄以爲公琴 淳熙本櫄誤槆注同監本琴誤雍惠棟云公琴頌琴也頌與公古字通按惠棟語非

范鞅門于揚門 石經初刻楊字木旁後改扌

左驂迫還于東門中 石經宋本淳熙本岳本足利本無東字是也傳之門即上文之東閭

數其枚示不恐 宋本淳熙本岳本枚作板是也

東侵及濰 各本作濰葉抄釋文作維云本亦作濰

使楊豚尹宜 石經宋本淳熙本岳本足利本楊作揚釋文同

死將不能先君之禮 宋本淳熙本岳本足利本作死將不得從先君之禮

旃然水出滎陽城皐縣 宋本纂圖本監本城皐作成皐按水經注引同

蔿子馮 釋文蔿作薳云本又作蔿案二字同張參五經文字序例云蔿薳同姓春秋互出是也

在滎陽密縣東北 案劉昭郡國志引東北作西北

甚雨及之 案惠棟云甚古文湛字見詛楚文莊子天下篇云沐甚雨節疾風崔譔本甚作湛音淫湛雨猶久雨也或云檀弓云雨甚至甚當讀如字亦通也按後說是

楚師多凍 石經淳熙本凍作涷案毛氏六經正誤云作涷誤涷音東夏月暴雨曰涷非凍沍之凍凍從冫冫與冰同

故曰不競也師也 宋本淳熙本岳本足利本無師也二字

甚雨及之 宋本以下正義五節總入叔向曰節注下

逐及楚師 閩本監本毛本逐作遂

歲君右行於天 宋本監本毛本君作星是也

春秋左傳注疏卷三十三校勘記

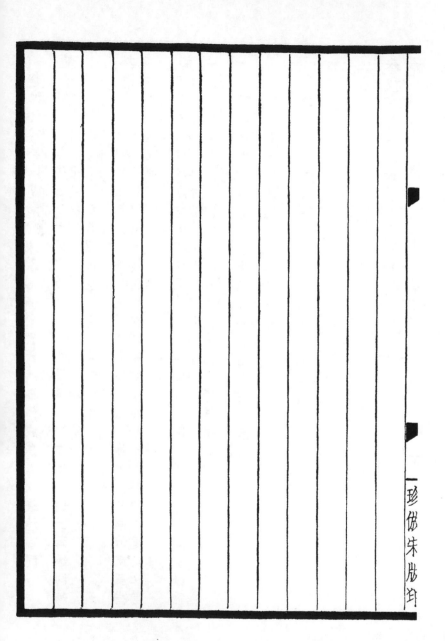

杜氏注　孔穎達疏

經十有九年春王正月諸侯盟于祝柯前年圍齊之諸侯也祝柯縣今屬濟南郡○柯古多反晉人執邾子稱人以執惡及民也公至自伐齊傳無疏十。九。年公至自伐齊○正義曰往年圍齊今以伐致傳既不說杜亦不解公羊傳曰此同圍齊也何以致伐未圍齊也未圍齊則其言圍齊何抑齊也曷為抑齊為其亟伐。其意言往年同圍齊者實非圍齊故以伐致案傳攻平陰齊侯塹防門而守之則是兵實圍齊不得如公羊說也賈逵云圍齊而致伐以策伐勳也伐者加兵之名圍則伐內之別圍伐終是一事不得各有其勳何言策伐勳也但圍是伐內之別此言至自伐齊僖二十九年言至自圍許史異辭無義例取邾田自漷水取邾田以。郭水為界也漷水出東海合鄉縣西南經魯國至高平湖陸縣入泗○漷好虢反徐音郭又虎伯反字林口郭口獲二反○季孫宿如晉葬曹成公傳無○夏衛孫林父帥師伐齊○秋七月辛卯齊侯環卒世子光三與魯同盟疏注世子至同盟○正義曰環以成十年即位十五年國佐盟于戚十七年。自盟于柯陵十八年崔杼于虛朾襄三年世子光于雞澤五年世子光于戚九年世子光于戲十一年世子光于亳城北不數成公之世世子光猶四同盟言三者襄五年戚盟不書經故杜不數劉炫以為杜謬非也○晉士匄帥師侵齊至穀聞齊侯卒乃還詳錄所至及還者善得禮○八月丙辰仲孫蔑卒傳無○齊殺其大夫高厚○鄭殺其大夫公子嘉○冬葬齊靈公傳無○城西郛魯西郭郛芳夫反○○叔孫豹會晉士匄于柯魏郡內黃縣東

北有柯城○城武城。泰山南武城縣

傳十九年春諸侯還自沂上盟于督揚曰大毋侵小督。揚即祝柯也○督丁毒反毋音無執邾悼

公以其伐我故伐魯在十七年○遂次于泗上疆我田正邾魯之界也泗水名○疆居良反取邾田自漷

水歸之于我邾田在漷水北今更以漷為界故曰取邾田疏傳。注邾田至邾田○正義曰邾在魯南田在漷水北今更以漷水為界取邾漷

北之田歸于魯也十六年命歸侵田此年正邾魯之界則此田舊是魯界邾人取以為己有今日使之歸魯故曰取邾田也公羊傳曰其言自漷水何以漷為

竟也何言乎以漷為竟漷移也其意言邾魯以漷水為竟漷水移入邾界魯隨而有之賈服取以為說言刺晉偏而魯貪案傳晉命歸侵田此田邾先侵魯追

令反本何晉偏而魯貪公羊之說不可通也晉侯先歸公享晉六卿于蒲圃六卿過魯○圃布古反過古禾反賜之

三命之服軍尉司馬司空輿尉候奄皆受一命之服如軍戰還之賜唯無。先輅○奄音安賄荀偃

束錦加璧乘馬先吳壽夢之鼎荀偃中軍元帥故特賄之五匹為束四馬為乘壽夢吳子乘也獻鼎於魯因以為名古之獻物

必有以先今以璧馬為鼎之先○賄呼罪反乘馬繩證反注四馬為乘同先吳悉薦反又如字夢莫公反帥所類反疏注荀偃至之先○正義曰雜記云納

幣一束束五兩兩五尋鄭玄云納幣謂昏禮納徵也十箇為束貴成數兩兩者合其卷是謂五兩八尺曰尋一兩五尋則每卷二丈也合之則四十尺今謂之

匹猶匹偶之云彼雖主說昏幣但經傳所言束帛束錦者其束多少皆與彼同故云五匹為束也吳子乘以十二年卒乘獻此鼎於魯魯人因以其人名之謂

之吳壽夢之鼎今以此鼎賄荀偃也古之獻物必有以先之老子云雖有拱抱之璧以先駟馬謂以璧為馬先也僖三十三年鄭商人弦高以乘韋先牛十二

稿師謂以韋爲牛先也二十六年鄭伯賜子展先路三命之服先八邑謂以車服爲邑之先也皆以輕物先重物此錦璧可執馬可牽行皆輕於鼎故以璧馬爲鼎之先以輕先重非以賤先貴鼎價未必貴於璧馬也荀偃癉疽生瘍於頭癉疽惡創○癉丁但反徐音旦疽七徐反瘍音羊創初良反○【疏】癉疽生瘍於頭○正義曰說文云癉勞病也疽癰也癰腫也瘍頭創也然則傳言荀偃病此疽腫腫潰遂生創於頭杜云癉疽惡創略言其病創耳

濟河及著雍病目出大夫先歸者皆反士匄請見弗內請後曰鄭甥可士匄中軍佐故問後也鄭甥荀吳其母鄭女○著張慮反又直慮反雍於用反見賢遍反二月甲寅卒而視不可含目開口噤○視如字徐市至反下同含戶暗反本亦作唅下同噤其蔭反宣子盥而撫之曰事吳敢不如事主猶視大夫稱主○盥音管欒懷子曰其爲未卒事於齊故也乎懷子欒盈○爲于僞反下注爲懷子同乃復撫之曰主苟終所不嗣事于齊者有如河乃瞑受含嗣續也○復扶又反瞑亡丁反一音亡平反桓譚以爲荀偃病而目出初死其目未合尸冷乃合非其有所知也因其異而記之耳

傳宣子出曰吾淺之爲丈夫也自恨以私待人○晉欒魴帥師從衛孫文子伐齊爲懷子之言故也欒魴欒氏族不書兵弁林父不別告也經書夏從告○弁如字又必政反○季武子如晉拜師謝討齊晉侯享之范宣子爲政代荀偃將中軍○將子匠反後放此賦黍苗黍苗詩小雅美召伯勞來諸侯如陰雨之長黍苗也喻晉君憂勞魯國猶召伯○召上照反下同勞力報反來力代反長丁丈反季武子興再拜稽首曰小國之仰大國也如百穀之仰膏雨焉若常膏之其天下輯睦豈唯敝邑賦六月六月尹吉甫佐

天子征伐之詩以晉侯比吉甫出征以匡王國○仰如字徐五亮反下同膏雨如字徐古報反常膏古報反又如字韓音集本又作集季武子以
所得於齊之兵作林鍾而銘魯功焉林鍾律名鑄鍾聲應林鍾因以爲名○鑄之樹反應應對之應疏注林鍾律名鑄
鍾聲應林鍾因以爲名○正義曰月令季夏律中林鍾是林鍾六月之律名也周語云景王將鑄無射問律於泠州鳩對曰律所以立均出度也古之神瞽考
中聲而量之以制度律均鍾百官軌儀賈逵云律謂六律六呂以均鍾大小清濁也考成也成平也平中和之聲度律呂之長短以立均鍾以成和平之聲而
百官之道得象而儀之是言度律呂長短然後鑄鍾聲應律遂以律名鍾此鍾聲應林鍾故以林鍾爲名臧武仲謂季孫曰非禮
也夫銘天子令德天子銘德不銘功諸侯言時計功舉得時動有功則可銘也大夫稱伐銘其功伐之勞今
稱伐則下等也從大夫故疏今稱伐則下等也○正義曰諸侯之銘當言時既功時計功魯之伐齊也借人之力功非己有妨民農務不可
謂時二者既無可稱唯有從行征伐可得稱伐勞耳伐雖可稱若稱伐則從大夫之例於三者爲下等不足爲功美也計功則借人也借晉
力也○借如字一音情亦反言時則妨民多矣何以爲銘且夫大伐小取其所得以作彝器
彝常也謂鍾鼎爲宗廟之常器○夫音扶彝以之反銘其功烈以示子孫昭明德而懲無禮也今將借人
之力以救其死若之何銘之小國幸於大國以勝大國爲幸○懲直升反而昭所獲焉以怒
之亡之道也爲城西鄆武城傳○齊侯娶于魯曰顏懿姬無子其姪鬷聲姬生光以爲
大子兄子曰姪顏鬷皆二姬母姓因以爲號懿聲皆謚○娶子住反姪直結反鬷子公反諸子仲子戎子戎子嬖諸子諸妾姓子

者二子皆宋女○仲本亦作中音仲下皆放此嬖必計反仲子生牙屬諸戎子屬託之○屬音之蜀反注同戎子請以爲

大子許之齊侯許之仲子曰不可廢常不祥廢立嫡之常○嫡本或作適丁歷反閒諸侯難事難成也○閒閒廁

之閒光之立也列於諸侯矣列諸侯之會今無故而廢之是專黜諸侯謂光已有諸侯之尊而以

難犯不祥也君必悔之公曰在我而已遂東大子光廢而。徙之東鄙使高厚傅牙以爲

大子夙沙衛爲少傅齊侯疾崔杼微逆光疾病而立之光殺戎子終言之○少詩照反下注

公猶少同杼直呂反【疏】。注終言之○正義曰知終言之者以云尸諸朝非禮下始云五月齊靈公卒莊公卽位若非卽位之後豈得尸戎子於朝故。傳終言

之尸諸朝非禮也婦人無刑無黥刖之刑○黥其京反刖音月又五刮反【疏】注無黥刖之刑○正義曰婦人淫則閉之於宮

犯死不得不殺而云婦人無刑知其於五刑之中無三等刑耳三等墨劓刖也三等之刑墨輕刖重故舉其輕重而略其劓也周禮謂之墨尚書謂之黥黥墨

爲一故依尚書言黥也服虔云婦人從人者也故不爲制刑及犯惡從男子之刑也若與男子俱受黥刖劓亦是婦人刑矣何獨主男子而婦人從之也劉難

服云犯淫則男子割勢婦人閉宮豈得從男子乎雖有刑不在朝市謂犯死刑者猶不暴尸○暴蒲卜反夏五月壬辰晦

齊靈公卒經書七月辛卯光定位而後赴莊公卽位太子光也執公子牙於句瀆之丘以夙沙衛易

己衛奔高唐以叛光謂衛教公易己高唐在祝柯縣西北○句古侯反瀆音豆○晉士匄侵齊及穀聞喪而

還禮也禮之常不必待君命【疏】注禮之至君命○正義曰傳言禮也則兵不伐喪必有常禮禮有此法故聞喪卽還公羊傳曰還者何善辭也何善

爾大其不伐喪也此受命乎君而伐齊則何大乎其不伐喪大夫以君命出進退在大夫也何休云禮兵不從中御外臨事制宜唯義所在故善之是與左氏同也穀梁傳曰還者事未畢之辭也不伐喪善之也善之則何爲未畢也君不尸小事臣不專大名善則稱君過則稱己則民作讓矣士匄外專君命故非之也然則爲士匄者宜奈何宜墠帷而歸命乎介其意言待命乃還故杜言不必待君命所以排穀梁也○於四月丁未於此年鄭四月

公孫蠆卒赴於晉大夫范宣子言於晉侯以其善於伐秦也十四年晉伐秦子蟜見諸侯師而勸之。濟涇

六月晉侯請於王王追賜之大路使以行禮也大路天子所賜車之總名以行葬禮傳言大夫有功則賜服路

疏注大路至服路○正義曰二十四年穆叔如周王嘉其有禮賜之大路與此並賜諸侯之卿其文皆云大路知大路天子所賜車之總名也周禮巾車王之五路有玉路金路象路革路木路又有服車五乘孤乘夏篆卿乘夏縵大夫乘墨車士乘棧車庶人乘役車又曰凡良車散車不在等者其用無常周禮有此文耳其封諸侯賜之以車則同姓以金路異姓以象路四衞以革路蕃國以木路其賜諸侯之卿則無文釋例曰周官王之五路及卿大夫士服車各有名又有良車散車不在等者其用無常謂此上五路之良散當以出賜故言其用。無常也傳通稱玉路金路爲大路及賜魯穆叔鄭子蟜當是革路若木路所以封四衞及蕃國之君也而亦曰大路者據受王之殊錫皆舉其總名或云先或云次當各自以就數爲差也杜言當是革路若木路者雖疑不敢質謂當是此二路也必疑然者以服車稱車不稱路王若賜之夏篆夏縵不應謂之爲大路此名之曰大路必在五路之中矣金路象路乃賜同姓異姓之國君不可以賜其臣而傳稱列國之卿當小國之君固周制也位當小國之君則車亦可以同之故疑是革路若木路也革路木路路之卑者亦稱大路者以受王殊賜皆舉其總名也若受之於君或稱先或稱次杜云以就數爲差者三命之卿就數三再命之卿就數二故鄭賜子展先路三命之服子產次路再命之服是

也若其不然王賜叔孫穆子其車若是夏篆夏縵卽與常車無異何故生弗敢乘及死乃請以葬也鄉飲酒禮者大夫之禮也工人卒歌主人獻工大師則爲之洗鄭玄云大夫若君賜之樂謂之大師爲之洗尊之也彼尊君賜樂謂工師爲大師此尊王賜車謂王車爲大路其意類於彼也。膏。肓。何。休以天子車稱大路諸侯車稱路車大夫稱車今鄭子蟜諸侯之大夫耳當與天子士同賜其車而名之曰大路非正也孔子曰唯器與名不可以假人名不正則言不順於義左氏爲短案周禮天子衮冕上公亦稱衮冕天子析羽爲旌諸侯及大夫亦稱旌又天子樂官稱大師鄉飲酒禮君賜樂亦稱大師此皆名同於上則卿大夫大路何獨不可同之於天子大路之名乎何休之難非也○秋八月齊崔杼殺高厚於灑藍而兼其室灑藍齊地○灑色買反徐所綺反藍力甘反書曰齊殺其大夫從君於昏也傳解經不言崔杼殺而爲國討文○鄭子孔之爲政也專專權國人患之乃討西宮之難十年尉止等作難西宮子孔知而不言○難乃旦反注及下同與純門之師前年子孔召楚師至純門子孔當罪以其甲及子革子良氏之甲守以自守也○守手又反下守備同甲辰子展子西率國人伐之殺子孔而分其室書曰鄭殺其大夫專也亦以國討爲文子然子孔宋子之子也子然子革父士子孔圭嬀之子也宋子圭嬀皆鄭穆公妾士子孔子良父○嬀居危反圭嬀之班亞宋子而相親也亞次也○亞於嫁反士子孔亦相親也僖之四年子然卒鄭僖四年魯襄六年簡之元年士子孔卒魯襄八年司徒孔實相子革子良之室司徒孔與二父相親故相助其子○相息亮反注同三室如一言同心故及於難故二子幷及難子革子良出奔楚子革爲右尹子革

卽鄭丹鄭人使子展當國子西聽政立子產爲卿簡公猶幼故大夫當國○齊慶封圍高唐
弗克夙沙衛以叛故圍之冬十一月齊侯圍之見衛在城上號之乃下衛下與齊侯語○號徐胡報反召也
一音戸刀反問守備焉以無備告揖之乃登齊侯以衛告誠揖而禮之欲生之也衛志於戰死故不順齊侯之揖而還登城
疏見。衛至乃登○正義曰杜於此注皆用賈逵之說服虔引彭仲。博。云齊欲誅衛呼而下與之言固可取之無爲揖之復令登城仲博以爲齊侯號衛衛
而下云問守備焉問衛之守高唐者衛無恩信故令守者以無備告齊侯善其言故揖之乃命士卒登城服虔謂此說近之案傳之次第衛在城上號之乃下
是衛下也問守備焉問衛也若其別問餘人當云問其守者不得云問守備也若齊侯揖之而命士卒登城則士於此時已登矣何故下文方曰殖綽工僂會
夜縋納師也衛已下城齊侯不卽執取者或有所隔礙不得取之漢末曹操與馬超對語徐。晃與關羽對語皆讎敵交言而不能相取亦何怪古之人乎閒
師將傅食高唐人殖綽工僂會夜縋納師因其會食二子齊大夫○傅音附食音嗣僂力侯反縋直僞反疏夜縋
納師○正義曰二子因其無備先往城上乃從城上縣繩納師醢衛于軍○醢音海○城西郛懼齊也前年與晉伐齊又鑄其器
爲。鍾故懼○齊及晉平盟于大隧○大隧地闕隧音遂故穆叔會范宣子于柯齊晉平魯懼齊故爲柯會以自
固穆叔見叔向賦載馳之四章四章曰控于大邦誰因誰極控引也取其欲引大國以自救助○控苦貢反疏注四章至
救助○正義曰控于大邦乃是載馳五章而云四章者文。一十三年鄭子家賦載馳之四章義取控于大邦意在五章而幷賦四章彼注已云四章以下故於
此略之詩注云極至也今衛侯欲求援引之力助於大國之諸侯亦誰因乎由誰至乎閔之故欲歸問之叔向曰肸敢不承命叔向度齊

未肯以盟服故許救魯○以度待洛反穆叔。曰齊猶未也不可以不懼乃城武城○衛石共子卒石買○共音恭悼子不哀買之子石惡孔成子曰是謂蹶其本蹶猶拔也○蹶求月反一音居月反又居衛反疏。注蹶猶拔也○正義曰蹶者倒也樹倒必拔根故云蹶猶拔也父是親之極孝為德之本於父尚猶不哀必是不能愛人也己不愛人人亦不愛己。己人皆不愛必將喪家知其不能保有宗嗣也必不有其宗為二十八年石惡出奔傳

經二十年春王正月辛亥仲孫速會莒人盟于向向莒邑○向舒亮反○夏六月庚申公會晉侯齊侯宋公衛侯鄭伯曹伯莒子邾子滕子薛伯杞伯小邾子盟于澶淵澶淵在頓丘縣南今名繁。汙此衛地又近戚田○澶市然反汙音紆近附近之近秋公至自會無傳○仲孫速帥師伐邾○蔡殺其大夫公子燮莊公子○燮息協反蔡公子履出奔楚燮母弟也○陳侯之弟黃出奔楚稱弟明無罪也疏。二十。年注稱弟明無罪也○正義曰傳言非其罪也則無罪之文明矣而云稱弟明無罪者賈逵以為稱名罪其偪杜以鄭段有罪去弟以罪段今此存弟非是罪黃之文也言此以排賈氏也叔老如齊○冬十月丙辰朔日有食之無傳季孫宿如宋

傳二十年春及莒平孟莊子會莒人盟于向督揚之盟故也莒數伐魯前年諸侯盟督揚以和解之故二國自復共盟結其好○數所角反下同解古買反又戶買反復扶又反下始復同好呼報反下皆同疏。傳。盟于。至故也○正義曰於經服異則稱

同盟此齊成而盟不言同者往年齊與晉平盟于大隧是齊已服於晉矣非於
此始服故不言同也晉以齊既平和而召諸侯以爲此會傳解其爲盟之意故
云齊成也○夏盟于澶淵齊成故也齊與晉平○邾人驟至以諸侯之事弗能報也驟數也謂
十五年十七年伐魯秋孟莊子伐邾以報之既盟而又伐之非○蔡公子燮欲以蔡之晉背楚○背音佩
蔡人殺之公子履其母弟也故出奔楚與兄同謀故○陳慶虎慶寅畏公子黃之偪
二慶陳卿恐黃偪奪其政○偪彼力反愬諸楚曰與蔡司馬同謀同欲之晉楚人以爲討討陳責公子黃
出奔楚奔楚自理初蔡文侯欲事晉曰先君與於踐土之盟先君文侯父莊侯甲午也踐土盟在僖二十八
年○與音預晉不可棄且兄弟也畏楚不能行而卒宣十七年文侯卒楚人使蔡無常徵發無準
公子燮求從先君以利蔡不能而死書曰蔡殺其大夫公子燮言不與民同欲
也罪其違衆陳侯之弟黃出奔楚言非其罪也稱弟罪陳侯及二慶疏○注稱弟至二慶○正義曰稱弟者止爲罪陳侯
但陳侯之罪罪在信二慶故杜兼言二慶耳稱弟不爲罪二慶也釋例曰兄而
害弟者稱弟以章兄罪弟又害兄則去弟以罪弟身推此以觀其餘秦伯之弟
鍼陳侯之弟黃皆是兄害其弟者也秦伯有千乘之國而不能容其母弟傳曰
罪秦伯也歸罪秦伯則鍼罪輕也陳侯不能制御臣下使逐其弟傳曰言非其
罪也非黃之罪則罪在陳侯示互舉之文也公子黃將出奔呼於國曰慶氏無道求專陳國暴蔑其
君而去其親五年不滅是無天也爲二十三年陳殺二慶傳○呼好故反去起呂反○齊子初聘于齊

禮也齊魯有怨朝聘禮絕今始復通故曰初繼好息民故曰禮○冬季武子如宋報向戌之聘也向戌聘在十五年褚師段逆之以受享段共公子子石也逆以入國受享禮○褚張呂反段徒亂反共音恭賦常棣之七章以卒武子賦也七章以卒盡八章取其妻子好合如鼓瑟琴宜爾室家。樂爾妻帑。言二國好合宜其室家相親如兄弟○棣大計反樂音洛帑音奴宋人重賄之歸復命公享之賦魚麗之卒章魚麗詩小雅卒章曰物其有矣維其時矣喻聘宋得其時○麗力馳反【疏】賦。魚麗之卒章○正義曰魚麗詩小雅物其有矣者謂言魚有鱨鯊魴鯉幷有旨酒也維其時矣者注云太平而後微物眾多取之有時用之有道則萬物莫不多也公賦南山有臺南山有臺詩小雅取其樂只君子邦家之基邦家之光喻武子奉使能為國光。燀○只之氏反本亦作旨使所吏反武子去所曰臣不堪也去所辟席○衛甯惠子疾召悼子悼子甯喜曰吾得罪於君悔而無及也名藏在諸侯之策曰孫林父甯殖出其君君入則掩之掩惡名○策初革反出如字徐音黜若能掩之則吾子也若不能猶有鬼神吾有餒而已不來食矣。餒餓也○餒奴罪反悼子許諾惠子遂卒為二十六年衛侯歸傳

經二十有一年春王正月公如晉○邾庶其以漆閭丘來奔。二邑在高平南平陽縣東北有漆鄉西北有顯閭亭以邑出為叛適魯而言來奔內外之辭○漆本或作漆徐音七閭力於反【疏】。二邑。在。高。平。南。陽至之辭○正義曰杜解地邑自為其例言在者指知其處言有者以示不審此言二邑在高平者知其在高平郡界耳又言有者並不審其處也釋例曰漆高平南平陽縣東北有漆鄉閭丘高平南平陽

縣西北有顯閭亭是二邑知在高平而不審其地故言有也諸侯之臣入其私邑而以之出奔者皆書爲叛衞孫林父宋華亥宋公之弟辰。趙鞅荀寅等皆書爲叛叛者背其本國之大辭也此及莒牟夷邾黑肱亦以邑叛本國但叛來歸魯據其至魯爲。奔而言來奔內外之辭言俱是叛而辭異耳且傳謂庶其等爲三叛人明其來是叛也

○夏公至自晉無傳○秋晉欒盈出奔楚盈不能防閑其母以取奔亡稱名罪之

疏注盈不至罪之○正義曰宣十年齊崔氏出奔衞書其族也。文八年宋司城來奔舉其官也又十四年宋子哀來奔稱其字也皆爲無罪不書其名則書名爲罪之文據傳盈無大罪故辨之不能防閑其母以取奔亡稱其名罪之也不能防閑其母詩序文也周禮虎賁氏舍則守王閑又校人謂馬廄爲閑則閑是欄衞禁防之名也禮之防失若彼閑然論語云大德不踰閑閑謂禮法言不能以禮法禁防母也

○九月庚戌朔日有食之無傳○冬十月庚辰朔日有食之無傳○曹伯來朝○公會晉侯齊侯宋公衞侯鄭伯曹伯莒子邾子于商任商任地闕○任音壬

傳二十一年春公如晉拜師及取邾田也謝十八年伐齊之師漷水之田○邾庶其以漆閭丘來奔庶其邾大夫季武子以公姑姊妻之計公年不得有未嫁姑姊蓋寡者二人○公姑姊杜以公之姑及姊是二人也或曰列女傳稱梁有節姑妹謂父之妹也此云姑姊是父之姊也一人耳以杜氏爲誤案成二年楚侵及陽橋孟孫往賂以公衡以公衡爲質杜云衡成公子也楚師及宋公衡逃歸臧宣叔云衡父不忍數年之不晏以棄魯國則公衡之年下計猶十七八成公是其父固當三十有餘矣成二年至此。三十八歲姑又成公之姊則年近七十矣假令公衡非成公之子猶是成公之弟成。九年伯姬歸于宋伯者長稱九年始嫁則爲成公之妹成公不得有姊矣若成公別有庶長之

姊以成公公衡之年推之亦不復堪嫁故知二人也唯公羊以成公即位年幼據左氏成四年傳云公如晉晉侯見公不敬公歸欲求成于楚得季文子諫而
止此非年幼也反覆推之杜氏不誤妻之七計反下同疏傳。註計公。至二人○正義曰杜以姑爲父之女昆弟姊是己之女昆故計公之年以爲寡者二
人劉炫云案十二年傳云無女而有姊妹及姑姊妹則古人謂姑爲姑姊妹也而知此姑姊是襄公父之姊止一人耳不得云寡者二人今知不然者以襄公
成公之子成公即位二年已令大子公衡爲質於楚及宋逃歸則公衡年十五六矣成公即位之初已三十有餘計至於今七十許歲其姊雖存年極老矣安
可以。妻庶。期劉以爲成公之姊而規杜氏非也皆有賜於其從者於是魯多盜季孫謂臧武仲曰子盍
詰盜詰治也○從才用反下同盍朝臘反下盍反同詰起吉反疏子盍○正義曰鄭玄服虔皆以盍爲何不也武仲曰不可詰也
紇又不能季孫曰我有四封而詰其盜何故不可子爲司寇將盜是務去若之
何不能武仲曰子召外盜而大禮焉何以止吾盜吾謂。國。中○去起呂反下皆同子爲正卿而
來外盜使紇去之將何以能庶其竊邑於邾以來子以姬氏妻之而與之邑使食
漆閭丘其從者皆有賜焉若大盜禮焉以君之姑姊與其大邑其次皁牧輿馬給其
賤役從皁至牧凡八等之人○皁在早反凡八等之人謂皁輿隸僚僕臺圉牧也疏注給其至之人○正義曰昭七年傳曰皁臣輿輿臣隸隸臣僚僚臣
僕僕臣臺馬有圉牛有牧自皁至牧有八等也其次謂庶其從者魯給之以八等之人其小者衣裳劒。帶是賞盜也賞而
去之其或難焉紇也聞之在上位者洒濯其心壹以待人軌度其信可明徵也

徵驗也○洒西禮反濯直角反度待洛反疏軌度至徵也○正義曰謂使其臣信有軌則法度可明以爲徵驗也劉炫云軌法也行依法度而言有信也

而後可以治人夫上之所爲民之歸也。上所不爲而民或爲之是以加刑罰焉而莫敢不懲若上之所爲而民亦爲之乃其所也又可禁乎夏書曰念茲在茲逸書也茲此也謂行此事當念使可施之於此○不懲直升反釋茲在茲釋除也謂欲有所治除於人亦當顧己得無亦有之名言茲在茲名此事言此事亦皆當令可施於此○令力呈反允出茲在茲允信也信出於此則善亦在此惟帝念功言帝念功則功成也將謂由己壹也信由己壹而後功可念也言非但意念而已當須信己誠至疏夏書至念也○正義曰念茲在

茲謂念此所行之事欲施於他得可施之在於此身然後行之釋茲在茲釋除也謂有所除治於此前人之上亦當在此身無有罪過然後除之名言茲在茲謂名此事言此事亦皆當令可施於此猶若名此除盜言此除盜己能除盜是除盜之事可施於此若己不能除盜遣人除盜是不可施於此也允出茲在茲允信也謂誠信之心出於此身則善亦在此身也信由己壹謂信實由己專壹然後善功可念此斷章爲義故與尚書本文稍殊也

庶其非卿也以地來雖賤必書重地也重地故書其人其人書則惡名。彰以懲不義疏庶其非卿也○正義曰公羊穀梁皆以邾莒之徒小國不合有卿釋例曰公侯伯子男及其卿大夫士命數周官具有等差當春秋時漸已變改是以仲尼丘明據時之宜仍其行事從而然之不復與周官同而先儒考合周官禮記各致異端今詳推經傳國之大小皆據當時土地人民不復依爵故書秦楚之卿而略於滕薛也諸侯大國之卿皆必有命固無所疑其總名亦曰大夫也故經傳卿大夫之文相涉晉殺三卿而經書大夫邢丘之會傳稱大夫亦皆卿也蜀之盟齊國之大夫溴梁之盟小邾之大夫此不命

一命之大夫故不書也命者謂其君正爵命之於朝其宮室車旗衣服禮儀各如其命數則皆以卿禮書之於經衞之於晉不得比次國則邾莒杞。鄫之屬固以微矣此等諸國當時附隨大國不得列於會者甚衆及其得列上不能自通於天子下無暇於備禮成制故與於會盟戰伐甚多唯曹之公子首得見於經其餘或命而禮儀不備或未加命數故皆不書之也邾。卑我之等其奔亡亦多所書唯數人而已知其合制者少也又邾庶其等傳皆言非卿以地來雖賤必書紀裂繻來逆女傳曰卿爲君逆知此等微國亦應有卿有卿則應書於經徒以卑陋制不合禮失禮之例杞降爲夷華耦具官君子貴之至於此等卿而不備禮亦所以見其略賤也諸儒以爲邾莒無命卿既自違傳劉賈又云春秋之序三命以上乃書於經穎氏以爲再命稱人傳曰叔孫昭子三命踰父兄昭公十年昭子始加三命而先此叔孫皆自見經知所書皆再命也是杜大明春秋書卿名氏之例以邾莒自當有卿若有再命則書名氏其不書於經皆爲禮不備故庶其非卿謂非再命之卿也

○齊侯使慶佐爲大夫慶佐崔杼黨復討公子牙之黨執公子買于句瀆之丘公子鉏來奔叔孫還奔燕三子齊公族言莊公斥逐親戚以成崔慶之勢終有。弒殺之禍○復扶又反鉏仕居反還音旋殺之申志反又如字

○夏楚子庚卒楚子使薳子馮爲令尹訪於申叔豫叔豫叔時孫叔豫曰國多寵而王弱弱政教微而貴臣強國不可爲也遂以疾辭方暑闕地下冰而牀焉重繭。衣裘鮮食而寢繭。緜衣○闕求月反繭古典反禮記云纊爲繭衣裘於既反鮮息淺反少也下鮮過并注同【疏】注繭緜衣○正義曰玉藻曰纊爲繭縕爲袍鄭玄云衣有著之異名也纊。謂今之新緜縕。謂今纊及舊絮也然則繭是袍之別名謂新綿著袍故云緜衣也置冰牀下使有寒氣其上加緜衣暑月多衣所以示疾楚子使醫視之復曰瘠則甚矣瘠瘦也○瘠在亦反瘦所又反而血氣未

動言無疾乃使子南爲令尹子南公子追舒也爲二十二年殺追舒傳○欒桓子娶於范宣子生懷子桓子欒黶懷子盈也范鞅以其亡也怨欒氏十四年欒黶彊逐范鞅使奔秦○彊其丈反故與欒盈爲公族大夫而不相能桓子卒欒祁與其老州賓通欒祁桓子妻范宣子女盈之母也范氏堯後祁姓○相能如字徐乃代反幾亡室矣言亂甚幾其依反○懷子患之祁懼其討也愬諸宣子曰盈將爲亂以范氏爲死桓主而專政矣桓主欒黶**疏**以范至政矣○正義曰桓是黶之謚大夫稱主誣欒盈言盈以范氏爲死桓主道范氏之意以桓主已死其家。衰弱故陵侮欒氏而專晉國之政矣曰吾父逐鞅也不怒而以寵報之謂宣子不爲黶責怒鞅而反與鞅寵位○爲于僞反下文吾爲同又與吾同官而專之同爲公族大夫而鞅專其權勢吾父死而益富死吾父而專於國有死而已吾蔑從之矣言宣子專政盈欲以死作難○難乃旦反其謀如是懼害於主吾不敢不言范鞅爲之徵證其有此懷子好施士多歸之宣子畏其多士也信之懷子爲下卿下軍佐○好呼報反施式豉反宣子使城著而遂逐之著晉邑在外易逐○著直豫反又張慮反易以豉反秋。欒盈出奔楚宣子殺箕遺黃淵嘉父司空靖邴豫董叔邴師申書羊舌虎叔羆。十子皆晉大夫欒盈之黨也羊舌虎叔向弟○邴音丙羆彼皮反**疏**秋欒至叔羆○正義曰如此傳文則欒盈出奔之後宣子始殺十子也晉語云平公六年箕遺及黃淵嘉父作亂不克而死公乃問陽畢陽畢對曰。論逞志而虧君以亂國者之後而去之是遂威而遠權也欒氏之誣晉國久矣欒書實覆宗殺厲公以厚其家若滅欒氏則民威矣公許諾盡逐羣賊而使。祁午及陽畢適曲沃逐欒盈如國語則先殺十子後逐欒盈與此異者賈逵云十子皆欒盈之黨知范氏將害欒氏故
先爲之作難討范氏不克而死然則欒盈城著十子在國謀殺宣子不克宣子先殺之乃使適著逐欒盈此傳先言欒盈後言其黨耳非是欒盈既奔之後殺
十子也此傳言城著而遂逐之則是就著逐欒盈國語言適曲沃逐欒盈者曲沃是欒氏之采邑蓋就著逐其身適曲沃逐其家也因伯華叔向
籍偃籍偃上軍司馬人謂叔向曰子離於罪其爲不知乎譏其受因而不能去○知音智下及注同叔向曰
與其死亡若何言雖因何若於死亡詩曰優哉游哉聊以卒歲知也詩小雅言君子優游於衰世所以辟害卒
其壽是亦知也○詩小雅案今小雅無此全句唯采菽詩云優哉游哉亦是戾矣【疏】優哉游哉○正義曰此小雅采菽之篇案彼詩云優哉游哉亦是戾
矣與此不同者蓋師讀有異欒王鮒見叔向曰吾爲子請叔向弗應出不拜欒王鮒○晉大夫欒桓子○鮒音
附應應對之應下注同一本作不應其人皆咎叔向叔向曰必祁大夫祁大夫祁奚也食邑於祁因以爲氏祁縣今屬太原
○咎其九反室老聞之曰樂王鮒言於君無不行其言得行皆求赦吾子吾子不許謂不應出
不拜祁大夫所不能也不能動君而曰必由之何也叔向曰樂王鮒從君者也何能行
祁大夫外舉不棄讎內舉不失親其獨遺我乎詩曰有覺德行四國順之詩大雅言
德行直則天下順之○行下孟反注同夫子覺者也覺較然正直○較音角晉侯問叔向之罪於樂王鮒對
曰不棄其親其有焉言叔向篤親親必與叔虎同謀於是祁奚老矣老去公族大夫聞之乘馹而見宣

子曰詩曰惠我無疆子孫保之詩周頌也言文武有惠訓之德加於百姓故子孫保賴之○駉人實反傳也疆居良反下注同

書曰聖有謨勳明徵定保逸書謨謀也勳功也言聖哲有謀功者當明定安之○謨莫胡反勳如字書作訓疏有覺至順之○正義曰此詩大雅抑之篇○惠我至保之○正義曰此詩周頌烈文之篇○注逸書至安之○正義曰此引書曰夏書胤征之文也彼作聖有謨訓此云惠訓不倦。行本當作訓但杜以傳作聖有謨勳故順傳文解之劉背傳文而規杜氏非也

夫謀而鮮過惠訓不倦者叔向有焉謀鮮過有謨勳也惠訓不倦惠我無疆也社稷之固也猶將十世宥之以勸能者今壹不免其身壹以弟故○宥音又

以棄社稷不亦惑乎鯀殛而禹興言不以父罪廢其子○鯀古本反殛紀力反疏鯀殛而禹興○正義曰尚書稱堯使鯀治水九載續用不成乃求得舜而徵用之歷試三年乃禪以位舜典美舜之功象以典刑之下始云流共工于幽。州放驩兜于崇山竄三苗于三危殛鯀于羽山四罪而天下咸服孔安國云作者。敘典刑而連引四罪明皆徵用所行於此總見之是言舜初被徵用先誅鯀而後舉禹故言鯀殛而禹興僖三十三年傳曰舜之罪也殛鯀其舉也興禹洪範云鯀則殛死禹乃嗣興皆言誅鯀。乃舉禹而鄭玄注尚書以爲禹治水既畢乃流四凶言其先舉禹而後誅鯀既違經傳之文且復於理不當故王肅。難云禹治水而後以鯀爲無功而殛之是爲用人子之功而流放其父則爲禹之勤勞適使父殛舜失五典克從之義禹陷三千莫大之罪進退無據迂亦甚哉

伊尹放大甲而相之卒無怨色太甲湯孫也荒淫失度伊尹放之桐宮三年改。悔而復之而無恨心言不以一怨妨大德○大音泰相息亮反疏注太甲至大德○正義曰太甲湯孫世本。紀文也書序云太甲既立不明伊尹放諸桐宮三年復歸于亳思庸伊尹作太甲三篇是太甲能自改悔伊尹復之之事也

管蔡爲戮周公右王言兄弟罪不相及○右王音又

若之何其以虎也棄社稷子爲善誰敢不勉多殺何爲宣子說與之乘以言諸公而免之共載入見公○說音悅乘繩證反見公賢遍反下文始見幷注同不見叔向而歸言爲國非私叔向也○爲于僞反下不爲己亦爲子皆同叔向亦不告免焉而朝不告謝之明不爲己初叔向之母妬叔虎之母美而不使不使見叔向父○妬丁故反其子皆諫其母其母曰深山大澤實生龍蛇言非常之地多生非常之物彼美余懼其生龍蛇以禍女女敝族也敝衰壞也龍蛇喻奇怪○女音汝下同國多大寵六卿專權不仁人閒之不亦難乎余何愛焉使往視寢生叔虎美而有勇力欒懷子嬖之故羊舌氏之族及於難欒盈過於周周西鄙掠之劫掠財物○閒閒廁之閒於難乃旦反掠音亮辭於行人王行人也曰天子陪臣盈諸侯之臣稱於天子曰陪臣得罪於王之守臣范宣子爲王所命故曰守臣○守手又反注同將逃罪罪重於郊甸重得罪於郊甸謂爲郊甸所侵掠也郭外曰郊郊外曰甸○罪重直用反注同甸徒練反無所伏竄敢布其死布陳也○竄七亂反昔陪臣書能輸力於王室王施惠焉輸力謂輔相晉國以翼戴天子○相息亮反其子黶不能保任其父之勞大君若不棄書之力亡臣猶有所逃大君謂天王○任音壬【疏】注大君謂天王○正義曰進言於王而稱大君知大君謂天王也大君君之大者故以爲天子易云大君有命亦謂天子也若棄書之力而思黶之罪臣戮餘也罪戮之餘將歸死於尉氏尉氏討姦之官不敢還矣敢布四體唯

大君命焉布四體言無所隱【疏】注尉氏討姦之官○正義曰歸死尉氏猶言歸死於司敗明尉氏主刑人故爲討姦之官周禮司寇之屬無尉氏之官蓋周室既衰官名。改。易於時有此官耳其司敗亦非周禮之官名也王曰尤而效之其又甚焉尤晉逐盈而自掠之是效尤○效或作傚戶教反使司徒禁掠欒氏者歸所取焉使候出諸轘轅候送迎賓客之官也轘轅關在緱氏縣東南○轘音環轅音袁【疏】使司至氏者○正義曰周官司寇掌詰姦慝刑暴亂當使司寇而此云司徒者以司徒掌會萬民之卒伍以起徒役以。此追胥以此追寇盜是其所掌獲得罪人乃使司寇刑之耳○冬曹武公來朝始見也即位三年始來見公○會於商任錮欒氏也禁錮欒盈使諸侯不得受○錮音固齊侯衛侯不敬叔向曰二君者必不免會朝禮之經也禮政之輿也政須禮而行政身之守也政存則身安怠禮失政失政不立是以亂也爲二十五年齊弒光二十六年衛弒剽傳○弒申志反下同剽匹妙反【疏】會朝至亂也○正義曰經訓常也法也會以訓上下之則朝以正班爵之義是會朝爲禮之常法也政。待禮而行猶人須車以載禮是政之車輿也禮運云政者君之所以藏身也言政行於外身藏其。中政是身之所守也怠慢於禮則政無車無車則政不行是失政也君既失政則身無所守失政則身不立是其所以亂也○知起中行喜州綽邢蒯出奔齊四子晉大夫○知音智行戶郎反蒯苦怪反【疏】注四子晉大夫○正義曰國語陽畢對公公許諾盡逐羣賊。此。謂也皆欒氏之黨也樂王鮒謂范宣子曰盍反州綽邢蒯勇士也宣子曰彼欒氏之勇也余何獲焉言不爲己用王鮒曰子爲彼欒氏乃亦子之勇也言子待之如欒氏亦爲子用也【疏】子爲至勇也○正義曰子斥宣子也子能爲彼欒氏待遇其人如欒氏彼荷子之恩乃亦爲子之勇矣〇齊莊公朝指殖綽郭最曰是寡人之雄也州綽曰君以爲雄誰敢不雄然臣不敏平陰之役先二子鳴十八年晉伐齊。及平陰州綽獲殖綽郭最故自比於雞鬭勝而先鳴〇先二悉薦反莊公爲勇爵設爵位以命勇士殖綽郭最欲與焉自以爲勇〇欲與音預下同州綽曰東閭之役臣左驂迫還於門中識其枚數識門。版數亦在十八年〇枚本亦作板【疏】識其枚數〇正義曰十八年傳云以板數闔枚謂馬撾以馬枚數門扇之板。此。云。識。其。枚。數。枚。謂。門。扇。之。板彼時數得其數則二枚不同今人數物猶云一枚二枚也其可以與於此乎公曰子爲晉君也對曰臣爲隸新言但爲僕隸尚新耳〇子爲于僞反然二子者譬於禽獸臣食其肉而寢處其皮矣言嘗射得之〇射食亦反

附釋音春秋左傳注疏卷第三十四

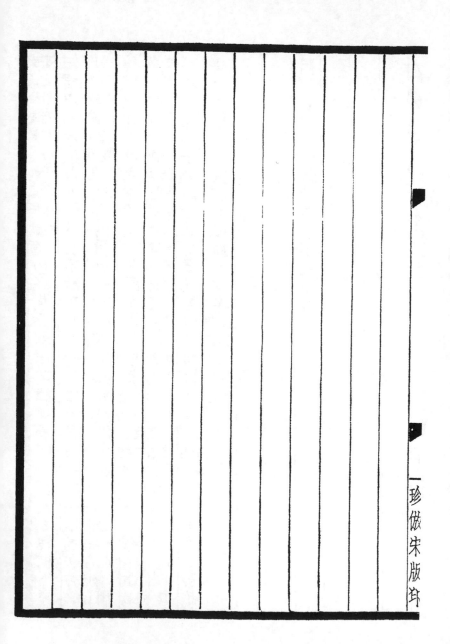

春秋左傳注疏卷三十四校勘記　阮元撰盧宣旬摘錄

附釋音春秋左傳注疏卷第三十四　襄十九年盡二十一年

〔經十九年〕

十九年公至自伐齊　宋本無十九年三字

爲其亟伐　宋本伐下有也字

以郭水爲界也　宋本淳熙本岳本纂圖本閩本監本毛本郭作漷是也

漷水出東海合鄉縣　各本作海宋本誤作北

十七年自盟于柯陵　閩本監本毛本自作同是也

泰山南武城縣　錢大昕云續漢志宋齊隋志皆作南城晉書列傳中亦無武字唯志有之係誤衍杜注哀十四年傳作南城劉昭注續漢志引注文亦是南城此武字必後人誤加也

〔傳十九年〕

督揚卽祝柯也　淳熙本揚作楊非也

傳注邾田至邾田　宋本無傳字以下正義三節總入賦六月注下

唯無完輅宋本淳熙本岳本纂圖本毛本完作先

荀偃癉疽案玉篇疽字下引左氏傳云荀偃疽疽生瘍於頭疽疽惡創也亦作癉

不可含顧炎武云石經含誤作舍案石經此處刓缺所據乃王堯惠刻也釋文云含本亦作唅下同論衡死僞篇李注文選潘安仁馬汧督誄引並作唅字案唅乃俗字含乃古字許氏說文則作琀

其爲未卒事於齊故也乎石經也字起一行計十二字惜碑刓缺不可考矣

所不嗣事于齊者顧炎武云石經事誤是案石經事字上半尚存炎武誤

其天下輯睦釋文云輯本又作集李注文選王元長永明十一年策秀才文引傳作集睦案集輯古字通○按此節注下有百穀○正義曰穀之種類極多言百舉成數也疏文一段宋本誤在上節正義略言其病創耳之下各本皆脫

作林鍾而銘魯功焉石經宋本淳熙本岳本纂圖本閩本監本毛本鍾作鐘注同

注林鍾律名鑄鍾聲應林鍾因以爲名各本鍾作鐘下同宋本律名鑄鐘聲應林鐘因以十字作至字以下正義二節總入亡之道也注下

古之神聲宋本聲作瞽與國語合

天子令德顧炎武云石經天誤夫案石經此處刓缺所據乃謬刻也

當言時既功時計功案時既功三字衍文宋本監本毛本無

亡之道也石經之字下後人旁增之字非也

鬷聲姬纂圖本監本毛本鬷作鬉非也

遂專大子光〔補〕諸本專作東專字誤也今改正

廢而徙之東鄙淳熙本徙誤徒

注終言之宋本以下正義三節總入禮也注下

故傳終言之宋本故下有知字

還若事未畢之辭也浦鏜正誤若作者考文同與穀梁合

宜樿帷而歸命乎宋本閩本監本毛本樿作墠是也

范宣子言於晉侯各本作於詩周頌臣工正義引作言諸晉侯

而勸之濟涇宋本濟字空缺

與比並賜諸侯之卿閩本亦作比宋本監本毛本作此是也今正

故言其用無常也宋本無作非

膏肓何休以天子車稱大路案一本改作何休膏肓是也

守手反〔補〕諸本手下有又字

士子孔亦相親也石經宋本士作二不誤

司徒孔實相子革子良之室石經徒字下後人旁增子字非也

司徒孔與三父相親宋本淳熙本岳本纂圖本毛本三作二是也監本二字模糊今依改

見衞至乃登宋本以下正義二節總入醢衞于軍句下

服虔引彭仲博云閩本監本毛本博云作傳文非也

仲博以爲齊侯號衞閩本監本毛本博誤傳

徐晃與關羽對語毛本晃作冕非也

又鑄其器爲鍾宋本淳熙本岳本纂圖本閩本監本毛本鍾作鐘

注四章至救助宋本此節正義在乃城武城句下

文一十三年宋本無一字是也

穆叔曰石經宋本淳熙本岳本纂圖本足利本叔下有歸字是也

注蹶猶拔也 宋本此節正義在必不有其宗注下

己人皆不愛 宋本無己字是也

〔經二十年〕

今名繁汙 水經注五引注文作繁淵云澶淵卽繁淵也

二十年注稱弟明無罪也 宋本無二十年三字

叔孫如齊〔補〕明監本毛本叔孫作叔老孫字誤也今改正

〔傳二十年〕

傳盟于至故也 宋本無傳字毛本于下有向字此節正義宋本在齊成故也注下

恐黃偪奪其政 淳熙本奪作達非也

先君與於踐土之盟 石經先字上後人旁加吾字非也

徵發無準 宋本準作准非也

注稱弟至二慶 宋本此節正義在是無天也注下

齊子初聘于齊禮也 淳熙本于作於非也

賦常棣之七章以卒 釋文亦作常石經此處刓缺淳熙本作棠非

樂爾妻帑 岳本帑作孥淳熙本樂上衍故字

賦魚麗之卒章 宋本此節正義在臣不堪也注下

喻武子奉使能爲國光煇 岳本煇作暉淳熙本纂圖本閩本監本毛本煇作煇

若不能 石經能字下後人旁加揜字非也

不來食矣 足利本閩本監本矣誤也

〔經二十一年〕

邾庶其以漆閭丘來奔 釋文云漆本或作淶〇〔補〕釋文校勘記盧文弨本淶作涑攷證云舊作淶梁仲子云韓勑禮器碑涑不水解涑亦漆字知作淶爲誤案引韓勑碑非也陸氏因桼來字相混已久正謂或從來作淶也〇案盧本涑作溹上從亡不從土是也

二邑在高平南陽至之辭 毛本作二邑在高至內外之辭宋本無在高平高陽五字

以並不審 宋本監本毛本並作亓是也〇〔補〕案此因下行並不審其處相涉而誤也今依改正

趙鞅 浦鏜正誤趙上增晉字是也

據其至魯爲奔 宋本奔作文是也

明其來是叛也宋本來作亦不誤

文八年監本毛本文誤又

庚辰朔日有食之此本脫日字據石經宋本淳熙本岳本纂圖本閩本監本毛本補

〔傳二十一年〕

成九年監本毛本九作元非也

成二年至此二十八歲〔補〕案二十當作三十諸本皆不誤今依改

傳注計公至二人毛本無傳字公下有年字宋本作注計公至二人以下正義六節總入重地也注下

安可以妻庶期宋本閩本監本毛本期作其案漢書地理志作郲庶期

吾謂國中纂圖本監本毛本國中誤倒

衣裳劒帶纂圖本毛本劒作劍

民之歸也足利本記云歸上異本有所字非也

言帝念也宋本淳熙本岳本纂圖本毛本也作功是也今依正

故與尚書本文稍殊也宋本無也字

其人書則惡名彰 足利本彰作章

公侯伯子男 宋本閩本監本毛本作伯此本誤侯今訂正

周官具有等差 毛本具誤其

諸侯大國之卿 閩本監本國誤夫

則邾莒杞鄫之屬 宋本鄫作鄶

邾卑我之等 閩本監本卑作畀

終有弑殺之禍 盧文弨云弑殺不成文當本是見殺而後人注弑字於殺字旁傳寫者誤以改見爲弑也釋文殺音申志反陳樹華以釋文爲或有誤非也

重繭衣裘 按爾雅釋言袍襺也郭注引作重襺衣裘說文襺字注春秋傳曰盛夏重襺

繭絲衣 淳熙本絲作綿俗字此本作錦尤誤今正

注繭絲衣 宋本此節正義在乃使子南爲令尹注下

纊謂今之新緜緼謂今纊及舊絮也 毛本謂並作爲非也閩本監本下謂字亦作爲

十四年欒黶彊逐范鞅使奔秦 宋本足利本彊作強淳熙本閩本監本作疆非也

以范至政矣宋本以下正義十一節搃入使侯出諸轘轅注下

其家衰弱閩本監本毛本衰作喪宋本作衰

秋欒盈出奔楚閩本監本亦脫秋字據石經宋本淳熙本岳本纂圖本毛本補

叔羆石經及諸本作羆監本作罷釋文同

論逞志而虧君以亂國者之後而去之浦鏜正誤論作掄案晉語作掄

而使祁午宋本閩本監本毛本祁作祈非也

有覺德行禮記緇衣引詩作有梏德行鄭注云梏大也

聖有謩勳釋文云勳書作訓

當明定安之宋本淳熙本岳本足利本明下有信字是也

行本當作訓宋本行作則是也

流共工于幽州宋本州作洲非案文十八年正義及孟子萬章篇禮記射義注引書皆作州段玉裁云今尚書作洲者衞包以俗字改也

孔安國云作者敘典刑宋本者下有先字

皆言誅鯀乃舉禹閩本監本毛本乃作而

故王肅雖云宋本雖作難是也

改梅而復之宋本淳熙本岳本纂圖本閩本監本毛本梅作悔不誤

世本紀文也閩本監本毛本紀作記

叔向之母妬叔虎之母美而不使毛本妬作妒案說文妒字注婦妒夫也干祿字書以妒為正非也今石經及諸本並作妬石經使字下旁增視寑二字按視寑二字依王充論衡言毒篇所引增入不足為據也

實生龍蛇石經初刻虵後改蛇下同

不仁人閒之石經不字上後人旁加而字

欒盈過於周石經過字上有奔楚二字盈字下旁有出字案周禮候人正義引作晉欒盈出奔楚過周此出字似非後人所加也

周西鄙掠之石經鄙字下後人旁加人字非也

大君君之大者毛本下大字誤太

官名改易閩本監本改易誤倒

以此追胥宋本此作比是也

政侍禮而行宋本侍作待不誤閩本監本毛本作恃

身藏其忠宋本監本毛本忠作中是也

注四子晉大夫宋本以下正義三節揔入寢處其皮矣注下

此謂也宋本作謂此也

晉伐齊及平陰反今訂正宋本淳熙本岳本纂圖本監本毛本並作及此本及閩本作

識門版數淳熙本岳本版作板

以馬枚數門扇之板此云識其枚數枚謂門扇之板閩本監本毛本脫此云識其枚數枚謂門扇之板十二字

春秋左傳注疏卷三十四校勘記

附釋音春秋左傳注疏卷第三十五 襄二十二年盡二十四年

杜氏注　孔穎達疏

經二十有二年春王正月公至自會無傳○夏四月○秋七月辛酉叔老卒無傳子叔齊子○冬公會晉侯齊侯宋公衛侯鄭伯曹伯莒子邾子薛伯杞伯小邾子于沙隨公至自會無傳○楚殺其大夫公子追舒書名者寵近小人貪而多馬為國所患○近附近之近

傳二十二年春臧武仲如晉公頻與晉侯外會今各將罷還魯之守卿遣武仲為公謝不敏故不書○守手又反為公于偽反

疏。注頻與晉侯外會至故不書○正義曰經書正月公至自會則武仲初發公仍未至傳言武仲如晉正為御叔傲使不論聘晉之意故杜原公之未歸而遣使使又不書於經知是魯之守臣使適晉也二十六年鄭伯朝晉而歸使公孫夏謝不敏知此亦是為公謝不敏非公命故不書也服虔云武仲非卿故不書前年傳武仲為司寇後年出奔書於經此年不得云非卿也雨過御叔御叔在其邑將飲酒御叔魯御邑大夫○過古禾反御叔魚呂反又魚據反曰焉用聖人武仲多知時人謂之聖○焉於虔反知音智又如字

疏注武仲至之聖○正義曰周禮大司徒以鄉三物教萬民一曰六德知仁聖義。忠和鄭玄云聖通而先識也尚書洪範云睿作聖。者通識之名時人見其多知故以聖人言之非。為武仲實是大聖。也尚書稱惟狂克念作聖惟聖罔念作狂詩稱人之齊聖皇父孔聖母氏聖善皆非大聖也我將飲酒而已雨行何以聖為穆叔聞之曰不可使也而傲使人言御叔不任使四方○傲三報反使人所吏反注同任音壬國之蠹也令倍其

賦古者家。有國邑故以重賦爲罰傳言穆叔能用教〇蠹丁故反疏注古者至用教〇正義曰周禮大司徒云凡建邦國諸公之地方五百里其食者半諸侯之地方四百里諸伯之地方三百里其食者三之一諸子之地方二百里諸男之地方百里其食四之一鄭玄云其食者半三之一四之一者土均均邦國地貢輕重之等必足其國禮俗喪紀祭祀之用乃貢其餘大國貢重正之也小國貢輕字之也此是諸侯之國貢王之差也司勳職云凡頒賞地三之一食鄭玄云賞地之稅三分計稅王食其一二全入於臣此采邑貢王之數也然則諸侯之臣受其采邑者亦當三分之一而歸於公故云古者家其國邑言以國邑爲己之家有貢於公者是減己而貢之故以重賦爲罰言重倍其賦當以三分而二入公也〇夏晉人徵朝于鄭召鄭使朝鄭人使少正公孫僑對少正鄭卿官也公孫僑子產〇少詩照反注及下少年同僑其驕反疏注少正鄭卿官也〇正義曰十九年傳云立子產爲卿知少正是鄭之卿官名也春秋之時官名變改周禮無此名也曰在晉先君悼公九年我寡君於是即位魯襄八年即位八月即位年之八月而我先大夫子駟從寡君以朝于執事執事不禮於寡君言朝執事謙不敢斥晉侯寡君懼因是行也我二年六月朝于楚因朝晉不見禮生朝楚心晉是以有戲之役在九年〇戲許宜反〇楚人猶競而申禮於敝邑敝邑欲從執事而懼爲大尤曰晉其謂我不共有禮是以不敢攜貳於楚我四年三月先大夫子蟜又從寡君以觀釁於楚實朝言觀釁飾辭也言欲往視楚知可去否〇共音恭下共祀同釁許勤反晉於是乎有蕭魚之役在十一年謂我敝邑邇在晉國譬諸草木吾臭味也晉鄭同姓故而何敢差池差池不齊一〇差初宜反又初

佳反一音七河反注同池徐本作沱直知反一音徒何反注同楚亦不競寡君盡其土實土地所有重之以宗器宗廟

禮樂之器。鐘磬之屬○重直用反以受齊盟齊同也遂帥羣臣隨于執事以會歲終朝正【疏】注朝正也○正義曰言以會歲終則歲事終以至正月朝正也朝正二十九年傳文也貳於楚者子侯石盂歸而討之石盂石㚟○盂音于㚟勑略反湨梁之明年湨梁在十六年子蟜老矣公孫夏從寡君以朝于君見於嘗酎酒之新熟重者爲酎嘗新飲酒爲嘗酎○夏戶雅反下同見賢遍反又如字酎直又反【疏】注酒之至嘗酎○正義曰月令孟夏天子飲酎用禮樂鄭玄云酎之言醇也謂重釀之酒也春酒至此始成與羣臣以禮樂飲之於朝正尊卑也彼言飲酎當是夏祭之後此言嘗酎謂見於夏祭故云與執膰焉謂祭。未受胙肉也與執膰。焉助祭○與音預膰又作膰音煩祭肉也間二年聞君將靖東夏謂二十年澶淵盟○四間間廁之間又如字月又朝以聽事期先澶淵二月往朝以聽會期○先悉薦反不朝之間無歲不聘無役不從以大國政令之無常國家罷病不虞荐至荐仍也○罷音皮荐在薦反無日不惕豈敢忘職惕懼也○惕他歷反大國若安定之其朝夕在庭何辱命焉言自將往不須來召○朝如字若不恤其患而以爲口實口實但有其言而已【疏】注口實至而已○正義曰但有徵責之言實出於口也服虔云。實謂譴讓也其無乃不堪任命而翦爲仇讎翦削也謂見剝削不堪命則成仇讎敝邑是懼其敢忘君命委諸執事執事實重圖之傳言子產有辭所以免大國之討○秋欒盈自楚適齊晏平仲言於齊侯曰商任之會受命於晉受錮欒氏之命今納欒氏將安用之小所以事大信也失信不立君其圖之弗聽退告陳文子曰君人執信臣人執共忠信篤敬上下同之天之道也君自棄也弗能久矣爲二十五年齊弒其君光傳

○九月鄭公孫黑肱有疾歸邑于公。黑肱子張肱古宏反召室老宗人立段段子石黑肱子而使黜官薄祭黜官無多受職祭以特羊殷以少牢四時祀以一羊三年盛祭以羊家殷盛也疏。注四時至盛也○正義曰少牢饋食禮者諸侯之大夫時祭之禮也是時祭用少牢今公孫黑肱使黜官薄祭故時祭用特羊殷祭乃少牢諸侯之大夫止用少牢而禮器云君子大牢而祭謂之禮匹士大牢而祭謂之攘鄭玄云君子謂大夫以上是大夫之祭有用大牢時也又雜記云上大夫之虞也少牢卒哭成事祔皆大牢據此二文大夫得用大牢者禮器之文據天子大夫故也雜記據喪祭故進用。等士喪禮士遣奠用少牢是也大夫無禘祫。而而云殷三年祭者禮記言大夫有善於君祫及五世是大夫有功或得禘祫也劉炫云禮器云君子大牢而祭謂之禮匹士大牢而祭謂之攘鄭玄云君子謂大夫以上是大夫祭有用大牢時也雜記云大夫之虞也皆少牢卒哭與祔皆大牢喪祭有大牢明吉祭亦有也此言特羊必是時祭殷以少牢明是三年一爲大祭猶天子諸侯禘也禮大夫時祭少牢大祭大牢今黑肱全減之。盛也足以共祀盡歸其餘邑曰吾聞之生於亂世貴而能貧民無求焉可以後亡敬共事君與二三子生在敬戒不在富也己巳伯張卒君子曰善戒詩曰慎爾侯度用戒不虞鄭子張其有焉詩大雅侯維也義取慎法度戒未然○盡歸津忍反凡此例可求故特音之疏詩曰至有焉○正義曰詩大雅抑之篇侯維也言謹慎爾身唯在依法度用此以戒不。億度之事鄭子張其有此詩之義焉言生在敬戒是慎法度也貴而能貧是戒不虞也○冬會于沙隨復錮欒氏也晉知欒盈在齊故復錮也○復扶又反注同下復使下注復生不復行皆同欒盈猶在齊晏子曰禍將作矣齊將伐晉不可以不懼爲明年齊伐晉傳○楚觀起有寵於令尹子南未益祿而有馬數十乘言子南偏寵觀起令富○數所主反乘繩證反令力呈反楚人患之王將討焉子南之子棄疾爲王御士御王車者王每見之必泣棄疾曰君三泣臣矣敢問誰之罪也王曰令尹之不能爾所知也國將討焉爾其居乎問能止事我否對曰父戮子居君焉用之洩命重刑臣亦不爲漏洩君命罪之重○爲於虔反下爲入同洩息列反又以制反王遂殺子南於朝轘觀起於四竟轘車裂以徇○轘音患竟音境下同子南之臣謂棄疾請徙子尸於朝欲犯命取殯○殯必刃反曰君臣有禮唯二三子不欲犯命移尸三日棄疾請尸王許之既葬其徒曰行乎行去也曰吾與殺吾父行將焉入曰然則臣王乎曰棄父事讎吾弗忍也於事是讎於實是君故雖謂讎而不敢報○與音預殺如字一音試遂縊而死傳譏康王與人子謀其父失君臣之義○縊一賜反復使薳子馮爲令尹公子齮爲司馬屈建爲莫敖屈建子木也○齮五綺反屈居勿反有寵於薳子者八人皆無祿而多馬他日朝與申叔豫言弗應而退從之入於人中申叔辟薳子不欲與語○應應對之應又從之遂歸退朝見之薳子就申叔家見之曰子三

困我於朝吾懼不敢不見吾過子姑告我何疾我也對曰吾不免是懼何敢告子言恐與子弁罪故不敢與子語○不見賢遍反曰何故對曰昔觀起有寵於子南子南得罪觀起車裂何故不懼自御而歸不能當道蘧子惶懼意不在御至謂八人者曰吾見申叔夫子所謂生死而肉骨也已死復生白骨更肉知我者如夫子則可夫子謂申叔也如夫子謂以義匡己不然請止止不相知辭八人者而後王安之辭遣之○十二月鄭游眅將歸晉游眅公孫蠆子○眅普板反未出竟遭逆妻者奪之以館于邑。舍止其邑不復行丁巳其夫攻子明殺之以其妻行十二月無丁巳丁巳十一月十四日也子展廢良而立大叔良游眅子大叔眅弟○大音泰曰國卿君之貳也民之主也不可以苟請舍子明之類子明有罪而良不賢故○舍音捨又求亡妻者使復其所使游氏勿怨鄭國不討專殺之人所以抑強扶弱臨時之宜曰無昭惡也交怨則父之不脩益明也疏注交怨至明也○正義曰若游氏報殺此人則人知其父被殺其父所以見殺爲奪人妻故也報殺則人知其父。是父之行不脩益明也

經。二十有三年春王二月癸酉朔日有食之無傳○三月己巳杞伯匄卒五同盟○匄古害反疏。二。十。三。年注五同盟○正義曰匄以十年即位九年盟于戲十一年于亳城北十六年于溴梁十九年于祝柯二十年于澶淵皆魯杞俱在是五同盟○夏邾畀我來奔無傳畀我是庶其之黨同其竊邑叛君之罪來奔故書○畀必利反疏注畀我至故書○正義曰杜從賈說以爲

庶其之黨同有竊邑叛君之罪劉炫規過云杜此注云庶其之黨庶其奔魯三年若是其黨邾人卽應討之何因至今始奔庶其以邑奔魯魯人還以賜之畀我不得彼邑竊邑之狀復何在焉釋例又曰小國之卿或命而禮儀不備或未加命數故不書之邾畀我之等其奔亡亦多所書唯數人而已知其合制者少也如彼所說又以畀我是卿何爲兩說自相矛楯乎炫以爲釋例是集解非今删定知不然者原杜之意以二十一年邾庶其竊邑來奔去此既近邾更無事今畀我來奔必是庶其之黨同有竊邑叛君之罪春秋之例命卿有罪出奔皆書名畀我書名罪其與庶其同黨非謂畀我非命卿與釋例不違劉不曉杜旨妄爲規非也

○葬杞孝公傳無

○陳殺其大夫慶虎及慶寅書名皆罪其專國叛君言及使異辭無義例

疏注書名至義例○正義曰被殺書名是罪之文故以專國叛君爲二慶罪狀成十七年晉殺其大夫郤錡郤犨郤至哀四年蔡殺其大夫公孫姓公孫霍皆不言及文九年晉殺其大夫士縠及箕鄭父與此並言及傳無其說知是史異辭無義例也

○陳侯之弟黃自楚歸于陳諸侯納之曰歸黃至楚自理得直欲爲楚所納

○晉欒盈復入于晉以惡入曰復入復扶又反注同

○入于曲沃兵敗奔曲沃據曲沃之衆還與君爭非欲出附他國故不言叛○還戶關反爭爭鬬之爭

疏注兵敗至言叛○正義曰案傳欒盈潛入曲沃之甲以入晉都及敗又入于曲沃潛入之時晉人不覺及敗後更入晉人以其狀告故先書復入于晉後言入于曲沃謂其後入入故云兵敗奔曲沃也不言叛者叛謂以邑叛屬他國欒盈既入曲沃據曲沃之衆與君戰爭兵敗而死終亦不附他國故不言叛也然則昭二十一年宋華亥入于宋南里以叛定十一年宋公之弟辰入于蕭以叛十三年晉趙鞅入于晉陽以叛荀寅入于朝歌以叛皆非叛屬他國而並書叛者彼皆與國相距不勝而卽出奔得歸乃言復國皆有叛屬他國之意故本國皆以叛告此欒盈與君爭勝不勝卽死未有叛屬他國之意故晉人不以叛告也

○秋齊侯伐衛遂伐晉兩事故言遂

疏注兩事故言遂

○正義曰遂者因上事上下事之辭是兩事故曰遂傳二十八年晉侯侵曹晉侯伐衛亦是一舉而為兩事不言遂者於彼注云再舉晉侯者曹衛兩來告然則此言遂者齊人來告以齊告為文故乃言遂也○八月叔孫豹帥師救晉次于雍榆豹救晉待命于雍榆故書次雍榆晉地汲郡朝歌縣東有雍城○雍於用反朝如字○己卯仲孫速卒孟莊子也○冬十月乙亥臧孫紇出奔邾書名者阿順季氏為之廢長立少以取奔亡罪之○為于偽反長丁丈反少詩照反疏注書名至罪之○正義曰書名是罪之文案傳紇為孟氏所譖其奔非紇之罪故杜以阿順季氏廢長立少為紇之罪狀也○晉人殺欒盈○齊侯襲莒輕行掩其不備曰襲因伐晉還襲莒不言遂者間有事○輕遣政反疏注輕行掩其不備曰襲因伐晉還至有事○正義曰莊二十九年傳例曰凡師有鐘鼓曰伐無曰侵輕曰襲是輕者舍其輜重倍道輕行掩其不備曰襲傳言齊侯還自晉不入遂襲莒經不言遂者間有他事故也若然僖六年夏公會齊侯云云伐鄭秋楚人圍許諸侯遂救許二十八年公會晉侯云云于溫天王狩于河陽云云諸侯遂圍許彼亦間有他事而言遂者兩事言遂取其省文彼二者公皆親在事不待告故遠承上事總言諸侯遂行此書齊事雖告稱遂行襲莒亦不可書遂為間有數事與前文隔絕故也

傳二十三年春杞孝公卒晉悼夫人喪之悼夫人晉平公母杞孝公姊妹○喪如字徐息浪反平公不徹樂非禮也徹去也○去起呂反禮為鄰國闕禮諸侯絕期故以鄰國責之○為于偽反下注為召下而為注同期居其反疏傳。注禮諸侯至責之○正義曰杞孝公晉平公之舅也尊同則相為不降平公於禮為舅當服緦麻三月但緦服既輕其恩不過鄰國故傳言禮為鄰國闕也杜言諸侯絕期者據禮之正法言諸侯尊降其親雖有本服賜者亦當為之闕故以鄰國責之禮父在為母服期喪絕旁期非母也○陳侯如楚朝也公子黃愬二慶於楚楚人召之二慶虎及寅也二十年二慶譖黃黃奔楚自理今陳侯往楚乃信黃爲召二慶○愬息路反使慶樂往殺之慶樂二慶之。族二慶畏誅故不敢自往○使慶樂往絕句慶氏以陳叛因陳侯在楚而叛之不書叛不以告夏屈建從陳侯圍陳陳人城治城以距君屈建楚莫敖○從才用反又如字板隊。而殺人役人相命各殺其長慶氏忿其板隊遂殺築人故役人怒而作亂○隊直類反注同長丁丈反遂殺慶虎慶寅楚人納公子黃君子謂慶氏不義不可肆也肆放也故書曰惟命不于常周書康誥言有義則存無義則亡

疏君子至于常○正義曰杜言慶氏以陳叛叛不書不以告則傳載君子之言其意不爲經也君子自論慶氏之罪所爲不義不可放肆以爲宜其誅滅故引尙書康誥言天命之不于常有義則存無義則亡慶氏族有二卿爲不義之故而並喪亡故君子論其事傳之也服虔以爲傳發此言爲不書慶氏以陳叛爲楚所圍稱國以殺不成惡人肆其志也服意見元年圍宋彭城追書繫宋不登叛人謂此亦宜然故爲此解然叛是大罪若書爲叛其惡益明何當匿其罪名謂之不可肆也若慶氏不可放肆故不書其叛則林父華亥趙鞅荀寅之徒豈皆可使放肆而書其叛乎且傳文不言書經之意知。之不爲經也故杜以爲叛不告故不書耳

○晉將嫁女于吳齊侯使析歸父媵之以藩載欒盈及其士藩車之有。障蔽者使若媵妾在其中○析星歷反媵以證反又繩證反藩方元反注同障之亮反又音章

疏晉將至媵之○正義曰晉將嫁女爲吳之夫人齊以女爲媵使析歸父送媵女於晉令與適俱行也禮媵同姓適異姓今晉嫁女於同姓齊以異姓爲媵皆非禮也而不言非禮者但傳本主說欒盈不言事之可否

納諸曲沃欒盈邑也欒盈夜見胥午而告之胥午守曲沃大夫對曰不可天之所廢誰能興之子必不免

吾非愛死也知不集也集成也○知音智又如字盈曰雖然因子而死吾無悔矣我實不天子無咎焉言我雖不爲天所祐子無大咎故可因○咎其九反祐音又許諾伏之而觴曲沃人胥午匿盈而飲其衆○觴式羊反匿女力反飲於鴆反樂作午言曰今也得欒孺子何如孺子欒盈對曰得主而爲之死猶不死也皆歎有泣者爵行又言皆曰得主何貳之有盈出徧拜之謝衆之忠己四月

欒盈帥曲沃之甲因魏獻子以晝入絳獻子魏舒絳晉國都初欒盈佐魏莊子於下軍莊子魏絳獻子之父獻子私焉故因之私相親愛趙氏以原屏之難怨欒氏成八年莊姬譖之欒郤爲徵○屏薄輕反難乃旦反韓趙方睦韓起讓趙武故和睦中行氏以伐秦之役怨欒氏十四年晉伐秦欒黶違荀偃命曰余馬首欲東而固與范氏和親范宣子佐中行偃於中軍知悼子少而聽於中行氏悼子知罃之子荀盈也少年十七知氏中行氏同祖故相聽從○知音智少詩照反注同疏注悼子至聽從○正義曰十三年傳云荀罃卒十四年傳言盈生六年而武子卒是其少也知悼子荀首之孫中行吳荀林父之曾孫首是林父之弟首爲知氏林父爲中行氏是同祖也悼子是荀吳二從叔父故相聽從計悼子年十六不得爲十七是故沈氏云後人傳寫誤劉炫以此而規杜氏非也程鄭嬖於公鄭亦荀氏宗○嬖必計反疏程鄭嬖於公○正義曰鄭雖非卿亦是彊族言嬖於公見其不助欒氏唯魏氏及七輿大夫與之七輿官名○輿音餘疏注七輿官名○正義曰僖十年傳言七輿大夫杜云侯伯七命副車七乘謂副車每車有一大夫主之則此七輿大夫杜亦爲主副車之官也劉炫云若是主公車則當情親於公不應曲附欒氏服虔云下軍輿帥七人炫

謂服言是欒王鮒侍坐於范宣子或告曰欒氏至矣宣子懼桓子曰奉君以走固宮必無害也桓子欒王鮒○鮒音附坐如字一音十臥反走如字一音奏且欒氏多怨子為政欒氏自外子在位其利多矣既有利權又執民柄賞罰為民柄○柄彼命反疏且欒至民柄○正義曰欒氏多怨言易克既有為利之權又執民之八柄也○注賞罰為民柄○正義曰周禮大宰以八柄詔王馭羣臣一曰爵二曰祿三曰予四曰置五曰生六曰奪七曰廢八曰誅此八者爵祿予置生是賞也奪廢誅是罰也賞罰二事分為八名此時臨與敵戰唯賞罰而已故以賞罰言之鄭玄云柄所秉執以起事者也然則柄以器物為喻若用斧之執其柄也將何懼焉欒氏所得其唯魏氏乎而可強取也夫克亂在權子無懈矣公有姻喪夫人有杞喪○強其丈反下注強取同懈佳賣反疏注夫人有杞喪○正義曰隱元年傳說葬之節云士踰月外姻至則姻是外親之總名杞孝公卒夫人有兄弟之服是有杞喪也傳言公有姻喪注言夫人有杞喪者下文欒王鮒使宣子墨縗冒絰詐為夫人故也案經葬杞孝公之下始書欒盈復入于晉則欒盈之入在孝公葬後杜解諸侯既葬除服而夫人猶有服者葬杞孝公書魯使去之日欒盈入晉當在葬杞孝公之前故夫人猶有服故得詐為之也王鮒使宣子墨縗冒絰。晉自殽戰還遂常墨縗○縗七雷反本又作衰同冒莫報反絰直結反冒絰以絰冒其首也一云縗冒絰三者皆墨之疏墨縗冒絰○正義曰夫人為其兄弟當大功喪服大功布衰裳牡麻絰冒絰者言以絰冒其首也欒王鮒使宣子詐為夫人孝服也二婦人輦以如公恐欒氏有內應距之故為婦人服而入。奉公以如固宮固。宮宮之有臺觀備守者○觀古喚反守手又反疏奉公以如固宮○正義曰晉語云范宣子以公入于襄公之宮韋昭云襄公有別宮牢固故謂之固宮范鞅逆魏舒用王鮒計欲強取之則成列既乘將逆欒氏矣趨進曰欒氏帥賊以入鞅之父與二三子在君所矣二三子諸大夫○乘繩證反下驂乘超乘弁注同使鞅逆吾子鞅請驂乘持帶驂乘必持帶備隋隊○隋徒果反隊直類反遂超乘跳上獻子車○跳他彫反上時掌反右撫劍左援帶劫之○援音袁命驅之出僕請請所至鞅曰之公宣子逆諸階逆獻子也執其手賂之以曲沃恐不與己同心初斐豹隸也著於丹書蓋犯罪沒為官奴以丹書其罪○斐音非一音芳匪反【疏】注蓋犯至其罪正義曰周禮司厲職云其奴男子入于罪隸女子入于舂槀鄭玄云奴從坐而沒入縣官者男。女同名杜用鄭說以無正文故云蓋以斐豹請焚丹書知以丹書其籍近世魏律緣坐配沒為工樂雜戶者皆用赤紙為籍其卷以鉛為軸此亦古人丹書之遺法欒氏之力臣曰督戎國人懼之斐豹謂宣子曰苟焚丹書我殺督戎宣子喜曰而殺之所不請於君焚丹書者有如日言不負要盟如日○督丁毒反乃出豹而閉之閉著門外○著陟略反督戎從之踰隱而待之隱短牆也督戎踰入豹自後擊而殺之范氏之徒在臺後公臺之後欒氏乘公門乘登也宣子謂鞅曰矢及君屋死之鞅用劍以帥卒用短劍兵接敵欲致死○卒子忽反欒氏退攝車從之鞅攝宣子戎車遇欒樂樂盈之族曰樂免之死將訟女於天言雖死猶不舍女罪○女音汝注同樂射之不中又注注屬矢於弦也○射食亦反中丁仲反注之住反注同屬之玉反則乘槐本而覆欒樂車。轢槐而覆○槐音懷覆芳服反注同轢音歷或以戟鉤之斷肘而死欒魴傷欒盈奔曲沃吾人圍之（鲂欒氏族○斷音短肘張九反）【疏】（注鲂欒氏族○正義曰服虔云鲂盈之子俱無文也計欒盈宣子之外孫胥午謂爲孺子未得有子已堪戰十九年欒鲂已帥師伐齊必非欒盈子故杜以爲欒氏族世族譜欒鲂爲欒氏族以欒樂爲雜人不知杜意何故也）○秋齊侯伐衛先驅穀榮御王孫揮召揚爲右（先驅前鋒軍○揮許韋反召上照反）申驅成秩御莒恆申鮮虞之傅摯爲右。（申驅次前軍傅摯申鮮虞之子○鮮音仙之傅摯音至本或作申鮮虞之子傅摯）【疏】（。申鮮虞之傅摯爲右○正義曰俗本多云申鮮虞之子今案注云傅摯申鮮虞之子若。傳先有子字無煩此注故今定本皆無）曹開御戎晏父戎爲右（公御右也○晏父音甫）貳廣上之登御邢公盧蒲癸爲右（貳廣公副車○廣古曠反注同邢音刑）啓牢成御襄罷師狼蘧疏爲右（左翼曰啓○牢魯刀反一本作罕成罷音皮徐音彼一音皮買反狼音郎蘧其居反）【疏】（注左翼曰啓○正義曰左翼曰啓右翼曰胠賈逵以爲此言或當有成文也且此傳上下先驅申驅是前軍也大殿是後軍也明啓胠是在旁之軍說文云胠掖下也胠是在旁明矣凡言左右以左爲先知啓是左也名之曰啓或使之先行詩云以先啓行服虔引司馬法謀帥篇曰大前驅啓乘車大晨倅車屬焉大晨大殿也音相似如服言古人有名軍爲啓者）胠商子車御侯朝桓跳爲右（右翼曰胠○胠起居反徐又音脅或起業反朝如字一音直遙反跳徒彫反）大殿商子游御夏之御寇崔如爲右（大殿。後。軍○殿都練反注同夏戶雅反御魚呂反）燭庸之越駟乘（四人共乘殿車也傳具載此言莊公廢舊臣任武力○駟乘繩證反）自衛將遂伐晉晏平仲曰君恃勇力以伐盟主若不濟國之福也不德而有功憂必及君崔杼諫曰不可臣聞之小國間大國之敗而毀

焉必受其咎君其圖之弗聽陳文子見崔武子文子陳完之孫須無武子崔杼也○閒閒廁之閒又如字咎其
九反曰將如君何武子曰吾言於君君弗聽也以爲盟主而利其難羣臣若急君
於何有言有急不能顧君欲弒之以說晉○難乃旦反弒申志反下同說音悅一音如字子姑止之文子退告其人曰
崔子將死乎謂君甚而又過之弒君之惡過於背盟主○背音佩不得其死過君以義猶自抑
也況以惡乎自抑損齊侯遂伐晉取朝歌朝歌今屬汲郡爲二隊入孟門登大行二隊分兵爲二
部孟門晉隘道大行山在河內郡北○隊徒對反徐徒猥反大音泰行戶郎反一音如字隘於解反張武軍於熒庭張武軍謂築壘壁熒
庭晉地○熒戶扃反庭音庭本亦作廷壘力軌反壁亦作辟音壁疏注張武至壘壁○正義曰宣十二年傳稱楚既戰勝潘黨請築武軍昭十三年傳子
干帥陳蔡之師入楚陳蔡請爲武軍蔡公曰欲速且役病矣請藩而已乃藩爲軍以此知武軍謂築壘壁也張謂張設築作之具服虔云張設旗鼓也戍
郫邵取晉邑而守之○郫婢支反封少水封晉尸於少水以爲京觀○少詩照反地名下注孟氏之少立少同觀官喚反以報平陰
之役乃還平陰役在十八年趙勝帥東陽之師以追之獲晏氂趙勝趙旃之子東陽晉之山東魏郡廣平以北
晏氂齊大夫○勝音升一音申證反氂力之反徐音來疏注趙勝至大夫○正義曰昭二十二年傳曰荀吳略東陽遂襲鼓滅之鼓在鉅鹿居山之東山
東曰朝陽知東陽是寬大之語總謂晉之山東故爲魏郡廣平以北二年齊晏弱城東陽以偪萊哀八年吳伐魯克東陽而晉齊魯皆有東陽名同而實異服
虔以東陽爲魯邑繆之甚矣東陽之師謂下文叔孫豹所帥者也八月叔孫豹帥師救晉次于雍榆禮也救盟主故

曰禮【疏】注救盟主故曰禮○正義曰公羊傳曰曷爲先言救而後言次先通君命也傳元年齊師宋師曹師次于聶北救邢公羊傳曰曷爲先言次而後言救君也其意言君則進止自由故先次後救臣則先通君命故先救後次賈氏取以爲說謂此傳云禮者言其先救後次爲得禮也釋例曰所記或次在事前次以成事也或次在事後事成而次也皆隨事實無義例也叔孫豹次于雍榆傳曰禮者善其宗助盟主非以次爲禮也齊桓次于聶北救邢亦。存邢具其器用師人無私見善不在次也杜以此故言救盟主故曰禮所以明異舊說也

○季武子無適子公彌長而愛悼子欲立之公彌公鉏悼子紇也○適丁歷反長丁丈反下皆同鉏仕居反紇恨發反訪於申豐曰彌與紇吾皆愛之欲擇才焉而立之申豐趨退歸盡室將行申豐季氏屬大夫○他日又訪焉對曰其然將具敝車而行其然猶必爾○敝婢世反徐扶滅反乃止止不立紇訪於臧紇臧紇曰飲我酒吾爲子立之季氏飲大夫酒臧紇爲客爲上賓○飲於鴆反下皆同吾爲于僞反下注爲定爲公鉏同既獻已獻酒臧孫命北面重席新樽。絜之酒樽既新復絜澡之○重直恭反樽音尊本亦作尊復扶又反下非復下文復戰同澡音早召悼子降逆之大夫皆起臧孫下迎悼子及旅而召公鉏。獻酬禮畢通行爲旅【疏】。注獻酬至爲旅○正義曰案鄉飲酒禮主人席於阼階上西面賓席於堂戶西南面介席於西階上東面衆賓席於上賓之西南面初賓介及衆賓至立於門外東面主人出迎于門外西面主人延賓入及介衆賓等立於西階下主人揖賓升主人酌酒於阼階上拜獻賓賓西階上拜受飲卒爵酌酒以酢主人主人阼階上飲卒爵又酌酒先自飲以酬賓賓拜受酬酒奠于薦東賓降主人又酌酒於西階上獻介介於西階上受爵飲卒爵以酢主人主人於西階上受爵飲卒爵介降主人又酌酒於西階上獻衆賓衆賓飲訖降引樂

工入歌詩主人獻樂工又引笙入立於堂下主人獻笙師訖主人及賓介衆賓等皆升就席乃立相者爲司正使弟子一人舉觶於賓賓酬主人主人酬介介
酬衆賓是爲旅也杜言獻酬禮畢者謂獻酬賓介及衆賓禮畢也言通行爲旅者謂一人舉觶於賓旅衆相酬通至於下案鄉飲酒禮未旅以前賓介皆立此
傳云大夫皆起則季氏飲大夫酒未必純如鄉飲酒禮則獻酬事訖大夫皆坐然則既獻召悼子者謂獻臧紇及大夫訖而召悼子至旅酬之時而召公鉏
使與之齒使從庶子之禮列在悼子之下季孫失色恐公鉏不從季氏以公鉏爲馬正馬正家司馬愠而
不出閔子馬見之閔子馬閔馬父○愠紆運反怨也怒也曰子無然禍福無門唯人所召爲人子
者患不孝不患無所所位處○處昌慮反敬共父命何常之有言廢置在父無常位也若能孝敬富
倍季氏可也。父寵之則可富疏若能至氏可也○正義曰悼子既爲適子將承季氏之後故謂悼子爲季氏下言爲孟孫其意亦然富倍季氏
言可過悼子也姦回不軌更獲罪戾非徒貧賤而已是爲倍下民故杜云禍甚於貧賤也姦回不軌禍倍下民可也禍甚於貧賤
公鉏然之敬共朝夕恪居官次次舍也○朝如字恪苦各反季孫喜使飲己酒而以具往盡
舍旃具。饗。燕之具○舍音捨故公鉏氏富又出爲公左宰出季氏家臣仕於公孟孫惡臧孫不相善○惡烏
路反下之惡子之惡我君所惡皆同季孫愛之愛其成己志孟氏之御騶豐點好羯也羯孟莊子之庶子孺子秩之弟
孝伯也○騶側留反點都簟反又之廉反好呼報反羯居竭反曰從余言必爲孟孫爲孟孫後疏孟氏之御騶○正義曰成十八年傳
曰程鄭爲乘馬御六騶屬焉使訓羣騶知禮注云六騶六閑之騶則騶是掌馬之官蓋兼掌御事謂之御騶再三云羯從之孟莊子

疾豐點謂公鉏苟立羯請讎臧氏使孟氏與公鉏共憎臧孫公鉏謂季孫曰孺子秩。固其所也固自當立若羯立則季氏信有力於臧氏矣臧氏因季孫之欲而為定之猶為有力今若專立孟氏之少則季氏有力過於臧氏疏信有力於臧氏矣○正義曰不應得而得之則彼荷其恩故功力多也弗應。己卯孟孫卒公鉏奉羯立于戶側戶側喪。主○應應對之應疏立于戶側○正義曰喪大記云大夫之喪主人坐于東方此立于戶側則在室戶之東西面立也禮記云坐此云立者以季孫來故立耳季孫至入哭而出曰秩焉在公鉏曰羯在此矣季孫曰孺子長公鉏曰何長之有唯其才也季孫廢鉏立紇云欲擇才故以此荅之○焉在於虔反且夫子之命也遂誣孟孫遂立羯秩奔邾臧孫入哭甚哀多涕出其御曰孟孫之惡子也而哀如是季孫若死其若之何臧孫曰季孫之愛我疾疢也常志相順從身之害○疢恥刃反孟孫之惡我藥石也常志相違戾猶藥石之療疾疏孟孫至石也○正義曰治病藥分用石本草所云鍾乳礬磁石之類多矣美疢不如惡石夫石猶生我愈己疾也疏夫石猶生我○正義曰服虔云夫謂孟孫也桓十三年傳夫固謂君夫豈不知服虔云夫謂鬬伯比也二十六年傳夫不惡女乎服杜並云夫謂大子也其年又曰夫獨無族姻乎杜云夫謂晉也三十一年傳夫亦愈知治矣杜云夫謂尹何皆謂所斥前人為夫此言之類也疢之美其毒滋多孟孫死吾亡無日。矣孟氏。閉門告於季孫曰臧氏將為亂不使我葬欲為公鉏讎臧氏季孫不信臧孫聞之戒戒。為備也冬十月孟氏將辟藉。除於臧氏辟穿藏也於臧

氏借人除葬道○辟婢亦反徐甫亦反注同藉徐音借又如字藉亦借也藏才浪反臧孫使正夫助之正夫。隧正○隧音遂下文之隧同
【疏】注正夫。遂正○正義曰七年傳稱叔仲昭伯為隧正謂南遺請城費吾多與而役是役夫。遂正所主知此正夫是。遂正也遂正當屬司徒臧氏為司寇而
借之於臧氏者蓋當時臧氏兼主掌之除於東門甲從己而視之畏孟氏故從甲士視作者○從才用反注同一音如字孟
氏又告季孫季孫怒命攻臧氏見其有甲故乙亥臧紇斬鹿門之關以出奔邾魯南城東
門【疏】注魯南城東門○正義曰蓋舊名猶在相傳如此也且邾在魯之東南奔邾出此門。以為便○初臧宣叔娶于鑄生賈及
為而死鑄國濟北蛇丘縣所治○娶七住反鑄之樹反蛇音移治直吏反繼室以其姪女子謂兄弟之子為姪○姪大結反又丈一反
穆姜之姨子也姪穆姜姨母之子與穆姜為姨。昆弟【疏】注姪穆至昆弟○正義曰釋親云妻之姊妹同出為姨孫炎曰同出俱已嫁也然則
據父言之謂之姨據子言之當謂之從母但子效父語亦呼為姨姨子昆弟即喪服從母昆弟是也故曰姨昆弟生紇長於公宮姜氏
愛之故立之立為宣叔嗣臧賈臧為出在鑄還舅氏也臧武仲自邾使告臧賈且致大蔡
焉大蔡大龜○大蔡龜名也一云龜出蔡地因以為名【疏】注大蔡大龜○正義曰漢書食貨志云元龜為蔡論語云臧文仲居蔡家語稱漆彫平對孔子
云臧氏有守龜其名曰蔡文仲三年而為一兆武仲三年而為二兆是大蔡為大龜蔡是龜之名耳鄭玄云出蔡地因以為名焉非也曰紇不佞
失守宗祧遠祖廟為祧○祧他彫反敢告不弔不為天所弔恤紇之罪不及不祀言應有後【疏】注言應有後○正義
曰禮天子封諸侯以國諸侯賜大夫以族天子不滅國諸侯不滅族有小罪則廢其身擇立次賢使紹其先祀論語云興滅國繼絕世謂此也必有大罪乃得

滅之周禮大司馬云外內亂鳥獸行則滅之是也武仲自言罪輕不及於不祀言其應有後也子以大蔡納請其可請為先人立後○請
為于偽反下為己請自為請為其先人下文遂自為也皆同賈曰是家之禍也非子之過也賈聞命矣再拜
受龜使為以納請賈使為為己請遂自為也為自為請臧孫如防防臧孫邑使來告曰紇非能害
也知不足也言使甲從己但慮事淺耳○知音智非敢私請為其先人請也苟守先祀無廢二勳二勳文仲宣叔
疏注二勳文仲宣叔○正義曰哀二十四年傳曰晉侯將伐齊使來乞師曰昔臧文仲以楚師伐齊取穀臧宣叔以晉師伐齊取汶陽寡君欲徼福於周公
願乞靈於臧氏是二勳謂文仲宣叔也敢不辟邑據邑請後故孔子以為要君○要一遙反下同乃立臧為臧紇致防而
奔齊其人曰其盟我乎謂陳其罪惡盟諸大夫以為戒臧孫曰無辭廢長立少季孫所忌故謂無辭以罪己將盟
臧氏季孫召外史掌惡臣而問盟首焉惡臣謂奔亡者盟首載書之章首疏季孫召外史○正義曰周禮外史掌
書外令掌四方之志今季孫召外史蓋魯亦立此官也對曰盟東門氏也曰毋或如東門遂不聽公命殺
適立庶文公命立子惡公子遂殺之立宣公○毋音無聽吐定反適丁歷反盟叔孫氏也曰毋或如叔孫僑如欲
廢國常蕩覆公室謂譖公與季孟於晉○覆芳服反季孫曰臧孫之罪皆不及此孟椒曰盍以
其犯門斬關季孫用之乃盟臧氏曰無或如臧孫紇干國之紀犯門斬關干亦犯也
○盍戶臘反臧孫聞之曰國有人焉誰居其孟椒乎孟椒孟獻子之孫子服惠伯居猶與也○居音基與音餘○

晉人克欒盈于曲沃盡殺欒氏之族黨欒魴出奔宋書曰晉人殺欒盈不言大夫言自外也自外犯君而入非復晉大夫○齊侯還自晉不入不入國遂襲莒門于且于且于莒邑○于子餘反傷股而退齊侯傷明日將復戰期于壽舒壽舒莒地。杞殖華還載甲夜入且于之隧宿於莒郊二子齊大夫且于隧狹路○殖市力反華胡化反還音旋狹戶夾反【疏】夜入且于之隧○正義曰既入而又得出宿知所入非城邑也故杜以爲狹道檀弓說此事云齊莊公襲莒于奪杞梁死焉言于奪則當爲地名鄭玄引此傳云隧奪聲相近言其與此一事則。此亦爲地名若是地名不得云且于之隧即如記文蓋當且于之旁別有奪地非此且于之隧也明日先遇莒子於蒲侯氏蒲侯氏近莒之邑○近附近之近莒子重賂之使無死曰請有盟欲以盟要二子無致死戰華周對曰貪貨棄命亦君所惡也華周即華還昬而受命日未中而棄之何以事君莒子親鼓之。從而伐之獲杞梁杞梁即杞殖莒人行成勝大國益懼故行成齊侯歸遇杞梁之妻於郊梁戰死妻行迎喪使弔之辭曰殖之有罪何辱命焉言若有罪不足弔若免於罪猶有先人之敝廬在下妾不得與郊弔婦人無外事故下猶賤也○廬力居反與音預【疏】注婦人至賤也○正義曰檀弓云哀公使人弔蕢尚遇諸道辟於路畫宮而受弔焉曾子曰蕢尚不如杞梁之妻之知禮也鄭玄云行弔禮於野非也然則男子亦不得受野弔而言婦人無外事者檀弓云君遇柩於路必使人弔之鄭玄云君於民臣有父母之恩是男子從柩在野則得野受弔婦人無外事雖從柩亦不得野受弔耳若男子得受野弔而曾子非蕢尚者以蕢尚在朝顯著故宜弔於其家若君遇柩於路使人弔之者謂庶人及微小之臣也檀弓因蕢尚而說此事云杞梁死其妻迎其柩於路而哭之哀則杞梁之妻於時從杞梁柩雖從柩而辭不受
弔是由異於男子故也服虔以下從上讀言斂廬在下禮記無下知下猶賤謙言賤妾也齊侯。弔諸其室傳善婦人有禮○齊侯將
爲臧紇。田與之田邑臧孫聞之見齊侯與之言伐晉齊侯自道伐晉之功○臧孫聞之見賢遍反齊侯絕句一讀以
見字絕句齊侯向下讀對曰多則多矣抑君似。鼠夫鼠晝伏夜動不穴於寢廟畏人故也
今君聞晉之亂而後作焉作起兵也疏。不穴於寢廟正義曰一解鼠不敢穿寢廟墉以爲穴者。即畏人故也但寢則近人廟則幽
靜鼠不穿廟豈是畏人故知寢廟閒雅鼠不即以爲穴必須穿壁始敢安處止爲畏人故也計燕巢鼠穴自是其常假喻言之不可執此爲難也寧將
事之非鼠如。何。乃弗與田臧孫知齊侯將敗不欲受其邑故以比鼠欲使怒而止仲尼曰知之難也有臧
武仲之知謂能辟齊禍○知之音智而不容於魯國抑有由也作不順而施不恕也夏書曰
念茲在茲逸書也念此事在此身言行事當常念如在己身也疏作不至恕也○正義曰服虔云不順謂阿季氏廢長立少也不恕謂惡孟氏立
庶也然則作而不順當如服言傳無惡孟氏之事故不取當謂知其不可而爲之是不恕也順事恕施也
經二十有四年春叔孫豹如晉。賀克欒氏○仲孫羯帥師侵齊○夏楚子伐吳○秋
七月甲子朔日有食之既無傳疏秋七至之既○正義曰漢書律曆志載劉歆三統之術以爲五月二十。二分月之二十乃爲一
交以爲交在望前朔則日食望則月食交在望後望則月食後月朔則日食交正在朔則日食既前後望不食交正在望則月食既前後朔不食而二十一年

九月十月頻月日食此年七月八月。日食凡交前十五度交後十五度並是食竟去交遠則日食漸少去交近則日食漸多正當交則日食既若前月在交初一度日食則至後月之朔日猶在交之末度未出食竟月行天既。而來及於日或可更食若前月日在交初二度以後則後月復食無理今七月日食既而八月又食於推步之術必無此理蓋古書磨滅致有錯誤劉炫云漢末以來八百餘載考其注記莫不皆爾都無頻月日食之事計天道轉運古今一也後世既無其事前世理亦當然而今有頻食於術不得有交之所在日月必食日食在朔月食在望日月共盡一體日食少則月食多日食多則月食少日食盡則前後望月不食月食盡則前後朔日不食以其交道既不復。其相揜故也此與二十一年頻月日食理必不然但其字則變古爲篆改篆爲隸書則縑以代簡紙以代縑多歷世代年數遙遠喪亂或轉寫誤失其本真先儒因循莫敢改易執文求義理必不通後之學者宜知此意。也

○齊崔杼帥師伐莒○大水無傳○八月癸巳朔日有食之無傳○公會晉侯宋公衞侯鄭伯曹伯莒子邾子滕子薛伯杞伯小邾子于夷儀○冬楚子蔡侯陳侯許男伐鄭公至自會無傳○陳鍼宜咎出奔楚陳鍼子八世孫慶氏之黨書名惡之也○鍼其兼反咎其九反惡烏路反 疏注陳鍼子八世孫正義曰世本文也○叔孫豹如京師○大饑無傳

傳二十四年春穆叔如晉范宣子逆之問焉曰古人有言曰死而不朽何謂也穆叔未對宣子曰昔匄之祖自虞以上爲陶唐氏陶唐堯所治地大原晉陽縣也終虞之世以爲號故曰自虞以上○上時掌反注同治直吏反 疏注陶唐至以上正義曰如杜此注陶唐共爲一名即是晉陽縣也釋例云晉大鹵大原大夏參虛晉陽六名大原晉

陽縣也唯載六名而言不及唐釋例又別記小國所都唐大原晉陽縣也亦云唐是晉陽而言不及陶則以陶與唐別不是共爲一名也史記云帝堯爲陶唐氏韋昭云陶唐皆國名猶湯稱殷商也案經傳契居商故湯以商爲國號後盤庚遷殷故殷商雙舉歷檢書傳未聞帝堯居陶而以陶冠唐蓋地以二字爲名所稱或單或複也張晏云堯爲唐侯國於中山唐縣然則唐是中山縣名非晉陽也堯自唐侯而升爲天子既爲天子乃治於晉陽故杜於晉陽六名言不及唐記其諸國之都乃云唐是晉陽言堯爲天子號曰陶唐其治在晉陽耳唐非晉陽縣內之地名也舜受堯禪封堯子丹朱爲王者之後猶稱爲唐其名不易終虞之世以陶唐爲號故曰自虞以上也

在夏爲御龍氏謂劉累也事見昭二十九年○見賢遍反疏注謂劉至九年○正義曰昭二十九年傳曰陶唐氏既衰其後有劉累學擾龍于豢龍氏以事孔甲夏后加之賜氏曰御龍

在商爲豕韋氏豕韋國名東郡白馬縣東南有韋城疏注豕韋至韋城○正義曰鄭語云祝融之後八姓大彭豕韋爲商伯矣又曰彭姓彭祖豕韋則商滅之矣賈逵云大彭豕韋爲商伯其後世失道殷德復興而滅之然則商之初豕韋國君爲彭姓也其後乃以劉累之後代之亦不知殷之何王滅彭姓而封累後也昭二十九年傳稱夏王孔甲嘉劉累賜氏曰御龍以更豕韋之後則賜劉累身封豕韋而此云在商爲豕韋氏者杜於彼注云劉累代彭姓之豕韋累尋遷魯縣豕韋復國至商而滅累之後世復承其國爲豕韋氏是杜解劉累及其後世再封豕韋之事

在周爲唐杜氏唐杜二國名殷末豕韋國於唐周成王滅唐遷之於杜爲杜伯杜伯之子隰叔奔晉四世及士會食邑於范○氏杜今京兆杜縣○隰除入反復扶又反下同疏注唐杜至杜縣○正義曰以國語杜伯文不連唐知唐杜二國名又以豕韋爲一嫌唐杜亦一故辨之也昭元年傳稱堯遷實沈于大夏唐人是因以服事夏商其季世曰唐叔虞及成王滅唐而封大叔是言周成王滅唐也周語曰周之衰也杜伯射宣王於鎬是周有杜國故杜以爲成王滅唐遷之於杜爲杜伯也晉語訾祏對范宣子云昔隰叔子違周難奔於晉生子輿爲司空世及武

子佐文襄爲卿以輔成景後之人可則是以受隨范賈逵云宣王殺杜伯其子逃而奔晉子輿士蔿字武子士會也會士蔿之孫是隰叔四世及士會食邑於范爲范氏也劉炫云案杜於昭元年注云唐人若劉累之等累遷魯縣此在大夏即如彼言則居唐之人非累之裔此注何云豕韋國於唐也又據何文知初封於唐後封於杜乎今知劉說非者彼注雖似有異其義與此不殊後傳云唐人是因杜以唐人非一人之稱故云劉累之等謂累之子孫故云之等也累遷魯縣傳云唐人是因因居大夏則累之子孫遷居大夏也杜知殷末封之於唐者以周成王滅唐故也知後封於杜者以宣王時有杜伯故也是成王之時有唐無杜宣王之時有杜無唐故杜爲此解劉炫又規云唐非豕韋之胤杜亦未必是後安知滅唐遷於杜也賈逵注國語云武王封堯後爲唐杜二國以爲並時爲國非滅唐封杜劉以爲唐非劉累之後又取賈逵注國語武王封堯後爲唐杜二國以爲二國並封而規杜氏非也炫謂宣子歷言己之宗族於上世有國有家未必繼體相承炫於處秦爲劉謂非丘明之筆豕韋唐杜不信元愷之言己之遠祖數自譏訐或聞此義必將見嗤但傳言於人懼誤後學意之所見不敢有隱唯賢者裁之

晉主夏盟爲范氏其是之謂乎晉爲諸夏盟主范氏復爲之佐言己世爲興家○夏戶雅反注同

穆叔曰以豹所聞此之謂世祿非不朽也魯有先大夫曰臧文仲既沒其言立。立謂不廢絕○既沒其言立今俗本皆作其言立於世檢元熙以前本則無於世二字其是之謂乎豹聞之大上有立德黄帝堯舜○大音泰其次有立功禹稷其次有立言史佚周任臧文仲○佚音逸任音壬

疏大上至立言○正義曰大上其次以人之才知淺深爲上次也大上謂人之最上者上聖之人也其次次聖者謂大賢之人也其次又次大賢者也立德謂創制垂法博施濟衆聖德立於上代惠澤被於無窮故服以伏羲神農杜以黃帝堯舜當之言如此之類乃是立德也禮運稱禹湯文武成王周公後代人主之選計成王非聖但欲言周公不得不

言成王耳禹湯文武周公與孔子皆可謂立德者也立功謂拯。厄除難功濟於時故服杜皆以禹稷當之言如此之類乃是立功也祭法云聖王之制祭祀也法施於民則祀之以死勤事則祀之以勞定國則祀之能禦大菑則祀之能捍大患則祀之法施於民乃謂上聖當是立德之人其餘勤民定國禦災捍患皆是立功者也立言謂言得其要理足可傳記傳稱史逸有言論語稱周任有言及此臧文仲既沒其言存立於世皆其身既沒其言尚存故服杜皆以史。佚周任臧文仲當之言如此之類乃是立言也老莊荀孟管晏楊墨孫吳之徒制作子書屈原宋玉賈。逵楊雄馬遷班固以後撰集史傳及制作文章使後世學習皆是立言者也此三者雖經世代當不朽故穆子歷言之雖久不廢此之謂不朽若夫保姓受氏以守宗祊祊廟門○祊布彭反注同【疏】注祊廟門○正義曰釋宮云祊謂之門李巡曰祊。故廟門名也孫炎曰詩云祝祭於祊謂廟門也世不絕祀無國無之祿之大者不可謂不朽傳善穆叔之知言○范宣子爲政諸侯之幣重鄭人病之二月鄭伯如晉子產寓書於子西以告宣子寓寄也寓音遇○曰子爲晉國四鄰諸侯不聞令德而聞重幣僑也惑之僑聞君子長國家者非無賄之患而無令名之難夫諸侯之賄聚於公室則諸侯貳貳離也○長丁丈反離如字又乃旦反賄呼罪反若吾子賴之則晉國貳賴特用之諸侯貳則晉國壞晉國貳則子之家壞何沒沒也。沒沒。沈滅之言○沒沒如字一音妹沈溺也將焉用賄夫令名德之輿也德須令名以遠聞○焉於虔反聞音問又如字德國家之基也有基無壞無亦是務乎有德則樂樂則能久詩云樂只君子邦家之基。有令

德也夫詩小雅言君子樂樂美其道為邦家之基所以濟令德○樂樂並音洛夫音扶下也夫同上帝臨女無貳爾心有令

名也夫詩大雅言武王為天所臨不敢懷貳心所以濟令名○女音汝【疏】。詩云至名也夫○正義曰詩小雅南山有臺之篇旨美也言有樂美之德

君子以有樂美之德故為邦家之基本也此詩所言言此君子有令德也夫又引詩大雅大明之篇詩人謂武王云上天之意臨視女武王矣言武王為天所

臨不敢懷貳於女之心此詩所言言武王有令名也夫樂美君子者言君子有可樂可美之德也劉炫云詩人謂武王云上天之意臨視女武王故在下臣民

無懷貳於女之心也恕思以明德則令名載而行之是以遠至邇安毋寧使人謂子子實

生我無寧寧也○毋音無而謂子浚我以生乎浚取也言取我財以自生○浚思俊反【疏】毋寧至生乎○正義曰無寧寧也言

人等作二事為不取人財寧使人謂子實能生養我民也為多取人財使人言子不能自活而須我民財以生活乎此二者孰勝也象有齒以焚

其身賄也焚斃也○焚扶云反服云焚讀曰僨僨僵也斃婢世反【疏】注焚斃也○正義曰焚是燒也象不燒死故訓為斃服虔云焚讀曰僨僨

僵也為生齒牙僵仆其身宣子說乃輕幣是行也鄭伯朝晉為重幣故且請伐陳也鄭伯稽

首宣子辭子西相曰以陳國之介恃大國而陵虐於敝邑介因也大國楚也○說音悅為于偽反下

注魯為同相息亮反介音戒注及下同寡君是以請。罪。焉。請得罪。施陳也○是以請罪焉一本作是以請請罪焉請並七井反徐上請字

音情敢不稽首為明年鄭入陳傳○孟孝伯侵齊晉故也前年齊伐晉魯為晉報侵○夏楚子為舟師

以伐吳舟師水軍不為軍政不設賞罰之差無功而還為下吳召舒鳩起本○齊侯既伐晉而懼將欲

見楚子楚子使薳啓彊如齊聘且請期請會期○彊其良反又居良反齊社蒐軍實使客觀之祭社因閱數軍器以示薳啓彊○蒐所求反閱音決數所主反陳文子曰齊將有寇吾聞之兵不戢必取其族戢藏也族類也取其族還自害也○戢側立反○秋齊侯聞將有晉師夷儀之師使陳無宇從薳啓彊如楚辭且乞師辭有晉師未得相見崔杼帥師送之遂伐莒侵介根介根莒邑今城陽黔陬縣東北計基城是也齊既與莒平因兵出侵之言無信也○黔其廉反又其令反如淳音耿弁反陬側留反又子侯反韋昭音諏基本又作其音基又如字漢書作斤如淳斤音基會于夷儀將以伐齊水不克晉合諸侯以報前年見伐○冬楚子伐鄭以救齊門于東門次于棘澤以齊無宇乞師故也諸侯還救鄭。夷儀諸侯晉侯使張骼輔躒。致楚師求御于鄭欲得鄭人自御知其地利故也○骼庚百反一音古洛反躒力狄反徐音洛鄭人卜宛射犬吉射犬鄭公孫○宛於元反射食亦反徐神石反子大叔戒之曰大國之人不可與也言不可與等也欲使卑下之。大叔游吉○大叔音泰下遐嫁反對曰無有衆寡其上一也言在己上者有常分無大小國之異○分扶問反疏。無有至一也○正義曰射犬之意言成與彼俱是大夫無有國士大小人民衆寡之異其在我上彼此一也其意言我下鄭卿亦下晉卿彼若是卿我當下之彼是大夫我不下之大叔曰不然部。婁。無松柏。部婁小阜松柏大木喻小國異於大國○部蒲口反徐扶苟反婁本或作樓路口反徐力侯反阜扶有反疏注部婁至大國○正義曰釋地云大陸曰阜大阜曰陵李巡曰大陸謂土地高大名曰阜阜最大爲陵則阜地之高者是丘陵之類也部婁小阜相傳爲然大山有松柏小阜無松柏小阜異於大山喻小國異於大國不得與大國之人等也服虔云喻小國無賢材知勇之人而與大國等也二子在幄坐射犬于外二子張骼輔躒幄帳也○幄於角反既食而後食之使御。廣車而行廣車兵車○後食音嗣廣古曠反注同已皆乘乘車乘車安車○下乘字繩證反注及下皆同將及楚師而後從之乘皆踞。轉而鼓琴轉衣。裝○踞居慮反轉張戀反注及下同一音張孿反裝側良反一本作囊【疏】注轉衣裝○正義曰踞謂坐其上也戰車所有可坐其上明是衣囊耳當是盛衣甲之囊也下云取冑於囊當別有小囊盛冑定本作衣裝近不告而馳之射犬恨故近敵不告而馳皆取冑於櫜而冑入壘皆下搏人以投收禽挾囚禽獲也○冑直救反櫜古毛反壘力軌反搏音博徐甫各反挾音協弗待而出射犬又不待二子皆超乘抽弓而射既免復踞轉而鼓琴曰公孫同乘兄弟也言同乘義如兄弟○復扶又反下復討同故再不謀謂不告而馳不待而出對曰曩者志入而已今則怯也皆笑曰公孫之亟也亟急也言其性急不能受屈○曩奴黨反鄉也怯去業反亟居力反注同【疏】曩者至怯也○正義曰曩猶向也向者志入前敵而馳馳入遇怯而出非是故不告也○楚子自棘澤還使薳啓彊帥師送陳無宇傳言齊楚固相結也○吳人為楚舟師之役故在此年夏○為于僞反下注同召舒鳩人舒鳩人叛楚舒鳩楚屬國召欲與共伐楚楚子師于荒浦荒浦舒鳩地○浦滂五反使沈尹壽與師祁犂讓之二子楚大夫○犂力兮反又利之反舒鳩子敬逆二子而告無之且請受盟二子復命王欲伐之薳子曰不可令尹薳子馮彼告不叛且請受盟而又伐之伐無

罪也姑歸息民以待其卒也卒終卒而不貳吾又何求若猶叛我無辭有庸乃還
彼無辭我有功爲明年楚滅舒鳩傳○陳人復討慶氏之黨鍼宜咎出奔楚言宜咎所以稱名○齊人城
郟郟王城也於是穀雒鬭毀王宮齊叛晉欲求媚於天子故爲王城之○郟古洽反【疏】注郟王至城之○正義曰傳稱成王定鼎于郟鄏周公就而營
之謂之洛邑亦名王城其地舊名爲郟故以郟爲城名周語云靈王二十二年穀洛鬭毀王宮計靈王以二年即位往年爲二十二年往年毀壞其城故齊人
今歲爲。王。城之也穆叔如周聘且賀城王嘉其有禮也賜之大路大路天子所賜車之總名爲昭四年叔孫
以所賜路葬張本○晉侯嬖程鄭使佐下軍代欒盈也鄭行人公孫揮如晉聘揮子羽也○揮許韋反
程鄭問焉曰敢問降階何由問自降下之道○下遐嫁反又如字【疏】注問自降下之道○正義曰下注階猶道也知問降階者
問自降下之道程鄭既得爲卿以卿是高位欲降意下人故問自降下之道子羽不能對歸以語然明然明鬷蔑○語魚據反鬷
子公反然明曰是將死矣不然將亡貴而知懼懼而思降乃得其階階猶道也下人而
已又何問焉言易知○下戶嫁反易以豉反且夫既登而求降階者知人也不在程鄭其有亡
釁乎不然其有惑疾將死而憂也言鄭本小人爲明年程鄭卒張本○夫音扶知音智釁許覲反【疏】其有至憂也○正義
曰程鄭忽問降階然明議其將死故云此程鄭身有罪禍懼奔亡之釁而輒問降階也若不然則有迷惑之疾將死而憂乎何休難此云善言者君子所尚有
小人道之輒爲死徵是善言不可出口此未得傳之意也然明者鄭之知人知程鄭以佞媚嬖幸得升卿位非有謙退止足之心今忽問降階是改其常度以

其改常知其將死故疑其知將有亡釁惑疾而憂故能出此語耳善言非其常所以知其死非謂口出善言卽當死也趙文子賢人也將死其語偷程鄭小人也將死其言善俱是失常無所怪惑也

附釋音春秋左傳注疏卷第三十五

春秋左傳注疏卷三十五校勘記

阮元撰盧宣旬摘錄

附釋音春秋左傳注疏卷第三十五 襄二十二年盡二十四年

〔經二十二年〕

注頻與晉侯外會至故不書 毛本作注公頻與至不書宋本作公頻至不書無與字以下正義三節宋本總入令倍其賦注下

〔傳二十二年〕

雨過御叔御叔在其邑 閩本監本御叔字不重非也

知仁聖義忠和 監本毛本忠作中

者通識之名 宋本者上有是聖二字

非爲武仲實是大聖也 宋本也上有人字浦鏜云爲當謂字誤

古者家有國邑 宋本足利有作其案正義作其

注少正鄭卿官也 宋本以下正義四節總入執事實重圖之注下

鍾磬之屬 宋本纂圖本監本毛本鍾作鐘

注朝正也宋本無也字

天子飲酎監本子字模糊

謂祭未受胙肉也浦鏜正誤未作末是也○今依作末

與執燔焉釋文云燔本又作膰案惠棟云僖廿四年傳及成十三年傳皆作膰說文曰鐇宗廟火孰肉从炙番聲春秋傳曰天子有事鐇焉以饋同姓諸侯此傳燔字當作鐇鐇轉寫誤爲燔耳

實謂譴讓也宋本實上有口字是也

歸邑于公淳熙本于作於非

注四時至戚也宋本以下正義二節總入鄭子張其有焉注下

故進用等宋本用下有一字

大夫無禘祫而而云殷三年祭者案上而字衍文宋本所無監本毛本誤作一閩本墨釘

今黑肱全滅之戚也宋本無戚字

用此以戒不億度之事閩本監本億作憶誤

洩命重刑釋文洩作泄陳樹華云注內漏泄君命泄字唯宋本作洩此外諸本皆作泄與釋文合此刻本本字之僅存者

十二月鄭游販將歸晉纂圖本監本毛本販作眅亦非宋本淳熙本岳本作販歸作如與石經合案北宋刊本釋文亦作販山井鼎云从目爲是說文眅多白眼也从目反聲春秋傳曰鄭游眅字子明普班反

以館于邑淳熙本于誤子

舍止其邑不復行纂圖本監本毛本舍誤令

是父之行不脩益明也宋本是上有非字

〔經二十三年〕宋本春秋正義卷第二十三石經春秋經傳集解襄四第十七岳本襄下增公字淳熙本無集解二字襄下亦增公字並盡廿五年

二十三年注五同盟宋本無二十三年四字

夏邾畀我來奔宋本畀我作卑我石經亦作卑我按釋文凡畀字皆云必利反以音理言之卑在五支畀在六脂卑字不可代畀音必利反石經始譌而宋本仍之非也

妄爲規非也宋本非上有過字是也

注書名至義例宋本此節正義在注文故爲楚所納句下

之甲以入晉宋本之上有乃率曲沃四字

謂其後入宋本其下有敗而二字

注兩事故言遂宋本此節正義在注文東有雍城之下

故乃言遂也宋本無乃字

以取奔亡罪之閩本監本毛本取作此非也

注輕行掩其不備曰襲因伐晉還至有事宋本無掩其至晉還十字

倍道輕行宋本倍作信非

〔傳二十三年〕

杞孝公姊妹宋本淳熙本岳本纂圖本閩本監本毛本姝作妹是也淳熙本姊誤姝○今改正

傳注禮諸侯至責之宋本毛本無傳字宋本作注禮諸至責之

雖有本服賜者宋本賜作期

慶樂二慶之族淳熙本誤作之祑

板隊而殺人石經隊作墜

知之不爲經也宋本之作其

藩車之有障蔽者釋文障作鄣按說文障隔也从𨸏章聲

晉將至滕之宋本以下正義十一節總入晉人圍之注下

又執民之八柄也宋本無也字

子無懈矣石經宋本懈作解與釋文合

王鮒使宣子墨縗冒至石經宋本淳熙本岳本纂圖本閩本監本毛本至作經是也釋文云縗本又作衰

故爲婦人服而入淳熙本入下有之字

固宮宮之有臺觀備守者宋本上宮字誤言

劫之纂圖本閩本監本毛本劫作刼非也

逆獻子也岳本脫也字

斐豹廣韻斐字注姓左傳晉有斐豹是斐本又作裴也

蓋犯罪沒爲官奴漢書張衡傳注引注文犯上有豹字

男女同名宋本女作子非也

踰隱而待之毛本踰誤隃

用短劍兵接敵宋本淳熙本岳本纂圖本毛本足利本短劍作劍短

欒樂車轢槐而覆閩本轢作擽亦非宋本淳熙本作轢與釋文合

申鮮虞之傅摯爲右釋文云本或作申鮮虞之子傅摯卽正義所謂俗本是也定本亦無子字

申鮮虞之傅摯爲右宋本以下正義二節總入注文自抑損之下

若傳先有子字監本傳作傅非也

大殿後軍纂圖本後軍誤從車

燭庸之越駟乘淳熙本庸誤戎

謂築壘壁釋文作辟也音壁各本脫也字

注張武至壘壁宋本至字作軍謂築三字正義三節總入八月節注下

子干帥陳蔡之師入楚重脩監本毛本干作于非也

張設旗鼓也宋本鼓作此非

獲晏氂石經氂作氂岳本作氂釋文同云徐音來案惠棟云外傳作萊古字通徐音是也毛本誤作犛注同

趙勝趙旃之子淳熙本旃作同非也

亦存邪宋本亦下有以字是也

新樽絜之釋文云樽本或作尊是也案五經文字有尊無樽左氏凡作樽者皆爲後人所加唯昭九年請佐公使尊不誤惠棟云案曹憲文字指歸云檢字無此從缶從木者說文曰字从酋寸酒官法度也今之尊卑從此得名故尊亦爲君父之稱

獻酬禮畢通行爲旅宋本淳熙本岳本足利本通上有而字

注獻酬至爲旅宋本以下正義十四節總入其孟椒乎注下

富倍季氏可也淳熙本可誤何

具饗燕之具纂圖本監本毛本饗燕誤倒

孺子秩淳熙本秩誤疾

戶側喪主淳熙本主作之非也

吾亡無日矣淳熙本日誤自

孟氏閉門淳熙本氏作天誤也

戒爲備也淳熙本爲作僞非是

藉除於臧氏石經藉初刻从竹改从廾

正夫隧正 宋本淳熙本隧作遂

注正夫遂正 閩本監本毛本遂作隧

是役夫遂正所主 宋本閩本監本毛本遂作隧下同山井鼎云此疏有四遂正但最上隧正同今本也

奔郕出此門以爲便 宋本無以字

與穆姜爲姨昆弟 淳熙本昆作兄非也

惡臣謂奔亡者 淳熙本足利本謂作諸

盟首載書之章首 淳熙本章誤卓

謂鄫公與季孟於晉 淳熙本季作香誤也

無或如臧孫紇 石經此處刓缺釋文無作毋音無下同案上文作毋此則不應獨異釋文是也

杞殖華還 案李注文選洞簫賦引作芑梁殖云芑與杞同孟子告子正義引還作旋

夜入且于之隧 宋本以下正義二節總入弔諸其室注下

則此亦爲地名 宋本此上有謂字

莒子親鼓之 淳熙本鼓作豉誤

齊侯弔諸其室齊侯將爲臧紇田石經侯字起紇字止計十一字刓缺無考

抑君似鼠淳熙本似作以非也

不穴於寢廟宋本以下正義二節總入順事恕施也之下

卽畏人故也重脩監本卽作自非也

非鼠何如石經宋本岳本作如何是也如何卽而何○此本誤作何如今訂正

(經二十四年)

注賀克欒氏此叔孫豹如晉注監本脫

以爲五月二十二分月之二十宋本二分作三分與律曆志合

此年七月八月日食宋本日字上有頻月二字

月行天既帀毛本帀作而非也

既不復其相揜故也宋本無其字是也

宜知此意也宋本無也字

(傳二十四年)

自虞以上爲陶唐氏 李注文選謝玄暉齊敬皇后哀策文引作已上

注陶唐至以上 宋本以下正義六節總入不可謂不朽注下

其后有劉累 考文云后作後

至商而滅 監本滅字模糊重脩監本誤作成

遷之於杜爲杜伯杜伯之子 閩本監本脫下杜伯二字

食邑於范氏 宋本淳熙本岳本纂圖本足利本氏上有復爲范三字

故辯之也 宋本辯作辨

訾祏對范宣子云 監本作祐毛本作袥並非

昔隰叔子違周雖 宋本雖作難與晉語合

不信元愷之言 宋本愷作凱

既沒其言立 案禮記禮器正義引作其言立於後世釋文云今俗本皆作其言立於世檢元熙以前本則無於世二字禮疏所引疑即陸氏所謂俗本而增損之

立功謂拯厄除難 閩本監本毛本厄作危

故服杜皆以史佚周任臧文仲當之毛本任作佚非也

買逵段玉裁校本逵作誼

祊故廟門名也浦鏜正誤云故字衍

則子之家壞惠棟云石經改刻則子家壞無之字

沒沒沈滅之言淳熙本沈作滅

樂只君子石經宋本岳本只作旨案十一年傳昭十三年傳引詩並作旨

詩云至名也夫宋本以下正義三節總入敢不稽首注下

寡君是以請罪焉釋文作是以請請罪焉請並七井反徐上請字音情案石經罪焉二字刓缺不重請字脫文也而各本仍其誤

請得罪於陳也宋本於作施是也施陳猶言加兵於陳○今從宋本

計基城是也釋文基作其音基又如字云漢書作斤如淳斤音基段玉裁云斤當作亓音基作斤是誤字

諸侯還救鄭此本救鄭二字實缺脩板無救字閩本同據石經及各本補正

輔躒諸本作躒說文引春秋傳作輔𨅞

大叔游吉淳熙本脫大字

無有至一也宋本以下正義四節總入公孫之亟也注下

部婁無松柏閩本監本柏作栢案說文附字注云附婁小土山也引傳作附婁無松柏部與附蓋古字通北宋刻釋文婁本或作塿應邵風俗通義李注文選魏都賦引並作培塿周伯琦六書正譌云俗用培塿非也

喻小國異於大國重脩監本下國字誤山

張骼輔躒淳熙本躒作樂非也

使御廣車而行纂圖本御作衙非

皆踞轉而鼓琴惠棟云踞當作居傅氏辨誤云轉字從車與衣裝何與此必軫字之譌詩小戎俴收注云收軫也謂車前後兩端橫木踞之可以鼓琴且下文云取冑於橐而冑則橐固爲衣裝矣又何衣裝之有也按惠棟語當更詳之杜意謂轉即縛之假借字也二十五年傳申鮮虞以帷縛其妻縛直轉反即衣裝之義也

轉衣裝正義本作衣囊即釋文以爲一作之本也

故再不謀石經宋本淳熙本岳本纂圖本監本毛本故作胡是也

求媚於天子淳熙本於誤旋

郲王至城之宋本此節正義在賜之大路注下

故齊人今歲爲王城之也重脩監本王城誤正成

注問自降下之道宋本以下正義二節總入篇末

春秋左傳注疏卷三十五校勘記

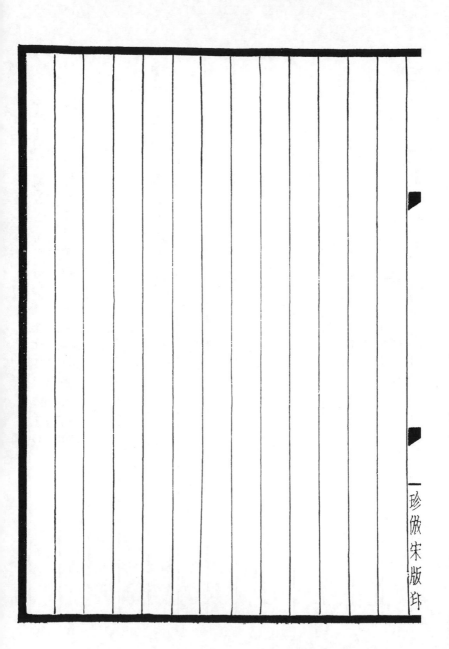

杜氏注　孔穎達疏

經二十有五年春齊崔杼帥師伐我北鄙○夏五月乙亥齊崔杼弑其君光。齊侯雖背盟主未有無道於民故書臣罪崔杼也○背音佩○公會晉侯宋公衞侯鄭伯曹伯莒子邾子滕子薛伯杞伯小邾子于夷儀○六月壬子鄭公孫舍之帥師入陳子產之言陳以不義見入故舍之無譏釋例詳之疏注子產至詳之○正義曰釋例曰陳蔡楚之與國鄭欲求親於晉故伐而入之晉士莊伯詰其侵小。問陳之罪子產荅以東門之役故免於譏及其侵蔡既無晉命又無直辭君死主少與師以求媚於晉義取亂略不能以德懷親又不能以直報怨故二大夫異於子產也陳之見伐本以助晉晉不逆勞而以法詰之得盟主道理故仲尼曰晉為伯鄭入陳非文辭不為功善之也○秋八月己巳諸侯同盟于重丘夷儀之諸侯也重丘齊地己巳七月十。二日經誤○重直龍反疏注夷儀至經誤○正義曰僖五年公及齊侯云云會王世子于首止秋八月諸侯盟于首止公羊傳曰諸侯何以不序一事而再見者前目而後凡也是言前序後總取省文之義故此直言諸侯猶是上夷儀之諸侯也劉炫云定四年公會劉子云云于召陵五月公及諸侯盟于皋鼬杜云復稱公者會盟異處故此亦異處而不言公者炫謂史異辭於彼有規傳云七月經言八月杜以長曆校之七月十二日有己巳知是經誤也公至自會無傳○衞侯入于夷儀夷儀本邢地衞滅邢而為衞邑晉慼衞衎失國使衞分之一邑書入者自外而入之辭非國逆之例○衎苦旦反疏注夷儀至之例○正義曰僖元年邢遷于夷儀是夷儀本是邢地僖二十五年衞滅邢而有之還名其地爲夷儀故爲衞之邑也釋例曰春秋稱入其例有二施於師旅則曰不地在於歸復則曰國逆國逆又以立爲例逆而不立則皆非例所及諸在例外稱入直是自外入內記事者常辭義無所取而賈氏雖夫人姜氏之入皆以爲例如此甚多是杜以先儒妄以入例故顯言非國逆也於時剽爲衞君非國逆又不得位而稱侯者晉人稱爲衞侯以告魯故書侯也桓十五年鄭伯突入于櫟與此同也

○楚屈建帥師滅舒鳩傳在衞侯入夷儀上經在下從告

○冬鄭公孫夏帥師伐陳陳猶未服

○十有二月吳子遏伐楚門于巢卒遏諸樊也爲巢牛臣所殺不書滅者楚。人不獲其尸吳以卒告未同盟而赴以名○遏於葛反徐音謁

疏吳子至巢卒○正義曰諸侯不生名此吳子名在伐楚上者爲卒書名上之以省文猶鄭伯髡頑如會丙戌卒于鄵也

傳二十五年春齊崔杼帥師伐我北鄙以報孝伯之師也前年魯使孟孝伯爲晉伐齊○爲晉于僞反下爲己娶同公患之使告于晉孟公綽。曰崔子將有大志志在弒君孟公綽魯大夫○綽昌若反徐本作卓音同不在病我必速歸何患焉其來也不寇不爲寇害使民不嚴欲得民心異於他日齊師徒歸徒空也

○齊棠公之妻東郭偃之姊也棠公齊棠邑大夫

疏。注棠公至大夫○正義曰楚僭號稱王故縣尹稱公齊不僭號亦邑長稱公者蓋其家臣僕呼之曰公傳即因而言之猶伯有之臣云吾公在壑谷也

東郭偃臣崔武子棠公死偃御武子以弔焉見棠姜而美之美其色也使偃取。之爲己取也○取如字又七住反注同注或作娶字偃曰男女辨姓辨別也○別彼列反今君出自丁齊丁公崔杼之祖

疏注丁公○正義曰謚法遠義不克曰丁

臣出自

桓不可齊桓公小白東郭偃之祖同姜姓故不可。昏武子筮之遇困䷮坎下兌上困○坎苦敢反兌徒外反之大過䷛巽下兌上大過困六三變爲大過○巽音孫【疏】遇困之大過○正義曰坎下兌上爲困兌爲澤坎爲水水在澤下則澤中無水也易困象曰澤無水困澤以。鐘水潤生萬物今澤無水則萬物困病故名其卦爲困也巽下兌上爲大過象曰大過大過者過也陽大陰小二陰而夾四陽大者過也史皆曰吉阿崔子【疏】史皆曰吉○正義曰史者筮人也史有多人皆言爲吉阿崔子之意也服虔云皆二卦妄也示陳文子文子曰

夫從風坎爲中男故曰夫變而爲巽故曰從風○中丁仲反風隕妻不可娶也風能隕落物者變而隕落故曰妻不可娶○隕于敏反娶亦作取七住反注同且其繇曰困于石據于蒺棃入于其宮不見其妻凶困六三爻辭○繇直又反蒺音疾棃力利反困于石往不濟也坎爲險爲水水之險者石不可以動。也【疏】注坎爲至以動○正義曰坎象云習坎重險也說卦坎爲水水之險者爲石也石可動往而遇石是往不濟也不據于蒺棃。所恃傷也坎爲險兌爲澤澤之生物而險者蒺。棃恃之則傷○【疏】注坎爲至則傷○正義曰兌爲澤說卦文也釋。草云茨蒺。蔾郭璞曰布地蔓生細葉子有三角刺人蒺。蔾有刺是。草之險者踐之則被刺故恃之則傷也

入于其宮不見其妻凶無所歸也易曰非所困而困名必辱非所據而據身必危既辱且危死。期將至妻其可得見邪今卜昏而遇此卦六三失位無應則喪其妻失其所歸也○應應對之應喪息浪反【疏】注易曰至所歸○正義曰所引易曰易下繫辭文也孔子引此爻之辭而以此言述之非所困而困者謂六三是坎坎爲水水之險者爲石遇石當須辟之非合所困而。困之故名必辱也非所據而據謂六三在坎之上澤之下於蒺蔾之間應當辟之非合所據而乃據之故身必危也石未即害身之物所以云名必辱蒺蔾害體之物故云身必危既有困辱且復傾危此死時其將至矣妻

其可得見乎孔子述此爻之義如是今卜昏而遇此卦是不吉之象也六三以陰居陽位是失位也三應在上上亦陰爻是無應也動而無應是喪失所歸故不見其妻也劉炫云困卦六三上承九四四非三應而三欲附之附之不入自取其困不應爲此困而爲之名必辱也六三失位而下乘九二以柔乘剛非安身之道不應據而據之身必危也

崔子曰嫠也何害先夫當之矣 寡婦曰嫠言棠公已當此凶○嫠本又作釐力之反 遂取之莊公通焉驟如崔氏以崔子之冠賜人侍者曰不可公曰不爲崔子其無冠乎 言雖不爲崔子猶自應有冠○驟愁又反徐在遘反 疏 不爲至冠乎○正義曰公意言冠易得不足惜縱使餘人不爲崔子者其可無冠乎況崔子富貴其當自有冠也劉炫云冠是首服之大名周禮司服卿玄冕此崔子之冠蓋玄冕也今知非者以禮運云冕弁兵革藏於私家非禮也崔子冕在公府非助君祭不得用之將以賜人人非是卿何處施用案傳云驟如崔氏以崔子之冠賜人當謂就崔子家以崔子冠賜人當是玄冠也或冠。模制作有異故以賜人。崔子因是 因是怒公 又以其閒伐晉也 閒晉之難而伐之○閒閒廁之閒注同難乃旦反 曰晉必將報欲弑。公以說于晉而不獲閒公鞭侍人賈舉而又近之乃爲崔子閒公。 伺公閒隙○弑申志反說音悅又如字近附近之近下近於公宮注同爲于僞反下莒爲下注爲崔子同

夏五月莒爲且于之役故莒子朝于齊 且于役在二十三年○且子餘反 甲戌饗諸北郭崔子稱疾不視事 欲使公來 乙亥公問崔子 問疾 遂從姜氏姜。入于室與崔子自側戶出公拊楹而歌 歌以命姜○拊芳甫反拍也楹音盈 侍人賈舉止衆從者而入閉門 爲崔子閉公也重言侍人者別下賈舉○從才用反重直用反別彼列反 甲與公登臺而

請弗許請免請盟弗許請自刃於廟勿許求還廟自殺也皆曰君之臣杼疾病不能聽命不能親聽公命近於公宮言崔子宮近公宮或淫者詐稱公陪臣干掫。有淫者不知二命干掫行夜。言行夜得淫人受崔子命討之不知它命○陪臣干徐云讀曰犴胡旦反注同服音如字掫側柳反徐又子俱反一音作侯反說文云掫夜戒有所擊也從手取聲字林同音子侯反服本作諏子須反謀也今傳本或作諏猶依掫音行夜音下孟反下同疏注干掫至他命○正義曰昭二十年傳說齊公孫青聘衛之事云賓將掫主人辭賓曰若不獲扞外役是不有寡君也乃親執鐸終夕與於燎燎即是掫之事扞外役即是干之義也故先儒相傳皆以干掫爲行夜說文云掫夜戒守有所擊。從手取。夜扞寇盜手有所擊故以干掫爲行夜官名也服虔云一曰干扞也。諏謀也言受崔子命扞禦謀淫之人有此謬說故掫字或誤從言也今定本作干掫受崔子之命又受公命是爲二命故云受崔子命討之不知他命也公踰牆。又射之中股反隊。遂弒之賈舉州綽邴師公孫敖封具鐸父襄伊僂堙皆死八子皆齊勇力之臣爲公所嬖者與公共死於崔子之宮○射食亦反中丁仲反股音古隊直類反具求付反鐸待洛反僂力侯反堙音因疏又射之中股○正義曰上未有射公之文而云又射之者以公未踰牆必已射公但射公不中傳文不載以踰牆射之中股故傳言其事而云又也祝佗父祭於高唐高唐有齊別廟也○佗徒河反至復命不說弁而死於崔氏爵弁祭服○說他活反弁皮彥反申蒯侍漁者侍漁監取魚之官○蒯若怪反監古銜反退謂其宰曰爾以帑免帑宰之妻子○帑音奴我將死其宰曰免是反子之義也與之皆死反死君之義崔氏殺鬷蔑于平陰鬷蔑平陰大夫公外嬖傳言莊公所養非國士故其死難皆嬖寵之人○鬷子公反難乃旦反下皆同晏

子立於崔氏之門外 聞難而來 其人曰死乎曰獨吾君也乎哉吾死也 言己與衆臣無異 曰
行乎曰吾罪也乎哉吾亡也 自謂無罪 曰歸乎曰君死安歸 言安可以歸 君民者豈以陵
民社稷是主臣君者豈爲其口實社稷是養 言君不徒居民上臣不徒求祿皆爲社稷○爲于僞反注皆爲及下
文同 故君爲社稷死則死之爲社稷亡則亡之 謂以公義死亡 若爲己死而爲己亡非其
私暱誰敢任之 私暱所親愛也非所親愛無爲當其禍○暱女乙反任音壬當也 且人有君而弒之吾焉得死
之而焉得亡之 言己非正卿見待無異於衆臣故不得死其難也○弒申志反焉於虔反下同 將庸何歸 將用死亡之義何所歸趣
門啓而入枕尸股而哭。以公尸枕己股○枕之鴆反注同 與三踊而出人謂崔子必殺之崔子
曰民之望也舍之得民 舍置也○踊羊寵反 盧蒲癸奔晉王何奔莒 二子莊公黨爲三十八年殺慶。舍張本
叔孫宣伯之在齊也 宣伯魯叔孫僑如成十六年奔齊 叔孫還納其女於靈公嬖生景公 還齊羣公
子納宣伯女於靈公○還音旋 丁丑崔杼立而相之慶封爲左相盟國人於大宮 大宮大公廟○相息亮反
下同大音泰注同 曰所不與崔慶者。晏子仰天歎曰嬰所不唯忠於君利社稷者是與
有如上帝乃歃 盟書云所不與崔慶者有如上帝讀書未終晏子抄荅易其辭因自歃○曰所不與崔慶者本或此下有有如此盟四字者後
人妄加歃所洽反又所甲反 辛巳公與大夫及莒子盟 莒子朝齊遇崔杼作亂未去故復與景公盟○復扶又反 大史書

曰崔杼弒其君崔子殺之其弟嗣書而死者二人嗣續也幷前有三人死其弟又書乃舍之南史氏聞大史盡死執簡以往聞既書矣乃還傳言齊有直史崔杼之罪所以聞閭丘嬰以帷縛。其妻而載之與申鮮虞乘而出二子莊公近臣○帷位悲反縛直轉反乘繩證反鮮虞推而下之下嬰妻也○推如字又他回反曰君昏不能匡危不能救死不能死而知匿其暱匿藏也暱親也○匿女力反暱女乙反其誰納之行及弇中將舍弇中狹道○弇於檢反又於廉反狹音洽嬰曰崔慶其追我鮮虞曰一與一誰能懼我言道狹雖衆無所用遂舍枕轡而寢恐失馬也○枕之鴆反食馬而食駕而行出弇中。謂嬰曰速驅之崔慶之衆不可當也遂來奔道廣衆得用故不可當○食馬音嗣崔氏側莊公于北郭側瘞。埋之不殯於廟○瘞於滯反埋無皆反丁亥葬諸士孫之里士孫人姓因名里死十三日便葬不待五月四翣。喪車之飾諸侯六翣○翣所甲反疏注喪車至六翣○正義曰周禮縫人掌衣翣柳之材鄭玄云必先纏衣其。木乃以爲飾也喪大記云飾棺君黼翣二黻翣二畫翣二鄭玄云漢禮翣以木爲筐廣三尺。四寸方兩角高衣以白布畫者畫雲氣其餘各如其象柄長五尺車行使人持之而從既窆樹於壙中檀弓曰周人牆置翣是也是說翣之制也方言云自關而東謂扇爲翣則翣是扇之類也禮器云天子八翣諸侯六翣大夫四翣鄭玄云八翣者加龍翣二不蹕蹕止行人○蹕音必下車七乘不以兵甲下車送葬之車齊舊依上公禮九乘又有甲。兵。今皆降損○乘繩證反注及下七百乘同疏不蹕○正義曰禮喪車乘人專道而行無貴賤一也蹕者止行人也此不止行人略賤之○注下車至降損○正義曰服虔云下車遣車也雜記云遣車視牢具鄭玄云言車多少各如所包遣奠牲體之數也然則遣車載所包遣奠而藏之者與遣奠天子大牢包九个諸侯亦大牢包七个大夫亦大牢包五个士少牢包三个大夫以上乃有遣車如鄭之所言遣車者乃是明器塗車芻靈載所包遣奠藏之於壙中下車若是明器則甲兵亦是明器當云無甲兵不得云不以甲兵也杜言送葬之車則謂此爲貳車非遣車也言下車者蓋謂麤惡之車非良車也周禮大行人云上公貳車九乘侯伯貳車七乘子男貳車五乘則齊是侯爵法當車七乘耳今傳舉七乘言其不依舊法知齊舊依上公之禮貳車九乘其送葬又有甲兵今皆降損也用甲兵者葬是送終大禮法當備列軍陳若漢葬霍光發材官輕車比軍伍校士軍陳至茂陵以送其葬所以榮之也○晉侯濟自泮泮闕○泮普半反會于夷儀伐齊以報朝歌之役朝歌役在二十三年不書伐齊齊人逆服兵不加齊人以莊公說以弒莊公說晉也○說如字又音悅注同疏。注以弒莊公說晉也○正義曰劉炫云杜意晉謀伐齊齊人乃弒莊公以說晉也炫謂莊公死後晉始謀伐齊齊人以莊公伐晉晉欲報伐莊公既以此說晉言晉雖既死今新君服從晉也使隰鉏請成慶封如師慶封獨使於晉不通諸侯故不書鉏隰朋之會孫○鉏仕居反使所吏反男女以班賂晉侯以宗器樂器宗器祭祀之器樂器。鐘磬之屬疏男女以班○正義曰劉炫云哀元年蔡人男女以辨與此同杜意男女分別將以賂晉也炫謂男女分別示晉以恐懼服罪非以爲賂也自六正三軍之六卿五吏三。十。帥五吏文職三十帥武職皆軍卿之屬官○帥所類反注及下注將帥同疏注五吏至屬官○正義曰此齊以晉將來伐就會賂之則五吏三十帥皆軍內之官也三軍將佐有六與六正數同故以六正爲六卿也其五吏三十帥皆是軍內之官以三軍與六正數同必是在軍之官但軍官不復可知下句言三軍之大夫百官之正長則軍內羣官足包之矣於大夫之上言五吏三十帥此吏帥未必貴於大夫當以有所掌故先言之耳以吏者治也故爲文職帥者有所率領故爲武職杜氏以意而解不能審悉故云皆軍卿之屬官略言之耳旣以帥爲武職則帥是大帥下句復云師旅明當小於此帥故杜以下師旅爲小將帥蓋謁云五吏謂一正有五吏爲三十帥之長亦以意言之耳俗本三十帥爲三十師非也三軍之大夫百官之正長師旅百官正長羣有司也師旅小將帥○長丁丈反注同及處守者皆有賂皆以男女爲賂處守守國者○處守手反注處守同守國如字或手又反疏注皆以男女爲賂○正義曰杜以上句男女以班與賂連文故云皆以男女爲賂劉炫以爲男女以班示降服於晉有賂者皆有貨財賂之非以男女爲賂與杜異也晉侯許之晉侯受賂還不譏者齊有喪師自宜退疏注晉侯至宜退○正義曰案傳會于夷儀伐齊以報朝歌之役齊人以莊公說則晉初伐齊之日未知莊公已死齊人以說方始知之齊既有喪師自須退縱令受賂未合致譏故杜爲此解而劉以爲齊弒君之後晉始來伐而規杜氏非也使叔向告於諸侯告齊服公使子服惠伯對曰君舍有罪以靖小國君之惠也寡君聞命矣○晉侯使魏舒宛沒逆衞侯衞獻公以十四年奔齊○宛於元反將使衞與之夷儀崔子止其帑以求五鹿崔杼欲得衞之五鹿故留衞侯妻子於齊以質之疏崔子至五鹿○正義曰衞侯本以妻子奔齊今衞侯將入夷儀崔子止其帑於齊所以止之以求五鹿故也衞侯若得衞國望以五鹿與齊故止其妻子以質之也○初陳侯會楚子伐鄭在前年當陳隧者井堙木刊隧徑也堙塞也刊除也○隧音遂徐又徒猥反下同堙音因刊苦干反徑古定反鄭人怨之六月鄭子展子產帥車七百乘伐陳宵突陳城突穿也遂入之陳侯扶其大子偃師奔墓欲逃冢間遇司馬桓子曰載余陳之司馬曰將巡城不欲載公以巡城辭遇賈獲賈獲

陳大夫載其母妻下之而授公車公曰舍而母辭曰不祥雖急猶不欲男女无別○別彼列反下文同與其妻扶其母以奔墓亦免子展命師無入公宮與子產親御諸門欲服之而已故禁侵掠()御魚呂反掠音亮陳侯使司馬桓子賂以宗器陳侯免擁社免喪服擁社抱社主示服○免音問注同徐音万喪冠也擁於勇反使其衆男女別而纍以待於朝纍自因係以待命○纍類悲反一音呂執反【疏】注纍自至待命○正義曰宣十二年楚子入鄭鄭伯肉袒牽羊所以不別以男女因繫以待命者此雖降服猶望國存故以因繫男女擬爲鄭之僕隸彼則恐其遂滅請俘江南國已亡滅男女非己之有故與此不同子展執縶而見見陳侯○縶陟立反見賢遍反再拜稽首承飲而進獻承飲奉觴示不失臣敬子美入數俘而出子美子產也但數其所獲人數不將以歸○數俘所主反注但數同下方夫反祝祓社司徒致民司馬致節司空致地乃還祓除也節兵符陳亂故正其衆官脩其所職以安定之乃還也○祓方弗反徐音沸【疏】注祓除至還也○正義曰周禮女巫掌歲時祓除釁浴鄭玄云歲時祓除如今三月上巳如水上之類釁浴謂以香薰草藥沐浴彼言祓除知此祓社是祓除也其祓除之事當如鄭之言也周禮有掌節之官節爲兵符若今之銅虎符竹使符也陳國既亂致使官司廢闕民人分散符節失亡故令陳之司徒招致民人司馬集致符節司空檢致土地使各依其舊師乃迴還也劉炫云陳國既亂民節與地非復陳有子展子產心不滅陳各使己之官屬各依其職事致之於陳使民依職領受具其衆官備其所職以安定之乃還也諸官皆鄭人在軍有此官者蓋權使攝爲之未必是正官服虔以爲祝與司徒等皆是陳人各致其所主於子產案傳陳侯擁社自抱以逆又何須祝祓之子美數俘獲尚不取何當取其民地使陳致之既致乃還則是滅矣何以云入陳也

○秋七月

己巳同盟于重丘齊成故也伐齊而稱同盟以明齊亦同盟疏注伐齊至同盟○正義曰杜以經言同盟傳言伐齊直書諸侯同盟齊人不序於列故據同盟之言以明齊亦與盟劉炫以為齊直遣慶封如師齊侯不與盟今知非者以五月齊弒莊公之後即立景公及七月始盟傳言齊成故也明齊侯在魯莊十六年同盟于幽傳云鄭成也二十七年同盟于幽傳云陳鄭服也並與此文同又傳稱重丘之盟未可忘也故知齊亦同盟劉以為齊侯不與盟而規杜氏非也○趙文子為政趙武代范匄令薄諸侯之幣而重其禮以重禮待諸侯穆叔見之謂穆叔曰自今以往兵其少弭矣弭止也○弭亡氏反齊崔慶新得政將求善於諸侯武也知楚令尹令尹屈建疏注令尹屈建○正義曰趙文子初始為政與令尹相知望其在後兵息知是新令尹也下文始言屈建為令尹者因伐舒鳩而追序之其實蒍子馮卒在此盟前故服杜皆以令尹為屈建也若敬行其禮道之以文辭以靖諸侯兵可以弭為二十七年晉楚盟于宋傳○道音導○楚薳子馮卒屈建為令尹屈建子木屈蕩為莫敖代屈建宣十二年邲之役楚有屈蕩為左廣之右世本屈蕩屈建之祖父今此屈蕩與之同姓名○邲扶必反廣古曠反舒鳩人卒叛前年辭不叛楚令尹子木伐之及離城離城舒鳩城吳人救之子木遽以右師先先至舒鳩○遽其據反子彊息桓子捷子駢子盂帥左師以退五人不及子木與吳相遇而退○捷在接反駢蒲賢反又蒲丁反盂音于吳人居其間七日居楚兩軍之間子彊曰久將墊隘隘乃禽也不如速戰墊隘虛水雨○墊丁念反方言云下也隘於懈反疏注墊隘虛水雨○正義曰成六年注云墊隘羸困也方言云墊下也吳地下溼久駐於此慮水

兩大至民將困病故恐爲人所禽制也請以其私卒誘之簡師陳以待我簡閱精兵。駐後爲陳○卒子忽反下同陳直覲反注同駐張住反我克則進奔則亦視之視其形勢而救助之乃可以免不然必爲吳禽從之五人以其私卒先擊吳師吳師奔登山以望見楚師不繼復逐之傅諸其軍吳還逐五子至其本軍○復扶又反下復伐陳同傅音附簡師會之吳師大敗遂圍舒鳩舒鳩潰八月楚滅舒鳩五子既敗吳師遂前及子木共圍滅舒鳩○潰戶內反

○衛獻公入于夷儀爲下自夷儀與甯喜言張本

○鄭子產獻捷于晉獻入陳之功而不獻其俘【疏】。注獻入至其俘○正義曰上云數俘而出不將以歸知其空獻功不獻俘也戎服將事戎服軍旅之衣異於朝服【疏】注戎服至朝服○正義曰周禮司服云凡兵事韋弁服鄭玄云韋弁以韎韋爲弁又以爲衣裳也諸侯之朝服玄冠緇布衣素積以爲裳是戎服異於朝服也晉人問陳之罪對曰昔虞閼父爲周陶正以服事我先王閼父舜之後當周之興。閼父爲武王陶正○閼於葛反我先王賴其利器用也與其神明之後也舜。聖故謂之神明庸以元女大姬配。胡公庸用也元女武王之長女胡公閼父之子滿也○大音泰配亦作妃音配長丁丈反【疏】注庸用至滿也○正義曰庸聲近用故爲用也史記陳世家云陳胡公滿者虞帝舜之後也舜傳禹而舜子商均爲封國夏后之時或失。續周武王克殷求舜後得嬀滿封之於陳以奉帝舜祀是爲胡公而封諸陳以。備三恪。周得天下封夏殷二王後又封舜後謂之恪并二王後爲三國其禮轉降示敬而已故曰三恪○恪若洛反【疏】注周得至三恪○正義曰樂記云武王克殷未及下車。而封黃帝之後於薊封帝堯之後於祝封帝舜之後於陳下車而封夏后氏之後於杞。投殷

之後於宋郊特牲云天子存二代之後猶尊賢也尊賢不過二代鄭玄以此謂杞宋為二王之後薊祝陳為三恪杜今以周封夏殷之後為二王後又封陳并二王後為三恪杜意以此傳言以備三恪則以陳備三恪而已若遠取薊祝則陳近矣何以言備以其稱備知其通二代而備其數耳二代之後則各自行其正朔用其禮樂王者尊之深也舜在二代之前其禮轉降恪敬也封其後示敬而已故曰恪雖通二代為三其二代不假稱恪唯陳為恪耳則我周之自出至于今是賴言陳周之甥至今賴周德桓公之亂蔡人欲立其出陳桓公鮑卒於是陳亂專在魯桓五年蔡出桓公之子厲公也我先君莊公奉五父而立之五父佗桓公弟殺大子免而代之鄭莊公因就定其位○佗徒何反蔡人殺之欲立其出故我又與蔡人奉戴厲公奉戴猶奉事至於。莊宣皆我之自立陳莊公宣公皆厲公子夏氏之亂成公播蕩又我之自入君所知也播蕩流移失所宣十。一年陳夏徵舒弒靈公靈公之子成公奔晉自晉因鄭而入也○夏戶雅反播補賀反今陳忘周之大德蔑我大惠棄我姻親介恃楚衆以憑。陵我敝邑不可億逞億度也逞盡也○介音戒憑皮冰反億於力反逞勑景反度待洛反我是以有往年之告謂鄭伯稽首告晉請伐陳未獲成命未得伐陳命則有我東門之役前年陳從楚伐鄭東門當陳隧者井堙。木刊敝邑大懼不競而恥大姬上辱大姬之靈天誘其衷啓敝邑之心啓開也開道其心故得勝○衷音忠陳知其罪授手。于我用敢獻功晉人曰何故侵小對曰先王之命唯罪所在各致其辟辟。誅也○辟婢亦反注同

疏何故侵小○正義曰陳大於鄭而謂之侵小者言陳對晉為小不言小於鄭也子展伐陳此言侵謂侵陵

之非用兵之侵也且昔天子之地一圻方千里圻音祈列國一同方百里疏列國一同○正義曰周法大國五百里此

爲一同者引夏殷時國小以譏晉國之寬大權以拒晉耳自是以衰衰差降○衰初危反注同疏衰差降○正義曰中國七十小國五十是降差

今大國多數圻矣若無侵小何以至焉晉人曰何故戎服對曰我先君武莊爲

平桓卿士鄭武公莊公爲周平王桓王卿士○數色主反下數甲兵數疆潦各并注同城濮之役文公布命曰各復

舊職晉文公○濮音卜命我文公戎服輔王以授楚捷不敢廢王命故也城濮在僖二十八年士

莊伯不能詰士莊伯士弱也○詰起吉反復於趙文子文子曰其辭順犯順不祥乃受之冬

十月子展相鄭伯如晉拜陳之功謝晉受其功○相息亮反子西復伐陳陳及鄭平前雖入陳服之

而已故更伐以結成仲尼曰志有之志古書言以足志文以足言足猶成也○足將住反又如字下及注同不言

誰知其志言之無文行而不遠雖得行猶不能及遠晉爲伯鄭入陳非文辭不爲功愼辭

也樞機之發榮辱之主疏注樞機至之主○正義曰易繫辭文也鄭玄云樞戶樞也機弩牙也戶樞之發或明或闇弩牙之發或中或否以譬言語之發

有榮有辱傳言子產善爲文辭於鄭有榮也○楚蔿掩爲司馬蔿子馮之子子木使庀賦庀治○庀匹婢反疏注庀

治○正義曰庀訓爲具而言治者以下說治賦之事治之使具故以庀爲治也數甲兵閱數之甲午蔿掩書土田書土地之所宜

度山林度量山林之材以共國用○度待洛反注及下注同共音恭鳩藪澤鳩聚也聚成藪澤使民不得焚燎壞之欲以備田獵之處○藪

素口反燎力召反處昌慮反【疏】注鳩聚至之處○正義曰鳩聚釋詁文也釋地有十數李巡曰數澤之別名也周禮澤虞有大澤大數小澤小數鄭玄云澤水所鍾也水希曰數其職云若大田獵則萊澤野是數為田獵之處或焚其草則散失澤數之用故聚成使不得焚燎之也

辨京陵辨別也絕高曰京大阜曰陵別之以為冢墓之地○別彼列反下同【疏】注辨別至之地○正義曰釋丘云絕高為之京非人為之丘李巡曰丘高大者為京也孫炎曰為之人所作也則京為丘類人力所作也釋地云大陸曰阜大阜曰陵李巡曰大陸謂土地高大名曰阜阜最大為陵也檀弓稱趙文子與叔譽觀于九原觀晉諸大夫之墓也僖三十二年傳云殽有二陵焉其南陵夏后皋之墓也故知別丘陵以為葬墓之地

表淳鹵淳鹵埆薄之地表異輕其賦稅○淳音純鹵音魯說文鹵西方鹹也埆音學云【疏】注淳鹵至賦稅○正義曰賈逵云淳鹹也說文云鹵西方鹹地也從西省象鹽形安定有鹵縣東方謂之斥西方謂之鹵呂氏春秋稱魏文侯時吳起為鄴令引漳水以灌田民歌之曰決漳水以灌鄴旁終古斥鹵生稻粱是鹹薄之地名為斥鹵禹貢云海濱廣斥是也淳鹵地薄收穫常少故表之輕其賦稅

數疆潦疆界有流潦者計數減其租入○疆居良反注同賈又其兩反潦音老【疏】注疆界至租入○正義曰賈逵以疆為疆㯺境埆之地鄭衆以為疆界內有水潦者案周禮草人凡糞種疆㯺用蕡鄭玄云疆㯺疆堅者則疆地猶堪種植非水潦之類故從鄭衆之說數其疆界有水潦者計數減其租稅也孫毓讀為疆潦注云砂礫之田也

規偃豬偃豬下濕之地規度其受水多少○偃於建反又一音如字豬陟魚反尚書傳云停水曰豬【疏】注偃豬至多少○正義曰禹貢徐州大野既豬孔安國云水所停曰豬檀弓云有弒其父者洿其宮而豬焉是豬者停水之名偃豬謂偃水為豬故為下溼之地規度其地受水多少得使田中之水注之

町原防廣平曰原防隄也隄防間地不得方正如井田別為小頃町○町徒頂反隄丁令反頃苦潁反【疏】注廣平至頃町○正義曰廣平曰原釋地文李巡曰謂土地寬博而平正名曰原釋丘云墳大防孫炎曰謂隄也隄防之

間或有平地不得平正以為井田取其可耕之處別為小頃町也說文云町田踐處曰町史遊急就篇云頃町界畝是町亦頃類故連言之也謂廣平為原者因爾雅之文其實此原謂隄防之間也劉炫云廣平曰原土地寬平當與隰相配非是不得為井田也釋地於陸阜陵阿之下云可食者曰原孫炎曰可食謂有井田也。陸阿山田可種穀者亦曰原也謂彼陵阿之間可食之地非廣平也

牧隰皋 隰皋水岸下濕為芻牧之地○牧州牧之牧

疏注隰皋至之地○正義曰釋地云下溼曰隰李巡曰下溼謂土地窊下名為隰也詩云鶴鳴于九皋毛鄭皆以皋為澤之坎是皋為水岸也下溼與水岸不任耕作故使牧牛馬於中為芻牧之地

以井衍沃 衍沃平美之地則如周禮制以為井田六尺為步步百為畝畝百為夫九夫為井○衍以善反賈云下平曰衍有溉曰沃

疏注衍沃至為井○正義曰周禮大司徒以土會之法辨五地之物生四曰墳衍五曰原隰衍地高於原。傳稱郇瑕氏之地沃饒魯語云沃土之民逸則衍沃俱是平美之地衍是高平而美者沃是下平而美者二者並是良田故如周禮之法制之以為井田賈逵云下平曰衍有溉曰沃所指雖異俱謂良美之田也六尺為步以下皆司馬法之文自度山林以下至此有九事賈逵以為賦稅差品其注云山林之地九夫為度九度而當一井也藪澤之地九夫為鳩八鳩而當一井也京陵之地九夫為辨七辨而當一井也淳鹵之地九夫為表六表而當一井也疆潦之地九夫為數五數而當一井也偃豬之地九夫為規四規而當一井也原防之地九夫為町三町而當一井也隰皋之地九夫為牧二牧而當一井也衍沃之地畝百為夫九夫為井周禮小司徒云乃經土地而井牧其田野鄭玄云隰皋之地九夫為牧二牧而當一井今造都鄙授民田有不易有一易有再易通率二而當一是之謂井牧是鄭賈同此說也案周禮所授民田不過再易唯有三當一耳不得有九當一也山林藪澤京陵偃豬本非可食之地不在授民之限雖九倍與之何以充稅而使之當一井也且以度鳩之等皆為九夫之名經傳未有此目故杜不用其說

量入脩賦 量九土之所入而治理其賦稅○量音良又音亮注同

疏量入脩賦○正

義曰量其九土所宜觀其收入多少乃準其所入脩其賦稅其九土之內偃豬京陵無物可入而言九土之所入者總言之賦車籍馬籍疏其毛
色歲齒以備軍用疏賦車籍馬○正義曰賦與籍俱是稅也稅民之財使備車馬因車馬之異故別爲其文賦車兵車兵甲士徒卒。步卒
○卒子忽反疏賦車兵徒。卒○正義曰車兵者甲士也徒。兵者步卒也知非兵器者上云數甲兵下云甲楯之數故知此兵謂人也劉炫云兵者戰器車
上甲士與步卒所執兵各異也司兵掌五兵鄭衆云五兵者戈殳戟酋矛夷矛又曰軍事建車之五兵鄭玄云車之五兵鄭司農所云者是也步卒之五兵無
夷矛而有弓矢事或當然甲楯之數使器。杖有常數○楯食準反又音尹杖直亮反既成以授子木禮也得治國之禮傳言楚
之所以興○十二月吳子諸樊伐楚以報舟師之役舟師在二十四年也門于巢攻巢門巢牛臣
曰吳王勇而輕若啓之將親門啓開門也輕遣政反○我獲射之必殪殪死也○射食亦反下同殪於計反
是君也死彊。其少安從之吳子門焉牛臣隱於短牆以射之卒○彊居良反○楚子
以滅舒鳩賞子木辭曰先大夫蒍子之功也以與蒍掩往年楚子將伐舒鳩蒍子馮請退師以須其叛
楚子從之卒獲舒鳩故子木辭賞以與其子○晉程鄭卒子產始知然明前年然明謂程鄭將死今如其言故知之問爲
政焉對曰視民如子見不仁者誅之如鷹鸇之逐鳥雀也子產喜以語子大叔
且曰他日吾見蔑之面而已蔑然明名○鷹於陵反鸇之然反徐又居延反語魚據反今吾見其心矣子。大
叔問政於子產子產曰政如農功日夜思之思其始而成其終朝夕而行之行

無越思〇思而後行朝如字如農之有畔言有次其過鮮矣〇衞獻公自夷儀使與甯喜言

求復國也甯喜許之大叔文子聞之大叔儀也曰烏呼詩所謂我躬不說皇恤我後者甯

子可謂不恤其後矣皇暇也詩小雅言今我不能自容說何暇念其後乎謂甯子必身受禍不得恤其後也〇說音悅注同詩作閱容也

疏我躬至我後〇正義曰詩小雅小弁之篇將可乎哉殆必不可君子之行思其終也思使終可成思

其復也思其可復行書曰愼始而敬終終以不困逸書疏書曰至不困〇正義曰尙書蔡仲之命云愼厥初惟厥終

終以不困此所引者蓋是彼文學者各傳所聞而字有改易或引其意而不全其文故不同也詩曰夙夜匪解以事一人一人以喻

君〇解佳賣反今甯子視君不如弈棋弈圍棋也〇弈音亦棋音其疏注弈圍棋〇正義曰方言云圍棋謂之弈自關東齊魯之

間皆謂之弈蓋此戲名之曰弈故說文弈從廾言竦兩手而執之孟子稱弈秋善弈秋人自以善弈而著名也棋者所執之子故云弈者舉棋不定不勝其耦

謂舉子下之不定則不勝其耦是棋爲子也以子圍而相殺故謂之圍棋沈氏云圍棋稱弈者取其落弈之義也其何以免乎弈者舉

棋不定不勝其耦而況置君而弗定乎必不免矣九世之卿族一舉而滅之可

哀也哉甯氏出自衞武公及喜九世也

傳會于夷儀之歲齊人城郟在二十四年不直言會夷儀者別二十五年夷儀會〇此傳本爲後年修成當續前卷二十五年之

傳後簡編爛脫後人傳寫因以在此耳郟音古洽反別彼列反疏注在二至儀會〇正義曰凡傳却言前事者皆舉時事爲驗二十四年二十五年頻年會

于夷儀恐其事無以相別故復言齊人城郟以明秦晉爲成在二十四年也不直言齊人城郟者以其非經故也此已連經舉之故下文烏餘奔晉直舉城郟之歲不言會于夷儀其五月秦晉爲成晉韓起如秦涖盟秦伯車如晉涖盟伯車秦伯之弟鍼也○涖音利又音類車音居鍼其廉反成而不結不結固也傳爲後年脩成起本當繼前年之末而特跳此者傳寫失之○爲于僞反跳直彫反傳寫直專反一本作轉

疏注不結至失之○正義曰漢書藝文志云左氏傳三十卷則丘明自分爲三十也丘明作傳使文勢相接爲後年之事而年前發端者多矣文十年傳云厥貉之會麇子逃歸十一年云楚子伐麇宣十一年傳云厲之役鄭伯逃歸十二年而云楚子圍鄭皆傳在前卷之末豫爲後卷之始此爲後年修成發其前成不結其事與彼相類不宜獨載卷首知其當繼前年之末也而特跳出在於此卷之首者是傳寫失之也學者以此語字多欲令與下相接故輒斷彼末寫於此首後人因循不敢改易故失之言失其本真也說文云跳躍也謂足絕地而高舉也魏晉儀注寫章表別起行頭者謂之跳出故杜以跳言之

附釋音春秋左傳注疏卷第三十六

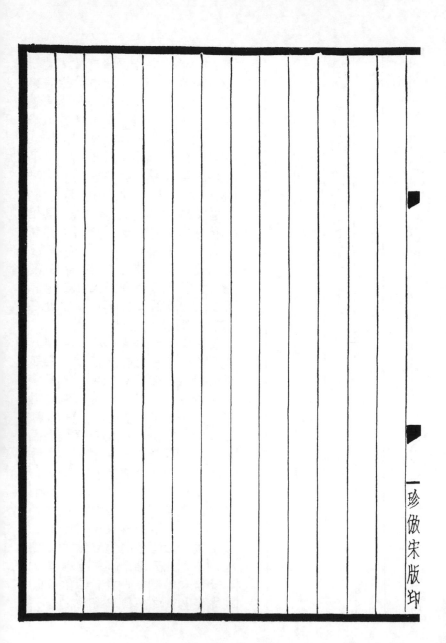

春秋左傳注疏卷三十六校勘記　阮元撰盧宣旬摘錄

附釋音春秋左傳注疏卷第三十六　襄二十五年盡二十五年

〔經二十五年〕

齊侯雖背盟主　淳熙本侯誤俠

問陳之罪　浦鏜正誤云問上脫且字

己巳七月十二日經誤　岳本二作一非也

楚人不獲其尸　淳熙本人作不誤也

〔傳二十五年〕

孟公綽曰　釋文云綽徐本作卓案漢成陽令唐扶頌曰朝有公卓家有參騫洪适曰公卓即孟公綽也

注棠公至大夫　宋本以下正義十三節總入不以甲兵注下

使偃取之　淳熙本取誤作敢

故不可昏　淳熙本昏作婚

澤以鐘水　浦鏜正誤云鐘當作鍾

不可以動也宋本淳熙本岳本足利本無也字

據于蒺棃石經纂圖本閩本亦作棃下及注同岳本監本毛本作藜與釋文合宋本作蔾從易本文也淳熙本誤黎

釋草云毛本草作艸下同

茨蒺蔾監本毛本作蒺藜下正義同

死其將至浦鏜正誤其作期是也

非合所困而困之宋本而下有乃字

身必危也毛本危作安非也

嫠也何害先夫當之矣顧炎武云石經夫誤天案石經此處模糊唯夫字尚可辨炎武非也

或冠模制作有異毛本模誤摸

故以賜人宋本人下有也字

欲弒公以說于晉釋文弒作殺云申志反按杼但知欲殺公耳豈自知為弒哉弒者定其罪之辭也凡若此等可以意求之

伺公間隙淳熙本伺作間非也

姜入于室石經初刻作姜氏入于室改刊去氏字故此行九字

陪臣干掫有淫者正義引定本亦作掫案史記作陪臣爭趣有淫者徐廣曰爭一作扞索隱曰左傳作扞趣陳樹華云干扞本字也掫趣古字通

扞諏行夜釋文夜下有也字諸本脫

說文曰掫夜戒守有所擊從手取宋本取下有聲字段玉裁云此有守字從上無也字與徐鉉本合

掫謀也宋本掫作諏不誤服本作諏見釋文

公踰牆岳本牆作墻非也

中股反隊石經隊作墜

豈以陵民淳熙本豈作可非也

且人有君而弒之石經此處刓缺式字上半可辨

枕尸股而哭淳熙本哭下衍之字

殺慶舍張本淳熙本舍作莒

曰所不與崔慶者石經崔慶者下多有如上帝四字陳樹華云石經涉下文而誤衍也按晏子春秋作所不與崔慶者晏子晏子仰天歎曰此淺人妄增晏子字耳語未終而晏子攙越說之必無是也

閭丘嬰以帷縛其妻而載之 石經宋本岳本閩本監本縛作縛不誤○今訂正

出弇中 石經此行十一字中字覆校時補刊案上文注云弇中狹道哀十四年失道於弇中即此是也

側瘞埋之 淳熙本埋誤理

四翣 案周禮縫人鄭司農注羣經音辨引並作四翣不踕翣爲翣之假借字也

必先纏衣其木 浦鏜正誤木作材按宋板周禮注作木

廣三尺四寸 宋本四上有高二尺三字與鄭注喪大記合

又有甲兵 岳本作兵甲案正義當作甲兵岳氏誤倒

注以弒莊公說晉也 宋本以下正義五節總入寡君聞命矣句下

樂器鍾磬之屬 宋本淳熙本纂圖本閩本監本毛本鍾作鐘

三十帥 石經三十作卅正義云俗本三十帥爲三十師非也按唐人書帥爲師師乃帥之俗字或遂譌爲師見五經文字及干祿字書

注纍自至待命 宋本以下正義二節總入乃還注下

二十七年同盟于幽傳云鄭成也 補案此十三字誤衍各本並無

注令尹屈建 宋本此節正義在兵可以弭注下

子彊 閩本監本毛本彊作疆非也下同

注墊隘慮水雨 宋本此節正義在楚滅舒鳩注下

駐後爲陳 釋文作後駐

注獻入至其俘 宋本此節以下正義八節總入愼辭哉注下

閼父爲武王陶正 淳熙本閼誤於

舜聖故謂之神明 閩本監本聖作賢非也

庸以元女大姬配胡公 釋文配作妃云本亦作配

或失續 宋本失下有或字是也

以備三恪 說文引作以陳備三愙徐鉉等曰今俗作恪按惠棟云義雲章亦以愙爲恪

而封黃帝之後於薊 監本毛本而作乃誤也

投殷之後於宋 宋本投作封與樂記合

至於莊宣 石經宋本於作于

宣十一年陳夏徵舒弒靈公 諸本並衍一字山井鼎云宋板十字下闕後人補入二字非也徵舒弒靈公在宣十年諸本作

十一年誤也

以憑陵我敝邑宋本淳熙本岳本憑作馮與釋文合

當陳隧者井堙木刊顧炎武云石經堙誤煙案炎武所據乃謬刻家語洪範正義引並作井堙周禮稍人正義作井闉

授手于我案家語作授首于我惠棟云手古首字儀禮大射儀士喪禮並以手爲古文首字沈彤云手當爲首聲同而誤非也

辟誅也淳熙本誅誤除

且昔天子之地一圻纂圖本監本毛本昔誤夫案周禮鄭司農注引傳圻作畿古字同

方千里圻音祈下三字乃釋文閩本監本誤入注

何以至焉足利本後人記云至下異本有大字非也

注庇治宋本以下正義十二節總入禮也注下

使民不得焚燎壞之浦鏜正誤云壞衍字以續通解校案正義無壞字

淳鹹也浦鏜正誤也作地

吳起爲鄴令案高誘注呂氏春秋樂成篇云西門豹文侯用爲鄴令史起亞之吳乃史字之誤

賈逵以疆爲疆檕墝埆之地宋本爲疆作爲彊閩本監本毛本檕作[illegible]亦非下同宋本作檕是也

彊檃彊堅者閩本監本毛本彊作疆非宋本下彊字作強

偃豬下濕之地纂圖本監本毛本濕作溼

寬平當與隰相配毛本隰作溼非

陸阿山田宋本陸作陵是也

衍地高於原宋本原下有也字

賦車兵徒卒石經宋本岳本監本卒作兵顧炎武云石經卒誤作兵非也梁履繩云杜於徒兵下注云步卒釋文卒子忽反若傳文爲徒卒則杜不須注陸氏何不舉傳文而標注字邪

賦車兵徒卒宋本監本卒作兵

徒兵者毛本兵誤卒

使器杖有常數宋本作仗是正字陳樹華云作仗非誤也

彊其少安宋本淳熙本岳本纂圖本閩本監本毛本彊作疆釋文同居良反石經本作彊後加土

子大叔問政於子產淳熙本子誤乎

言有次纂圖本監本毛本有誤其

曰烏乎石經宋本淳熙本乎作呼是也

詩所謂我躬不說石經初刻作閱後改說釋文云詩作閱

我躬至我後宋本以下正義二節總入篇末

不如弈棋纂圖本監本毛本弈作奕按說文作弈云圍棋也从亦廾聲

弈圍棋也纂圖本監本毛本弈誤奕正義同

故說文弈從其宋本其作廾是也

秋人自以善弈而著名也浦鏜正誤云人疑蓋字誤

〔傳〕春秋正義卷第二十四石經春秋經傳集解襄五第十八岳本五上增公字並盡二十八年按宋殘本此卷起

會于夷儀之歲閩本監本毛本亦在卅六卷之末皆仍十行本之誤

此傳本為後年至以在此耳案此三十二字乃釋文淳熙本誤作注

注在二至儀會宋本以下正義二節總入篇末

傳寫失之諸本作傳釋文云一本作轉

麇子逃歸毛本麇誤麋下伐麇同

欲令與下相接 宋本今作令是也監本毛本作合並非

泣音利至廉反 案此十三字及釋文淳熙本誤入注

春秋左傳注疏卷三十六校勘記

附釋音春秋左傳注疏卷第三十七 襄二十六年盡二十六年

杜氏注 孔穎達疏

經二十。有六年春王二月辛卯衛甯喜弑其君剽○剽四妙反衛孫林父入于戚以叛衍雖未居位林父專邑背國猶爲叛也○背音佩疏。注衍雖至叛也○正義曰叛者背君之名嫌無君不得爲叛故注明之林父畏衍入殺己以邑先叛故衍今雖未居位林父以背國之故猶爲叛也甲午衛侯衍復歸于衛復其位曰復歸名與不名傳無義例疏注復其至義例○正義曰復其位曰復歸成十八年傳例也僖二十八年衛侯鄭復歸于衛曹伯襄復歸于曹與此衛侯衍皆書其名成十六年曹伯歸自京師不書名俱是歸國立文不同傳無義例史異辭也○夏晉侯使荀吳來聘吳荀偃子○公會晉人鄭良霄宋人曹人。于澶淵卿會公侯皆應貶方責宋向戌後期故書良霄以駮之若皆稱人則嫌向戌直以會公貶之○澶市延反駮邦角反疏注卿會至貶之○正義曰僖二十九年傳曰在禮卿不會公侯會伯子男可也是卿會公侯皆含貶良霄亦當貶也但向戌會公已自當貶而又有後期之責仲尼書經方責向戌後期故書良霄以駮之書良霄所以責向戌非是舍霄罪也若良霄與晉宋皆貶稱人則嫌向戌直以會公被貶其後期之責不見故書良霄名退宋班明向戌有二罪也案春秋諸國之會後至者多唯退班在下不褒進先至之人此直退宋人在鄭人之下於文自足必特書良霄以駮向戌者以向戌宋之執政上卿魯公親自在會後期而至惰慢之甚故特書良霄深責向戌異於他例也○秋宋公殺其世子痤稱君以殺惡其父子相殘害○痤才何反惡烏路反○晉人執衛甯喜○八月壬午許男甯卒于楚未同盟而赴以名疏注未同盟而赴

以名○正義曰宣十七年許男錫我卒甯卽錫我之子嗣立以來未與魯會盟而赴以名也○冬楚子蔡侯陳侯伐鄭○葬

許靈公

傳二十六年春秦伯之弟鍼如晉脩成脩會夷儀歲之成叔向命召行人子員欲使荅秦命○員音云行人子朱曰朱也當御御進也言次當行疏注御進至當行○正義曰言當進侍君受君命也行人非一。遞進御此日次朱當御次而不使是黜之也三云叔向不應子朱怒曰班爵同同爲大夫○應應對之應何以黜朱於朝黜退也撫劍從之從叔向也叔向曰秦晉不和久矣今日之事幸而集。集成晉國賴之不集三軍暴骨子員道二國之言無私子常易之姦以事君者吾所能御也拂衣從之拂衣。褰裳也○暴蒲卜反徐扶沃反道音導御魚呂反拂芳弗反褰起虔反本或作騫音雖同義非也說文云褰袴也疏注拂衣褰裳也○正義曰拂。者。披迅之義以其將鬬知拂衣卽褰裳也對則上衣下裳散則可以相通故以褰裳解拂衣人救之平公曰晉其庶乎庶幾於治○治直吏反吾臣之所爭者大師曠曰公室懼卑臣不心競而力爭謂二子不心競爲忠而撫劍拂衣○爭爭鬬之爭不務德而爭善爭謂所行爲善私欲已侈能無卑乎私欲侈則公義廢○侈昌氏反又尺氏反

疏平公至卑乎○正義曰平公見其臣鬬而言其庶乎者以其臣爭爲國國事必與故庶幾於治也劉炫云不心競而力爭不務德而爭善皆道子朱之心非叔向之罪杜言二子不心競似亦并責叔向者以鬬雖一曲一直乃是兩人爭理故以二子言之據其鬬而言力爭則叔向亦爭爭善則叔向无之叔向以

子員無私欲令應客。亦非。叔向无可爭杜云爭謂所行爲善。唯。言。子朱之心也○衞獻公使子鮮爲復使爲己求反國○鮮音仙爲于
僞反注同辭辭不能敬。姒強命之敬姒獻公及子鮮之母○似音似強其丈反對曰君無信臣懼不免敬姒
曰雖然以吾故也許諾初獻公使與甯喜言言復國甯喜曰必子鮮在不然必敗
子鮮賢國人信之必欲使在其間故公使子鮮子鮮不獲命於敬姒不得止命以公命與甯喜言曰
苟反。政由甯氏祭則寡人甯喜告蘧伯玉伯玉曰瑗不得聞君之出敢聞其入
十四年孫氏欲逐獻公瑗走從近關出○蘧居其反瑗于眷反又于萬反遂行從近關出告右宰穀衞大夫右宰穀曰
不可獲罪於兩君前出獻公今弒剽○弒申志反天下誰畜之畜猶容也○畜許六反注同一音勑六反悼子曰吾。
受命於先人不可以貳悼子甯喜也受命在二十年穀曰我請使焉而觀之觀知可。還否○使所吏反還音
環遂見公於夷儀反曰君淹恤在外十二年矣淹久也○見賢遍反一音如字淹於廉反徐於嚴反而無
憂色亦無寬言猶夫人也言其爲人猶如故○夫人音扶若不已死無日矣已止也悼子曰子鮮
在右宰穀曰子鮮在何益多而能亡於我何爲言子鮮爲義多不過亡出悼子曰雖然不可
以已孫文子在戚孫嘉聘於齊孫襄居守二子孫文子之子○守手又反二月庚寅甯喜右宰
穀伐孫氏不克伯國傷伯國孫襄也父兄皆不在故乘弱攻之甯子出舍於郊欲奔伯國死孫氏夜

哭國人召甯子甯子復攻孫氏克之辛卯殺子叔及大子角子叔衛侯剽言子叔剽無謚故○復扶又反下復愬同疏○辛○卯○角殺子叔及○大子角○正義曰服虔云殺大子角不書舉重者案晉侯宋公殺其世子及陳侯之弟招殺陳世子皆書經則世子不輕於大夫也孔父荀息之徒弒君之下并亦言大夫大夫既書於經則弒君并殺世子世子亦當書不得為舉重也杜既不解當以不告故耳○注子叔至謚故○正義曰此剽是穆公之孫黑背之子於獻公為從父昆弟成十年衛侯之弟黑背帥師侵鄭傳云衛子叔黑背侵鄭是黑背字子叔卽以子叔為族也元年衛侯使公孫剽來聘傳云衛子叔來聘是舉族而稱之也今云殺子叔亦是舉其族為剽無謚故稱族也書曰甯喜弒其君剽言罪之在甯氏也嫌受父命納舊君無罪故發之孫林父以戚如晉以邑屬晉書曰入于戚以叛罪孫氏也臣之祿君實有之義則進否則奉身而退專祿以周旋戮也林父事剽而衎入義可以退○唯以專邑自隨為罪故傳發之疏書曰至戮也○正義曰春秋書叛者有此孫林父與宋華亥宋公之弟辰晉趙鞅晉荀寅五者經皆書叛邾庶其莒牟夷邾黑肱皆以地來奔雖文不稱叛傳謂此三人為三叛人則三者亦是叛也所言叛者或據邑而拒其君或竊地他國皆為有地隨己故稱為叛昭二十二年宋華亥向寧華定自宋南里出奔楚定十四年宋公之弟辰自蕭來奔地不隨己則不稱叛是叛雖反背之辭皆由地以生名也叛者判也欲分君之地以從他國故以叛為名焉叛無凡例傳言書曰是仲尼書為叛也人君賜臣以邑以為祿食臣之祿謂所食邑也君實有之言其不得專以為己有也君臣以義而合義則進以事君受此祿食否則奉身而退當身奔他國而以祿歸君專君之祿以周旋從己於法為罪戮之人故書入於戚以叛罪孫氏也釋例曰古之大夫或錫之田邑或分之都城故有千室之邑百乘之家君之祿義則進否則奉身而退若專祿以周旋雖無危國害主之實皆書曰叛叛者反背之

辭也庶賤之人不齒於列故雖有善惡不章顯名氏若乃披邑害國則以地重必。書其名且終顯其惡也適魯則書地曰來奔來奔則叛可知蓋記事外內之辭也劉賈說三叛人以地來奔不書叛謂不能專也此直外內之辭既以地來妻公之姑姊還其大邑不得復言不能專也是杜以庶其之等皆爲叛也專祿者謂專君之祿以爲己有東西隨己謂之爲專服虔云專祿謂以戚叛也既叛衞亦不臣於晉自謂若小國是爲專祿其意言專獨有之不屬人也若不屬晉何爲被衞侵而愬於晉地若不入晉晉復何以戍之傳言。言以戚如晉服言不臣於晉是反丘明以解傳也

甲午衞侯入書曰復歸國納之也本晉納之夷儀今從夷儀入國嫌若晉所納故發國納之例言國之所納而復其位

大夫逆於竟者執其手而與之言道逆者自車揖之逆於門者頷。之而已頷搖其頭言衎驕心易生○竟音境頷戶感反本又作頜易以豉反

公至使讓大叔文子曰寡人淹恤在外二三子皆使寡人朝夕聞衞國之言二三子諸大夫○大音泰朝如字

吾子獨不在寡人在存問之公聞文子言故忿之疏注公聞至之言○正義曰沈氏云大叔文子聞甯喜許公之言而發歎本非面荅甯喜之言而云荅者時聞甯喜之言遂自。評論不許於甯子與對面相荅無異故言荅也

古人有言曰非所怨勿怨寡人怨矣所怨在親親

對曰臣知罪矣臣不佞不能負羈絏以從扞牧圉臣之罪一也有出者有居者出謂衎居謂剽也○羈居宜反絏息列反扞戶幹反圉魚呂反下同

臣不能貳通外內之言以事君臣之罪二也有二罪敢忘其死乃行從近關出公使止之傳言衞侯不能安和大臣○衞人侵戚東鄙以林父叛故

孫氏愬于晉晉戍茅氏茅氏戚東鄙○愬悉路反下同

殖綽伐茅氏殺晉戍三百人殖綽齊人今來在衛孫蒯追之弗敢擊文子曰厲之不如厲惡鬼也遂從衛師敗之圉蒯感父言更還逐殖綽圉衛地雍鉏獲殖綽雍鉏孫氏臣復愬于晉爲下晉討衛張本

○鄭伯賞入陳之功入陳在前年三月甲寅朔享子展賜之先路三命之服先路次路皆王所賜車之總名蓋請之於王○路本亦作輅音路疏注先路至於王○正義曰周禮巾車云服車五乘孤乘夏篆卿乘夏縵大夫乘墨車則禮於卿大夫所當乘者名車不名路也而傳稱王賜叔孫豹鄭子蟜者皆云大路知此先路次路皆王所賜車之總名也賜車稱路從王賜之名必是稟王之命故云蓋請之於王也宣十六年傳云晉侯請于王以黻冕命士會知諸侯命臣有請王之法故云蓋也先八邑以路及命服爲邑先八邑三十二井○先徐悉薦反下同或如字疏注以路至二井○正義曰禮遺人以物皆以輕先重後故以路及命服爲邑之先也周禮小司徒四井爲邑故杜以八邑爲三十二井劉炫云案論語有十室之邑又杜注免餘邑爲一乘之邑又宋鄭之間六邑邑戈錫等杜何以知此邑非彼等之邑必以爲四井之邑今知不然者邑之爲名大小無定子展子產爲卿日久先有采邑今以入陳有功加賜一田土不應更以八○个大邑而又與之至於免餘辭邑云唯卿備百邑故杜以爲一乘之邑合論語百乘之家其實一乘稱邑文無所出周禮稱四井爲邑杜以正邑解之故云三十二井得爲漸賜土田之義又八邑六邑爲節級之差劉以爲大邑而規杜氏非也賜子產次路再命之服先六邑子產辭邑曰自上以下隆殺以兩禮也臣之位在四上卿子展次卿子西十一年良霄見經十九年乃立子產爲卿故位在四○殺所界反見賢遍反疏注上卿至在四○正義曰十五年傳云鄭人以子西伯有子產之故納賂于宋是伯有在子西之下也十九年傳云子展當國子西聽政當國謂攝君事聽政謂爲上卿是子西次子展故此

注以子西爲二良霄爲三二十七年鄭伯享趙孟于垂隴子展伯有子西子產子大叔二子石從如彼文次伯有在子西之上二十九年禆諶論子產位次云天又除之奪伯有魄子西卽世。政焉辟之先言伯有後言子西又是子西在伯有之下者據十九年傳子西必在伯有之上蓋其後更有進退杜據傳上文以次之。且子展之功也臣不敢及賞禮請辭邑賞禮以禮見賞謂六邑也公固予之乃受三邑位次當受二邑以公固與之故受三邑公孫揮曰子產其將知政矣知國政讓不失禮○晉人爲孫氏故召諸侯將以討衞也夏中行穆子來聘召公也召公爲澶淵會○爲于僞反○楚子秦人侵吳及雩婁聞吳有備而還雩婁。今屬安豐郡○雩音于徐況于反如淳同韋昭音虛或一呼反婁如字徐力俱反如淳音樓遂侵鄭五月至于城麇鄭皇頡戍之皇頡鄭大夫守城麇之邑○麇九倫反頡戶結反出與楚師戰敗穿封戌囚皇頡公子圍與之爭之公子圍共王子靈王也○戌音恤正於伯州犂正曲直也伯州犂曰請問於囚乃立囚伯州犂曰所爭君子也其何不知言王子圍及穿封戌皆非細人易別識也○易以豉反別彼列反上其手曰夫子爲王子。圍寡君之貴介弟也介大也○上時掌反下注同介音界下其手曰此子爲穿封戌方城外之縣尹也誰獲子上下手以道囚意○道音導囚曰頡遇王子弱焉弱敗也言爲王子所得戌怒抽戈逐王子圍弗及楚人以皇頡歸印堇父與皇頡戍城麇印堇父鄭大夫○抽勑留反印一刃反堇音謹楚人囚之以獻於秦鄭人取貨於印氏以請之子

大叔爲令正主作辭令之正以爲請子產曰不獲謂大叔辭以貨請堇父必不得○爲于僞反又如字受楚之功

而取貨於鄭不可謂國秦不其然受楚獻功大名也以貨免之小利故謂秦不爾疏秦其不然○正義曰秦不肯其如是

也若曰拜君之勤鄭國微君之惠楚師其猶在敝邑之城下其可辭如此堇父可得弗

從遂行秦人不予更幣從子產而後獲之更遣使執幣用子產辭乃得堇父傳稱子產之善○使所吏反○六

月公會晉趙武宋向戌鄭良霄曹人于澶淵以討衛疆戚田正戚之封疆○疆居良反注同取

衛西鄙懿氏六十以與孫氏戚城西北五十里有懿城因姓以名城取田六十井也疏注戚城至井也○正義曰傳言西鄙

懿氏則西鄙之地以懿氏爲名也謂之懿氏則以懿爲氏族之名蓋上世有大夫姓懿氏食邑於此地因以其姓名其城也杜以懿氏既爲邑之名而云取其六

十故以爲取田六十井服虔云六十邑劉炫以服言爲是今知非者此六十之文總屬懿氏懿氏不見經傳則卑細可知既非卿大夫何得廣有土地分六十

之邑而與孫氏且直言六十本無邑文故杜以爲六十井劉從服說以規杜氏非也趙武不書尊公也罪武會公侯向戌不書

後也後會期鄭先宋不失所也如期至疏趙武至所也○正義曰僖二十九年諸侯之卿會公于翟泉皆貶之稱人傳曰卿不

書罪之也八年諸侯之卿會晉侯于邢丘亦貶稱人傳曰大夫不書尊晉侯也然則尊公侯罪大夫其義一也傳文互相見耳此言趙武不書尊公也亦是罪

武也故杜云罪武會公侯也其會公侯之罪向戌良霄與趙武亦同但爲別有見義不貶良霄不得總云卿不書罪之故特言趙武不書尊公明良霄向戌亦

爲尊公不應書也向戌不書後也言既爲會諸侯復爲後會期故不得如良霄書名氏也會之班次以國大小爲序諸會鄭在宋後此會鄭先於宋爲鄭依期

而至不失所也如不失其所自是常事非有善可褒而得進其班者鄭班常在衛下此會齊衛不至無常班宋自當次晉此直退宋耳非進鄭也言其不失所直是不失常亦非褒文也討良霄會公亦應合貶所以得書名者方責向戌後期故書良霄以駮向戌非爲舍霄罪也釋例曰澶淵之會趙武向戌良霄以大夫而會魯侯違在禮之制其罪一也戌加後會之尤霄有不失所之進文不得並言卿不書罪之故特言尊公明公尊非三人之所敵三人之罪既正而二人獨以他義别叙也以是杜言良霄會公亦合貶也言霄有不失所之進者正謂不使與宋俱退得進復其本班耳非有升進異於常也宋以後至退班不在曹人下者宋是大國退居鄭下足以爲責故令仍在曹上此會曹國最小其班正當居末曹人非後至也案翟泉之盟諸卿敵公則沒公此亦諸卿敵公不沒公者翟泉之盟杜注云魯侯諱盟天子大夫是以沒公然則此大夫敵公非公有罪是以不沒公也

於是衛侯會之晉將執之不得與會故不書○與會音預[疏]注晉將至不書○正義曰下云衛侯如晉晉人執而因之是於此會爲將執之不得與會也不得與會而傳云衛侯會之言其至會所耳

晉人執甯喜北宮遺使女齊以先歸討其弑君伐孫氏也遺北宮括之子女齊司馬侯歸晉而後告諸侯故經書在秋○女音汝

衛侯如晉。晉人執而因之於士弱氏士弱晉主獄大夫

秋七月齊侯鄭伯爲衛侯故如晉欲共請之○爲于僞反下爲臣注爲林父爲臣皆同

晉侯兼享之晉侯賦嘉樂嘉樂詩大雅取其嘉樂君子顯顯令德宜民宜人受祿。于天○嘉戶嫁反注同[疏]注嘉樂至。于天○正義曰嘉樂君子以下皆詩之文也晉侯賦此言己嘉樂二君也二君以晉侯樂己之故故齊賦蓼蕭言澤及於己鄭賦緇衣言不敢遠晉所以荅嘉樂也服虔云晉侯自嘉樂愚之甚也

國景子相齊侯景子國弱○相息亮反賦蓼蕭蓼蕭詩小雅言太平澤及遠若露之在蕭以喻晉君恩澤及諸侯○蓼音六大音泰

子展相鄭伯賦緇衣緇衣詩鄭風義取適

子之館兮還予授子之粲兮言不敢違遠於晉○緇側其反粲七旦反遠于萬反叔向命晉侯拜二君曰寡君敢拜齊
君之安我先君之宗祧也敢拜鄭君之不貳也蓼蕭緇衣二詩所趣各不同故拜二君辭異○祧他彫反疏
叔向至貳也○正義曰沈氏云賦蓼蕭喻晉侯德澤及諸侯言晉侯有德是安我宗廟也其言與注合緇衣首章云緇衣之宜兮敝予又改爲兮適子之館兮
還予授子之粲兮欲常進衣服獻飲食是其不二心也劉炫云蓼蕭首章云既見君子燕笑語兮是以有譽處兮言晉侯有聲譽常處位是得宗廟安也國
子使晏平仲私於叔向私爲叔向語曰晉君宣其明德於諸侯恤其患而補其闕正
其違而治其煩所以爲盟主也今爲臣執君若之何謂晉爲林父執衛侯叔向告趙文子
文子以告晉侯晉侯言衞侯之罪使叔向告二君言自以殺晉戍三百人爲罪不以林父故國子賦
轡之柔矣逸詩見周書義取寬政以安諸侯若柔轡之御剛馬○見賢遍反疏注逸詩至剛馬○正義曰漢書藝文志有周書篇目其書今在
或云是孔子刪尚書之餘案其文非尚書之類彼引詩云馬之剛矣轡之柔矣馬亦不剛轡亦不柔志氣麃麃取與不疑此詩餘無所見故謂彼文是也子
展賦將仲子兮將仲子詩鄭風義取衆言可畏。衛侯雖別有罪而衆人猶謂晉爲臣執君○將仲子兮將七羊反注同本亦無兮字此依詩序
晉侯乃許歸衞侯叔向曰鄭七穆罕氏其後亡者也子展儉而壹子展鄭子罕之子居身儉
而用心壹鄭穆公十一子子然。二子孔三族已亡子羽不爲卿故唯言七穆○鄭七穆謂子展公孫舍之罕氏也子西公孫夏駟氏也子產公孫僑國氏也伯
有良霄良氏也子大叔游吉游氏也子石公孫段豐氏也伯石印段印氏也穆公十一子謂子良公子去疾也子罕公子喜也子駟公子騑也國公子發也子

孔公子嘉也子游公子偃也子豐也子印也子羽也子然也士子孔也子然二子孔已亡子羽不為卿故止七也 疏注子展至七穆○正義曰居身儉而

用心壹叔向自以察貌觀言而知之其知不由賦詩也子然二子孔三族已亡十九年傳文也子羽不為卿者案成十三年鄭公子班自訾求入于大宮不能

殺子印子羽不書於經故知不為卿也杜注彼云皆穆公子也又世族譜云子羽穆公子其後為羽氏即羽師頡是其孫此非行人子羽公孫揮也世族譜以

公孫揮為雜人自外唯有罕駟豐游印國良七族見於經傳皆出穆公故稱七。穆也 ○初宋芮司徒生女子芮。司徒宋大夫○芮如銳

反 赤而毛棄諸。堤。下共姬之妾取以入共姬宋伯姬也○堤亦作隄徐丁兮反沈直兮反共音恭 名之曰棄

長而美平公入夕平公共姬子也○長丁丈反 共姬與之食公見棄也而視之尤尤甚也 姬納

諸御嬖生佐。佐。元公。 惡而婉佐貌惡而心順○婉於阮反 大子痤。美而很貌美而心很戾○很胡懇反 合左

師畏而惡之合左師向戌○惡烏路反下皆同 寺人惠牆。伊戾為大子內師而無寵惠牆氏伊戾名○廧

或作牆音檣戾力計反 疏。注惠牆氏伊戾名○正義曰服虔云惠伊皆發聲實為牆戾杜以下文單稱伊戾是舍族稱名故以惠牆為氏伊戾為名也內

師者身為寺人之官公使之監知大子內事為在內人之長也 秋楚客聘於晉過宋上已有秋復發傳者中間有初不言秋。則嫌楚客過

在他年○復扶又反 大子知之請野享之公使往伊。戾請從之公曰夫不惡女乎夫謂大子也○

夫音扶注同女音汝 疏大子知之○正義曰知之謂與楚客舊相知故請野享之 對曰小人之事君子也惡之不敢遠

好之不敢近敬以待命敢有貳心乎縱有共其外莫共其內伊戾為。大子內。師不行恐內侍廢闕

○遠于萬反好呼報反近附近之近共音恭本又作供下同臣請往也遣之至則欲用牲加書徵之詐作盟處爲大子反徵驗也○欲古感反處昌慮反而騁告公騁馳也○騁勑景反曰大子將爲亂既與楚客盟矣公曰爲我子又何求對曰欲速言欲速得公位公使視之則信有焉有盟徵焉問諸夫人與左師夫人佐母棄也則皆曰固聞之公囚大子大子曰唯佐也能免我以其婉也召而使請曰日中不來吾知死矣左師聞之聒而與之語聒讙也欲使佐失期○聒古活反下同讙呼端反疏注聒讙也○正義曰聲亂耳謂之聒多爲言語讙譁亂其耳故聒爲讙也過期乃縊而死佐爲大子公徐聞其無罪也乃亨伊戾左師見夫人之步馬者步馬習馬○縊一賜反亨普彭反問之對曰君夫人氏也左師曰誰爲君夫人余胡弗知圉人歸以告夫人夫人使饋之錦與馬先之以玉以玉爲錦馬之先○饋其位反先悉薦反又如字曰君之妾棄使某獻左師改命曰君夫人而後再拜稽首受之左師令使者改命也傳言宋公闇左師諛大子所以無罪而死○令力呈反使所吏反下文通使同諛羊朱反疏左師至受之○正義曰夫人氏者氏猶家也言夫人家之馬也巫死佐爲大子棄即正爲夫人步馬之時夫人名已定矣故對云君夫人氏也但棄本是妾左師欲令夫人重己故佯不知之夫人聞之懼己不得爲夫人故自稱爲妾饋之錦馬也左師喜得其賜故令使者改命曰君夫人而後拜受之使棄成爲夫人傳言左師之諛也○鄭伯歸自晉請衛侯歸使子西如晉聘辭曰寡君來煩執事懼不免於戾言自懼失敬於大國而得罪

使夏謝不敏夏子西名○夏戶雅反○君子曰善事大國將求於人必先下之言鄭所以能自安○下遐嫁反○初楚伍參與蔡太師子朝友其子伍舉與聲子相善也聲子子朝之子伍舉子胥祖父椒舉也○朝如字疏注聲子至舉也○正義曰聲子則經傳所云蔡公孫歸生是也傳言其子伍舉足明舉爲參之子聲子文不繫朝故云子朝之子以辨明之伍舉娶於王子牟王子牟爲申公而亡獲罪出奔○娶七住反牟亡侯反爲申如字舊于僞反楚人曰伍舉實送之伍舉奔鄭將遂奔晉聲子將如晉遇之於鄭郊班荊相與食而言復故班布也布荊坐地共議歸楚事朋友世親疏伍舉至復故○正義曰楚語云椒舉將奔晉蔡聲子遇之於鄭郊饗之以璧侑曰子尚良食尚能事晉君以爲諸侯主辭曰非所願也若得歸骨於楚死且不朽聲子曰子尚良食吾歸子故椒舉降三拜納其乘馬聲子受之是杜所云共議歸楚之事傳云言復故謂此也聲子曰子行也吾必復子及宋向戌將平晉楚平在明年疏注平在明年○正義曰明年聲子始說子木傳於此言之者蓋伍舉以此年去楚故傳記之於此年也聲子通使於晉爲國通平事○爲于僞反還如楚令尹子木與之語問晉故焉故事且曰晉大夫與楚孰賢對曰晉卿不如楚其大夫則賢皆卿材也如杞梓皮革自楚往也杞梓皆木名○杞梓徐上音起下音子雖楚有材晉實用之言楚亡臣多在晉子木曰夫獨無族姻乎夫謂晉對曰雖有而用楚材實多歸生聞之歸生聲子名善爲國者賞不僭而刑不濫賞僭則懼及淫人刑濫則懼及善人若不幸而過寧僭

無濫與其失善寧其利淫無善人則國從之從之亡也○僭子念反下皆同濫力暫反疏賞不僭而刑不濫○正義曰僭謂僭差濫謂濫佚賞不僭所賞必有功不僭差也刑不濫所刑必得罪不濫佚也詩曰人之云亡邦國殄瘁無善人之謂也詩大雅殄盡也瘁病也○殄徒典反瘁在醉反疏詩曰至謂也○正義曰詩大雅瞻卬之篇也言國內賢人之既云已喪亡矣則邦國盡皆困病此詩之意言無善人之謂也故夏書曰與其殺不辜寧失不經懼失善也逸書也不經不用常法疏故夏至善也○正義曰此在大禹謨之篇皋陶論用刑之法也經常也言若用刑錯失等與其殺不罪之人寧失於不常之罪謂實有罪而失於妄免也此書之意懼失善也商頌有之曰不僭不濫不敢怠皇命于下國封建厥福詩商頌言殷湯賞不僭差刑不濫溢不敢怠解自寬暇。故能為下國所命為天子○解佳賣反疏注為下至天子○正義曰此商頌殷武之篇詩注謂天命湯於在下之國此云為下國所命謂下國諸侯推命湯為天子則商書云東征西夷怨南征北狄怨又云室家相慶曰后來其蘇是也此湯所以獲天福也古之治民者。勸賞而畏刑樂行賞而憚用刑恤民不倦。賞以春夏刑以秋冬順天時是以將賞為之加膳加膳則飫賜飫。饜也酒食賜下无不饜足所謂加膳也○為之于偽反下為之不舉同飫於據反饜本亦作厭於豔反下同此以知其勸賞也將刑為之不舉不舉則徹樂不舉盛饌○饌士眷反疏將刑至徹樂○正義曰周禮膳夫職云王日一舉鼎十有二物皆有俎以樂侑食鄭玄云殺牲盛饌曰舉又曰大喪則不舉大荒則不舉大札則不舉天地有災則不舉邦有大故則不舉鄭衆云大故刑殺也莊二十年傳曰司寇行戮君為之不舉是禮法將刑為之不舉也舉則以樂勸食不舉故徹去樂縣大司樂云大札大凶大災大臣死國之大憂令弛縣鄭玄云弛釋下之釋下即是徹縣也大司樂弛縣之內不言刑殺大故文不具耳此以知其畏刑也夙興夜寐朝夕臨政此以知其恤民也三者禮之大節也有禮無敗今楚多淫刑其大夫逃死於四方而爲之謀主以害楚國不可救療所謂不能也療治也所謂楚人不能用其材也○朝如字療力召反子儀之亂析公奔晉在文十四年○析星歷反晉人寘諸戎車之殿以爲謀主殿後軍○寘之豉反殿多練反注同繞角之役晉將遁矣析公曰楚師輕窕易震蕩也若多鼓鈞聲以夜軍之鈞同其聲○遁徒困反窕徐敕堯反又通弔反易以豉反鈞音均徐居旬反楚師必遁晉人從之楚師宵潰晉遂侵蔡襲沈獲其君敗申息之師於桑隧獲申麗而還成六年晉欒書救鄭與楚師遇於繞角楚師還晉侵沈獲沈子八年復侵楚敗申息獲申麗○潰戶內反隧音遂麗力馳反復扶又反鄭於是不敢南面楚失華夏則析公之爲也雍子之父兄譖雍子君與大夫不善是也不是其曲直○夏戶雅反雍子奔晉晉人與之鄐鄐晉邑○鄐許六反徐又超六反以爲謀主彭城之役晉楚遇於靡角之谷在成十八年晉將遁矣雍子發命於軍曰歸老幼反孤疾二人役歸一人簡兵蒐乘簡擇蒐閱○蒐所留反乘繩證反閱音悅秣馬蓐食師陳焚次次舍也焚舍示必死○秣音末蓐音辱陳直覲反明日將戰行歸者而逸楚囚欲使楚知之楚師宵潰晉降彭城而歸諸宋以魚石歸在元年○楚降戶江反

失東夷子辛死之則雍子之爲也楚東小國及陳見楚不能救彭城皆叛五年楚人討陳叛故殺令尹子辛子反與
子靈爭夏姬子靈巫臣而雍害其事子反亦雍害巫臣不使得取夏姬○雍於勇反注同子靈奔晉晉人與之
邢邢晉邑○邢音刑以爲謀主扞禦北狄通吳於晉教吳叛楚教之乘車射御驅侵使
其子狐庸爲吳行人焉吳於是伐巢取駕克棘入州來駕棘皆楚邑譙國。酇縣東北有棘亭○譙在遙
反酇才多反又子旦反或作贊【疏】射御驅侵○正義曰教之驅車侵伐人也楚罷於奔命至今爲患則子靈之爲也
事見成七年○罷音皮見賢遍反若敖之亂伯賁之子賁皇奔晉晉人與之苗若敖亂在宣四年苗晉邑○賁
扶云反下同以爲謀主鄢陵之役在成十六年○鄢音偃楚晨壓晉軍而陳晉將遁矣苗賁皇
曰楚師之良在其中軍王族而已言楚之精卒唯在中軍○壓本又作厭於甲反徐於輒反而陳直覲反下成陳幷注同卒
子忽反若塞井夷竈成陳以當之塞井夷竈以爲陳【疏】注塞井。至爲陳○正義曰成十六年傳說此事云范匄趨進曰塞井
夷竈陳於軍中則此謀范匄所爲今以爲苗賁皇之計者鄭衆云此范匄所言苗賁皇亦言之故聲子引以爲喻欒范易行以誘之欒書
時將中軍范燮佐之易行謂簡易兵備欲令楚貪己不復顧二穆之兵○易以豉反注及下易成同賈音亦行戶郎反注及下同賈音衡令力呈反下同復扶
又反下復注同【疏】欒范易行以誘之○正義曰賈逵鄭衆皆讀易爲變易之易賈以行爲道也欒爲將范爲佐二人分中軍別將之欲使欒與范易道令范
先誘楚欒以良卒從而擊之鄭謂易行中軍與下軍易卒伍也計設謀之時軍既未動道未定分何以言改道也將卒相附繫屬久矣无容臨戰而改易將卒

且言易行行非卒伍之名安得為易卒伍也二者之說皆不可通。以傳言誘之則謂羸師毀軍示弱以誘敵故讀易為簡易之易謂簡易行陳少其兵備令楚
貪己不復顧二穆之兵使中行二郤得克二穆也楚語說此事云雍子謂欒書曰楚師可料也在中軍王族而已若易中下楚必歆之韋昭云中下中軍之上
下也歆猶貪也簡易欒范之行示之弱以誑楚也是韋昭已讀為簡易之易故杜從之也此與楚語俱述聲子之言傳言鄢陵之敗苗。賁皇之為楚語亦論鄢
陵之役而云雍子之為二文不同或丘明傳聞兩說兩記之也劉炫以為國語非丘明所作為有此類往往與左傳不同故也中行二郤。必克
二穆郤錡時將上軍中行偃佐之郤至佐新軍令此三人分良以攻二穆之兵楚子重子辛皆出穆王故曰二穆○錡魚綺反吾乃四萃於
其王族必大敗之四萃四面集攻之○萃在醉反【疏】注四萃至攻之○正義曰楚語云三萃以攻其王族必大敗之韋昭云時晉有四軍
言三集者中軍。見入而上下及新軍乃三集以致攻之韋昭見彼為三字故說之使通耳蓋二文不同必有一誤晉人從之楚師大敗
王夷師熸夷傷也吳楚之間謂火滅為熸○熸子潛反【疏】注夷傷至為熸○正義曰月令云。瞻。夷察傷知夷亦傷也於時呂錡射王中目是王
傷也吳楚之間謂火滅為熸相傳有此語也言軍師之敗若火滅然子反死之鄭叛吳興楚失諸侯則苗賁皇之
為也子木曰是皆然矣聲子曰今又有甚於此。椒舉娶。於申公子牟子牟得戾
而亡君大夫謂椒舉女實遣之懼而奔鄭引領南望曰庶幾赦余亦弗圖也言楚
亦不以為意○娶本又作取七住反女音汝今在晉矣晉人將與之縣以比叔向以舉材能比叔向彼若謀
害楚國豈不為患子木懼言諸王益其祿爵而復之聲子使椒鳴逆之椒鳴伍舉子傳

言聲子有辭伍舉所以得反子孫復仕於楚疏子木至逆之○正義曰楚語說此事云子木愀然曰夫子何如召之其來乎對曰亡人得復何爲不來子
木曰不來則若之何對曰資東陽之盜殺之其可乎子木曰不可我爲楚卿而賂盜以賊一夫於晉非義也子爲我召之吾倍其室乃使椒鳴召其父而復之
○許靈公如楚請伐鄭十六年晉伐許他國皆大夫獨鄭伯自行故許恚欲報之○恚一睡反曰師不與孤不歸
矣八月卒于楚楚子曰不伐鄭何以求諸侯冬十月楚子伐鄭爲許○爲于僞反下爲國同
鄭人將禦之子產曰晉楚將平諸侯將和和在明年楚王是故昧於一來昧猶貪冒○昧音妹
冒亡報反又亡北反不如使逞而歸乃易成也逞快也夫小人之性釁於勇嗇於禍以足其
性而求名焉者非國家之利也若何從之釁動也嗇貪也言鄭之欲與楚戰者皆釁勇貪名之人非能爲國計慮久
利不可從也○釁許覲反足子住反又如字疏夫小至從之○正義曰於時鄭國勇夫皆貪欲禦寇敗楚以成己名故子產爲此言以破之夫此鄭國欲
得戰者小人之性奮動於勇貪於禍亂冀得戰鬭以足滿其性而自求成武勇之名焉欲得禦寇者皆自爲其身非國家之利也若何得從之言禦寇之計不
可從也○注釁動至從也○正義曰賈鄭先儒皆以釁爲動也王肅云釁謂自矜奮以夸人王延壽魯靈光殿賦云忔奮釁以軒翥是釁爲奮動之意也嗇是
吝惜之名故爲貪也詩云民之貪亂寧爲荼毒是小人之性貪禍亂也言鄭人欲得與楚戰者皆是奮動於勇貪求名譽之人欲望因有禍亂以成己名非能
爲國家計慮希長久之利不可從也定本云嗇養也非也子展說不禦寇十二月乙酉入南里墮其城南里鄭邑
○說音悅下注同禦魚呂反墮許規反涉於樂氏樂氏津名門于師之梁鄭城門縣門發獲九人焉涉于

汜而歸於汜城下涉汝水南歸○縣音玄汜音凡徐扶嚴反疏注於汜至南歸○正義曰杜檢汜是地名非水名而云涉于汜是於汜地涉水耳釋例土地名云楚伐鄭師于汜襄城縣南汜城是也汝水出南陽魯縣東南經襄城縣南汜城下涉汝水而南歸也而後葬許靈公卒靈公之志而後葬之

○衛人歸衛姬于晉乃釋衛侯衛侯以女說晉而後得免君子是以知平公之失政也傳言晉之衰

○晉韓宣子聘于周王使請事問何事來聘對。曰晉士起將歸時事於宰旅無他事矣起宣子名禮諸侯大夫入天子國稱士時事四時貢職宰旅冢宰之下士言獻職貢於宰旅不敢斥尊疏。注起宣至斥尊○正義曰周禮大國之卿三命天子上士亦三命曲禮云列國之大夫入天子之國曰某士是諸侯大夫入天子之國禮法當稱士也以其人官卑故下士獨得旅稱周禮大宰之屬官有旅下士三十有二人是知宰旅爲冢宰之下士也劉炫云知時事四時貢職者小行人云春入貢秋獻功王親受之鄭玄云貢謂六服所貢功謂考績之功是諸侯大夫貢時事之義也王聞之曰韓氏其昌阜於晉乎辭不失舊阜大也傳言周衰諸侯莫能如禮唯韓起不失舊

○齊人城郲之歲在二十四年其夏齊烏餘以廩丘奔晉烏餘齊大夫廩丘今東郡廩丘縣故城是○廩力甚反疏。注烏餘至城是○正義曰釋例土地名以廩丘爲齊地案廩丘地在東郡則是衛之邦域齊竟不至此也羊角高魚皆在東郡廩丘與之相近齊不得別有廩丘爲餘齊之大夫得以廩丘奔晉者蓋齊人往前取得衛邑以賜烏餘如鄭公孫段之得。州宋樂大心之有原也宋鄭大夫得以晉地爲采邑是知齊大夫得以衛地爲采邑杜見齊人以之奔晉故釋例以爲齊地明年討烏餘皆取其邑而歸諸侯蓋以廩丘歸齊也襲衛羊角取之今廩丘縣所治羊角城是○治直吏反遂襲我高魚高魚城在廩丘縣東北有大雨自其竇入

兩故水竇開○竇音豆介于其庫入高魚庫而介其甲○介音界以登其城克而取之取。魯高魚无所諱而不書其義未聞

疏注取魯至未聞○正義曰服虔云取魯高魚及反之皆不書蓋諱之杜以被人取邑无所可諱故云其義未聞莊十八年公追戎于濟西傳云不言其來諱之也戎來不覺國以爲諱盜竊魯邑而云無可諱者所言諱者諱國惡禮也侯不在疆戎來不覺是國無政令故諱之此守高魚者不覺介於其庫直是守者罪耳非國之恥故諸被伐取魯邑皆不諱也昭二十五年齊侯取鄆書而不諱知失邑無可諱也此亦戰于麻隧之類蓋經文脫漏耳又取邑于宋於是范宣子卒宣。子范匄諸侯弗能治也及趙文子爲政乃卒治之文子言於晉侯曰晉爲盟主諸侯或相侵也則討而使歸其地今烏餘之邑皆討類也言於比類宜見討○比必利反疏於是至治之○正義曰爲餘以二十四年奔晉二十五年范宣子卒趙文子代之爲政至明年始討爲餘故云乃卒治之傳先言治之下乃述其治之事也而貪之是無以爲盟主也請歸之公曰諾孰可使也對曰胥梁帶能無用師晉侯使往胥梁帶晉大夫能無用師言有權謀

附釋音春秋左傳注疏卷第三十七

春秋左傳注疏卷三十七校勘記

附釋音春秋左傳注疏卷第三十七襄二十六年盡二十六年　阮元撰盧宣旬摘錄

〔經二十六年〕

經二十有六年石經二十作廿岳本脫有字

注衎雖至叛也宋本以下正義二節摠入復歸于衞注下

公會晉侯宋本宋殘本淳熙本岳本足利本侯作人不誤石經此處刓缺○今依訂正

〔傳二十六年〕

注御進至當行宋本以下正義三節摠入能無卑乎注下

遞進御宋本遞上有更字是也

集成淳熙本二字誤作傳文

拂衣褰裳也釋文作騫裳云本或作褰音雖同義非也按依說文攘摳衣也此爲正字騫褰皆假借字褰綺也

拂衣披迅之義宋本衣作者不誤監本毛本披作振宋本亦作振重修監本作張非也

叔向以子員無私欲令應客亦非叔向無可爭宋本毛本應客下有縱子員應客五字亦非下有叔

向爭善四字監本此九字刓擠

唯言子朱之心也　閩本監本毛本唯作惟言子二字監本模糊

敬姒強命之　宋殘本敬字缺末筆下同

茍反　李善注文選豪士賦引作茍反國非也

吾受命於先人　纂圖本吾作善非也

覲知可還否　淳熙本脫還字

辛卯角殺子叔及太子角　閩本亦誤衍上角字宋本監本毛本太作大是也宋本標起止無上三字以下正義四節宋本揔入復爇于晉注下

唯以專邑自隨爲罪　纂圖本監本毛本唯誤徒

必書其名　監本毛本必作以非

傳言以戚如晉　此本以上衍言字據宋本閩本監本毛本刪

頷之而已　毛本頷作頜誤葉抄釋文作頜云本又作頷案惠棟云說文引作顉云低頭也玉篇引杜氏注亦作顉又音欽曲頤也列子云巧夫顉其頤而歌合律張湛注云顉猶搖頭也以頷爲顉此古文假借耳

遂自評論考文云評作討

蒯感父言淳熙本父作之非也

雍鉏孫氏臣閩本監本毛本臣下衍也字

賜之先路三命之服釋文作輅云本亦作路案輅俗路字經傳多作路釋名云路亦車也儀禮注君所乘車曰路是也

注先路至於王宋本以下正義三節揔入讓不失禮句下

不應更以八个大邑而又與之宋本个作箇

隆殺以兩石經宋殘本宋本纂圖本監本毛本隆作降案漢書韋玄成傳引傳作降殺

子西卽世政焉辟之諸本作政按傳作將

杜據傳上文以次之案宋本之下有耳字

雩婁今屬安豐郡是也閩本空闕安字宋本宋殘本淳熙本足利本今上有縣字

夫子爲王子圍淳熙本脫下子字

主作辭令之正監本毛本正作止誤也

秦不其然纂圖本閩本監本毛本不其誤倒

秦其不然 宋本作秦不其然此節正義在而後獲之注下

傳稱子產之善 宋本宋殘本稱作積非也

有懿城 淳熙本城作成誤也

注戚城至井也 宋本以下正義七節揔入子展儉而壹注下

懿氏不見經傳 閩本監本毛本脫懿氏二字

使女齊以先歸 淳熙本使誤傳

衞侯如晉晉人執而因之於士弱氏 宋殘本不重晉字非也

受祿于天 宋殘本宋本于作於

注嘉樂至于天 宋本于作於

言自以殺晉戍三百人爲罪 監本毛本戍誤成

國子賦轡之柔矣 毛本子誤之

衞侯雖別有罪 宋本宋殘本淳熙本足利本衞上有言字

而衆人猶謂晉爲臣執君 足利本無人字重脩監本謂誤請

子然二子孔三族已亡閩本二誤七

故稱七穆也監本毛本穆作族非也

芮司徒宋大夫淳熙本司作同誤

棄諸堤下釋文堤作隄漢書五行志引作棄之隄下

佐元公宋本宋殘本淳熙本岳本纂圖本監本毛本作佐元公此本誤作佐公元佐下空缺一字今據各本訂正閩本作佐元公名

大子痤美而很痤淳熙本誤座

寺人惠牆伊戾諸本作牆葉抄釋文作廧云或作牆石經牆字改刊疑初刻亦作廧

注惠牆氏伊戾名宋本以下正義四節揔入而後再拜稽首受之注下

則嫌楚客過在他年纂圖本則誤別

伊戾請從之石經宋本宋殘本岳本閩本監本毛本尹作伊是也

伊戾爲大子內師纂圖本監本毛本大作太非淳熙本師誤帥

有盟徵焉纂圖本監本毛本盟作明非宋本宋殘本淳熙本岳本足利本焉作也是也

聒讙也李注文選嵇叔夜絕交書引作聒諠也

聾亂耳謂之聒 此本耳字模糊依宋本補閩本監本毛本誤作叫

左師令使者改命也 閩本令誤合淳熙本者誤首

初楚伍參與蔡太師子朝友 石經初刻伍作五後加亻下同宋本宋殘本淳熙本岳本太作大與石經合

其子伍舉與聲子相善也 毛本下子字誤予

注聲子至舉也 宋本以下正義十四節揔入彼若謀害節注下

伍舉實送之 臧琳云下文聲子曰子牟得戾而亡君大夫謂椒舉女實遣之又國語楚語上子牟有罪而亡康王以湫舉爲遣之又子牟得罪而亡執政弗是謂湫舉曰女實遣之則伍舉實送之送乃遣字之譌楚之君臣以子牟出奔爲伍舉遣之行將罪及於起謀者故伍舉亦懼禍出奔若但送子牟之行則伍舉罪輕當不至於出奔也

饗之以璧賄曰 宋本賄作侑與楚語合

故椒舉降三拜 浦鏜云故衍字按明道本國語無故字

明年聲子始說子木 宋本木作氏

詩大雅瞻卬之篇也 毛本卬作仰非

故能爲下國所命爲天子 此本故字實缺據宋本宋殘本淳熙本岳本纂圖本足利本補正閩本監本毛本故作則非也

古之治民者淳熙本者誤也

恤民不倦纂圖本倦誤僭

飫饜也釋文云饜本亦作厭案李注文選王仲宣從軍詩引作厭依說文則當作猒

國之大憂宋本國上有凡字與周禮合

若多鼓鈞聲毛本作多鼓是也宋殘本作多皷

君與夫人不善是也宋本宋殘本岳本夫人作大夫與石經合

晉楚遇於靡角之谷閩本監本毛本楚遇二字誤倒

譙國酇縣諸本作酇釋文或作贊

注塞井至爲陳宋本至字作夷竈以三字

以傳言誘之宋本以上有杜字是也

苗賁皇之爲監本毛本賁作奔非也

中行二郤石經宋本宋殘本淳熙本岳本纂圖本閩本毛本郤作郤下同是也

中軍見入監本毛本見作先按韋注作先

瞻夷察傷閩本監本瞻作贍按月令作瞻傷察創依說文夷當作痍傷也

今又有甚於此石經此下旁增者字非唐刻也

椒舉娶於申公子牟釋文云娶本又作取石經及諸本作娶

逞快也宋殘本快誤快

釁於勇嗇於禍以足其性而求名焉者石經此行勇字起而字止止九字初刻似多一字此重刊也

夫小至從之宋本以下正義三節揔入而後葬許靈公注下

仡奮釁以軒鬐案文選釁作舋李善引杜注亦作舋俗字

對曰晉士起禮記曲禮正義引作擯者曰晉士起與今本異

注起宣至斥尊宋本此節正義在辭不失舊注下

注烏餘至城是宋本以下正義三節揔入而貪之節注下

如鄭公孫段之得用正德本閩本用字空缺監本誤川宋本毛本作州是○今訂作州

取魯高魚淳熙本魯作魯非也

宣子范匄諸本作宣淳熙本誤入

春秋左傳注疏卷三十七校勘記

杜氏注　孔穎達疏

經二十有七年春齊侯使慶封來聘景公卽位通嗣君也○夏叔孫豹會晉趙武楚屈建蔡公孫歸生衞石惡陳孔奐鄭良霄許人曹人于宋案傳會者十四國齊秦不交相見邾滕爲私屬皆不與盟宋爲主。人地於宋則與盟可知故經唯序九國大夫楚先晉歃而書先晉貴信也陳于。晉會常在衞上孔奐非上卿故在石惡下○奐呼亂反與音預下同先悉薦反又如字歃所洽反疏注案傳至惡下○正義曰案傳諸國大夫及諸侯之身至宋者有晉楚齊秦魯衞陳蔡鄭許曹邾滕幷宋爲主人凡十四國也齊秦不交相見邾滕爲人私屬皆不與於盟爲盟而爲此會故不盟者會亦不序也宋爲地主法當不序於列故經唯序九國大夫也案傳楚先晉歃則當先書楚傳言書先晉晉有信也是仲尼貴晉有信故先書趙武也釋例班序譜晉合諸侯二十國起僖二十八年盡哀十四年大率皆陳後次蔡蔡後次衞是陳于晉會常在衞上也今孔奐乃降於蔡衞在石惡之下故知奐非上卿故也成三年傳曰次國之上卿當大國之中中當其下是計卿位爲班也知非奐後至者以傳稱與蔡公孫歸生同至故也案傳七月之下乃云庚辰子木等至自陳陳孔奐蔡公孫歸生至則諸侯大夫七月始集於宋而此會書在夏者事雖在秋行還乃告追以叔孫豹發時書之十年夏會于相而經書在春注云經書春書始行此亦彼之類也○衞殺其大夫甯喜甯喜弑剽立衎衎今雖不以弑剽致討於大義宜追討之故經以國討爲文書名也書在宋會下從赴疏。注甯喜至從赴○正義曰大夫見殺書名者皆是罪之文案此殺喜之傳乃爲專而殺之喜之於衎未爲罪當死也故杜跡其應死之狀弑君之賊於。當誅衎雖不以弑剽致討其於大義宜追討之故雖非國人討賊因其被殺亦以國討爲文書其名以罪喜也不以弑君之。罪討之故言追也○衛侯之弟鱄出奔晉衛侯始者云政由甯氏祭則寡人而今復患其專緩荅免餘既負其前信且不能友于賢弟使至出奔故書弟以罪兄○鱄市轉反又音專復扶又反疏注衛侯至罪兄○正義曰釋例曰仲尼因母弟之例以興義鄭伯懷害弟之心天王縱羣臣以殺其弟夫子探書其志故顯書二兄以首惡佞夫稱弟不聞反謀也鄭段去弟以身爲謀首也然則兄而害弟者稱弟以章兄罪弟又害兄則去弟以罪弟身也推此以觀其餘秦伯之弟鍼陳侯之弟黃衛侯之弟鱄皆是兄害其弟者也統論其義兄弟二人交相殺害各有曲直書弟則。示兄曲也是杜以鱄之出奔非鱄之罪故跡其事以爲衛侯罪狀也衛侯始者使鱄與甯喜言云苟得反國政由甯氏祭則寡人如是則甯喜專權未爲負約而今公患其專政故免餘請殺公復緩荅免餘任令殺喜既負其言信又不能友于賢弟使至出奔故書其弟以罪兄也昭元年秦伯之弟鍼出奔晉傳曰罪秦伯知此亦罪衛侯也○秋七月辛巳豹及諸侯之大夫盟于宋夏會之大夫也豹不倚順以顯弱命之君而辨小是以自從故以違命貶之釋例論之備矣○倚於綺反疏注夏會至備矣○正義曰杜云夏會之大夫者因經書在夏故云夏會其實會在秋耳諸國朝會而因有他事者皆前目而後凡故此不復序而總云諸侯之大夫還是夏會之大夫也豹去叔孫者傳言季孫以公命命豹使視邾滕而叔孫不從不書其族言違公命故貶之也從公之命於理順也不視邾滕其是小也順君之命其禮大不視邾滕爲是小豹不倚此順道以顯弱命之君而辨小是以自從故以違命貶之也於時魯國君弱臣彊政令出於季氏魯君不得有命臣之理臣之小者季氏以己意命之皆不敢不從也叔孫豹秉心彊直季氏所憚恐不從己意故假以公命命之諸傳言以公命者實非公命而假稱公耳其時魯君未嘗有命此稱公命是假可知豹雖心知是假若其即以爲真共敬從命則國內義士皆將生心必相告云豹是國之大賢我等仰以取法聞是公命雖非亦從則知公之所命悉不可違豈不使季氏懼而公室尊也從公之命是爲順也如此雖實非公命豹但倚此順道以從公命則弱命之君命得顯矣尊君卑臣在此一舉比視邾滕未爲大失豹乃辨其小是以從己心違君之命故貶之釋例曰季氏專魯祿之去公室三世矣制命出於私門非國所知也叔孫豹魯之賢臣欲匡雖以矯時故季孫憚之不敢以己意假公命以敕叔孫也邾滕之班不列於會豹不登朝固請受命而行邾滕降一次事非機危既不馳請又不辭會而率意改命失命之甚其君。眠食於深宮今出命共命之使所宜崇長雖有小失遂而伸之國內固知我君之命不可以違則季氏有懼而義士生心君子以豹不倚順以顯弱命之君而辨小是以自從故以違命貶之也杜言辨小是者豹云宋衞吾匹不。視邾滕於理是也但比於申弱君之命使臣卑而君尊此爲小耳

○冬十有二月乙卯。朔日有食之今長曆推十一月朔非十二月傳曰辰在申再失閏若是十二月則爲三失閏故知經誤 疏注今長至經誤○正義曰此經言十二月而傳言十一月今杜以長曆推之乙亥是十一月朔非。十二月也傳日辰在申再失閏矣若是十二月當爲辰在亥以申爲亥則是三失閏非再失也推曆與傳合知傳是而經誤也

傳二十七年春胥梁帶使諸喪邑者具車徒以受地必周諸喪邑謂齊魯宋也周密也必密來勿以受地爲名○喪息浪反注同使烏餘具車徒以受封烏餘以地來故詐許封之 疏傳使烏餘具車徒○正義曰必使烏餘具車徒者以三國皆具車徒若不使亦具車徒恐其驚而覺也且烏餘竊邑諸侯不能治之則烏餘之衆彊也慮其迸散欲聚以執之下云盡獲之是也烏餘以衆出出受封也使諸侯僞效烏餘之封者效致也使齊魯宋僞若致邑封烏餘者而遂執之盡獲之皆獲其徒衆皆取其邑而歸諸侯諸。侯。是以睦於晉傳言趙文子賢故平公雖失政而諸侯猶睦 疏皆取至於

晉○正義曰古本亦有不重言諸侯今定之本重有諸侯若重言諸侯則天下諸侯以此事故皆睦於晉也劉炫云晉宋古本皆不重言諸侯則唯謂齊魯宋三國睦耳不重是也○齊慶封來聘其車美孟孫謂叔孫曰慶季之車不亦美乎季慶封字叔孫曰豹聞之服美不稱必以惡終美車何爲叔孫與慶封食不敬爲賦相鼠亦不知也相鼠詩鄘風曰相鼠有皮人而無儀人而無儀不死何爲慶封不知此詩爲己言其闇甚爲明年慶封來奔傳○稱尺證反爲賦于僞反注同相息亮反注同鄘音容○衛甯喜專公患之公孫免餘請殺之免餘衛大夫公曰微甯子不及此及此反國也吾與之言矣言政由甯氏事未可知恐伐之。未必勝祇。成惡名止也。祇。適。也○祇音支注同對曰臣殺之君勿與知乃與公孫無地公孫臣謀二公孫衛大夫○勿與音預使攻甯氏弗克皆死無地及臣皆死公曰臣也無罪父子死余矣。獻公出時公孫臣之父爲孫氏所殺疏。注獻公。所殺○正義曰十四年傳曰公使子蟜子伯子皮與孫子盟于丘宮孫子皆殺之彼所殺者皆是公子而此臣是公孫公言臣也無罪父子死余知是爾時死耳亦不知彼所殺者誰是臣之父也夏免餘復攻甯氏殺甯喜及右宰穀尸諸朝○穀不書非卿也復扶又反石惡將會宋之盟受命而出衣其尸枕之股而哭之欲斂以亡懼不免且曰受命矣乃行行會于宋爲明年石惡奔傳○衣於既反枕之鴆反斂力驗反○子鮮曰逐我者出謂孫林父納我者死謂甯喜○納本又作內音納賞罰無章何以沮勸君失其信而國無刑不亦難乎難以治國○沮在呂反疏子鮮至難乎○正義曰逐我者應死而得生出納我者有功而更身死章明也沮止也罰有罪所以止人爲惡賞有功所以勸人爲善今賞罰既無章明何以得爲止勸乎刑法也君失其信違信而殺甯喜而國無法賞罰無所章明以此爲國不亦難乎言治國難也且鱄實使之使甯喜納君遂出奔晉公使止之不可不肯留及河又使止之止使者而盟於河誓不還○使者所吏反託於木門木門晉邑不鄉衛國而坐怨之深也○鄉許亮反本亦作嚮木門大夫勸之仕不可曰仕而廢其事罪也從之昭吾所以出也將誰愬乎從之謂治其事也事治則明己出欲仕無所自愬○愬息路反吾不可以立於人之朝矣終身不仕自誓不仕終身【疏】注自誓不仕終身○正義曰終身不仕敘事辭也言自誓不仕以終其身故傳言終身不仕也此終身者子鮮之身終也下云公喪之終身者獻公之身終也獻公以二十九年夏卒其子鮮之卒蓋差在獻公之前耳故公喪服以終身也公喪之如稅服終身稅即繐也喪服繐縗裳縷細而希非五服之常本無月數痛愍子鮮故特爲此服此服無月數而獻公尋薨故言終身○喪息郎反又息浪反稅徐云讀繐音歲注同服音吐外反縗本亦作衰音七雷反【疏】注稅即至言終身○正義曰傳云公喪之者言公爲之服喪服也禮無稅服之名如稅服者不知何服也服虔云衰麻已除日月已過乃聞喪而服是爲稅服。服之輕者案禮記過而追服實名爲稅以聞凶之日爲服喪之始其服追過而服之衰麻不爲有異何云服之輕者公若依彼稅服法其兄弟之服則還是齊衰期耳何以得云如也杜以。其義不通故云稅即繐也當是聲相近而字改易耳喪服有繐衰裳牡麻絰既葬除之其章唯有諸侯大夫爲天子以外無人服此服也喪服傳曰繐衰者小功之繐也鄭玄云治縷如小功而成布四升半細其縷者以恩輕升數少者以服至尊凡布細而疏者謂之繐是繐者縷細而希疏也喪服之文在大功之下小功之上是非五服之常也既葬除之是本無月數也禮天子諸侯絕旁期計公於子鮮不應爲之服獻公痛愍子鮮特爲服此服也此服既無月數獻公服之不自云幾月當止獻公尋自身薨至死未釋此服故云終身也兄弟之服本服期耳獻公驕淫之君不應過其常月杜言獻公尋薨謂此子鮮之卒差在獻公前耳公與免餘邑六十辭曰唯卿備百邑臣六十矣下有上祿亂也此一乘之邑非四井之邑論語稱十室又云千室明通稱○乘繩證反通稱尺證反疏注此一至通稱○正義曰司馬法成方十里出革車一乘此一乘之邑每邑方十里也論語云百乘之家大夫。稱家邑有百乘是百乘爲采邑之極此云唯卿備百邑知所言邑者皆是一乘之邑非四井之邑也杜以一乘名邑書傳無文故引論語千室十室明其大小通稱邑也臣弗敢聞且甯子唯多邑故死臣懼死之速及也公固與之受其半以爲少師公使爲卿辭曰大叔儀不貳能贊大事贊佐也○少詩照反君其命之乃使文子爲卿文子大叔儀

○宋向戌善於趙文子又善於令尹子木欲弭諸侯之兵以爲名欲獲息民之名○弭徐武婢反如晉告趙孟趙孟謀於諸大夫韓宣子曰兵民之殘也財用之蠹。蠹害物之。蟲○蠹本又作螙丁故反疏。注蠹害物之蟲○正義曰釋蟲云蝎桑蠹李巡云蝎木。蟲也穆天子傳云天子蠹書於羽陵㩧去書內簡中之蟲是蟲在木中謂之爲蠹昭三年傳云公聚朽蠹則在諸物之中皆名爲蠹故云害物之蟲也害物之蟲既名爲蠹故害於物者皆以蠹言之孫子兵書云興師十萬日費千金是兵爲財用之蠹也小國之大菑也將或弭之雖曰不可必將許之言雖知兵不得久弭今不可不許○菑音災弗許楚將許之以召諸侯則我失爲盟主矣晉人許之如楚楚亦許之如齊

齊人難之陳文子曰晉楚許之我焉得已且人曰弭兵而我弗許則固攜吾民矣將焉用之齊人許之告於秦秦亦許之皆告於小國為會於宋五月甲辰晉趙武至於宋丙午鄭良霄至六月丁未朔宋人享趙文子叔向為介司馬置折俎禮也折俎體解節折升之於俎合卿享宴之禮故曰禮也周禮司馬掌會同之事○難乃旦反下懼難同焉於虔反下將焉用焉能皆同介音界後注同折之設反注同徐又音制俎莊呂反

疏注折俎至之事○正義曰折俎謂體解節折升之於俎周語文也宣十六年傳曰王享有體薦宴有折俎公當享卿當宴王室之禮也彼傳之意言享公當依享法有體薦也享卿當如宴法有折俎也彼王自言之故云王室禮耳其諸侯之待公卿禮法亦當然也故此享趙孟而置折俎合卿享宴之禮故曰禮也周禮大司馬云大會同則帥士庶子而掌其政令大祭祀饗食羞牲魚是司馬掌會同薦羞之事故宋人此享令司馬置折俎也

仲尼使舉是禮也以為多文辭宋向戌自美弭兵之意敬逆趙武趙武叔向因享宴之會展賓主之辭故仲尼以為多文辭○使舉是禮也沈云舉謂記錄之也

疏仲尼至文辭○正義曰此文甚略本意難知蓋於此享也賓主多有言辭時人跡而記之仲尼見其事善其言使弟子舉是宋享趙孟之禮以為後人之法丘明述其意仲尼所以特舉此禮者以為此享多文辭以文辭可為法故特舉而施用之○注宋向至文辭○正義曰杜以賓主之辭禮有定式於此享也何以獨多故解其多辭之意服虔云以其多文辭故特舉而用之後世謂之孔氏聘辭以孔氏有其辭故傳不復載也所言孔氏聘辭不知事何所出賓享禮而謂之為聘舉舊辭而目曰孔氏事亦不必然也

戊申叔孫豹齊慶封陳須無衞石惡至須無陳文子甲寅晉荀盈從趙武至趙武命盈追己故言從趙武後武遣盈如楚

疏注趙武命

盈追己○正義曰沈氏曰知非晉侯命者若是晉侯應云甲寅荀盈至今云從武至故知趙武命也杜云後武遣盈如楚見此意耳丙辰邾悼公
至小國故君自來壬戌楚公子黑肱先至成言於晉時令尹子木止陳遣黑肱就晉大夫成盟載之言兩相然可○肱古
弘反丁卯宋戌如陳從子木成言於楚就於陳成楚之要言戊辰滕成公至亦小國君自來子木謂
向戌請晉楚之從交相見也使諸侯從晉楚者更相朝見○更音庚見賢遍反庚午向戌復於趙孟趙
孟曰晉楚齊秦匹也晉之不能於齊猶楚之不能於秦也不能服而使之楚君若能使
秦君辱於敝邑寡君敢不固請於齊請齊使朝楚壬申左師復言於子木子木使駟
謁諸王駟傳也謁告也○駟人實反傳涉戀反王曰釋齊秦他國請相見也經所以不書齊秦秋七月戊
寅左師至從陳還是夜也趙孟及子皙盟以齊言子皙公子黑肱素要齊其辭至盟時不得復訟爭○皙星曆反
復扶又反庚辰子木至自陳陳孔奐蔡公孫歸生至二國大夫與子木俱至曹許之大夫皆至
以藩爲軍示不相忌○藩方元反疏以藩爲軍○正義曰古人行兵止則築爲壘塹以備不虞此藩籬爲軍者方欲弭兵以示不相忌也晉
楚各處其偏晉處北楚處南伯夙謂趙孟伯夙荀盈疏注伯夙荀盈○正義曰伯夙卽是荀盈於傳亦無明據未測何以知之服
虔云伯夙晉大夫其意以爲別有伯夙非荀盈也曰楚氛甚惡懼難氛氣也言楚有襲晉之氣○氛芳云反徐扶云反趙孟曰
吾左還入於宋若我何營在宋北東頭爲上故晉營在東有急可左迴入宋東門辛巳將盟於宋西門之外

楚人衷甲甲在衣中欲因會擊晉○衷音忠徐丁仲反伯州犂曰合諸侯之師以爲不信無乃不可乎夫諸侯望信於楚是以來服若不信是棄其所以服諸侯也固請釋甲子木曰晉楚無信久矣事利而已苟得志焉焉用有信大宰退大宰伯州犂告人曰令尹將死矣不及三年求逞志而棄信志將逞乎志以發言言以出信信以立志參以定之志言信三者具而後身安存信亡何以及三爲明年子木死起本疏志將至及三○正義曰志將逞乎言其不得逞也在心爲志出口爲言志有所之言乃出口故志以發言也與人爲信必言以告之故言以出信也於人有信志乃得立故信以立志也人之處身於世常恐不得安定參即三也言也信也志也三者俱備然後身得安定欲安其身用此三者以定之信亡則志不立失志必死不久何以得及三年趙孟患楚衷甲以告叔向叔向曰何害也匹夫一爲不信猶不可單斃其死單盡也斃踣也○單音丹注同斃婢世反踣蒲北反疏匹夫至其死○正義曰匹夫謂賤人也賤人一爲不信猶尚不可況國卿也不信之人盡踣其死言無得生者前覆曰踣謂倒地死也若合諸侯之卿以爲不信必不捷矣食言者不病不病者單斃於死疏食言者不病○正義曰不病者不唯病害而已必至於死也言之不用若食之消散故謂無信爲食言也非子之患也楚食言當死晉不食言故無患夫以信召人而以僭濟之濟成也○僭子念反不信也必莫之與也安能害我且吾因宋以守病爲楚所病則欲入宋城則夫能致死與宋致死雖倍楚可也宋爲地主致死助我則力可倍楚○夫如字或音扶子何

懼焉又不及是曰弭兵以召諸侯而稱兵以害我稱舉也【疏】夫能至及是○正義曰夫謂宋也宋能致死助我今晉師與宋致死不但唯敵於楚雖更力倍於楚可也子何須懼焉又想楚人之情不應及是之惡於吾庸多矣非所患也晉獨取信故其功多。季武子使謂叔孫以公命曰視邾滕兩事晉楚則貢賦重故欲比小國武子恐叔孫不從其言故假公命以敦之【疏】注兩事至敦之○正義曰案傳上文六月戊申叔孫豹至丁卯向戌如陳從子木成言於楚子木乃請晉楚之從交相見則叔孫發魯之時未有此交相見之議也子木既有此請季孫在國聞之季孫使謂叔孫者使人就宋謂之也於時季氏專魯國之利害季孫所量自慮兩屬貢賦必重疑邾滕將為人之私故令豹比視小國此直季孫意耳非公意也若是餘人為使季孫以己意命之無敢違者但叔孫。彊直季孫所憚告以己意恐不見從故假稱公命以敦勸之望其敬公命而遂己志也長曆丁卯是六月二十一日也辛巳是七月五日也丁卯已有此議辛巳。方始結盟則叔孫既得公命其去盟日猶遠反魯。覆請足得往來但叔孫知非公命不復更請臨盟則率己之意自從所欲故釋例云豹不登朝固請受命而行邾滕降次事非機危既不馳請又不辭會率意改命失命之甚是言其間足得反請而叔孫不請故責之也既而齊人請邾宋人請滕皆不與盟私屬二國故○與音預叔孫曰邾滕人之私也我列國也何故視之宋衛吾匹也乃盟故不書其族言違命也季孫專政於國魯君非得有命今君唯以此命告豹豹宜崇大順以顯弱命之君而遂其小是故貶之【疏】注季孫至貶之○正義曰季孫專政於國魯君非得有命此以公命非公可知叔孫亦知非公命故不肯從之其實叔孫違命止違季孫意耳但季孫假以公命謂之叔孫雖內知非公而其辭稱公即須從命叔孫既得此命宜應內自思省我君由來無命今君唯以此命命我事雖非理亦宜聽從如是則敬君之情深矣豹宜崇此大順之道以顯弱命之君而乃。校計公言是非不肯同於小國遂其小是以忘大順故貶之此義至妙唯杜始得之矣賈逵云叔孫義也魯疾之非也服虔云叔孫欲尊魯國不爲人私雖以違命見貶其於尊國之義得之案經去其族是文貶也傳言違命是實惡也賈服違經反傳背左氏異孔子孔子貶之賈逵賞之丘明言其違命服虔善其尊國是不以丘明之言解左傳不以孔子之意說春秋也

晉楚爭先爭先歃血晉人曰晉固爲諸侯盟主未有先晉者也楚人曰子言晉楚匹也若晉常先是楚弱也且晉楚狎主諸侯之盟也久矣狎更也○先晉悉薦反或如字狎戶甲反更音庚【疏】且晉至久矣○正義曰陳蔡鄭許乍南乍北成二年楚公子嬰齊爲蜀之盟諸夏之國大夫皆在是晉楚更代主諸侯之盟實久也豈專在晉叔向謂趙孟曰諸侯歸晉之德只只辭○只之氏反非歸其尸盟也尸主也子務德無爭先且諸侯盟小國固必有尸盟者小國主辦具○辦皮莧反【疏】注小國主辦具○正義曰盟實大國爲主而此云小國主盟知其主辦具也哀十七年公會齊侯盟于蒙孟武伯問於高柴曰諸侯盟誰執牛耳季羔曰鄫衍之役吳公子姑曹發陽之役衞石魋武伯曰然則彘也所言主辦具者如彼執牛耳之類皆小國主備之法當小國執牛耳鄫衍吳公子執之者於時吳爲盟主夷不知禮故自使其人執之也盟法大國制其言小國尸其事此盟爭先歃不爭主備叔向以小國主盟爲言者叔向以久爭不決或將戰鬪因盟時小國有所主欲令趙孟下楚假此以勸之耳楚爲晉細不亦可乎。欲推使楚主盟乃先楚人書先晉晉有信也蓋孔子追正之壬午宋公兼享晉楚之大夫趙孟爲客客一坐所尊故季孫飲大夫酒臧紇爲客○坐才臥反飲於鴆反【疏】注客一至爲客○正義曰享宴之禮賓旅雖多特以一人爲客燕禮者諸侯燕臣之禮也經云小臣納卿大夫卿大夫皆

入門右北面東上乃云射人請賓公曰命某爲賓賓出立于門外更使射人納賓公降一等揖之賓卽客也是客一坐所尊也季孫飲大夫酒臧紇爲客二十三年傳也魯語云公父文伯飲南宮敬叔酒。路堵父爲客羞鼈小堵父怒相延食鼈辭曰將使鼈長而食之遂出文伯母聞之怒曰吾聞之先子曰祭養上尸享養上賓鼈於何有而使夫人怒也是一坐所尊敬之事也案燕禮記曰公與。燕則大夫爲賓與大夫燕亦大夫爲賓又聘禮燕聘賓則以上介爲賓此宋公享大夫以趙孟爲客者燕禮謂與己之臣子燕嫌卿敵公故以大夫爲賓聘禮據特來聘者敬其使人故使介爲賓此則兼享晉楚大夫異於常禮以尊敬霸主之國故令趙孟爲客服虔云楚君恆以大夫爲賓者大夫卑雖尊之猶遠君也楚先歃爲盟主故尊趙孟爲客案此享宋爲主非楚爲主服之妄也劉炫云兼享晉楚之大夫不以屈建爲賓者賓唯一人出自當時意耳子木與之言弗能對使叔向侍言焉子木亦不能對也乙酉宋公及諸侯之大夫盟于蒙門之外前盟諸大夫不敢敵公禮也今宋公以近在其國故謙而重盟重盟故不書蒙門宋城門○重直用反下二字同

疏子木至對也○正義曰上云晉卿不如楚其大夫則賢是也

子木問於趙孟曰范武子之德何如士會賢聞於諸侯故問之○聞音問又如字對曰夫子之家事治言於晉國無隱情其祝史陳信於鬼神無愧。辭祝陳馨香德足副之故不愧○治直吏反愧九位反子木歸以語王王曰尚矣哉尚上也○語魚據反下同能歆神人歆享也使神享其祭人懷其德○歆所金反宜其光輔五君以爲盟主也五君謂文襄靈成景

疏注五君謂文襄靈成景○正義曰晉語訾。祏對范宣子曰武子佐文襄諸侯無二心爲卿以輔成景軍無敗政及爲元。師居大傅國無姦民是以受隨范是其光輔五君也服。虔云文公爲戎右襄靈爲大夫成公爲卿景公爲大傅也子木又語王曰宜晉

之伯也有叔向以佐其卿楚無以當之不可與爭晉荀寅。遂如楚涖盟重結晉楚之好○好呼報反○鄭伯享趙孟于垂隴。自宋還過鄭○壠力勇反子展伯有子西子產子大叔二子石從二子石印段公孫段○從才用反趙孟曰七子從君以寵武也請皆賦。以卒君貺武亦以觀七子之志詩以言志子展賦草蟲草蟲詩召南曰未見君子憂心忡忡亦既見止亦既覯止我心則降以趙孟爲君子○蟲直忠反召上照反下同忡勑忠反覯古豆反降戶江反又如字下注同趙孟曰善哉民之主也在上不忘降故可以主民抑武也不足以當之辭君子伯有賦鶉之賁賁鶉之賁賁詩鄘風衛人刺其君淫亂鶉鵲之不若義取人之無良我以爲兄我以爲君也○鶉順倫反賁音奔疏注鶉之至君也○正義曰伯有賦此詩者義取人之無善行者我以此爲君是有嫌君之意於時鄭簡公是穆公之玄孫良霄是穆公之曾孫君非良霄之兄杜言弁取人之無良我以爲兄者因詩成文故連言之劉君以爲非兄而規杜非也趙孟曰牀第之言不踰閾況在野乎非使人之所得聞也第簀也此詩刺淫亂故云牀第之言閾門限使人趙孟自謂○第側里反閾音域徐況逼反使所吏反注同簀音責疏注第簀也○正義曰釋器云簀謂之第孫炎曰牀也郭璞曰牀版也然則牀是大名簀是牀版檀弓云大夫之簀與簀名亦得統牀故孫炎以爲牀也子西賦黍苗之四章黍苗詩小雅四章曰肅肅謝功召伯營之列列征師召伯成之比趙孟於召伯趙孟曰寡君在武何能焉推善於其君子產賦隰桑隰桑詩小雅義取思見君子盡心以事之。曰既見君子其樂如何○盡津忍反樂音洛下注及文至樂以安民並同趙孟曰武請受其卒章卒章曰心乎愛矣遐不謂矣中心。藏之何日忘之趙武欲子產

之見規誨子大叔賦野有蔓草野有蔓草詩鄭風取其邂逅相遇適我願兮○蔓音萬邂戶賣反逅戶逗反趙孟曰吾子
之惠也大叔喜於相遇故趙孟受其惠印段賦蟋蟀蟋蟀詩唐風曰無以大康職思其居好樂無荒良士瞿瞿言瞿瞿然顧禮儀○印一
刃反蟀所律反大康音泰居音據好呼報反下同瞿瞿居什反趙孟曰善哉保家之主也吾有望矣能戒懼不荒所以保
家疏保家之主也○正義曰大夫稱主言是守家之主不亡族也下云數世之主亦然公孫段賦桑扈桑扈詩小雅義取君子有禮文
故能受天之祜○祜音戶趙孟曰匪交匪敖福將焉往此桑扈詩卒章趙孟因以取義○敖五報反焉於虔反下政其焉往同
若保是言也欲辭福祿得乎卒享文子告叔向曰伯有將為戮矣詩以言志志
誣其上而公怨之以為賓榮言誣則鄭伯未有其實趙孟倡賦詩以自寵故言公怨之以為賓榮○倡昌亮反疏詩以至賓
榮○正義曰在心為志發言為詩是詩所以言人之志意也鄭君實未有罪伯有稱人之無良是誣其上也但伯有不臣被公之所怒以公怨怒當自須掩蓋
而賦詩道公無良反將公之所怨以為賓之榮寵劉炫云而公顯然將比來之怨以為對賓之榮樂也其能久乎幸而後亡言必先亡
叔向曰然已侈所謂不及五稔者夫子之謂矣稔年也為三十年鄭殺良霄傳○侈昌氏反又戶氏反字林充
豉反稔而甚反熟也穀一熟故為一年文子曰其餘皆數世之主也子展其後亡者也在上不忘
降謂賦草蟲曰我心則降○數所主反印氏其次也樂而不荒謂賦蟋蟀好樂無荒曰樂以安民不淫以使
之後亡不亦可乎○宋左師請賞曰請免死之邑欲宋君稱功加厚賞故謙言免死之邑也疏樂以至可

乎○正義曰印段賦蟋蟀義取好樂無荒。卽不淫也好樂則用樂以安民也其使民也又不淫以使之民。皆愛之守位必固在人後亡不亦可乎。○注欲宋君
稱功。無之邑也○正義曰服虔云向戌自以止兵民不戰鬬自矜其功故求免死之賞也如服此言免死謂止兵不鬬民免死也杜以爲謙則向戌自以爲。已
免死也若使計謀不當則罪合死自矜其功言。已得免死故請賞邑也公與之邑六十以示子罕子罕曰凡諸侯
小國晉楚所以兵威之畏而後上下慈和慈和而後能安靖其國家以事大國
所以存也無威則驕驕則亂生亂生必滅所以亡也天生五材金木水火土也民並用
之廢一不可誰能去兵兵之設久矣所以威不軌而昭文德也聖人以興謂湯武○
去起呂反下皆同亂人以廢謂桀紂廢興存亡昏明之術皆兵之由也而子求。之不亦誣
乎以誣道蔽。諸侯罪莫大焉縱無大討而又求賞無厭之甚也削而投之削賞左師
之書○敝必世反徐亡世反服虔王肅董遇並作弊婢世反云踣也厭於鹽反徐於廉反【疏】廢興至諸侯○正義曰言之術者謂德刑禮義是興存盛明之
法術也驕淫殘虐是廢亡昏闇之法術也皆兵之由者謂皆畏懼此兵行善不行惡畏之則興不畏則亡故云皆兵之由也言不亦誣乎者謂廢興存亡悉皆
由兵向戌之意以廢興存亡不須用兵是實須而誣罔云不須故云不亦誣乎服虔曰。斃踣也一曰罷也則知服本作斃王肅董遇本皆作蔽謂以誣人之道
掩諸侯也杜本作蔽當如王董爲蔽掩之也○削而投之○正義曰宋公賞邑書之於札向戌執之以示子罕子罕削其字而又投之於地也向戌初謀此事
子罕不卽止之而至此始怒者蓋初謀子罕不知或子罕初亦不覺久思乃知其非也左師。辭邑向氏欲攻司城司城子罕左

師曰我將亡夫子存我德莫大焉又可攻乎君子曰彼己之子邦之司直詩鄭風司
主也○己音記樂喜之謂乎樂喜子罕也善其不阿向戌何以恤我我其收之逸詩恤憂也收取也向戌之謂
乎善向戌能知其過○齊崔杼生成及彊而寡偏喪曰寡寡特也○喪息浪反娶東郭姜生明東郭姜
以孤入曰棠無咎無咎棠公之子○娶七住反無咎音無本亦作无咎其九反與東郭偃相崔氏東郭偃姜之弟○相
息亮反崔成有病而廢之有惡疾也疏注有惡疾也○正義曰若非惡疾猶堪爲後以疾而廢明是惡疾疾之惡者也不知其何疾也
論語稱伯牛有疾不欲見人淮南子云伯牛癩此崔成猶能作亂未必是癩也彊無病亦不得立者愛後妻欲立明故也而立明成請老于
崔濟南東朝陽縣西北有崔氏城成欲居崔邑以終老○朝如字一音直遙反崔子許之偃與无咎弗予曰崔宗邑
也必在宗主宗邑宗廟所在宗主謂崔明成與彊怒將殺之告慶封曰夫子之身亦子所知
也唯无咎與偃是從父兄莫得進矣大恐害夫子敢以告夫子謂崔杼疏父兄莫得進矣○正
義曰成彊是崔杼之子而云父兄者成彊之意以崔杼任无咎與偃棄遠宗族不可自斥於己故舉宗族父兄也慶封曰子姑退吾圖
之告盧蒲嫳嫳慶封屬大夫封以成彊之言告嫳○嫳普結反徐敷結反盧蒲嫳曰彼君之讎也天或者將
棄彼矣彼實家亂子何病焉君謂齊莊公爲崔杼所弒崔之薄慶之厚也崔敗則慶專權他日又告
成彊復告復扶又反○慶封曰苟利夫子必去之。難吾助女九月庚辰崔成崔彊殺東郭偃棠无咎於崔氏之朝崔子怒而出其衆皆逃求人使駕不得使圉人駕寺人御而出圉人養馬者寺人奄士○難乃旦反女音汝圉魚呂反且曰崔氏有福止余猶可恐滅家禍不止其身遂見慶封慶封曰崔慶一也言如一家是何敢然請爲子討之使盧蒲嫳帥甲以攻崔氏崔氏堞其宮而守之堞短垣使其衆居短垣內以守○請爲于僞反下注嫳爲爲齊莊同堞音牒徐養涉反【疏】崔氏堞其宮○正義曰謂新築女牆而守之弗克使國人助之遂滅崔氏殺成與彊而盡俘其家其妻縊妻東郭姜嫳復命於崔子且御而歸之嫳爲崔子御至則無歸矣乃縊終入於其宮不見其妻凶崔明夜辟諸大墓。開先人之。冢以藏之○辟婢亦反徐出亦反○辛巳崔明來奔慶封當國當國秉政○楚薳罷如晉涖盟罷令尹子蕩報荀盈也○罷音皮晉侯享之將出賦既醉既醉詩大雅曰既醉以酒既飽以德君子萬年介爾景福以美晉侯比之太平君子也叔向曰薳氏之有後於楚國也宜哉承君命不忘敏子蕩將知政矣敏以事君必。能養民政其焉往言政必歸之○崔氏之亂在二十五年申。鮮虞來奔僕賃於野以喪莊公爲齊莊公服喪○賃女鴆反以喪如字又息浪反冬楚人召之遂如楚爲右尹傳言楚能用賢○十一月乙亥朔日有食之辰在申司曆過也再失閏矣謂斗建指申周十一月今之九月斗當建戌而在申故知再失閏也文十一年三月甲子至今年七十一歲應有二十六閏今長曆推得二十四閏通計少再閏釋例言之詳矣【疏】注謂斗至詳矣○正義曰斗建從甲至癸十者謂之日從子至亥十二者謂之辰傳言辰在申者謂其日昏時斗柄所指於十二辰爲在申也九月當建戌而建申故爲再失閏也文十一年三月至今七十一歲應有二十六閏者曆法十九年爲一章章有七閏從文十一年至襄十三年凡五十七年已成三章當有二十一閏又從襄十四年至今爲十四年又當有五閏故爲應有二十六閏也長曆推得二十四閏者杜以長曆實於其間分置二十四閏釋例云閏者會集數年餘日因宜以安之故閏月無中氣斗建斜指兩辰之間也魯之司曆漸失其閏至此年日食之月以儀審望知斗建之在申斗建在申乃是周家九月也而其時曆稱十一月故知再失閏也於是始覺其謬遂頓置兩閏以應天正以敘事期然則前閏月爲建酉後閏月爲建戌十二月爲建亥而歲終焉是故明年經書春無冰傳以爲時災也若不復頓置二閏則明年春是今之九月十月十一月也今之九月十月十一月無冰非天時之異無緣總書春也尋案今世所謂魯曆者不與春秋相符殆來世好事者爲之非真也今俱不知其法術具依春秋經傳反覆其終始以求之近得其實矣杜言以儀審望者大史鑄銅作渾天儀列二十八宿之度設機關候望以測七曜所在故於彼鑄銅儀而審望之知此月斗建申也長曆稱大凡經傳有七百七十九日漢末宋仲子集七曆以考春秋魯曆得五百二十九日失二百五十日是其不與春秋相符也劉炫云遠取文十一年三月甲子者以三十年絳縣老人云臣生之歲正月甲子朔以全日故又云言通計者若據前閏以來短計不得有再失之理今遠從文十一年以來計之是爲通計也

經二十有八年春無冰前年知其再失閏頓置兩閏以應天正故此年正月建子得以無冰爲災而書○應應對之應○夏衛石惡出奔晉甯喜之黨書名惡之○惡烏路反○邾子來朝○秋八月大雩○仲孫羯如晉告將朝楚○羯居謁反○冬齊慶封來奔崔杼之黨耆酒荒淫而出書名罪之自魯奔吳不書以絕位不爲卿○耆市志反○十有

一月，公如楚。爲宋之盟故朝楚○爲，于僞反○十有二月甲寅，天王崩。靈王也○乙未，楚子昭卒。康王也。十二月無乙未，日誤[疏]注十二至日誤○正義曰：甲寅之後四十二日始得乙未，則甲寅、乙未不得同月。長曆推此年十二月戊戌朔，甲寅是十七日，其月無乙未也。經有十一月、十二月，月不容誤，知日誤也。

傳二十八年春，無冰。梓慎曰：「今茲宋、鄭其饑乎？梓慎，魯大夫。今年鄭游吉、宋向戌言之，明年饑甚，傳乃詳其事○梓音子。[疏]注梓慎至其事○正義曰：此年傳鄭游吉云「歲之不易」，宋向戌云。「飢寒之不恤」，是今年言之也。明年傳云鄭饑，子皮餼國人粟，於是宋亦饑，子罕請於平公，出公粟以貸，是詳其事也。歲在星紀，而淫於玄枵，歲，歲星也。星紀在丑，斗、牛之次。玄枵在子，虛、危之次。十八年晉董叔曰：天道多在西北。是歲歲星在亥，至此年十一歲，故在星紀，明言乃當在玄枵，今已在玄枵，淫行失次○枵，許驕反[疏]注歲歲至失次○正義曰：左傳及國語所云歲在者，皆謂歲星所在，故云歲，歲星也。五星者，五行之精也。曆書稱木精曰歲星，火精曰熒惑，土精曰鎮星，金精曰大白，水精曰辰星。此五者皆右行於天，二十八宿則著天不動，故謂二十八宿爲經，五星爲緯，言若織之經緯然也。天有十二次，地有十二辰，丑、子、亥，北方之辰也。次之與辰，上下相值，故云星紀在丑，玄枵在子。釋天云：「星紀，斗、牽牛也。玄枵，虛也。」孫炎曰：「星紀，日月五星之所終始也，故謂之星紀。虛在正北，北方色玄，故曰玄枵。枵之言。秏。秏，虛之意也。」漢書律曆志云：星紀，初斗十二度，終於婺女七度。玄枵，初婺女八度，終於危十五度。是星紀爲斗、牛之次，玄枵爲虛、危之次也。九年傳稱晉侯問公生歲，乃曰「十二年矣，是謂一終，一星終也」，言歲星大率十二年而一周天也。十八年晉董叔曰「天道多在西北」，是言其年歲星在亥也。歲星右行於天，至此年十一年耳，行未及周，故此年歲星常法當在星紀，明年乃當在玄枵，今年已在玄枵，是其淫行失次也。漢書律曆志載劉歆三統曆，歆以爲歲星一百四十四年行天一百四十五次。一千七百二十八年爲歲星歲數言數滿此年剩得行天一周也三統之曆以庚戌爲上元此年距上元積十四萬二千六百八十六歲置此歲數以歲星歲數一千七百二十八除之得積終八十二去之歲餘九百九十以一百四十五乘歲一餘得十四萬三千五百五十以一百四十四除之得九百九十六爲積次不盡一百二十六爲次餘以十。二除之得八十三去之盡是爲此年更發初在星紀也欲知入次度者以次餘一百二十六乘一次三十度以百四十四除之得二十六度餘是歲星本平行此年之初已入星紀之次二十六度餘當在婺女四度於法未入於玄枵也傳言淫於玄枵未知已在玄枵幾度此舉其大率耳而五星之次行有遲有疾有留伏逆順於曆法更自別有推步之術此不可詳也

以有時菑陰不堪陽

時菑無冰也盛陰用事而温無。冰是陰不勝陽地氣發洩○菑音災注同洩息列反下同【疏】注時菑至發洩○正義曰傳先言無冰乃載梓慎之語則梓慎之語爲無冰而發知時菑謂春無冰也言以有時菑者以此歲星淫行之年而有天時温煖之菑四時之序冬月當寒故温則爲菑害也冬月盛陰用事陰寒在地當過陽使不出時應寒而温無冰是陰陽相競陰氣不能勝陽故陽氣出地地氣發洩而使時温無冰也歲星自淫。行。天時自温暖其温不由歲星梓慎以其年有二事而總言其占耳服虔云歲爲陽玄枵爲陰歲乘陰進至玄枵陰不勝陽故温無冰按下云蛇乘龍乃謂玄枵乘歲星非歲星乘玄枵也若必以此無冰謂歲乘玄枵所致則成元年春無冰者豈謂歲星乘玄枵乎成十六年雨木冰者復是玄枵乘歲星也

蛇。乘龍

蛇玄武之宿虛危之星龍歲星歲星木也木爲青龍失次出虛危下爲蛇所乘○宿音秀下同【疏】注蛇玄至所乘○正義曰蟲獸在地而有象在天二十八宿分在四方方有七宿共成一象東方爲青龍之象西方爲白虎之象皆南首北尾也南方爲朱鳥之象北方爲玄武之象皆西首東尾也曲禮說軍陳象物云行前朱鳥後玄武左青龍右白虎是玄武在北方也龜蛇二蟲共爲玄武故蛇是玄武之宿虛危之星也七星共爲玄武但歲星淫行在虛危之分故特指虛危言之耳傳言蛇乘龍龍卽歲星也歲星木

精。木位在東方東方之宿爲青龍之象故歲星亦以龍爲名焉龍行疾而失次出於虛危宿下龍在下而蛇在上是龍爲蛇所乘也歲星天之貴神福德之星今被乘勢屈是不能祐其本國之象故知宋鄭饑也

龍宋鄭之星也 歲星本位在東方東方房心爲宋角亢爲鄭故以龍爲宋鄭之星○亢音剛又若浪反

疏注歲星至之星○正義曰歲星屬木。木位在東方東方之次皆是龍分天之分野卯爲大火辰爲壽星大火房心爲宋分壽星角亢爲鄭分故龍爲宋鄭之星也然則寅爲析木之津析木燕之分野梓慎言不及燕別當有以知之非吾徒所能測也

宋鄭必饑玄枵虛中也 玄枵三宿虛星在其中

枵秏。名也土虛而民秏不饑何爲 歲爲宋鄭之星今失常淫入虛秏之次時復無冰地氣發洩故曰土虛民秏○秏呼報反復扶又反

疏注枵秏至何爲○正義曰枵聲近秏故枵是秏之名也次有三宿虛。爲其中土虛不實而人民秏損不饑何爲也地氣發洩而使時溫無冰鄭是土虛之事也於時魯國無冰是魯亦地氣發洩下子服惠伯云。飢寒之不恤是魯亦饑矣經不書饑饑當差於宋鄭故梓慎唯言宋鄭饑耳

○夏齊侯陳。侯。蔡侯北燕伯。杞伯胡子沈子白狄朝于晉宋之盟故也 陳侯蔡侯胡子沈子楚。屬也宋盟曰晉楚之從交相見故朝晉燕國今。薊縣○燕烏賢反薊音計

疏注。陳侯至薊縣○正義曰傳言宋之盟故雖文在諸國之下止爲楚屬發傳故杜明之陳蔡胡沈爲宋盟朝晉其齊燕杞狄先非楚屬其朝不爲宋之盟也譜云北燕姬姓召公奭之後也周武王封之於燕居漁陽薊縣其國辟小不通諸夏自召公至簡公款二十九世始見經簡公子獻公十二年獲麟之歲也獻公子孝公七年春秋之傳終矣孝公立十五年卒孝公以下六世始大稱王十二世二百二十五年秦滅之

齊侯將行慶封曰我不與盟何爲於晉 以宋盟釋齊秦○與音預下同

陳文子曰先事後賄禮也 事大國當先從其政事而後薦賄以副己心○賄呼罪反

小事大未獲事焉從之

如。志。禮也言當從大國請事以順其志疏小事至禮也○正義曰言小國之事大國也當每事順從若未獲大國所命之事但如其志之所欲卽不待彼命逆卽從之如其志意禮也禮者自卑而尊人故先承意志是事大之禮也雖不與盟敢叛晉乎重丘之盟未可忘也子其勸行重丘盟在二十五年○重直龍反○衛人討甯氏之黨故石惡出奔晉衛人立其從子圃以守石氏之祀禮也石惡之先石碏有大功於衛國惡之罪不及不祀故曰禮○從子才用反圃布古反碏七略反○邾悼公來朝時事也傳言來朝非宋盟宋盟唯施於朝晉楚○秋八月大雩旱也○蔡侯歸自晉入于鄭鄭。伯享之不敬子產曰蔡侯其不免乎不免禍日其過此也往日至晉時○日人實反過古禾古臥二反君使子展迋勞於東門之外而傲。迋往也○迋于況反後同勞力報反吾曰猶將更之今還受享而惰乃其心也君小。國事大國而惰傲以為己心將得死乎若不免必由其子其為君也淫而不父通大子班之妻○傲五報反下同惰徒臥反君小國事大國古本无小字疏。君小國事大國○正義曰晉宋古本及王肅注其文皆如此君國謂為國君言其為君之難也今定本作小國僑聞之如是者恆有子禍為。三十年蔡世子。班弒其君傳○孟孝伯如晉告將為宋之盟故如楚也魯晉屬故告晉而行○將為于偽反蔡侯之如晉也鄭伯使游吉如楚及漢楚人還之曰宋之盟君實親辱君謂鄭伯○還音環今吾子來寡君謂吾子姑還吾將使馹。奔問諸晉而以告問鄭君應來朝否○馹人實反子大叔曰宋之盟君命將利小國而亦使安定其社稷鎮撫其民人以禮承天之休休福祿也○休許糾反注同此君之憲令而小國之望也憲法也寡君是故使吉奉其皮幣聘用乘皮束帛○乘繩證反以歲之不易聘於下執事言歲有饑荒之難故鄭伯不得自朝楚○易以豉反難乃旦反今執事有命曰女何與政令之有必使而君棄而封守跋涉山川蒙犯霜露以逞君心小國將君是望敢不唯命是聽無乃非盟載之言以闕君德而執事有不利焉小國是懼不然其何勞之敢憚

疏 今執至敢憚○正義曰執事謂楚也楚人詰大叔唯有止還之語耳令游吉還使鄭伯來故游吉原其意爲此辭作甚之言耳而執事有不利焉違盟言闕君德是於楚爲不利也小國是懼懼楚不利耳不敢自憚勞也

子大叔歸復命告子展曰楚子將死矣不脩其政德而貪昧於諸侯以逞其願欲久得乎周易有之在復☷☳震下坤上復○女音汝何與音預跋涉白末反草行爲跋水行爲涉憚徒旦反之頤☶☳震下艮上頤復上六變得頤以之反○曰迷復凶復上六爻辭也復反也極陰反陽之卦上處極位迷而復反失道已遠遠而無應故凶○應應對之應

疏 注復上至故凶○正義曰卦從下起從下而畫陰爻至上六爲純坤又將從下變之故復爲極陰反陽之卦也上處極位位極更无所往故爲迷也既迷而後反本從下積而至迷是爲失道已遠上應在三三亦陰爻遠而無應故凶也復易注云復反也還也陰氣侵陽陽失其位至此始還反起於初故謂之復陽君象君失國而還反道德更興也頤養也易注云頤者口車輔之名震動於下艮止於上口車動而上因輔嚼物以養人故謂頤爲養也

其楚子之謂

乎欲復其願謂欲得鄭朝以復其願疏注謂欲至其願○正義曰楚子本意願鄭伯來朝全不顧道理唯欲復其本願而棄其本
不脩德復歸無所是謂迷復失道已遠又无所歸能無凶乎君其往也送葬而歸以快楚心
言楚子必死君往當送其葬楚不幾十年未能恤諸侯也幾近也言失道遠者復之亦難○幾居依反又音祈疏注幾近至
亦難○正義曰幾近釋詁文也十者數之小成言失道遠者復之亦難故舉成數以言之周易復卦上六爻云迷復凶有災眚用行師終有大敗以其國君凶
至于十年不克征是易有十年之語故游吉期之以十年服虔云此行也楚康王卒至昭四年楚靈王合諸侯于申距今八年故曰不幾十年是謂十年不克
征也吾乃休吾民矣。休息也言楚不能復為害○復扶又反下復顧同裨竈曰今茲周王及楚子皆將死
裨竈鄭大夫○裨避支反歲棄其次而旅於明年之次以害鳥帑周楚惡之旅客處也歲星棄星紀之次客
在玄枵歲星所在其國有福失次於此禍衝在南南為朱鳥鳥尾曰帑鶉火鶉尾周楚之分故周王楚子受其咎俱論歲星過次梓慎則曰宋鄭饑裨竈則曰
周楚王死傳故備舉以示卜占惟人所在○帑音奴惡如字一音烏路反衝尺容反分扶問反疏注旅客至所在○正義曰易有旅卦傳言羇旅旅皆是客
故為客處也歲星常行之度此年當在星紀星紀是其所居之次也今歲星棄其所居星紀之次乃客處在於明年所居之次言其未應往而往向彼玄枵之
次為客寄也昭三十二年傳云越得歲而吳伐之必受其凶是歲星所在其國有福當福之衝其國有禍今失次於北故禍衝在南子午之位南北相衝淫於
玄枵衝當鶉火南方為朱鳥之宿帑者細弱之名於人則妻子為帑於鳥則鳥尾曰帑妻子為人之後鳥尾亦鳥之後故俱以帑為言也天之分野鶉火周分
鶉尾楚分歲星之衝當此周楚之分故周王楚子受其咎也歲星客在玄枵惟衝鶉火而鶉尾亦有咎者蓋以歲星漸西衝則漸東尾之於鳥猶是一身故衝

其身而及其尾此則裨竈能知亦非吾徒所測也此與上文俱論歲星過次所占不同其事俱驗而丘明兩載之是傳故備舉以示卜占效驗惟人所在言其知之在於人各自有意見也○九月鄭游吉如晉告將朝于楚以從宋之盟子產相鄭伯以如楚舍。不爲壇。至敵國郊除地封土爲壇以受郊勞○相鄭息亮反下同壇徒丹反勞力報反【疏】注至敵至郊勞○正義曰聘禮賓至于近郊君使卿用束帛勞无設壇之法下云先君適四國未嘗不爲壇蓋以朝禮君親行事重故有之也禮有壇墠者先儒以爲除地曰墠封土曰壇此并言除地封土者尙書金縢云三壇同墠是作壇在除地之內故除地封土并言之服虔本作墠解云除地爲墠王肅本作壇而解云除地坦坦者則讀爲墠也按下云作壇以昭其功。昭其禍若是除地草穢尋生不足以昭示後人杜言壇是也下言草舍者不爲壇則不除地故爲草舍耳外僕言曰昔先大夫相先君適四國未嘗不爲壇外僕掌次舍者自是至今亦皆循之今子草舍無乃不可乎子產曰大適小則爲壇小適大苟舍而已焉用壇僑聞之大適小有五美宥其罪戾赦其過失救其菑患賞其德刑刑法也○焉用於虔反下焉用作壇焉辟之又焉用盟皆同宥音又菑音災【疏】亦皆循之○正義曰。因循不廢也教其不及小國不困懷服如歸是故作壇以昭其功宣告後人。無怠於德怠解也○解佳賣反小適大有五惡說其罪戾自解說也請其不足行其政事奉。行大國之政共其職貢從其時命從朝會之命○共音恭不然則重其幣帛以賀其福而弔其凶皆小國之禍也焉用作壇以昭其禍所以告子孫無昭禍焉可也無昭禍以告子孫○齊慶封好田而耆酒與慶舍政舍慶封子慶封當國不自爲政以付舍○好呼報反者市志反則以其內實遷于盧蒲嫳氏易內而飲酒內實寶物妻妾也移而居嫳家數日國遷朝焉就於盧蒲氏朝見封○數所主反見賢遍反【疏】。國遷朝焉○正義曰慶封雖與舍政使舍知政事耳封猶有當國之重故國之卿大夫皆還就嫳家朝焉使諸亡人得賊者以告而反之亡人辟崔氏難出奔者○難乃旦反【疏】使諸至反之○正義曰崔氏之亂但是莊公之黨崔氏以之爲賊當時辟難並悉出奔崔氏既亡慶封召令還國故言使諸逃亡之人得賊名而出者以己情告而悉反之故反盧蒲癸癸臣子之子之慶舍有寵妻之子之以其女妻癸○妻七計反注及下注皆同慶舍之士謂盧蒲癸曰男女辨姓子不辟宗何也辨別也別姓而後可相取慶氏盧蒲氏皆姜姓○別彼列反下同相取七住反本亦作娶曰宗不余辟言舍欲妻己【疏】○宗不余辟○正義曰男女辨姓則。妻亦辟宗癸謂慶舍爲宗言彼宗不於。處相辟也余獨焉辟之賦詩斷章余取所求焉惡識宗言己苟欲有求於慶氏不能復顧禮譬如賦詩者取其一章而已○斷音短惡音烏安也注同癸言王何而反之二人皆嬖二子皆莊公黨二十五年崔氏弒莊公癸何出奔今還求寵於慶氏欲爲莊公報讎○弒必計反下同欲爲于僞反使執寢戈而先後之寢戈親。近兵杖○先悉薦反後戶豆反近附近之近杖直亮反公膳日雙雞卿大夫之膳食○膳市戰反謂公家供卿大夫之常膳【疏】公膳日雙雞○正義曰按禮記玉藻云天子日食少牢朔月大牢諸侯日食特牲朔月少牢其大夫則日食特豚朔月特牲今膳日雙雞者齊國臨時之事不如禮也饔人竊更之以鶩御者知之則去其肉而以其洎饋御進食者饔人御者欲使諸大夫怨慶氏減其膳蓋盧蒲癸王何之謀○鶩徐音木鴨也去起呂反藏也洎其器反肉汁也說文云洎灌釜也字林已蒞反饋其位反【疏】更之以鶩○正義曰釋鳥云舒鳧鶩舍人曰鳧野名也鶩家名也李巡曰野曰鳧家曰鶩郭璞曰鴨也然則謂之舒者舒遲也家養馴不畏人故飛行遲以遲別野名耳其為鴨一也○。而以其洎饋○正義曰說文云洎灌釜也周禮士師職云祀五帝則洎鑊水鄭玄云洎謂增其沃汁也然則洎者添釜之名添水以為肉汁遂名肉汁為洎去肉而空以汁饋欲其怨之深也子雅。子尾怒二子皆惠公孫【疏】注二子皆惠公孫○正義曰昭三年傳云二惠競爽猶可又十年傳曰齊惠欒高氏皆耆酒是知皆惠公孫也慶封告盧蒲嫳以二子怒告嫳盧蒲嫳曰譬之如禽獸吾寢處之矣言能殺而席其皮使析歸父告晏。平仲欲與共謀子雅子尾平仲曰嬰之衆不足用也知無能謀也言弗敢出不敢。洩謀知無音智○有盟可也子家曰子之言云子家析歸父又焉用盟告北郭子車子車齊大夫子車曰人各有以事君非佐之所能也佐子車名陳文子謂桓子桓子文子之子無宇曰禍將作矣吾其何得對曰得慶氏之木百車於莊慶封時有此木積於六軌之道【疏】注慶封至之道○正義曰釋宮云六達謂之莊注爾雅者皆以為六道旁出杜以九達並九軌故亦以莊為六軌也文子曰可慎守也已善其不志於貨財

盧蒲癸王何卜攻慶氏示子之兆龜兆曰或卜攻讎敢獻其兆子之曰克見血冬十月慶封田于萊陳無宇從丙辰文子使召。之請曰無宇之母疾病請歸慶季卜之季慶封○萊音來從才用反示之兆曰死奉龜而泣無宇泣○奉芳勇反乃使歸慶嗣聞之嗣慶封之

族○慶嗣繼嗣之嗣本或作慶嗣誤曰禍將作矣謂子家速歸子家慶封。字禍作必於嘗嘗秋祭歸猶可
及也子家弗聽亦無悛志悛改寤也○悛七全反寤五故反子息曰亡矣幸而獲在吳越。子息慶嗣
陳無宇濟水而戕舟發梁戕殘壞也不欲慶封得救難○戕在羊反難乃旦反下外難同盧蒲姜謂癸曰有事
而不告我必不捷矣姜癸妻慶舍女癸告之告欲殺慶舍姜曰夫子愎莫之止將不出我請
止之夫子謂慶舍○愎皮逼反癸曰諾十一月乙亥嘗于大公之廟慶舍。涖事臨祭事大音泰○盧
蒲姜告之且止之弗聽曰誰敢者遂如公至公所麻嬰為尸為祭尸慶奊。為上獻上獻
先獻者○奊戶結反[疏]慶奊為上獻○正義曰祭祀之禮主人先獻下文慶舍死公懼而歸則於時公親在矣又此祭慶舍。涖事公與慶舍不為上獻而奊
為上獻者慶舍使為之不可以禮責也奊卽縄也為下殺慶縄張本盧蒲癸王何執寢戈慶氏以其甲環公宮廟在
宮內○環如字徐音患陳氏鮑氏之圉人為優優俳○優於求反俳皮皆反○[疏]注優俳○正義曰優者戲名也晉語有優施史
記滑稽傳有優孟優旃皆善為優戲而以優著名史游急就篇云倡優俳笑是優俳一物而二名也今之散樂戲為可笑之語而令人之笑是也宋大尉袁淑
取古之文章令人笑者次而題之名曰俳諧集慶氏之馬。善驚士皆釋甲束馬。束絆之也○絆音半[疏]慶氏之馬善驚○正
義曰善驚謂數驚數驚古人有此語今人謂數驚為好驚好亦善之意也而飲酒且觀優至於魚里魚里里名優在魚里就觀之[疏]
注魚里至觀之○正義曰杜以優在魚里士往觀之劉炫以為國人從。旁為優引行以至魚里以規杜氏但傳文不顯古事難知。劉輒以為規一何煩碎欒

高陳鮑之徒介慶氏之甲欒子雅高子尾陳陳須無鮑鮑國○介音界子尾抽桷擊扉三桷椽也扉門闔也以桷擊扉爲期○桷音角扉音非門扇也椽直專反闔戸榼反盧蒲癸自後刺子之。王何以戈擊之解其左肩猶援廟桷動於甍。甍屋棟○刺七亦反援音爰甍亡耕反字林亡成反【疏】注甍屋棟○正義曰先儒相傳爲然也張衡西京賦曰甍宇齊平言諸屋棟簷高下等也說文云甍棟梁也是又名爲梁此是屋上之長。材椽所以馮依者也今俗謂之屋脊以俎壺投殺人而後死。言其多力遂殺慶繩麻嬰慶繩慶嬰公懼鮑國曰羣臣爲君故也。言欲尊公。室非爲亂○爲君于僞反下爲之誦同陳須無以公歸稅服而如內宮言公懼於外難○稅吐活反一音如字慶封歸遇告亂者丁亥伐西門弗克還伐北門克之入伐內宮陳鮑在公所故弗克反陳于嶽嶽里名○陳直覲反嶽五角反請戰弗許遂來奔獻車於季武子美澤可以鑑光鑑形也○鑑古暫反展莊叔見之魯大夫曰車甚澤人必瘁。宜其亡也叔孫穆子食慶封慶封氾祭。禮食有祭示有所先也氾祭遠散所祭不共○瘁在醉反本或作萃同食慶音嗣氾芳劍反【疏】注禮食至不共○正義曰禮法食必先祭祭古之先食以示有所先也公食大夫禮云賓升席坐取韭菹以偏。擩于醢上豆之間祭又言祭鉶羹於上鉶之間祭飲。酒於上豆之間是祭食之禮各有其處論語云汎愛衆汎是寬博之語故知汎祭爲遠散所祭言其不共也穆子不說。使工爲之誦茅鴟工樂師茅鴟逸詩刺不敬○說音悅茅亡交反鴟尺之反刺七賜反亦不知既而齊人來讓讓魯受慶封奔吳吳句。餘予。之朱方句餘吳子夷末也朱方吳邑○句古侯反下句瀆同【疏】注句餘至吳邑○正義曰此時吳君是餘祭也明年餘祭死乃夷末代立昭十五年吳子夷末卒是也服虔以句餘爲餘祭杜以爲夷末者以慶封此年之末始來奔魯齊人來讓方更奔吳明年五月而閽弑餘祭計其閒未得賜慶封以邑故以句餘爲夷末也

聚其族焉而居之富於其舊子服惠伯謂叔孫。曰天殆富淫人慶封又富矣穆子曰善人富謂之賞。淫人富謂之殃天其殃之也其將聚而殲旃殲盡也旃之也爲昭四年殺慶封傳○殲子潛反○癸巳天王崩未來赴亦未書禮也嫌時已聞喪當書故發例○崔氏之亂喪羣公子故鉏在魯叔孫還在燕。賈在句瀆之丘在襄二十。一年○喪息浪反故鉏仕居反公子鉏也本或作故公鉏者非瀆音豆及慶氏亡皆召之具其器用而反其邑焉反還也與晏子邶。殿其鄙六十邶殿齊別都以邶殿邊鄙六十邑與晏嬰○邶蒲對反殿多薦反又如字注及下同【疏】○注六十邑○正義曰傳直言六十杜知六十邑者下云與北郭佐邑六十則此亦是六十邑也弗受子尾曰富人之所欲也何獨弗欲對曰慶氏之邑足欲故亡吾邑不足欲也益之以邶。殿乃足欲足欲亡無日矣在外不得宰吾一邑不受邶殿非惡富也恐失富也且夫富如布帛之有幅焉爲之制度使無遷也遷移也○惡烏路反且夫音扶幅音福【疏】外不得宰○正義曰外猶以外宰猶益也以邶殿爲外也言吾先有邑更不得益邶殿耳夫民生厚而用利於是乎正德以幅之言厚利皆人之所欲唯正德可以爲之幅【疏】夫民至幅之○正義曰人皆欲生計重厚而多財用利益心既無厭於是乎用正德以幅之言用正德以爲邊幅使

有度也使無黜嫚黜猶放也○黜勑律反嫚徐音慢謂之幅利利過則爲敗吾不敢貪多所謂幅

也與北郭佐邑六十受之與子雅邑辭多受少與子尾邑受而稍致之致還公

以爲忠故有寵釋盧蒲嫳于北竟釋放也竟音境求崔杼之尸將戮之不得叔孫穆子

曰必得之武王有亂臣十人亂治也○治直吏反疏武王有亂臣十人○正義曰尚書泰誓文也亂治也以武王自言我有治理政事者十人鄭玄論語注云十人謂文母周公大公召公畢公榮公大顛閎夭散宜生南宮适崔杼其有乎不十人不足以

葬葬必須十人崔氏不能令十人同心故必得○令力呈反疏不十人不足以葬正義曰案武王有亂臣十人而得天下崔子若有十人唯得葬者武王聖人十人皆大德故有天下崔子是罪人又有十人是凡人故唯可以葬也所引武王十人者唯取同心之義既崔氏之臣曰與我其

拱璧崔氏○大璧○拱居勇反徐音恭疏與我其拱璧○正義曰其者其崔杼也故云崔氏大璧拱謂合兩手也此璧兩手拱抱之故爲大璧吾獻

其柩於是得之十二月乙亥朔齊人遷莊公殯于大寢更殯之於路寢也十二月戊戌朔乙亥誤○柩其救反以其棺尸崔杼於市崔氏弒莊公又葬不如禮故以莊公棺著崔杼尸邊以章其罪○著丁略反國人猶知之

皆曰崔子也始求崔杼之尸不得故傳云國人皆知之疏注始求至知之○正義曰始求崔杼尸不得嫌以他尸代之傳言國人猶知之皆曰崔子言猶尙識其形知是真崔子也○爲宋之盟故公及宋公陳侯鄭伯許男如楚公過鄭鄭伯

不在已在楚○爲于爲反過古禾反伯有廷勞於黃崖不敬滎陽宛陵縣西有黃水西南至新鄭城西入洧○勞力報反崖本又

作涯魚佳反穆叔曰伯有無戾於鄭鄭必有大咎伯有不受戮必還為鄭國害敬民之主也而棄
之何以承守言無以承先祖守其家鄭人不討必受其辜濟澤之阿言薄土○濟子禮反行潦之蘋
藻言賤菜○潦音老蘋言頻藻音早寘諸宗室薦宗廟○寘之豉反季蘭尸之敬也言取蘋藻之菜於阿澤之中使服蘭之女
而為之主神猶享之以其敬也【疏】濟澤至尸之敬也○正義曰此意取采蘋之詩也詩云于以采蘋南澗之濱于以采藻于彼行潦于以奠之宗室牖下誰
其尸之有齊季女彼詩采蘋於澗采藻於潦此幷言行潦之蘋藻又別言濟澤之阿者以其亦是出菜之處故先言之也獨言濟者以濟在魯國故穆叔獨舉
所見而言也女將行嫁就宗子之家教之以四德三月教成設祭於宗子之廟此詩述教成之祭寘諸宗室謂薦於宗子之家廟也詩言季女而此言季蘭謂
季女服蘭草也案宣三年傳曰蘭有國香人服媚之如是女之服蘭也有敬可棄乎為三十年鄭殺良霄傳及漢楚康王卒公
欲反叔仲昭伯曰我楚國之為豈為一人行也昭伯叔仲帶○為于偽反下除而為之備一字並反子服
惠伯曰君子有遠慮小人從邇邇近也飢寒之不恤誰遑其後遑暇也不如姑歸也
叔孫穆子曰叔仲子專之矣言足專任子服子始學者也言未識遠榮成伯曰遠圖者忠
也成伯榮鴐鵝○鴐音加鵝五河反公遂行從昭伯謀宋向戌曰我一人之為非為楚也飢寒之不
恤誰能恤楚姑歸而息民待其立君而為之備宋公遂反【疏】向戌至楚也○正義曰魯宋俱是朝
楚向戌與叔仲昭伯言不同者二者並為楚是大國故朝其君昭伯欲令公行故以國大勸公言大國可畏也向戌欲令公還故以君身規公言君死宜反也

意異故言異耳○楚屈建卒趙文子喪之如同盟禮也宋盟有衷甲之隙不以此。廢好故曰禮○喪如字又息浪反隙去逆反本或作郤好呼報反○王人來告喪問崩日以甲寅告故書之以徵過也徵審也此緩告非有事。宜直臣子怠慢故。以此。發例○徵張陵反本或作懲誤疏注徵審至發例○正義曰昭三十年傳云非公且徵過杜云徵明也則此徵之訓亦爲明明審此緩告者非有事故宜緩直是臣子怠慢耳杜序以故書爲新意故於此發新例以明諸無事故而緩來告者皆是譏其怠慢也

附釋音春秋左傳注疏卷第三十八

春秋左傳注疏卷三十八校勘記　阮元撰盧宣旬摘錄

附釋音春秋左傳注疏卷第三十八 起二十七年盡二十八年

〔經二十七年〕

宋爲主人 淳熙本人作故非也

故經唯序九國大夫 淳熙本唯誤進

陳于晉會常在衞上 足利本後人記云晉會異本作盟會

甯喜至從赴 宋本以下正義二節總入衞侯之弟節注下

於當誅 宋本於下有法字是也

不以弒君之罪討之故言追也 浦鏜正誤云罪當時字誤

書弟則示兄曲也 閩本監本毛本示作是

其君民食於深宮 補案民當作眠

宋衞吾匹不視邾滕 閩本監本視作是非也

冬十有二月乙卯朔 石經宋本宋殘本淳熙本岳本足利本卯作亥不誤

非十二月也 毛本十作一非也

〔傳二十七年〕

傳使烏餘具車徒 宋本毛本無傳字以下正義二節宋本總入諸侯是以睦於晉注下

烏餘以衆出 石經宋本宋殘本淳熙本岳本纂圖本監本毛本足利本以下有其字是也

皆取其邑而歸諸侯是以睦於晉 案劉炫云晉宋古文皆不重言諸侯正義曰定本重有諸侯今石經及諸本皆重諸侯二字細玩傳文當以使諸侯至皆取其邑而歸爲句下文諸侯是以睦於晉爲句若此處重諸侯字則文理有礙然則晉宋古本是定本非也

祇成惡名止也 宋殘本祇作祇纂圖本監本毛本作祇亦非宋本作祇與石經及宋刻釋文合

祇適也 淳熙本誤入上注恐伐之未必勝之句下按唐人祇適也其字衣旁廣韻玉篇皆然

父子死余矣 顧炎武云石經余誤餘按石經不誤

注獻公所殺 宋本監本毛本公下有至字以下正義五節宋本總入乃使文子爲卿注下

夏免餘復攻甯氏 顧炎武云石經餘誤余案石經此處刓缺所據乃謬刻也

納我者死 釋文納作內云本又作納

注稅卽至言終身 宋本監本毛本無言字

服之輕者宋本服上重稅服二字

杜以言義不通宋本言作其是也

大夫稼家閩本監本毛本稼作之亦非宋本作穪是也

財用之蠹葉抄釋文蠹作蠹云本亦作蠹注及正義同

蠹害物之虫宋本宋殘本淳熙本岳本虫作蟲不誤正義放此

注蠹害物之虫宋本以下正義十七節總入盟于蒙門之外注下

蝎木蟲也宋本木下有中字

楚亦許之如齊齊人難之陳文子曰晉楚許之石經楚字起之字止分作二行行九字初刻似齊下多一字晉

楚二字之間亦多一字

則固攜吾民矣石經宋殘本岳本攜作攜

以爲此享多文辭宋本閩本監本毛本作文此本誤人今訂正

禮有定式監本毛本定作足誤也

丁卯宋戌如陳宋本宋殘本淳熙本岳本纂圖本監本毛本宋下有向字是也石經初刻向上有宋字後刊去故向字一行九字案錢大昕云

上文已書向戌此不當更言宋石經刊去是也

不能服而使之 纂圖本服作復非也

子木使馹謁諸王 石經此處刓缺閩本監本毛本馹作驛非也注文同

戊寅左師至 淳熙本左誤反

陳孔奐蔡公孫歸生至 石經及諸本作奐毛本誤渙

此藩籬爲軍者 宋本此下有以字是也

是棄其所以服諸侯也 石經及諸刻本作所淳熙本誤信

與宋致死 岳本無此四字沈彤云此疑因疏文誤增舊本無之

晉獨取信 淳熙本取作旺誤

則貢賦重 淳熙本貢作眞非是

但叔孫彊直 閩本監本彊作疆非也

辛巳芍始結盟 閩本監本毛本芍作乃亦非宋本作方是也○今從宋本

反魯復請 宋本復作覆

而乃校計公言是非　毛本校作較

楚爲晉細　淳熙本纂圖本監本毛本爲作謂非也

欲推使楚主盟　淳熙本纂圖本欲作故非也

路堵父爲客　浦鏜正誤路作露與國語合

公與燕　宋本與下有卿字是也

無愧辭　釋文愧作媿按依說文則當作媿

注五君謂文襄靈成景　宋本此節正義在不可與爭句下

晉語訾祏對范宣子曰　閩本監本祏作祐非也

諸侯無二心　監本二字脫上畫考文云二作貳按明道本國語作二

及爲元師　宋本閩本監本毛本師作帥按作師是也國語作及爲成師唐固注云爲成公君師此元字亦當爲成字之誤

晉荀寅遂如楚涖盟　閩本監本毛本亦誤作寅宋本宋殘本淳熙本岳本纂圖本足利本作盈與石經合

鄭伯享趙孟于垂隴　淳熙本于作子非也

請皆賦以卒君貺　李善注荅東阿王書賦下有詩字似以意增也

注鶉之至君也 宋本以下正義五節總入不亦可乎句下

牀笫之言 淳熙本笫作第並非下同

曰既見君子 山井鼎云足利本後人曰上補又字非也

中心藏之 山井鼎云二本後人改藏作臧案作臧是也

不亡族也 閩本監本毛本亡作忘非也

故能受天之祜 宋殘本閩本祜作祐按釋文作祜

匪交匪敖 山井鼎云後人改匪交作彼交不知據何本案王念孫云匪即彼也說詳廣雅疏證五下

謂賦蟋蟀曰 纂圖本曰上衍詩字

即不淫也 宋本即不上重無荒二字

民皆愛之 皆字此本空闕據宋本閩本監本毛本補

宋左師請賞 宋本閩本監本毛本此節經文及注在正義不亦可乎之後

注欲宋君稱功無之邑也 閩本無作至宋本監本毛本作欲宋至邑也以下正義三節宋本總入向戌之謂乎注下

自以爲已免死也 宋本已作己下同

而子求之石經宋本宋殘本淳熙本岳本纂圖本監本毛本求下有去字閩本初刻無後刓擠

以誣道蔽諸侯石經及諸本作蔽釋文云服虔王肅董遇並作弊案正義云董遇王肅本皆作蔽謂以誣人之道掩諸侯也與陸氏異惠棟云敝與弊通昭十四年傳云叔魚蔽罪邢侯周禮大司寇職云以邦成弊之鄭衆曰弊之斷其獄訟也服虔又作斃字異而音義實同也

服虔曰斃踣也一曰罷也則知服本作斃閩本監本毛本上斃字改敝下改弊案斃踣也本爾雅釋詁文

左師辭邑淳熙本師作帥

何以恤我我其收之石經初刻收誤牧後改刊惠棟云頌云假以溢我說文及廣韻引詩云誐以謐我誐與何音相近伏生尚書云惟刑之謐哉古文作恤恤愼也故毛傳亦訓溢爲愼今傳作恤與毛傳義合或古謐溢字通鄭氏訓爲盈溢失之杜氏訓恤爲憂尤誤說文云誐嘉善也毛傳訓假爲嘉義亦同案段玉裁云莊子書以言其老洫也陸德明云洫本亦作溢同音逸然則恤與謐洫皆同部相假借

收取也岳本也誤之

東郭姜以孤入纂圖本監本毛本姜作彊誤也

曰棠無咎石經宋本宋殘本無作无與釋文合惠棟云无見衞宏古文奇字今易无咎字皆從此

注有惡疾也宋本以下正義三節總入慶封當國注下

疾之惡者也宋本疾字上重惡疾二字

苟利夫子必去之 考文云宋板之作也非是

使盧蒲嫳帥甲以攻崔氏 足利本帥作率

終入於其宮 宋本宮誤言

聞先人之冢以藏之 聞諸本作開此本誤宋本宋殘本岳本冢作冢是也淳熙本誤家

必能養民 毛本必誤以

申鮮虞來奔 纂圖本申作中

以應大止 宋本閩本監本毛本大止作天正是也

具依春秋經傳 監本閩本毛本具作俱

大凡經傳有七百七十九日 監本毛本七十作九十李銳云晉書志作七十宋本是也

〔經二十八年〕

以絕位不爲卿 淳熙本卿作罪非也

楚子昭卒 案史記論衡吉驗篇昭作招

〔傳二十八年〕

注梓愼至其事　宋本以下正義六節總入不饑何爲注下

飢寒之不恤　監本飢作饑非也

枵之言耗耗虛之意也　宋本耗作耗是也○今從宋本

一千七百二十八年　浦鏜正誤云一上脫計字從昭卅二年疏校

以十一除之　宋本一作二是也李銳云漢書三統術日積次盈十二除去之○今改作二

而溫無冰　淳熙本冰誤滉

而有天時溫煖之菑　宋本煖作暖

歲星自淫行天時自溫暖　監本行天二字誤倒

蛇乘龍　石經初刻虵後改蛇

木位在東方　宋本木誤末

枵耗名也　石經宋本宋殘本淳熙本閩本耗作秏與釋文合注及正義並同○今訂作秏

虛爲其中　監本毛本爲作危非也

飢寒之不恤　監本毛本飢作饑非

夏齊侯陳侯蔡侯北燕伯淳熙本脫陳侯二字伯誤地

楚屬也淳熙本屬誤子

今薊縣淳熙本薊誤蘇

注陳侯至薊縣宋本以下正義二節總入子其勸行注下

從之如志此本如志二字誤作注今訂正

未可忘也顧炎武云石經忘誤志案石經此處刓缺所據乃補刻也

入于鄭鄭伯享之石經此處刓缺淳熙本不重鄭字非也

君使子展廷勞於東門之外而傲案漢書五行志引廷勞作往勞傲作敖下隋敖同釋文於作于

君小國事大國案漢書五行志引傳亦作君小國釋文云古本無小字正義曰晉宋古本及王肅注其文皆如此君國謂為國君言其為君之難也今定本作小國案臧琳云案正義知孔本作君國事大國晉宋古本及王肅本並同蓋君國猶言君人正義云君國謂為國君是也唐定本因君國字古因改君字為小陸氏更參合古今古作君小國事大國則愈改而愈失其真猶幸有古本無小字一言考之正義為合而陸氏參合之迹亦不求而自見矣正義標起止君小國小字亦因釋文誤衍也

君小國事大國宋本此節正義在恆有子禍注下

爲三十年蔡世子班弒其君傳　淳熙本纂圖本三作二非案班經文作般

吾將使駟奔問諸晉而以告　閩本監本毛本駟作驛非也

跋涉山川案儀禮聘禮注云詩傳曰軷道祭也謂祭道路之神春秋傳曰軷涉山川〇宋殘本自必使而君君字起至知無能謀也謀字止缺兩葉

今執至敢憚　宋本以下正義五節總入周楚惡之注下

輔爵物以養人　宋本毛本爵作爵

吾乃休吾民矣　淳熙本足利本矣作也

禪竈曰　石經宋本岳本禪作裨是也

舍不爲壇　石經舍上有草字乃重刊增入也正義曰服虔本作墠惠士奇云墠壇二字俱從土而單亶爲聲似古通用案三家詩今文作東門之墠毛詩古文作東門之壇左氏亦古文當作壇爲正

注至敵至郊勞　宋本以下正義二節總入無昭禍焉可也注下

昭其禍　宋本昭上有以字是也

因循不廢也　宋本因上有言字

宣告後人無怠於德　石經後字起一行計十一字人無怠三字改刊

奉行大國之政淳熙本行作其非也

國遷朝焉宋本以下正義十五節總入其將聚而殲旃注下

則女亦辟宗閩本監本毛本女作妻非

言彼宗不於處相辟也宋本於下有我字

寢戈親近兵杖淳熙本近作迫

而以其洎饋宋本無而字

子雅子尾怒案惠棟云韓非子云子夏子尾者景公之二弟也夏與雅古字通

使析歸父告晏平仲顧炎武云石經晏誤宴案石經日字上半猶存炎武非也

不敢洩謀淳熙本洩作淺誤也

文子使召之顧炎武云石經召誤君案石經此處刓缺炎武所據譌刻也

子家慶封字岳本字誤子

幸而獲在吳越毛本在作其誤也

十一月乙亥嘗于大公之廟慶舍涖事盧蒲姜告之且止之石經一字起一行舍字起一行每行

計十一字

慶臭宋本宋殘本臭作㚖是也案說文云頭衺骫臭態也從夨圭聲

又此祭慶舍泣事宋本閩本監本毛本作涖此本誤位今訂正

慶氏之馬善驚本也顧炎武云石經馬誤焉案馬字石經尙存一半炎武所據補刊

士皆釋甲束馬監本馬誤焉

國人從旁爲優毛本旁作傍非也

劉輒以爲規閩本監本毛本無劉字

桷椽也宋殘本作椓也非也

盧蒲癸自後刺子之宋本宋殘本岳本刺作刺是也

猶援廟桷動於甍閩本監本甍誤甍淳熙本作甍尤非注同石經初刻亦誤作甍後改正

此是屋上之長林宋本林作材是也

以俎壺投殺人而後死石經初刻人誤之後改正

羣臣爲君故也石經初刻脫也後旁增入是也

言欲尊公室宋本宋殘本淳熙本纂圖本閩本監本毛本作室此本誤宔今訂正

人必瘁石經作瘁誤也

慶封氾祭岳本作氾釋文同芳劍反案周禮大僕注𤰈讀如慶封氾祭之氾

取韭葅以偏擩于醢宋本偏作徧按儀禮作辯段玉裁校本擩作㨎云古音耎聲在十四部需聲在四部其音畫然分別後人乃或淆亂其偏旁本从耎者譌而爲需而音由是亂矣說詳說文注

祭飲酒於上豆之間宋本酒作食

穆子不說石經宋本作弗說與釋文合

吳句餘予之朱方淳熙本句作勾宋殘本予作子並非

子服惠伯謂叔孫曰石經叔孫誤倒

善人富謂之賞後漢書方術傳注引作善人富謂之幸

買在句瀆之丘案二十一年傳云公執子買于句瀆之邱此作買未知孰是

在襄二十一年宋本宋殘本淳熙本足利本無襄字宋殘本宋本岳本足利本一誤五

與晏子邶殿石經宋本宋殘本淳熙本岳本纂圖本毛本邶作邶不誤下同○今並訂正

注六十邑宋本以下正義七節總入皆曰崔子也注下

下云與北郭佐邑六十諸本作云此本誤文今訂正

受而稍致之淳熙本稍誤梢

武王有亂臣十人此宋本宋殘本淳熙本岳本足利本無臣字與石經合案石經亦然又昭廿四年傳引大誓亦無臣字後人皆據晉時所出古文大誓以益之非也顧炎武云石經脫臣字失之行止九字蓋初刻有臣字後改正也惠棟云石經論語亦

崔氏大璧宋殘本大作之

注始求而知之閩本亦誤作而宋本監本毛本作至是也

伯有廷勞於黃崖釋文云崖本又作涯石經及諸本皆作崖

伯有無戾於鄭諸本作伯纂圖本誤茍

濟澤至尸之敬也宋本無尸之二字以下正義二節總入宋公遂反句下

南閭之濱宋本閩本監本毛本閭作澗是也

如是女之服蘭也閩本監本毛本如誤知宋本重是字之作子

飢寒之不恤監本飢作饑非下同

成伯榮駕鶩宋本駕作駕北宋刻釋文同說詳定元年

不以此廢好纂圖本此廢誤比發

非有事宜纂圖本宜誤且

故以此廢例纂圖本亦作以例誤列諸本廢作發淳熙本亦誤廢○案毛本以作於義長

春秋左傳注疏卷三十八校勘記

附釋音春秋左傳注疏卷第三十九 起二十九年盡二十九年

杜氏注　孔穎達疏

經二十有九年春王正月公在楚公在外闕朝正之禮甚多而唯書此一年者魯公如楚既非常此公又踰年故發此一事以明常 疏 注公在至明常○正義曰僖十六年冬公會諸侯于淮十七年秋九月公至自會宣七年冬公會諸侯于黑壤八年春公至自會成十年秋公如晉十。一年春公至自晉十二年冬公如晉十三年春公至自晉此等正月公皆不在其類多矣是公在外闕朝正之禮甚多而皆不書唯書此一年者魯公如楚云云釋例曰襄二十九年春正月公在楚凡公之行始則書所如還則書公至今中復書公在楚者明國之守臣每月亦以公不朝之故告於廟也每月必告而特於正月釋之者蓋歲之正也月之正也日之正也三始之正嘉禮所重人理所以自新故特顯以通他月也公之在外所以闕朝正之禮甚多唯書此一年釋此一事者斯禮一有常非義例所急故因公遠出踰年存此一事以示法也○夏五月公至自楚○庚午衞侯衎卒無傳四同盟○衎苦旦反 疏 注四同盟○正義曰衎以成十五年即位其年盟于戚十七年于柯陵十八年于虛朾襄三年于雞澤五年于戚七年及孫林父盟九年于戲十一年于亳城北二十七年于宋衎自前即位及後復歸凡與魯九同盟劉炫以爲杜云四同盟者誤今知不然者以其與成公三盟不數五年盟戚經不書不數七年林父是大夫又特共魯盟亦不數故爲四同盟也劉不尋此理而規杜過非也○閽弒。吳子餘祭閽守門者下賤非士故不言盜○閽音昏弒申志反祭側界反 疏 注閽守至言盜正義曰周禮閽人王宮每門四人鄭玄云閽人司昏晨以啓閉者刑人墨者使守門既服墨刑使之守門是下賤人也哀四年盜殺蔡侯申此爲下賤非士故不言盜也穀梁傳曰不稱名姓閽不得齊於人不稱其君閽不得君其君也○

仲孫羯會晉荀盈齊高止宋華定衛世叔儀鄭公孫段曹人莒人滕人薛人小

邾人城杞公孫段伯石也三十年伯有死乃命爲卿。今蓋以攝卿行○羯居謁反【疏】注公孫至卿行○正義曰公孫段即伯石也據三十年傳伯有死始命伯石爲卿則此時未爲卿矣未爲卿而得書其名故疑之云蓋以攝卿行也以攝公攝位爲君而國人君之諸侯與之知攝位爲卿者諸侯亦即以爲卿序之於列故史得以卿書也文七年傳稱晉使先蔑如秦逆公子雍荀林父謂蔑曰攝卿以往可也何必子是知有使大夫攝卿之法也○晉

侯使士鞅來聘○杞子來盟杞復稱子用夷禮也○復扶又反【疏】注杞復至禮也○正義曰杞入春秋書爵稱侯又稱伯僖二十三年二十七年稱子傳曰用夷禮故曰子自爾以來常稱爲伯今復稱子傳云書曰子賤之也明爲用夷禮故賤之知杞復稱子用夷禮也○吳子

使札來聘吳子餘祭既遣札聘上國而後死札以六月到魯未聞喪也不稱公子其禮未同於上國○札側八反【疏】注吳子至上國○正義曰上云閽弒吳子此言吳子使聘傳曰其出聘也通嗣君也不知通誰嗣也賈逵服虔皆以爲夷。末新即位使來通聘案隱三年武氏子來求賻文九年毛伯來求金並不言王使傳皆云王未葬也是知先君未葬嗣君不得命臣此與閽弒吳子文不隔月吳魯相去經塗至遠豈以君死之月即命臣乎而得書吳子使也且傳稱季札至魯徧觀周樂至戚聞鐘聲譏孫文子云君又在殯而可以樂乎自請觀樂譏人聽樂曠世大賢豈當若是故杜以爲通嗣君通餘祭嗣也二十五年遏爲巢牛臣所殺餘祭嗣立至此始使札通上國吳子未死之前命札出使既遣札聘而後身死札以六月到魯未及聞喪故每事皆行吉禮也經傳皆無札至之月知以六月到者以城杞在五月之下城杞既訖乃有士鞅來聘杞子來盟若共在月中則不容此事下文有秋知札以六月至也札去之後吳始告喪告以五月被弒故追書在聘上耳札實公子不書公子者吳是東夷其禮未同於上國故史不書氏以札是卿故書其名耳釋例曰吳晚通上

國故其君臣朝會不同於例亦猶楚之初始也昭二十七年傳稱延州來季子聘于上國是吳謂諸夏爲上國也○秋九月葬衛獻公無傳○齊高止出奔北燕止高厚之子○燕音烟○冬仲孫羯如晉

傳二十九年春王正月公在楚釋不朝正于廟也釋解也告廟在楚解公所以不朝正【疏】注釋至朝正○正義曰公本在國每月之朔常以朝享之禮親自祭廟今以在外之故闕於此禮國之守臣於此朔日告廟云公在楚史官因書於策傳解其告廟之意告云公在楚者解釋公所以不得親自朝正也楚人使公親襚諸侯有遺使賵襚之禮今楚欲遣使之比○襚音遂說文云衣死人衣遣使所吏反下同賵芳鳳反一本作贈比必利反【疏】楚人使公親襚正義曰檀弓云襄公朝于荊康王卒荊人曰必請襲魯人曰非禮也荊人強之巫先拂柩荊人悔之記之所言即是此事所異者此言請襚彼言請襲此言祓殯彼言拂柩雖俱說此事先後不同禮死而沐浴即襲襲後始小斂大斂乃殯案往年傳公及漢聞康王卒公欲反則康王之卒公未至楚楚人使公親襚傳在此年言之則此年始令公親襚襚不得爲襲也卒已踰月不得柩仍在地足知殯是而柩非記虛而傳實也然則襚衣所以衣尸既殯而使公襚者致襚所以結恩好其衣不必充用雜記記致襚之禮云委衣于殯東是既殯猶致襚也文九年秦人來歸僖公成風之襚僖薨十年猶致之況既殯也○注諸侯至之比○正義曰雜記云弔者含襚賵臨是諸侯之臣使於鄰國之禮也楚人以諸侯相於有遺使賵襚之禮今以公身既在意在輕魯欲以公依遣使之比使公親行之也公患之穆叔曰祓殯而襚則布幣也先使巫祓除殯之凶邪而行襚禮與朝而布幣無異○祓音拂徐音廢邪似嗟反【疏】祓殯至幣也○正義曰案雜記諸侯使臣致襚之禮云委衣於殯東今楚人以公身在意欲輕魯公依遣使之比公以楚人輕己所以患之故穆叔云若使巫人先往祓殯則是君臨臣喪之禮祓除既了而行襚禮布陳衣物與行朝之時布陳

幣帛無異有何可患劉炫云朝禮兩君相見先授玉然後致享乃布陳幣帛於庭也祓殯者君臨臣喪之禮先使祓殯行臨喪之禮然後致襚則全是布幣之禮言與朝而布幣無異也君臨臣喪者由先見臣故以祓殯比行朝禮自然致襚。似布幣楚以親襚屈魯魯以祓殯自尊。令贊曰疏云以殯有凶邪畏惡患之不肯親襚穆叔云先使巫人祓除殯之凶邪。既無而行襚禮布陳衣物與行朝之時布陳幣帛無異言俱無咎有何可患乃使巫以桃茢先祓殯茢黍穰○茢音列徐音例穰如羊反鄭注周禮云茢苕箒疏乃使至祓殯○正義曰巫者接神之官周禮男巫王弔則與祝前檀弓云君臨臣喪以巫祝桃茢執戈惡之也鄭玄云為有凶邪之氣在側桃鬼所惡茢雀若可掃不祥君臨臣喪禮有此法故使巫以桃茢先祓殯若以楚子為臣然所以屈楚也茢是。帚蓋桃為棒也毛詩傳曰藡為雀雀苕謂藡穗也杜云茢黍穰者今世所謂苕。帚者或用藡穗或用黍穰是二者皆得為之也楚人弗禁既而悔之禮君臨臣喪乃祓殯故楚悔之○二月癸卯齊人葬莊公於北郭兵死不入兆域故葬北郭疏注兵死至北郭○正義曰周禮。冢人掌公墓之地。辨其兆域凡死於兵者不入兆域○夏四月葬楚康王公及陳侯鄭伯許男送葬至於西門之外諸侯之大夫皆至于墓楚郟敖即位郟敖康王子熊麇也王子圍為令尹圍康王弟鄭行人子羽曰是謂不宜必代之昌松柏之下其草不殖。言楚君驕令尹強物不兩盛為昭元年圍弒郟敖起本公還及方城季武子取卞取卞邑以自益使公冶問問公起居公冶季氏屬大夫璽書追而與之。璽印也疏。注璽印也○正義曰蔡邕獨斷云璽印也。信也天子璽白玉螭虎紐古者尊卑共之月令曰。周封璽季武子使公冶問璽書此諸侯大夫印稱璽也衛宏云秦以前民皆以金玉為印唯其所好自秦以來唯天子之印獨稱璽又。以玉羣臣莫敢用也案周禮掌節貨

賄用璽節鄭玄云今之印章也則周時印已名璽但上下通用曰聞守卞者將叛臣帥徒以討之既得之矣敢

告公冶致使而退致季氏使命及舍而後聞取卞發書乃聞之公曰欲之而言叛。祇見疏。

也言季氏欲得卞而歎我言叛益疏我【疏】公曰至疏也○正義曰武子書云聞卞將叛則是叛形未著故公猜之言武子自欲得之而誣言其叛多見疏外我也多見疏猶論語云多見其不知量也服虔本作祇見疏解云祇適也晉宋杜本皆作多古人多祇同音張衡西京賦云炙炮夥清酤多皇恩溥洪德施施與多爲韻此類衆矣

公謂。公冶曰吾可以入乎以季氏疏己故不敢入對曰君實有國誰敢違君

公與公冶冕服以卿服玄冕賞之【疏】注以卿至賞之○正義曰公冶先爲大夫公今以恩加賜知以卿服玄冕賞之也周禮司服云卿大夫之服自玄冕而下是卿與大夫同服玄冕也其旒當以命數爲異耳

固辭。强之而後受公欲無入榮成伯賦式微乃歸式微詩邶風曰式微式微胡不歸式用也義取寄寓之微陋勤公歸。也

五月公至自楚公冶致其邑於季氏本從季氏得邑故還之而終不入焉不入季孫家曰欺其君何必使余季孫見之則言季氏

如他日不見則終不言季氏及疾聚其臣大夫家臣曰我死必無以冕服斂非德賞也言公畏季氏而賞其使非以我有德○斂力驗反且無使季氏葬我○葬靈王不書魯不會鄭上卿有事

子展使印段往伯有曰弱不可印段年少官卑○少詩照反【疏】。葬靈至段往○正義曰鄭之上卿即子展也有事謂君適楚而代守國也計於時鄭卿在國猶有子西伯有不使彼行而使印段者蓋別有所掌。共子展守國故不得行也子展曰與其莫往弱

不猶愈乎詩云王事靡盬不遑。啓處詩小雅盬不堅固也啓跪也言王事無不堅固故不暇跪處○盬音古跪其委反
疏注詩小至跪處○正義曰小雅四牡之章盬亦蠱也昭元年傳曰於文皿蟲爲蠱穀之飛亦爲蠱蠱是蠱之害物故爲不牢固也釋言云。皇暇也啓跪也
李巡曰皇閒暇也啓小跪也言王事無有不牢固己當牢固之故不得閒暇而跪處也東西南北誰敢寧處謂上卿堅事晉
楚以蕃王室也言我固事晉楚乃所以蕃屏王室○蕃芳元反王事無曠何常之有遂使印段如周傳言
周衰卑於晉楚○吳人伐楚獲俘焉以爲閽使守舟吳子餘祭觀舟閽以刀弒之言以刀明
近刑人○近附近之近○鄭子展卒子皮即位子皮代父爲上卿於是鄭饑而未及麥民病子皮
以子展之命餼國人粟戶一鍾在喪故以父命也六斛四斗曰鍾○餼許氣反疏注以子展之命○正義曰蓋死日近死時民
已饑故假其生時之遺命也是以得鄭國之民故罕氏常掌國政以爲上卿宋司城子罕聞
之曰鄰於善民之望也民亦望君爲善疏注鄰於善民之望也○正義曰鄰近也近於善民亦望君爲善也宋亦饑請於
平公出公粟以貸使大夫皆貸司城氏貸而不書施而不德○貸他代反爲大下同施始豉反下文同
夫之無者貸宋無飢人叔向聞之曰鄭之罕宋之樂其後亡者也二者其皆得
國乎得掌國政向許丈反○民之歸也施而不德樂氏加焉其以宋升降乎升降隨宋盛衰○晉
平公杞出也故治杞治理其地脩其城疏注治理至其城○正義曰經書城杞謂築杞城耳下使女叔侯來治杞田知。治。杞之地非

獨偪其城也六月知悼子合諸侯之大夫以城杞孟孝伯會之鄭子大叔與伯石往大叔不書不親事○知音智大叔音泰下同子大叔見大叔文子文子衛大叔儀與之語文子曰甚乎其城杞也子大叔曰若之何哉晉國不恤周宗之闕而夏肄是屏周宗諸姬也夏肄杞也肄餘也屏城也○夏戶雅反注下皆倣此肄以二反詩傳云斬而復生曰肄方言云枿餘也秦晉之間曰肄[疏]夏肄是屏○正義曰方言云肄枿餘也秦晉之間曰肄○鄭玄云斬而復生曰肄杞是夏後滅而復存猶木之枿生小栽也其弃諸姬亦可知也已諸姬是弃其誰歸之吉也聞之弃同即異是謂離德詩曰協比其鄰昏姻孔云詩小雅言王者和協近親則昏姻甚歸附也○比毗志反晉不鄰矣其誰云之云猶旋旋歸之○齊高子容與宋司徒見知伯女齊相禮子容高止也司徒華定也知伯荀盈也女齊司馬侯也相禮侍威儀也○女音汝相息亮反賓出司馬侯言於知伯曰二子皆將不免子容專專自是也司徒侈皆亡家之主也知伯曰何如對曰專則速及速及禍也○侈昌氏反又尸氏反侈將以其力斃力盡而自斃○斃婢世反專則人實斃之將及矣為此秋高止出奔燕昭二十年華定出奔陳傳○專則人實斃之絕句將及矣本或作侈將及矣者非○范獻子來聘拜城杞也謝魯為杞城○為于僞反下文為之歌皆同公享之展莊叔執幣公將酬賓射者三耦二人為耦○耦五口反[疏]射者三耦正義曰燕禮云若射則大射正為司射如鄉射之禮是燕有為射之時也此云公享之則享法亦有射也周禮射人云諸侯之射以四耦此三耦者彼是畿內諸侯故四耦此

及儀禮大射畿外諸侯故三耦或當臣與君異也公臣不足取於家臣家臣展瑕展玉父爲一耦公臣公巫召伯仲顏莊叔爲一耦鄫鼓父黨叔爲一耦言公室卑微公臣不能備於三耦○召上照反鄫才陵反黨音掌○晉侯使司馬女叔侯來治杞田使魯歸前侵杞田所歸少故不書弗盡歸也晉悼夫人慍曰齊也取貨夫人平公母杞女也謂叔侯取貨於魯故不盡歸杞田○慍紆運反怒也怨也先君若有知也不尚取之不尚叔侯之取貨疏注不尚至取貨○正義曰服虔云不尚尚也尚當取女叔侯殺之下。叔侯云先君而有知也毋寧夫人而焉用老臣服虔云毋寧寧也寧自取夫人將焉用老臣乎杜以其言大。悖無復君臣之禮故改之以爲夫人云不尚取之者先君不高。尚。此叔侯之取貨也毋寧夫人謂先君當怪夫人之所爲也劉炫以夫人慍而出辭則其言當悖直言不尚此事所譏大輕淺非是慍之意昭八年穿封戌云若知君之及此追。恨不殺靈王其意乃悖於此蓋古者不諱之言服虔之說未必非也公告叔侯叔侯曰虞虢焦滑霍揚韓魏皆姬姓也八國皆晉所滅焦在。陝縣揚屬平陽郡○虢瓜百反焦子消反滑乎八反晉是以大若非侵小將何所取武獻以下兼國多矣武公獻公晉始盛之君誰得治之杞夏餘也而即東夷行夷禮魯周公之後也而睦於晉以杞封魯猶可而何有焉何。有盡歸之魯之於晉也職貢不乏玩好時至公卿大夫相繼於朝史不絕書書魯。之朝聘○好呼報反下好善同府無虛月無月不受魯貢如是可矣可必瘠魯以肥杞且先君而有知也毋寧夫人而焉用老臣言先。君毋寧怪夫人之所爲無用責我○瘠在亦反毋音無焉用於虔反○杞文公來盟魯歸其田故來盟書曰子賤之也賤其用夷禮○吳公子札來聘見叔孫穆子說之謂穆子曰子其不得死乎不得以壽終。說音悅壽音授○好善而不能擇人吾聞君子務在擇人吾子為魯宗卿而任其大政不慎舉何以堪之禍必及子為昭四年。豎牛作亂起本

疏。好善而不能擇人○正義曰昔有當塗貴郅國公蘇威嘗問曰知人是善然後好之何以言其不能擇人有曰好善仁擇人鑒雖有仁心鑒不周物故好而不能擇也劉炫以此言亦有所切於彼

請觀於周樂魯以周公故有天子禮樂

疏注魯以至禮樂○正義曰明堂位云成王以周公為有勳勞於天下是以封周公於曲阜命魯公世世祀周公以天子之禮樂又曰凡四代之服器魯兼用之是魯以周公故有天子之禮樂也

使工為之歌周南召南此皆各依其本國歌所常用聲曲○召上照反本或作邵

疏歌周南召南○正義曰歌周南召南之詩而以樂音為之節也周南召南皆文王之詩也周召者岐山之陽地名周之先公曰大王者自豳始遷焉而脩德建王業大王生王季王季生文王於時雍梁荆豫徐揚之民皆歸文王文王三分天下有其二以服事殷文王改都於。豐乃分岐邦周召之地賜周公旦召公奭以為采邑使此二公施教於己所職之國為文王行先公賢化與己聖化使二公雜而施行之但南土感化有深有淺其作詩也或感聖化或感賢化及武王伐紂定天子巡狩述職陳諸國之詩以觀民風俗其六州所作詩其得聖人之化者謂之周南其得仁賢之化者謂之召南其實皆是文王之化而分繫周召二公耳必分繫者文王以諸侯之身行王者之化詩人述其本志為作聖賢之風此詩體實是風不可以雅名之文王身有王號不可以風繫之名無所繫詩不可棄因二公為王行化是故繫之二公周公聖以聖化繫之召公賢以賢化繫之周南十一篇召南十四篇季札此時徧觀周樂詩篇三百不可歌盡或每詩歌一篇兩篇以示意耳未必盡歌之也劉炫

云不直言周召者以其實非二公身化也言南者詩序云言化自北而南也謂從岐周南被江漢也○注此皆至聲曲○正義曰詩人觀時政善惡而發憤作詩其所作文辭皆準其樂音令宮商相和使成歌曲樂人采其詩辭以爲樂章述其詩之本音以爲樂之定聲其聲既定其法可傳雖多歷年世而其音不改今此爲季札歌者各依其本國歌所常用聲曲也由其各有聲曲故季札聽而識之言本國者變風諸國之音各異也

曰美哉美其聲

疏注美其聲○正義曰先儒以爲季札所言觀其詩辭而知故杜顯而異之季札所云美哉者皆美其聲也詩序稱詩者志之所之也在心爲志發言爲詩情動於中而形於言言之不足故嗟。嘆之長歌以申意也及其八音俱作。取詩爲章則人之情意更復發見於樂之音聲出言爲詩各述已情聲能寫情情皆可見聽音而知治亂觀樂而曉盛衰神瞽大賢師曠季札之徒其當有以知其趣也

始基之矣周南召南王化之基猶未也猶有商紂未盡善也盡津忍反然勤而不怨矣未能安樂然其音不怨怒○樂音洛下和樂聲下文樂而不荒同

疏注未能至怨怒○正義曰詩序云治世之音安以樂亂世之音怨以怒此作周召之詩其時猶有紂存音雖未能安樂已得不怨怒矣

爲之歌邶。鄘衛武王伐紂分其地爲三監三監叛周公滅之更封康叔并三監之地故三國盡被康叔之化○鄘音容被皮義反

疏注武王伐紂分其地三監○正義曰邶鄘衛者商紂畿內之地名也漢書地理志云周既滅殷分其畿內爲三國詩風邶鄘衛國是也邶以封紂子武庚鄘管叔尹之衛蔡叔尹之以監殷民謂之三監故書序曰武王崩三監叛周公誅之盡以其地封弟康叔故邶鄘衛三國之詩相與同風此注取漢志爲說也漢世大儒孔安國賈逵馬融之徒皆以爲然故杜亦同之鄭玄詩譜云武王伐紂以其京師封紂子武庚爲殷後庶殷頑民被紂化日久未可以建諸侯乃三分其地置三監管叔蔡叔霍叔使尹而監教之自紂城而北謂之邶南謂之鄘東謂之衛武王崩後五年周公居攝三監道武庚叛成王既黜殷命殺武庚復伐三監更於此三國建諸侯以殷餘民封康叔於衛使爲之長後世子孫稍彊

兼幷彼。二國混其地而名之先儒唯鄭言然康叔以後七世至頃侯仁人不遇邶人作柏舟之詩以刺之以後繼作十九篇爲邶風十篇爲鄘風十篇爲衞風皆美刺衞君而分爲三耳此三國之風實同是衞詩而必。爲三者鄭玄云作者各有所傷從其本國分而異之故爲邶鄘衞之詩焉其意以爲邶鄘衞各是大國土風不同作者雖俱有美刺而各述土風故大師各從其本分而異之曰美哉淵乎憂而不困者也淵深也亡國之音哀以思其民困衞康叔武公德化深遠雖遭宣公淫亂懿公滅亡民猶秉義不至於困○思息嗣反下憂思反吾聞衞康叔武公之德如是是其衞風乎康叔周公弟武公康叔九世孫皆衞之令德君也聽聲以爲別故有疑言○別彼列反疏注康叔至疑言○正義曰康叔周公弟武公康叔九世孫世本世家文也魯爲季札作樂爲之歌聲曲耳不告季札以所歌之樂名也札言吾聞康叔武公之德如是是先聞其善今聲合其意雖不知其名而疑是衞風也言是其衞風乎疑之辭也直聽聲以爲別不因名而後知故有疑言焉爲之歌王王黍離也幽王遇西戎之禍平王東遷王政不行於天下風俗下與諸侯同故不爲雅疏注王黍離至爲雅○正義曰王詩黍離爲首王非國名故舉首篇以表之王者周東都王城畿內方六百里之地也始武王作邑于鎬是爲西都周公攝政營洛邑謂之王城是爲東都成王既居洛邑復還歸西都十一世至幽王遇西戎之禍平王東遷王城於時王政不行於天下其風俗下同諸侯王畿內之人怨刺者以其政同諸侯皆作風詩不復爲雅其音既是風體故大師別之謂之王國之變風也謂之王者以王當國猶春秋之王天命未改尙尊之故不言周也人曰美哉思而不懼其周之東乎宗周隕滅故憂思猶有先王之遺風故不懼爲之歌鄭鄭詩第七疏爲之歌鄭○正義曰周宣王封母弟友於西都畿內是爲鄭桓公於漢則京兆鄭縣是其都也幽王之時桓公爲大司徒見幽王政荒問於史伯曰王室多故余懼及焉其何所可以逃死史伯教之濟洛河潁之間有虢鄶之國取而守之唯是可以少固及幽王爲犬戎所殺桓公死之其子武公。與晉文侯定平王於東都王城卒取史伯所云虢鄶之地而居之於漢則河南。郡新鄭縣是其都也武公入作卿士國
人作緇衣之篇以美之以後凡二十一篇皆鄭風也曰美哉其細已甚民弗堪也是其先亡乎美其有治政之音譏
其煩碎知不能久【疏】曰美至亡乎○正義曰樂歌詩篇情見於聲美哉者美其政治之音有所善也鄭君政教煩碎情見於詩以樂播詩見於聲內言其
細碎已甚矣下民不能堪也民不堪命國不可久是國其將在先亡乎居上者寬則得衆爲政細密庶事煩碎故民不能堪也爲之歌齊詩第八
【疏】爲之歌齊○正義曰齊者古少皞之世爽鳩氏之虛也武王伐紂封大師呂望於齊是爲齊大公其封域在禹貢青州岱山之陰濰淄之野於漢則齊郡
臨淄縣是其都也大公後五世哀公荒淫怠慢國人作鷄鳴之詩以刺之。後凡十一篇皆齊風也曰美哉泱泱乎大風也哉泱泱
弘大之聲○泱於良反章昭於康反表東海者其大公乎大公封齊爲東海之表式○大音泰國未可量也言其或將復興
○復扶又反下不復譏同爲之歌豳詩第十五豳周之舊國在新平漆縣東北○豳彼貧反【疏】爲之歌豳○正義曰豳者禹貢雍州岐山之北
原隰之野其地西近戎北近狄豳是彼土之地名於漢則扶風郡栒邑縣是其都也周室之先后稷之曾孫曰公劉者自邰而遷彼焉由能脩后稷之業教民
以農桑民咸歸之而成國積九世至大王乃入處於岐山世世脩德卒成王業武王崩成王幼周公攝政管叔流言云公將不利於孺子周公於是舉兵東伐
之乃陳后稷先公風化之所由致王業之艱難作七月之詩以表志大師以其主意於先公在豳時之事故別其詩以爲豳國之變風凡七篇皆是周公之事
也曰美哉蕩乎樂而不淫其周公之東乎蕩乎蕩然也樂而不淫言有節周公遭管蔡之變東征三年爲成王陳后
稷先公不敢荒淫以成王業故言其周公之東乎○樂而不淫音岳又音洛注同下而又何樂而可以樂倣此爲成于僞反王業如字又于況反【疏】曰美

至東乎○正義曰美哉。亦美其聲也蕩蕩寬大之意好樂不已則近於荒淫故美其樂而不淫也先聞周公之德此聲同於所聞故疑之云其周公之在東乎言在東之時為此聲也

為之歌秦詩第十一後仲尼刪定故不同○刪所姦反【疏】為之歌秦○正義曰秦者隴西山谷之名於漢則隴西郡秦亭秦谷是也堯時有伯益者佐禹治水有功帝舜賜之姓曰嬴氏其後世之孫曰非子事周孝王孝王使之養馬於汧渭之閒封之為附庸邑之於秦谷非子曾孫秦仲宣王又命以為大夫始有車馬禮樂射御之好國人作車鄰之詩以美之秦仲之孫襄公平王之初興兵討西戎以救周王既東遷乃以岐豐之地賜之始列為諸侯更有駟驖以下凡十篇皆秦風也○注詩第至不同○正義曰此為季札歌詩風有十五國其名皆與詩同唯其次第異耳則仲尼以前篇目先具其所刪削蓋亦無多記傳引詩亡逸甚少知本先不多也史記孔子世家云古者詩三千餘篇孔子去其重取三百五篇蓋馬遷之謬耳

曰此之謂夏聲夫能夏則大大之至也其周之舊乎秦本在西戎汧隴之西秦仲始有車馬禮樂去戎狄之音而有諸夏之聲故謂之夏聲及襄公佐周平王東遷而受其。地故曰周之舊○汧苦賢反去起呂反又如字

為之歌魏詩第九魏姬。姓國閔元年晉獻公滅之【疏】為之歌魏○正義曰魏者虞舜夏禹所都之地在禹貢冀州雷首之北析城之西於漢則河東郡河北縣是其都也周以封同姓世本無魏君名諡不知始封之君何所名也鄭玄以為周王平桓之世魏君儉嗇且。褊急不務施德國人作葛屨之詩以刺之後凡七篇皆魏風也

曰美哉渢渢乎大而婉險。而易行以德輔此則明主也渢渢中庸之聲婉約也險當為儉字之誤也大而約則。儉節易行惜其國小無明君也○渢扶弓反徐敷劍反韋昭音凡婉紆阮反險依注音儉易以豉反注同

為之歌唐詩第十唐晉詩【疏】為之歌唐○正義曰唐者帝堯舊都之地於漢則大原郡晉陽縣是也周成王封母弟叔虞於堯之故。虛曰唐侯其地南有晉水虞子燮父改為晉侯燮父後六世至僖侯甚嗇愛

物儉不中禮國人閔之作蟋蟀之詩以刺之以後凡十二篇皆唐風也詩序云此晉也而謂之唐本其風俗憂深思遠有堯之遺風又叔虞初國亦以唐爲名
故名其詩爲唐風 曰思深哉其有陶唐氏之遺民乎不然何憂之遠也 晉本唐國故有堯之遺風憂深
思遠情發於聲○思息嗣反 非令德之後誰能若是爲之歌陳 詩第十二 疏 曰思深哉至能若是○正義曰陶唐之化
遺法猶在作歌之民與唐世民同故察此歌曰思慮深遠哉見其思深故疑之云其有陶唐氏之遺民乎若其不是唐民何其憂思之遠也非承令德之後誰
能如此深慮也令德謂唐堯也○爲之歌陳○正義曰陳者大皞伏羲氏之虛也於漢則淮陽郡陳縣是其都也帝舜之胄有虞遏父者爲周武王陶正武王
賴其利器用又以其人是聖舜神明之後乃封其子滿於陳使奉虞舜之祀賜姓曰嬀是爲陳胡公後五世至幽公荒淫無度國人作宛丘之詩以刺之以後
凡十篇皆陳風也 曰國無主其能久乎 淫聲放蕩無所畏忌故曰國無主 自鄶以下無譏焉 鄶第十三曹第十四
言季子聞此二國歌不復譏論之以其微也○鄶古外反 疏 注鄶第至微也○正義曰言以下知兼有曹也鄶者古高辛氏火正祝融之虛也國在禹貢豫
州外方之北滎波之南居溱洧之間於漢則河南郡密縣是其都也祝融之後分爲八姓唯有妘姓爲鄶國者處祝融之故地焉鄶是小國世本無其號
謚不知其君何所名也鄭玄以爲周王夷厲之時鄶公不務政事而好衣服大夫作羔裘之詩以刺之凡四篇皆鄶風也其後鄭武公滅其國而處之曹者禹
貢兗州陶丘之地名於漢則濟陰郡定陶縣是其都也周武王封其弟叔振鐸於曹後十一世當周惠王時昭公好奢而任小人國人作蜉蝣之詩以刺之以
後凡四篇皆曹風也鄶曹二國皆國小政狹季子不復譏之以其微細故也 爲之歌小雅 小雅小正亦樂歌之常 疏 爲之歌小雅○正義
曰詩序云言天下之事形四方之風謂之雅雅者正也政有小大故有小雅焉有大雅焉然則小雅大雅皆天子之詩也立政所以正下故詩序訓雅爲正又

以政解之天子以政教齊正天下故民述天子之政還以齊正而爲名故謂之雅也王者政教有大有小詩人述之亦有大小故有小雅大雅焉據詩以小雅所陳有飲食賓客賞勞羣臣燕賜以懷諸侯征伐以彊中國樂得賢者長育人材於天子之政皆小事也大雅所陳有受命作周。代殷繼。伐受先王之福祿尊祖考以配天醉酒飽德官人用士澤被昆蟲仁及草木於天子之政皆大事也詩人歌其大事制爲大體述其小事制爲小體體有大小故分爲二焉詩體既異樂音亦殊其音既定其法可傳後之作者各從其舊二雅正經述小政爲小雅述大政爲大雅既有小雅。之體亦有小雅大雅之音王道既衰變雅並作取小雅之音歌其政事之變者謂之變小雅取大雅之音歌其政事之變者謂之變大雅故變雅之美刺皆由音制有大小不復由政事之大小也風述諸侯之政非無大小但化止一國不足分別頌則功成乃作歸美報神皆是大事無復小。體故風頌不分唯雅分爲二也周自文王受命發跡肇基武王伐紂功成業就及成王周公而治致升平頌聲乃作此功成之頌本由。此風雅而來故錄周南召南之風鹿鳴文王之雅以爲詩之正經計周南召南之風鹿鳴文王之雅所述文王之事亦有同時者也但文王實是諸侯而有天子之政詩人所作立意不同述諸侯之政則爲之作風述天子之政則爲之作雅就雅之內又爲大小二體是由體制異非時節異也詩見積漸之義小雅先於大雅故魯爲季札亦先歌小雅之

曰美哉思而不貳思文。武之德無貳叛之心怨而不言有哀音其周德之衰乎衰小也猶有先王之遺民焉謂有殷王餘俗故未大。衰

疏曰美至民焉○正義曰杜以此言皆歎正小雅也言其時之民思文武之德不有二心也雖怨時政而能忍而不言其是周德衰小之時乎猶有殷先王之遺民故使周德未得大也服虔以爲此歎變小雅也其意言思上世之明聖而不貳於當時之王怨當時之政而不有背叛之志也其周德之衰微乎疑其幽厲之政也劉炫以服言爲是而謂杜解錯謬今知不然者以小雅大雅二詩相對今歌大雅云其文王之德乎是歌其善者以大雅準之明知歌小雅亦歌其善者也若其

不然何意大雅歌善小雅歌不善且魯爲季札歌詩不應揚先王之惡以示遠夷劉不達此旨以服意而規杜非也○注衰小也○正義曰衰者差也九章筭術謂差分爲衰分言從大漸差而小故杜以衰爲小也服虔讀爲衰微之衰謂幽厲之時也

爲之歌大雅大雅陳文王之德以正天下

【疏】注大雅至天下○正義曰大雅亦有武王成王之詩杜唯言文王者以下云其文王之德乎故也

曰廣哉熙熙乎熙熙和樂聲曲而有直體論其聲其文王之德乎雅頌所以詠盛德形容故但歌其美者不皆歌變雅爲之歌頌頌者以其成功告於神明

【疏】注頌者至神明○正義曰鄭玄云頌之言容也天子之德光被四表格于上下無不覆燾無不持載此謂之容也詩序云頌者美盛德之形容以其成功告於神明。可也言天子盛德有形容可美可美之形容謂道教周備也成功者營造之功畢也天之所營在於命聖聖之所營在於任賢賢之所營在於養民民安而財豐衆和而事濟如是則司牧之功畢矣故告於神明也劉炫又云干戈既戢夷狄來賓嘉瑞悉臻遠近咸服羣生遂其性萬物得其所即功成之驗也萬物本於天人本於祖天之所命者牧人祖之所本者成業人安業就告神明使知雖社稷山川四嶽河海皆以民爲主欲民安樂故作詩歌其成功徧告神明所以報神明恩也王者政有興廢未嘗不祭羣神。祖。廟政未大平則神無恩力故大平德洽始報神功也頌詩止。法祭祀之狀不言德神之力者美其祭祀是報德可知言其降福是荷恩可知幽王小雅云先祖匪人胡寧忍予則於時之意豈復美其祭乎故美其祭則報情顯以成功告神明之意如此止謂周頌也其商頌則異雖是祭祀之歌祭先祖王廟述其生時之功乃是死後頌德非以成功告神意同大雅與周頌異魯則止頌僖公纔。如變風之美者文體類小雅又與商頌異也此當是歌周頌杜解盛德所同兼殷魯三頌皆歌也

曰至矣哉言道備○至矣哉一本無矣字直而不倨倨傲○倨音據徐音居傲五報反曲而不屈。屈橈○橈乃孝反邇而不偪謙退○偪彼力反遠而不攜攜貳遷而不淫

淫過蕩復而不厭常日新○厭於豔反徐於贍反哀而不愁知命樂而不荒節之以禮用而不匱德弘大○匱其
位反廣而不宣不自顯施而不費因民所利而利之○施始豉反費芳味反取而不貪義然後取處而不底°守之
以道○底丁禮反行而不流制之以義五聲和宮商角徵羽謂之五聲○徵張里反八風平八方之氣謂之八風節有度
守有序八音克諧節有度也無相奪倫守有序也盛德之所同也頌有殷魯故曰盛德之所同疏曰至至同也○正義曰至矣哉
言其美之至也以王道周備故爲至美也自直而不倨至行而不流凡十四事皆音有此意明王者之德季札或取於人或取於物以形見此德每句皆下字
破上字而美其能不然也人性直者失於倨傲此直而能不倨也謂王者體性質直雖富有四海而不倨傲慢易在下物有曲者失於屈撓此曲而能不屈也
謂王者曲降情意以尊接下恆守尊嚴不有屈撓相去近者失於相偪此邇而能不偪也謂王者雖爲在下與之親近能執謙退不陵偪在下相去遠者失於
乖離此遠而能不攜也謂王者雖爲在下與之疏遠而能不有攜離。偪疑在下數遷徙者失於淫佚此遷而能不淫也謂王者雖有遷動流去能以德自守不
至淫蕩去而覆反則爲人所厭此復而能使不厭也謂王者政教日新雖反覆而行不爲下之厭薄哀者近於憂愁此哀而能不愁也謂王者雖遇凶災知運
命如此不有憂愁樂者失於荒廢此樂而能不荒廢也用之不已物將匱乏此用而不可匱也志寬大者多自宣揚此雖廣而不自宣揚也好施與者皆費財
物此能施而不費損也取人之物失於貪多此雖取而不爲貪多也處而不動則失於留滯也雖久處而能不底滯也謂王者相時而動時未可行雖復止處
意不底滯行而不已則失於流放此雖常行而能不流放也謂王者量時可行施布政教能制之以義不妄流移五等之聲皆和八方之風皆平八音之作有
節其節皆有常度音之所守有分其守各有次序周魯與商皆有盛德此上諸事盛德之所同也○注八音至序也○正義曰八音克諧無相奪倫舜典文也

倫理也言八音能和諧是其音有節度也八音不相奪道理是音各守其分有次序也○注頌有至所同○正義曰杜以爲之歌頌言其亦歌商魯故以盛德之所同謂商魯與周其德俱盛也劉炫以爲魯頌只美僖公之德本非德洽之歌何知不直據周頌而云頌有商魯乎今知不然者但頌之大體皆述其大平之祭祀告神之事魯頌雖非大平經稱皇皇后帝皇祖后稷又云周公皇祖亦其福女美其祭神獲福與周頌相似且季文子請周作頌取其美名又季札至魯欲襃崇魯德取其一善故云盛德所同若直歌周頌宜加周字不得唯云歌頌故杜爲此解劉以爲魯頌不得與周頌同而規杜氏非也

見舞象箾南籥者象箾舞所執南籥以籥舞也皆文王之樂○箾音朔籥羊略反

疏 見舞象箾南籥者○正義曰樂之爲樂有歌有舞歌則詠其辭而以聲播之舞則動其容而以曲隨之歌者樂器同而辭不一聲隨辭變曲盡更歌故云爲之歌風爲之歌雅及其舞則每樂別舞其舞不同季札請觀周樂魯人以次而舞每見一舞各有所歎故以見舞爲文不言爲之舞也且歌則聽其聲舞則觀其容歌以一主人爲文故言爲歌也舞以季札爲文故言見舞也樂有音聲唯言舞者樂以舞爲主周禮大司樂云以樂舞教國子舞雲門大卷大咸大磬大夏大濩大武又云乃分樂而序之以祭以享以祀舞雲門以祀天神舞咸池以祭地祇舞大韶以祀四望舞大夏以祭山川舞大濩以享先妣舞大武以享先祖凡六樂者文之以五聲播之以八音鄭玄云播之言被也是其以舞爲主而被以音聲故魯作諸樂於季札皆云見舞也禮法歌在堂而舞在庭故郊特牲云歌者在上匏竹在下貴人聲也以貴人聲樂必先歌後舞故魯爲季札先歌諸詩而後舞諸樂其實舞時堂上歌其舞曲也○注象箾至之樂○正義曰賈逵云箾舞曲名言天下樂箾去無道杜云箾舞者所執二者俱無所據各以意言之耳詩述碩人之善舞云左手執籥右手秉翟籥是舞者所執則箾亦舞者所執杜說當得其實但不知箾是何等器耳杜云皆文王之樂則象箾與南籥各是一舞南籥既是文舞則象箾當是武舞也詩云維清奏象舞則此象箾之舞故鄭玄注詩云象用兵時刺伐之舞是武舞可知其名之曰南其義未聞也

知是武王制者以爲人子者貴其成父之事文王既有大功武王無容不述於周公之時已象伐紂之功作大武之樂不。應復象文王之伐制爲別樂故知此舞是武王制爲王者之作禮樂必太平乃得爲之武王未及大平而得作此樂者一代大典須待大平此象文王之功非爲易代大法故雖未制禮亦得爲之周公大平雖作大武尊重文王之功留播之以爲別樂故六代之樂不數此象也周禮分樂而序之象舞不以祭祀或當祈告所用故魯今亦有之劉炫云此知是文王樂者詩云維清緝熙文王之典此象樂之所舞故知是文王樂也鄭玄注象又云此樂名象而已以其象事有舞音故詩序謂之象舞舞非此樂名故此直言。舞也其箾篇是可執之物司馬相如上林賦曰拂鷖鳥捎鳳。凰則捎亦拂之類今人謂拂爲拂捎此必傳於古其箾。捎字同也杜不解南劉炫謂南如周南之意南在箾篇之閒蓋二者共有南義

曰美哉猶有憾 義哉美其容也文王恨不及己致大平○憾本亦作感胡暗反大平音泰

疏 注美哉至大平○正義曰歌聽聲而舞觀形故知美者美其容也歌詩由口而出樂音以詩爲章人歌君德情見於音聽聲知政容或可爾計聖人之德非舞容可象而季札觀舞皆知其德者聖人之作樂也各象當時之事時事見於舞故觀之可以知也樂記稱賓牟賈問大武之樂云敢問遲之遲而又久何也子曰夫樂者象成者也揔干而山立武王之事也發揚蹈厲大公之志也武亂皆坐周召之治也且夫武始而北出再成而滅商三成而南四成而南國是。疆五成而分周公左召公右六成復綴以崇天子夾振之而四代盛威於中國也分夾而進事早濟也久立於綴以待諸侯之至也彼言大武之舞是象武王之事則知諸樂之舞皆象時王功德也聖王功德見於舉動之容故觀其舞容各知其德也

見舞大武者 武王樂

疏 見舞大舞者正義曰鄭玄周禮注云大武武王樂也武王伐紂以除其害言其德能成武功。也此舞四代之樂從後代而稍前也象是文王之樂事在大武之先先舞象而後舞武者。以象非一代大樂故先舞之

曰美哉周之盛也其若此乎。見舞韶濩者 殷湯樂○韶上昭反本或作招濩音護又戶郭

反【疏】見舞韶濩者○正義曰周禮謂之大濩鄭玄云大濩湯樂也湯以寬治民而除其邪言其德能使天下得其所也然則以其防濩下民故稱濩也此言韶濩不解韶之義韶。亦紹也言其能紹繼大禹也曰聖人之弘也而猶有慚德聖人之難也慚於始伐見舞大夏者禹之樂【疏】見舞大夏者○正義曰樂記解此樂名。夏大也鄭玄云言禹能大堯舜之德又周禮注云禹治水敷土言其德能大中國也季札見此舞歎禹勤苦為民而不以為恩德則鄭周禮注是也曰美哉勤而不德非禹其誰能脩之盡力溝洫勤也○洫況域反見舞韶箾者舜樂○韶箾音簫【疏】見舞韶箾者○正義曰樂記解此樂名云韶繼也鄭玄云韶之言紹也言舜能繼紹堯之德杜不解箾義箾卽簫也尚書曰簫韶九成鳳皇來儀此云韶箾卽彼簫韶是也孔安國云言簫見細器之備。也蓋韶樂兼簫為名簫字或上或下耳曰德至矣哉大矣如天之無不幬。也幬覆也○幬徒報反如地之無不載也雖甚盛德其蔑以加於此矣觀止矣若有他樂吾不敢請已魯用四代之樂故及韶箾而季子知其終也季札賢明才博在吳雖已。涉見此樂歌之文然未聞中國雅聲故請作周樂欲聽其聲然後依聲以參時政知其興衰也聞秦詩謂之夏聲聞頌曰五聲和八風平皆論聲以參政也舞畢知其樂終是素知其篇數【疏】注魯用至篇數○正義曰明堂位云四代之服器官魯兼用之是魯之所用四代而已唯用四代之樂不得用雲門大咸故舞及韶箾而季札知其終也先儒以為季札在吳未嘗經見此樂為歌諸詩其所歎美皆以詩辭之內求所歎之意故杜辨之在吳雖已見此樂歌之文但未聞中國雅聲其所言者皆聽聲而知非察其文辭故取傳文證之明是素知其篇數也其出聘也通嗣君也吳子餘祭嗣立故遂聘于齊說晏平仲謂之曰子速納邑與政納歸之公○說音悅下皆同無邑無政乃免於難齊國之政將有所歸未獲所歸難未歇也 歇盡也○難乃旦反下皆同歇許謁反 故晏子因陳桓子以納政與邑是以免於欒高之難 難在昭八年 聘於鄭見子產如舊相識與之縞帶子產獻紵衣焉 大帶也吳地貴縞鄭地貴紵故各獻己所貴示損己而不爲彼貨利○縞古老反徐古到反繪也紵直呂反 **疏** 注大帶至貨利○正義曰玉藻說大帶之制大夫以素爲帶裨其垂三尺者外以玄內以華居士錦帶弟子縞帶季札吳卿也而以縞帶與子產者是其當時之所有耳吳始通上國未必服章依禮也杜以縞是中國所有紵是南邊之物非土所有各是其貴知其示損己耳不爲彼貨利也若其不然傳不須載明其有此意也孔安國云縞白繒也鄭玄禮記注云白經赤緯曰縞黑經白緯曰纖 謂子產曰鄭之執政侈難將至矣政必及子子爲政愼之以禮不然鄭國將敗 侈謂伯有 **疏** 注侈謂伯有○正義曰據二十七年傳伯有次子展之下此年子展卒故伯有執政也上文云子展卒子皮爲政者蓋鄭人以子展有大功使子皮代父爲上卿耳其父始卒國政猶在伯有下云伯有使公孫黑如楚是伯有執政之事也 適衛說蘧瑗 蘧伯玉○蘧其居反瑗于眷反 史狗 史朝之子文子○史朝如字下文公子朝同 史鰌 史魚○鰌音秋 公子荊公叔發 公叔文子 公子朝曰衛多君子未有患也自衛如晉將宿於戚 戚孫文子之邑 聞鍾聲焉曰異哉吾聞之也辯而不德必加於戮 辯猶爭也○爭爭鬭之爭 夫子獲罪於君以在此 孫文子以戚叛 懼猶不足而又何樂夫子之在此也猶燕之巢於幕上 言至危○幕音莫 君又在殯而可以樂乎 獻公卒未葬 遂去之 不止宿 文子聞之終身不聽琴瑟 聞義能改 適

晉說趙文子韓宣子魏獻子曰晉國其萃於三族乎言晉國之。政將集於三家○萃在醉反集也說
叔向將行謂叔向曰吾子勉之君侈而多良大夫皆富政將在家富必厚施故政在。家。○施
式豉反疏君侈而多良○正義曰謂多以惡人爲良而善之吾子好直必思自免於難○秋九月齊公孫
蠆公孫竈放其大夫高止於。北燕蠆子尾竈子雅放者宥之以遠○蠆勑邁反宥音又乙未出書曰出
奔罪高止也實放書奔所以示罪疏。注實放至示罪正義曰釋例云奔者迫窘而去逃死四鄰不以禮出也放者受罪黜免宥之以遠也迫窘
而奔及以禮見放俱去其國故傳通以。爲文仲尼脩春秋又以所稱爲優劣也夫立功立事者國之厚益而身之表的也表高的明雖婦人猶欲彎弓而況當
塗之士是以君子慎之道家貴善行者無轍迹功遂而身退高止既犯其始又專以終之免死爲幸斯乃聖賢之篤戒故變放言奔又致其罪以示過胥甲之
放命陳招之首惡矯厲以篤教也杜以高止之罪輕於陳招胥甲而變放言奔以止爲重故原聖意欲以申之高止好以事自爲功且
專故難及之○好呼報反○○冬孟孝伯如晉報范叔也范叔士鞅也此年夏來聘爲高氏之難故
高豎以盧叛豎高止子○爲于僞反下注爲子產同豎上主反十月庚寅閭丘嬰帥師圍盧高豎曰苟
請高氏有後請致邑還邑於君齊人立敬仲之曾孫酀敬仲高傒○酀於顯反傒音兮良敬仲也良猶
賢也疏。齊人至仲也○正義曰依世本敬仲生莊子莊子生傾子傾子生宣子宣子生厚厚生止止是敬仲玄孫之子也世本又云敬仲生莊子莊子生傾
子傾子之孫武子偃據世本則偃爲敬仲玄孫今傳云玄孫必有一誤也此酀卽後所云高偃是也世族譜以高武子爲酀偃爲一人蓋酀偃聲相近而字爲

二耳董遇注此亦作偃劉炫云據世本高止敬仲玄孫之子不立止近親遠取敬仲曾孫者齊人賢敬仲故繫之言敬仲曾孫則此人祖父皆非正適今別立之遠繼敬仲後高止祖父皆絕其祀也十一月乙卯高豎致盧而出奔晉晉人城緜而寘旃晉人善其致邑○緜音緜寘之豉反旃之然反○鄭伯有使公孫黑如楚黑子晳○晳星曆反辭曰楚鄭方惡而使余往是殺余也伯有曰世行也言女世為行人○女音汝子晳曰可則往難則已何世之有伯有將強使之子晳怒將伐伯有氏大夫和之十二月己巳鄭大夫盟於伯有氏裨。諶。曰是盟也其與幾何言不能久也裨諶鄭大夫○強其丈反裨婢之反諶本亦作湛其與如字或音預幾居豈反詩曰君子屢盟亂是用長今是長亂之道也禍未歇也必三年而後能紓紓解也○屢力住反長丁丈反下同紓直呂反徐音舒解音蟹然明曰政將焉往裨諶曰善之代不善天命也其焉辟子產言政必歸子產○將焉於虔反下同舉不踰等則位班也子產位班次應知政擇善而舉則世隆也世所高也天又除之奪伯有魄喪其精神為子產驅除○喪息浪反除並如字驅一讀上音丘具反下直據反子西即世將焉辟之天禍鄭久矣其必使子產息之乃猶可以戾戾定也不然將。亡。矣

疏裨諶曰善之代不善云云○正義曰案傳伯有死後子皮授子產政云虎帥以聽命則子皮於時位在子產上也此裨諶論鄭卿位次其言不及子皮者蓋以子皮非舊卿雖繼父而居高位民望政次未之許也及伯有既死子西亦卒子皮位為上卿故鄭人使知政。耳

附釋音春秋左傳注疏卷第三十九

春秋左傳注疏卷三十九校勘記　阮元撰盧宣旬摘錄

附釋音春秋左傳注疏卷第三十九 起二十九年盡三十一年宋本春秋正義卷第二十五石經春秋經傳集解襄第十九翻刻岳本襄下增公字並盡三十一年○案岳本此卷缺今以明翻本校

〔經二十九年〕

十一年春 毛本一作二非也

閽弑吳子餘祭 釋文弑作殺申志反禮記曲禮刑人不在君側正義引同

令蓋以攝卿行 宋本纂圖本翻岳本閩本毛本令作今是也監本今字模糊

賈逵服虔皆以爲夷未新卽位 宋本閩本毛本未作末是也

〔傳二十九年〕

注釋至朝正 宋本釋下有解字以下正義五節摠入既而悔之注下

楚人使公親襚 案說文引傳作楚使公親襚

令楚欲遣使之此 諸本令作今此作比宋本淳熙本岳本纂圖本足利本欲下有依字是也

諸侯至之此 宋本閩本監本毛本此作比不誤

楚人以諸侯相於閩本監本毛本於作好非也
祓殯而襚岳本閩本監本祓誤被注及正義同
先使巫祓除殯之凶邪閩本監本毛本脫除字
公依遣使之比宋本公上有令字
然後致亨宋本閩本監本毛本亨作享
自然致襚似布幣毛本似作以
令贊曰疏云宋本令作今
既無而行襚禮宋本既無上有凶邪二字
葪是篲宋本篲作帚是也
今世所謂苕帚者閩本監本毛本帚作篲非
周禮家人宋本閩本監本毛本家作冢不誤
卞其北域閩本監本毛本卞作下宋本作辨是也
言楚君弱淳熙本弱作郭誤也

璽書追而與之石經宋本與作予案外傳亦作予

注璽印也宋本以下正義三節揔入且無使季氏葬我句下

璽印也信也浦鏜正誤云信上脫印字是也

周封璽段玉裁校本周作固按今月令作固封彊

又以玉今本獨斷以上有獨字

欲之而言叛石經初刊脫叛字卽增言字下

祗見疏也宋本祗作祇正義引服虔本亦作祇釋文同石經作祇是也凡唐石經廣韻皆作祇从衣从氏適也毛誼父六經正誤云祇作祗誤祗音低祇裯短衣案祇裯之祇見方言從氏不從氐釋文云本又作多正義云晉宋杜本皆作多古人多祇同音惠棟云疏當爲疏字之誤也呂覽知接篇云無由接而言見疏高誘曰疏讀誣妄之誣下云欺其君何必使余明疏爲誣欲之而言叛非誣乎陳樹華云杜氏好改古文故古文古義存者少矣疏呼光切見說文

公謂公冶曰翻岳本謂誤問

固辭強之而後受石經固辭二字誤倒

勸公歸也宋本足利本無也字

注葬靈至段往宋本正義無注字以下正義二節在遂使印段如周注下

蓋別有所掌兵子展守國宋本兵作共閩本監本毛本作矣非也

不遑啓處石經宋本遑作皇

皇暇也宋本皇下有閉字按今本爾雅作偟暇也

以子展之命宋本以下正義二節揔入其以宋升降乎注下

注治理至其城宋本以下正義四節揔入子賤之也注下

知治杞之地宋本重治杞二字是也

周宗諸姬也諸本作諸此本誤諸今訂正

夏肄杞也岳本脫也字

鄭玄云案當作毛傳云

則昏姻甚歸附也宋本足利本無也字

齊高子容石經本有齊字後磨去改刊高子容三字故此行九字案錢大昕云此齊字後人妄加石經磨改本是也傳於列國諸卿或書國或不書國皆有義例如此篇大叔文子不書衞高子容不書齊已見經文故也經不書游吉故子大叔稱鄭以別之華定書官不書族故稱宋以別于他國左氏傳不書

可增損一字如此

相禮侍威儀也淳熙本侍誤特

偻將以其力斃專則人實斃之將及矣石經此行九字斃字起及字止將及二字改刊疑初作偻將及矣釋文所云本或作偻將及矣者非是也案漢書五行志引傳文斃作敝

爲此秋高止出奔燕淳熙本纂圖本止誤正

展玉父宋本翻岳本玉作王與石經合

公巫召伯仲釋文召作邵案唐韻云魯有仲顏莊叔是仲當連下

下叔侯云宋本下下有文字是也

杜以其言大悖無復君臣之禮宋本悖無作爵欲非也

先君不高尚此叔侯之取貨也閩本監本毛本作尚此本模糊據以補正宋本此作地非也

追恨不殺靈王宋本恨作欲非也

霍揚韓魏諸本作揚石經初刻楊後改從扌段玉裁云初刻作揚是也

焦在陝縣淳熙本陝作郟非

何有盡歸之淳熙本有誤存

書魯之朝聘岳本脫之字

言先君毋寧恎夫人之所爲淳熙本君誤若

不得以壽終宋本明翻岳本終作死

爲昭四年豎牛作亂起本閩本監本毛本豎誤竪

好善而不能擇人宋本正義自此節起至君侈而多㒼節止總入自免於難句下

文王改都於豐宋本閩本監本毛本豐作豐

故嗟嘆之宋本嘆作歎

取詩爲章宋本取作歌

爲之歌邶鄘衞諸本作邶監本誤邶下同

兼幷彼一國宋本一作二是也

而必爲三者宋本必下有分字是也

注王黍離至爲雅宋本無離字

於漢則京兆郡鄭縣齊召南云西漢京兆稱尹不稱郡鄭氏詩譜本無郡字河南郡同扶風下亦衍郡字

與晉文侯定平王於東都王城監本與誤爲

後凡十一篇皆齊風也宋本後上有以字是也

爲之歌魏毛本作豳與說文合

美哉亦美其聲也監本毛本亦作又非也

而受其地宋本淳熙本明翻岳本其下有故字是也

魏姬姓國宋本淳熙本纂圖本明翻岳本閩本監本毛本作姓此本誤往今訂正

魏君儉嗇目褊急閩本目作自亦非宋本監本毛本作且是也監本褊誤偏

險而易行注云險當爲儉字之誤也惠士奇云險史記作儉古文也古文易云動乎儉中又云儉德辟難皆讀爲險險而易行卽易之易以知險杜云當爲儉誤是也惠棟云漢劉脩碑云動乎儉中今易作險案文選張載魏都賦注引傳作儉是也釋文依注音儉

則險節易行宋本明翻岳本監本毛本險作儉是也上文曰當爲儉矣則竟易爲儉字此漢人注經之例也

周成王封母弟叔虞於堯之故虛宋本閩本監本毛本虛作墟案墟虛古今字

其有陶唐氏之遺民乎案漢書地理志引亦作遺民杜注云晉本唐國故有堯之遺風詩唐風正義史記吳世家引傳作遺風

何憂之遠也 石經何下有其字案詩唐風正義引傳作何其憂之遠也之遠上石經旁加思字非唐刻也

陳者大皞伏犧氏之虛也 閩本監本毛本犧作羲

帝舜之胄 毛本舜誤堯

言季子聞此二國歌 淳熙本二作一非纂圖本閩本監本毛本作三亦誤

而好衣服 浦鏜云好下脫絜字從詩譜增

曹者禹貢兗州陶邱之地名 浦鏜云之下脫北字從詩譜增也

代殷繼伐 宋本監本毛本作伐殷繼代閩本惟上伐字作代按詩序皇矣是代殷之詩文王有聲是繼伐之詩此本是也

既有小雅之體 補案小雅下當有大雅二字

無復小體 浦鏜正誤小作別

本由此風雅而來 宋本此作比

思文武之德 監本武作王毛本作工並非

謂有殷王餘俗故末大衰 宋本淳熙本無衰字史記集解引注文同正義云故使周德未得大也亦無衰字

以其成功告於神明可也 閩本亦作可宋本監本毛本作者

未嘗不祭羣神祖廟浦鏜正誤祖廟二字作但字屬下讀

頌詩止法祭祀之狀宋本監本毛本法作述

纔如變風之美者閩本監本毛本如作知

曲而不屈史記屈作詘案作詘是正字古人言詰詘猶今人言屈曲也

處而不底石經底作底非案說文底山居也下也从广氐聲玉篇同廣韻云底下也止也

倩疑在下宋本監本毛本倩作猜

象箾舞所執足利本舞下有者字李善注文選長笛賦引同

言天下樂箾去無道段玉裁云箾當作削此以削訓箾也

詩云維清奏象舞則此象箾之舞浦鏜云詩下脫序字則疑即字誤

不應復象文王之伐浦鏜正誤應作言

故此直言舞也浦鏜正誤舞作象

捎鳳凰宋本凰作皇是也

其箾拍字同也宋本監本毛本拍作捎

四成而南國是彊宋本彊作疆浦鏜云禮記正義云象武王伐紂之後南方之國於是疆理也

言其德能成武功也閩本監本毛本脫也字

以象以一代大樂閩本監本毛本下以字作爲亦誤宋本作非是也○今從宋本

見舞韶濩者諸本作韶釋文云本或作招

韶亦紹也浦鏜正誤亦作言

聖人之弘也蔡邕注典引引作聖人之治也

樂記解此樂名宋本名下有云字

言簫見細器之備也宋本閩本監本毛本作也此本誤他今改正

如天之無不幬也案後漢書宋穆傳注引作如天之無不燾史記同是二字古多通用

在吳雖已涉見此樂歌之文淳熙本涉誤步

公叔發案禮記檀弓注云文子衞獻公之孫名拔或作發正義曰案世本衞獻公生成子當當生文子拔是獻公孫也或作發者以春秋左氏傳傳作發故云或作發

言晉國之政諸本作政史記正義引作祚

故政在家 案史記正義引作故政在三家也

放其大夫高止於於北燕 諸本不重於字此衍文也

注實放至示罪 宋本此節正義在故難及之句下

故傳通以違文 閩本監本毛本違作爲宋本作以違爲文是也

齊人至仲也 宋本此節正義在注文晉人善其致邑句下

裨諶曰 惠棟云漢書古今人表作卑湛師古曰卑音脾湛音諶風俗通曰卑氏鄭大夫卑湛之後後漢有卑躬爲北池大守杜改卑爲裨俗又改湛爲諶古文盡亡矣釋文猶作湛云本亦作諶段玉裁云裨諶之名蓋本是煁字煁者烓也烓者行竈也故裨諶之字曰竈

不然將亡矣 石經將亡二字改刊初刻脫將字後增正也

故鄭人使知政耳 宋本無耳字

春秋左傳注疏卷三十九校勘記

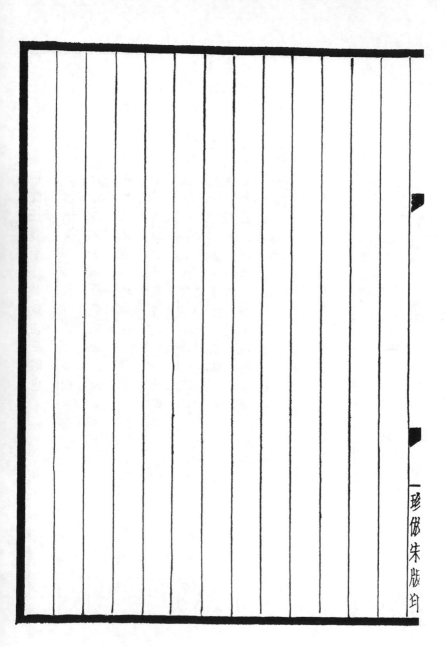

附釋音春秋左傳注疏卷第四十 襄三十年盡三十一年

杜氏注　孔穎達疏

經三十年春王正月楚子使薳罷來聘○罷音皮○夏四月蔡世子般弒其君固○般音班○五月甲午宋災天火曰。災○宋伯姬卒○天王殺其弟佞夫稱弟以惡王殘骨肉○佞乃定反惡烏路反下惡宋同一音如字【疏】注稱弟至骨肉○正義曰傳言罪在王知稱弟以惡王也○王子瑕奔晉不言出奔周無外○秋七月叔弓如宋葬宋共姬共姬從夫。謚也叔弓叔老之子卿共葬事禮過厚三月而葬速○共音恭注皆同傳亦倣此【疏】注共姬至過厚○正義曰公羊傳曰其稱謚何賢也杜以共非夫人之謚故注顯而異之夫謚爲共從夫謚而稱之耳共非夫人之身行也昭三十年傳曰先王之制諸侯之喪士弔大夫送葬則夫人之喪不得過之也昭三年傳云文襄之霸也君薨大夫弔卿共葬事夫人士弔大夫送葬是法皆不使卿也伯姬魯女以災而死魯人愍之故使卿共葬事禮過厚也○鄭良霄出奔許耆酒荒淫書名罪之○耆市志反【疏】注耆酒至罪之○正義曰據傳子。皙伐伯有而伯有非有罪也春秋出奔書名皆是罪之之文故杜跡其罪狀書酒荒淫故書名也自許入于鄭不言復入獨還無兵○復扶又反【疏】注不言至無兵正義曰成十八年傳例曰以惡曰復入謂還而以兵害國爲惡事而入若魚石以楚師伐宋取其彭城欒盈帥曲沃之甲以入于絳如是乃爲惡入也良霄獨還無兵入國始爲惡非是以惡入故不得書復入直言入者自外而入內耳非彼例也成十五年宋華元出奔晉宋華元自晉歸于宋奔之與歸再書名氏此良霄不重書名氏者彼宋再告此鄭一告故連書之鄭人殺良霄○冬十月葬蔡景公無傳○

晉人齊人宋人衞人鄭人曹人莒人邾人滕人薛人杞人小邾人會于澶淵宋

災故。會未有言其事者此言宋災故以惡宋人不克己自責而出會求財○澶市然反字林云丈仙反澶水在宋疏注會未至求財○正義曰案桓二年會于稷以成宋亂則是會言其事而此言會未有言其事義相違者彼言以成宋亂直連言所會之事與桓十五年會于袲伐鄭相似經不明言事之意故今此言宋災故是丁寧之辭不與彼同按傳責諸侯之卿弁及宋人杜此注何以唯言惡宋人不克己自責不兼爲諸侯卿者以傳云書曰某人某人。宋災故尤之也是宋災之文獨繫向戌稱人故知宋災特惡宋也

傳三十年春王正月楚子使薳罷來聘通嗣君也郟敖即位穆叔問王子。之爲政何如王子圍爲令尹○問王子之爲政一本作問王子圍之爲政服虔王肅本同疏傳王子之爲政○正義曰傳無圍字故杜云王子圍爲令尹也服虔云王子楚令尹王子圍也王肅云王子楚令尹圍也對曰吾儕小人食而聽事猶懼不給命而不免於戾焉與知政固問焉不告穆叔告大夫曰楚令尹將有大事子蕩。將與焉子蕩薳罷○儕仕皆反焉與上於虔反下音預下將與與於食同下助之匿其情矣子圍素貴郟敖微弱諸侯皆知其將爲亂故穆叔問之○匿女力反○子產相鄭伯以如晉叔向問鄭國之政焉對曰吾得見與否在此歲也駟良方爭未知所成駟氏子晳也良氏伯有也○相息亮反爭爭鬬之爭下注駟良爭同若有所成吾得見乃可知也叔向曰不既和矣乎對曰伯有侈而愎愎很也○愎彼力反很胡懇反子晳好在人上莫能相下

也雖其和也猶相積惡也惡至無日矣爲此年秋良霄出奔傳○好呼報反下遐反○三月癸未晉
悼夫人食輿人之城杞者輿衆也城杞在往年○食音似輿音餘絳縣人或年長矣無子而往與
於食有與疑年使之年使言其年長丁丈反○疏有與至之年○正義曰有與同食者問此老人之年不告以實疑其年也使之
年者更使言其真年也曰臣小人也不知紀年臣生之歲正月甲子朔四百有四十五甲
子矣其季於今三之一也所稱正月謂夏正月也三分六甲之一得甲子甲戌盡癸未○夏戶雅反吏走問諸朝皆不
知故問之○史走一本作使走如字速疾之意也一曰走使之人也服虔王肅本作吏云吏不知曆者疏史走問諸朝○正義曰俗本吏作使服虔云吏
不知曆數故走問於卿大夫王肅云吏不知曆也師曠曰魯叔仲惠伯會郤成子于承匡之歲也在文十一
年疏師曠至歲也○正義曰劉炫云傳之敘事自可以魯爲主若載人語則當如其本言此師曠晉人自道晉事當云郤成子會魯叔仲惠伯所以云叔
仲惠伯會郤成子于承匡之歲者丘明意在以魯爲主遂使此言反耳丘明尚不免於此況後解說者乎今知非者凡魯史所記云公卿會某侯者皆據公卿
往會他若他來會我則以他爲文若衛侯會公于沓鄭伯會公于棐是也今郤成子在承匡魯往會之以晉爲主晉人之言正是其宜劉炫以爲晉人不當稱
叔仲惠伯會郤成子以爲丘明之誤恐非也是歲也狄伐魯叔孫莊叔於是乎敗狄于鹹獲長狄僑
如及虺也豹也而皆以名其子七十三年矣叔孫僑如叔孫豹皆取長狄名○鹹音咸僑其驕反虺虛鬼反疏
是歲至年矣○正義曰敗狄于鹹事在彼歲未必其年頓生三子當是欲表其功雖在後生子追以前事名之史趙曰亥有二首六身

史趙晉大史亥字二畫在上併三六爲身如算之六○二畫音獲下同下二如身是其日數也下亥上二畫豎置身旁疏史趙至數也○正義曰二畫爲首六畫爲身下首之二畫並之使如其身旁則是生來日數也因亥畫似算位故假之以爲言其本作亥字不爲此也案字書古之亥字體殊不然蓋春秋之時亥字有二六之體異於古制其說文是小篆之書又異於此說文云亥荄也十月微陽起接盛陰從二二古文上字一人男一人女也從乙象懷子咳咳之形也士文伯曰然則二萬六千六百有六旬也文伯士弱之子疏士文至旬也○正義曰文十一年至此年爲七十四年而上云七十三年案文十一年正月甲子朔爲夏之正月是其年三月也此年之二月癸未是夏之十二月計爲七十三年猶尚年未終也假作全年算之置七十三年以全日三百六十五日乘之已得二萬六千六百四十五日也每年有四分日之一是四年而成一日以四除七十三年又得十八日并全日爲二萬六千六百六十三日計終此十二月盡有二萬六千六百六十三日四分日之一今除去三日四分日之一整取六旬合當二十二月二十七日今杜長曆云二十三日癸未是少四日所以不與常曆同者蓋杜爲長曆約準春秋日月以爲長曆與常曆不同故置閏遠近不定蓋七十三年之內於常曆校四个大月而剩用四日故癸未爲二十三日若依常曆是二十七日也劉炫云所以少三日者文十一年非首章年其閒閏有前却故長曆此月辛酉朔二十三日得癸未來月庚寅朔計至朔長二日長曆去年閏八月由閏近故也趙孟問其縣大夫則其屬也屬趙武疏趙孟至屬也○正義曰諸是守邑之長公邑稱大夫私邑則稱宰此言問其縣大夫問絳縣之大夫也絳非趙武私邑而云則其屬者蓋諸是公邑國卿分掌之而此邑屬趙武也召之而謝過焉曰武不才任君之大事以晉國之多虞不能由吾子由用也使吾子辱在泥塗久矣武之罪也敢謝不才遂仕之使助爲政辭以

老與之田使爲君復陶復陶主衣服之官○復音服之疏注復陶至之官○正義曰昭十二年傳說楚子出獵云皮冠秦復陶翠被豹爲執鞭以出復陶之文在冠履之閒知復陶是衣也此言君復陶知是主君衣服之官也衣服之名復陶其義未聞以爲絳縣師縣師掌地域。辨其夫家人民疏以爲絳縣師○正義曰既使爲主衣服之官又以爲絳邑之縣師也周禮縣師上士二人其職掌邦國都鄙稍甸郊里之地域而辨其夫家人民田萊。之數及其六畜車輦之稽凡造都邑量其地而制其域以歲時徵野之賦貢天子之縣師掌此諸事則諸侯之縣師亦當然故杜略引周禮以解之據如周禮則縣師是王朝之官而此言絳縣師者絳是晉國所都之邑蓋以。居在絳邑故繫絳以言之而廢其輿尉以役孤老故疏而廢其輿尉○正義曰服虔云輿尉軍尉主發衆使民於時趙武將中軍若是軍尉當是中軍尉也○注以役孤老故○正義曰知者上云無子是孤年七十三是老也於是魯使者在晉歸以語諸大夫季武子曰晉未可媮也媮薄也○使所吏反語魚據反媮宅侯反有趙孟以爲大夫有伯瑕以爲佐伯瑕士文伯有史趙師曠而咨度焉有叔向女齊以師保其君其朝多君子其庸可媮。乎勉事之而後可傳言晉所以強不失諸侯且明曆也○度待洛反

○夏四月己亥鄭伯及其大夫盟駟良爭故君子是以知鄭難之不已也鄭伯微弱不能制其臣下君臣詛盟故曰亂未已○難乃旦反詛側慮反

○蔡景侯爲大子般娶。于。楚通焉大子弑景侯終子產言有子禍也○爲于僞反娶七住反

○初王儋季卒儋季周靈王弟○儋丁甘反其子括將見王而歎括除服見靈王入朝而歎○括古活反見賢遍反注同單公子愆期。爲靈王御士過諸廷愆期行過王廷○單音善愆起

虔反下同廷音庭注同聞其歎而言曰烏乎。必有此夫欲有此朝廷之權○烏乎本又作嗚呼音同夫音扶入以告王且曰必殺之不慼而願大視躁而足高心在他矣不殺必害王曰童子何知及靈王崩儋括欲立王子佞夫佞夫靈王子景王弟○躁早報反佞夫弗知戊子儋括圍蔿逐成愆成愆蔿邑大夫○蔿于委反成愆奔平時平時周邑○時音止又音市本或作疇五月癸巳尹言多劉毅單蔑甘過鞏成殺佞夫五子周大夫○過音戈鞏力勇反括瑕廖奔晉括廖不書賤也○廖力彫反一音勑留反書曰天王殺其弟佞夫罪在王也佞夫不知故經書在宋災下從赴○或叫。于宋大廟叫呼也○叫古弔反大廟音泰一本無大字呼火故反曰譆譆出出譆譆熱也出出戒伯姬○譆許其反出如字鄭注周禮引此作詘詘劉昌宗亦音出鳥鳴于亳社殷社○亳步各反【疏】。鳥鳴于亳社○正義曰哀四年亳社災穀梁傳曰亳社者亳之社也亳亡國也亡國之社以爲廟屏戒也然則此亳社是殷社也殷都於亳武王伐紂而頌其社於諸侯以爲亡國之戒此鳥鳴于魯國之亳社也服虔云殷宋之祖也故鳴其社伯姬魯女欲使魯往悟伯姬也如曰譆譆皆火妖也甲午宋大災宋伯姬卒待姆也姆女師○姆徐音茂字林音亡又反一音母【疏】宋大災○正義曰莊二十年齊大災杜云來告以大故書此不書大告者不言大也服虔云不書大非災。火及人伯姬坐而待之耳然則昭十八年衛宋陳鄭災災皆及人何以不言大也○注姆女師○正義曰鄭。玄昏禮注云姆婦人年五十無子出而不復嫁能以婦道教人者若今時乳母矣何休云選老大夫妻爲姆也大夫之妻當在夫室安得從女而嫁也若言既爲夫人選大夫之妻爲之則禮言女未嫁而有姆非至夫家始選也君子謂宋共姬女而不婦女待人而行待人婦義事也義從宜也伯姬時年六十左右疏注義從至左右○正義曰義者宜也從宜宜辟火也成九年伯姬歸于宋至此四十年故為六十左右也○六月鄭子產如陳涖盟歸復命告大夫曰陳亡國也不可與也不可與結好○好呼報反聚禾粟。繕城郭恃此二者而不撫其民其君弱植公子侈大子卑大夫敖。政多門政不由一人○繕上戰反植徐直吏反一音時力反敖五報反本亦作傲服本作放云淫放也疏。其君弱植○正義曰周禮謂草木為植物植。為樹立君志弱不樹立也○大夫敖○正義曰言大夫驕敖也服虔云言大夫淫放則服本為大夫放矣故今俗本多為放字以介於大國介間也○介音界能無亡乎不過十年矣為昭八年楚滅陳傳○秋七月叔弓如宋葬共姬也傷伯姬之遇災故使卿共葬○共音恭○鄭伯有耆酒為窟室窟室地室○耆市志反窟口忽反而夜飲酒擊鍾焉朝至未已朝者曰公焉在家臣故謂伯有為公○焉於虔反其人曰吾公在壑谷壑谷窟室○壑呼洛反○皆自朝布路而罷布路分散○罷皮買反徐扶彼反既而朝伯有朝鄭君則又將使子晳。如楚歸而飲酒庚子子晳。以駟氏之甲伐而焚之伯有奔雍梁雍梁鄭地○雍於用反醒而後知之遂奔許大夫聚謀子皮曰仲虺之志仲虺湯左相○醒星頂反相息亮反云亂者取之亡者侮之推亡固存國之利也罕駟豐同生罕子皮駟子晳豐公孫段也三家本同母兄弟○侮亡甫反伯有汏。侈故不免。三家同出而伯有孤特又汏侈所以亡○汏音泰人謂子產就直助彊。時謂子晳直三家彊子產曰豈爲我徒徒黨也言不以駟良爲黨國之禍難誰知所敝或主彊直難乃不生。言能彊能直則可弭難今三家未能。伯有方爭○難乃旦反下及注同弭彌氏反爭爭鬬之爭姑成吾所欲以無所附著爲所○著直略反辛丑子產斂伯有氏之死者而殯之不及謀而遂行不與於國謀○斂力豔反下同不與音預下文不與同印段從之義子產子皮止之衆曰人不我順何止焉子皮曰夫子禮於死者況生者乎遂自止之壬寅子產入。癸卯子石入子石印段皆受盟于子晳氏乙巳鄭伯及其大夫盟于大宮大宮祖廟盟國人于師之梁之外師之梁鄭城門伯有聞鄭人之盟己也怒聞子皮之甲。不與攻己也喜曰子皮與我。矣癸丑晨自墓門之瀆入墓門鄭城門○瀆徐音豆因馬師頡介于襄庫以伐舊北門馬師頡子羽孫○頡戶結反介音界下文同駟帶率國人以伐之駟帶子西之子子晳之宗主皆召子產駟氏伯有俱召子產曰兄弟而及此吾從天所與兄弟恩等故無所偏助伯有死於羊肆羊肆市列子產襚之枕之股而哭之斂而殯諸伯有之臣在市側者既而葬諸斗城斗城鄭地名○襚音遂枕之鴆反股音古子駟氏欲攻子產子皮怒之曰禮國之幹也殺有禮禍莫大焉乃止斂葬伯有爲有禮於是游吉如晉還聞難不入懼禍幷及○難乃旦反復命于介八月甲子奔晉。駟帶追之及酸棗與子上盟用兩珪質于河子上駟帶

也沈珪於河爲信也酸棗陳留縣○與子上用兩珪質于河質如字一音致一本作與子上絕句用兩珪質于河別爲一句也沈音鴆又如字使公孫

肸入盟大夫己巳復歸游吉歸也肸許乙反○書曰鄭人殺良霄不稱大夫言自外入也

既出位絕非復鄭大夫○復扶又反於子蟜之卒也子蟜公孫蠆卒在十九年○蟜居表反將葬公孫揮與裨竈晨

會事焉會葬事○揮許韋反過伯有氏其門上生莠子羽曰其莠猶在乎子羽公孫揮以莠喻伯有伯有

後知其不能久存○莠羊九反草也於是歲在降婁降婁中而旦降婁奎婁也周七月今五月降婁中而天明○降戶江反下及

注同奎吉圭反疏。注降婁至天明○正義曰降婁奎婁釋天文也孫炎曰降下也奎爲溝瀆故稱降也杜以周七月今五月降婁中而天明劉炫以爲五月

降婁未中而規杜。失今知非者以二月諸星復位合昏奎婁在戌以。衡反之平旦在辰又三月日體在胃平旦之時奎婁在胃昴之前亦當在辰既三月平旦

在辰則四月在巳五月在午月令旦危中者據夜有長短及星度有廣狹是細計之數杜據大略而言故與月令不同劉以月令之文而規杜氏非也裨

竈指之曰猶可以終歲指降婁也歲星十二年而一終。歲不及此次也已不及降婁及其亡也歲在

娵訾之口娵訾營室東。壁二十八年歲星淫在玄枵今三十年在娵訾是歲星停在玄枵二年○娵子須反訾子斯反壁音璧枵許驕反疏注娵

訾至二年○正義曰釋天云娵觜之口營室東壁也李巡曰娵觜玄武宿也營室東壁北方宿名孫炎曰娵觜之數則口開方營室東壁四方似口故因名云。

十二次子爲玄枵亥爲娵訾二十八年傳稱歲在星紀而淫於玄枵二十八年已在玄枵今三十年始在娵訾三年始移一次是歲星住在玄枵二年也其

明年乃及降婁僕展從伯有與之皆死僕展鄭大夫伯有黨羽頡出奔晉爲任大夫羽頡馬師

頡任晉縣今屬廣平郡○任音壬雞澤之會在三年鄭樂成奔楚遂適晉羽頡因之與之比而事趙文子言伐鄭之說焉以宋之盟故不可宋盟約弭兵故○比毗志反子皮以公孫鉏爲馬師鉏子罕之子代羽頡○鉏仕居反○楚公子圍殺大司馬蔿掩而取其室。蔿掩二十五年爲大司馬申無宇曰王子必不免無宇芋尹芋干付反○善人國之主也王子相楚國將善是封殖而虐之是禍國也且司馬令尹之偏偏佐也○相息亮反下善相之同而王之四體也俱股肱也絶民之主去身之偏艾王之體以禍其國無不祥大焉何以得免爲昭十三年楚弒靈王傳○去起呂反艾魚廢反○爲宋災故諸侯之大夫會以謀歸宋財冬十月叔孫豹會晉趙武齊公孫蠆宋向戌衛北宮佗佗北宮。之子○佗徒河反鄭罕虎虎子皮及小邾之大夫會于澶淵既而無歸於宋故不書其人君子曰信其不可不愼乎澶淵之會卿不書不信也夫諸侯之上卿會而不信寵名皆弃不信之不可也如是寵謂族也○不信也夫音扶一讀以夫爲下句首○詩曰文王陟降在帝左右信之謂也詩大雅言文王所以能上接天下接人動順帝者唯以信又曰淑愼爾止無載爾僞不信之謂也逸詩也言當善愼舉止無載行詐僞書曰某人某人會于澶淵宋。災。故尤之也傳云既而無歸所以釋諸侯大夫之不書也又云宋災故尤之所以釋向戌之弁貶也戌爲。正卿深致火災燒殺其夫人未聞克己之意而以求。財合諸侯故與不歸。財者同文【疏】注傳云至同文○正義曰諸侯不歸宋。財諸國大夫合貶耳向戌不合貶也而向戌亦貶稱人故傳明經所由杜又釋傳之意傳云既而無歸者是釋上傳之文故不書其人是也經又別言宋災故者此一句見向戌之幷貶釋此傳書曰某人某人之文也向戌若不求財當顯書名氏今貶稱某人與諸國某人同故云所以釋向戌之幷貶與不歸財者同文也不書魯大夫諱之也向戌既以災求財諸。大夫許而不歸客主皆貶君子以尊尊之義也君親有隱故略不書魯大夫以示例○鄭子皮授子產政伯有死子皮知政以子產賢故讓之辭曰國小而偪偪近大國○偪彼力反近附近之近族大寵多不可為也為猶治也子皮曰虎帥以聽誰敢犯子子善相之國無小言在治政治直吏反○小能事大國乃寬為大所恤故也子產為政有事伯石賂與之邑伯石公孫段有事欲使之子大叔曰國皆其國也奚獨賂焉言鄭大夫共憂鄭國事何為獨賂之子產曰無欲實難言人不能無欲皆得其欲以從其事而要其成非我有成其在人乎言成猶在我非在他。也○要一遙反下注同何愛於邑邑將焉往言猶在國焉於虔反○子大叔曰若四國何恐為四鄰所笑子產曰非相違也而相從也言賂以邑欲為和順四國何尤焉鄭書有之鄭國史書曰安定國家必大焉先先和大族而後國家安○必大焉先並如字姑先安大以待其所歸要其成也既伯石懼而歸邑卒與之卒終也伯有既死使大史命伯石為卿辭大史退則請命焉請大史更命己復命之又辭如是三乃受策。入拜子產是以惡其為人也

(惡其虛飾○復扶又反三息暫反又如字策初革反惡烏路反注同)使次己位(畏其作亂故寵之)子產使都鄙有章(國都及邊鄙車服尊卑各有分部○分扶運反)上下有服(公卿大夫服不相踰)田有封洫(封疆也洫溝也洫況域反疆居良反)廬井有伍(廬舍也九夫為井使五家相保)大人之忠儉者(謂卿大夫○大人之忠儉者本或作大夫者非)從而與之泰侈者因而斃之(因其罪而斃踣之○踣蒲比反)豐卷將祭請田焉弗許(田獵也○卷眷勉反徐居阮反)曰唯君用鮮(鮮野獸)衆給而已(衆臣祭以芻豢為足○芻初俱反豢音患牛羊曰芻犬豕曰豢)子張怒(子張豐卷)退而徵役(召兵欲攻子產)子產奔晉子皮止之而逐豐卷豐卷奔晉子產請其田里(請於公不役入)三年而復之反其田里及其入焉(田里所收入)從政一年輿人誦之曰取我衣冠而褚之(褚畜也奢侈者畏法故畜藏○褚張呂反畜勑六反又許六反本又作稸同)取我田疇而伍之孰殺子產吾其與之(並畔為疇○並蒲杏反又蒲頂反)及三年又誦之曰我有子弟子產誨之我有田疇子產殖之(殖生也○殖時力反徐是吏反此協下韻)子產而死誰其嗣之(嗣續也傳言鄭所以興)

經三十有一年春王正月○夏六月辛巳公薨于楚宮(公不居先君之路寢而安所樂失其所也○樂音洛一音岳又一音五教反)○秋九月癸巳子野卒(不書葬未成君)○己亥仲孫羯卒○冬十月滕子來會葬(諸侯會葬非禮)○癸酉葬我君襄公○十有一月莒人弒其君密州(不稱弒者主名)

君無道也○弑申志反

傳三十一年春王正月穆叔至自會澶淵會還見孟孝伯語之曰趙孟將死矣其語偷不似民主偷苟且○語之魚據反下吾語諸同偷他侯反且年未盈五十而諄諄焉如八九十者弗能久矣成二年戰於鞌趙朔已死於是趙文子始生至襄三十年會澶淵蓋年四十七八故言未盈五十○諄徐之閏反或一音之純反若趙孟死為政者其韓子乎韓子韓起吾子盍與季孫言之可以樹善君子也言韓起有君子之德今方知政可素往立善○盍戶獵反晉君將失政矣若不樹焉使早備魯使韓子早為魯備既而政在大夫韓子懦弱大夫多貪求欲無厭齊楚未足與也魯其懼哉孝伯曰人生幾何誰能無偷朝不及夕將安用樹穆叔出而告人曰孟孫將死矣吾語諸趙孟之偷也而又甚焉言朝不及夕偷之甚也○懦乃亂反厭於鹽反人生幾何居豈反本或作民生无幾何朝如字注同又與季孫語晉故如與孟孫言季孫不從及趙文子卒在昭元年晉公室卑政在侈家韓宣子為政不能圖諸侯魯不堪晉求讒慝弘多是以有平丘之會平丘會在昭十三年晉人執季孫意如○慝他得反

○齊子尾害閭丘嬰欲殺之使帥師以伐陽州陽州魯地我問師故魯以師往問齊何故伐我夏五月子尾殺閭丘嬰以說于我師言伐魯者嬰所為也伐陽州不書不成伐○說如字工僂灑渻竈孔虺

賈寅出奔莒四子嬰之黨○僂力侯反灑所蟹反舊所綺反渻生領反徐本作省所幸反一音息井反一音銷虺許鬼反出羣公子爲昭十年欒高之難復羣公子起本○難乃旦反○公作楚宮適楚好其宮歸而作之○好呼報反穆叔曰大誓云民之所欲天必從之今尚書大誓亦無此文故諸儒疑之○大音泰本亦作泰疏○注今尚至疑之○正義曰今尚書大誓謂漢魏諸儒馬融鄭玄王肅等所注者也自秦焚詩書漢初求之尚書唯得二十八篇故大常孔臧與孔安國書云尚書二十八篇前世以爲放二十八宿都不知尚書有百篇也在後又得僞大誓一篇通爲二十九篇漢魏以來未立於學官馬融尚書傳序云大誓後得案其文似若淺露又春秋引大誓曰民之所欲天必從之國語引大誓曰朕夢協朕卜襲于休祥戎商必克孟子引大誓曰我武惟揚侵于之疆則取于凶殘我伐用張于湯有光孫卿引大誓曰獨夫紂禮記引大誓曰予克紂非予武惟朕文考無罪紂克予非朕文考有罪惟予小子無良今之大誓皆無此言吾見書傳多矣所引大誓而不在大誓者甚衆不復悉記略舉五事以明之亦可知已王肅亦云大誓近非本經是諸儒疑之也杜氏在晉之初亦未見真本及江東晉元帝時其豫章內史梅賾始獻孔安國所注古文尚書其內有泰誓三篇記傳所引大誓其文悉皆有之君欲楚也夫故作其宮若不復適楚必死是宮也六月辛巳公薨于楚宮叔仲帶竊其拱璧拱璧公大璧○夫音扶復扶又反拱九勇反以與御人納諸其懷而從。取之由是得罪得罪謂魯人薄之故子孫不得志於魯立胡女敬歸之子子野胡歸姓之國敬歸襄公妾次于季氏秋九月癸巳卒毀也過哀毀瘠以致滅性○瘠在亦反○己亥孟孝伯卒終穆叔言立敬歸之娣齊歸之子公子裯齊謚裯昭公名○娣大計反齊歸如字注同裯直由反穆叔不欲曰大子死有母弟則立之無則長立立庶子則以年○長丁丈反年鈞擇賢義鈞則卜古之道也先人事後卜筮也義鈞謂賢等非適嗣何必娣之子言子野非適嗣○適丁歷反且是人也居喪而不哀在慼而有嘉容是謂不度不度之人鮮不為患若果立之必為季氏憂武子不聽卒立之比及葬三易衰衰衽如故衰言其嬉戲無度○鮮息淺反比及必利反一本無及字三如字又息暫反衰本又作縗亦作𧞤同七雷反下同衽而甚反徐而鴆反裳下也嬉許其反

疏。衽○正義曰喪服注云衽為兩燕尾凡用布三尺五寸上正一尺兩燕尾衺裹裁二尺五寸下廣四寸縫於身旁所以掩裳際也

於是昭公十九年矣猶有童心君子是以知其不能終也為昭二十五年公孫於齊傳○冬十月滕成公來會葬惰而多涕惰不敬也○惰徒臥反涕他禮反子服惠伯曰滕君將死矣怠於其位而哀已甚兆於死所矣有死兆能無從乎為昭三年滕子卒傳○癸酉葬襄公公薨之月子產相鄭伯以如晉晉侯以我喪故未之見也子產使盡壞其館之垣而納車馬焉士文伯讓之曰敝邑以政刑之不脩寇盜充斥充滿斥見言其多○相息亮反盡子忍反壞音怪下皆同館古亂反字從食字林云容舍也旁作舍非垣音袁牆也斥見賢遍反無若諸侯之屬辱在寡君者何是以令吏人完客所館館舍也○令力呈反下注同完音丸高其閈閎閎門也○閈戶旦反說文云閭也汝南平輿縣里門曰閈沈云閈也閎獲耕反杜云門也爾雅云衡門謂之閎是也爾雅又云所以止扉謂之閎然爾雅本止扉之名或作閣字讀者因

改左傳皆作各音案下文云門不容車此云高其閈閎俱謂門耳於義自通無爲穿鑿【疏】高其閈閎○正義曰說文云閈門也汝南平輿里門曰閈釋宮云衖門謂之閎李巡曰衖頭門也然則閈閎皆。門名言高爲其門耳

厚其牆垣以無憂客使無令客使憂寇盜○使所吏反注同今吾子壞之雖從者能戒其若異客何以敝邑之爲盟主繕。完葺。牆葺覆也○從才用反下賓從同葺侵入反徐音集一音子入反謂以草覆牆【疏】繕完葺牆○正義曰周禮匠人有葺屋瓦屋瓦屋以瓦覆葺屋以草覆此云葺牆謂草覆牆也

以待賓客若皆毀之其何以共命寡君使匄。請命請問毀垣之命○共音恭匄本作丐古害反士文伯名也今傳本皆作匄字或作丐字釋例亦然解者云士伯是范氏之族不應與范宣子同名作丐是也案士文伯字伯瑕又春秋時人名字皆相配楚令尹陽丐字子瑕即與文伯名字正同又鄭有駟乞字子瑕匄與乞義同則作匄者是又案魯有仲嬰齊是莊公之孫又有公孫嬰齊是文公之孫仲嬰齊於公孫嬰齊爲從祖同時同名鄭有公孫段字子石又云伯石印段字伯石傳又謂之二子石然印段即公孫段從父兄弟之子尚同名字伯瑕與宣子何廢同乎【疏】寡君使匄○正義曰匄士文伯名也晉宋古本及釋例皆作。丐俗本作匄此士文伯是范氏之別族不宜與范宣子同名今定本作匄恐非

對曰以敝邑褊小介於大國介間也誅求無時誅責也是以不敢寧居悉索敝賦以來會時事隨時來朝會○索所白反一音悉各反逢執事之不閒而未得見又不獲聞命未知見時不敢輸幣亦不敢暴露其輸之則君之府實也非薦陳之不敢輸也薦陳猶獻見也○閒音閑見賢遍反下及注同暴步卜反下同其暴露之則恐燥濕之不時而朽蠹以重敝邑之罪僑聞文公之爲

盟主也僑子產名文公晉重耳○燥素早反蠹丁故反蟲敗也以重直用反下重罪同僑其驕反重耳直龍反宮室卑庳。無觀臺榭以崇大諸侯之館館如公寢庫廄繕脩司空以時平易道路易治也○庳音婢亦音卑觀古亂反榭音謝本亦作謝土高曰臺木曰榭廄九又反易以豉反注同疏無觀臺榭○正義曰釋宮云四方而高曰臺有木者謂之榭李巡曰臺上有屋謂之榭然則臺榭皆高可升之以觀望言無觀望之臺榭也○如公寢○正義曰言往前文公之客館如今日晉君之路寢也○館圬人以時塓。館宮室圬人塗者塓塗也○圬本作污同音烏塓莫歷反疏圬人至宮室○正義曰釋宮云鏝謂之杇李巡曰鏝一名杇塗工作具也郭璞云泥鏝也然則圬是塗之所用因謂泥牆屋之人為圬人塓亦泥也使此泥屋之人以時泥塗客館之宮室也諸侯賓至甸設庭燎庭燎設火於庭○甸徒遍反燎力妙反徐力遙反○一音力弔反庭燎大燭疏庭燎○正義曰郊特牲云庭燎之百由齊。桓公始也○鄭玄云僭天子也庭燎之差公蓋五十侯伯子男皆三十僕人巡宮巡宮行夜○行下孟反下巡行同車馬有所有所處賓從有代代客役巾車脂轄巾車主車之官○巾車如字劉昌宗周禮音居覲反轄戶瞎反隸人牧圉各瞻其事瞻視客所當得○瞻之廉反百官之屬各展其物展陳也謂羣官各陳其物以待賓公不留賓而亦無廢事賓得速去則事不廢憂樂同之事則巡之巡行也○樂音洛教其不知而恤其不足賓至如歸無寧菑患言見遇如此寧當復有菑患邪無寧寧也○菑音災復扶又反不畏寇盜而亦不患燥溼。今銅鞮之宮數里銅。鞮晉離宮○鞮丁兮反數所主反而諸侯舍於隸人舍如隸人舍門不容車而不可踰越門庭之內迫迮又有牆垣之限○迮側百反疏注門

庭之內迫迮○正義曰知非館門卑小不得容車而云門庭之內迫迮者以傳稱舍於隸人明院宇迮小也盜賊公行而夭。厲。不戒
厲猶災也言水潦無時○潦音老賓見無時命不可知若又勿壞是無所藏幣以重罪也敢請
執事將何以命之問晉命己所止之宜○見賢遍反雖君之有魯喪亦敝邑之憂也言鄭與魯亦有同姓
之憂若獲薦幣薦進也脩垣而行行去也君之惠也敢憚勤勞文伯復命反命晉君於趙文
子曰信信如子產言我實不德而以隸人之垣以贏諸侯贏受也○贏音盈【疏】注贏受也○正義曰賈服
王。杜皆讀爲盈盈是滿也故皆訓爲受是吾罪也使士文伯謝不敏焉晉侯見鄭伯有加禮禮加敬
厚其宴好而歸之乃築諸侯之館叔向曰辭之不可以已也如是夫子產有辭
諸侯賴之若之何其釋辭也詩曰辭之輯矣民之協矣辭之繹。矣民之莫矣詩大
雅言辭輯睦則民協同辭說繹則民安定莫猶定也○好呼報反如是夫音扶讀者亦以夫爲下句首輯音集又七入反繹本又作懌音亦說音悅其知
之矣謂詩人知辭之有益○鄭子皮使印段如楚以適晉告禮也得事大國之禮○莒犂比公生
去疾及展輿犂比莒子密州之號○犂力私反或音力兮反比音毗去起呂反輿音餘本又作與音同既立展輿立以爲世子又
廢之犂比公虐國人患之十一月展輿因國人以攻莒子弒之乃立展。輿立爲君○弒之
乃立弒音試本或作乃自立者誤去疾奔齊齊出也母齊女也展輿吳出也爲明年奔吳傳書曰莒人弒其

君買朱鉏。買朱鉏密州之字○朱鉏仕居反言罪之在也罪在鉏也傳始例申明君臣書弒今者父子故復重明例○復扶又反重直用反○吳子使屈狐庸聘于晉狐庸巫臣之子也成七年適吳為行人○屈君勿反狐音胡通路也通吳晉之路趙文子問焉曰延州來季子其果立乎延州來季札邑疏延州來季札邑○正義曰釋例土地名延州來闕不知其處則杜謂延州來三字共為一邑服虔云延延陵也州來邑名季子讓王位升延陵為大夫食邑州來傳家通言之案傳文謂之延陵季子則是延陵與州來必不得為一但不知何以呼為延陵耳或延陵亦是邑名蓋並食二邑故連言之巢隕諸樊在二十五年○隕于敏反闔戕戴吳在二十五。年戴吳餘祭○閽音昏戕在良反祭側界反天似啓之何如對曰不立是二王之命也非啓季子也若天所啓其在今嗣君乎嗣君謂夷。昧甚德而度德不失民民歸德度不失事審事情民親而事有序其天所啓也有吳國者必此君之子孫實終之季子守節者也雖有國不立言其三兄雖欲傳國與之終不肯立○傳直專反○十二月北宮文子相衛襄公以如楚文子北宮。佗襄公獻公子○相息亮反宋之盟故也晉楚之從交相見也過鄭印段廷勞于棐。林如聘禮而以勞辭用聘禮而用郊勞之辭○過五禾反廷于況反勞力報反下及注同棐芳尾反本又作斐文子入聘報印段子羽為行人馮簡子與子大叔逆客逆文子事畢而出言於衛侯曰鄭有禮其數世之福也其無大國之討乎詩云誰能執熱逝不以濯詩大雅濯以水濯手○數所主反濯直角反禮之於政如

爇之有濯也濯以救爇何患之有此以上文子辭○上時掌反子產之從政也擇能而使之

馮簡子能斷大事子大叔美秀而文其貌美其才秀○斷丁亂反下同○公孫揮能知四國之爲知諸侯所欲爲而辨於其大夫之族姓班位貴賤能否而又善爲辭令裨諶能謀謀於野則獲得所謀也○裨婢支反諶市林反謀於邑則否此才性之敝鄭國將有諸侯之事子產乃問四國之爲於子羽且使多爲辭令與裨諶乘以適野使謀可否而告馮簡子使斷之事成乃授子大叔使行之以應對賓客是以鮮有敗事北宮文子所謂有禮也傳跡子產行事以明北宮文子之言○乘繩證反鮮息淺反○鄭人游于鄉校鄉之學校○校戶孝反下同鄭國謂學爲校以論執政論其得失然明謂子產曰毀鄉校何如患人於中謗議國政○謗布浪反疏○鄉校○正義曰詩序云子衿刺學校廢是校爲學之別名子產曰何爲夫人朝夕退而游焉以議執政之善否其所善者吾則行之其所惡者吾則改之是吾師也若之何毀之我聞忠善以損怨爲忠善則怨謗息○夫音扶下幷注同朝直遙反舊如字惡烏路反又如字不聞作威以防怨欲毀鄉校即作威豈不遽止然猶防川遽畏懼也○遽其據反大決所犯傷人必多吾不克救也不如小決使道道通也○道音導注同不如吾聞而藥之也以爲己藥石疏不如至之也○正義曰言不如不毀鄉校使人游處其中聞謗我之政者而即改焉以爲我

之藥石也然明曰蔑也今而後知吾子之信可事也小人實不才若果行此其鄭國實賴之豈唯二三臣仲尼聞是語也曰以是觀之人謂子產不仁吾不信也仲尼以二十二年生於是十歲長而後聞之○長丁丈反【疏】注仲尼至聞之○正義曰公羊傳於二十一年下云十。有。一月庚子孔子生穀梁傳於二十一年十月之下云庚子孔子生二十一年賈逵注經云此言仲尼生哀十六年夏四月己丑卒七十三年昭二十四年服虔載賈逵語云是歲孟僖子卒屬其子使事仲尼仲尼時年三十五定以孔子爲襄二十一年生也孔子世家云魯襄公二十二年而孔子生年七十三魯哀公十六年夏四月己丑卒杜此注從史記也

○子皮欲使尹何爲邑爲邑大夫子產曰少未知可否尹何年少○少詩照反注同子皮曰愿吾愛之不吾叛也愿謹善也○愿音願【疏】。不吾叛也○正義曰謂尹何也劉炫云叛違也欲令子產不於我有違得使尹何爲邑也使夫往而學焉夫亦愈知治矣夫謂尹何○治直吏反下注之治同【疏】夫亦愈知治矣○正義曰病差謂之愈言不能之病愈知治必速也劉炫云尹何比未解治邑以爲己病今若遣往學治邑之病差自然以後知治邑矣子產曰不可人之愛人求利之也今吾子愛人則以政以政與之。猶未能操刀而使割也其傷實多多自傷○操七刀反其傷實多一本作其傷多子之愛人傷之而已其誰敢求愛於子子於鄭國棟也棟折榱崩僑將厭焉敢不盡言子有美錦不使人學製焉製裁也○棟丁弄反榱所追反椽也厭本又作壓於甲反徐於輒反下同製音制大官大邑身之所庇也而使學者製焉其爲美錦不亦多乎言官邑之重多於美錦○所庇

必利反又音祕僑聞學而後入政未聞以政學者也若果行此必有所害譬如田獵射御貫則能獲禽貫習也○貫古患反若未嘗登車射御則敗績厭覆是懼何暇思獲子皮曰善哉虎不敏吾聞君子務知大者遠者小人務知小者近者我小人也衣服附在吾身我知而慎之大官大邑所以庇身也我遠而慢之慢易也○覆芳服反易以豉反子之言吾不知也他日我曰子爲鄭國我爲吾家以庇焉其可也今而後知不足自知謀慮不足足謀其家自今請雖吾家聽子而行子產曰人心之不同如其面焉吾豈敢謂子面如吾面乎抑心所謂危亦以告也子皮以爲忠故委政焉子產是以能爲鄭國言子產之治乃子皮之力○衛侯在楚北宮文子見令尹圍之威儀言於衛侯曰令尹似。君矣將有他志言語瞻視行步不常疏。令尹似君矣○正義曰言令尹威儀已是國君之容矣服虔云言令尹動作以君儀故云以君矣服言以君儀者明年傳云二執戈者前矣是用君儀也俗本作似君若云似君不須言矣今定本亦作似。君恐非雖獲其志不能終也詩云靡不有初鮮克有終終之實難令尹其將不免公曰子何以知之對曰詩云敬慎威儀惟民之則令尹無威儀民無則焉民所不則以在民上不可以終公曰善哉何謂威儀對曰有威而可畏謂之威有儀而可象謂之儀君

有君之威儀其臣畏而愛之則而象之故能有其國家令聞長世臣有臣之威
儀其下畏而愛之故能守其官職保族宜家順是以下皆如是是以上下能相
固也衞詩曰威儀棣棣。不可選也詩邶風棣棣富而。閑也選數也○鮮息淺反令聞音問本亦作問衞詩此邶詩刺衞頃公
故曰衞詩棣棣本又作逮直待反選息兗反注同數所主反下文同言君臣上下父子兄弟內外大小皆有威儀
也周詩曰朋友攸攝攝以威儀詩大雅攸所也攝佐也言朋友之道必相教訓以威儀也
周書數文王之德逸書曰大國畏其力小國懷其德言畏而愛之也詩云不識
不知順帝之則言則而象之也大雅又言文王行事無所斟酌唯在則象上天○斟之林反【疏】曰大至其德○正義曰尚
書武成篇。曰大國以威加小國以德撫故大畏力小懷德也○不識至之也○正義曰不識不知謂不妄斟酌以爲識知唯順天之法則是言則而象之謂文
王法則放象上天而行下傳覆此謂天下則象文王不同者謂文王能則象於天故天下亦則象文王也紂囚文王七年諸侯皆從
之囚紂於是乎懼而歸之可謂愛之文王伐崇再駕而降爲臣文王聞崇德亂而伐之三旬不
降退脩教而後伐之因壘而降○降戸江反復扶又反【疏】紂囚文王七年○正義曰傳言囚文王七年文王必七年爲囚矣尚書無逸云文王受命唯中
身厥享國五十年則文王在位歷年多矣未知何時被囚也。周本紀稱紂囚西伯於羑里閎夭之徒求美女美寶而獻之紂紂大說乃赦西伯賜之弓矢使之
得征伐其下乃云虞芮爭獄俱讓而去諸侯聞之曰西伯受命之君也如馬遷所云虞芮質獄之前被囚也尚書傳稱文王一年質虞芮二年伐邘三年伐密

須四年伐。犬夷紂乃囚之四友獻寶乃得免於虎口出而伐者鄭玄尚書注據書傳爲說云紂聞文王斷虞芮之訟後又三伐皆勝始畏而惡之拘於羑里紂得散宜生等獻寶而釋文王文王釋而伐黎以爲四年因之五年釋之即如所言被囚不盈一年此傳不得言紂囚文王七年也文王既已改元而又專伐諸國是則反形已露雖紂之愚非寶貨所能釋也馬遷之言當得其實在質虞芮之前因之故囚之得七年也

蠻夷帥服可謂畏之文王之功天下誦而歌舞之可謂則之文王之行至今爲法可謂象之有威儀也故君子在位可畏施舍可愛進退可度周旋可則容止可觀作事可法德行可象聲氣可樂動作有文言語有章以臨其下謂之有威儀也○行下孟反下同樂音洛又音岳

附釋音春秋左傳注疏卷第四十

春秋左傳注疏卷四十校勘記　阮元撰盧宣旬摘錄

附釋音春秋左傳注疏卷第四十　襄三十年盡三十一年

〔經三十年〕

天火曰灾　宋本淳熙本纂圖本明翻岳本閩本監本毛本灾作災

共姬從夫諡也　宋本明翻岳本毛本諡作謚非

據傳子晳伐伯有　閩本監本毛本晳誤晢

宋灾故　石經宋本淳熙本纂圖本明翻岳本毛本灾作災石經故下後人增也字非也

杜此注故以唯言惡宋人　宋本監本毛本故作何是也

以傳云書曰某人某人　浦鏜正誤云某人下脫會于澶淵四字山井鼎云某作厶俗字也

〔傳三十年〕

穆叔問王子之爲政何如　釋文作問王子圍之爲政云一本無圍字案石經此行重刻疑初刊有圍字也

王子之爲政　宋本此節正義在注文故穆叔問之下

子蕩將與焉　石經宋本淳熙本纂圖本明翻岳本閩本監本毛本作蕩此本誤湯今訂正

三月癸未石經宋本淳熙本明翻岳本足利本三作二不誤

有與疑年石經有與一行九字初刻有字下有兩字後刊去刻與字

有與至之年宋本此節正義起至注以役孤老故止總入勉事之而後可注下

得甲子甲戌纂圖本閩本監本毛本戌作戍亦非宋本淳熙本明翻岳本作戌是也

吏走問諸朝釋文作使案正義曰俗本吏作使

魯叔仲惠伯會郤成子于承匡之歲也石經仲字起承字止此行九字惠伯會郤四字係改刊

晉人之言宋本之作所

併三六爲身閩本監本毛本六誤人

然則二萬二千六百有六旬也淳熙本明翻岳本足利本二千作六千與石經合按正義本同

爲一十四年宋本閩本監本毛本一作七是也

得二萬六千一百四十五日也宋本閩本監本毛本一作六不誤

所以少三日者宋本三作二

辯其夫家人民淳熙本明翻岳本辯作辨案周禮作辨

田來之數 宋本來作萊不誤閩本監本毛本作畝非也

蓋以居在絳邑 閩本監本毛本居作車非是

其庸可渝乎 纂圖本渝誤偷

蔡景侯爲大子般娶于楚 石經此處刓缺顧炎武云娶誤作聚所據謬刻也釋文于作於

單公子愆期爲靈王御士 石經期誤旗

烏乎必有此夫 石經宋本淳熙本乎作呼釋文作嗚呼云本又作烏乎

不殺必害 石經必下有爲字非也

或叫于宋大廟曰譆譆出出 宋本明翻岳本叫作叫釋文同石經作叫惠棟云叫說文引作訆云大呼也傅遜曰說文云譆痛也案說文誒可惡之辭引傳云誒誒出出從言矣聲譆痛也从言喜聲蓋許意謂左作誒誒卽譆譆之假借字也其所見左氏作誒與他家作譆者異耳鄭氏周禮注引作譆譆詘詘釋文云一本無大字

烏鳴于亳社 宋本以下正義四節總入婦義事也注下

大及人 閩本監本毛本大作火

鄭玄昏禮注云 宋本玄作云

聚禾粟石經及諸本作禾此本誤木今訂正

大夫敖釋文云敖本亦作傲服本作放案正義云言大夫驕敖也服虔云言大夫淫放則服本爲大夫放矣故今俗本多爲放字

其君弱植宋本以下正義二節總入能無亡乎節注下

植爲樹立宋本爲作謂

則又將使子晳如楚閩本監本晳作皙非也下同

伯有汰侈故不免石經此處刓缺宋本淳熙本明翻岳本汰作汏是也注同釋文亦作汏

就直助彊閩本監本彊作疆非也下及注同

今三家未能伯有方爭宋本淳熙本纂圖本明翻岳本足利本能下有則字

壬寅子產入淳熙本入誤人

聞子皮之甲不與攻己也淳熙本甲誤申

子皮與伐矣石經宋本淳熙本纂圖本明翻岳本閩本監本毛本伐作我是也

駟帶追之石經駟作四顧炎武云石經駟誤四是也

注降婁至天明宋本以下正義二節總入子皮以公孫鉏爲馬師注下

而規杜失 毛本失誤矣監本初亦作矣後刊去厶

以衡反之 宋本閩本監本毛本作衡此本誤徑今改正

歲星十二年而一歲 宋本淳熙本纂圖本明翻岳本足利本一歲作一終是也

娵訾營室東壁 宋本淳熙本纂圖本明翻岳本閩本監本毛本壁作壁是也

故因名云 宋本云下有也字

楚公子圍殺大司馬蒍掩而取其室 石經宋本蒍作蔿

蒍掩二十五年爲大司馬 宋本蒍作蔿

佗北宮之子 纂圖本監本毛本宮下有結字閩本初刻無後擠刊宋本淳熙本明翻岳本足利本結作括是也

又曰淑慎爾止無載爾僞 注云逸詩案陳樹華云又曰二字卽承上而言似皆屬大雅之文梁履繩云廾一年傳詩曰優哉游哉聊以卒歲杜云詩小雅正義曰此采菽之篇彼詩云優哉游哉亦是戾矣與此不同者蓋師讀有異是可取以爲證

宋災故尤之也 石經宋災上有爲字按此左氏援引聖經斷不妄增一字石經凡若此等皆唐時濫惡之本名儒所不窺者而板本轉相傳不誤也

戍爲正卿 宋本正作政

而以求才合諸侯宋本淳熙本纂圖本明翻岳本閩本監本毛本才作財是也下同

注傳云至同文宋本此節正義在諱之也注下監本云作文非也

諸侯不歸宋才宋本閩本監本毛本才作財不誤

諸大夫許而不歸足利本諸下有侯字非

言成猶在我非在他也宋本淳熙本無也字

乃受策入拜石經淳熙本策作筴釋文作筴

使次己位石經宋本明翻岳本已作己是也

大人之忠儉者石經初刻夫後改人釋文云本或作大夫者非

因其罪而斃踣之宋本淳熙本纂圖本明翻岳本足利本其下有有字是也

請於公不役入明翻岳本足利本役作沒陳樹華云十一年傳云以其役邑入者無征可證閩本監本毛本入作人非也

取我衣冠而褚之案呂覽樂成篇作貯之元應書引同盧文弨云周禮廛人注猪藏釋文云猪本作貯又作褚

褚畜也纂圖本畜作蓄釋文作稸云本又作畜同

子產而死誰其嗣之案呂覽樂成篇而作若李善東都賦注潘安仁關中詩注褚淵碑文注引並作若

〔經三十一年〕

莒人殺其君密州　案傳作買朱鉏段玉裁云與密州音相同左傳經自作買朱鉏疑後人以公穀之經易此

〔傳三十一年〕

人生幾何　漢書引傳作民生幾何釋文同云本或作民生無幾何案臧琳云陸本與漢志正同當從之本或作無幾何無衍字也

渻竈　諸本作渻釋文云徐本作省

大誓云　釋文云大本亦作泰案尚書撰異云大誓與大誥之大同音泰者非據正義引顧彪說則作泰誓尚在彪以前非衞包始改

注今尚至疑之　宋本此節正義在由是得罪注下

戎商必克　閩本監本毛本戎作伐誤也

略舉五事以明之　閩本監本毛本舉改引

大誓近非本經　段玉裁據書正義近下增得字非下增其字

而從取之　石經初刻而從誤倒後改正

胡歸姓之國　淳熙本姓作子

年鈞擇賢義鈞則卜　閩本監本毛本鈞誤均注同

非適嗣也釋文亦作適石經初刻作嫡後改從適纂圖本閩本監本毛本作嫡非

三易衰衰衽如故衰史記漢書五行志引亦作衰石經初刻並作[衤衰]後改衰釋文作[衤衰]云本又作縗亦作衰字按縗正字也衰假借字也[衤衰]俗字也

衽宋本此節正義在於是昭公十九年矣注下

公孫於齊傳閩本監本傳誤傳

子產使盡壞其館之垣釋文云館字從食字林云客舍也旁或作舍非

高其閈閎釋文云閎或作閣字案爾雅釋宮郭注引作高其閈閣釋文云云即郭氏所據本也今本爾雅注作閎者乃後人所改

閎門也後漢書馬援傳注引杜氏左傳注閈閎門也此但解閎疑有脫

高其閈閎宋本以下正義九節總入其知之矣注下

然則閈閎皆門名宋本皆下有是字是也

繕完葺牆李涪刊誤云繕完葺三字於文爲繁當是繕宇葺牆以書之峻宇雕牆爲比段玉裁云古三字重疊者時有安可以今人文法繩之下文無觀臺榭豈非三字重疊耶況此篇因壞垣屬辭士文伯誚垣之好不應見毀添設宇字則無謂矣

寡君使匄請命明翻岳本匄作匃釋文作丐正義云晉宋古本及釋例皆作丐俗本作匄此士文伯是范氏之別族不宜與范宣子同名今定

本作匃恐非據此則正義本作丏字也

皆作丏　宋本丏字則作丐字按作丏則當彌兗切作匃則古代切而丐則匃之俗體耳

宮室卑庳　纂圖本庳誤庫張載魏都賦注引作埤案說文庳中伏舍从广卑聲一曰屋庳或讀若逋此則當作庳爲正

圬人以時塓館宮室　張載魏都賦注引塓作冪按廣雅作摸而塓摸冪皆說文所無說文祇有幎字圬人塗塈義出於此釋文圬作汚云本又作圬

由齊相公始也　宋本監本毛本相作桓按作相避諱也

今銅鞮之宮數里　纂圖本今誤合鞮誤鍉閩本監本毛本亦誤作鍉注同

而天厲不戒　石經宋本淳熙本纂圖本明翻岳本天厲作天癘毛詛父六經正誤云天癘不戒注疏及臨川本作天地之天興國本監本作夭閼之夭案杜氏注云癘猶災也言水潦無時據此義則當作天地之天然經有言癘疫夭札則夭癘亦不爲非陸粲附注云天厲者天之厲氣猶周官司救所謂天患陳樹華云毛氏未見石經故不能遽定哀元年傳云天有菑癘更是一證又按凡經典癘疾癘鬼字皆从疒而轉寫傳刻多譌爲厲正之不可勝正

買服王注　宋本注作杜是也

辭之繹矣　釋文繹本亦作懌案詩作懌俗字

展與立爲君　諸本作輿此作與因釋文又作之字而誤改也○今訂正

莒人弒其君買朱鉏 監本鉏誤組注同

成七年適吳爲行人 纂圖本監本毛本七誤十閩本作卜亦非

延州來季札邑 毛本延上有注字宋本此節正義在雖有國不立注下

在二十五年 宋本淳熙本纂圖本明翻岳本足利本五作九是也

嗣君謂夷昧 宋本明翻岳本昧作末字按依宋本作末則作昧之本亦當是左日右未非左日右末也

文子北宮佗 毛本佗誤陀

印段廷勞于棐林 釋文棐本又作斐石經此行改刊計九字

此才性之敝 明翻岳本足利本敝作敞

鄉校 宋本以下正義三節總入吾不信也注下

夫人朝夕退而游焉 石經初刻脫朝字重刊增入此行計十一字纂圖本游作遊

十有一月庚子 孫志祖云案公羊經上文云十月庚辰朔則庚子爲十月二十一日十一月不得有庚子也釋文庚子孔子生傳文上有十月庚辰此亦十月也據此則古本公羊無十有一月四字有者後人妄增穀梁亦作十月蓋孔子以周之十月夏正八月二十一日生此作十有一月孔沖遠所據本已誤

蜀其子使事仲尼 宋本閩本監本毛本蜀作屬是也

愿吾愛之 石經初刻似作願改刊作愿

不吾叛也 宋本以下正義二節總入子產是以能爲鄭國注下

猶未能操刀而使割也 纂圖本未誤夫

令尹似君矣 石經宋本淳熙本纂圖本明翻岳本閩本監本毛本作似漢書五行志引傳亦作似正義曰服虔云言令尹動作以君儀故云以君矣俗本作似君矣按此條孔本作似君而正義詳引服注明當作以君極爲明晰

令尹似君矣 宋本以下正義四節總入謂之有威儀也之下

言令尹動作以君儀故云以君矣 王應麟引亦作以閩本監本毛本誤似

今定本亦作以之恐非 閩本監本毛本之作字宋本作似君恐非是也

令聞長世 釋文聞本亦作問李善魏都賦注景福殿賦注引並作問

威儀棣棣 釋文棣棣本又作逮逮案禮記孔子閒居作威儀逮逮

富而閑也 毛本閑作閒字按閒卽嫺字之假借說文嫺雅也按毛傳作棣棣富而閑習也

尚書武成篇曰 宋本曰作也

大本紀宋本大作周不誤山井鼎云恐又字誤非也

二年伐邗宋本毛本邗作邘是也閩本作邢監本作刊

四年伐犬夷閩本監本毛本犬誤大

春秋左傳注疏卷四十校勘記

附釋音春秋左傳注疏卷第四十一 起元年盡元年

杜氏注　孔穎達疏

昭公○陸曰昭公名裯襄公子母齊歸在位二十五年遜于齊在外八年凡三十三年薨于乾侯諡法威儀恭明曰昭 疏 正義曰魯世家昭公名裯襄公之子齊歸所生以周景王四年即位諡法威儀共明曰昭是歲歲在大梁

經元年春王正月公即位無傳○叔孫豹會晉趙武楚公子圍齊國弱宋向戌衛齊惡陳公子招蔡公孫歸生鄭罕虎許人曹人于虢招實陳侯母弟不稱弟者義與莊二十五年公子友同今讀舊書則楚當先晉而先書趙武者亦取宋盟貴武之信故尚之也衛在陳蔡上先至於魯○招常遙反虢瓜百反當先悉薦反 疏 注招實至於魯○正義曰八年經書陳侯之弟招故知是陳侯母弟也不稱弟云云莊二十五年注云公子友莊公之母弟稱公子者史策之通言母弟至親異於他臣其相殺害則稱弟以示義至於嘉好之事兄弟篤睦非例所與或稱弟或稱公子仍舊史之文也八年招殺世子故稱弟以章招罪此奉使以會諸國非義例之所與舊史書爲公子而仲尼因之也公羊傳曰此陳侯之弟招也何以不稱弟貶曷爲貶殺世子偃師貶大夫相殺稱人此其稱名氏以殺何言將自是弑君也然則曷爲不於其弑焉貶以親者弑然後其罪惡甚春秋不待貶絕而罪惡見者不貶絕以見罪惡也貶絕然後罪惡見者貶絕以見罪惡也今招之罪已重矣曷爲復貶乎此著招之有罪也何著乎招之有罪言楚之託乎討招以滅陳也其意言八年楚託討於招以滅陳著招之罪重故於此預貶之先儒或取公羊爲說釋例云穎氏曰臣無竟外之交故去弟以貶季友子招樂憂故去弟以懲過鄭段去弟唯以名通故謂之貶今此二人皆書公子公子者名號之美稱

非貶。所也是解招不稱弟之意也春秋之初衛在陳上莊十六年幽之盟衛在陳下自爾以來常在陳下莊十六年注云陳國小每盟會皆在衛下齊桓始霸楚亦始彊陳侯介於二大國之間而爲三恪之客故齊桓因而進之遂班在衛上終於春秋是衛之班次常在陳下今衛乃在蔡之上必有其故也襄十年諸侯伐鄭齊世子光序在滕子之上傳曰齊崔杼使大子光先至于師故長於滕是先至有進班之理故謂此爲先至於會故也

○三月取鄆不稱將帥將卑師少書取言易也○鄆音運將子匠反下同帥所類反易以豉反

疏注不稱至易也○正義曰將卑師少例當稱人魯史不得自言魯人直書所爲之事明其有人取之也若將卑師衆則言師取某襄十三年傳例云凡書取言易也故杜以此爲易耳賈逵云楚以伐莒來討故諱伐不諱取劉炫以賈說爲是故又規杜云案傳。武子伐莒知非將卑師少也稱伐則是非易也杜何得以爲易將卑師少乎今刪定知不然者以諸稱取傳皆以易釋之此取文與彼同故以爲易也若以武子伐而取之則致力難重當以滅爲文與滅項同也案滅項被討不諱滅此亦被討何以諱滅而言取若必有所諱當傳有其事今傳云莒魯爭鄆爲日久矣魯無大罪亦何所諱也傳云武子伐莒者武子爲伐莒之主耳別遣小將而行故不書武子猶如成二年傳言楚子重侵衛經書楚師杜云子重不書不親兵之類是也不書伐者以兵未加鄆鄆人逆服與襄九年傳稱諸侯圍鄭經不書杜云鄭人逆服不成圍相似劉以賈氏之注而規杜氏非也

○夏秦伯之弟鍼出奔晉稱弟罪秦伯○鍼其廉反

○六月丁巳邾子華卒無傳三同盟

疏注三同盟正義曰華以襄十八年卽位十九年盟于祝柯二十年于澶淵二十五年于重丘皆邾魯俱在是三同盟

○晉荀吳帥。師敗狄于大鹵大鹵大原晉陽縣○大鹵大如字徐音泰鹵音魯穀梁傳云中國曰大原夷狄曰大鹵

○秋莒去疾自齊入于莒國逆而立之曰入○去起呂反

莒展輿。出奔吳弒君賊未會諸侯故不稱爵○莒展輿出奔吳一本莒展出奔吳

疏注弒君至稱爵○正

義曰釋例云諸侯不受先君之命而篡立得與諸侯會者則以成君書之若未得接於諸侯則不稱爵傳曰會于平州以定公位又云先君若有罪則君列諸會矣此以會爲斷也是杜據彼傳之二文知此爲未會諸侯。不稱爵○叔弓帥師疆鄆田春取鄆今正其封疆○疆居良反注同○

葬邾悼公傳無○冬十有一月己酉楚子麇卒。楚以瘧疾赴故不書弑○麇九倫反以瘧音虐書弑申志反或作殺音同疏注楚以至書弑○正義曰傳稱。縊而。弑之而經書卒者襄七年鄭子駟使賊夜弑僖公而以瘧疾赴于諸侯而經書爲卒知此亦以瘧疾赴故不書弑

○公子比出奔晉書名罪之疏注書名罪之○正義曰齊崔氏宋司城無罪書氏書官此傳無罪狀直以不能自固其位耳出奔又無可善無可善卽是罪未必犯大罪也

傳元年春楚公子圍聘于鄭且娶於公孫段氏伍。舉爲介伍舉椒舉介副也○娶七住反介音界注同將入館就客舍鄭人惡之知楚懷詐惡烏路反○使行人子羽與之言乃館於外舍城外既聘將以衆逆以兵入逆婦子產患之使子羽辭曰以敝邑褊。小不足以容從者請墠聽命欲於城外除地爲墠行。昏禮○褊必淺反下同從才用反墠音善令尹命大宰伯州。犂對曰君辱貺寡大夫圍謂圍將使豐氏撫有而室○豐氏公孫段○貺音況圍布几。筵告於莊共之廟而來莊王圍之祖共王圍之父○几本亦作机筵音延共音恭疏。注圍布至而來○正義曰聘禮臣奉君命聘於鄰國猶尚。釋幣于禰乃行況。昏是嘉禮之重故圍自布几筵告父祖之廟而來。也文王世子曰五廟之孫祖廟未毀雖爲庶人冠取妻必告鄭玄云告於君也亦既告君必須告廟君尊不主臣。昏故圍自告也若

野賜之是委君貺於草莽也是寡大夫不得列於諸卿也言不得從卿禮○莽莫蕩反疏若野至卿也○正義曰言我若受野賜之禮則是委頓我君之命得貺於草莽之中則是寡大夫不得列於諸卿之位也不寧唯是又使圍蒙其先君蒙欺也告先君而來不得成禮於女氏之廟故以為欺先君疏不寧至先君○正義曰不寧寧也言寧有唯是之事又使圍蒙其先君連讀為義也告廟云將向豐氏之家取妻若使受之於野不至豐氏之家是欺先君也言又者既辱今君又辱先君故云又也將不得為寡君老大臣稱老懼辱命而黜退其蔑以復矣唯大夫圖之子羽曰小國無罪恃實其罪恃大國而無備則是罪將恃大國之安靖己而無乃包藏禍心以圖之小國失恃而懲諸侯使莫不憾者距違君命而有所壅塞不行是懼言己失所恃則諸侯懲恨以距君命壅塞不行所懼唯此○懲直升反憾戶暗反壅本又作雍於勇反注及下注同不然敝邑館人之屬也館人守舍人也其敢愛豐氏之祧祧遠祖廟祧他彫反疏注祧遠祖廟○正義曰祭法云遠廟為祧鄭玄云祧之言超也超上去意也以祧是尊遠之意故以祧言廟耳此公孫段是穆公之孫子豐之子其家唯有子豐之廟君若特賜或得立穆公之廟耳其家無遠祖廟也杜言遠祖廟者順傳文且據正法言之伍舉知其有備也請垂櫜而入垂櫜示無弓○櫜古刀反弓衣也許之正月乙未入逆而出遂會於虢虢鄭地尋宋之盟也宋盟在襄二十七年祁午謂趙文子曰宋之盟楚人得志於晉得志謂先歃午祁奚子○歃所洽反今令尹之不信諸侯之所聞也子弗戒懼又如宋恐楚復得志○復扶又反下雖復同子木之信稱於

諸侯猶詐晉而駕焉駕猶陵也詐謂衷甲○駕如字又音加注及下同衷音忠況不信之尤者乎尤甚也楚重
得志於晉晉之耻也子相晉國以為盟主於今七年矣襄二十五年始為政以春。言故云七年○重直
用反相息亮反【疏】。於今七年○正義曰襄二十五年傳云趙文子為政至此八年也而云七年者殷周雖改正朔常以夏正為言此春正月故為七年年。末
醫和則云八年再合諸侯襄二十五年會夷儀二十六年會澶淵【疏】再合諸侯○正義曰襄二十六年經書公會晉人鄭良霄宋人曹。人于澶
淵晉人即趙武也時有魯公在會雖則唯公一人即是諸侯不得謂之大夫也故知再會諸侯數澶淵也三合大夫襄二十七年會于宋三十年會
澶淵及今會號也服齊狄寧東夏襄二十八年齊侯白狄朝晉○夏戶雅反平秦亂襄二十六年秦晉為成城淳于襄二
十九年城杞之淳于杞遷都○淳音純師徒不頓國家不罷民無謗讟讟誹也○罷音皮讟音獨誹芳畏反【疏】注讟誹也
○正義曰說文云謗毀也誹謗也然則謗讟誹其義同皆是非毀人古人重言之猶險阻艱難也諸侯無怨天無大災子之力
也有令名矣而終之以耻午也是懼吾子其不可以不戒文子曰武受賜矣受午
言然宋之盟子木有禍人之心武有仁。人之心是楚所以駕於晉也。今武猶是
心也楚又行僭僭不信○僭子念反下同非所害也武。將信以為本循而行之譬如農夫是
穮。是蔉。穮耘也壅苗為蔉○穮彼驕反蔉古本反耘音云除草也【疏】注穮耘至為蔉○正義曰漢書。殖貨志云后稷始。甽田以二耜為耦廣尺深尺
曰。甽長終一畝一畝三甽一夫三百甽而播種於甽中苗生。三葉以上稍壯耨壟草因。隤其。土以附苗根故其詩云或耘或耔黍稷薿薿耘除草也耔附根也

言苗稍壯每耨輒附其根比至盛暑壟盡平而根深能風與旱故儗儗而盛也此言穮蔉即詩之耘耔也故知穮是耨以土壅苗根爲蔉也耨定本耘雖有饑饉必有豐年言耕鉏不以水旱息必獲豐年之收○饉其靳反鉏仕居反收手又反又如字【疏】雖有至豐年○正義曰言耕鉏不息必有豐年之收以喻禮信不懈必爲諸侯之長也且吾聞之能信不爲人下吾未能也自恐未能信也詩曰不僭不賊鮮不爲則信也詩大雅僭不信賊害人也○鮮息淺反能爲人則者不爲人下矣吾不能是難楚不爲患楚令尹圍請用牲讀舊書加于牲上而已舊書宋之盟書楚恐晉先歃故欲從舊書加于牲上不歃血經所以不書盟○難乃旦反下注並同晉人許之三月甲辰盟楚公子圍設服離衛設君服二人執戈陳於前以自衛離陳也【疏】注設君至陳也○正義曰穆子言似君知設服設君服也唯譏執戈不言衣服則君服即二戈是也離衛之語必爲執戈發端但語略難明服虔云二人執戈在前在國居君離宮陳衛在門然則執戈在前國君行時之衛非在家守門之衛也守門之衛其兵必多非徒二戈而已縱使在國居君之離宮即明宮門之衛以爲離衛其言大不辭矣故杜以離衛即執戈是也言二人執戈陳列於前以自防衛也離之爲陳雖無正訓兩人一左一右相離而行故稱離衛離亦陳之義叔孫穆子曰楚公子美矣君哉美服似君鄭子皮曰二執戈者前矣禮國君行有二執戈者在前【疏】注禮國至在前○正義曰士喪禮言君臨臣喪之禮云小臣二人執戈先二人後是知國君之行常有二執戈者在前也國君亦有二戈在後子皮唯言前有二戈者當是公子圍不設後戈故也蔡子家曰蒲宮有前不亦可乎公子圍在會特緝蒲爲王殿屋屏蔽以自殊異言既造王宮而居之雖服君服無所怪也○緝七入反【疏】注公子至怪也○正義曰服虔云蒲宮楚君離宮言令尹

在國已居君之宮出有前戈不亦可乎令尹居君離宮事無所出且諸侯大夫見其在會之儀不譏在國所居伯州犁云此行也辭而假之寡君言行而借戈以衛非在國借宮以居也故杜以爲公子圍在會特緝蒲爲王殿屋以自殊異此亦無所案據要愜人情楚伯州犁曰此行也辭而假之寡君聞諸大夫譏之故言假以飾令尹過鄭行人揮曰假不反矣言將遂爲君伯州犁曰子姑憂子晳之欲背誕也襄三十年鄭子晳殺伯有背命放誕將爲國難言子且自憂此無爲憂令尹不反戈○背音佩注同誕音但子羽曰當璧猶在假而不反子其無憂乎子羽行人揮當璧謂棄疾事在昭十三年言棄疾有當璧之命圍雖取國猶將有難不無憂也齊國子曰吾代二子愍矣國子國弱也二子謂王子圍及伯州犁圍此冬便篡位不能自終州犁亦尋爲圍所殺故言可愍○篡初患反【疏】注國子至可愍○正義曰服虔云愍憂也代伯州犁憂公子圍代子羽憂子晳劉炫從服言而規杜失今知不然者以圍不能自終伯州犁尋爲圍所殺是皆遇凶害故云吾代二子愍矣若以二子爲伯州犁子羽子羽則卒無禍害又何可愍而代之乎劉以服意而規杜過非也○小旻之卒章○正義曰小旻詩小雅刺幽王也陳公子招曰不憂何成二子樂矣言以憂生事事成而樂○樂音洛注及下樂憂而樂同衛齊子曰苟或知之雖憂何害齊子齊惡言先知爲備雖有憂難無所損害宋合左師曰大國令小國共吾知共而已共承大國命不能知其禍福○共音恭下及注同晉樂王鮒曰小旻之卒章善矣吾從之小旻詩小雅其卒章義取非唯暴虎馮河之可畏也不敬小人亦危殆王鮒從斯義故不敢譏議公子圍○鮒音附旻亡巾反馮皮冰反退會子羽謂子皮曰叔孫絞而婉絞切也譏其似君反謂之美故曰婉○絞古卯反婉紆阮反注同宋左師簡而

禮無所臧否故曰篩共事大國曰禮〇否悲矣反舊方九反故樂王鮒字而敬字愛也不犯凶人所以自愛敬子與子家持。
之子子皮子家蔡公孫歸生持之言無所取與〇持如字本或作特誤疏注子子至取與〇正義曰持謂執持之也子皮直云二執戈者前矣雖意知不
可而辭無譏切子家云蒲宮有前不亦可乎意雖弁譏蒲宮言乃謂之爲可不如子羽之譏。評不同伯州犂之飾辭持其兩端無所取與是持之也弈棋謂不
能相害爲持意亦同於此也皆保世之主也齊衛陳大夫其不免乎國子代人憂子招樂憂
齊子雖憂弗害夫弗及而憂與可憂而樂與憂而弗害皆取憂之道也憂必及
之大誓曰民之所欲天必從之逸書三大夫兆憂。能無至乎開憂兆也言以知物其是
之謂矣物類也察言以知禍福之類八年陳招殺大子國弱齊惡當身各無患〇當丁浪反〇季武子伐莒取鄆兵未加莒而鄆
服故書取而不言伐莒人告於會楚告於晉曰尋盟未退尋弭兵之盟而魯伐莒瀆齊盟瀆慢也〇
瀆待木反請戮其使時叔孫豹在會欲戮之〇使所吏反下注其使出使下召使者同樂桓子相趙文子桓子樂王鮒相佐也
〇相息亮反注同欲求貨於叔孫而爲之請使請帶焉難指求貨故以帶爲辭〇爲于僞反下注爲諸侯同而弗
與梁其踁曰貨以藩身子何愛焉踁叔孫家臣〇踁戶定反藩方元反叔孫曰諸侯之會衛社稷
也我以貨免魯必受師言不戮其使必伐其國疏。注言不至其國〇正義曰晉語趙文子謂叔孫曰子盍逃之對曰豹也受命於
君以從諸侯之盟爲社稷也若魯有罪受盟者逃魯必不免是吾出而。絕之也若爲諸侯戮魯誅盡矣必不加。請爲戮也是言不戮其使必伐其國也是

禍之也何衛之爲人之有牆以蔽惡也喻己爲國衛如牆爲人蔽牆之隙壞誰之咎也咎在牆○隙去逆反咎其九反注同衛而惡之吾又甚焉罪甚牆雖怨季孫魯國何罪怨季孫之伐莒叔出季處有自來矣吾又誰怨季孫守國叔孫出使所從來久今遇此戮無所怨也疏注季孫至怨也○正義曰歷檢上世以來季孫出使不少於叔孫而云叔出季處從來久者季孫世爲上卿法當上卿守國次卿出使以此爲從來久耳必須使上卿者上卿非不使也然鮒也賄弗與不已召使者裂裳帛而與之曰帶其褊矣言帶褊盡故裂裳示不相逆○賄呼罪反趙孟聞之曰臨患不忘國忠也謂言魯國何罪思難不越官信也謂言叔出季處○難乃旦反下同圖國忘死貞也謂不以貨免謀主三者義也三者忠信貞有是四者又可戮乎幷義而四乃請諸楚曰魯雖有罪其執事不辟難執事謂叔孫畏威而敬命矣謂不敢辟戮子若免之以勸左右可也若子之羣吏處不辟污污勞事○污音烏注及下同疏注污勞事正義曰處國之所辟者唯有辟勞事耳故以污爲勞事也言事之勞身若穢之污物也出不逃難不苟免其何患之有患之所生污而不治難而不守所由來也能是二者又何患焉不靖其能其誰從之安靖賢能則衆附從魯叔孫豹可謂能矣請免之以靖能者子會而赦有罪不伐魯又賞其賢赦叔孫諸侯其誰不欣焉望楚而歸之視遠如邇疆場之邑一彼一此何常之有言今衰世疆場無定主○疆居良反注及下至莒之疆事同場音亦

注同王伯之令也言三王五伯有令德時疏注言三至德時○正義曰以傳言王伯故言三王下云虞有三苗則帝時亦有非獨三王也但三王亦帝也故通言。其王耳傳引其封疆引正也正封界而樹之官樹立也立官以守國舉之表旗旌旗以表貴賤○旗音其疏舉之表旗○正義曰舉立也爲立表貴賤之旌旗也故杜云旌旗以表貴賤而著之制令爲諸侯作制度法令使不得相侵犯過則有刑猶不可壹於是乎虞有三苗三苗饕餮。放三危者饕吐刀反餮吐結反夏有觀扈觀國今頓丘衛縣扈在始平。鄠縣書序曰啓與有扈戰。于甘之野○夏戶雅反觀音館舊音官扈音戶鄠音于商有姺邳二國商諸侯邳今下邳縣○姺西典反又西禮反邳皮悲反周有徐奄二國皆嬴姓書序曰成王伐淮夷遂踐奄徐卽淮夷○嬴音盈自無令王諸侯逐進逐猶競也狎主齊盟其又可壹乎彊弱無常故更主盟○狎戶甲反更音更恤大舍小足以爲盟主大謂篡弑滅亡之禍又焉用之焉用治小事○焉於虔反注同封疆之削何國蔑有主齊盟者誰能辯焉辯治也疏注二國至淮夷○正義曰二國皆嬴姓世本文也書序曰成王伐淮夷遂踐奄淮夷與奄同時伐之此徐奄連文故以爲徐卽淮夷賈逵亦然是相傳說也服虔云一曰魯公所伐徐戎也案費誓云淮夷徐戎並興孔安國云淮浦之夷徐州之戎並起爲寇則徐亦非國名此徐是國名當謂淮浦之夷其國名徐書序舉其大號此傳言其國名也僖公時楚人伐徐杜云下邳僮縣東南有大徐城彼近淮旁成王時徐蓋亦在彼地也此傳所云四代有罪之國其三苗與有扈徐奄尚書略有其事其觀與姺邳則史傳無文傳言王伯之令猶尚有此輩則此輩皆是王道盛明時諸侯也○封疆至辯焉○正義曰言封疆之相侵削何國無有此乃常事主領齊盟者誰能一一治之。吳濮有釁楚之執事豈其顧盟吳在東濮在南今建寧郡南有濮夷釁過也○濮音卜釁許靳

反

莒之疆事楚勿與知諸侯無煩不亦可乎莒魯爭鄆爲日久矣苟無大害於其社稷可無亢也亢禦○與音預亢苦浪反徐又音剛禦魚呂反去煩宥善莫不競勸子其圖之固請諸楚楚人許之乃免叔孫令尹享趙孟賦大明之首章大明詩大雅首章言文王明明照於下故能赫赫盛於上令尹意在首章故特稱首章以自光大○去起呂反宥音又疏去煩至競勸○正義曰不往討魯諸侯無煩是去煩也叔孫賢人今若赦之是宥善也德義如是餘人莫不競勸慕爲善矣趙孟賦小宛之二章小宛詩小雅二章取其各敬爾儀天。命。一。去。不可復還以戒令尹○宛紅阮反復扶又反疏。注小宛至復還○正義曰詩序云大夫刺幽王也其二章云人之齊聖飲酒溫克彼昏不知壹醉日富各敬爾儀天命不又注。又復也今女君臣各敬慎威儀天命。一去不復來也事畢趙孟謂叔向曰令尹自以爲王矣何如問將能成否對曰王弱令尹彊。其可哉言可成雖可不終趙孟曰何故對曰彊。以克弱而安之彊。不義也。安於勝君是彊而不義不義而彊。其斃必速詩曰赫赫宗周褒姒滅。之彊。不義也詩小雅褒姒周幽王后幽王惑焉而行不義遂至滅亡言雖赫赫盛彊不義足以滅之○姒音似滅如字詩作烕音呼悅反令尹爲王必求諸侯晉少懦矣懦弱也○懦乃亂反諸侯將往若獲諸侯其虐滋甚滋益也民弗堪也將何以終夫以彊取取不以道不義而克必以爲道以不義爲道道以淫虐弗可久已矣。爲十三年楚弒靈王傳疏道以至已矣○正義曰以不義謂之爲道道而淫虐爲之民所不堪不可久矣○夏四月趙孟叔孫豹曹大

夫入于鄭會罷過鄭過古禾反○鄭伯兼享之子皮戒趙孟戒享期禮終趙孟賦瓠葉受所戒禮
畢而賦詩瓠葉詩小雅義取古人不以微薄廢禮雖瓠葉兔首猶與賓。客享之○瓠戶故反客享之許丈反又普庚反子皮遂戒穆叔且
告之告以趙孟賦瓠葉穆叔曰趙孟欲一獻瓠葉詩義取薄物而以獻酬知。其一獻。子其從之子皮曰敢
乎言敢不穆叔曰夫人之所欲也又何不敢夫人趙孟○夫音扶注同及享具五獻之籩豆於
幕下朝聘之制大國之卿五獻○幕武博反疏。注朝聘至五獻○正義曰周禮大行人稱上公饗餼九牢饗禮九獻侯伯七獻子男五獻皆獻。數。各
同饔餼之數也案聘禮卿聘饔餼五牢故卿皆五獻至春秋之時大國之卿乃得從卿禮若次國之卿依大國大夫之制唯三獻耳故杜此注云大國之卿五
獻又昭六年傳注云大夫三獻是也趙孟辭趙孟自以今非聘鄭故辭五獻私於子產私語曰武請於冢宰矣冢宰子皮
請謂賦瓠葉乃用一獻趙孟爲客禮終乃宴。卿會公侯享宴皆折俎不體薦○折之設反疏注卿會至體薦○正義曰
傳言禮終乃宴謂。之享禮既終即因而爲宴不待異日也杜解享宴禮異所以得相因者以其殽俎同故也宣十六年傳云王享有體薦宴有折俎公當享卿
當宴王室之禮也彼傳之意。言享公當依享法有體薦也享卿當如宴法有折俎也彼王自言之故云王室禮耳其實諸侯之待公卿禮亦當然以卿會公侯
享宴皆折俎不體薦享宴俎。同故得因行禮也穆叔賦鵲巢鵲巢詩召南言鵲有巢而鳩居之喻晉君有國趙孟治之趙孟曰武不
堪也又賦采蘩亦詩召南義取蘩菜薄物可以薦公侯享其信不求其厚。○蘩音煩曰小國爲蘩大國省穡而用
之其何實非命穆叔言小國微薄猶蘩菜大國能省愛用之而不棄則何敢不從命穡愛也○省所景反徐所幸反注同子皮賦野

有死麕。之卒章野有死麕詩召南卒章曰舒而脫脫兮無感我帨兮無使尨也吠脫脫安徐帨佩巾義取君子徐以禮來無使我失節而使狗
驚吠喻趙孟以義撫諸侯無以非禮相加陵○麕亦作麏九倫反脫脫吐外反帨始銳反尨武江反吠扶廢反趙孟賦常棣常棣詩小雅取其凡
今之人莫如兄弟言欲親兄弟之國○常棣直計反且曰吾兄弟比以安尨也。可使無吠受子皮之詩○比毗志反下注
德比同穆叔子皮及曹大夫興拜三大夫皆兄弟國興起也舉兕爵曰小國賴子知免於戾矣
兕爵所以罰不敬言小國蒙趙孟德比以安自知免此罰戮○兕徐履反戾力計反注同飲酒樂趙孟出曰吾不復此矣不復
見此樂○樂音洛注同復扶又反注及下不復年弁注同天王使劉定公勞趙孟於潁館於雒汭王周景王定公劉夏
潁水出陽成縣。雒汭在河南鞏縣南水曲流爲汭○勞力報反下以勞之同潁營井反汭如銳反夏戶雅反劉子曰美哉禹功見河雒而
思禹功明德遠矣微禹吾其。魚乎吾與子弁冕。端委以治民臨諸侯禹之力也。弁冕
冠也端委禮衣言今得共服冠冕有國家者皆由禹之力○弁冕端委本亦作弁端委疏。注弁冕至之力○正義曰冠者首服之總名弁冕冠中之小別
弁冕是首服端委是身服言弁冕端委總舉冠衣而言非謂定公趙孟身所自衣也哀七年傳云大伯端委以治周禮仲雍嗣之斷髮文身以文身從彼之俗
知端委是依禮之衣杜直言端委禮衣不知是何衣也名曰端委又無所說周禮司服於士服之下云其齊服有玄端素端鄭玄云謂之端者取其正也謂士
之衣袂皆二尺二寸而屬幅是廣袤等也其袪尺二寸大夫以上侈之侈之者蓋半而益一焉半而益一則其袂三尺三寸袪尺八寸如鄭此言唯士服當端
制大夫以上不復端也服虔云禮衣端正無殺故曰端文德之衣尚褒長故曰委案論語鄉黨非帷裳必殺之鄭康成云帷裳謂朝祭之服其制正幅如帷非

帷裳者謂深衣削其幅縫齊倍要禮記深衣制短不見膚長不被土然則朝祭之服當曳地服言是也子盍亦遠績禹功而大庇民乎勸趙孟使纂禹功○子盍戶臘反何不也亦遠績禹功本或作亦遠續功庇必利反又音祕

疏遠績禹功○正義曰績亦功也重其言耳遠績禹功者勸之為大功使遠及後世若大禹也謂勸武何不遠慕大禹之績而立大功以庇民也

對曰老夫罪戾是懼焉能恤遠吾儕偷食朝不謀夕何其長也言欲苟免目前不能念長久○焉於虔反下焉用焉能同儕仕皆反朝如字下同

疏吾儕偷食○正義曰儕等也言吾等於彼卑賤苟且飲食之人也

劉子歸以語王曰諺所謂老將知而耄及之者八十曰耄耄亂也○語魚據反知音智耄莫報反其趙孟之謂乎為晉正卿以主諸侯而儕於隸人朝不謀夕言其自比於賤人而無恤民之心

疏注言其至之心○正義曰趙孟自言吾儕偷食是自比於隸役賤人也在上位者當憂勞百姓卑賤之人勞身而已自比賤人是無憂民之心也

棄神人矣民為神主不恤民故神人皆去神怒民叛何以能久趙孟不復年矣言將死不復見明年神怒不歆其祀民叛不即其事祀事不從又何以年為此冬趙孟卒起本

○叔孫歸虢會歸曾夭御季孫以勞之旦及日中不出恨季孫伐莒使己幾被戮曾夭謂曾皁曾皁叔孫家臣曰旦及日中吾知罪矣魯以相忍為國也忍其外不忍其內焉用之欲受楚戮是忍其外日中不出是不忍其內皁曰數月於外言叔孫勞役在外數月○數所主反注同一旦於是庸何傷賈而欲贏而惡囂乎言譬如商賈求贏利者不得惡諠囂之聲○賈音古注同贏音盈注同惡烏路反注及下同囂許驕反徐五高反注

同諠或作譁呼端反 疏 注言譬至之聲○正義曰言己伐莒求利而不得惡日中不出譬如商賈求利不得惡諠囂之聲以商賈在市市人多諠囂之聲

皐謂叔孫曰可以出矣叔孫指楹曰雖惡是其可去乎乃出見之楹柱也以諭魯有季孫猶屋有柱○楹音盈去起呂反○鄭徐吾犯之妹美犯鄭大夫公孫楚聘之矣楚子南穆公孫公孫黑又使強委禽焉禽鴈也納采用鴈○強其丈反犯懼告子產子產曰是國無政非子之患也唯所欲與犯請於二子請使女擇焉皆許之子皙盛飾入布幣而出布陳贄幣子皙公孫黑○贄音至子南戎服入左右射超乘而出女自房觀之曰子皙信美矣抑子南夫也言丈夫○乘繩證反夫夫婦婦所謂順也適子南氏子皙怒既而櫜甲以見子南欲殺之而取其妻子南知之執戈逐之及衝擊之以戈衝交道○櫜古刀反本或作衷丁隆反衝尺容反 疏 夫夫至順也正義曰夫如夫道當剛強也婦如婦節當柔弱也如是所謂順也曹大家女誡曰生男如狼猶恐其尩生女如鼠猶懼其武是男欲剛而女欲柔也子皙傷而歸告大夫曰我好見之不知其有異志也故傷大夫皆謀之子產曰直鈞幼賤有罪罪在楚也先聘子南直也子南用戈子皙直也子產力未能討故鈞其事歸罪於楚○好如字一音呼報反直鈞音均絕句乃執子南而數之曰國之大節有五女皆奸之奸犯也○女音汝下皆同奸音干畏君之威聽其政尊其貴事其長養其親五者所以爲國也今君在國女用兵焉不畏威也

奸國之紀不聽政也奸國之紀謂傷人○長丁丈反下同養如字下同子晳上大夫女嬖大夫而弗下

之不尊貴也幼而不忌不事長也忌畏也○嬖必計反下戶嫁反兵其從兄不養親也君曰余

不女忍殺宥女以遠勉。速行乎無重而罪五月庚辰鄭放游楚於吳將行子南

子產咨於大叔大叔游楚之兄子○從兄如字又才用反重直用反又直勇反大叔曰吉不能亢身焉能亢宗

亢蔽也○亢苦浪反彼國政也非私難也子圖鄭國利則行之又何疑焉周公殺管叔而

蔡。蔡叔蔡放也○難乃旦反而蔡蔡叔上蔡字音素葛反說文作𥼶音同字從殺下米云摋𥼶散之也會杜義下蔡叔如字【疏】殺管。叔至蔡叔○正

義曰說文云𥼶散之也從米殺聲然則𥼶字殺下米也𥼶爲放散之義故訓爲放也隸書改作已失本體𥼶字不復可識寫者全類蔡字至有重爲一蔡字重

點以讀之者尚書蔡仲之命云周公乃致辟管叔于商因蔡叔于郭鄰以車七乘孔安國云因謂制其出入郭鄰中國之外地名是放蔡叔之事也孔唯言中

國之外地不知在何方也夫豈不愛王室故也吉若獲戾子將行之何有於諸游爲二年鄭殺公孫黑

傳○夫音扶【疏】夫豈至故也○正義曰夫謂周公也夫此周公豈不愛管蔡乎所以𥼶放之爲王室故也○秦后子有寵於桓如

二君於景后子秦桓公子景公母弟鍼也其權寵如兩君其母曰弗去懼選選數也恐景公數其罪而加戮○選息轉反徐素短

反注及下同數所主反注及下文數世同癸卯鍼適晉其車千乘書曰秦伯之弟鍼出奔晉罪秦伯

也罪失教○乘繩證反下及注同【疏】癸卯至伯也○正義曰釋例曰秦伯有千乘之國不能容其母弟傳曰罪秦伯則鍼罪輕也言其對兄爲輕耳非無

罪也公羊以爲仕諸晉謂之奔者譏秦伯有千乘之國不能容其母弟故謂之出奔也劉炫云奔者迫窘而去逃死四隣不以禮出也今鍼適晉乃與母計議緩步而出實非奔也仲尼既書爲奔傳釋云罪秦伯秦伯不豫教誡其弟不能早爲之所致奢富過度懼而去國罪其失兄之教鍼不自知度亦是其罪歸罪秦伯言兄罪耳例曰以下同也

后子享晉侯爲晉侯設享禮○爲于僞反**造舟于河**○造舟爲梁通秦晉之道造七報反注同李巡注爾雅云比其船而度也郭云併舟爲橋

疏造舟于河○正義曰詩云造舟爲梁是比舟以爲橋也釋水云天子造舟李巡曰比其舟而渡曰造孫炎曰比舟爲梁郭璞曰比。船爲。橋皆不解造義蓋造爲至義言船相至而並比也

十里舍車一舍八乘爲八反之備

疏注一舍至之備○正義曰直言十里舍車不知每舍幾車以下言八反知一舍八乘爲八反之具也

自雍及絳雍絳相去千里用車八百乘○雍於用反**歸取酬幣**備九獻之儀始禮自齊其一故續送其八酬酒幣○齊子兮反本又作齎

疏注備九至酒幣○正義曰僖二十二年鄭享楚子爲九獻知此備九獻之儀也每一獻酒必有幣。車。以隨之后子從始自齊其一以爲初獻故續送其八也飲酒之禮主人初獻於賓賓酢主人主人受賓之酢禮飲訖又飲乃酌以酬賓如是乃成爲一獻於酬之時始有幣以勸飲故以爲酬酒幣也

終事八反每十里以八乘車各以次載幣相授而還不徑至故言八反千里用車八百乘其二百乘以自隨故言千乘傳言秦鍼之出極奢富以成禮欲盡敬於所赴○還音環徑古定反

疏注每十至所赴○正義曰服虔以爲每於十里置幣車。一乘千里百乘以次相授車率皆日行一百六十里謂從絳向雍去而復還一享之間八度至也然則千里之路往還八反車率日行一百六十里計則一萬六千里雖追風逐日之足猶將不逮於此后子之馬一何。駛乎縱令如此纔可以章馬疾未足以明車多司馬侯何以怪其車多而發一問也杜以反者爲車反復其故處耳每於十里置車八乘后子初發幣則續行自齊其一以爲初獻餘則以次續至至則車反比至享終八車皆反以此謂之八反非言一反至雍也

此幣發薙計已多日故設享之初此八車之幣去絳不過一二十里耳使之相續而來每獻皆到以示己之豪富故令漸送之也如杜此言則后子預前約束
使幣早發而來非臨享始取而云歸取酬幣者后子必適晉多日然後設享非初至即享君也爲享之具酒食之屬皆在絳備之其幣亦應於絳備之乃遣還
取秦國之幣故言歸取不言設享之日始歸取也上云其車千乘下司馬侯問其車多則是見車多而發問也故杜辨其車之所在千里用車八百乘其二百
乘以自隨故言千乘也傳說此車多之事者言秦鍼之出極奢富以成禮盡敬於所赴之國故爲此以示豪也司馬侯問焉曰子之車
盡於此而已乎對曰此之謂多矣若能少此吾何以得見言己坐車多故出奔○見賢遍反坐才臥
反女叔齊以告公叔齊司馬侯○女音汝且曰秦公子必歸臣聞君子能知其過必有令
圖令圖天所贊也后子見趙孟趙孟曰吾子其曷歸問何時當歸對曰鍼懼選於寡
君是以在此將待嗣君趙孟曰秦君何如對曰無道趙孟曰亡乎對曰何爲一
世無道國未艾也艾絶也○艾魚廢反注同國於天地有與立焉言欲輔助之者多不數世淫弗能
斃也趙孟曰天乎。對曰有焉趙孟曰其幾何對曰鍼聞之國無道而年穀和熟
天贊之也贊佐助也○幾居豈反下同鮮不五稔鮮少也少尚當歷五年多則不啻○稔而甚反啻始豉反【疏】國無至五稔○正義
曰國無道而歲又饑則君或早夭年穀和熟則天佐助之故少猶五年多或不啻也期之五年者后子之意耳襄二十七年傳云所謂不及五稔蓋古有此言
也趙孟視蔭曰朝夕不相及誰能待五蔭日景也趙孟意衰以日景自喻故言朝夕不相及誰能待五○蔭於金反本

亦作陰朝夕如字景如字又於領反疏趙孟至待五○正義曰趙孟自比於日景此景朝夕尚移不能相及人命流去與此相似既無常定誰能待五后
子出而告人曰趙孟將死矣主民翫歲而愒日翫愒皆貪也○翫五喚反說文云習猒也字又作忨愒苦蓋反
其與幾何言不能久○與如字又音預○鄭為游楚亂故游楚子南為于僞反○六月丁巳鄭伯及其
大夫盟于公孫段氏罕虎公孫僑公孫段印段游吉駟帶私盟于閨門之外實
薰隧閨門鄭城門薰隧門外道名實之者為明年子產數子皙罪稱薰隧盟起本○閨音圭薰許云反隧音遂數色主反又色具反公孫黑強。
與於盟使大史書其名且曰七子自欲同於六卿故曰七子○強其丈反與音預子產弗討子皙強討之恐亂國
○晉中行穆子敗無終及羣狄于大原即大鹵也無終山戎○大原音泰疏。晉中至大原○正義曰釋例土地名以
北戎山戎無終三名為一北平有無終縣大原即大原郡晉陽縣是也計無終在大原東北二千許里遠就大原來與晉戰不知其何故也蓋與諸戎近晉者
相率而共來也襄四年無終子遣使如晉請和諸戎則無終是其大者故顯言其國名也崇卒也崇聚也○卒子忽反下及注皆同將戰魏
舒曰彼徒我車所遇又阨。地險不便車○阨委又作隘於懈反便婢面反以什共車必克更增十人以當一車之用
○什音十共音恭疏以什共車必克○正義曰周禮十人為什以一什之人共一車之地故必克也困諸阨又克車每困於阨道今去車故
為必克○去起呂反下皆同請皆卒去車為步卒自我始乃毀車以為行魏舒先自毀其屬車為步陳○行戶郎反陳直
覲反下文五陳未陳同五乘為三伍乘車者車三人五乘十五人今改去車更以五人為伍分為三伍○五乘繩證反注五乘同荀吳

之嬖人不肯即卒斬以徇 魏舒輒斬之荀吳不恨所以能立功○徇辭俊反 爲五陳以相離兩於前伍於後專爲右角參爲左角偏爲前拒 皆臨時。處置之名○拒九甫反 疏 爲五至前拒○正義曰五陳者即兩伍專參偏是也相離者布置使相遠也服虔引司馬法云五十乘爲兩百二十乘爲伍八十一乘爲專二十九乘爲參二十五乘爲偏彼皆準車數多少以爲別名此傳去車用卒而有此名則此名不以車數爲別也杜云皆臨時處置之名其意不同服說則名與人數不可得知也周禮則五人爲伍二十五人爲兩無專參偏之名也 以誘之翟人笑之 笑其失常 未陳而薄之大敗之 傳言荀吳能用善謀 ○莒展輿立而奪羣公子秩公子召去疾于齊。秋齊公子鉏納去疾 齊雖納去疾莒人先召之故從國逆例書入去疾奔齊在襄三十一年 展輿奔吳 吳外孫 叔弓帥師。師疆鄆田因莒亂也 此春取鄆今正其疆界○疆居良反注同 於是莒務婁瞀胡及公子滅明以大厖與常儀靡奔齊 三子展輿黨大厖常儀靡莒二邑○務婁並如字務又音謀一音無瞀徐音茂又音謀厖武江反 君子曰莒展之不立棄人也夫。 奪羣公子秩是棄人○夫音扶 人可棄乎詩曰無競維。人善矣 詩周頌言惟得人則國家彊 疏 詩曰至善矣○正義曰周頌烈文之篇也彼注云競彊也無彊乎維得賢人也得賢人則國家彊矣故天下諸侯順其所爲也 ○晉侯有疾鄭伯使公孫僑如晉聘且問疾叔向問焉曰寡君之疾病卜人曰實沈臺駘爲祟史莫之知敢問此何神也子產曰昔高辛氏有二子伯曰閼伯季曰實沈 高辛帝嚳○駘他才反祟息遂反閼於葛反嚳苦毒反 居于。曠林不相能也曠林地闕○能如字又奴代反曰尋干戈以相征討也尋用也后帝不臧后帝堯也臧善也疏。注后帝至堯也正義曰襄九年傳稱閼伯爲陶唐氏之火正知后帝是堯也遷閼伯于商丘主辰商丘宋地主祀辰星辰大火也商人是因

故辰爲商星商人湯先相土封商丘因閼伯故國祀辰星○相息亮反疏注商人至辰星○正義曰殷本紀稱相土契孫是湯之先也襄九年傳云閼伯居商丘祀大火相土因之故商主大火辰即大火星也故商大祀辰星商謂宋也宋商後故稱商人。也遷實沈于大夏主參。大夏今晉陽縣○夏戶雅反注及下同參所林反注及下同唐人是因以服事夏商唐人若劉累之等累遷魯縣此在大夏疏注唐人至大夏○正義曰謂之唐人當是陶唐之後。二十九年傳云陶唐氏既衰其後有劉累知此唐人是彼劉累之等類也言等類者謂劉累後世子孫累雖遷魯縣子孫仍在大夏故歷夏及商也劉炫云彼稱累事孔甲下云遷于魯縣此云唐人是因以服事夏商則此居於大夏子孫終商不滅非累子孫是其同族等類耳服虔以唐人即是劉累故杜顯而異之云累遷魯縣此在大夏其季世。曰唐叔虞唐人之季世其君曰叔虞疏注唐人至叔虞○正義曰服虔以爲唐叔虞即下句邑姜所生者也杜以傳說唐人即云季世明季世是唐人之末世叔虞即唐人之末君矣邑姜之子叔虞乃是晉之始祖豈得以後世始封之君謂之前代之末世也故云唐人之季世其君曰叔虞帝命邑姜之子曰虞者將以唐國與之取唐君之名以爲名耳當武王

邑姜方震。大叔邑姜武王后齊大公之女懷胎爲震大叔成王之弟叔虞○震本又作娠之慎反又音申懷妊也大音泰注及下同胎他來反疏注邑姜至叔虞○正義曰傳言武王邑姜繫之武王知是武王后也十二年傳稱呂。級王舅。級是齊大公之子丁公也。級爲王舅知邑姜是大公之女也說文云娠女妊身動也從女辰聲是懷胎爲震震取動義字書以是女事故今字從女耳叔虞成王母弟晉世家文也夢帝謂己。余命而

子曰虞帝天取唐君之名將與之唐屬諸參而蕃育其子孫及生有文在其手曰虞遂
以命之及成王滅唐而封大叔焉故參爲晉星叔虞封唐是爲晉侯○屬之玉反蕃音煩叔虞封唐是爲晉侯
案史記叔虞封唐侯叔虞之子燮父改爲晉侯【疏】夢帝至曰虞○正義曰晉世家云初武王之與叔虞母會時夢天謂武王曰余命。女生子名虞謂此夢爲
武王之夢也若是武王之夢此傳直云武王方生大叔其文足矣何以須言邑姜方震也邑姜方震而夢明是邑姜夢矣安得以爲武王夢也薄姬之夢龍據
其。心燕姞之夢蘭爲己子彼皆夢發於母此何以夢發於父是馬遷之妄言耳服解此云己武王也是習非而逐迷者也○注叔虞至晉侯○正義曰晉世家
云唐叔子燮是爲晉侯杜譜亦云燮父改爲晉侯則叔虞之身不稱晉也叔虞爲晉之祖故言爲晉侯也由是觀之則實沈參神也
昔金天氏有裔子曰昧爲玄冥師生允格臺駘金天氏帝少皞裔遠也玄冥水官昧爲水官之長○裔以制反
昧音妹爲玄冥師師長也爲官之長皞戶老反長丁丈反【疏】注金天至之長○正義曰金天氏帝少皞帝系世本文也金天代號少皞身號月令於冬云其
神玄冥是玄冥爲水官也昧爲玄冥師師訓長也故云昧爲水官之長二十九年傳云少皞氏有四叔脩及熙爲玄冥師昧爲金天裔子當是脩熙之後釋例曰
脩及熙皆爲玄冥未知昧爲誰之子或是其子孫也臺駘能業其官纂。昧之業纂子管反○宣汾洮宣猶通也汾洮二水名【疏】
宣汾洮○正義曰釋例曰汾水出大原故汾陽縣至河東汾陰縣入河其洮水闕不知所在當亦是晉地之水後世竭涸無其處耳障大澤陂障
以處大原大原晉陽也臺駘之所居帝用嘉之封諸汾川帝顓頊【疏】注帝顓頊○正義曰顓頊爲帝承金天之後臺。駘是
金天裔孫爲臣宜當顓頊故以帝用嘉之爲顓頊嘉耳。昧於金天已云裔子臺駘又是昧之所生則去少皞遠矣而帝系世本皆云少皞是黃帝之子顓頊是

黃帝之孫臣世多而帝世少史籍散亡無可檢勘此事未必然也釋例云案縣
則舜之五世從祖父也而及舜共爲堯臣堯則舜之三從高祖而妻其女此史
記之可疑者也是皆疑不能決因舊說耳沈姒蓐黃實守其祀四國臺駘之後今晉主汾而滅之矣滅四國由
是觀之則臺駘汾神也。抑此二者不及君身。山川之神則水旱癘疫之災於是
乎禜之有水旱之災則禜祭山川之神若臺駘者周禮四曰禜祭爲營。攢用幣以祈福祥○癘音例疫音役禜音詠徐又音營日月星辰
之神則雪霜風雨之不時。於是乎禜之星辰之神若實沈者疏山川至禜之○正義曰水旱癘疫在地之災山川帶
地故祭山川之神也雪霜風雨天氣所降日月麗天故祭日月星辰之神也此
因其所在分繫之耳其實水旱癘疫亦是天氣所致雪霜風雨亦是在地之災
耳雨之不時而致水旱水旱與雨不甚爲異而分言之者據其雨不下而霖不
止是雨之不時也據其苗稼生死則爲水與旱也禜是祈禱之小祭耳若大旱而
雩則偏祭天地百神不復別其日月與山川。者也○注有水至福祥○正義曰
水旱癘疫俱祭山川杜略癘疫而不言之耳杜言山川之神若臺駘者下云星
辰之神若實沈者言此駘祭祭其先世主山川主星辰者之神耳非獨祭此山
川星辰之神也計日月無其主之者以與星辰俱是天神連言之耳周禮大祝
掌六。祈以同鬼。神示一曰類二曰造三曰禬四曰禜五曰攻六曰說鄭衆云禜日
月星辰山川之祭也鄭玄云禜告之以時有災變也禜如日食以朱絲禜社也
玄之此言取公羊爲說莊二十五年公羊傳曰日食以朱絲。禜社或曰脅之或
曰爲闇恐人犯之故禜之然社有形質故可朱絲禜繞日月山川非可禜之物
不得以此解。禜也賈逵以爲禜攢用幣杜依用之日月山川之神其祭非有常
處故臨時禜其地立攢表用幣告之以祈福祥也攢聚也聚草木爲祭處耳癘
疫謂害氣流行歲多疾病然則君身有病亦是癘氣而云不及君身者陳思王
以爲癘疫之氣止害貧賤其富貴之人攝生厚者。癘氣所不及其事或當然也

且子產知晉君之病不在於此故言二者不及君身以病非鷹疫故不須祭臺駘等也若君身則亦出入飲食哀樂之事

也山川星辰之神又何爲焉言實沈臺駘不爲君疾○沈樂音洛【疏】若君至事也○正義曰家語孔子云飲食不時逸勞過度者病共殺之此云出入卽逸勞也據國君之身則朝以聽政晝以訪問是出也夕以脩令夜以安身是入也僑聞之君子有四時朝

以聽政聽國政○朝如字晝以訪問問可否夕以脩令念所施夜以安身於是乎節宣其氣宣散也【疏】節宣其氣○正義曰以時節宣散其氣也節卽四時是也凡人形神有限不可久用神久用則竭形大勞則敝不可以久勞也神不用則鈍形不用則痿不可以久逸也固當勞逸更遞以宣散其氣朝以聽政久則疲疲則易之以訪問訪問久則倦倦則易之以脩令脩令久則怠怠則易之以安身安身久則滯滯則易之以聽政以後事改前心則亦所以散其氣也

勿使有所壅閉湫底以露其體湫集也底滯也露羸也壹之則血氣集滯而體羸露○壅於勇反湫子小反徐音秋又在酒反服云著也底丁禮反服云止也羸劣危反注同【疏】勿使至其體正義曰壅謂障而不使行若土壅水也閉謂塞而不得出若閉門戶也湫謂氣聚底謂氣止四者皆是不散之意也氣不散則食不消食不消則食少食少則肌膚瘦肌膚瘦則骸骨露也言人之養身當須宣散其氣勿使氣有壅閉集滯以羸露其形骸也○注湫集至羸露○正義曰服虔云湫著也底止也杜云湫集也底滯也皆是以意訓耳壅閉言其不得散出故以湫底爲集滯言氣聚集而停滯也若以湫爲著則與止同義故易之以爲集其止滯亦同義也上文所云四時之事若其壹之則血氣集滯使不得宣散氣不散則骨羸露也肥則膚肉厚骨不見瘦則肌膚薄故體羸露羸露是露骨之名其義與倮相近倮露形也羸露骨也瘦必羸羸亦瘦之別名今晉侯壹之者唯謂安身親近婦人四時皆爾以恆安身不動故使氣集滯也

兹心不爽而昏亂百度兹此也爽明也

百度百事之節疏茲心至百度○正義曰形之與神相隨而有形以神爲主神以形爲宅形彊則神彊形弱則神弱神。常隨形而盛衰也既露其體則神識
亦弱致使此心不明照察失宜而昏亂百事之節度也今無乃壹之同四時也則生疾矣僑又聞之內官不及
同姓內官嬪御○嬪婢人反其生不殖殖長也美先盡矣則相生疾同姓之相與先美矣美極則盡盡則生疾疏
其生至生疾○正義曰此。僑重述不及同姓之意言內官若取同姓則夫婦所以生疾性命不得殖長何者以其同姓相與先美今既爲夫妻又相寵愛美之
至極在先盡矣乃相厭患而生疾病非直美極惡生疾病而已又美極驕寵更生妬害也故晉語云異姓則異德異德則異類異類雖近男女相及以生民也
同姓則同德同德則同心同心則同志同志雖遠男女不相及畏瀆。故也瀆則生怨怨亂育災災育滅性是故取女辟同姓畏亂災也禮記大傳云百世而昏
姻不通者周道然也然則周法始如此耳前代則不然也蓋以前代敬節未設禁防周人以其慢瀆故立法以禁之劉炫云違禮而娶則人神不祐故所生不
長也晉文姬出而霸諸侯同姓未必皆不殖此以禮法爲言勸勵人耳○注同姓至生疾○正義曰劉炫云人之本心自然有愛愛之所及先及近親同姓是
親之近者其愛之美必深是同姓之相與先自美矣若使又爲夫妻則相愛之美尤極極則美先盡矣美盡必有惡生故美盡則生疾此以禮爲防推致此意
耳晉語云云同君子是以惡之故志曰買妾不知其姓則卜之違此二者古之所慎也
壹四時取同姓二者古人所慎○惡如字又烏路反取七住反疏買妾至卜之○正義曰曲禮云娶妻不取同姓故買妾不知其姓則卜之鄭玄云爲其近
禽獸也妾賤或時非媵取於賤者世無本繫也男女辨姓禮之大司也辨別也○別彼列反今君內實有四姬焉
同姓姬四人其無乃是也乎若由是二者弗可爲也已爲治也四姬有省猶可無則必

生疾矣據異姓去同姓故言省○省所景反徐所幸反注同去起呂反疏四姬至疾矣○正義曰子產云四姬之外若有異姓之女接御於公減省公之寵愛於四姬之事如此猶可若無異姓之女減省公情專愛四姬則必由此故以生疾矣劉炫云子產言若於同姓不深病猶可差若於四姬有此省相見稀接御則此病猶尚可如無稀省耽之過度則必生疾叔向曰善哉肸未之聞也此皆然矣叔向出行人揮送之送叔向叔向問鄭故焉且問子皙對曰其與幾何言將敗不久○與如字又音預幾居豈反無禮而好陵人怙富而卑其上弗能久矣為明年鄭殺公孫黑傳○好呼報反怙音戶晉侯聞子產之言曰博物君子也重賄之晉侯求醫於秦秦伯使醫和視之曰疾不可為也是謂近女室疾如蠱蠱惑疾○近附近之近蠱音古疏是謂至如蠱○正義曰女在房室故以室言之是謂近女室說此病之由由近女室為此病也又言疾如蠱言此疾似蠱疾也蠱者心志惑亂之疾若今昏狂失性其疾名之為蠱公惑於女色失其常性如彼惑蠱之疾也蠱是惑疾公心既惑是蠱疾而云如蠱者蠱是失志之疾名志之所失不獨為女宣八年傳胥克有蠱疾者直是病而失性不由近女為之此公淫而失志未全為蠱故云如蠱○注蠱惑疾正義曰和言公疾如蠱下云惑以喪志知蠱是心志惑亂之疾非鬼非食惑以喪志惑女色而失志○喪息浪反疏非鬼至喪志○正義曰此說公病之狀病有鬼為之者有食為之者此病非鬼非食淫於女色情性惑亂以喪失志意也良臣將死天命不祐良臣不匡救君過故將死而不為天所祐○祐音右公曰女不可近乎對曰節之先王之樂所以節百事也故有五節五聲之節遲速本末以相及中聲以降五降之後不容彈矣此謂先王之樂得中

聲聲成五降而息也降罷退〇降音絳下及注同或音戶江反彈徒丹反又徒旦反【疏】先王至彈矣〇正義曰女之爲節不可得說故以樂譬之先王之爲此樂也所以限節百種之事故爲樂有五聲之節爲聲有遲有速從本至末緩急相及使得中和之聲其曲既了以此罷退五聲既成中和罷退之後謂爲曲已了不容更復彈作以爲煩手淫聲鄭衛之曲也劉炫云言五降而息罷退者五聲一周聲下而息前聲罷退以待後聲非作樂息也樂曲成乃息非五聲一周得息也又傳於是至弗聽劉云此說降後不彈之意也五聲皆降則聲一成曲既未成當。從上始不以後聲。未接前聲而容手妄彈擊是爲煩手此手所擊非復正聲是爲淫聲淫聲之。慢塞人心耳乃使人忘失平和之性故君子不聽也於是有煩手淫聲慆堙心耳乃忘平和君子弗聽也五降而不息則雜聲並奏所謂鄭衛之聲〇慆他刀反下同堙音因【疏】注五降至之聲〇正義曰五降不息則非復正聲手煩不已則雜聲並奏記傳所謂鄭衛之聲謂此也樂記云鄭衛之音亂世之音也又曰鄭音好濫淫志衛音。趨。數煩志是言鄭衛之聲是煩手雜聲也物亦如之言百事皆如樂不可失節至於煩乃舍也已無以生疾煩不舍則生疾〇舍音捨注同君子之近琴瑟以儀節也非以慆心也爲心之節儀使動不過度天有六氣謂陰陽風雨晦明也降生五味謂金味辛木味酸水味鹹火味苦土味甘皆由陰陽風雨而生【疏】注謂金至而生〇正義曰尚書洪範云五行一曰水二曰火三曰木四曰金五曰土水曰潤下火曰炎上木曰曲直金曰從革土爰稼穡潤下作鹹炎上作苦曲直作酸從革作辛稼穡作甘孔安國云鹹水鹵所生也苦焦氣之味也酸木實之性也辛金之氣味也甘味生於百穀也是五味爲五行之味也以五者並行於天地之間故洛書謂之五行物皆有本本自天來故言五者皆由陰陽風雨而生也是陰陽風雨晦明合雜共生五味若先儒以爲雨爲木味風爲土味晦爲水味明爲火味陽爲金味而陰氣屬天不爲五味之主此杜所不用也洪範本文以生數爲次水火木金土太禹謨六府之次水火金木土穀月令於四時之次木火土金水杜數五味之次金木水火土以五行相循更互相代其次不以爲常隨便言耳此注所言五味五色五聲配五行者經傳多有之洪範是其本月令尤。分明杜所解者皆依月令文也

發爲五色辛色白酸色青鹹色黑苦色赤甘色黃發見也見賢偏反○

徵爲五聲白聲商青聲角黑聲羽赤聲徵黃聲宮徵驗也○聲徵張里反

淫生六疾淫過也滋味聲色所以養人然過則生害疏。天有至六疾○正義曰上既以樂譬女乃云物亦如之至煩乃舍言用之有節也此又本諸上天言物皆不得過度也氣皆由天故言天有六氣也五味在地故云降生五味也五氣是五行之味六氣共生五行故杜解五味皆由陰陽風雨晦明而生是言六氣共生之非言一氣生一行也味則嘗而可知未有形色可視發見而爲五色也色既不同其聲亦異。徵驗而爲五聲也此味聲色也皆本諸上天所以養人用之大過則生六種之疾○。注淫過至生害○正義曰此淫生六疾承氣味色聲之下則謂四者之過皆生疾也但醫和將說晦淫惑疾故下句特舉六氣之淫其言不及味與聲色故杜解以備之言滋味聲色所以養人然過則生疾以見淫生六疾非獨六氣生疾也但晉侯不以味聲色生疾故醫和不言之耳

六氣曰陰陽風雨晦明也分爲四時序爲五節六氣之化分而序之則成四時得五行之節疏注六氣至之節○正義曰六氣。並行無時止息但氣有溫暑涼寒分爲四時春夏秋冬也序此四時以爲五行之節計一年有三百六十五日序之爲五行每行得七十二日有餘土無定方分主四季故每季之末有十八日爲土正。主日也

過則爲菑陰淫寒疾寒過則爲冷菑音災下同○陽淫熱疾熱過則喘渴○喘昌兗反風淫末疾末四。支也風爲緩急雨淫腹疾雨。濕之氣爲。洩注洩息列反下如字○晦淫惑疾晦夜也爲宴寢過節則心惑亂明淫心疾明晝也思慮煩多心勞生疾○思息利反疏過則至心疾○正義曰上云淫生六疾總謂氣味聲色此云過則爲菑獨謂六氣過耳過

卽淫也故歷言六氣之淫各生疾也此六者陰陽風雨有多時有少時晦明則天有常度無多少時也今言淫者謂人受用此氣有過度者也陰過則冷陽過則熱風多則四支緩急雨多則腹腸泄注此四者雖各以其氣與人爲病若其能自防護受之不多則得無此病也其晦明亦是天氣不以病人但人用晦明過度則人亦爲病晦是夜也夜當安身女以宣氣近女過度則心散亂也明是晝也晝以營務營務當用心思慮煩多則心勞倦也陰陽風雨當受之有節晦明當用之有限無節無限必爲菑害故過則爲菑也○注末四至緩急○正義曰人之身體頭爲元首四支爲末故以末爲四支謂手足也風氣入身則四支有緩急賈逵以末疾爲首疾謂風眩也

女陽物而晦時淫則生內熱惑蠱之疾女常隨男故言陽物家道當在夜故言晦時疏女陽至之疾○正義曰男爲陽女爲陰女常隨男則女是陽。家之物也而晦夜之時用之若用之淫過則生內熱惑蠱之疾以女陽物故內熱以晦時。惑蠱也晉語云文子問醫和曰君其幾何對曰若諸侯服不過三年不服不過十年過是晉之殃也孔晁云人雖有命荒淫者必損壽無外患則幷心於內故三年死諸侯不服則思外患損其內情故十年無道之君久在民上實國之殃也今君不節不時能無及此乎出告趙孟趙孟曰誰當良臣對曰主是謂矣主相晉國於今八年晉國無亂諸侯無闕可謂良矣和聞之國之大臣榮其寵祿任其寵。節有菑禍興而無改焉改改行以救菑○相息亮反行下孟反必受其咎今君至於淫以生疾將不能圖恤社稷禍孰大焉主不能禦吾是以云也云主將死○咎其九反禦本亦作御魚呂反趙孟曰何謂蠱對曰淫溺惑亂之所生也溺。沈。沒於。嗜欲○溺乃狄反嗜時志反疏淫溺至生也○正義曰此淫謂淫於女也沒水謂之溺沒於嗜欲與溺水相似故淫溺連言之此論晉侯將。蠱疾故言淫溺惑亂之所生耳人自有。無故失志志性恍惚不自知者其疾名爲蠱蠱非盡由淫也以毒藥藥人令人不自知者今律謂之蠱毒

於文皿蟲爲蠱文字也皿器也器受。蠱書者爲蠱皿命景反說文讀若猛字林音猛○穀之飛亦爲蠱穀久積則變爲飛蟲名曰蠱在周易女惑男風落山謂之蠱☶☴巽下艮上蠱巽爲長女爲風艮爲少男爲山少男而說長女非匹故惑山木得風而落○巽音遜艮古恨反長丁丈反下同少詩照反下同說音悅皆同物也物猶類也趙孟曰良醫也厚其禮而歸之贈賄之禮○楚公子圍使公子黑肱伯州犂城犨櫟郟黑肱王子圍之弟子晳也犨縣屬南陽郟縣屬襄城櫟今河南陽翟縣三邑本鄭地○犨尺州反櫟音歷徐失灼反郟古洽反鄭人懼子產曰不害令尹將行大事謂將弒君而先除二子也二子謂黑肱伯州犂禍不及鄭何患焉冬楚公子圍將聘于鄭伍舉爲介未出竟聞王有疾而還伍舉遂聘十一月己酉公子圍至入問王疾縊而弒之縊絞也孫卿曰以冠纓絞之長曆推己酉十二月六日經傳皆言十一月月誤也○介音界竟音境縊一豉反弒申志反絞古卯反

疏注縊絞至誤也○正義曰孫卿姓荀名。說著書一部名荀卿子漢宣帝諱詢故轉爲孫也下有十二月甲辰朔甲辰後五日得己酉故杜以長曆推己酉是十二月六日而此郟敖之卒經傳皆云十一月己酉杜謂十一月誤者止謂十一月不得有己酉以己酉爲誤十一月非誤也必知然者若以爲十二月己酉則六日己酉子干奔晉至晉猶見趙孟七日庚戌趙孟卒便是日相切迫無相見之理故知十一月爲是己酉爲誤劉炫以爲杜云誤者以十一月爲誤當云十二月而規杜氏非也劉炫規云杜言十一月誤當爲十二月案下文趙孟庚戌卒。彼是郟敖今日死趙孟明日卒則子干奔晉不得見趙孟而議其祿故謂十一月是己酉字

絞也遂殺其二子幕及平夏皆郟敖子○幕音莫夏戶雅反右尹子干出奔晉子干王子比宮廄尹子皙出奔鄭因築城而去○廄居又反殺大宰伯州犂于郟葬王于郟謂之郟敖郟敖楚子。麇使赴于鄭伍舉問應爲後之辭焉問赴者對曰寡大夫圍伍舉更之曰共王之子圍爲長伍舉更赴辭使從禮。此告終稱嗣不以篡弒赴諸侯○共王音恭長丁丈反子干奔晉從車五乘叔向使與秦公子同食食祿同○從才用反乘繩證反下同皆百人之餼百人一卒也其祿足百人○餼許氣反卒子忽反疏注百人至百人○正義曰百人爲卒周禮司馬序官文也祿足百人謂與之田取稅以共食足爲百人餼也晉語稱秦后子楚公子干來仕叔向爲大傅實賦祿韓宣子問二公子之祿焉對曰大國之卿祿一旅之田上大夫一卒之田夫二公子者上大夫皆一卒可也趙文子曰秦公子富謂秦鍼富強秩祿不宜與子干同叔向曰底祿以德。底致也底音旨○德鈞以年年同以尊公子以國不聞以富且夫以千乘去其國彊禦已甚。詩曰不侮鰥寡不畏彊禦。詩大雅侮陵也○夫音扶侮亡甫反鰥古顏反秦楚匹也使后子與

疏底祿至以尊○正義曰德大則官高官高則祿厚故致祿以德之小大爲差也年同以尊謂以官爲之尊卑也

子干齒以年齒爲高下而坐辭曰鍼懼選楚公子不獲是以皆來亦唯命不獲不得自安言俱奔事有優劣唯主人命所處謙辭且臣與羇齒無乃不可乎后子先來仕欲自同於晉臣爲主人子干後來奔以爲羇旅之客史佚有言曰非羇何忌忌敬也欲謙以自別○佚音逸別彼列反疏非羇何忌○正義曰忌敬也史佚有言云非是羇客何須敬之言子干是

客當須敬之我不敢與同是謙以自別也楚靈王卽位薳罷爲令尹薳啓彊爲大宰靈王公子圍也卽位易名熊虔○罷音皮彊其良反又居良反鄭游吉如楚葬郟敖且聘立君歸謂子產曰具行器矣。行器謂備楚王汰侈而自說其事必合諸侯吾往無日矣子產曰不數年未能也爲四年會申傳○汰音泰說徐音悅音始悅反數所主反十二月晉既烝烝冬祭也○烝之承反趙孟適南陽將會孟子餘孟子餘趙衰趙武之曾祖其廟在晉之南陽溫縣往會祭之○衰初危反疏。注孟子餘趙衰○正義曰服虔以孟爲趙盾子餘爲趙衰若其必然當先衰後盾何以先言孟也杜以孟子餘是趙衰一人蓋子餘是字孟是長幼之字也甲辰朔烝于溫趙氏烝祭甲辰十二月朔晉既烝趙孟乃烝其家廟則晉烝當作甲辰之前傳言十二月月誤疏注趙氏至月誤○正義曰杜以十二月晉既烝趙孟始適南陽則趙孟初行已是十二月也此句乃云甲辰朔烝于溫案文言之則是來年正月朔也服虔云甲辰朔夏十一月朔也若是夏十一月朔當於明年言之而此年說之何也杜以服言不通故爲此解云晉既烝趙孟乃烝其家廟則晉烝當在甲辰之前當言十一月傳言十二月月誤也劉炫以爲晉烝及趙孟適南陽並在十。一月之前文繫十二月者欲見烝後卽行先公後私十二月之文爲下甲辰朔起本擧月遙屬下明晉烝猶在朔前十二月非誤也若必如劉言傳當云晉既烝趙孟適南陽將會孟子餘十二月甲辰朔烝于溫足明先公後私之義何須虛張十二月於上遙爲甲辰朔起本傳文上下未有此例劉炫之言非也庚戌卒十二月七日終劉定公秦后子之言鄭伯如晉弔及雍乃復弔趙氏蓋趙氏辭之而還傳言大夫彊諸侯畏而弔之○及雍於用反

附釋音春秋左傳注疏卷第四十一

春秋左傳注疏卷四十一校勘記　阮元撰盧宣旬摘錄

附釋音春秋左傳注疏卷第四十一 起元年盡元年宋本春秋正義卷第二十六石經春秋經傳集解昭元第廿淳熙本纂圖本明翻岳本廿作二十釋文及下卷同淳熙本昭下有公字明翻岳本作昭公一並盡三年

〔昭公〕

昭公名裯 杜氏釋例史記十二諸侯年表漢書古今人表律曆志世本並作稠徐廣云又作袑宋本作裯魯世家同與襄公三十一年昭公廿五年傳文合閩本監本毛本改裯

〔經元年〕

元年 淳熙本元誤六

先至於魯 宋本淳熙本纂圖本明翻岳本監本毛本魯作會宋監毛正義標起訖同是也

殺世子偃師貶 宋本殺上有爲字與公羊合

非貶所也 監本毛本所作詞

按傳武子伐莒 宋本傳下有季字

晉荀吳師師敗狄于大鹵 石經宋本淳熙本纂圖本明翻岳本閩本監本毛本師師作帥師是也

莒展輿出奔吳 釋文無輿字云一本作莒展輿案公羊穀梁皆無輿字

不稱爵 宋本不上有故字

楚子麇卒 閩本監本作麋乃麇之誤案史記楚世家作員索隱曰左傳作麕陳氏云麕與麇通

傳稱縊而弒之 毛本縊誤諡閩本監本弒作殺非

公子比出奔晉 石經宋本淳熙本纂圖本明翻岳本足利本公上有楚字是也

〔傳元年〕

伍舉爲介 石經此伍字係原刻已下伍字皆初刻作五後加人旁惠棟云孫叔敖碑作五舉案唐石經初刻亦作五後改從人非也

以敝邑褊小 石經宋本明翻岳本褊作徧與釋文合

行昏禮 閩本監本毛本昏作婚疏並同

令尹命大宰伯州犂對曰 監本毛本州誤氏

圍布几筵 釋文几本亦作机案机者几之俗

圍布至而來 宋本以下正義四節在入逆而出句下

猶倘釋幣于禰乃行 閩本監本毛本脫釋字

告父祖之廟而來也　閩本監本毛本作告祖父母之廟而來也誤也

而無乃包藏禍心以圖之　李善注文選阮瑀爲曹公作書與孫權引傳包作苞案作苞是也說詳僖四年注

而有所壅塞不行是懼　諸本作壅釋文作雍云本又作壅注及下注同

子木之信　淳熙本木誤才

以春言故云七年　山井鼎云足利本後人記云言異本作立按作立者非也

於今七年　宋本以下正義十一節總入其是之謂矣注下

年末醫和則云八年　宋本年下有也字閩本監本末誤未

宋人曹于澶淵　宋本閩本監本毛本于上有人是也

武有仁人之心　諸本作仁此本誤何今訂正

今武猶是心也　顧炎武云石經今誤作令案石經此處模糊炎武所據乃謬刻

武將信以爲本　閩本監本毛本武誤我

是穮是蓘　石經穮字初刊作藨後改正案李善注文選張茂先勵志詩穮作藨引注文同然說文穮下引春秋傳則作是穮是衮衮字不从艸

漢書殖貨志　案漢書殖當作食

后稷始甽田　宋本甽作畎與漢書食貨志合

廣尺深尺曰甽　閩本監本毛本甽作畎

苗生三葉以上　段玉裁云漢書無三字

因僓其士以附苗根　閩本僓作潰監本毛本作壝宋本作隤與漢志合各本士作土是也

耨定本耘　宋本本下有作字是也

卽明宮門之衞以爲離衞　宋本明作名是也

其言大不辭矣　閩本監本毛本辭作侔

吾代二子愍矣　石經愍作愍石經凡從民字皆改從氏避太宗諱也案漢書五行志引作閔

小旻之卒章　補案此標注連正義當在晉欒王鮒節下誤置此處

子與子家持之　釋文云持本或作特按持當作特十九年音義云本或作特怙之特非也

不如子羽之譏許　監本毛本許作評閩本作詳

三大夫兆憂能無至乎　石經宋本淳熙本纂圖本明翻岳本監本毛本重憂字是也案漢書五行志引下憂字作矣矣蓋憂之譌

注言不至其國　宋本以下正義八節總入乃免叔孫句下

是吾出而絕之也監本毛本絕作危與明道本國語合

必不加請爲戮也宋本閩本監本毛本加下有師字請閩本作靖非也

吾又誰怨纂圖本怨誤恐

出不逃難石經初刻作不出逃難後改正

所由來也諸本作由此本誤田今訂正

疆埸之邑纂圖本閩本監本毛本埸作場非也注同

故傳通言其王耳宋本無其字

故三危者宋本淳熙本纂圖本明翻岳本監本毛本故作放是也

扈在始平鄠縣宋本淳熙本纂圖本明翻岳本閩本毛本鄠作鄠不誤

啓與有扈戰于甘之野諸本作于宋本作於

注二國至淮夷監本毛本此段正義在上文周有徐奄注下

誰能一一治之宋本之下有焉字

各敬爾儀大命一去宋本淳熙本纂圖本明翻岳本監本毛本儀字下有天命不又言五字大各本作天是也

注小宛至復還 宋本以下正義二節總入弗可久已矣注下
注又復也 宋本注下有云字
天命所去不復來也 閩本監本毛本所作一
令尹自以爲王矣 諸本作王此本誤去今訂正
王弱令尹彊 閩本監本彊作疆非下同
是疆而不義 宋本淳熙本纂圖本明翻岳本監本毛本疆作彊不誤
褒姒滅之 釋文云滅詩作威案說文威字注云滅也从火戌聲火死於戌陽氣至戌而盡引詩曰褒姒威之漢書谷永傳引詩同
爲十二年楚弒靈王傳 宋本明翻岳本足利本二作三是也
猶與賓客享之 諸本作客此本誤各今改正
知其一獻 宋本淳熙本纂圖本明翻岳本監本毛本其作欲足利本獻下有之禮二字
注朝聘至五獻 宋本以下正義二節總入吾不復此矣注下
皆獻數不同饔餼之數也 閩本監本毛本不作各宋本無數不二字是也
禮終乃宴 詩彤弓正義引作禮終乃燕

謂之享禮既終 宋本無之字

言享公當依享法 宋本閩本監本毛本作言此本誤三今訂正

享宴俎同 宋本閩本監本毛本作同此本誤司今訂正

不求其厚 岳本厚下有也字

子皮賦野有死麕之卒章 纂圖本監本毛本麕作麏非釋文作麐所據之本不同也

無使庬也吠 宋本明翻岳本足利本庬作尨不誤

尨也可使無吠 纂圖本閩本監本毛本尨作庬非也

雒汭在河南鞏縣南 毛本雒作洛非也下同

微禹吾其魚乎 周禮大司徒疏引作吾其爲魚乎爲字係別本所增

吾與子弁冕端委以治民臨諸侯 釋文作弁端委云本亦作弁冕端委案石經此行十一字似初刻無冕字後增入也

弁冕冠也 惠棟云說文云覍冕也故杜訓爲冕冠弁冕之冕衍文也案周禮大司徒疏引有冕字非善本也

注弁冕至之力 宋本以下正義四節總入又何以年注下

禮記深衣制 宋本衣下有之字是也

子盇亦遠績禹功 北宋刻釋文無禹字云本或作亦遠績禹功案周禮大司徒疏李善注文選袁彥伯三國名臣序贊陸士衡五等論引傳無亦字疑釋文亦無亦字非無禹字也本或作亦遠績禹功石經子盇亦一行十一字似亦字亦初刻所無北宋刻釋文績作續說詳校勘記

勸趙孟使纂禹功 淳熙本亦誤作纂宋本纂圖本明翻岳本閩本監本毛本作纂是也

謂勸武何不遠纂大禹之績 閩本監本毛本纂誤纂何不監毛作何以亦非

齊等也 宋本閩本監本毛本齊作儕是也

言吾等於彼卑賤苟且飲食之人也 宋本飲作求

不得惡諠囂之聲 釋文諠作讙云或作諠按說文讙譁也从言雚聲釋文本作讙與說文合

注言譬至之聲 宋本此節正義在乃出見之注下

犯鄭大夫 纂圖本閩本監本毛本大夫誤作夫人

既而櫜甲以見子南 毛本南誤男櫜釋文云本或作櫜案鄭司農攷工記函人注引作櫜甲而見子南賈疏同

夫夫至順也 宋本自此以下正義三節總入何有於諸游注下

猶恐其尫 閩本尫作尯非監本毛本作尯亦誤

猶懼其武 案武本作虎避諱改也

五者所以爲國也 纂圖本重以字非也

宥女以遠勉速行乎 淳熙本脫勉字

周公殺管叔而蔡蔡叔 釋文云上蔡字音素葛反放也說文作𣦼音同字從殺下米案禹貢云二百里蔡鄭氏云蔡之言殺減殺其賦古音蔡同殺張參五經文字云𣦼春秋傳多借蔡字爲之

殺管叔至蔡叔 宋本無上叔字

癸卯至伯也 宋本以下正義七節總入其與幾何注下

比舩爲橋 閩本橋誤瞀宋本舩作船下同

必有幣隨之 此本幣下空缺二字正德本閩本作車以監本毛本作帛以並誤宋本作必有幣隨之今訂正

服虔以爲每於十里置車一乘 此本車上空缺一字閩本監本毛本作幣非也

一何駛乎 閩本監本毛本駛誤駃

后子預前約束 閩本監本束誤速毛本作束亦非

故杜辨其車之所在 閩本監本毛本辨作辯車作事並非

趙孟曰天乎 石經作夭乎漢書五行志引作夭虖按錢大昕云與上文亡乎相對謂國既不亡則君當夭折也

翫歲而愒日 諸本作翫葉鈔釋文云又作忨是也案說文心部忨字注云貪也从心元聲引傳作忨歲而濊日外傳作忨日而濊歲韋昭云忨偷也濊遲也漢書五行志亦作忨歲

公孫黑強與於盟 淳熙本強作彊注同

晉中至大原 宋本以下正義三節總入大敗之注下

所遇又阨 釋文云阨本又作隘

皆臨時處置之名 監本毛本處誤取

公子召去疾于齊 石經于作於

叔弓帥師疆鄆田 石經及諸本作帥此本誤師今訂正

棄人也夫 淳熙本脫夫字

詩曰無競維人善矣 石經宋本淳熙本明翻岳本維作惟

居于曠林 纂圖本監本毛本于作於非也

注后帝至堯也 宋本無至字以下正義廿一節總入重賄之句下

故稱商人也 宋本無也字

主參 釋文云所林反注及下同案注文無參字

二十九年傳云 閩本監本毛本二作三非也

其季世曰唐叔虞 李善注文選曹子建與吳季重書引作季葉改世作葉避所諱

當武王邑姜方震大叔 釋文云震本又作娠案史記鄭世家漢書高帝紀應劭注呂覽重言篇高誘注引傳並作娠正義引說文云娠女妊身動也是懷胎爲震震取動義字書以是女事故今字從女耳陳樹華云邑姜方震自爲震動之字不作娠

十二年傳稱呂級王舅 監本毛本級作伋下同

夢帝謂已 石經宋本明翻岳本已作己是也

余命而子曰虞 漢書地理志引作余名案說文云名自命也史記天官書兔七命索隱云謂兔星凡有七名也祭法黃帝正名百物國語魯語作成命百物是名命二字古同聲同義

及成王滅唐而封大叔焉 惠棟云史記鄭世家封作國案尚書序云武王既勝殷邦諸侯又康誥序云以殷餘民邦康叔孔氏云國康叔爲衛侯此傳依史記當云邦大叔古字邦封同見書正義漢諱邦改曰國故曰國大叔也論語邦域之中今作封域是字同之驗下文封諸汾川同

余命女生子名虞 閩本監本毛本命女作命汝

薄姬之夢龍據其心 宋本閩本監本毛本心作身是也

纂昧之業 淳熙本纂作篡非

臺驗是金天裔孫 宋本閩本監本毛本驗作駘是也

昧於金天 宋本閩本監本毛本作昧此本誤味今訂正

則臺駘汾神也 案史記鄭世家作汾洮神也水經注引傳作汾洮之神也

山川之神則水旱癘疫之災於是乎禜之日月星辰之神則雪霜風雨之不時於是乎禜之 惠棟云鄭氏注周禮鬯人引傳云日月星辰之神則雪霜風雨之不時於是乎禜之山川之神則水旱癘疫之不時史記作蓄於是乎禜之賈公彥云鄭君所讀春秋先日月與賈服傳不同故也彼無不時此有之者鄭氏以義增之非傳文

爲營欑用幣 監本欑字模糊正德本閩本作攢毛本作儹並非下同

不復別其日月與山川者也 宋本無者字

計日月無其主之者 監本毛本脫之字

掌六祈以同鬼神示 諸本作祈此本誤析今改閩本亦脫神字據宋本監本毛本補

以朱絲禜社也 閩本監本毛本禜作營下同按周禮大祝注作禜公羊傳作以朱絲營社釋文云一傾反又如字本亦作縈同營縈

皆謂規其外

以此解禜也　宋本閩本監本毛本作禜此本誤榮今改正

癘氣所不及　閩本監本毛本癘誤疫

久則疲　宋本久上重聽政二字

勿使有所壅閉湫底　石經底作底葉鈔釋文同少下畫非是

底滯也　淳熙本也誤少

以羸露其形骸也　宋本骸作體是也

厎止也　宋本閩本監本毛本厎作底按訓止則字當从广爾雅釋詁云底止也

則骨羸露也　宋本骨作體是也

瘦必羸　宋本瘦下有者字是也

神常隨形而盛衰也　監本毛本常作長

此向重述不及同姓之意　宋本閩本監本毛本向作嚮是也

畏瀆故也　監本毛本故作敬與國語晉語合

是謂近女室疾如蠱　王念孫云室乃生之誤近女爲句生疾如蠱爲句女蠱爲韻下文食志祐爲韻

是謂至如蠱　宋本以下正義十三節總入厚其禮而歸之注下

是蠱疾　宋本是上有卽字

蠱是失志之疾名　宋本疾作病

先王之樂　案漢書藝文志引樂上有作字非正義本也

當從上始　宋本當下有更字是也

不以後聲未接前聲　宋本閩本監本毛本未作來

淫聲之慢　宋本監本毛本慢作漫

衞音從速煩志　閩本監本毛本從速作趨數宋本作促速案從當作促鄭氏注樂記趨數讀爲促速

月令尤分明　分字此本空缺依宋本補閩本監本毛本作爲

天有至六疾　宋本此節正義在注五降至之聲之前

爲驗而爲五聲也　宋本爲作徵是也

注淫過至生害　宋本此節正義在謂金至而生之下

六氣並行　監本毛本並作共

爲土正主日也 補案主當作王音旺

末四支也 毛本支字作肢正義同按說文胑體四胑也从肉只聲胑或从支

雨濕之氣爲洩注 纂圖本毛本濕作溼淳熙本洩作戌

謂風胘也 閩本監本胘作胘亦非宋本毛本作眩是也

則女是陽家之物也 監本毛本家作象

惑蠱也 宋本惑上有故字

損其內指 宋本閩本監本毛本指作情是也

任其寵節 石經宋本淳熙本纂圖本明翻岳本閩本監本毛本寵作大不誤

溺沈沒於嗜欲 纂圖本閩本監本毛本沈作沉案沉俗沈字淳熙本沒誤沿宋本嗜作耆與釋文合正義同

此論晉侯將蠱疾 宋本將下有爲字

人自有無故失志 閩本監本毛本無作欲

器受蠱書者爲蠱害也 宋本淳熙本纂圖本明翻岳本閩本監本毛本蠱書作蟲

伍舉爲介 石經伍初刻作五人旁後加

注縊絞至誤也　宋本以下正義四節總入不數年未能也注下

姓荀名說　段玉裁校本說作況是也

彼是郟敖今日死　宋本彼作便是也

郟敖楚子麇　宋本淳熙本纂圖本明翻岳本毛本麇作麏是也

此告終稱嗣　盧文弨云此字衍裴駰注史記引注無

底祿以德　石經宋本明翻岳本底作厎不誤注同

彊禦已甚　纂圖本閩本監本毛本彊作疆非是下及啓彊同

行器謂備　宋本淳熙本明翻岳本監本毛本謂作會

楚王汰侈而自說其事　石經宋本明翻岳本汰作汏不誤釋文亦作汏

注孟子餘趙衰　宋本以下正義二節總入鄭伯如晉節注下

並在十一月之前　宋本一作二不誤

附釋音春秋左傳注疏卷第四十二 昭二年盡四年

杜氏注 孔穎達疏

經二年春晉侯使韓起來聘○夏叔弓如晉叔弓叔老子○秋鄭殺其大夫公孫黑書名惡之黨隧盟子產不討遂以爲卿故書之○惡烏路反疏書名至書之○正義曰傳稱子產數其罪是書名爲惡之也往年傳云子皙上大夫也則非卿非卿則不合書黨隧之盟子皙強與卿列子產不討卽以爲卿故書之○冬公如晉至河乃復弔少姜也晉人辭之故還○少詩照反傳放此○季孫宿如晉致襚服也○公實以秋行冬還乃書○致襚音遂疏注致襚至乃書○正義曰傳稱季孫宿遂致服焉知其致襚服也傳說此事文。正在。冬上而經書在冬知公實以秋行至冬還乃書卽書還時日月不復追言秋故文在冬也

傳二年春晉侯使韓宣子來聘公卽位故疏。注公卽位故○正義曰傳言且告爲政而來見則其來非獨爲爲政故知主爲公卽位故也襄元年傳曰凡諸侯卽位小國朝之大國聘焉是也且告爲政而來見禮也代趙武爲政雖盟主而脩好同盟故曰禮○見賢遍反好呼報反疏注代趙武爲政○正義曰五年傳曰韓起之下有趙成中行吳魏舒范鞅知盈則六者三軍之將佐也韓起代趙武將中軍趙成繼父爲卿代韓起也觀書於大史氏見易象與魯春秋曰周禮盡在魯矣易象上下經之象辭魯春秋史記之策書春秋遵周公之典以序事故曰周禮盡在魯矣疏觀書至王也○正義曰大史之官職掌書籍必有藏書之處若今之祕閣也觀書於大史氏者氏猶家也就其所司之處觀其書也見易象易象魯無增改故不言魯易象其春秋用周公之法書魯國之事故言魯春秋也魯國寶文王之書。遵周公

之典故云周禮盡在魯矣文王周公能制此典因見此書而追歎周德吾乃於今日始知周公之德以周公制春秋之法故也與周之所以得王天下之由由文王有聖德能作易象故也此二書晉國亦應有之韓子舊應經見而至魯始歎之乃云今知者因味其義而善其人非爲素不見也吾乃今知

周公之德與周之所以王也易象春秋文王周公之制當此時儒道廢諸國多闕唯魯備故宣子適魯而說之○以王于況反周弘正依字讀說音悅【疏】注易象至魯矣○正義曰易有六十四卦分爲上下二篇及孔子又作易傳十篇以翼成之後世謂孔子所作爲傳謂本文爲經故云上下經也易文推演爻卦象物而爲之辭故易繫辭云八卦成列象在其中又云易者象也是故謂之易象孔子述卦下總辭謂之爲彖述爻下別辭謂之爲象以其無所分別故別立二名以辨之其實卦下之語亦是象物爲辭故二者俱爲象也定四年傳稱分魯公以備物典策所言典策則史官書策之法若發凡言例皆是周公制之周衰之後諸國典策各。違舊章唯魯春秋遵此周公之典以序時事故云周禮盡在魯矣。○注易象。春。秋。文。王至。而說之○正義曰易象文王所作春秋周公垂法故杜雙舉釋之云易象春秋文王周公之所制也易繫辭云易之興也其當殷之末世周之盛德。邪當文王與紂之事。邪鄭玄云據此言以易是文王所作斷可知矣且史傳讖緯皆言文王演易演謂爲其辭以演說之易經必是文王作也但易之爻辭有箕子之明夷利貞箕子明傷乃在武王之世文王不得言之又云王用亨于岐山又云東鄰殺牛不如西鄰之禴祭實受其福二者之意皆。斥文王若是文王作經無容自伐其德故先代大儒鄭衆賈逵等或以爲卦下之彖辭文王所作爻下之象辭周公所作雖復紛競大久無能決當是非杜今雙舉並釋。以同鄭說也然據傳先言易象後言春秋則應先云周之所以王與周公之德也今傳乃先云周公之德者易象諸國同有其春秋獨遵周公典法韓子美周禮在魯故先。云周公之德

公享之季武子賦緜之卒章緜詩大雅卒章。取文王有四臣故能以緜緜致興盛以晉侯比文王以韓子比四輔○四臣大顛閎夭散宜生

南宮适四輔謂先後奔走疏附禦侮【疏】注文王有四臣○正義曰緜詩云予曰有疏附予曰有先後予曰有奔奏予曰有禦侮注云率下親上曰疏附相道前後曰先後喻德宣譽曰奔奏武臣折衝曰禦侮韓子賦角弓角弓詩小雅取其兄弟昏姻無胥遠矣言兄弟之國宜相親季武子拜曰敢拜子之彌縫敝邑寡君有望矣彌縫猶補合也謂以兄弟之義○縫扶恭反合如字一音閤武子賦節之卒章節詩小雅卒章取式訛爾心以畜萬邦以言晉德可以畜萬邦○節才結反徐又如字訛五禾反既享宴于季氏有嘉樹焉宣子譽之。譽其好也○譽音餘注同【疏】注譽其好也○正義曰服虔云譽游也宣子游其樹下夏諺曰一游一譽爲諸侯。所引夏諺孟子文也若是游於其下宣子本自無言武子何以輒對故杜以爲譽其美好也武子曰宿敢不封殖此樹以無忘角弓封厚也殖長也○長丁丈反遂賦甘棠甘棠詩召南召伯息於甘棠之下詩人思之而愛其樹武子欲封殖嘉樹如甘棠以宣子比召公○召上照反下同宣子曰起不堪也無以及召公宣子遂如齊納幣爲平公聘少姜○爲于僞反下爲之請同見子雅子雅召子旗子旗子雅之子使見宣子宣子曰非保家之主也不臣志氣亢○見賢遍反下見彊同亢苦浪反見子尾子尾見彊。彊子尾之子宣子謂之如子旗亦不臣大夫多笑之唯晏子信之曰夫子君子也夫子韓起君子有信其有以知之矣爲十年齊欒施高彊來奔張本自齊聘於衛衛侯享之北宮文子賦淇澳淇澳詩衛風美武公也言宣子有武公之德○淇音其澳於六反宣子賦木瓜木瓜亦衛風義取於欲厚報以爲好○好呼報反後文注皆同夏四月韓須如齊逆女須韓起之子逆少姜齊陳無宇

送女致少姜少姜有寵於晉侯晉侯謂之少齊爲立別號所以寵異之○少詩照反疏注爲立至異之○正
義曰婦人稱姓姜。其。常蓋以其齊女故以齊爲別號所以寵異之言少姜少齊蓋本字爲少也服虔云所以寵異不與齊衆女字等言齊國如此好女甚少
謂陳無宇非卿欲使齊以適夫人禮送少姜○適丁歷反執諸中都中都晉邑在西河。界休縣東南○界音介休許糾反少姜
爲之請曰送從逆班班列也疏送從逆班○正義曰昏禮諸侯以下法當親迎有故得使卿明是使上卿也桓三年傳例云凡公女
嫁于敵國姊妹則上卿送之以禮於先君公子則下卿送之於大國雖公子亦上卿送之是送者與逆者俱爲上卿是送者依逆者班列若公子嫁於敵國及
姊妹嫁於小國皆下卿送之是降逆者一等公子嫁於小國上大夫送之是降逆者二等也若晉以少姜爲夫人當以上卿逆齊當以上卿送是亦送逆同班
少姜據多言之故云送從逆班或可晉使公族大夫逆少姜元不以夫人之禮則同妾媵之屬送者皆從。者班次不與桓三年逆夫人之禮同少姜據此而言
故云送從逆班也劉炫云昏禮諸侯以下法當親迎有故得使卿明是使上卿也凡例云凡公女嫁于敵國姊妹則上卿送之公子則下卿送之是送卑於逆
者一等故云送者從逆者之班次言當卑於逆者也畏大國也猶有所易是以亂作韓須公族大夫陳無宇上大夫言齊畏晉
改易禮制使上大夫。送遂致此執辱之罪蓋少姜謙以示譏○叔弓聘于晉報宣子也此春韓宣子來聘晉侯使郊
勞聘禮賓至近郊君使卿勞之○勞力報反注皆同辭曰寡君使弓來繼舊好固曰女無敢爲賓徹命
於執事敝邑弘矣徹達也○女音汝下及注皆同敢辱郊使請辭辭郊勞○使所吏反下同致館辭曰寡君
命下臣來繼舊好好合使成臣之祿也得通君命則於己爲榮祿敢辱大館敢不敢叔向曰子

叔子知禮哉吾聞之曰忠信禮之器也卑讓禮之宗也（宗猶主也）辭不忘國忠信也（謂稱舊好）先國後己卑讓也（始稱敝邑之弘先國也次稱臣之祿後己也）詩曰敬慎威儀以近有德夫子近德矣（詩大雅○近附近之近下同）○秋鄭公孫黑將作亂欲去游氏而代其位（游氏大叔之族黑爲游楚所傷故欲害其族○去起呂反）傷疾作而不果（前年游楚所擊創○創初良反）駟氏與諸大夫欲殺之（駟氏黑之族）子產在鄙聞之懼弗及乘遽而至（遽傳驛○遽其據反爾雅云馹遽傳也孫炎注云傳車驛馬傳中戀反驛音亦）疏 注據傳驛○正義曰釋言云馹遽傳也孫炎曰傳車驛馬也 使吏數之（責數其罪）曰伯有之亂（在襄三十一年）以大國之事而未爾討也（務共大國之命不暇治女罪○共音恭下文注皆同）爾有亂心無厭國不女堪專伐伯有而罪一也昆弟爭室而罪二也（謂爭徐吾犯之妹○厭於鹽反）薰隧之盟女矯君位而罪三也（謂使大史書七子○矯居表反）有死罪三何以堪之不速死大刑將至再拜稽首辭曰死在朝夕無助天爲虐子產曰人誰不死凶人不終命也作凶事爲凶人不助天其助凶人乎請以印爲褚師（印子皙之子褚師市官○朝如字下同印一刃反褚張呂反注同）疏 死在至爲虐○正義曰言我創疾見作死在朝夕之間天已虐我無更助天爲虐也○注褚師市官○正義曰蓋相傳說也 子產曰印也若才君將任之不才將朝夕從女女罪之不恤而又何請焉不速死司寇將至七月壬寅縊尸諸周

氏之衢衢道也○衢其于反加木焉書其罪於木以加尸上○晉少姜卒公如晉及河晉侯使士文
伯來辭曰非伉儷也晉侯溺於所幸爲少姜行夫人之服故諸侯弔不敢以私煩諸侯故止之○伉苦浪反儷力計反疏非伉儷也
○正義曰成十一年注云伉敵也儷耦也言少姜是妾非敵身對耦之人也少姜是妾杜言晉侯爲少姜行夫人之服者以明年傳云寡君在縗絰之中知其
爲之服也請君無辱公還季孫宿遂致服焉致少姜之襚服公以末秋行始冬還乃書之故經在冬叔向言陳
無宇於晉侯曰彼何罪彼無宇君使公族逆之齊使上大夫送之猶曰不共君求
以貪國則不共逆卑於送是晉國不共而執其使君刑已頗何以爲盟主頗不平○使所吏反頗普多反
且少姜有辭謂請無宇之辭冬十月陳無宇歸晉侯赦之○十一月鄭印段如晉弔弔少姜
經三年春王正月丁未滕子原卒襄二十五年盟重丘○重直恭反疏注襄二至重丘○正義曰杜世族譜滕成公是
文公之子成十六年滕子卒自爾以來襄五年盟于戚九年于戲十一年于亳城北十九年于祝柯二十年于澶淵二十五年于重丘皆魯滕俱在凡六同盟
但經傳更無明文未知皆是滕成公以否杜氏之意疑故指重丘近者而言劉炫以爲皆是滕成公而規杜氏非也○夏叔弓如滕○五
月葬滕成公鄭共小國之葬禮過厚葬襄公滕子來會故魯厚報之○共音恭傳倣此○秋小邾子來朝○八月大
雩○冬大雨雹無傳記災○雨于付反雹蒲學反○北燕伯款出奔齊不書大夫逐之而言奔罪之也書名從告疏
注不書至從告○正義曰傳稱燕大夫比以殺公之外嬖公懼奔齊是被逐而出非自去也傳又云書曰北燕伯款出奔齊罪之是仲尼新意不書大夫逐之

而言其自奔是罪之也釋例曰諸侯奔亡皆迫逐而苟免非自出也傳稱孫林
父甯殖出其君名在諸侯之策此以臣名赴告之文也仲尼之經更沒逐者主
名以自奔。文責其君不能自安自固所犯非徒所逐之臣也衞赴不以名而燕
赴以名各各隨赴而書之義在彼不在此也傳不發於蔡朱衞衎而發於燕款者
款罪輕於衞衎而重於蔡朱故舉中示例以兼通上下也晉悼感衞衎而發問
師曠恃其目盲因問以極言且明君不能君故臣亦不能臣罪不純在臣也杜
言在彼不在此者書其出奔已是罪賤不假書名
以見罪故名與不名皆從本赴不復更見義也

傳三年春王正月鄭游吉如晉送少姜之葬梁丙與張趯見之二子晉大夫○趯他歷反梁
丙曰甚矣哉子之爲此來也卿共妾葬過禮甚○爲于僞反子大叔曰將得已乎言不得止昔文襄
之霸也晉文公襄公疏。文襄。至霸也正義曰襄是文公子能繼父業故連言之其命朝聘之。之數弔葬之使皆文公令之非襄公也其務
不煩諸侯令諸侯三歲而聘五歲而朝有事而會不協而盟明王之制歲聘間朝在十三年今簡
之○間間廁之間疏注明王至簡之正義曰十三年傳云明王之制使諸侯歲聘以志業間朝以講禮再朝而會以示威再會而盟以顯昭明彼謂諸侯
於天子朝聘會盟之數計十二年而有八聘四朝再會一盟此說文襄之霸。令諸侯朝聘霸主大國之法也諸侯朝天子因朝而爲盟會所以同好惡。獎王室
霸主之合諸侯不得令其同盟以擬己故令有事而會不協而盟不復設年限之期周室既衰政在霸主霸主不可自同天子以明王舊制大煩諸侯不敢依
用故設此制以簡之君薨大夫弔卿共葬事夫人士弔大夫送葬先王之制諸侯之喪士弔大夫送葬在三十年
蓋時俗過制故文襄雖節之猶過於古足以昭禮命事謀闕而已朝聘以昭禮盟會以謀闕無加命矣命有常今

嬖寵之喪不敢擇位而數於守適不敢以其位卑而令禮數如守適夫人然則時適夫人之喪弔送之禮。以過文襄之制○而數所具反徐所主反適丁歷反注同本或作嫡下同令力呈反【疏】今嬖至守適正義曰今嬖寵賤妾之喪不敢計擇妾位卑賤而令禮數即同於守適夫人也言守適者夫守外職妻守內職言夫人守內官之適長故以守適言夫人也文襄之制夫人喪士弔大夫送葬今游吉卿也而云同於守適則於時適夫人喪已令卿送葬矣故杜云然則時適夫人之喪弔送之禮。以過文襄之制也劉炫云不敢擇取使人於卑賤之位而禮數同於守內官之適夫人也唯懼獲戾豈敢憚煩少姜有寵而死齊必繼室繼室復薦女○復扶又反下不出者皆同今茲吾又將來賀不唯此行也張趯曰善哉吾得聞此數也然自今子其無事矣譬如火焉火心。星火中寒暑乃退心以季夏昏中而暑退季冬旦中而寒退【疏】注心以至寒退○正義曰月令季夏之月日在柳昏心中旦奎中季冬之月日在婺女昏婁中旦氐。後即次房心是季冬旦火中也此其極也能無退乎晉將失諸侯諸侯求煩不獲言將不能復煩諸侯二大夫退子大叔告人曰張趯有知其猶在君子之後乎譏其無隱諱○知音智

○丁未滕子原卒同盟故書名同盟於襄之世亦應從同盟之禮故傳發之【疏】注同盟至發之○正義曰文三年王子虎卒傳曰弔如同盟禮也杜云王子虎與僖公同盟于翟泉文公是同盟之子故赴以名然則與其父盟得以名赴其子於子虎之卒既已發傳而此復發者以子虎非諸侯又滕入春秋以來未嘗書滕子名故於此重發傳也

○齊侯使晏嬰請繼室於晉復以女繼少姜曰寡君使嬰曰寡人願事君朝夕不倦將奉質幣以無失時則國家多難是以不

獲不得自來○朝如字質徐之一反又音如字難乃旦反不腆先君之適謂少姜○腆他典反以備內官焜燿寡人之望則又無祿早世隕命寡人失望君若不忘先君之好惠顧齊國辱收寡人徼福於大公丁公徼要也二公齊先君言收恤寡人則先君與之福也○焜胡本反又音昆服云明也燿羊照反服云照也隕于敏反好呼報反徼古堯反大公音泰要一遙反【疏】。焜燿寡人之望○正義曰服虔云燿照也焜明也言得備妃嬪之列照明己之意望也照臨敝邑鎮撫其社稷則猶有先君之適適夫人之女及遺姑姊妹遺餘也【疏】及遺姑姊妹○正義曰姑姊妹亦先君之女也上云先君之適謂適夫人所生及遺姑姊妹謂非夫人所生者也若而人言如常人不敢譽○譽音餘君若不棄敝邑而辱使董振擇之以備嬪嬙。寡人之望也董正也振整也嬪。嬙婦官○振之刃反一音真注同嬙本又作廧在良反【疏】注。董正至婦官○正義曰董正釋詁文也振爲整理之。意言正整選擇示精審也周禮天子有九嬪嬪是婦官知嬙亦婦官哀元年傳說夫差宿有妃嬙。嬪御焉蓋周末婦官有此名。漢成帝時匈奴來朝詔以掖庭王嬙賜之是名因於古也

韓宣子使叔向對曰寡君之願也寡君不能獨任其社稷之事未有伉儷在縗。絰之中是以未敢請制夫人之服則葬訖君臣乃釋服○任音壬縗本亦作衰七雷反絰直結反【疏】未有伉儷○正義曰少姜本非正夫人而云未有伉儷者蓋晉侯當時無正夫人其繼室者使韓起上卿逆之鄭罕虎如晉賀之則後娶者爲夫人也君有辱命惠莫大焉若惠顧敝邑撫有晉國賜之內主豈惟。寡君舉羣臣實受其貺其自唐叔以下實寵嘉之唐叔晉之祖○貺音況【疏】舉羣臣○正義

曰舉亦皆之義言舉朝羣臣也既成昏許昏成晏子受禮受賓享之禮叔向從之宴相與語叔向曰齊

其何如問興衰晏子曰此季世也吾弗知齊其爲陳氏矣不知其他唯知齊將爲陳氏○吾弗知絕句

公棄其民而歸於陳氏棄民不恤齊舊四量豆區釜鍾。四升爲豆各自其四以登於

釜四豆爲區區斗六升四區爲釜釜六斗四升成也量音亮下及注同區烏侯反注及下皆同釜十則鍾。六斛四斗陳氏三量皆

登一焉鍾乃大矣登加也加一謂加舊量之一也以五升爲豆。五豆爲區。五區爲釜則區二斗釜八斗鍾八斛○舊本以五升爲豆。四豆爲

區。四區爲釜直加豆爲五升而區釜自大故杜云區二斗釜八斗是也本或作五豆爲區五區爲釜者爲加舊豆區爲五亦與杜注相會非於五升之豆又五

五而加也【疏】鍾乃大矣○正義曰陳氏三量各登其一則釜爲八斗陳氏亦自依釜數釜十爲鍾比於齊之舊鍾不言四而加一故云鍾乃大矣言其大於

齊鍾明亦自十其釜也以家量貸而以公量收之。貸。厚而收薄○貸他代反山木如市弗加於山魚鹽

蜃蛤弗加於海賈如在山海不加貴○蜃食軫反蛤古荅反賈音嫁【疏】山木至於海○正義曰如訓往也言將山木往至市也於木既云如

市魚鹽蜃蛤亦如市可知蒙上文也民參其力二入於公而衣食其一言公重賦斂○參七南反又音三斂力驗反公

聚朽蠹而三老凍餒。三老謂上壽中壽下壽皆八十已上不見養遇○聚徐在喻反一音在主反蠹丁故反三老服云工老商老農老也

凍丁貢反餒奴罪反壽音授下同上時掌反【疏】注三老至養遇○正義曰服虔云三老者工老商老農老案民有四民其老無別不宜以三種之民爲三

老且士之老者亦應須恤不當獨遺士也故杜以爲上中下壽言皆八十以上則上壽百年以上中壽九十以上下壽八十以上此亦以意言之釋此文耳不

通於餘文也若秦伯謂蹇叔云中壽爾墓之木拱矣不言九十而死木已拱矣國之諸市屨賤踊貴踊刖足者屨。言刖多○屨九具反踊音勇刖足者之屨也刖音月又五刮反民人痛疾而或燠休之。燠休痛念之聲謂陳氏也○燠於喻反徐音憂又於到反一音於六反休虛喻反徐許留反

疏注燠休至氏也○正義曰賈逵云燠厚也休美也服虔云燠休痛其痛而念之若今時小兒痛父母以口就之曰燠休。代其痛也杜。氏。燠休痛念之聲其意如服言也此人痛疾承踊貴之下以其傳文相連無所分別故言謂陳氏也

民其愛之如父母而歸之如流水欲無獲民將焉辟之箕伯直柄虞遂伯戲四人皆舜後陳氏之先○焉於虔反戲許宜反

疏注四人至之先○正義曰論陳氏而言此四人知四人皆陳氏之先也八年傳云舜重之以明德寘德於遂遂世守之及胡公不淫遂在舜之後知四人皆舜之後世數遠近不可復知也

其相胡公大姬已在齊矣。胡公四人之後周始封陳之祖大姬其妃也言陳氏雖爲人臣然將有國其先祖鬼神已與胡公共在齊○相息亮反服如字大姬音泰

疏其相至齊矣○正義曰杜不解相服虔云相隨也蓋相訓爲助不爲隨也言箕伯四人其皆助胡公大姬神靈已在齊矣神之在否不可測度而晏子爲此言者以陳氏必興姜姓必滅示己審見其事故言先神歸之其實神歸以否非晏子所能知也今定本相作祖

叔向曰然雖吾公室今亦季世也戎馬不駕卿無軍行言晉衰弱不能征討救諸侯○行戶郎反公乘無人卒列無長百人爲卒言人皆非其人非其長○乘繩證反卒子忽反注同長丁丈反注同庶民罷敝而宮室滋侈滋益也○罷音皮侈尺氏反又昌氏反道殣相望餓死爲殣○殣音覲說文云道中死者人所覆也毛詩作墐傳云墐路家也而女富溢尤。女嬖寵之家民聞公命如逃寇讎欒郤胥原狐續慶伯降

在皁隸八姓晉舊臣之族也皁隸賤官郤去逆反皁才早反隸力計反○疏注八姓至賤官○正義曰此八姓之先欒郤胥原狐皆卿也續簡伯慶鄭伯宗。○亦見於傳先皆大夫也政在家門大夫專政民無所依君日不悛以樂慆憂慆。藏也。悛。改也○悛七全反樂音洛又音岳慆他刀反疏以樂慆憂○正義曰劉炫云慆慢也好音樂而慢易憂禍也杜以慆爲藏當讀如弓韜之韜言以音樂藏身埋藏憂愁於樂中猶古詩云埋憂地下也公室之卑其何日之有言今至讒鼎之銘讒鼎。名也○讒任咸反服云疾讒之鼎也疏注讒鼎名也○正義曰服虔云讒鼎疾讒之鼎明堂位所云崇鼎是也一。云讒地名禹鑄九鼎於甘讒之地故曰讒鼎二者並無案據其名不可審知故杜直云鼎名而已曰昧旦丕。顯後世猶怠昧旦早起也。丕大也言夙興以務大顯後世猶解怠○昧音妹丕普悲反解佳賣反況日不悛其能久乎晏子曰子將若何問何以免此難○況日人實反難乃旦反叔向曰晉之公族盡矣肸聞之公室將卑其宗族枝葉先落則公從之肸之宗十一族同祖爲宗○肸許乙反疏肸之宗十一族○正義曰世族譜云羊舌氏晉之公族也羊舌其所食邑名唯言晉之公族不知出何公也杜云同祖爲宗謂同出一公有十一族也譜又云或曰羊舌氏姓李名果有人盜羊而遺其頭不敢不受。而埋之後盜羊事發辭連李氏李氏掘羊頭示之以明己不食唯識其舌存得免號曰羊舌氏杜言或曰蓋舊有此說杜所不從記異聞耳唯羊舌氏在而已肸又無子無賢子公室無度無法度幸而得死。言得以壽終爲幸豈其獲祀言必不得祀初景公欲更晏子之宅曰子之宅近市湫隘囂塵不可以居湫下隘小囂聲塵土○近附近之近下同湫子小反徐音秋又在酒反下同隘於賣反囂許驕反一音五高反請更諸爽塏者爽明塏。燥○塏苦代反燥素刀反【疏】注爽明塏。燥○正義曰塏高。地故為燥也以所居下濕塵埃故欲更於明燥之處晏子春秋云將更於豫章之
圃豫章之圃高燥之地也辭曰君之先臣容焉先臣晏子之先人臣不足以嗣之於臣侈矣侈奢也且
小人近市朝夕得所求小人之利也敢煩里旅旅衆也不敢勞衆為己宅○朝如字下朝夕同公笑曰
子近市識貴賤乎對曰既利之敢不識乎公曰何貴何賤於是景公繁於刑繁多
也有鬻踊者故對曰踊貴屨賤既已告於君故與叔向語而稱之傳護晏子令不與張趯同
譏○鬻羊六反賣也令力呈反【疏】注傳護晏子○正義曰傳護晏子故為發此傳而叔向亦言己國傳雖無說蓋亦嘗以諫君故無譏也景公為
是省於刑君子曰仁人之言其利博哉晏子一言而齊侯省刑詩曰君子如祉
亂庶遄已詩小雅如行也祉福也遄疾也言君子行福則庶幾亂疾止也○為是于僞反省所景反下同祉音恥遄市專反其是之謂
乎及晏子如晉公更其宅反則成矣既拜拜謝新宅乃毀之而為里室皆如其舊本壞
里室以大晏子之宅故復之○壞音怪復音服下卒復為其復欲復之同則使宅人反之還其故室○還音環且。諺曰。非宅是
卜唯鄰是卜卜良鄰○諺音彥二三子先卜鄰矣二三子謂鄰人違卜不祥君子不犯非禮去儉
卽奢為非禮小人不犯不祥古之制也吾敢違諸乎卒復其舊宅公弗許因陳桓子
以請乃許之傳言齊晉之衰賢臣懷憂且言陳氏之興○夏四月鄭伯如晉公孫段相甚敬而卑禮

無違者晉侯嘉焉授之以策策賜命之書○相息亮反策初革反曰子豐有勞於晉國子豐段之父

疏子豐至晉國○正義曰服虔云鄭僖公之爲大子豐與之俱適晉計從大子一朝於晉不足以爲勞也或當別有功勞事無所見故杜不解之

余聞而弗忘賜女州田州縣今屬河內郡○女音汝以胙乃舊勳伯石再拜稽首受策以出君子曰禮其人之急也乎伯石之汏也汏驕也○胙十路反汏音泰一爲禮於晉猶荷其祿況以禮終始乎詩曰人而無禮胡不遄死其是之謂乎初州縣欒豹之邑也豹欒盈族○荷戶可反任也又音可及欒氏亡范宣子趙文子韓宣子皆欲之文子曰溫吾縣也州本屬溫溫趙氏邑二宣子曰自郤稱以別三傳矣郤稱晉大夫始受州自是州與溫別至今傳三家○稱尺證反以別絕句三傳直專反注同晉之別縣不唯州誰獲治之言縣邑既別甚多無有得追而治取之文子病之乃舍之二子曰吾不可以正議而自與也皆舍之及文子爲政趙獲曰可以取州矣獲趙文子之子○乃舍音赦又音捨下同文子曰退使獲退也二子之言義也二子二宣子也違義禍也余不能治余縣又焉用州其以徼禍也君子曰弗知實難患不知禍所起○焉於虔反知而弗從禍莫大焉有言州必死豐氏故主韓氏故猶舊也豐氏至晉舊以韓氏爲主人伯石之獲州也韓宣子爲之請之爲其復取之之故後若還晉因自欲取之爲七年豐氏歸州張本○爲之于僞反下爲其復爲少姜下注爲之辟仇爲平公逆皆同○

五月叔弓如滕葬滕成公子服椒爲介及郊遇懿伯之忌敬子。不入忌怨也懿伯椒之叔

父敬子叔弓也叔弓禮椒爲之辟仇○介音界辟音避 疏 五月至成公○正義曰經書夏叔弓如滕五月葬滕公今傳文叔弓如滕亦在五月之下杜於

桓十六年注引此事以爲本事異兩書之故或言月或言時事異故文異其實叔弓亦以五月行也劉炫云叔弓以四月發魯滕以五月葬君叔弓書始行之

月滕書實葬之月故書經異文也傳述遇讎之事幷就葬月言耳○子服至不入○正義曰檀弓下云滕成公之喪使子叔敬叔弔進書子服惠伯爲介及郊

爲懿伯之忌不入惠伯曰政也不可以叔父之私不將公事遂入敬叔即此敬子也懿伯是惠伯之叔父爲人所殺及滕郊遇懿伯之忌逢其讎也敬叔不入

以禮惠伯欲使惠伯報叔父之讎殺彼人也惠伯以公義不可先入受館記文雖字有小異意與傳同而鄭玄注云敬叔有怨於懿伯難惠伯故不入又云敬

叔於昭穆以懿伯爲叔父其言差錯不可顯解是鄭之謬也○注忌怨至辟仇○正義曰記云不可以叔父之私知懿伯是椒之叔父也叔弓不入者禮椒也

爲椒有辟仇之恥禮之欲使殺之 惠伯曰公事有公利無私忌椒請先入乃先受館敬子從之

惠伯子服椒也傳言叔弓之有禮 疏 惠伯至從之○正義曰檀弓云子夏請問居昆弟之仇如之何曰仕不與共國銜君命而使雖遇之不鬭鄭玄云爲

負而廢君命也叔父之與昆弟親疎同耳故有公利無私忌辟仇非恥故椒請先入也 ○晉韓起如齊逆女爲平公逆公孫蠆

爲少姜之有寵也以其子更公女而嫁公子更嫁公女蠆敕邁反 ○人謂宣子子尾欺晉

晉胡受之宣子曰我欲得齊而遠其寵寵將來乎寵謂子尾遠于萬反 ○○秋七月鄭罕

虎如晉賀夫人且告曰楚人日徵敝邑以不朝立王之故楚靈王新立 敝邑之往則

畏執事其謂寡君而固有外心其不往則宋之盟云（云交相見）進退罪也寡君使虎布之（布陳也）宣子使叔向對曰君若辱有寡君在楚何害脩宋盟也君苟思盟寡君乃知免於戾矣君若不有寡君雖朝夕辱於敝邑寡君猜焉（猜疑也○猜七才反）君實有心何辱命焉（言若有事晉心至楚可不須告）君其往也苟有寡君在楚猶在晉也張趯使謂大叔曰自子之歸也（歸在此年春）小人糞除先人之敝廬曰子其將來今子皮實來小人失望大叔曰吉賤不獲來（賤非上卿○糞甫問反）疏（吉賤不獲來○正義曰張趯自晉使告大叔大叔在鄭遙報趯語而云不獲來者教使者報趯作至晉時語故云不獲來今人之語猶然也）畏大國尊夫人也且孟曰而將無事吉庶幾焉（孟張趯也庶幾如趯言）○小邾穆公來朝季武子欲卑之（不欲以諸侯禮待之）穆叔曰不可曹滕二邾實不忘我好。敬以逆之猶懼其貳又卑一睦焉（一睦謂小邾○實不忘我好絕句一讀以好字向下好呼報反下文羣好同音）疏（。注一睦謂小邾○正義曰睦親也言曹滕二邾皆親魯小邾是親魯者之一國也）逆羣好也其如舊而加敬焉志曰能敬無災又曰敬逆來者天所福也季孫從之○八月大雩旱也○齊侯田於莒（莒齊東竟○竟音境下同）盧蒲嫳見泣且請曰余髮如此種。種。余奚能爲（嫳慶封之黨襄二十八年放之於竟種種短也自言衰老不能復爲害○嫳普結反又匹舌反見賢遍反種本亦作董董章勇反）公曰諾吾告二子二子子雅子尾歸而告之子尾欲復之子雅不可曰彼其髮短而心甚長其或寢處我矣言不可信九月子雅放盧蒲嫳于北燕恐其復作亂【疏】放盧。至北燕○正義曰前已在竟今復徙之遠國也燕簡公多嬖寵欲去諸大夫而立其寵人冬燕大夫比以殺公之外嬖比相親比○嬖起呂反比毗志反注同公懼奔齊書曰北燕伯款出奔齊罪之也款罪輕於衞衎重於蔡朱故舉中示例○衎苦旦反○十月鄭伯如楚子產相楚子享之賦吉日吉日詩小雅宣王田獵之詩楚王欲與鄭伯共田故賦之○相息亮反既享子產乃具田備王以田江南之夢楚之雲夢跨江南北○夢如字徐莫公反注同○齊公孫竈卒。竈子雅司馬竈見晏子司馬竈齊大夫曰又喪子雅矣晏子曰惜也子旗不免殆哉以其不臣○喪息浪反姜族弱矣而嬀將始昌嬀陳氏○嬀九危反二惠競爽猶可子雅子尾皆齊惠公之孫也競彊也爽明也又弱一个。焉姜其危哉○个古賀反

經。四年春王正月大雨雹雹當雪而雹故以為災而書之○雨于付反傳文雨雹同雹蒲學反○夏楚子蔡侯陳侯鄭伯許男徐子滕子頓子胡子沈子小邾子宋世子佐淮夷會于申楚靈王始會諸侯○沈音審○楚人執徐子稱人以執不以道於其民告○秋七月楚子蔡侯陳侯許男頓子胡子沈子淮夷伐吳因申會以伐吳不言諸侯者鄭徐滕小邾宋不在故也胡國汝陰縣西北有胡城【疏】注楚子至于申○正義曰釋例班

序譜稱齊桓既沒宋楚爭盟起僖十八年盡二十七年陳與蔡凡三會在蔡上楚合諸侯蔡與陳凡六會其五在陳上莊十六年注云陳國小每盟會皆在衛下齊桓始霸楚亦始彊陳侯介於二大國之間而爲三恪之客故齊桓因而進之遂班在衛上終於春秋然則陳實小於蔡衛桓公進陳班耳楚以大小爲序不進陳班故蔡多在陳上。○注因申至胡城○正義曰傳稱楚子以諸侯伐吳則因會而遂行春秋一事而再見者皆前目而後凡計此當云諸侯遂伐吳不言諸侯者以屬晉之國鄭徐滕小邾宋皆不在行不得總言諸侯故別序之也傳稱宋華費遂鄭大夫從則宋鄭在行亦不序者楚既慰遣。彼自義從楚人成己意遣不以告也執齊慶封殺之楚子欲行霸爲齊討慶封故稱齊○爲于僞反遂滅賴○九月取鄫鄫莒邑傳例曰克邑不用師徒曰取○鄫才陵反○冬十有二月乙卯叔孫豹卒

傳四年春王正月許男如楚楚子止之欲與俱田遂止鄭伯復田江南許男與焉前年楚子已與鄭伯田江南故言復○復扶又反注同與焉音預使椒舉如晉求諸侯二君待之二君鄭許椒舉致命曰寡君使舉曰日君有惠賜盟于宋宋盟在襄二十七年曰晉楚之從交相見也以歲之不易不易言有難○易以豉反注同難乃旦反下文注同寡人願結驩於二三君欲得諸侯謀事補闕○驩喚端反使舉請閒君若苟無四方之虞虞度也○請閒徐音閑一音如字度待洛反則願假寵以請於諸侯欲借君之威寵以致諸侯晉侯欲勿許司馬侯曰不可楚王方侈天或者欲逞。其心以厚其毒而降之罰未可知也其使能終亦未可知也晉楚唯天所相相助也○侈昌氏反又尺氏反逞敕景反

相息亮反注同不可與爭君其許之而脩德以待其歸若歸於德吾猶將事之況諸侯乎若適淫虐楚將棄之棄不以爲君吾又誰與爭曰。晉有三不殆其何敵之有殆危也○殆直改反國險而多馬齊楚多難多篡弑之難○篡初患反弑申志反有是三者何鄉。而不濟對曰恃險與馬而虞鄰國之難是三殆也四嶽東嶽岱西嶽華南嶽衡北嶽。恆○鄉許亮反本又作嚮嶽音岳岱音代在兗州華如字又胡化反在雍州衡如字在荊州恆如字或作常在冀州案作恆者是也北嶽本名恆山漢爲文帝諱改作常耳

疏。四嶽○正義曰釋山云河南華河東岱河北恆江南衡李巡曰華西嶽華山也岱東嶽泰山也恆北嶽恆山也衡南嶽衡山也釋例土地名云東岳泰山奉高縣泰山也南岳長沙湘南縣衡山也西岳弘農華陰縣西南華山也北岳中山曲陽縣西北恆山也郭璞注恆山名常山辟漢文帝諱耳爾雅於釋山發首言此四山明其即是四嶽故注者皆以嶽解之且諸書史傳讖緯皆以岱衡華恆爲四嶽四嶽必是此四山也釋山又云泰山爲東嶽華山爲西嶽霍山爲南岳恆山爲北嶽岱泰衡霍二文不同者此二嶽者皆一山而二名也白虎通云嶽者何嶽之爲言椈也椈功德也應劭風俗通云嶽椈也椈考功德黜陟也然則四方方有一山天子巡狩至其下椈考諸侯功德而黜陟之故謂之嶽也風俗通又云泰山山之尊者一曰岱宗岱始也宗長也萬物之始陰陽交代故爲五嶽長王者受命恆封禪之衡山一名霍山言萬物霍然大也華變也萬物成變由於西方也恆常也萬物伏北方有常也是解衡之與霍泰之與岱皆一山有二名也張揖云天柱謂之靈山漢書地理志云天柱在廬江灊縣風俗通亦云靈山廟在廬江灊縣如彼所云則霍山在江北而得與江南衡山爲一者本江南衡山一名霍山漢武帝移嶽神於天柱又名天柱爲霍山故漢魏以來衡霍別耳郭璞注爾雅云霍山今廬江灊縣灊水出焉別名天柱山漢武帝以衡山遼曠故移其神於此今其土俗

人皆呼之爲南嶽。嶽本自以兩山爲名非從近來也而學者多以霍山不得爲南嶽又云從漢武帝來始有名卽如此言爲武帝在爾雅之前乎斯不然也是解衡霍二名之。山也書傳多云五。岳此傳云四嶽者中岳嵩高卽大室是也下別言之故此云四。岳。也

三塗在河南陸渾縣南○三塗山名大行轘轅崤澠也渾戶昏反又戶困反 疏 三塗正義曰服虔云三塗大行轘轅崤澠也謂三塗爲三處道也杜云在河南陸渾縣南則以三塗爲一釋例土地名云三塗河南陸渾縣南山名或曰三塗伊闕大谷轘轅三道也傳曰晉將伐陸渾而先有事於洛與三塗先祭山川也謂三道皆非也是杜據彼十七年傳文知三塗是山非三道也

陽城在陽城縣東北 疏 陽城○正義曰陽城山名也土地名云河南陽城縣東北山潁水所出也

大室在河南陽城縣西。北○大室音泰下文大室同大室卽中嶽嵩高山也在豫州 疏 大室○正義曰大室卽嵩高也釋山云嵩高爲中岳郭璞云大室山也別名外方今在河南陽城縣西北土地名云大室河南陽城縣西嵩高山中嶽也地理志云武帝置。嵩高縣以奉大室之山是爲中嶽又有少室在大室之西也

荊山在新城。沶鄉縣南○沶音市又音爾漢書音義音稺或音隸則當水旁作示恐非本或作渫字誤也一。

中南在始平武功縣南

九州之險也是不一姓雖是天下至險無德則滅亡

冀之北土燕代○燕烏賢反

馬之所生無與國焉恃險與馬。不可以爲固也從古以然是以先王務脩德音以亨神人亨通也○亨許庚反注同 疏 注亨通也○正義曰易文言云亨者嘉之會也嘉會禮通謂之亨是亨爲通也言治民事神使人神通說故云以亨神人也

不聞其務險與馬也鄰國之難不可虞也或多難以固其國啓其疆。土或無難以喪其國失其守宇於國則四垂爲宇○疆居良反喪息浪反下同 疏 注於國至爲宇○正義曰易稱上棟下宇宇謂屋簷也於屋則簷邊爲宇也於國則四垂爲宇也四垂謂四竟

邊垂若何虞難齊有仲孫之難而獲桓公至今賴之仲孫公孫無知事在莊九年晉有里丕之難而獲文公是以爲盟主里克丕鄭事在僖九年○丕普悲反衞邢無難敵亦喪之閔二年狄滅衞僖二十五年衞滅邢○邢音刑故人之難不可虞也恃此三者而不脩政德亡於不暇又何能濟君其許之紂作淫虐文王惠和殷是以隕周是以興夫豈爭諸侯乃許楚使使叔向對曰寡君有社稷之事是以不獲春秋時見言不得自往謙辭○紂直救反隕于敏反楚使所吏反向許丈反見賢遍反下注朝見昏見同諸侯君實有之何辱命焉椒舉遂請昏蓋楚子遣舉時兼使求昏晉侯許之

楚子問於子產曰晉其許我諸侯乎對曰許君晉君少安不在諸侯安於小小不能遠圖○少如字安其大夫多求也貪莫匡其君在宋之盟又曰如一晉楚同也【疏】莫匡其君○正義曰釋言云匡正也孝經云君子之事上也將順其美匡救其惡若不許君將焉用之焉用宋盟○焉於虔反注同王曰諸侯其來乎對曰必來從宋之盟承君之歡不畏大國大國晉也何故不來不來者其魯衞曹邾乎曹畏宋邾畏魯魯衞偪於齊而親於晉唯是不來其餘君之所及也誰敢不至言楚威力所能及○偪彼力反【疏】其餘至不至○正義曰言其餘諸侯君之威力所能及誰敢不來至楚者也王曰然則吾所求者無不可乎對曰求逞於人不可逞快也求人以快意人必違之與人同欲盡濟爲下會申傳○

大雨雹季武子問於申豐曰雹可禦乎禦止也申豐魯大夫對曰聖人在上無雹雖有不
為災古者日在北陸而藏冰陸道也謂夏十二月日在虛危冰堅而藏之疏。聖人至為災○正義曰。無雹復云雖有不為災
者言有相形之勢也聖人在上無雹言必無雹雖有不為災。復見無雹之意猶論
語祭肉不出三日出三日不食之矣○注陸道至藏之○正義曰釋天云北陸
虛也西陸昴也孫炎云陸中也北方之宿虛為中也西方之宿昴為中也彼以
陸為中杜以陸為道者陸之為中為道皆無正訓各以意言耳杜以西陸朝覿
謂奎星朝見昴為西方中宿則昴未得見宿是日行之道爾雅言平曰陸高平
是道路之處故以陸為道也日在北陸。為夏之十二月也十二月日在玄枵之
次小寒節大寒中漢書律曆志載劉歆三統曆云玄枵之初日在婺女八度為
小寒節在危初度為大寒中終於危十五度是夏之十二月日在虛危也於是
之時寒極冰厚故取而藏之也周禮凌人正歲十有二月令斬冰詩云二之日
鑿冰。沖。沖月令季冬冰盛水腹命取冰鄭玄云腹厚也以此知日在北陸謂夏
之十二月也西陸朝覿而出之謂夏三月日在昴畢蟄蟲出而用冰春分之中奎星朝見東方疏西陸朝覿而出之○正義曰覿見也
西道之宿有。星朝見者於是而出之謂奎星晨見而出冰也○注謂夏至東方
○正義曰杜以西陸為三月日在大梁之次清明節穀雨中三統曆。云大梁之
初日在胃七度為清明節在昴八度為穀雨中終於畢十一度是夏之三月日
在昴畢於是之時蟄蟲已出有温暑奥燠宜當用冰故以。時出之也曆法星去
日半次則得朝見三統曆春分日在婁四度宿分奎有十六度乃次婁則春分
之日奎之初度去日已二十度矣故春分之中得早朝見東方也西方凡有七
宿傳言西陸朝覿於傳之文未知何宿覿也服虔以為二月日在婁四度春分
之中奎始。朝見東方以是時出冰月令仲春天子乃獻羔啓冰是也服虔又以
此言出之即是仲春啓冰故為此說案下句再言其藏其出覆此藏出之文言
其出之也朝之祿位賓食喪祭於是乎用之即是班冰之事非初啓也安得以

出之爲啓冰也如鄭玄荅其弟子孫皓問云西陸朝覿謂四月立夏之時周禮夏班冰是也與杜說異理亦通也劉炫云春分奎星已見杜以夏三月仍云奎始朝見非其義也杜鄭及服三說鄭爲近之今知非者杜以西陸朝覿實是春分二月故杜此注云春分之中奎星朝見東方及下獻羔啓之注云謂二月春分獻羔祭韭是也皆據初出其冰公始用之時也所以杜又注云謂夏之三月日在昴畢蟄蟲出而用冰者以此傳云西陸朝覿而出之下傳覆之云其出之也朝之祿位賓食喪祭於是乎用之既云朝之祿位賓食喪祭則是普賜羣臣故杜云謂夏三月又下注云言不獨其公是據普班之時也故下傳又云火出而畢賦是也然冰之初出在西陸始朝覿之時冰之普出在西陸朝覿之後總而言之亦得稱西陸朝覿而出之也劉炫不細觀杜意以爲杜既言春分朝見又言謂夏三月以規杜失非也

其藏冰也深山窮谷固陰沍寒於是乎取之。沍閉也必取積陰之冰所以道遠其陰氣使不爲災

【疏】其藏至取之〇正義曰此傳再言其藏其出者上言取之用之之事下言藏之出之之禮也山則遠而難窮故言深山也谷則近而易盡故言窮谷也固牢也沍閉也牢陰閉寒言其不得見日寒甚之處於是乎取之〇注沍閉至爲穴〇正義曰周禮鼈人掌互物鄭司農云互物謂龜鼈有甲滿胡是沍爲閉也深山窮谷之冰至夏猶未釋陽氣起於下隔於冰伏積而不能出憤發或散而爲雹藏冰必取此山谷之內積陰之冰所以道達其氣使不爲災也藏冰凌室所藏不多積陰之冰不可取盡不取川池之冰以示道達陽氣耳未必陽氣皆待此而達也

其出之也朝之祿位賓食喪祭於是乎用之 言不獨共公

【疏】其出至用之〇正義曰此謂公家用之也朝廷之臣食祿在位大夫以上皆當賜之冰也其公家有賓客享食公家有喪有祭於是乎用之言其不獨共公身所用也周禮凌人云春始治鑑凡內外饔之膳羞鑑焉凡酒漿之酒醴亦如之祭祀共冰鑑賓客共冰大喪共夷槃冰是公家所用冰也〇

其藏之也黑牡秬黍以享司寒 黑牡黑牲也秬黑黍也司寒玄冥北方之神故

物皆用黑有事於冰故祭其神○牲茂后反秬音巨冥亡丁反疏注黑牲至其神○正義曰此祭玄冥之神非大神且非正祭計應不用大牲杜言黑牲黑
牲當是黑牡羊也秬黑黍釋草文也啓冰唯獻羔祭韭藏冰則祭用牲黍者啓唯告而已藏則設享祭之禮祭禮大而告禮小故也月令於冬云其神玄冥故
知司寒是玄冥也北方之神故物皆用黑從其方色也有事於冰故祭其寒神**其出之也桃弧棘矢以除其災**桃弓棘箭所以
禳除凶邪將御至尊故○弧音胡禳如羊反邪似嗟反疏注桃弓至尊故○正義曰說文云弧木弓也謂空用木無骨飾也服虔云桃所以逃凶也棘矢
者棘赤有箴取其名也蓋出冰之時置此弓矢於凌室之戶所以禳除凶邪將御至尊故慎其事爲此禮也此傳言其出之也雖覆上文出之之文其實此出
之謂二月初出之時公將用之故設弓矢也劉炫云此言出之覆上西陸朝覿知是火出時事二月已啓此方用弓矢者二月啓冰始薦宗廟此公將用之故
設弓矢也**其出入也時食肉之祿冰皆與焉**食肉之祿謂在朝廷治其職事就官食者○與音預疏注食肉至食者○正
義曰在官治事官皆給食大夫以上食乃有肉故魯人謂曹劌曰肉食者謀之又說子雅子尾之食云公膳日雙雞是大夫得食肉也傳言食肉之祿祿即此
肉是也若依禮常所合食案玉藻云天子日食少牢諸侯日食特牲大夫特豕士特豚則士亦食肉但彼是在家之禮非公朝常食也杜言謂在朝廷治其職
事就官食者以明在官之食有冰耳下云自命夫命婦無不受冰謂賜之冰受以歸在家用之也**大夫命婦喪浴用冰**命婦大夫妻○
浴音欲疏大夫至用冰○正義曰喪服傳曰大夫弔於命婦錫衰命婦弔於大夫亦錫衰此傳與彼命婦之文皆與大夫相對故杜知是大夫妻也喪大
記云君設大盤造冰焉大夫設夷盤造冰焉士併瓦盤無冰鄭玄云禮自仲春之後尸既襲既小斂先內冰盤中乃設牀於其上不施席而遷尸焉秋涼而止
士喪禮君賜冰亦用夷盤是當喪之時特賜之冰浴訖乃設故云喪浴用冰**祭寒而藏之**享司寒○祭寒而藏之本或作祭司寒者非**獻**

羔而啓之謂二月春分獻羔祭韭。開冰室○韭音九【疏】祭。寒至啓之○正義曰上已云其藏冰也黑牡秬黍以享司寒今復云祭寒而藏之與上
一事而重其文者欲明獻羔而啓之還是獻之於寒神故更使藏之啓之文相
對也○注謂二至冰室○正義曰詩云四之日其蚤獻羔祭韭四之日卽夏之
二月也告神而始開冰室始薦宗廟薦神之後公遂用之俱在春分之月公始用之公先用優尊火出而畢賦火星昏見東方謂三
月四月中【疏】注火星至月中○正義曰十七年傳云火出於夏爲三月於商爲四月於周爲五月此云火出而畢賦謂以火出而後賦之以火出爲始也周
禮云夏頒冰。爲正歲之夏卽四月是也故杜兼言四月自命夫命婦至於老疾無不受冰老致仕在家者山人取
之縣人傳之山人虞官縣人遂屬○傳直專反【疏】注山人至遂屬○正義曰周禮山虞掌山林之政令知山人虞官也周禮五縣爲遂是縣
爲遂之屬也輿人納之隸人藏之輿隸皆賤官○輿音餘夫冰以風壯冰因風寒而堅○壯側亮反而以風
出順春風而散用其藏之也周周密也其用之也徧及老疾○徧音遍則冬無愆陽愆過也謂冬溫○愆起虔
反夏無伏陰伏陰謂夏寒春無淒。風淒寒也○淒七西反秋無苦雨霖雨爲人所患苦○霖音林【疏】注霖雨爲人所
患苦○正義曰詩云以祈甘雨此云苦雨雨水一也味無甘苦之異養物爲甘害物爲苦耳月令云孟夏行秋令則苦雨數來五穀不滋是霖雨爲人所患謂
之苦也鄭玄云申之氣乘之苦雨白露之類時物得而傷也○雷出不震震霆也○霆音亭又音挺又亭佞反【疏】注震霆也○正義曰說文云震
辟。歷震物者釋天云疾雷爲霆霓郭璞云雷之急激者謂。霹。歷則霆是震之別名雷出不震言有雷而不爲霹靂也下云雷不發而震言無雷而有霹靂也
無菑霜雹癘疾不降癘惡氣也○菑音災下同癘音例【疏】無菑至不降○正義曰霜雹卽是菑言無此菑害之霜雹也寒暑失時則

民多癘疾癘疾天氣爲之故云降也民不夭札短折爲夭。夭死爲札○札側八反一音截字林作壯列反疏注短折至爲札○正義曰洪範六極一曰凶短折孔安國曰短未六十折未三十是短折爲少夭之名也周禮膳夫大札則不舉鄭玄云。夭札疫癘也謂遭疫癘而夭死也癘疾謂民病。夭札謂人死故云。夭死爲札今藏川池之冰棄而不用既不藏深山窮谷之冰又火出不畢賦有餘則棄之風不越而殺雷不發而震越散也言陰陽失序雷風爲害○殺如字又色界反徐色例反疏風不至而震○正義曰風不以理舒散而暴疾殺物雷不徐緩動發而震擊爲害雹之爲菑誰能禦之七月之卒章藏冰之道也七月詩豳風卒章曰。二之日鑿冰。沖沖謂十二月鑿而取之三之日納于凌陰凌陰冰室也四之日其蚤獻羔祭韭謂二月春分蚤開冰室以薦宗廟○豳彼貧反鑿在洛反沖沖直忠反凌陵證反一音陵蚤音早疏注七月至宗廟○正義曰凌人十二月令斬冰月令十二月令取冰當是即以其月納於凌室也詩言三之日納于凌陰即是正月矣不以鑿冰之月即納之者鄭玄云豳土晚寒。可以正月納冰言由晚寒故也上言將欲頒賦公始用之知蚤開冰室唯薦宗廟何休膏肓難此云春秋書雹以爲政之所致非由冰也若今朝廷藏冰亦不於深山窮谷何故或無雹天下郡縣皆不藏冰何故或不雹若言有之於古者必有驗於今此其不合於義失天下相與之意鄭玄箴之曰兩雹政失之所致是固然也國之失政君子知其大者其次知其小者藏冰之禮凌人掌之月令載之豳詩歌之此獨非政與故其小者耳夫深山窮谷固陰冱寒極陰之處冰凍所聚不取其冰則氣畜不泄結滯而爲伏陰凡雨水陽也雪雹陰也雨水而伏陰薄之則凝而爲雹雨雪而慇陽薄之則合而爲霰申豐見時失藏冰之禮而有雹推之陰陽知此伏陰所致亦聖人之。寓言也詳載其言者以著藏冰之禮不可廢耳炫謂鄭言是也申豐寄言於此以諫失政其雹不是盡由冰也○夏諸侯如楚魯衛曹邾不會曹邾辭以難公辭以時祭衛侯辭以疾如子產言難乃旦反○【疏】邾不會○正義曰宋之盟邾滕為私屬不許交相見而楚召邾滕使從會者邾滕自欲辟役不在宋盟又晉合諸侯常列於會襄二十九年城杞三十年會于澶淵邾滕皆在楚知其事故使召之此申之會滕至而邾不至鄭伯先待于申自楚先至會地六月丙午楚子合諸侯于申椒舉言於楚子曰臣聞諸侯無歸禮以為歸今君始得諸侯其慎禮矣霸之濟否在此會也夏啓有鈞臺之享啓禹子也河南陽翟縣南有鈞臺陂蓋啓享諸侯於此○夏啓戶雅反注倣此鈞音均陂彼宜反商湯有景亳之命河南鞏縣西南有湯亭或言亳即偃師○亳步各反鞏九勇反周武有孟津之誓將伐紂也○孟本又作盟音孟成有岐陽之蒐周成王歸自奄大蒐於岐山之陽岐山在扶風美陽縣西北○岐其宜反蒐所求反康有酆宮之朝酆在始平鄠縣東有靈臺康王於是朝諸侯○酆芳弓反穆有塗山之會周穆王會諸侯於塗山塗山在壽春東北【疏】夏啓至之會○正義曰此六王之事唯周武王孟津之誓尚書有其事武王伐殷作泰誓三篇是也其餘五者皆書傳無文不能知其本末○注周成至西北○正義曰書序云成王歸自奄在宗周誥庶邦作多方其經云告爾四國多方則於時諸侯大集故謂岐陽之蒐在此時也齊桓有召陵之師在僖四年召上照反○晉文有踐土之盟在僖二十八年君其何用宋向戌鄭公孫僑在諸侯之良也君其選焉選擇所用○向舒亮反戌音恤僑其驕反王曰吾用齊桓用會召陵之禮【疏】吾用齊桓○正義曰用會召陵之禮出自王意也服虔云召陵之役齊桓退舍以禮楚靈王今感其意是以用之王使問禮於左師與子產左師曰小國習之大國用之敢不薦聞言所聞謙示所未行獻公合諸侯

之禮六其禮六儀也宋爵公故獻公禮【疏】注其禮六儀○正義曰以言禮六故言其禮六儀當是會上有此六儀不知六者何謂也子產曰
小國共職敢不薦守獻伯子男會公之禮六鄭伯爵故獻伯子男會公之禮其禮同所從言之異○共音恭守手
又反【疏】注鄭伯至之異○正義曰杜知其禮。同所從言之異者以左師獻公合諸侯之禮六子產獻伯子男會公之禮六若其各異凡十。二禮下椒舉云禮
吾所未見者六焉故知其禮同也於公言之云合諸侯之禮於伯子男言之云會公之禮是所從言之異君子謂合左師善守先代
子產善相小國王使椒舉侍。於後以規過規正二子之過○相息亮反卒事不規王問其故
對曰禮吾。未見者有六焉又何以規左師子產所獻六禮楚皆未嘗行宋大子佐後至王田於
武城久而弗見椒舉請辭焉詳王辭謝之王使往曰屬有宗祧之事於武城言爲宗廟田獵
○屬章玉反適也祧他彫反爲于僞反【疏】武城○正義曰土地名楚之武城在南陽宛縣北也魯之武城在泰山南武城縣也有澹臺子羽冢寡君
將墮。幣焉敢謝後見恨其後至故言將因諸侯會布幣乃相見經幷書宋太子佐知此言在會前○墮許規反布也服云輸也見如字又
賢遍反【疏】將墮幣焉○正義曰杜唯云將因諸侯會布幣乃相見不解墮之義案隱六年公羊傳鄭人來輸平輸平者何輸平猶墮成也然則墮是輸之
義也朝聘之禮客必致幣於主據主則爲受據客則爲輸襄三十一年傳子產論幣云其輸之則君之府實也非薦陳之不敢輸也是謂布幣爲輸幣也言將
待輸幣之時乃相見見既在後故遣我來敢謝後見也服虔云墮輸也言將輸受宋之幣於宗廟案禮之享幣皆令宰受不以薦宗廟雖訓爲輸義不當也
徐子吳出也以爲貳焉故執諸申言楚子以疑罪執諸侯楚子示諸侯侈自奢侈椒舉曰夫

六王二公之事。六王啓湯武成康穆也二公齊桓晉文皆所以示諸侯禮也諸侯所由用命也夏
桀爲仍之會有緡叛之仍緡皆國名○仍而承反緡亡巾反商紂爲黎之蒐東夷叛之黎東夷國名○力兮
反周幽爲大室之盟戎狄叛之大室中嶽皆所以示諸侯汏也諸侯所由弃命也今
君以汏無乃不濟乎王弗聽子產見左師曰吾不患楚矣汏而愎諫愎很也○汏音泰愎
皮逼反很胡懇反不過十年左師曰然不十年侈其惡不遠遠惡而後棄惡及遠方則人弃之善
亦如之德遠而後興爲十三年楚弑其君傳○秋七月楚子以諸侯伐吳宋大子鄭伯先
歸經所以更敘諸侯也時晉之屬國皆歸獨言二國者鄭伯久於楚宋大子不得時見故慰遣之○見賢遍反又如字宋華費遂鄭大夫
從從伐吳以荅見慰○費扶味反從才用反注同使屈申圍朱方朱方吳邑齊慶封所封也屈申屈蕩之子○屈居忽反八月甲。
申克之執齊慶封而盡滅其族。慶封以襄二十八年奔吳八月無甲申日誤疏八月甲申○正義曰長曆推此年七月己
未朔二十六日得甲申八月己丑朔其月無甲申而傳上有七月下有九月月不容誤故知日誤將戮慶封椒舉曰臣聞無瑕
者可以戮人慶封惟逆命是以在此逆命謂性不恭順其肯從於戮乎言不肯默而從戮播於
諸侯焉用之播揚也○播彼佐反徐云字或作幡敷袁反焉於虔反王弗聽負之斧鉞以徇於諸侯使言
曰無或如齊慶封弑其君弱其孤以盟其大夫齊崔杼弑君慶封其黨也故以弑君罪責之○鉞音越徇似俊

反杼直呂反【疏】弱其孤○正義曰崔杼弑莊公立其弟景公孤謂景公也以其幼小輕弱之慶封曰無或如楚共王之庶
子圍弑其君兄之子麇而代之以盟諸侯王使速殺之遂以諸侯滅賴賴子面
縛銜璧士袒輿櫬從之造於中軍中軍王所將○共音恭麇九倫反祖音但輿櫬所覲反棺也造七報反將子匠反下將帥
同【疏】以盟諸侯○正義曰靈王即位以來經傳不見與諸侯盟事蓋楚子自與屬楚諸侯私盟不告魯而慶封知之王問諸椒舉對曰
成王克許在僖六年許僖公如是王親釋其縛受其璧焚其櫬王從之從舉言○縛如字舊扶臥
反遷賴於鄢鄢楚邑○鄢於晚反又於建反楚子欲遷許於賴使鬬韋龜與公子弃疾城之而
還爲許城也韋龜子文之玄孫○爲于僞反申無宇曰楚禍之首將在此矣召諸侯而來伐國而克
城竟莫校謂築城於外竟諸侯無與爭○竟音境注同爭爭鬬之爭王心不違民其居乎言將有事不得安也民之不
處其誰堪之不堪王命乃禍亂也○九月取鄫言易也莒亂著丘公立而不撫
鄫鄫叛而來故曰取凡克邑不用師徒曰取著丘公去疾也不書奔者潰散而來將帥微也重發例者以通叛而
自來○易以豉反著直居反徐直據反去起呂反潰戶對反帥所類反重直用反○鄭子產作丘賦丘十六井當出馬一匹牛三頭今子
產別賦其田如魯之田賦田賦在哀十一年【疏】。注丘十至一年○正義曰丘。之十六井當出馬一匹牛三頭司馬法之文也服虔以爲子產作丘賦者賦
此一丘之田使之出一馬三牛復古法耳丘賦之法不行久矣今子產復脩古法民以爲貪故謗之案春秋之世兵革數興鄭在晉楚之間尤當其劇正當重

於古不應廢古法也若往前不脩此法豈得全無賦乎故杜以爲今子產於牛馬之外別賦其田如魯之田賦田賦在哀十一年彼注云丘賦之法因其田財通出馬一匹牛三頭今欲別其田及家財各爲一賦故言田賦然則此與彼同賦斂家資使出牛馬又別賦其田使之出粟若今輸租更出馬一疋牛三頭是一丘出兩丘之稅案周禮有夫征家征夫征謂出稅家征謂出車徒給傜役此牛馬之屬則周禮之家征也其夫征十一而稅是與家征別。也國人謗之謗毀也曰其父死於路謂子國爲尉氏所殺己爲蠆尾謂子產重賦毒害百姓○蠆敕邁反以令於國國將若之何子寬以告子寬鄭大夫子產曰何害苟利社稷死生以之以用也且吾聞爲善者不改其度故能有濟也民不可逞度不可改度法也詩曰禮義不愆何恤於人言逸詩。子產自以爲權制。濟國於禮義無愆吾不遷矣遷移也渾罕曰國氏其先亡乎渾罕子寬○渾矢溫反罕徐許但反君子作法於涼其敝猶貪涼薄也○音良徐音亮作法於貪敝將若之何言不可久行姬在列者在列國也蔡及曹滕其先亡乎偪而無禮蔡偪楚滕偪宋曹鄭先衞亡偪而無法偪晉楚

疏姬在至衞亡○正義曰渾罕意譏子產將言鄭之先亡故遂博言諸國亡之先後杜據世本史記作世族譜說諸國滅亡之年此下十一年楚滅蔡十三年蔡復封春秋後二世十八年而楚滅蔡也哀八年宋滅曹也滕以春秋後六世而齊滅之鄭在春秋後五世九十一年。韓滅鄭衞在春秋後十一世二百五十八年而秦滅衞也據蔡之前亡則渾罕之言終亦驗矣

政不率法而制於心民各有心何上之有子產權時救急渾罕譏之正道○冬吳伐楚入棘櫟麻棘櫟麻皆楚東鄙邑譙國酇縣東北有棘亭汝陰新蔡縣東北有櫟亭○櫟力狄反徐又失灼

反鄭才汗反 疏注棘櫟至櫟亭○正義曰吳來伐楚入此三邑知此三邑皆楚之東鄙故疑新蔡縣東北有櫟亭者是此櫟亭也鄭有櫟邑者則河南陽
翟縣也。以報朱方之役朱方役在此年秋楚沈尹射奔命於夏汭夏汭漢水曲入江今夏口也吳兵在東北楚盛
兵在東南以絕其後○尹射食夜反又食亦反一音夜夏戶雅反夏汭如銳反。咸尹宜咎城鍾離宜咎本陳大夫襄二十四年奔楚○咸之
林反咎其九反薳啓彊城巢然丹城州來然丹鄭穆公孫襄十九年奔楚○薳于委反彊其良反又居良反東國水不
可以城彭生罷賴之師彭生楚大夫罷鬬韋龜城賴之師○罷皮買反徐甫綺反○初穆子去叔孫氏及庚
宗成十六年辟僑如之難奔齊庚宗魯地○難乃旦反遇婦人使私爲食而宿焉問其行告之故哭而送
之婦人聞之而哭之適齊娶於國氏國氏齊正卿姜姓○娶七住反生孟丙仲壬。夢天壓己弗勝穆子夢也○壓
於甲反又於輒反勝音升下同顧而見人黑而上僂上僂肩傴○僂力主反傴紆甫反深目而豭喙。口象猪○豭音加喙
許穢反號之曰牛助余乃勝之旦而皆召其徒無之徒從者○號胡到反一音戶刀反下同從才用反且
曰志之志識也○識申志反一音式及宣伯奔齊饋之宣伯僑如穆子之兄成十六年奔齊穆子饋宣伯○饋求位反餉也宣
伯曰魯以先子之故先子宣伯先人將存吾宗必召女召女何如對曰願之久矣言兄始爲
亂己則有今日之願蓋忿言○女音汝下同魯人召之不告而歸既立在齊生孟丙仲壬魯召之立爲卿襄二年始見經○見賢
遍反下接見同所宿庚宗之婦人獻以雉獻穆子問其姓問有子否○問其姓女生曰姓姓謂子也對曰余子

長矣能奉雉而從我矣襄二年豎牛五六歲○長丁丈反下同奉芳勇反【疏】。襄二至六歲○正義曰穆子還魯傳無歸歲襄二年始見於經疑是其年新還也成十六年傳云子叔聲伯使叔孫豹請逆于晉師於時豹猶在魯疑其因使而遂奔齊蓋自鄭過魯而去故得宿於庚宗成十六年出奔襄二年始還凡經五年故豎牛五六歲能奉雉也計豎牛至襄二年四歲也杜言五六歲者豎牛見穆子未必卽以還年見之召而見之則所夢也未問其名號之曰牛曰唯皆召其徒使視之遂使爲豎豎小臣也傳言從夢未必吉○唯維癸反徐以水反唯應辭猶㖈也豎上注反【疏】曰唯○正義曰曲禮云父召無諾先生召無諾唯而起鄭玄云應辭唯恭於諾有寵長使爲政爲家政公孫明知叔孫於齊。公孫明齊大夫子明也與叔孫相親知歸未逆國姜子明取之國姜孟仲母○取七住反又如字故怒其子長而後使逆之子孟丙仲壬【疏】故怒至逆之○正義曰怒者怒其妻也忿其母遂及其子其子在齊成長而後逆之歸魯非謂逆其妻也田於丘。蕕。丘蕕地名○蕕音由遂遇疾焉豎牛欲亂其室而有之強與孟盟不可欲使從己孟不肯○強其丈反下同【疏】強與孟盟○正義曰孟雖適妻之子叔孫未立爲嗣豎牛欲亂其室望己有之未應卽欲爲適使孟事己強與盟者欲其與己同心使己得專恣耳叔孫爲孟鍾。曰爾未際際接也孟未與諸大夫相接見○爲于僞反又如字【疏】注際接至接見○正義曰釋詁云際接捷也郭璞曰捷謂相接續也大夫將立適子必須接見同寮季武子立紇飲大夫酒是其事也孟丙未與大夫交接故爲之作鍾因落鐘令與相見饗大夫以落之以豭猪血釁鍾曰落○釁許覲反【疏】注以豭至曰落○正義曰說文云釁血祭也雜記釁廟之禮云雍人舉羊升屋自中中屋南面封羊血流于前是釁祭之法以。血澆落之知落之卽是釁也雜記又曰凡宗廟之器其名者成則釁之以豭豚是知以豭豬之血也記稱宗廟之器成乃釁以豭豚此叔孫爲孟作鍾非是宗廟之器亦釁之者周禮小子職曰釁邦器及軍器鄭玄云邦器謂禮樂之器及祭器之屬此鍾是禮樂之器故釁也既具饗具禮使豎牛請日請饗日

疏使豎牛○正義曰孟不自請使豎牛者內則云由命士以上父子皆異宮鄭玄云異宮者。崇敬也以其異宮故使豎牛入弗謁謁。白也出命之日詐命日及賓至聞鍾。聲牛曰孟有北婦人之客北婦人國姜也客謂公孫明怒將往。牛止之賓出使拘而殺諸外殺孟丙拘音俱○牛又強與仲盟不可仲與公御萊書觀於公萊書公。御。士名仲與之私遊觀於公宮○萊書音來人姓名觀古亂反注同又如字公與之環賜玉環使牛入示之示叔孫入不示出命佩之牛謂叔孫見仲而何而何如何○見賢遍反下及注杜泄見同叔孫曰何爲怪牛言曰不見既自見矣言仲已自往見公公與之環而佩之矣遂逐之奔齊疾急命召仲牛許而不召杜洩見告之飢。渴授之戈杜洩叔孫氏宰也牛不食叔孫叔孫怒欲使杜洩殺之○洩息列反食音嗣對曰求之而至又何去焉言求食可得無爲去豎牛蓋杜洩力不能去設辭以免○去起呂反注及下同豎牛曰夫子疾病不欲見人使寘饋于个。而退寘置也个東西廂。○寘之豉反本或作奠个古賀反謂廂屋廂本作箱息羊反

疏牛謂至見矣○正義曰而如同是語辭故注云而何如何牛謂叔孫曰以仲見君何問何故以仲見君也叔孫怪其語故曰何爲牛曰不將仲見君乎若不將見則既自見君矣言不待父命所以怒叔孫也大夫立子爲適必自見之於君宣十四年申舟見犀而行定六年樂祁見溷而行是其事也或曰豎牛謂叔孫曰今將仲見君其事如何叔孫以己見病故怪之曰何爲以不

同○注寘置至西廂○正義曰禮置器物於地皆謂之寘是寘爲置也月令天子居左个右个是个爲東西廂也牛弗進則置虛命徹

寫器令空示。若叔孫已食命去之○令力呈反十二月癸丑叔孫不食。乙卯卒三日絕糧牛立昭子而相之

昭子豹之庶子叔孫婼也○相息亮反婼敕略反公使杜洩葬叔孫豎牛賂叔仲昭子與南遺昭子叔仲帶也

南遺季氏家臣○賂音路使惡杜洩於季孫而去之憎洩不與己同志○惡烏路反杜洩將以路葬且盡卿

禮路王所賜叔孫車南遺謂季孫曰叔孫未乘路葬焉用之且冢卿無路介卿以葬不

亦左乎冢卿謂季孫介次也左不便○葬焉於虔反下將焉用同介音界左如字注同舊音佐便婢面反季孫曰然使杜洩舍

路舍置也○舍式夜反注同或音捨不可曰夫子受命於朝而聘于王在襄二十四年夫子謂叔孫王思舊

勳而賜之路感其有禮以念其先人復命而致之君豹不敢自乘君不敢逆王命而復賜之使

三官書之吾子爲司徒實書名。謂季孫也書名定位號○復扶又反夫子爲司馬與工。正書服謂叔

孫也服車服之器工正所書孟孫爲司空以書勳勳功也【疏】吾子至書勳○正義曰杜泄是叔孫家臣故稱己君爲夫子工正是

司馬之屬官也季孟亦有屬官共書其事但季孟身在不假言屬以叔孫已亡取屬官爲徵故兼言之所以司徒書名者周禮大司徒掌十二教十有一曰以

賢制爵十有二曰以庸制祿故司徒書名定位號也司馬與工正書服者周禮夏官司馬其屬有司士掌羣臣之政。亦以德爵以功詔祿工正雖不屬司馬掌

作車服故與司馬書服也案周禮司勳屬夏官今司空書勳者春秋之時又是諸侯之法不可盡與禮同今死而弗以是弃君命也

書在公府而弗以是廢三官也若命服生弗敢服死又不以將焉用之乃使以葬季孫謀去中軍豎牛曰夫子固欲去之誣叔孫以媚季孫○媚眉冀反疏注誣叔至季孫○正義曰季孫因叔孫之弱欲四分公室己取其二故謀去中軍豎牛云夫子固欲去之是誣叔孫以媚季孫

附釋音春秋左傳注疏卷第四十二

春秋左傳注疏卷四十二校勘記

阮元撰盧宣旬摘錄

附釋音春秋左傳注疏卷第四十二 昭二年盡四年

〔經二年〕

傳說此事文王在冬上 宋本無王字閩本監本毛本王作正亦衍文冬作秋非也

〔傳二年〕

注公卽位故 宋本以下正義七節總入無以及召公句下

魯國寶文王之書逸周公之典 宋本監本毛本逸作違是也

各爲舊章 宋本監本毛本爲作違是也

○注易象春秋文王至而說之 此本脫○宋本無春秋文王而五字

周之盛德邪 監本毛本邪作耶閩本初刻作邪後改耶下同

皆斥文王 宋本斥作斥是也

以同鄭說也 宋本監本毛本以作似

故先云周公之德 宋本云作言

取文王有四臣宋本淳熙本明翻岳本足利本取上有義字

宣子譽之惠棟云服虔曰譽游也宣子游其下夏諺曰一游一譽爲諸侯度今孟子作豫趙岐章句曰豫亦遊也春秋傳曰魯季氏有嘉樹宣子豫爲周易序卦曰豫必有隨鄭氏注引孟子吾君不豫以爲證則知此傳譽字本作豫故服趙互引爲證孫子兵法曰人効死而上能用之雖優游暇譽令猶行也外傳作暇豫李善曰譽與豫古字通

爲諸侯所引宋本監本毛本侯下有度字是也閩本初刻亦脫後擠刻助字非

子尾見彊石經見下後人旁增子字

注爲立至異之宋本以下正義二節總入是以亂作注下

婦人稱姓姜其當宋本監本毛本姜下有是字當作常不誤

在西河界休縣東南諸本作界郡國志引注同釋文作介

送者皆從者班次宋本監本毛本從下有逆字閩本初刻亦脫後擠刻補入

使上大夫送淳熙本送誤迭

注遽傳驛宋本以下正義三節總入加木焉注下

在襄三十一年淳熙本纂圖本明翻岳本監本毛本無一字是也

務共大國之命岳本脫之字

請以印爲褚師石經宋本明翻岳本纂圖本褚作褚與釋文合

無更助天爲爲虐也宋本爲字不重是也

晉侯使士文伯來辭曰淳熙本辭誤聘

非伉儷也宋本此節正義在如晉弔注下

始冬還乃書之淳熙本明翻岳本足利本重還字是也宋本還上空一字亦當作還字也

叔向言陳無宇於晉侯曰淳熙本宇誤咎

齊使上大夫送之顧炎武云石經送誤迎案石經此處缺炎武所據乃謬刻也

逆卑於宋宋本明翻岳本監本毛本宋作送是也

〔經三年〕

襄二十五年盟重邱足利本五誤三

十一年于亳城北諸本作北此本誤此今改正監本亳作毫非也

冬大雨雹諸本作雹此本誤雹今改正

杜氏之意宋本無之字

以自奔文宋本毛本奔下有爲字是也監本初刻亦脫後擠刻

〔傳三年〕

文襄至霸也宋本至作之是以下正義四節總入注文譏其無隱諱之下

其命朝聘之之數補案下之字誤重

令諸侯朝聘霸主大國之法也宋本令上有令諸侯者謂五字

弊王室毛本弊作獘此本下弊字亦作獘毛本同

以過文襄之制明翻岳本監本毛本以作已按以已古多通用

以過文襄之制也監本毛本以作已

少姜有寵而死石經宋本淳熙本姜作齊顧炎武以石經爲誤陳樹華云晉侯寵異少姜謂之少齊大叔從而尊稱曰少齊耳何得以爲誤或少齊一本作少姜故傳本有異今定作齊字按陳說是也

火中寒暑乃退石經此處缺案詩豳風正義禮記檀弓正義李善注文選閑居賦引作火星中而寒暑乃退鄭氏周禮淩人注作火星中而寒暑退或一本有星字而字也

旦氏後卽次房心宋本氏下有中氏二字是也

寡君使嬰曰寡人願事君岳本脫使嬰曰寡人五字

將奉質幣石經質字係改刊

焜燿寡人之望宋本以下正義十七節總入乃許之注下

以備嬪嬙釋文嬙作廧云本又作嬙監本誤作嫱注同也按以作廧爲近正廧卽牆之或體嬪嬙婦敘列如牆然故謂之牆

注董正至婦官諸本作董此本誤量今訂正

振爲整理之意宋本毛本意作義

宿有妃嬙婦御焉宋本婦作嬪

蓋周末婦官有此名宋本名下有也字

在縗経之中諸本作縗石經此處缺釋文作衰云本亦作縗

豈惟寡君石經宋本淳熙本明翻岳本惟作唯

豆區釜鍾石經宋本明翻岳本閩本監本釜作釡按釡依說文宜作釜从金父聲索靖所書急就篇章艸正如此今字乃隸省淳熙本明翻岳本鍾作鐘下同

以五升爲豆五豆爲區五區爲釜 釋文下二五字皆作四云舊本如此直加豆爲五升而區釜自大故杜云區二斗釜八斗是也本或作五豆爲區五區爲釜者爲加舊豆區爲五亦與杜注相合非於五升之豆又五五而加也

貸其而收薄 宋本淳熙本纂圖本明翻岳本閩本監本毛本其作厚不誤監毛貸字上〇乃注字之誤

而三老凍餒 石經凍作涷案涷乃暴雨名石經非也

言刖多 釋文亦作刖是也足利本刖作刑

而或燠休之 釋文亦作休宋本明翻岳本休作休非注同毛誼父六經正誤云休皆作休誤休从人从芝朮之朮从木者音虛尤反休息也从朮者音吁句反係廟諱嫌名案毛說非也

燠休代其痛也 宋本閩本監本毛本作代此本誤氏今改正

杜氏燠休痛念之聲 宋本氏作云是也燠字閩本空缺

其相胡公大姬已在齊矣 諸本作相正義引定本作祖案沈彤云胡公爲周始封陳之祖則相乃祖字之誤定本相作祖按定本作祖非是若作祖則文理欠順

而女富溢尤 淳熙本溢誤益

欒郤胥原狐皆卿也 諸本作狐此本誤孤宋本皆上有先字

續簡伯慶鄭伯宗○案○衍宋本毛本無

慆藏也悛改也明翻岳本無上也字盧文弨校本云當作悛改慆藏也

讒鼎名也足利本後人記云一本作讒鼎鼎之名也

一云讒地名諸本作云此本誤六今訂正

昧旦丕顯釋文亦作丕纂圖本閩本監本毛本作丕石經初作丕後人加末筆殆未知丕丕本無二字中一直或長或短隸體小變耳中直本無二筆也

丕大也纂圖本監本毛本丕作丕

不敢不受而埋之宋本重受字是也

幸而得死石經死字改刊初刻似誤免字

爽明塏燥宋本燥作㷮正義同毛詛父正誤云燥作㷮誤與國本建本皆作燥潭本釋文作燥也當作燥亦當有也字案毛說是也今釋文有也字

注爽明塏㷮閩本監本毛本㷮作燥下同

塏高地故爲燥也宋本高下有是字

則使宅人反之且諺曰陳樹華曰朱氏日鈔云且字文義不接或疑上有闕文又疑曰字之誤諺曰以下皆晏子使宅人反故室辭

子豐至晉國宋本此節正義在爲其復取之之故注下

鄭僖公之爲大子豐與之俱適晉監本毛本大誤太下同宋本重子字是也

伯石之汏也淳熙本纂圖本明翻岳本閩本監本毛本汏作汰注同釋文亦作汏非也石經宋本作汏

猶荷其祿惠棟云荷當作何

溫吾縣也二宣子曰自郤稱以別三傳矣晉之別縣不唯州石經吾字起一行稱字起一行皆九字案自郤二字三傳二字似改刊

二子曰石經二字下後人旁增宣字

知而弗從毛本弗誤復石經此處缺顧炎武云石經復誤作弗所據乃謬刊也

敬子不入禮記檀弓鄭注引作敬叔不入

五月至成公宋本以下正義四節總入敬子從之注下

五月葬滕公宋本滕下有成字是也

吉賤不獲來宋本此節正義在畏大國尊夫人也節注下

實不忘我好 宋本以好字絕句釋文云一讀以好字向下

注一睦謂小邾 宋本此節正義在季孫從之之下

余髮如此種種 釋文云徐本作董董賈氏羣經音辨引同云今本作種

彼其髮短而心甚長 石經短上後人增雖字非也

放盧至北燕 宋本至作蒲嫳于三字

以殺公之外嬖 纂圖本殺誤救

齊公孫竈卒 監本作竈卒非

又弱一个焉 監本个作介非

（經四年）宋本春秋正義卷第二十七石經春秋經傳集解昭二第廿一淳熙本岳本昭下增公字並盡七年

楚靈王始會諸侯 宋本淳熙本纂圖本明翻岳本足利本會作合是也

胡國汝陰縣西北有胡城 史記楚世家正義引陰作南無有字

楚子至于申 宋本此節正義在會于申之下

○注因申至胡城 宋本○作疏字是也

波自義從宋本閩本監本毛本波作彼是也

〔傳四年〕

賜盟于宋石經于字改刊

天或者欲逞其心案劉向新序引作欲盈盈逞古多通用

曰晉有三不殆也石經宋本淳熙本毛本曰上有公字監本初刻亦無後擠刊是

何鄉而不濟諸本作鄉釋文云本又作嚮新序引傳亦作嚮俗鄉字

北嶽恆釋文云恆如字本或作常在冀州案作恆者是也北岳本名恆山漢爲文帝諱改作常耳

四嶽宋本以下正義八節總入與人同欲盡濟注下

嶽本自以兩山爲名段玉裁校本嶽上有南字是也

是解衡霍二名之由也宋本閩本監本毛本由作山

書傳多云五岳宋本岳作嶽

故此云四岳也宋本監本毛本岳作嶽宋本無也字

在河南陽城縣西北宋本淳熙本岳本北作南

武帝置嵩高縣 段玉裁校本嵩作崈

在新城沶鄉縣南 釋文云沶音市又音尔漢書音義音䅆或一音隸則當水旁作示恐非本或作㴻字誤也

中南 案新序作終南水經注云地理志曰縣有大一山古文以爲終南杜預以爲中南也陳樹華云左傳本作終杜氏改作中也

恃險與馬不可以爲固也 顧炎武云石經馬誤焉案石經不誤陳樹華云馬字模糊亦非劉向新序引不可作不足

啓其疆土 閩本監本疆作彊非也

魯衞偪於齊而親於晉 諸本作偪石經初刊作逼後改偪

聖人至爲災 宋本以下正義二十節總入雹之爲菑節注下

正義曰無雹 宋本曰下有無雹謂無害物之雹雖有依時小雹不與物爲災也劉炫云既云二十五字案儀禮續通解引同

復見無雹之意 宋本復作覆

爲夏之十二月也 宋本爲作謂

二之日鑿冰沖沖 宋本沖作冲按冲俗沖字

有星朝見者 宋本星作早與儀禮經傳通解引合

三統曆在 閩本亦誤作在宋本監本毛本作云是也

故以時出之也宋本毛本時上有是字監本初刻無後擠刊

奎始温見東方閩本監本毛本温作朝宋本作晨

言不獨其公閩本監本毛本其作是亦非宋本作共

固陰沍寒釋文沍作冱字按說文無冱字古祇作互

沍閉也諸本作沍此本作互今改正淳熙本閉誤門

其藏至取之此本五字並模糊依宋本閩本監本毛本補

上言取之用之之處下言藏之此本言取之用之之處下八字模糊依宋本補閩本監本毛本處作事

掌元物宋本監本毛本元作互不誤下同

皆待此而達也宋本無也字

棘赤有筬宋本閩本監本毛本筬作箴是也

則士亦食肉宋本作肉食

祭寒而藏之鄭氏豳風箋引作祭司寒而藏之正義曰箋引彼文加司字者彼文上句云以享司寒下句重述其事略其司字箋以經有藏冰獻羔二事故略引下句以當之不引上句故取上句之意加司字以足之初學記引亦有司字釋文云本或作祭司寒者非是也

開冰室宋本淳熙本岳本纂圖本足利本開上有始字是也

祭寒至啓之宋本閩本監本毛本作塞此本誤寔今改正

爲正歲之夏卽四月是也宋本爲作謂

春無淒風字石經宋本淒作淒與釋文合注同按淒字从水者見說文从冫者俗

震辟歷震物者宋本辟歷作霹靂下同是也

夭死爲札宋本夭作大不誤

大札則不舉閩本監本毛本大誤夭

夭札疫癘也宋本夭作大下同

二之日鑿冰沖沖諸本作二此及閩本誤三今改正監本冰誤水宋本岳本沖作沖是也

謂二月春分閩本監本毛本分作風是也

可以正月納冰宋本可上有故字是也

亦聖人之寓言也宋本閩本監本毛本作寓此本誤寓今改正

郲不會宋本以下正義十一節總入乃禍亂也句下

夏啓有鈞臺之享石經此行十一字夏啓有鈞臺五字似重刊

啓禹子也岳本脫也字

周武有孟津之誓釋文孟作盟音孟案孟明古音同用惠棟云禹貢正義曰杜預云孟津河內河陽縣南孟津也案鈞臺景亳岐陽酆宮塗山皆有注盟津獨無自是轉寫脫卻此條應補入

時伐紂也宋本淳熙本岳本纂圖本足利本時作將不誤

周成王歸自奄岳本脫周字

杜知其禮周宋本監本毛本周作同是也

凡十三禮宋本監本毛本三作二是也

王使椒舉待於後以規過也石經宋本淳熙本岳本纂圖本監本毛本待作侍是

禮吾未見者有六焉宋本淳熙本纂圖本吾下有所字與石經合

寡君將墮幣焉諸本作墮詩小雅正月正義引傳作隳乃俗字也

六王啓湯武成康穆王宋本淳熙本岳本纂圖本監本毛本王作也不誤

皆所以示諸侯汏也淳熙本纂圖本監本毛本汏作汰非

八月甲申克之執齊慶封石經此行十一字甲申克之執五字改刊

而盡滅夷狄正石經宋本淳熙本岳本纂圖本監本毛本夷狄作其族是也今改

注邱十至一年宋本以下正義二節總入政不率法節注下

邱之十六井宋本監本毛本無之字是也

給徭役宋本徭作傜是也

是與家征別也宋本無也字

逸詩宋本淳熙本詩下有也字

子產自以爲權制濟國淳熙本濟誤齊

韓滅鄭宋本韓上有而字

棘櫟至櫟亭宋本此節正義在東國水節注下

是此櫟亭也宋本無亭字

則河南陽翟縣也宋本也上有是字

咸尹宜咎城鍾離淳熙本纂圖本毛本咸作箴亦非石經宋本岳本足利本作葴與釋文合

生孟丙仲壬 諸本作壬石經初刻任後改壬

深目而豭喙 釋文豭作猳按說文豭牡豕也从豕叚聲

注襄二至六歲 宋本以下正義十一節總入注文誣叔孫以媚季孫之下

齊大夫子明之 宋本淳熙本岳本纂圖本監本毛本之作也是也

田於丘蕕 李善注文選運命論引作田於蒲邱

叔孫爲孟鍾 宋本岳本鍾作鐘與石經合正義及下注同

以血澆落之 宋本閩本監本毛本作血此本誤而今改正

異宮者樂敬也 宋本樂作崇是也

謁日也 宋本淳熙本岳本足利本日作白是也

聞鍾聲 淳熙本岳本纂圖本毛本鍾作鐘

怒將往 重脩監本往誤住

萊書公卿士名 宋本淳熙本岳本纂圖本足利本卿作御不誤淳熙本士誤主

杜洩見 釋文作泄是也賈公彥疏儀禮聘禮引作杜泄

告之飢渴 纂圖本閩本監本毛本飢作饑非也

使寘饋于个而退 釋文云寘本或作奠李善注文選思元賦運命論引傳个作介非

个東西廂 釋文廂下有也字諸本脫又云本又作箱字按廂俗字箱正字

則置虛命徹 重脩監本置誤直

示若叔孫已食 淳熙本若誤君

乙卯卒 監本毛本乙誤己

吾子爲司徒實書名 重脩監本名誤石

夫子爲司馬與工正書服 監本工誤王

亦以德爵 宋本作亦以德詔爵監本毛本脫亦字

春秋左傳注疏卷四十二校勘記

附釋音春秋左傳注疏卷第四十三 昭五年盡六年

杜氏注　孔穎達疏

經五年春王正月舍中軍襄十一年始立中軍○舍音捨傳同○楚殺其大夫屈申書名罪之○公如晉○夏莒牟夷以牟婁及防茲來奔城陽平昌縣西南有防亭姑幕縣東北有茲亭○牟亡侯反幕亡博反○秋七月公至自晉○戊辰叔弓帥師敗莒師于蚡泉蚡泉魯地○蚡扶粉反○秦伯卒無傳不書名未同盟○冬楚子蔡侯陳侯許男頓子沈子徐人越人伐吳

傳五年春王正月舍中軍卑公室也罷中軍季孫稱左師孟氏稱右師叔孫氏則自以叔孫爲軍名疏舍中軍。卑公室也○正義曰襄十一年初作三軍十二分其國民三家得七公得五國民不盡屬公公室已是卑矣今舍中軍四分公室三家自取其稅減己稅以貢於公國民不復屬於公公室彌益卑矣是舍中軍者三家所以卑弱公室也作中軍卑公室之漸舍中軍卑公室之極初作云作三軍今不云舍三軍者初云作者舊有二軍今更增一軍人數不足故總皆渾破各毀其乘足成三軍故云作三軍此則唯舍中軍。之衆屬上下二軍其上下二軍依舊不動故唯云舍中軍也劉炫云四分公室制法別耳還作三軍不得言舍三軍○注罷中至軍名○正義曰魯之軍名傳無其號晉作三軍爲上中下則魯之三軍亦當然也其廢中軍之後上下二軍分爲四分哀十一年齊師伐魯傳稱孟。子。孺泄帥右師冉求帥左師冉求季氏宰也又言叔孫武叔退而蒐乘更無別稱知自以叔孫爲軍名也

毀中軍于施氏成諸臧氏季孫不。欲親其議。勑二家會諸大夫發毀置之計又取其令名○臧子郎反疏注取其令名○

正義曰取其令名者季孫實欲自厚令諸大夫議論似若己之不與取其令善廉絜之名也劉炫以爲施者舍也臧者善也成諸臧氏取其令名也其二家謂叔孟非謂施臧二氏也

初作中軍三分公室而各有其一三家各有一軍家屬季氏盡征之無所入於公

叔孫氏臣其子弟以父兄歸公孟氏。取其半焉復以子弟之半歸公○復扶又反

疏初作至半焉○正義曰將述其舍倒本其初初作中軍謂襄十一年也三分公室而各有其一。民皆分屬三家就中減以與公令公自稅取也季氏盡征之不減入於公令盡屬於己也叔孫氏臣其子弟明其更有父兄以一家之內有此四品叔孫氏則以父兄之稅入公子弟之稅入己總率所屬之人悉皆如此若總計父兄之數不足以子弟添父兄若子弟不足以父兄添子弟大率半屬。於己以父兄歸公者尊公室也孟氏則於子弟之中而取其半於一家之內或取其子或取其弟大率而言三分歸公一分入己也或以爲其軍分爲四分假以父兄子弟四分託之若以假託爲言何得云若子若弟直云叔孫氏兩分歸公兩分入己孟氏三分歸公一分入己於文簡略其事易知何須以父兄子弟虛爲假託故知不然也魯之三卿季彊孟弱縱使如此差之季氏猶應以一分歸公言盡征之者季氏專恣也

及其舍之也四分公室季氏擇二簡擇取二分○二分扶運反或如字

疏及其至擇二○正義曰季氏因叔孫家禍退之使同於孟孫獨取其半爲專已甚又擇取善者是專之極故傳言擇二以見之

二子各一皆盡征之而貢于公國人盡屬三家三家隨時獻公而已

以書使杜洩告於。殯告叔孫之柩○殯必刃反柩其又反曰子固欲毀中軍既毀之矣

故告杜洩曰夫子唯不欲毀也故盟諸僖閎詛諸五父之衢皆在襄十一年○閎音宏詛側慮反衢其俱反

受其書而投之投擲。也○擲直亦反帥士而哭之痛叔孫之見誣叔仲子謂季孫曰帶受命

於子叔孫曰葬鮮者自西門○不以壽終爲鮮西門非魯朝正門鮮音仙徐息淺反注同壽音授疏注不以至正門○正義曰叔孫餓死而帶言葬鮮知不得以壽終者名之爲鮮言年命鮮少也叔仲帶得以此言告季孫則季孫知豎牛餓殺叔孫矣而不討者季孫利其禍而己得專故舍之而不討也杜泄云卿喪自朝知西門非正門季孫命杜洩命使從西門杜洩曰卿喪自朝魯禮也從生存朝觀之正路疏注從生至正路○正義曰服虔云言卿葬三辭於朝從朝出正門卿佐國之楨榦君之股肱必過於朝重之也案檀弓云君○爲大夫將葬弔於宮及出命引之三步則止如是三君退是君當就家視之無造君朝之禮且杜泄不欲從西門所競道路耳假令自朝而去猶得更從西門不須言自朝也故杜以自朝爲從生存朝覲之正路蓋以西門幽辟故欲從正路而出南門吾子爲國政未改禮而又遷之遷易也羣臣懼死不敢自也自從也既葬而行善杜洩能辟禍仲至自齊聞喪而來季孫欲立之南遺曰叔孫氏厚則季氏薄彼實家亂子勿與知不亦可乎南遺使國人助豎牛以攻諸大庫之庭攻仲壬也魯城內有大庭氏之虛於其上作庫○與音預虛起居反疏大庫之庭○正義曰十八年傳梓慎登大庭氏之庫是魯城內有大庭氏之虛於其上作庫謂之大庭氏之庫此言大庫明是彼也此言之庭庭是堂前地名仲壬在此庫之庭前豎牛就攻之此庭非大庭也司宮射之中目而死豎牛取東鄙三十邑以與南遺取叔孫氏邑○射食亦反中丁仲反昭子即位朝其家衆曰豎牛禍叔孫氏使亂大從使從於亂○使亂大從如字服云使亂大和順之道也疏使亂大從○正義曰杜云使從於亂服虔云使亂大和順之道殺適立庶又披其邑將以赦罪披析也謂以邑與南遺昭子不知○豎牛餓殺其父故

但言其見罪○適丁歷反本又作嫡披普皮反析星歷反見賢遍反 【疏】注披析至見罪○正義曰昭子若知豎牛餓殺其父則當顯加誅戮不應宜以殺適立庶爲大罪也若昭子知雖不殺則昭子有大罪矣仲尼不宜善其不以立己爲功勞也是昭子不知豎牛餓殺其父但言見罪仲尼又據其見言而善之

罪莫大焉必速殺之豎牛懼奔齊孟仲之子殺諸塞關之外 齊魯界上關○塞悉代反 投其首於寧風之棘上 寧風齊地 仲尼曰叔孫昭子之不勞不可能也 不以立己爲功勞據其所言善之時魯人不以餓死語昭子○語魚據反 周任有言曰爲政者不賞私勞不罰私怨詩云。有覺德行四國順之 詩大雅覺直也言德行直則四方順從之○任音壬行下孟反注同 初穆子之生也莊叔以周易筮之 莊叔穆子父得臣也 遇明夷䷣ 離下坤上明夷○坤若門反 之謙䷎ 艮下坤上謙明夷初九變爲謙○艮古根反 【疏】遇明夷之謙○正義曰離下坤上爲明夷離爲日坤爲地象曰明入地中明夷夷者傷也日在地中光不外發則爲明傷也艮下坤上爲謙艮爲山象曰地中有山謙以高下下謙虛之義 以示卜楚丘 楚丘卜人姓名 曰是將行。 行出奔 而歸爲子祀 奉祭祀 以讒人入其名曰牛卒。以餒死明夷日也 離爲日夷傷也日明傷○餒奴罪反餓也 日之數十 甲至癸 故有十時亦當十位自王已。下其二爲公其三爲卿 日中當王食時當公平旦爲卿雞鳴爲士夜半爲皁人定爲輿黃昏爲隸日入爲僚晡時爲僕日。昳爲臺隅中日出。闕不在第尊王公曠其位○皁才早反輿音餘僚力彫反晡布吳反昳田結反隅遇俱反 【疏】楚丘至餒死正義曰此先略言卦意有此四事也是者是此子也將出奔而歸爲國卿奉子叔孫之祭祀也幷以讒人入而其名曰牛然此子終以餓死也牛在國生云以入者去時未有來而有之以讒人入其家非從外國入旣已略論此意乃復具釋爻辭。云明夷于飛垂其翼君子于行三日不食有攸往主人有言此三辭之間無爲祀之意但卦名明夷故先推卦名求爲祀之義也先行後歸始得爲祀然後推演爻辭得其行去之象又論不食讒言之事爻辭之內亦無名牛故別於離卦以求牛名推演爻之三辭旣訖乃復更推卦體以終爲祀之言故曰其爲。子後以總結前言也○注日中至其位○正義曰七年傳曰王有十日人有十等彼卽歷言從王至臺十等之。自此傳旣云十時十位位以王公卿爲三日以中食旦爲三日上其中知從中而右旋配之也晡謂食也晡時謂日西食時也日昳謂蹉跌而下也隅謂東南隅也過隅未中故爲隅中也若據時之先後則從旦至食乃至於中宜以左旋爲次今傳以配十位從中而右旋者以人之道高以下爲基貴以賤爲本欲從賤而漸至於貴也若從中左旋則位乃漸退非進長之義故右旋也

日上其中日中盛明故以當王食日爲二公位旦日爲三卿位明夷之謙明而未融其當旦乎融朗也離在坤下日在地中之象又變爲謙謙道卑退故曰明而未融日明未融故曰其當旦乎

疏注融朗至旦乎○正義曰明而未融則融是大明故爲朗也釋言云明朗也樊光云詩云高朗令終日月光明是朗爲大明也據卦離下坤上日在地中之象又爻變爲謙謙是卑退之意日未出而又卑。故曰明而未融日明未融故曰其當旦。也若於易之明夷據日入之後故明夷象云初登于天照四國也後入于地失則也此傳明夷據日未出前者以日未出與日已入皆日在地下其明不見故各取象爲義。

故曰爲子祀莊叔卿也卜豹爲卿故知爲子祀日之謙當鳥故曰明夷于飛離爲日爲鳥離變爲謙日光不足故當鳥鳥飛行故曰于飛

疏注離爲至于飛○正義曰說卦離爲日爲雉雉爲鳥也離之一卦爲日爲鳥日爲高明鳥爲微細今日之謙退不得高明下當爲細是日光不足故當鳥也

明之未融。故曰垂其翼於日爲未融於鳥爲垂翼象日之動故曰君子于行明夷初九得位有應

君子象也在明傷之世居謙下之位故將辟難而行○應應對之應謙下如字又還嫁反難乃旦反【疏】注明夷至而行○正義曰卦有六位初三五奇數爲
陽位也二四上耦數爲陰位也初與四二與五三與上位相值爲相應陽之所求者陰陰之所求者陽陽陰相值爲有應陰還值陰陽還值陽爲無應明夷初
九陽爻在奇是得位也所應在四四爲陰爻是有應也居得位而物應之是君子象也初九在明傷之世有大難也居謙下之位宜卑退也以此知將辟難而
行也當三。在旦。故曰三日不食旦位在三又非食時故曰三日不食【疏】注旦位至不食○正義曰位當三而時在旦是三日象也
旦又未至食時非食時則無可食故曰三日不食也離火也艮山也離爲火火焚山山敗離艮合體故○敗必邁反又如
字注同於人爲言艮爲言【疏】注艮爲言○正義曰說卦云成言乎艮故艮爲言也敗言爲讒爲離所焚故言敗故曰有
攸往主人有言言必讒也離變爲艮故言有所往往而見燒故主人有言言而見敗故必讒言○攸音由純離爲牛易離
上離下離畜牝牛吉故言純離爲牛○牝頻忍反舊扶死反【疏】注易離至爲牛○正義曰純離者言上體下體皆是離也易離卦云畜牝牛吉故言純離
爲牛明夷初九無此牛象但明夷初卦下體是離故。轉於純離之卦求牛象。也世亂讒勝勝將適離故曰其名曰牛離焚
山則離勝譬世亂則讒勝山焚則離獨存故知名牛也譬牛非牝牛故不吉謙不足飛不翔謙道沖退故飛不遠翔垂不峻翼
不廣峻高也翼垂下故不能廣遠故曰其爲子後乎不遠翔故知不遠去【疏】謙不至後乎○正義曰其爻辭唯云君子于行無還
之義故復推此爻於鳥爲飛不用翼不大知其不能遠去行必當歸故曰其爲子後乎吾子亞卿也抑少不終旦日正卿之位莊叔
父子世爲亞卿位不足以終盡卦體蓋引而致之○楚子以屈伸爲貳於吳乃殺之造生貳心以屈生爲莫

敖生屈建子使與令尹子蕩如晉逆女過鄭鄭伯勞子蕩于氾勞屈生于菟氏氾菟氏皆

鄭地○過古禾反勞力報反後皆同氾徐扶嚴反菟大胡反晉侯送女于邢丘子產相鄭伯會晉侯于邢丘

傳言楚強諸侯畏敬其使○相息亮反使所吏反【疏】注傳言至其使○正義曰聘禮云若過邦至于竟使次介假道束帛將命于朝下大夫取以入告出

許饟之以其禮上賓大牢積惟芻禾如彼禮文唯當饟之而已今鄭伯親勞是鄭畏楚也桓三年傳例云凡公女嫁于敵國公子則下卿送之於天子則諸卿

皆行尙公不自送昏禮父母送女不下堂今晉侯親送女至邢丘是敬楚也此兼顧上文故云諸侯畏敬其使○公如晉即位而往見○見賢遍反

自郊勞至于贈賄往有郊勞去有贈賄○賄呼罪反【疏】注往有至贈賄○正義曰聘禮賓至于近郊君使卿朝服用束帛勞及聘事皆

畢乃云賓遂行舍于郊公使卿贈如覿幣聘既如此朝亦當然其朝據大行人上公二勞主國使下大夫勞于畿卿勞于遠郊主君自勞于近郊其去贈賄無

文聘尙有賄明朝亦然但禮文不具耳其文據公去言故云往有也贈據晉言故云去有也無失禮揖讓之禮晉侯謂女叔齊曰

魯侯不亦善於禮乎對曰魯侯焉知禮公曰何爲自郊勞至于贈賄禮無違者

何故不知對曰是儀也不可謂禮禮所以守其國行其政令無失其民者也今

政令在家在大夫○女音汝焉於虔反不能取也有子家羈弗能用也羈莊公玄孫懿伯也○羈居宜反奸

大國之盟陵虐小國謂伐莒取鄆○奸音干鄆音運利人之難謂往年莒亂而取鄆○難乃旦反下及注並同不知其

私不自知有私難公室四分民食於他他謂三家也言魯君與民無異【疏】民食於他○正義曰言公如民然求食於他也其時四分

公室民皆屬三家三家稅以貢公公仰。給食自無食也思莫在公不圖其終無為公謀終始者○思息吏反謂羣臣慮也一音如字為
于僞反疏思莫至其終○正義曰羣臣思慮無在公者不為公圖謀其終言其終必禍敗無為謀者為國君難將及身不恤其
所禮之本末將於此乎在在恤民與憂國而屑屑焉習儀以亟言以習儀為急○屑屑先結反亟紀力反急也
言善於禮不亦遠乎君子謂叔侯於是乎知禮時晉侯亦失政叔齊以此諷諫○諷芳鳳反本亦作風音同
○晉韓宣子如楚送女叔向為介鄭子皮子大叔勞諸索氏河南成皐縣東有大索城○介音界
大叔音泰索悉洛反大叔謂叔向曰楚王汏侈已甚子其戒之叔向曰汏侈已甚身之災
也焉能及人若奉吾幣帛慎吾威儀守之以信行之以禮敬始而思終終無不
復事皆可復行○焉於虔反從而不失儀從順也敬而不失威道之以訓辭奉之以舊法考之
以先王以先王之禮成其好○道音導好呼報反度之以二國度晉楚之勢而行之○度待洛反注同疏。奉吾至二國○正義曰朝
聘之禮享用幣帛致國之所有送女雖則。非聘亦以幣帛通意故云奉吾幣帛慎吾威儀也信當守而無失故云守之以信也禮當勉力。履行故云行之以禮
也禮無不敬故以敬為始也始敬則終亦敬終恐其惰故云思。終也思終亦思始終始無有不可復行之事行必得。禮使皆可復行也曲從則失儀從而不失
儀不曲從也過敬則無威敬而不失威不妄敬也聖人教訓之辭用之以通意故言道之也聘使舊故之法奉承以致命故言奉之也用先王之禮以成其交
好故言考之也量二國形勢以傳通時事故言度之也皆準事為文雖汏侈若我何及楚楚子朝其大夫曰晉吾

仇敵也苟得志焉無恤其他今其來者上卿上大夫也若吾以韓起爲閽刖足使守

門○仇音求閽音昏刖音月又五刮反疏注刖足使守門○正義曰周禮掌戮云墨者使守門劓者使守關宮者使守內刖者使守囿髡者使守積則守門者當以墨也知不以韓起爲墨者楚子意在辱晉必將加之重罪墨是刑之輕者知其必非墨也且欲以叔向爲宮刑明起刑亦次宮也莊十九年傳稱鬻拳自刖楚人以爲大閽知此亦是刖也欲以叔向爲司宮爲奄官之長則韓起爲閽亦欲令爲門官之長刑若鬻拳故以鬻拳之刑解之以羊舌肸爲司宮加宮刑○肸許乙反足以辱晉吾亦得志矣可乎大夫莫對薳啓彊曰可苟有其備何故不可恥匹夫不可以無備況恥國乎是以聖王務行禮不求恥人朝聘有珪。珪以爲信疏朝聘有珪○正義曰周禮典瑞云公執桓圭侯執信圭伯執躬圭子執穀璧男執蒲璧以朝覲宗遇會同于王諸侯相見亦如之是朝有珪也又曰瑑圭璋璧琮以頫聘是聘有珪也聘用圭璧其飾雖與君同其長降君一等聘禮記曰所以朝天子圭與繅皆九寸問諸侯朱綠繅八寸問卿聘也鄭玄云九寸上公之圭也於天子曰朝於諸侯曰問記之於聘文互相備鄭云互相備者言諸侯相朝與朝天子同也遣使聘天子與諸侯同也彼典瑞及聘禮記聘圭八寸據上公爲文耳公之使既降公一等知侯伯之使當瑑圭六寸子男之使當瑑璧四寸考。工記。玉人云瑑圭璋八寸璧琮八寸以頫聘亦謂上公之聘也其實子男君臣用璧云朝聘有圭者據公侯伯言之○注珪以爲信○正義曰鄭玄典瑞注云人執以見曰瑞禮神曰器瑞符信也用珪朝聘所以爲信故執之享覜有璋享饗也覜見也既朝聘而享見也臣爲君使執璋○覜他弔反徐他彫反璋音章享饗並許丈反鄭服皆以享爲獻耳見賢遍反下同臣爲于僞反使所吏反疏享覜有璋正義曰鄭氏先儒以爲朝聘之禮使執玉以授主國之君乃行享禮獻國之所有覜見也謂行享禮以見主國之君也案小行人合六幣圭以馬璋以皮璧以帛琮以錦琥以繡璜以黼鄭玄云上公享王圭以馬享后璋以皮侯伯子男享王璧以帛享后琮以錦公侯伯於諸侯則享用璧琮子男於大國享君琥以繡於夫人璜以黼此云享覜有璋者據上公享后言之所以。特舉享后者舉璋與圭相對其實享禮圭與璧琮琥璜皆有今檢杜注意義則不然謂王國設酒食以饗賓賓則執璋以行禮故云享覜有璋注云享饗也破享獻之享爲饗食之饗杜必然者以此傳下云設机而不倚爵盈而不飲宴有好貨饗有陪鼎皆論饗禮及饗宴之事故破享爲饗卽大行人。三饗三食三宴之類是也但饗禮既亡執璋無文耳故杜云臣爲君使執璋則詩云奉璋峨峨倚書大保秉璋以酢之類是也

小有述職諸侯適天子曰述職○述職述其所治國之功職也

【疏】注諸侯至述職○正義曰孟子云天子適諸侯曰巡狩巡狩者巡所守也諸侯朝天子曰述職述職者述所職也其意言諸侯職在治國家事天子以時入朝述脩其所職也天子職在立諸侯撫下民以時巡狩省視其功勞也

大有巡功天子巡。守曰巡功○巡功巡所守之功績巡守手又反

設机。而不倚爵盈而不飲言務行禮○机音几倚於綺反

【疏】設机至不飲○正義曰朝聘之禮有設几進爵之時朝禮雖亡而聘禮有其略也聘義曰聘射之禮至大禮也質明而始行事。日幾中而後禮成非強有力者弗能行也酒清人渴而不敢飲也肉乾人飢而不敢食也是言務在行禮不敢倚机不敢飲酒也

宴有好貨宴飲以貨爲好衣服車馬在客所無○好呼報反注及下同

【疏】注宴飲至所無○正義曰謂主國宴賓以貨。才爲恩好謂衣服車馬在客所無者與之也明年晉享季武子重其好貨僖二十九年介葛盧來禮之加宴好詩序云鹿鳴燕羣臣嘉賓也既飲食之又實幣帛筐篚以將其厚意是也

飧有陪鼎熟食爲飧陪加也加鼎所以厚殷勤○飧音孫陪薄回反徐扶杯反

【疏】注熟食至殷勤○正義曰聘禮賓始入館宰夫朝服設飧飪一牢在西鼎九羞鼎三鄭玄云食不備禮曰飧飪熟也其鼎實如饔餼羞鼎則陪鼎也以其實言之則曰羞以其陳言之則曰陪是飧有陪鼎鄭

以飧禮小饔餼禮大故云食不備禮曰飧言饔餼備而飧不備也杜以餼生而飧熟故云熟食爲飧聘禮又云君使卿韋弁歸饔餼五牢飪一牢鼎九設于西階前陪鼎當內廉鄭玄云陪鼎三牲臛膷臐膮也陪之庶羞加也服虔云陪牛羊豕鼎故云陪鼎周禮掌客云凡諸侯之禮上公飧五牢饔餼九牢侯伯飧四牢饔餼二牢子男飧三牢饔餼五牢是朝聘皆有飧也案聘禮歸饔餼五牢於賓館飪一牢鼎九設于西階前牛鼎一羊鼎一豕鼎一魚鼎一腊鼎一腸胃鼎一膚鼎一鮮魚鼎一鮮腊鼎一凡九鼎從北向南而陳又有陪鼎三其一曰膷鼎牛臛也在牛鼎之西其一鼎曰臐鼎羊臛也在羊鼎之西其一曰膮鼎豕臛也在豕鼎之西其陪所設當西階之內廉腥二牢陳于東階之前南陳牢別七鼎無鮮魚鮮腊也幷上飪一牢所謂死牢三又餼二牢陳于門內之西是卿之饔餼五牢案鄭注掌客其子男饔餼五牢與卿同其腥鼎加鮮魚鮮腊牢別有九也其陳設如卿之禮侯伯饔餼七牢死牢四飪一牢在西腥三牢在東餼三牢在門西其陳設如子男之禮上公饔餼九牢死五牢飪七牢在西腥四牢在東餼四牢陳于門西其陳皆如侯伯之禮也大行人注云爵卿也則飧二牢饔餼五牢爵大夫也則飧大牢饔餼二牢

入有郊勞 賓至逆勞之於郊 出有贈賄 去則贈之以貨賄 禮之至也國家之敗失之道也則禍亂興 失朝聘宴好之道 城濮之役 在僖二十八年○濮音卜 晉無楚備以敗於邲 在宣十二年言兵禍始於城濮○邲皮必反 邲之役楚無晉備以敗於鄢 在成十六年○鄢於晚反 【疏】以敗於鄢○正義曰以上文類之當注云言兵禍始於邲而不注者從可知也 自鄢以來晉不失備而加之以禮重之以睦 君臣和也 ○重直用反 是以楚弗能報而求親焉既獲姻親又欲恥之以召寇讎備之若何 言何以爲備○姻音因 誰其重此 言怨重 若有其人恥之可也 謂有賢人以敵晉則可恥之 若其未有君亦

圖之晉之事君臣曰可矣求諸侯而麇至。麇羣也○麇音隕反又其鄖反注同求昏而薦女薦進也
君親送之上卿及上大夫致之猶欲恥之君其亦有備矣不然柰何韓起之下
趙成中行吳魏舒范鞅知盈五卿位在韓起之下皆三軍之將佐也成趙武之子吳荀偃之子○行戶郎反鞅於丈反知音智將
子匠反羊舌肸之下祁午張趯籍談女齊梁丙張骼輔躒苗賁皇皆諸侯之選也
言非凡人○趯他歷反骼古百反或音各躒力狄反又力各反本又作櫟同賁扶云反選息戀反韓襄爲公族大夫韓須受命
而使矣襄韓無忌子也爲公族大夫須起之門子年雖幼已任出使○使所吏反注及下注同任音壬疏韓須受命而使○正義曰三年傳云韓須
如齊逆少姜是受命出使之事箕襄邢帶二人韓氏族叔禽叔椒子羽皆韓起庶子疏注皆韓起庶子○正義曰賈逵云然
杜依用之杜以上箕襄邢帶食邑於箕邢故爲韓氏之族叔禽叔椒皆連叔爲文羽又稱子事似兄弟故云皆韓起庶子劉炫以爲叔禽等亦是韓起之族既
無明證而妄規杜氏非也皆大家也韓賦七邑皆成縣也成縣賦百乘也○韓賦七邑韓襄起之兄子箕襄邢帶二人韓氏族
韓須叔禽叔椒子羽四人皆韓起子凡七人人一邑乘繩證反下皆同羊舌四族皆彊家也四族銅鞮伯華叔向叔魚叔虎兄弟四人
○鞮丁兮反疏注四族至四人○正義曰家語孔子曰銅鞮伯華不死天下其定矣其人名赤字伯華食邑於銅鞮叔魚名鮒見於十三年傳叔虎見於
襄二十一。一年傳於時虎已死今得數叔虎者雖身死其族猶在故傳不言羊舌四人而云四族明指其族也據傳文叔向兄弟四人有叔虎案世本叔向兄
弟有季夙疑季夙即是虎也故服氏數伯華叔向叔魚季夙劉炫以爲叔虎於時已死別有季夙而規杜氏非也晉人若喪韓起楊肸。

五卿八大夫〔五卿趙成以下八大夫祁午以下○喪息浪反楊肸叔向本羊舌氏食采於楊故又號楊肸也〕輔韓須楊石〔石叔向子〕
〔食我也○食音嗣〕因其十家九縣〔韓氏七。羊舌氏四而言十家舉大數也羊舌四家共二縣故但言彊家〕【疏】〔○注韓氏至彊家○正義〕
曰杜以家縣爲一故并韓賦七邑與羊舌四族乃爲十一而言十家舉大數也羊舌四族族有一縣則又大多故以爲四。家共二縣也劉炫以爲韓須是起之
門子不。別更。稱家去韓須之外韓氏唯有六家并羊舌四族故爲十家也今知不然者以傳歷序韓襄爲公族大夫韓須受命而使即云箕襄以下皆大家故
知韓須在其內也又韓賦七邑則韓須有邑既有其邑自然稱家哀二年傳曰上大夫受縣論語云百乘之家家即縣也劉以爲韓須不得爲家家不得稱縣
〔以爲韓氏六家羊舌四家爲十家而規杜氏非也〕長轂九百〔長轂戎車也縣百乘○轂古木反〕【疏】〔長轂○正義曰考。工記車人云兵車乘車
輪崇六尺六寸田車輪崇六尺三寸兵車轂長三尺三寸又云大車半柯長尺半是短也〕其餘四十縣遺守四千〔計遺守國者尚有四
千乘○遺唯季反〕奮其武怒以報其大恥伯華謀之〔伯華叔向兄〕中行伯魏舒帥之〔伯。仲行吳〕其
蔑不濟矣君將以親易怨〔失。婚姻之親〕實無禮以速寇而未有其備使羣臣往遺之
禽以逞君心何不可之有王曰不穀之過也大夫無辱〔謝遠啓彊〕【疏】〔何不可之有○正義曰啓彊發
首言可此云何不可之有言其可也紹上可之言服虔云何不可之有如是大不識文勢〕厚爲韓子禮王欲敖叔向以其所
不知而不能〔言叔向之多知○敖五報反叔向以其所不知絕句多知如字一音智〕【疏】〔王欲至不能○正義曰王欲謂叔向以爲敖樂以其
所不知不解之處試之而竟不能王之所爲叔向悉解故杜云叔向之多知〕亦厚其禮韓起反鄭伯勞諸圉〔圉鄭地名〕辭

不敢見禮也奉使君命未反故○見賢遍反○鄭罕虎如齊娶於子尾氏自爲逆也○娶七住反爲于僞反晏子驟見之陳桓子問其故對曰能用善人民之主也謂授子產政○驟仕救反○夏莒牟夷以牟婁及防茲來奔牟夷非卿而書尊地也尊重也重地故書以名其人終爲不義莒人愬于晉愬魯受牟夷○愬悉路反晉侯欲止公范獻子曰不可人朝而執之誘也討不以師而誘以成之惰也爲盟主而犯此二者無乃不可乎請歸之閒而以師討焉閒暇也○誘音酉惰徒臥反閒音閑注同又如字乃歸公秋七月公至自晉莒人來討討受牟夷不設備戊辰叔弓敗諸蚡泉莒未陳也嫌君臣異故重發例○陳直覲反重直用反○冬十月楚子以諸侯及東夷伐吳以報棘櫟麻之役役在四年薳射以繁揚之師會於夏汭會楚子○射食夜反又食亦反越大夫常壽過帥師會楚子于瑣瑣楚地○過古禾反瑣素果反聞吳師出薳啓彊帥師從之從吳師也遽不設備吳人敗諸鵲岸廬江舒縣有鵲尾渚○遽其據反岸五旦反楚子以馹至於羅汭馹傳也羅水名○馹人實反傳中戀反吳子使其弟蹶由犒師犒勞○蹶居衞反犒苦報反楚人執之將以釁鼓王使問焉曰女卜來吉乎對曰吉寡君聞君將治兵於敝邑卜之以守龜曰余亟使人犒師請行以觀王怒之疾徐而爲之備尚克知之言吳令龜如此○釁許覲反女音汝守手又反下同亟紀力反

龜兆告吉曰克可知也君若驩焉好逆使臣滋敝邑休殆。休解也○好呼報反使所吏反下並同解
佳賣反而忘其死亡無日矣今君奮焉震電馮怒馮盛也○馮皮冰反徐敷求反注同虐執使臣將
以釁鼓則吳知所備矣敝邑雖羸若早脩完完器備○羸力危反完音丸疏。今君至釁鼓○正義曰言今君
奮起威嚴如天震電盛爲瞋怒虐執云云是也其可以息師息楚之師難易有備可謂吉矣且吳社稷是卜
豈爲一人使臣獲釁軍鼓而敝邑知備以禦不虞其爲吉孰大焉國之守龜其
何事不卜言常卜○易以豉反豈爲于僞反禦魚呂反疏難易有備○正義曰言知楚爲患難則吳易有防備也○且吳社稷是卜○正義曰
恐楚王言女既云吉何故今欲被殺故言此以塞之○國之守龜○正義曰又恐王言龜既言吉而使人被殺則是龜不信故又言此以荅之一臧一
否其誰能常之城濮之兆其報在邲城濮戰楚卜吉其効乃在邲○否悲矣反舊方有反今此行也其庸
有報志言吳有報楚意乃弗殺楚師濟於羅汭沈尹赤會楚子次於萊山薳射帥繁揚。
之師先入南懷楚師從之及汝清南懷汝清皆楚界○萊音來吳不可入有備楚子遂觀兵於
坻箕之山觀示也○觀舊音官讀爾雅者皆官喚反注同坻直夷反是行也吳早設備楚無功而還以蹶由
歸楚子懼吳使沈尹射待命于巢薳啓彊待命于雩婁禮也善有備○雩音于徐況于反如淳同
韋昭音虛婁力侯反徐力俱反如淳音樓○秦后子復歸於秦元年奔晉景公卒故也○終五稔之言○稔而甚反

經六年春王正月杞伯益姑卒（再同盟）【疏】（注再同盟○正義曰益姑以襄二十四年即位二十五年盟于重丘魯杞俱在二十九年又杞子來盟是再同盟）○葬秦景公○夏季孫宿如晉葬杞文公（無傳）○宋華合比出奔衛（合比事君不以道自取奔亡書名罪之○華戶化反比如字又毗志反）【疏】（注合比至罪之○正義曰寺人柳有寵大子佐惡之合比請殺之求媚於大子而欲殺君之寵臣是事君不以道也以此而自取奔亡故書名以罪之）○秋九月大雩○楚薳罷帥師伐吴（罷音皮）○冬叔弓如楚○齊侯伐北燕

傳六年春王正月杞文公卒弔如同盟禮也（魯怨杞因晉取其田而今不廢喪紀故禮之）大夫如秦葬景公禮也（合先王士弔大夫送葬之禮）【疏】（注合先至之禮○正義曰先王之制諸侯之喪士弔大夫送葬三十年傳文也釋例曰先王之制諸侯之喪士弔大夫送葬及其失也禮過於重文襄之伯因而抑之諸侯之喪大夫弔卿共喪事夫人之喪士弔大夫送葬猶過古制故公子遂如晉葬襄公傳不言禮葬秦景公傳曰大夫如秦葬景公特稱禮也一以示古制二以示書他國之葬必須魯會三以示奉使非卿。則不書於經此皆丘明之微文也）

○三月鄭人鑄刑書（鑄刑書於鼎以為國之常法○鑄之樹反）【疏】（。注鑄刑書於鼎○正義曰傳直言鑄刑書知鑄之於鼎者二十九年傳云晉趙。鞅荀寅賦晉國一鼓鐵以鑄刑鼎著范宣子所為刑書焉彼是鑄之於鼎知此亦是鼎也）叔向使詒子產書（詒。遺也○詒以之反遺唯季反）曰始吾有虞於子（虞度也言準度子產以為己法○度待洛反下同）今則已矣（已止也）昔先王議事以制不為刑辟懼民之有爭心也（臨事制刑不豫設法也法豫設則民知爭端○辟婢亦反下皆同爭爭鬬之爭注及下注）

同

疏注臨事至爭端○正義曰尚書伊訓云先王肇修人紀制官刑儆于有位又穆王命呂侯訓夏贖刑作呂刑之篇其經云墨罰之屬千劓罰之屬千剕罰之屬五百宮罰之屬三百大辟之屬二百五刑之屬三千周禮司刑掌五刑之法以麗萬民之罪墨罪五百劓罪五百宮罪五百剕罪五百殺罪五百據此二文雖王者相變條數不同皆是豫制刑矣而云臨事制刑不豫設法者聖王雖制刑法舉其大綱但共犯一法情有淺深或輕而難原或重而可恕臨其時事議其重輕雖依準舊條而斷有出入不豫設定法告示下民令不測其淺深常畏威而懼罪也法之所以不可豫定者於小罪之間或情有大惡盡皆致之極刑則本非應重之罪悉令從其輕比又不足以創小人也於大罪之間或情有可恕盡加大辟則枉害良善輕致其罰則脫漏重辜以此之故不得不臨時議之準狀加罪。今鄭鑄之於鼎以章示下民亦既示民卽爲定法民有所犯依法而斷設令情有可恕不敢曲法以矜之罪實難原不得違制以入之有法既豫定民皆先知於是倚公法以展私情附輕刑而犯大惡是無所忌而起爭端也漢魏以來班律於民懼其如此制爲比例入罪者舉輕以明重出罪者舉重以明輕因小事而別有大罪者則所爲重以重論皆不可一定故也

云猶不可禁禦是故閑之以義。閑防也糾之以政糾舉也行之以禮守之以信奉之以仁奉養也制爲祿位以勸其從勸從教嚴斷刑罰以威其淫淫放也

疏閑之至其淫○正義曰義者宜也合於事宜閑謂防衞也閑之以義。曰衞之使合於事宜。者也政者正也齊正在下糾謂舉治也糾之以政舉治之使從於齊正也禮當勉力履行故行之以禮也信當守而勿失故守之以信也仁心所以養物故奉之以仁也位以序德祿以酬勤有德能勤則居官食祿制爲祿位以勸其從順教令也其有犯罪則制之刑罰故嚴斷刑罰以威其驕淫放佚也嚴斷言其不放舍也對文則加罪爲刑收贖爲罰散則刑罰通也閑之以下皆言在上位者行此事治民也

懼其未也故誨之以忠聳之以行聳懼也○聳息勇反

行下孟反教之以務時所急使之以和說以使民○說音悅臨之以敬涖。之以彊。施之於事為涖○涖音利又音
類斷之以剛義斷恩〔疏〕懼其至以剛○正義曰此上言行事此又言用心言雖行上事懼其未從教也故復勞心以撫之於文中心為忠如
心為恕謂如其己心也事親事君遠及諸物宜恕以待之不得虛詐忠是萬事之本故陳忠恕之事以訓誨之行善得善行惡得惡舉善惡之行以恐懼之時
之所急民或不知故教示之以當時之務居上位者失於以威迫人故使之以和當和說以使之臨涖一也臨謂位居其上俯臨其下涖謂有所施為臨撫其
事臨謂平常之時涖謂當事之時居上位者失於驕慢臨之以敬言當共敬以臨之其監於行事者失於懈倦涖之以彊言當彊力以臨之柔而少決為政之
病故斷之以剛彊此云斷之以剛即上嚴斷之義嚴謂威可畏剛謂情無私此皆論心故重言之○注聳懼也○正義曰釋詁文也彼作竦音義同○注施之
於事為涖○正義曰涖亦臨也而與臨別文故解之周禮肆師稱涖卜曲禮云涖官春秋書涖盟皆謂當其事而臨之故云施之於事為涖則臨謂平常涖謂
當事以此為異故別文也若散而言之涖亦臨也故論語云不莊以涖之則民不敬是也○注義斷恩○正義曰喪服四制。云門內之治恩揜義門外之治義
斷恩尚書胤征云威克厥愛允濟愛克厥威允罔功是斷獄者皆當義斷恩猶求聖哲之上明察之官上。公。王也官卿大夫也
忠信之長慈惠之師民於是乎可任使也而不生禍亂民知有辟則不忌於上
權移於法故民不畏上○長丁丈反〔疏〕猶求至使也○正義曰以剛以上雖率意教人猶為未善更求聖哲王公之上制明察大夫之官法忠誠信著之長
則慈愛溫惠之師教用此四法以教民民於是乎可任使也○注權移至畏上○正義曰刑不可知威不可測則民畏上也今制法以定之。勒鼎以示之民知
在上不敢越法以罪己又不能曲法以施恩則權柄移於法故民皆不畏上並有爭心以徵於書而徼。幸。以成之因危

文以生爭緣徼幸以成其巧僞○徼本又作邀古堯反巧如字又苦孝反【疏】注因危至巧僞○正義曰法之設文有限民之犯罪無窮○爲法立文不能網羅

諸罪民之所犯不必正與法同自然有危疑之理因此危文以生與上爭罪之心緣徼幸以成其巧僞將有實罪而獲免者也弗可爲矣爲治也

夏有亂政而作禹刑商有亂政而作湯刑夏商之亂著禹湯之法言不能議事以制○夏戸雅反【疏】注夏商至

以制○正義曰夏商之有亂政在位多非賢哲察獄或失其實斷罪不得其中至有以私亂公以貨枉法其事不可復治乃遠取創業聖王當時所斷之獄因

其故事制爲定法亦如鄭鼎所鑄遵舊施行言不能臨時議事以制刑罪也周有亂政而作九刑周之衰亦爲刑書謂之九刑【疏】

注周之至九刑○正義曰準夏商所作當爲文武周公之制不以聖王名刑而謂之九刑者蓋周公別爲此名故稱之耳三辟之興皆叔世

也言刑書不起於始盛之世【疏】注言刑至之世○正義曰三辟謂禹刑湯刑九刑也辟罪也三者斷罪之書故爲刑書皆是叔世所爲言刑書不起於始

盛之世。議事制罪叔世不復能然采取上世決事之比作書以爲後法其事是始盛之世作書於衰亂之時。服虔云政衰爲叔世叔世踰於季世季世不能作

辟也今吾子相鄭國作封洫在襄三十年○相息亮反洫況域反立謗政作丘賦在四年○謗布浪反制參辟鑄

刑書制參辟謂用三代之末法○參七南反一音三【疏】注制參至末法○正義曰制參辟鑄刑書是一事也爲其文是制參辟。勒於鼎是鑄刑書也三

代之辟皆取前世故事制以爲法子產亦取上世故事謂之制參辟言其所制。用三代之末法非謂子產所作還寫三代之書也子產蓋亦采取上世所聞

見斷獄善者以爲書也將以靖民不亦難乎詩曰儀式刑文王之德日靖四方詩頌言文王以德爲

儀式故能日有安靖四方之功刑法也【疏】詩曰至四方○正義曰周頌我將之篇祀文王之樂歌也杜言文王以德爲儀式刑法也則儀式刑三者皆爲

法也言以德爲儀式法者是文王之德也由其以德爲法故能日日有安靖四方之功也服虔云儀善式用刑法靖謀也言善用法文王之德日日謀安四方此解於文便於杜也

又曰儀刑文王萬邦作孚詩大雅言文王作儀法爲天下所信。疏又曰至作孚○正義曰大雅文王之篇也服虔云儀善也刑法也善用法者文王也言文王善用其法故能爲萬國所信也亦便於杜

如是何辟之有言詩唯以德與信不以刑也

民知爭端矣將棄禮而徵於書以刑書爲徵疏民知至於書○正義曰端謂本也今鑄鼎示民則民知爭罪之本在於刑書矣制禮以爲民則作書以防民罪違禮之愆非刑書所禁故民將棄禮而取徵驗於書也刑書無違禮之罪民必棄禮而不用矣

錐刀之末將盡爭之錐刀末喻小事亂獄滋豐賄。賂並行終子之世鄭其敗乎肸聞之國將亡必多制數改法疏終子至敗乎○正義曰子產鑄刑書而叔向責之趙鞅鑄刑鼎而仲尼譏之如此傳文則刑之輕重不可使民知也而李悝作法蕭何造律頒於天下懸示兆民秦漢以來莫之能革以今觀之不可一日而無律也爲當吏不及古民僞於昔爲是聖人作法不能經遠古今之政何以異乎斯有旨矣古者分地建國作邑命家諸侯則奕世相承大夫亦子孫不絕皆知國爲我土衆實我民自有愛吝之心不生殘賊之意故得設法以待刑臨事而議罪不須豫以告民自令常懷怖懼故仲尼叔向所以譏其鑄刑書也秦漢以來天下爲一長吏以時遷代其民非復。己有懦弱則爲殿負彊猛則爲稱職且疆域闊遠戶口滋多大郡竟餘千里上縣數以萬計豪橫者陵蹈邦邑桀健者雄張閭里故漢世酷吏專任刑誅或乃肆情好殺成其不橈之威違衆用。己以表難測之知至有積骸滿穽流血丹野郅都被蒼鷹之號延年受屠伯之名若復信其殺伐任其縱舍必將喜怒變常愛憎改。竟不得不作法以齊之宣衆以令之所犯當條則斷之以律疑不能決則讞之上府故得萬民以察天下以治聖人制法非不善也古不可施於今今人所作非能聖也足以周於用所。觀民設教遭

時制宜謂此道也其此之謂乎復書曰若吾子之言復報也疏若吾子之言○正義曰若如也誠如吾子之言也

僑不才不能及子孫吾以救世也既不承命敢忘大惠以見箴戒爲惠疏吾以救世也○正義曰當時鄭國大夫邑長蓋有斷獄不平輕重失中故作此書以令之所以救當世。士文伯曰火見鄭其火乎火心星也周五月昏見

火未出而作火以鑄刑器刑器鼎也藏爭辟焉火如象之不火何爲象類也同氣相求火未出而用火相感而致災疏注象類至致災○正義曰作刑書以示民教民使爭罪故謂之爭辟火出而象之象類也謂以類相感而致災也同氣相求易文言文也周禮司爟云季春出火民咸從之季秋內火民亦如之鄭玄云火所以用陶冶民隨國而爲之是火星未出不得用火今鄭火未出而用火以鑄鼎及火星出則相感以致災服虔云鑄鼎藏爭辟故今出火與五行之火爭明故爲災在器故稱藏也夏季孫宿如晉拜莒田也謝前年受牟夷邑不見討

晉侯享之有加籩籩豆之數多於常禮武子退使行人告曰小國之事大國也苟免於討不敢求貺貺賜也得貺不過三獻周禮大夫三獻疏注周禮大夫三獻○正義曰周禮卿五獻大夫三獻故鄭注掌客爵卿也饔餼五牢爵大夫也饔餼三牢獻視饔餼之數故言大夫三獻也若依古禮大小國之卿皆五獻大夫三獻故聘禮侯伯之卿出聘饔餼五牢獻同饔餼之數至春秋之時唯大國得從古禮故昭元年鄭人享趙孟注云朝聘之制大國之卿五獻其次國以下卿則從大夫之禮故今武子云得貺不過三獻周禮無此文大行人云上公九獻侯伯七獻子男五獻獻各如其命數典命云公侯伯之卿皆三命知其當三獻也大夫卿之總名故注云三獻也今豆有加下臣弗堪無乃戾也懼以不堪爲罪疏今豆有加○正義曰上言加籩此言豆者籩豆並加互舉其一也韓宣子

曰寡君以爲驩。也以加禮致驩。對曰寡君猶未敢未敢當此加也疏寡君猶未敢○正義曰魯侯爵禮當七獻上文唯言享有加籩。止知加於常禮不知幾獻籩豆未必過七獻也言寡君猶未敢當此者謙耳況下臣君之隸也敢聞加貺固請徹加而後卒事晉人以爲知禮重其好貨宴好之貨○宋寺人柳有寵有寵於平公○寺本又作侍柳艮九反寺人名大子佐惡之華合比曰我殺之欲以求媚。大子○惡烏路反柳聞之乃坎用牲埋書詐爲盟處○處昌慮反下同而告公曰合比將納亡人之族亡人華臣也襄十七年奔。衛既盟于北郭矣公使視之有焉遂逐華合比合比奔衛於是華亥欲代右師亥合比弟欲得合比處乃與寺人柳比從爲之徵曰聞之久矣聞合比欲納華臣○柳比毗志反公使代之代合比爲右師見於左師左師向戌○見賢遍反又如字左師曰女夫也必亡夫謂華亥○女音汝下弁注同夫方于反注同女喪而宗室於人何有人亦於女何有言人亦不能愛女○喪息浪反詩曰宗子維。城毋俾城壞毋獨斯畏詩大雅言宗子之固若城俾使。也○俾必爾反疏詩曰至斯畏○正義曰大雅板之篇凡伯刺厲王之詩也言宗子之固惟若城也卽謂宗子爲城言宗人當固之毋使此城傾壞傾壞則女獨矣女既獨此必有所畏懼也女其畏哉爲二十年華亥出奔傳○六月丙戌鄭災終士文伯之言○楚公子棄疾如晉報韓子也報前年送女過鄭鄭罕虎公孫僑游吉從鄭伯以勞諸相辭不敢見不敢當國。君之勞相鄭地○過地臥反又古禾反從才用反或如字勞力報反注及下同相側加反見賢遍反

下見王注見鄭伯如見楚王私見鄭伯同固請見之見如見王是鄭伯如見楚王言棄疾共而有禮【疏】。注共而有禮○正義曰見如見
王是共也解不敢見是禮也以其乘馬八匹私面私見鄭伯○乘繩證反見子皮如上卿如見楚卿以馬六
匹見子產以馬四匹見子大叔以馬二匹降殺以兩○殺所界反禁芻牧採。樵不入田不犯
田種○芻初俱反樵似遙反下同不樵樹不采蓺。蓺種也【疏】不樵樹不采蓺○正義曰不樵樹不伐樹以爲樵不采蓺不采所種之菜
果不抽屋不強匄誓曰有犯命者君子廢小人降君子則廢黜不得居位小人則退給下劇也○抽敕留反
強其丈反又其良反匄本或作丐音蓋乞也說文作匄逯安說亡人爲匄黜敕律反【疏】不抽屋不強匄○正義曰服虔云抽裂也言不毀裂所舍之屋也匄
乞也不就人強乞也舍不爲暴主不慁賓慁患也○慁戶困反往來如是鄭三卿皆知其將爲王也
三卿罕虎公孫僑。游吉韓宣子之適楚也楚人弗逆公子棄疾及晉竟晉侯將亦弗逆叔
向曰楚辟。我衷。辟邪也衷正也○竟音境下注同辟匹亦反注及下同衷音忠邪似嗟反若何效辟詩曰爾之教矣
民胥效矣詩小雅言上教下效○效戶孝反下同從我而已焉用效人之辟書曰聖作則逸書則法也○
焉於虔反無寧以善人爲則無寧寧也而則人之辟。乎匹夫爲善民猶則之況國君乎晉
侯說乃逆之傳言叔向知禮○說音悅○秋九月大雩旱也○徐儀。楚聘于楚儀楚徐大夫楚子
執之逃歸懼其叛也使薳洩。伐徐薳洩楚大夫○洩息列反吳人救之令尹子蕩帥師伐吳

師于豫章而次于乾谿乾谿在譙國城父縣南楚東竟○谿苦兮反父音甫吳人敗其師於房鍾房鍾吳地獲
宮廄尹棄疾鬬韋龜之父○廄九又反子蕩歸罪於薳洩而殺之歸罪於薳洩以敗告故不書○冬叔弓
如楚聘且弔敗也弔為吳所敗疏且弔敗也○正義曰如上注不以敗告故不書而得弔敗者本自為聘聞敗因弔之故言且也○
十一月齊侯如晉請伐北燕也告盟主士匄相士鞅逆諸河禮也士匄晉大夫相為介得敬逆來
者之禮○匄古害反本或作丐相息亮反注同士鞅於丈反今傳本皆作士匄相士鞅古本士匄或作王正董遇王肅本同學者皆以士匄是范宣子即士鞅
之父不應取其父同姓名人以為介今傳本誤也依王正為是王元規云古人質口不言之耳何妨為介也案士文伯是士鞅之族亦名匄無妨今相范鞅即
文伯也然士文伯名古本或有作正者解見前卷襄三十一年介音界疏。士匄相士鞅○正義曰世族譜以王正為雜人諸本及王肅董遇注皆作王正
俗本或誤為士匄此人不當。與士鞅之父同姓名而為之介也晉侯許之十二月齊侯遂伐北燕將納簡公簡公
北燕伯三年出奔齊晏子曰不入燕有君矣民不貳吾君賄左右諂。諛作大事不以信未
嘗可也為明年暨齊平傳○諂敕檢反諛羊朱反

附釋音春秋左傳注疏卷第四十三

春秋左傳注疏卷四十三校勘記　　阮元撰盧宣旬摘錄

附釋音春秋左傳注疏卷第四十三昭五年盡六年

〔經五年〕

蔡侯淳熙本蔡誤祭

〔傳五年〕

舍中軍卑公室也宋本以下正義二十節總入吾子亞卿也節注下

此則唯舍中軍之衆宋本之上有分中軍三字

傳稱孟子孺泄帥右師宋本子孺作孺子是也

季孫不欲親其議纂圖本毛本欲誤用

勑二家會諸大夫宋本毛本勑作敕

孟氏取其半焉及其舍之也四分公室石經氏字起一行計十一字

民皆分屬三家毛本民字空缺

大率半屬於公半屬於己閩本監本毛本亦脫於公半屬四字據宋本補

以書使杜洩告於殯纂圖本毛本於改于

投擲也宋本淳熙本足利本也作地與釋文合

得以此言告季叔補各本叔作孫案叔字誤今訂正

從生至正路宋本閩本監本毛本作生此本誤主今改正

君爲大夫宋本爲作於

如是三宋本三上有者字是也

大庫之庭閩本監本庫下有至字

梓損登大庭氏之庫補各本損作慎案損字誤今訂正

昭子不知豎牛餓殺其父諸本作牛此本誤半今改正淳熙本豎作賢非也

詩云諸本作云石經初刻作曰後改正

曰是將行石經行下後人旁增乎字非也

卒以餒死毛本卒誤足

離爲明宋本淳熙本岳本纂圖本明作日是也

自王已下 毛本已作以

日眣爲臺 補釋文校勘記眣由結反北宋本葉抄本眣作跌由作田按皆是也古書日眣字皆作跌田結反後人始造眣字以改古書

闕不在第 諸本作闕此本誤闕今改正

乃復具釋爻辭云 宋本重爻辭二字

故曰其爲○後 宋本○作子不誤閩本監本毛本脫子字

從王至臺十等之目 閩本監本目誤日

日未出而又卑 宋本卑下有退字是也

故曰其當旦也 補鏜正誤也作乎

故各取象爲義 宋本義下有也字

明之未融 宋本淳熙本岳本纂圖本足利本之作而與石經合

當三在旦 石經初刻三在誤倒後改正

故轉於純離之卦求牛象也 閩本監本毛本轉作傳非宋本無也字

楚子以屈伸爲貳於吳 石經宋本淳熙本岳本足利本伸作申

鄭伯勞子蕩于汜勞屈生于菟氏淳熙本子誤于石經宋本汜作汜岳本閩本作汜是也毛本二于字並改於

子產相鄭伯淳熙本產誤隆

注往有至贈賄宋本以下正義三節總入言𥫗於禮節注下

及聘事皆畢乃云監本毛本云作去

主國使下大夫勞于畿閩本監本毛本于作王非也

晉侯謂女叔齊曰諸本作晉纂圖本毛本誤齊

有子家羈公羊穀梁羈作駒漢書五行志同

謂往年莒亂而取鄫閩本監本毛本鄫誤鄆淳熙本作贈尤非

不知其私宋本其誤莒

公仰給食宋本仰下有他字

奉吾至二國宋本以下正義十七節總入辭不敢見節注之下

送女雖則弗聘宋本弗作非是也

禮當勉力復行宋本復作履是也

故云思故也 宋本閩本監本毛本故作終是也

行必得理 閩本監本毛本理作禮是也

吾亦得志矣 毛本亦誤以

薳啓彊曰 纂圖本閩本監本毛本彊作疆非也

朝聘有珪 惠棟云說文珪古文圭

考功記玉人云 浦鏜正誤功作工是也重脩監本玉誤王

所以時舉享后者 宋本監本毛本時作特是也

卽大行人三饗三食三宴之類是也 宋本閩本監本毛本作三饗此本誤作二饗今改正

天子巡守曰巡功 諸本作守宋本作狩

設机而不倚 閩本監本机作機誤案賈氏儀禮燕禮疏引作几

曰幾中而後禮成 宋本監本毛本曰作日是也

以貨財爲恩好 宋本閩本監本毛本作財此本誤才今改正

性臞腳臕膮也 宋本作牲臞腳臕膮也閩本同監本毛本臞作臛考文作臛與鄭注合下同

其一曰鄉鼎牢臛也宋本監本毛本牢作牛是也鄉閩本誤鄕

在羊鼎之西毛本鼎作臛非也

其一曰曉鼎宋本監本毛本曉作膮不誤

上公饔餼九牢監本牢誤牛

飪一牢監本毛本一作七是也

大行人注云浦鏜云注見掌客云大行人誤是也

去則贈之以貨賄毛本賄誤財

求諸侯而麇至李善注文選顏延年應詔讌曲水詩注引作𪊨至引杜注同

皆彊家也石經此處缺諸本作彊閩本監本作疆非也

見于襄二十一年傳補兩一字誤重

楊肸石經此處刓缺宋本淳熙本楊作揚段玉裁云羊舌肸食采於楊故亦稱楊肸其子食我亦稱楊石漢書地理志河東郡楊縣應仲遠謂卽楊侯國案宋本淳熙本作揚非是

韓氏七賈公彥周禮縣師疏引注七下有邑字

故以爲四家共二縣也　諸本作家此本誤冢今改正

不別更稼家　宋本監本毛本稼作稱是也宋本毛本別誤必

考工記　宋本毛本工誤功

伯仲行吳　宋本淳熙本岳本纂圖本監本毛本仲作中案作中者是

失婚姻之親　宋本婚作昏

娶於子尾氏　顧炎武云石經娶誤作聚案石經娶字不誤

會於夏汭　石經此處缺纂圖本監本毛本於作于非也

越大夫常壽過帥師會楚子于瑣　諸本作于釋文作於

廬江舒縣有鵲尾渚　纂圖本閩本監本毛本廬誤盧

君若驩焉　顧炎武云石經若誤苦案石經不誤

滋敝邑休殆　石經宋本淳熙本岳本纂圖本監本毛本殆作怠

今君至釁鼓　宋本以下正義四節總入注文魯有備之下

薳射帥繁揚之師　淳熙本揚作楊石經作陽與襄四年傳合

〔經六年〕

〔傳六年〕

則不書於經閩本監本毛本脫則字

鑄刑書於鼎宋本以下正義二十一節總入藏爭辟焉節注下

趙歎宋本閩本監本毛本歎作歎不誤○今訂正

語遺也宋本淳熙本岳本纂圖本監本毛本語作詒不誤○今正

掌五刑之法宋本閩本監本毛本作五此本誤王今改正

則罪五百閩本監本毛本則作刵宋本作刖與周禮合

令鄭鑄之於鼎宋本監本毛本令誤今

是故閑之以義漢書刑法志引作以誼案誼義古今字

曰衞之使合於事宜者也宋本曰作防無者字

聳之以行諸本作雙漢書刑法志引作雙晉灼曰古竦字

涖之以彊閩本監本毛本彊作疆漢書刑法志引涖作莅與釋文同

喪服四制云諸本作云此本誤三今訂正

上公王也惠棟云公王當作公侯正義曰更求聖哲王公之上制然則公王乃王公之誤倒

勤鼎以示之宋本監本毛本勤作勒是也

而徼幸以成之釋文徼作儌云本又作邀監本幸作幸非也

因危文以生爭諸本作文此本誤乂今改正

緣徼倖以成其巧僞淳熙本岳本纂圖本閩本監本倖作幸

周之衰亦爲刑書監本爲誤謂毛本謂下增之字尤非

議事制罪宋本議上重始感之世四字是也

作書於衰亂之時宋本時下有也字

勤於鼎宋本監本毛本勤作勒不誤

言其所制閩本監本毛本脫制字

爲天下所信宋本淳熙本岳本監本毛本信下有孚信也三字纂圖本孚上衍釋字

賄賂並行漢書刑法志引作貨賂並行

其民非復已有宋本已作己下用己同

愛憎改竟宋本閩本監本毛本竟作意

所觀民設教宋本所下有謂字是也

若吾子之言足利本脫吾字

以見箴戒爲惠諸本作箴釋文作鍼

所以救當世宋本世下有也字

火心星也岳本脫也字

火未出而作火案禮記郊特牲正義引作用火

火如象之漢書五行志引作火而象之古如而字通用

注周禮大夫三獻宋本以下正義三節總入況下臣節注下

則從大夫之禮宋本從下有大國二字

故今武子云諸本作今此本誤令今改正

獻各如其命數閩本監本毛本脫獻字

故注云三獻也毛本獻作卿非也

寡君以爲驩也惠棟云左傳懽字皆作驩此古文之異者高誘注戰國策云懽猶合也

以加禮致驩宋本淳熙本岳本纂圖本足利本驩下有心字

亡知加於常禮閩本監本毛本亡作已宋本作止是也

欲以求媚大子淳熙本求誤束監本毛本大作太非也

襄十七年奔衞宋本淳熙本岳本纂圖本閩本監本毛本作衞陳樹華校作陳是也

宗子維城石經此處缺宋本維作惟

俾使此宋本淳熙本岳本纂圖本閩本監本毛本此作也是也

詩曰至斯畏宋本此節正義在女其畏也之下

不敢當國君之勞淳熙本脫君字

共而有禮宋本以下正義三節總入而則人之辟乎節注下

禁芻牧採樵不入田宋本採作采與釋文合

不采蓺宋本淳熙本岳本蓺作藝注同石經作藝

遊吉宋本淳熙本岳本纂圖本閩本監本毛本遊作游

楚辟我衷釋文辟作僻注及下效辟亦皆作僻

而則人之辟乎石經辟字改刊

徐儀楚聘于楚案說文作徐鄦楚云鄦臨淮徐地

使薳洩伐徐諸本作洩釋文作泄是也

士匄相士鞅逆諸河釋文云今傳本皆作士匄古本或作王正王正董遇王肅本亦作王正陸德明孔穎達皆以王正爲是穎達以釋例作王正爲證然則杜注當本是王正晉大夫也

士匄相士鞅宋本此節正義在未嘗可也句注下

此人不當與士鞅之父同姓名而爲之介也監本毛本與誤取

左右諂諛石經此處缺宋本纂圖本監本毛本諂作謟是也釋文同

春秋左傳注疏卷四十三校勘記

杜氏注 孔穎達疏

經七年春王正月暨齊平暨與也燕與齊平前年冬齊伐燕間無異事故不重言燕從可知○暨其器反傳同重直用反疏暨與至可知○正義曰暨與釋詁文也此直言暨齊平不知誰與齊平穀梁傳云以外及內曰暨謂此爲魯與齊平賈逵何休亦以爲魯與齊平許惠卿以爲燕與齊平服虔云襄二十四年仲孫羯侵齊二十五年崔杼伐我自爾以來齊魯不相侵伐且齊是大國無爲求與魯平此六年冬齊侯伐北燕將納簡公齊侯貪賄而與之平故傳言齊求之也齊次于虢燕人行成其文相比許君近之案經例。卽燕與齊平當書燕魯與諸侯平皆言暨下三月公如楚叔孫婼如齊涖盟公不在國故齊無來者據經言之賈君爲得杜則從許說也故兩載其說意從賈解其所疑云前年冬齊伐燕文接此春間無異事故不云燕省文也又此年稱齊暨燕平之月傳所舉經文知此是燕與齊平也釋例曰昭六年冬齊侯伐北燕七年春而平冬春相接間無異事省文故不重言燕猶桓五年冬州公如曹六年春因書寔來也傳以其。不分明故起見齊燕平之月以正之也○三月公如楚○叔孫婼如齊涖盟無傳公將遠適楚故叔孫如齊尋舊好○婼敕略反徐又音釋好呼報反疏注公將至舊好○正義曰魯與齊鄰公遠適楚慮其或來侵伐遣使與之盟尋舊好也案經婼之如齊在公如楚下。杜言將適楚者叔孫婼非公命則不得書經明是公未發時命之公發後始去杜言將見此意夏四月甲辰朔日有食之○秋八月戊辰衞侯惡卒元年大夫盟于虢疏衞侯惡卒○正義曰穀梁傳曰。鄉曰衞齊惡今曰衞侯惡此何爲君臣同名也君子不奪人名不奪。親之所名重其所以來也王父名子也注云不奪人名明臣雖欲改君不當聽也君不聽臣易名者欲使人重父命也父受名于王父王父卒則稱王父之命名之曲禮云卒哭乃諱鄭玄云敬鬼神之名也生者不相辟名衛侯名惡大夫有石惡君臣同名春秋不非謂此事也然則此君卒哭之後臣當辟其諱曲禮云君子已孤不更名當舍名而稱字○注元年大夫盟于虢○正義曰虢會不盟而言盟者令尹圍請讀舊書加于牲上雖不爲載書亦以名告神與盟同也○九月公至自楚○冬十有一月癸未季孫宿卒○十有二月癸亥葬衛襄公

傳七年春王正月暨齊平齊求之也齊伐燕燕人賂之反從求平如晏子言疏。齊求之也○正義曰傳云齊求之自言其平之意下云盟于濡上是其平之事也下言齊侯次于虢燕人行成則是燕先發意而言齊求之者齊若志在伐燕不當在竟久次久次而不行即是求之之狀也燕必知其。音意乃。成耳癸巳齊侯次于虢虢燕竟○虢瓜百反竟音境燕人行成曰敝邑知罪敢不聽命先君之敝器請以謝罪敝器瑤罋玉櫝之屬○瑤音遙罋烏送反徐於容反櫝徒木反公孫晳曰受服而退俟釁而動可也晳齊大夫○晳星歷反徐思益反釁許覲反二月戊午盟于濡上濡水出高陽縣東北至河間。鄭縣入易水○濡徐音須說文女于反一音而又反又而于反鄭音莫本又作莫疏注濡水至易水○正義曰今案高陽無此水也水源皆出於山其出平地皆是山中平地燕趙之界無泉出者未知杜言何所案據燕人歸燕姬嫁女齊侯與賂以瑤罋。玉櫝斝耳不克而還瑤玉也櫝匱也斝耳玉爵○斝古雅反一音嫁禮記夏曰醆殷曰斝周曰爵說文斝從斗匱其位反疏注瑤玉至玉爵○正義曰孔安國尚書傳云瑤美石此云瑤罋玉櫝與玉別文亦似非玉杜以瑤爲玉者詩毛傳云瓊瑤美玉則瑤之爲物在玉石之間與玉小別故或以爲石或以爲玉瓊是玉之美名詩以瓊瑤為玉故毛言美玉耳周禮醢人王舉則共醢六十罋以齊醢菹醢實之則罋是小器當以瓦為之以瑤為罋故為寶也論語云龜玉毀於櫝中是櫝為盛物之匱也明堂位云爵夏后氏以琖殷以斝周以爵鄭玄云斝畫禾稼也斝是爵名文承玉櫝之下明亦以玉為之言耳者蓋此器旁有耳若今之杯故名耳

楚子之為令尹也為王旌以田析羽為旌王旌游至於軫○旌音旌析星歷反游音留軫之忍反疏注析羽至於軫○正義曰析羽為旌周禮司常文也鄭玄云析羽皆五采繫之於旞旌之上所謂注旌於干首也凡九旗之帛皆用絳然則干首有羽羽為旌名遂以旌為旗稱其垂至軫者謂游至軫非羽至軫也禮緯稽命徵云禮天子旗九刃曳地諸侯七刃齊軫大夫五刃齊較士三刃齊首周禮節服氏袞冕六人維王之大常鄭玄云王旌十二旒兩兩以縷綴連旁三人持之禮天子旌曳地杜以楚雖僭號稱王未必即如天子不應建大常旌曳地故以諸侯解之言王旌游至於軫謂楚王旌也蓋建交龍之旗而游至軫耳然諸侯之旌短於王旌二刃大夫之旌亦短於諸侯之旌○二刃案周禮軫去地四尺較去軫並五尺五寸而禮緯云諸侯齊軫大夫齊較於事為疑不可知也芋尹無宇斷之曰一國兩君其誰堪之及即位為章華之宮納亡人以實之章華南郡華容縣○芋于付反斷音短疏芋尹○正義曰芋是草名哀十七年陳有芋尹蓋皆以草名官

不知其故無宇之閽入焉有罪亡入章華宮無宇執之有司弗與王有司也曰執人於王宮其罪大矣執而謁諸王執無宇也王將飲酒遇其歡也無宇辭曰天子經略經營天下略有四海故曰經略諸侯正封封疆有定分○疆居良反下同分扶問反疏天子至正封○正義曰莊二十一年注云略界也則此略亦為界也經營天下以四海為界界內皆為己有故言略有四海謂有四海之內也天子界內天子自經營之故言經略也諸侯封內受之天子非己自營故言正封謂不侵人不與人正之使有

定分古之制也封略之內何非君土食土之毛誰非君臣毛草也故詩曰普天之下
莫非王土率土之濱莫非王臣詩小雅濱涯也○普本或作溥音同毛傳云大也濱音賓涯五佳反疏詩曰至王臣○正義
曰北山大夫刺幽王也役使不均云溥天之下云云鄭箋云此言王之土地廣矣王之臣又衆矣何求而不得何使而不行率土之濱者地之形勢水多於土
民居水畔故云循土之涯也天有十日甲至癸人有十等王至臺下所以事上上所以共神也故
王臣公公臣大夫大夫臣士士臣皂皂臣輿輿臣隸隸臣僚僚臣僕僕臣臺馬
有圉牛有牧養馬曰圉養牛曰牧○共音恭圉魚呂反疏王臣至臣臺○正義曰文十八年傳云舜臣堯者謂舜為臣以事堯也此云王臣公
者謂上以下為臣文同而意異也公者五等諸侯之總名環齊要略云自營為厶八厶為公言正無私也大夫者之言扶也大能扶成人也士者事也言能理
庶事也服虔云皂造也造成事也輿衆也佐皂舉衆事也隸隸屬於吏也僚勞也共勞事也僕僕豎主藏者也臺給臺下微名也此皆以意言之循名求義不
必得本故杜皆略而不說以待百事今有司曰女胡執人於王宮將焉執之周文王之法曰
有亡荒閱荒大也閱蒐也有亡人當大蒐其衆○女音汝焉於虔反閱音悅蒐所由反所以得天下也吾先君文王
楚文王作僕區之法僕區刑書名○僕區烏侯反徐如字服云僕隱也區匿也為隱匿亡人之法也疏注僕區刑書名○正義曰引其言戒
刑法知是刑書名也名曰僕區未知其義服虔云僕隱也區匿也為隱匿亡人之法也曰盜所隱器隱盜所得器與盜同罪所以
封汝也行善法故能啓疆北至汝水疏注行善至汝水○正義曰文王之法所以得天下言行善法所以得為天子也僕區之法所以封汝言去

盜賊所以大啓封疆也哀十七年傳曰彭仲爽申俘也文王以爲令尹實縣申息朝陳蔡封畛於汝是文王啓疆至汝水若從有司是無所執逃臣也逃而舍之是無陪臺也言皆將逃王事無乃闕乎昔武王數紂之罪以告諸侯曰紂爲天下逋逃主萃淵藪萃集也天下逋逃悉以紂爲淵藪澤而歸之○藪數色具反又色主反逋布吳反萃在醉反藪素口反【疏】昔武至淵藪○正義曰此在尚書武成篇也武王既克殷歸至于豐乃陳伐紂之事告於諸侯言將伐之時以商之罪告于皇天后土所過名山大川曰今商王受無道暴殄天物害虐烝民爲天下逋逃主萃淵藪是言天下罪人逋逃者以紂爲。主集而歸之如魚入深淵獸奔藪澤也故夫致死焉人欲致死討紂○夫音扶又方于反君王始求諸侯而則紂無乃不可乎若以二文之法取之盜有所在矣言王亦爲盜王曰取。而臣以往。往去之盜有寵未可得也盜有寵王自謂爲葬靈王張本遂赦之赦無宇○楚子成章華之臺願以諸侯落之宮室始成祭之爲落臺今在華容。城內【疏】注宮室至城內○正義曰雜記云成廟則釁之路寢成則考之而不釁釁屋者交神明之道也鄭玄云言。路寢生人所居不釁者不神之也考之者設盛食以落之爾檀弓曰晉獻文子成室諸大夫發焉是也然則不釁似無祭而杜言宮室始成祭之爲落者以其言落必是以酒澆落之雖不如廟以血塗其。上當祭中霤之神以安之大宰薳啓彊。曰臣能得魯侯薳啓彊。來召公辭曰昔先君成公命我先大夫嬰齊曰吾不忘先君之好將使衡父照臨楚國鎮撫其社稷以輯寧爾民嬰齊受命于蜀蜀盟在成二年衡父公衡○好呼報反輯音集又七入反奉。承。以來弗敢失隕而致諸宗祧

言奉成公此語以告宗廟○隕于敏反祧他彫反日。我先君共王引領北望日月以冀。冀魯朝○共音恭疏日我
至北望○正義曰日謂往日也嬰齊與魯盟于蜀事在成二年共王之初共王卽望魯朝故言往日我先君共王引領北望也董遇注無日字諡法既過能改
曰共傳序相授於今四王矣四王共康郟敖及靈王○傳直專反郟古洽反嘉惠未至唯襄公之辱臨我
喪襄公二十八年如楚臨康王喪孤與其二三臣悼心失圖在哀喪故社稷之不皇況能懷思君德
皇暇也言有大喪多不暇今君若步玉趾辱見寡君趾足也寵靈楚國以信蜀之役致君之嘉
惠。是寡君既受貺矣何蜀之敢望。言但欲使君來不敢望如蜀復有貺子○復扶又反貺音致又如字疏寵靈至貺矣○
正義曰言開其恩寵賜以威靈以及楚國以明受命于蜀之事不虛致令君之嘉惠於楚卽是寡君受貺矣其先君鬼神實嘉賴之
豈唯寡君君若不來。使臣請問行期問魯見伐之期○使所吏反寡君將承質幣而見于蜀
以請先君之貺請問也○質音致徐之二反又如字見賢遍反公將往夢襄公祖祖祭道神疏注祖祭道神○正義曰詩
云韓侯出祖仲山甫出祖是出行必為祖也曾子問曰諸侯適天子與諸侯相見皆云道而出是祖與道為一知祖是祭道神也周禮大馭掌馭玉路以祀及
犯軷王自左馭馭下祝登受轡犯軷遂驅之鄭玄云行山曰軷犯之者封土為山象以菩芻棘柏為神主。既。祭以車。轢之而去喻無險難也又聘禮記云出祖
釋軷祭酒脯乃飲酒于其側鄭玄云祖始也行出國門止陳車騎釋酒脯之奠於軷為行始也詩傳曰軷道祭也謂祭道路之神春秋傳曰軷涉山川然則軷
山行之名也道路以險阻為難是以委土為山或伏牲其上使者為軷祭酒脯祈告也卿大夫處者於是餞之飲酒於其側禮畢乘車轢之而遂行是說祖軷

之事也詩云取羝以軷謂諸侯也天子則以犬故犬人云伏瘞亦如之鄭司農云伏謂伏犬以王車轢之是也大夫用酒脯梓慎曰君不果行襄公之適楚也夢周公祖而行今襄公實祖君其不行子服惠伯曰行先君未嘗適楚故周公祖以道之襄公適楚矣而祖以道君不行何之三月公如楚鄭伯勞于師之梁鄭城門○道之音導下同勞力報反下同孟僖子爲介。不能相儀僖子仲孫貜○介音界相息亮反貜俱縛反又俱碧反及楚不能荅郊勞爲下僖子病不能相禮張本○夏四月甲辰朔日有食之晉侯問於士文伯曰誰將當日食。對曰魯衞惡之受其凶惡○惡之如字或烏路反非也衞大魯小公曰何故對曰去衞地如魯地衞地豕韋也魯地降婁也日食於豕韋之末及降婁之始乃息故禍在衞大在魯小。也周四月今二月故曰在降婁○降戸江反下同

[疏]。注衞地至降婁○正義曰周禮保章氏以星土辨九州之地所封封域皆有分星。是在地封域必當天星之分但古書亡失鄭注保章氏引堪。輿云寅析木燕也卯大火宋也辰壽星鄭也巳鶉尾楚也午鶉火周也未鶉首秦也申實沈晉也酉大梁趙也。戌降婁魯也亥娵訾衞也子玄枵齊也丑星紀吳越也秦漢以來地分天次娵訾衞也降婁魯也娵訾之次一名豕韋故云衞地豕韋也三統曆娵訾初日在危十六度立春節在營室十四度雨水中終於奎四度也降婁初日在奎五度驚蟄節在婁四度春分中終於胃六度也此時周四月今二月故日在降婁但閏有前却不知日在何度而食也言去衞地如魯地蓋始入降婁之初耳

於是有災魯實受之災發於衞而魯受其餘禍其大咎其衞君乎魯將上卿八月衞侯卒十一月季孫宿卒○咎其九反公曰詩所謂彼日而食于何不臧者。何也

感日食而問詩【疏】詩所至不臧○正義曰十月之交大夫刺幽王也十月之交朔月辛卯日有食之亦孔之醜注云日爲君辰爲臣辛金也卯木也又以卯侵辛故甚惡也又云彼月而食則爲其常此日而食于何不臧詩作此此云彼者師讀不同也

對曰不善政之謂也國無政不用善則自取讁于日月之災

讁譴也○讁直革反譴遣戰反【疏】對曰至之災○正義曰士文伯緣公之問設勸戒之辭言人君爲政不善可以感動上天則自取讁責於日月之災以日食之災由君行之所致也昏義云天子聽男教后聽女順天子治陽道后治陰德是故男教不修陽事不得適見於天日爲之食婦順不脩陰教不得適見於天月爲之食此傳彼記皆是勸戒辭耳日月之會自有常數每於一百七十三日有餘則日月之道一交交則日月必食雖千歲之日食豫筭而盡知寧復由教不脩而政不善也此時周室微弱王政不行非復能動天也設有天變當與天下爲災何獨衛君魯卿當其名也若日食在其分次其國即當有咎則每於日食必有君死豈日食之歲常有一君死乎足明士文伯言衛君魯卿之死不由日食而知矣人君者位貴居尊志移心溢或淫恣情慾壞亂天下聖人假之神靈作爲鑒戒夫以昭昭大明照臨下土忽爾殲亡俾晝作夜其爲怪異莫斯之甚故鳴之以鼓柝射之以弓矢庶人奔走以相從嗇夫馳騁以告衆降物辟寢以哀之祝幣史辭以禮之立貶食去樂之數制入門廢朝之典示之以罪己之宜教之脩德之法所以重天變警人君也天道深遠有時而驗或亦人之禍釁偶與相逢故聖人得因其變常假爲勸戒知達之士識先聖之幽情中下之主信妖祥以自懼但神道可以助教不可專以爲教神之則惑衆去之則害宜故其言若有若無其事若信若不信期於大通而已世之學者宜知其趣焉

故政不可不慎也務三而已一曰擇人擇賢人二曰因民因民所利而利之三曰從時順四時之所務

○晉人來治杞田前汝叔侯不盡歸今公適楚晉人恨故復來治杞田○復扶又反下復伐同【疏】注前汝至杞田○正義曰下云君之在楚於晉

罪也知晉人以此故復來治杞田也宋之盟云晉楚之從交相見今復恨者於時不免楚意為此盟耳私心不欲諸侯向楚又無辭可以禁之故內懷恨而治其田

季孫將以成與之成孟氏邑本杞田謝息為孟孫守不可謝息僖子家臣○為于偽反注及下為杞同守手又反下守臣同曰人有言曰雖有挈缾之知守不假器禮也挈缾汲者喻小知為人守器猶知不以借人○挈若結反缾蒲丁反之知音智注小知同汲音急借子夜反夫子從君而守臣喪邑夫子謂孟僖子從公如楚○喪息浪反雖吾子亦有猜焉言季孫亦將疑我不忠○猜七才反季孫曰君之在楚於晉罪也言晉罪君之至楚又不聽晉魯罪重矣晉師必至吾無以待之不如與之閒晉而取諸杞俟晉閒隙可復伐杞取之○閒如字注同吾與子桃桃魯國卞縣東南有桃虛○虛起居反成反誰敢有之是得二成也魯無憂而孟孫益邑子何病焉辭以無山與之萊柞萊柞二山○萊音來柞子洛反又音昨乃遷于桃謝息遷也晉人為杞取成不書非公命

○楚子享公于新臺章華臺也使長鬣者相鬣鬚也欲光夸魯侯○鬣力輒反相息亮反鬣音須夸苦華反【疏】使長鬣者相○正義曰吳楚之人少鬚故選長鬣者相禮也好以大屈宴好之賜大屈弓名○好呼報反注同屈居勿反大屈弓名服同又云大曲也賈云寶金可以為劍出大屈也【疏】注大屈弓名○正義曰賈逵云大屈寶金可以為劍大屈金所生地名服虔云一曰大屈弓名魯連書曰楚子享魯侯於章華之臺與大曲之弓既而悔之○薳啓彊見魯侯魯侯歸之大屈即大曲也既而悔之薳啓彊聞之見公公語之拜賀公曰何賀對曰齊與晉越欲此久矣寡君無適與也而傳諸

君君其備禦三鄰言齊晉越將伐魯。而取之○見賢遍反語魚據反適丁歷反傳直專反慎守寶矣敢不賀乎公
懼乃反之傳言楚靈不信所以不終○鄭子產聘于晉晉侯疾韓宣子逆客私焉私語曰寡君
寢疾於今三月矣並走羣望晉所望祀山川皆走往祈禱○禱丁老反又于報反有加而無瘳今夢黃熊。
入于寢門其何厲鬼也對曰以君之明子爲大政其何厲之有昔堯殛鯀于羽
山羽山在東海祝其縣西南○瘳救留反黃熊音雄獸名亦作能如字一音奴來反三足鼈也解者云獸非入水之物故是鼈也一曰既爲神何妨是獸案
說文及字林皆云能熊屬足似鹿然則能既熊屬入爲鼈類今本作能者勝也東海人祭禹廟不用熊白及鼈爲膳斯豈鯀化爲二物乎殛紀力反誅也本又
作極音義同鯀古本反下注同【疏】。今夢至寢門○正義曰諸本皆作熊字賈逵云熊獸也說文云熊獸似豕山居冬蟄釋獸云羆如熊黃白文孫炎。曰書云
如熊如羆則熊。似。羆似豕之獸即今之所謂熊是也釋獸又云熊虎醜其子狗李巡曰熊虎之類其子名狗則熊獸似虎非熊也又釋魚云鼈三足能樊光曰
鼈皆四足今三足故記之彼是鼈之異狀張衡東京賦云能鼈三趾梁王云鮌之所化是能鼈也若是熊獸何以能入羽淵但以神之所化不可以常而言之
若是能鼈何以得入寢門先儒既以爲獸今亦以爲熊獸是也汲冢書瑣語云晉平公夢見赤熊闚屏惡之而有疾使問子產言闚屏牆必是獸也張。叔。皮論
云賓爵下。華田鼠上騰牛哀虎變鮌化爲熊久血爲燐積灰生蠅傳玄潛通賦云聲伯忌瓊瑰而弗占兮晝言諸而暮終嬴正沈璧以祈福兮鬼告凶而命窮
黃母化而黿兮鮌殛變而成熊二者所韻不同或疑張叔爲能著作郎王劭云古人讀雄與熊者皆于陵反張叔用舊音傳玄用新音張叔亦作熊也案詩無
羊與正月及襄十年衛卜禦寇之繇皆以雄韻陵劭言是也其神化爲黃熊以入于羽淵實爲夏郊三代祀

之鯀禹父夏家郊祭之歷殷周二代又通在羣神之數幷見祀○夏戶雅反注夏下同【疏】注鯀禹至見祀○正義曰祭法云夏后氏禘黃帝而郊鯀言郊祭天而以鯀配是夏家郊祭之也殷周二代自以其祖配天雖復不以鯀配郊鯀有治水之功又通在羣神之數幷亦見祀通夏世爲三代祀之也祭法又曰夫聖王之制祀也能禦大菑則祀之能捍大患則祀之鯀鄣鴻水而殛死禹能脩鯀之功非此族也不在祀典是言鯀有大功而歷代祀之也祭法又云有虞氏禘黃帝而郊嚳祖顓頊而宗堯夏后氏亦禘黃帝而郊鯀祖顓頊而宗禹殷人禘嚳而郊冥祖契而宗湯周人禘嚳而郊稷祖文王而宗武王家語子羔問曰周人祖文王而宗武王虞夏祖宗異代異代者孔子曰殷周祖宗其廟可以不毀則其他所祖宗者功德不殊雖在異代亦可以無疑矣周人愛召公猶敬其樹況祖宗其功德而可以不尊奉其廟哉晉爲盟主其或者未之祀也乎言周衰晉爲盟主得佐天子祀羣神【疏】注言周至羣神○正義曰祭法曰有天下者祭百神諸侯在其地則祭之亡其地則不祭然則鯀非晉地之神晉人不合祭之也但周室既衰晉爲盟主得佐助天子祭祀羣神故不祀鯀而鯀爲祟也晉語說此事云昔者鯀違帝命殛之于羽山化爲黃熊以入于羽淵實爲夏郊三代舉之夫鬼神之所及非其族類則紹其同位今周室少卑晉實繼之其或者未舉夏郊邪宣子以告祀夏郊董伯爲尸五日晉侯疾間是言晉當繼周得佐天子祀羣神也僖三十一年傳云相之不享於此久矣非衞之罪也杞鄫何事然則杞是夏後自當祀相衞不祀相而祀鯀者相無功唯子孫當祀鯀則列在祀典天子祀之故晉繼周祀鯀也晉韓子祀夏郊祀鯀【疏】祀夏郊○正義曰言祀夏家所郊者故注云祀鯀晉侯有間間差也○差初賣反賜子產莒之二方鼎方鼎莒所貢【疏】方鼎○正義曰服虔云鼎三足則圓四足則方子產爲豐施歸州田於韓宣子豐施鄭公孫段之子三年晉以州田賜段○爲于僞反下爲初言同曰日君以夫公孫段爲能任其事而賜之州田今無

祿早世不獲久享君德其子弗敢有不敢以聞於君私致諸子此年正月公孫段卒○夫音扶任音壬下同宣子辭子產曰古人有言曰其父析薪其子弗克負荷荷。擔也。以微薄喻。貴。重○析星歷反荷本亦作何河可反又音荷擔丁甘反施將懼不能任其先人之祿其況能任大國之賜縱吾子為政而可後之人若屬有疆埸。之言敝邑獲戾恐後代宣子者將以鄭取晉邑罪鄭○若屬音燭疆居良反埸音亦而豐氏受。其大討吾子取州是免敝邑於戾而建置豐氏也敢以為請。傳言子產貞而不諒疏。注傳言至不諒○正義曰。貞而不諒論語文也貞正也諒信也段受晉邑卒而歸之正也知宣子欲之而言畏懼後禍是不信也宣子受之以告晉侯晉侯以與宣子宣子為初言病有之初言謂與趙文子爭州田以易原縣於樂大心樂大心宋大夫原晉邑以賜樂大心。也○鄭人相驚以伯有曰伯有至矣則皆走不知所往襄三十年鄭。人殺伯有言其鬼至鑄刑書之歲二月在前年或夢伯有介而行介甲也介音界曰壬子余將殺帶也駟帶助子晳殺伯有壬子六年三月三日明年壬寅余又將殺段也公孫段豐氏黨壬寅此年正月二十八日疏。注公孫段豐氏黨○正義曰劉炫云段即豐氏當言駟氏黨字之誤以規杜氏今知非者段為豐氏傳有明文杜既注傳無容不委蓋後人轉寫之誤劉君雖規未必是杜之失及壬子駟帶卒國人益懼齊燕平之月此年正月壬寅公孫段卒國人愈懼其明月子產立公孫洩及良止以撫之乃止公孫洩子孔之子也襄十九年鄭殺子孔良止伯有子也立以爲大夫使有宗廟○洩息列反子大叔問其故子產曰鬼有所歸乃不爲厲吾爲之歸也大叔曰公孫洩何爲子孔不爲厲問何爲復立洩○復扶又反子產曰說也爲身無義而圖說伯有無義以妖鬼故立之恐惑民幷立洩使若自以大義存誅絕之後者以解說民心○說如字下及注同徐始銳反【疏】子產至圖說○正義曰言立公孫泄者所以解說民心也伯有作亂而死不應立其後祀今立良止民必怪之爲伯有之身無義立後而圖謀自解說於民也解說者以子孔良霄俱被誅殺今幷立二人言若國家自以大義存誅絕之後不爲妖鬼立良止也以此解說民心從政有所反之以取媚也民不可使知之故治政或當反道以求媚於民○治直吏反【疏】從政至媚也○正義曰反之謂反正道也媚愛也從其政事治國家者有所反於正道以取民愛也反正道者子孔誅絕於道理不合立公孫泄今既立良止恐民以鬼神爲惑故反違正道兼立公孫泄以取媚於民令民不惑也段與帶之卒自當命盡而終耳未必良霄所能殺也但良霄爲厲因此恐民民心不安義須止遏故立祀止厲所以安下民也何休膏肓難此言孔子不語怪力亂神以鬼神爲政必惑衆故不言也今左氏以此令後世信其然廢仁義而祈福於鬼神此大亂之道也子產雖立良止以託繼絕此以鬼賞罰要不免於惑衆豈當述之以示季末鄭玄荅之曰伯有惡人也其死爲厲鬼厲者陰陽之氣相乘不和之名尚書五行傳六厲是也人死體魄則降知氣在上有尚德者附和氣而興利孟夏之月令雩祀百辟卿士有益于民者由此也爲厲者因害氣而施災故謂之厲鬼月令民多厲疾五行傳有禦六厲之禮禮天子立七祀有大厲諸侯立五祀有國厲欲以安鬼神弭其害也子產立良止使祀伯有以弭害乃禮與洪範之事也子所不語怪力亂神謂虛陳靈象於今無驗也伯有爲厲鬼著明若此而何不語乎子產固爲衆愚將惑故幷立公孫泄云從政有所反之以取媚也孔子曰民可使由之不可使知之子產達於此也不媚不信說而後信之○說音悅不

信民不從也及子產適晉趙景子問焉景子晉中軍佐趙成曰伯有猶能爲鬼乎子產曰能人生始化曰魄魄形也○魄普白反既生魄陽曰魂。陽神氣也疏人生至曰魂○正義曰人稟五常以生感陰陽以靈有身體之質名之曰形有噓吸之動謂之爲氣形氣合而爲用知力以此而彊故得成爲人也此將說淫厲故遠本其初人之生也始變化爲形形之靈者名之曰魄也既生魄矣魄內自有陽氣氣之神者名之曰魂也魂魄神靈之名本從形氣而有形氣既殊魂魄亦異附形之靈爲魄附氣之神爲魂也附形之靈者謂初生之時耳目心識手足運動啼呼爲聲此則魄之靈也附氣之神者謂精神性識漸有所知此則附氣之神也是魄在於前而魂在於後故云既生魄陽曰魂魂魄雖俱是性靈但魄識少而魂識多孝經說曰魄白也魂芸也白明白也芸芸動也形有體質取明白爲名氣唯噓吸取芸動爲義鄭玄祭義注云氣謂噓吸出入者也耳目之聰明爲魄是言魄附形而魂附氣也人之生也魄盛魂。強及其死也形消氣滅郊特牲曰魂氣歸于天形魄歸于地以魂本附氣氣必上浮故言魂氣歸于天魄本歸形形既入土故言形魄歸于地聖王緣生事死制其祭祀存亡既異別爲作名改生之魂曰神改生之魄曰鬼祭義曰氣也者神之盛也魄也者鬼之盛也合鬼與神教之至也死必歸土此之謂鬼其氣發揚于上神之著也是故魂魄之名爲鬼神也檀弓記延陵季子之哭其子云骨肉歸復于土命也若魂氣則無不之也爾雅釋訓云鬼之爲言歸也易繫辭曰陰陽不測之謂神以骨肉必歸于土故以歸言之魂氣無所不通故以不測名之其實鬼神之本則魂魄是也劉炫云人之受生形必有氣氣形相合義無先後而此云始化曰魄陽曰魂是則先形而後氣先魄而後魂魂魄之生有先後者以形有質而氣無質尋形以知氣故先魄而後魂其實並生無先後也○注陽神氣也○正義曰以形有質故爲陰魂無形故爲陽既以化表形故以陽見氣氣爲陽知形爲陰互相見也用物精多則魂魄強。物權勢疏用物至魄。強○正義曰魂既附氣氣又附形形彊則氣彊形弱則氣弱魂以氣彊魄以形強若其居高官而任權勢奉養厚則魂氣強故用物精而多則魂魄。強也○注物權勢○正義曰物非權勢之名而以物爲權勢者言有權勢則物。備物謂奉養之物衣食所資之揔名也是以有精爽至於神明爽明也【疏】是以至神明○正義曰此言從微而至著。耳精亦神也爽亦明也精是神之未著爽是明之未昭言權勢重用物多養此精爽至於神明也匹夫匹婦強死其魂魄猶能馮依於人以爲淫厲強死不病也○人謂匹夫匹婦賤身○強其丈反況良霄我先君穆公之冑子良之孫子耳之子敝邑之卿從政三世矣鄭雖無腆腆厚也○冑直又反從政三世矣子良公子去疾生子耳公孫輒輒生伯有良霄三世爲鄭卿腆他典反【疏】從政三世○正義曰子良子耳良霄三世皆爲卿抑諺曰蕞爾國蕞小貌○蕞在最反而三世執其政柄其用物也弘矣其取精也多矣其族又大所馮厚矣良霄魂魄所馮者貴重○柄彼命反而強死能爲鬼不亦宜乎傳言子產之博敏○子皮之族飲酒無度相尙以奢相困以。【疏】注相尙至以酒○正義曰相尙以酒奢食無度也相困以酒飲無度也故馬師氏與子皮氏有惡馬師氏公孫鉏之子罕朔也襄三十年馬師頡出奔公孫鉏代之爲馬師與子皮俱同一族○鉏仕居反頡戶結反齊師還自燕之月在此年二月罕朔殺罕魋魋子皮弟○魋徒回反【疏】罕朔殺罕魋○正義曰公孫鉏子展之弟展生子皮鉏生罕朔朔是子罕之孫禮謂之從父昆弟罕朔奔晉韓宣子問其位於子產問朔可使在何位子產曰君之羇。臣苟得容以逃死何位之敢擇卿違從大夫之位謂以禮去者降位一等罪人以其罪降。罪重則降多古之制也朔於敝

邑亞大夫也其官馬師也大夫位馬師職獲戾而逃唯執政所寘之得免其死爲惠大

矣又敢求位宣子爲子產之敏也使從嬖大夫爲子產故使降等不以罪降○爲子于僞反注同嬖必計反

疏使從嬖大夫○正義曰子產數游楚云子皙上大夫女嬖大夫不尊貴也則晉之嬖大夫亦是下大夫子產云朔亞大夫也今晉侯使朔爲下大夫故杜云爲子產故使降一等不以罪降

○秋八月衛襄公卒晉大夫言於范獻子曰衛事晉爲睦睦和也晉不禮焉庇其賊人而取其地賊人孫林父其地戚也○庇必利反又音祕故諸侯貳詩曰鶺鴒在原兄弟急難詩小雅鶺鴒雝渠也飛則鳴行則搖喻兄弟相救於急難不可自舍○鶺本又作即精亦反鴒本又作令力丁反難如字又乃旦反注同搖音遙又以照反

疏。詩曰至急難○正義曰小雅常棣之篇也以鶺鴒之在原喻兄弟之急難也鶺鴒水鳥也今而在原失其常處飛則鳴行則搖不能自舍也喻人當居平。安之世今有兄弟在急難相救之情亦不能自舍也但鳥有飛行可言人之不能自舍無狀可言耳○注鶺鴒雝渠○正義曰釋鳥文郭璞曰雀屬

又曰死喪之威兄弟孔懷威畏也言有死喪則兄弟宜相懷思兄弟之不睦於是乎不弔不相弔恤況遠人誰敢歸之今又不禮於衛之嗣嗣新君也衛必叛我是絕諸侯也獻子以告韓宣子宣子說使獻子如衛弔且反戚田傳言戚田所由還衛○說音悅還音環衛齊惡告喪于周且請命王使臣簡公如衛弔簡公王卿士也且追命襄公曰叔父陟恪在我先王之左右以佐事上帝陟登也恪敬也帝天也叔父謂襄公命如今之哀策○恪苦各反

疏注陟登至哀策○正義曰陟登

恪敬釋詁文也周禮所云上帝皆是天也如今之哀策者。漢魏以來賢臣既卒或贈以本官印綬近世或更贈以高官褒德敘哀載之於策將葬賜其家以告柩如今之哀策謂此也

余敢忘高圉亞圉 二圉周之先也爲殷諸侯亦受殷王追命者○圉魚呂反 【疏】注二圉至命者 正義曰案周本紀高圉是公劉玄孫之孫高圉生亞圉亞圉大王亶父之祖也並爲殷之諸侯今王追命襄公而云不忘二圉知其亦是受殷王追命此杜以意言耳二圉之受追命無文也

○九月公至自楚。孟僖子病不能相禮。 不能相儀荅郊勞以此爲己病○病不能相禮本或作病不能禮相息亮反注相儀同勞力報反

乃講學之 講習也

苟能禮者從之及其將死也 二十四年孟僖子卒傳終言之

召其大夫 僖子屬大夫

曰禮人之幹也無禮無以立吾聞將有達者曰孔丘 僖子卒時孔丘年三十五。 【疏】注孔丘年三十五○正義曰當言三十四而云五蓋相傳誤耳

聖人之後也 聖人殷湯

而滅於宋 孔子六代祖孔父嘉爲宋督所殺其子奔魯 【疏】注孔子六代祖○正義曰家語本姓篇云宋。泯公熙生弗父何何生宋父周周生世子勝勝生正考父考父生孔父嘉其後以孔爲氏也孔父生木金父金父生。睪夷父夷父生防叔防叔辟華氏之偪而奔魯生伯夏伯夏。即生梁紇梁紇即生孔子。

其祖弗父何以有宋而授厲公。 弗父何孔父嘉之高祖宋閔公之子厲公之兄何適嗣當立以讓厲公○適丁歷反

及正考父 弗父何之曾孫

佐戴武宣 三人皆宋君

三命茲益共。 三命上卿也言位高益共

故其鼎銘云 考父廟之鼎

一命而僂再命而傴三命而俯 俯共於傴傴共於僂僂力主反傴紆甫反

○循牆而走 言不敢安行

亦莫余敢侮。 其共如是亦不敢侮慢之。○侮亡甫反

饘於是鬻於是以餬余口 於是鼎中爲饘鬻饘鬻餬屬言至儉○饘之然反爾雅餬饘也鬻之六反孫炎云淖

麋也鐲音胡【疏】鏂於至余口○正義曰釋言云鐲鏂也郭璞云麋也又云鸞麋也孫炎曰淖麋也然則鐲鏂鸞麋相類之物稠者曰麋淖者曰鸞鐲鏂是
其別名將麋向口故曰以鐲余口猶今人以粥向帛黏使相著謂之鐲帛其共也如是臧孫紇有言紇武仲也曰聖人有
明德者若不當世其後必有達人聖人之後有明德而不當大位謂正考父【疏】注聖人至考父○正義曰聖人謂殷湯也
不當世謂不得在位爲國君也上文具言考父之德知此聖人之後有明德而不得在世當大位者止謂正考父也既是聖人之後而又有明德身無貴位必
慶隆子孫故言其後必有達人謂知能通達之人於夫子身爲大夫乃稱夫子此時仲尼未仕不得稱爲夫子以未仕之時爲仕後之語是丘明竟尊之而失
事實陳恆未死言謚亦此類也今其將在孔丘乎我若獲沒得以壽終必屬說與何忌於夫子使事
之說南宮敬叔何忌孟懿子皆僖子之子○屬音燭說音悅而學禮焉以定其位知禮則位安【疏】注南宮至敬叔○正義曰說南
宮氏也敬謚也叔字也又字容也字括也名說一名縚故孟懿子與南宮敬叔師事仲尼仲尼曰能補過
者君子也詩曰君子是則是效詩小雅孟僖子可則效已矣○單獻公弃親用羈。
獻公周卿士單靖公之子頃公之孫羈寄客也○單音善○冬十月辛酉襄頃之族殺獻公而立成公襄公頃公
之父成公獻公弟○頃音傾十一月季武子卒晉侯謂伯瑕伯瑕士文伯曰吾所問日食從矣可
常乎衛侯武子皆卒故對曰不可六物不同各異時民心不壹政教殊事序不類有變易官職
不則治官居職非一法。則同始異。終胡可常也詩曰或燕燕居。息或憔悴事。國詩小雅言不同○憔在遙反詩作盡瘁在醉反疏。詩曰至事國○正義曰小雅北山大夫刺幽王也役使不均已勞於從事而不得養其父母焉或燕燕居息燕燕安息貌或盡瘁事國盡力勞病以從國事此作憔悴蓋師讀不同其異終也如是公曰何謂六物對曰歲時日月星辰是謂也公曰多語寡人辰而莫同何謂辰對曰日月之會是謂辰一歲日月十二會所會謂之辰○語魚據反疏歲時日月星辰○正義曰釋天云載歲也夏曰歲周曰年李巡曰載一歲莫不覆載也孫炎曰四時一終曰歲取歲星行一次也年取年穀一熟是言歲即年也時謂四時春夏秋冬也日謂十日從甲至癸也月從正月至十二月也星二十八宿也辰謂日月所會一歲十二會從子至亥也周禮馮相氏掌十有二歲十有二月十有二辰十日二十有八星之位謂此六物也大歲所在十二年始帀故爲十二歲○辰而莫同○正義曰東南隅有辰也大火謂之辰也又有日月之會辰也又北方有辰星也日月會謂之辰者辰時也言日月聚會有時也故以配日謂以子丑配甲乙疏故以配日○正義曰言辰無常所分在十二以十幹配之明非一所也○衞襄公夫人姜氏無子姜氏宣姜嬖人婤姶生孟縶孔成子夢康叔謂己立元。成子衞卿孔達之孫烝鉏也元孟縶弟夢時元未生○婤音周又直周反徐敕周反姶烏荅反縶張立反烝之承反疏。注夢時。元未生○正義曰知者傳曰婤姶生孟縶即云成子夢若已生訖當云婤姶生孟縶及元然云孔成子夢且說夢已下乃云晉韓宣子聘歲生元明未生也余使羈之孫圉與史苟相之羈烝鉏子苟史朝子○羈居宜反相息亮反下同朝如字史朝亦夢康叔謂己余將命而子苟與孔烝鉏之曾孫圉相元史朝見成子告之夢夢協協合也晉韓宣子爲政聘于諸侯之歲在二年婤姶生子名之曰元孟縶之足

不良能行。跛也○跛波我反 疏 之足不良正義曰當斷不良爲句。能行向下讀之知孔者案二十年杜注云縶足不良故以官邑還豹是也

成子以周易筮之曰元尙享衞國主其社稷。令蓍辭 遇屯䷂ 震下坎上○屯張倫反 又曰

余尙立縶尙克嘉之 嘉善也 遇屯䷂之比䷇ 坤下坎上比屯初九爻變○比毗志反注同 疏 之比○正義曰所以上屯無變者皆遇少爻故也 以示史朝史朝曰元亨又何疑焉 周易曰屯元亨○亨許庚反注元亨皆同 成子曰非長之謂乎 言屯之元亨謂年長非謂名元○長丁丈反注同 對曰康叔名之可謂長矣 善之長也○名如字徐武政反 孟非人也將不列於宗不可謂長 足跛非全人不可列爲宗主 且其繇曰利建侯 繇卦辭○繇直又反 嗣吉何建建非嗣也。 嗣子有常位故無所卜又無所建今以位不定卜嗣得。吉則當從。吉而建之也○言何建本或作可建 二卦皆云 謂再得屯卦皆有建侯之文 疏 二卦皆云○正義曰謂前卜元之二卦非謂後卜縶之卦也 子其建之康叔命之二卦告之筮襲於夢武王所用也弗從何爲。 外傳云。大誓曰朕夢協朕卜襲於休祥戎商必克此武王辭 疏 注外傳云○正義曰外傳云者國語引大誓也古文尙書大誓具有此文此傳之意取大誓也杜不見古文故引外傳解之 弱足者居 跛則偏弱居其家不能行 侯主社稷臨祭祀奉民人事鬼神從會朝又焉得居各以所利不亦可乎 孟跛利居元吉利建○焉於虔反 故孔成子立靈公十二月癸亥葬衞襄公 靈公元也

經。八年春陳侯之弟招殺陳世子偃師 以首惡從殺例故稱弟又稱世子○招常遙反 疏 注以首至世子○正義曰

招與公子過。共殺偃師而立公子留及楚殺徵師留出奔鄭招乃歸罪於過而使陳人殺之及楚師來討。又推過爲首得免重責不死而放之於越是以招爲
從罪也若其從招之詐如楚之意則宜書過殺偃師由是仲尼知其實狀以招爲首傳言書曰陳侯之弟招殺陳世子偃師罪在招也是仲尼新意以招爲。首
惡也從殺例者從兩下相殺之例也釋例曰大臣相殺死者無罪則兩稱名氏以示殺者之罪王札子殺召伯毛伯是也若死者有罪則不稱殺者名氏晉殺
其大夫陽處父是也然則世子雖是副主猶是人臣從此人臣相殺之例故稱弟以見殺者之罪也又稱世子以見世子亦人臣也鄭段去弟陳招不去弟者
釋例云陳招殺兄之子然不推刃於其兄故以首惡稱弟稱名從兩下相殺也是言招罪輕於害兄故存弟也

夏四月辛丑陳侯溺卒

襄二十七年大夫盟于宋○溺乃歷反【疏】注襄二至于宋○正義曰溺以襄五年即位爾來陳常從楚唯有襄二十七年大夫與魯同盟于宋劉炫云往
年衛侯惡卒杜云元年大夫盟于虢此不數虢以杜爲上下自相反今知不然者以盟于宋經有明文故指之虢盟文不見經故不數也其衛侯惡更無盟處
唯有虢盟故數之劉不尋杜意而規其過非也

○叔弓如晉○楚人執陳行人干。徵師殺之

稱行人明非行人罪○干古丹反

陳公子留出奔鄭

留爲招所立未成君而出奔

○秋蒐于紅

革車千乘不言大者經文闕也紅魯地沛國蕭縣西有紅亭遠疑○蒐所求反紅戶東反乘繩證反沛音貝【疏】注革車至闕也○正義曰傳稱革車千乘是大蒐也十二年大蒐于比蒲三十二年大蒐
于昌間定十三年十四年大蒐于比蒲皆云大蒐此不云大知經闕文也釋例云紅之蒐傳言革車千乘所以示大蒐也而經不書大諸事同而文異傳不曲
言經義者直是時史之闕略仲尼略而從之春秋不可錯綜經文此之類也劉賈。潁云蒐于紅不言大者言公大失權在三家也十一年蒐于比蒲經書大蒐
復云書大者言大衆盡在三家隨文造意以非例爲例不復知其自違也

○陳人殺其大夫公子過

與招共殺偃師書名罪之○過

古禾反○大雩無傳不旱而秋雩過也○冬十月壬午楚師滅陳不稱將帥不以告壬午月十八日○將子匠反執陳公子招放之于越無傳復稱公子兄已卒○復扶又反殺陳孔奐無傳招之黨楚殺之○奐呼亂反疏注招之黨楚殺之○正義曰孔奐之爲招黨傳無其文正以殺稱名氏是有罪之文知其是招黨也文七年宋人殺其大夫傳曰不稱名衆也且言非其罪也無罪不稱名知稱名爲有罪矣若使孔奐無罪仲尼必當變文但此非常例先無定制不知其將何所稱也執招殺奐皆是楚人爲之承上楚師滅陳之下是楚可知不復每文書楚杜以注文隔故言楚殺以明之不言殺陳大夫者殺他國之臣例不書爵宣十一年楚人殺陳夏徵舒是其類也此執招殺奐皆滅陳乃爲之故依次而書書在滅陳之下○葬陳哀公嬖人袁克葬之魯往會故書○嬖必計反疏。注嬖人至故書○正義曰賈服以葬哀公之文在殺孔奐之下以爲楚葬哀公故杜辯之袁克葬之案傳克欲殺馬毀玉楚人將欲殺克不得爲楚葬之若是楚葬宜云楚人葬陳哀公當如齊侯葬紀伯姬不得直言葬也且諸言葬某公者皆是魯往會葬之文大夫不得書名言其所爲之事而已故云魯往會故書也案傳袁克之葬乃是私竊葬之而魯得會者諸侯之卒告卒不告葬但葬有常期知卒即往會之未必得以禮從赴也

傳八年春石言于晉魏榆魏榆晉地○魏榆服云魏邑也榆州里名疏。注魏榆晉地○正義曰服虔云魏邑榆州里名襄二十三年叔孫豹次于雍榆雍榆地名知魏榆亦地名。也晉侯問於師曠曰石何故言對曰石不能言。或馮焉謂有精神馮依石而言○馮皮冰反注同不然民聽濫也濫失也○濫力暫反下注同疏民聽濫○正義曰或民聽濫失實無言而妄稱有言也抑臣又聞之抑疑辭曰作事不時怨讟動于民。則有非言之物而言今宮室

崇侈民力彫盡彫傷也○讟徒木反侈昌氏反又尺氏反怨讟並作莫保。其性性命也民不敢自保其性命石言
不亦宜乎於是晉侯方築虒祁之宮虒祁地名在絳西四十里臨汾水○虒音斯本又作㢅同祁巨之反又音臣之反汾
扶云反叔向曰子野之言君子哉子野師曠字君子之言信而有徵故怨遠於其身怨咎
遠其身也○遠于萬反注同咎其九反下文同小人之言僭而無徵故怨咎及之詩曰哀哉不能言匪
舌是出唯躬是瘁詩小雅也不能言謂不知言理以僭言見退者其言非不從舌出以僭而無信自取瘁病故哀之○僭子念反注同不信
也出如字又尺遂反瘁在醉反哿矣能言巧言如流。俾躬處休其是之謂乎哿嘉也巧言如流謂非正言而順敘
以聽言見荅者言其可嘉以信而有徵自取安逸師曠此言緣問流轉終歸于諫故以比巧言如流也當叔向時詩義如此故與今說詩者小異○哿古可反
毛詩傳云可也俾必耳反本又作卑休許虯反美也**疏**詩曰至謂乎○正義曰小雅雨無正之篇也可哀愍哉彼不能言之人其所言者非不從舌是出但
其言僭而無徵惟於己身是病以不能言而自病其身是可哀也可嘉美矣彼能言者巧爲言語如水之轉流然其言信而有徵自使其身處休美之地以。言
。能而自處其美地故可嘉也此能言處休者其是子野之謂乎○注哿嘉至小異○正義曰詩毛傳云哿可也哿無正訓以其字從加從可故各以意訓耳此
詩上文云聽言則荅譖言則退然後次此哀哉故杜以哀哉不能言覆上僭言見退謂言而不見信被黜退者也哿矣能言覆上聽言則荅謂言可聽用見應
荅者也以其言可嘉善信而有徵故自取安逸處休美也師曠因公之問其言流轉終歸于諫其言實巧故以比巧言如流也據今毛鄭解詩哀哉不能言者
賢人不能言也不能以其正道曲從君心故身見困病哿矣能言乃指時世所謂能言者巧言從俗如轉流矣阿諛順旨不依正法得使身居休美與此所引

意異故言當叔向時詩義如此與今說詩者小異隱元年注云詩人之作各以情言君子論之不以文害意故春秋傳引詩不皆與今說詩者同他皆放此然則引詩斷章取義得異於本而云叔向時詩義如此者但叔向此言在孔子刪詩之前與刪詩之後其義或異故云叔向時詩義如此隱元年論詩者君子之言君子即丘明也其言。則刪詩之後乃與詩說不同故云引詩斷章此杜大略而言其實未脩之前有引詩亦有斷章者是宮也成諸侯必叛君必有咎夫子知之矣為十年晉侯虒卒傳

○陳哀公元妃鄭姬生悼大子偃師元。妃夫人也二妃生公子留下妃生公子勝二妃嬖留有寵屬諸。徒招。與公子過招及過皆哀公弟也哀公有廢。疾○廢甫肺反三月甲申公子招公子過殺悼大子偃師而立公子留

○夏四月辛亥哀公縊憂恚自殺經書辛丑從赴○縊一豉反恚一睡反疏注經書辛丑從赴○正義曰經云辛丑傳言辛亥經傳異者多是傳實經虛故言從赴長曆四月戊戌朔四日辛丑十四日辛亥一月之內有此二日故不云日誤于徵師赴于楚干徵師陳大夫且告有立君公子勝愬之于楚以招過殺偃師告愬也楚人執而殺之。殺干徵師公子留奔鄭

書曰陳侯之弟招殺陳世子偃師罪在招也。楚人執陳行人干徵師殺之罪不在行人也疑為招赴楚當同罪故重。發之○為于偽反下為子良立宰為之立宰同重直用反疏注疑為至發之○正義曰襄十一年楚人執鄭行人良霄傳稱書曰行人言使人也此復發傳故言重發之也釋例曰行人有六而。發。傳。有三者因良霄以顯其稱行人。因干徵師以示其非罪因魯叔孫婼以同外內大夫則餘三人皆隨例而為義也

○叔弓如晉賀虒祁也賀宮成游吉相鄭伯以如晉亦賀

虒祁。也史趙見子大叔曰甚哉其相蒙也蒙欺也○相息亮反下而相吾室同可弔也而又賀之子大叔曰若何弔也其非唯我賀將天下實賀言諸侯畏晉非獨鄭○若何弔也本或作若何弔也○秋大蒐于紅自根牟至于商。衛革車千乘。大蒐數軍實簡車馬也根牟魯東界琅邪陽都縣有牟鄉商宋地魯西竟接宋衛也言千乘明大蒐且見魯衆之大數也○乘繩證反注同數色主反竟音境見賢遍反○七月甲戌齊子尾卒子旗欲治其室子旗欒施也欲幷治子尾之家政丁丑殺梁嬰梁嬰子尾家宰八月庚戌逐子成子工子車三子齊大夫子尾之屬子成。頃公子固也子工成之弟鑄也子車頃公之孫捷也○頃音傾下文並同鑄之樹反捷在接反皆來奔不書非卿而立子良氏之宰子良子尾之子高彊也子旗爲子良立宰其臣曰孺子長矣孺子謂子良○孺而樹反本亦作孺長丁丈反而相吾室欲兼我也兼幷也授甲將攻之陳桓子善於子尾亦授甲將助之或告子旗子旗不信則數人告將往又數人告於道。遂如陳氏桓子將出矣聞之而還聞子旗至○數色主反下同疏。將往至陳氏○正義曰將往子良之家也又數人告不復敢向子良之家遂如陳氏服虔云將往者欲往到陳氏問助子良攻我意謬甚也游服而逆之去戎備著常游戲之服○去起呂反著張略反請命問桓子所至對曰聞彊。氏授甲將攻子子聞諸曰弗聞子盍亦授甲無宇請從無宇桓子名○盍胡臘反下同從才用反子旗曰子胡然彼孺子也吾誨之猶懼其不濟吾又寵秩之謂爲之立宰其若先人何子盍謂之

（謂之使无攻我）周書曰惠不惠茂。不茂。（周書康誥也言當施惠於不惠者勸勉於不勉者茂勉也）康叔所以服弘大也。（服行也）桓子稽顙曰頃靈福子（頃公靈公樂氏所事之君○稽音啓顙素黨反）【疏】（注周書至勉也○正義曰周公戒康叔當施惠於不肯施惠者勸勉其不能勉力者今子良不能勉力爲善欲令桓子勸勉之故引此書也茂勉也釋詁文○頃○正義曰。謚法。祗動追懼。曰頃）吾猶有望（望子旗惠及己）遂和之如初（和欒高二家）陳公子招歸罪於公子過而殺之（言招所以不死而得放）

九月楚公子弃疾帥師奉孫吳圍陳。（孫吳悼大子偃師之子惠公）宋戴惡會之（戴惡宋大夫）

冬十一月壬午滅陳（壬午十月十八日傳言十一月誤）【疏】（注壬午至月誤○正義曰杜以長曆校之十月乙丑朔十八日得壬午也十一月無壬午經書十月曆與經。合知傳言十一月者誤也）輿嬖袁克殺馬毀玉以葬（輿衆也袁克嬖人之貴者欲以非禮厚葬哀公）【疏】（注輿衆至哀公○正義曰就衆嬖之內特舉袁克之名知克是嬖人之貴者也葬無殺馬毀玉之法知欲以非禮厚葬哀公也服虔云一曰馬陳侯所乘馬玉陳侯所佩玉故殺馬毀玉不欲使楚得之事亦有似知不然者楚既滅陳則爲己有克不能私藏馬玉欲殘毀之故不從）楚人將殺之請寘之（置馬玉○寘之豉反）既又請私（私盡君臣恩）私於幄加絰於顙而逃（幄帳也逃不欲爲楚臣○幄於角反絰直結反）使穿封戌爲陳公（戌楚。之大夫滅陳爲縣使戌爲縣公○穿音川戌音恤）曰城麇之役不諂（成麇役在襄二十六年戌與靈王爭皇頡○麇九倫反注同諂勑檢反頡戶結反）侍飲酒於王王曰城麇之役女知寡人之及此女其辟寡人乎（及此謂爲王女音汝下同○）對曰若知君之及此臣必致死禮以息楚。（息寧）

靜也晉侯問於史趙曰陳其遂亡乎對曰未也公曰何故對曰陳顓頊之族也陳祖舜舜出顓頊○顓音專頊許玉反歲在鶉火是以卒滅陳將如之顓頊氏以歲在鶉火而滅火盛而水滅○鶉市春反

疏對曰至楚國○正義曰致死禮者欲爲郟敖致死殺靈王也穿封戌既臣事靈王而爲此悖言追恨不殺君者以明在君爲君之義見己忠直若如今日有人欲謀靈王己必致死殺之此對是詔非悖也○注顓頊至水滅○正義曰顓頊崩年歲星在鶉火之次於時猶有書專言之故史趙得而知也歲星天之貴神所在必昌鶉火得歲而火益盛火盛而水滅顓頊水德故以此年終也陳是顓頊之族故知滅將如之亦當歲在鶉火陳乃滅也史趙別有以知假此而爲言耳不可一準此言以驗國之興滅

今在析木之津猶將復由箕斗之間有天漢故謂之析木之津由用也○析星歷反復扶又反一音服

疏注箕斗至用也○正義曰析木之津於十二次爲位在寅也釋天云析木之津箕斗之間漢津也孫炎曰析別水木以箕斗之間是天漢之津也劉炫謂是天漢卽天河也天河在箕斗二星之間箕在東方木位斗在北方水位分析水木以箕星爲隔隔河須津梁以渡故謂此次爲析木之津也不言析水而言析木者此次自南而盡北故依此次而名析木也襄三十年傳稱歲星在娵訾之口其明年乃及降婁歲星歲行一次降婁距此九年故此年歲在析木之津也由用釋詁文言將用是而更興

且陳氏得政于齊而後陳卒亡物莫能兩盛

自幕至于瞽瞍無違命幕舜之先瞽瞍舜父從幕至瞽瞍間無違天命廢絕者○幕音莫瞽音古瞍素口反

疏注幕舜至絕者○正義曰魯語云幕能帥顓頊者也有虞氏報焉孔晁云幕能修道功不及祖德不及宗故每於歲之大烝而祭焉謂之報言虞舜祭幕明幕是舜先不知去舜遠近也帝系云顓頊生窮蟬窮蟬生敬康敬康生句芒句芒生蟜牛蟜牛生瞽瞍亦不知幕於蟜牛以前是誰名字之異也從幕至瞽叟無違天命廢絕言其不絕世繼嗣相傳以至舜也觀傳

此文瞽叟以前似有國士而尙書序云虞舜側微孔安國云爲庶人故微賤經云有鰥在下曰虞舜明是下賤矣蓋至瞽叟始失國耳此久遠之事不可知也

舜重之以明德寘德於遂遂舜後蓋殷之興存舜之後而封遂言舜德乃至於遂○重直用反疏注遂舜至於遂○正義曰三年傳云箕伯直柄虞遂伯戲則遂在直柄之後故云蓋殷興存舜之後而封之也言舜有明聖之德其德流及於遂故言寘德於遂寘置也置此德於遂身令使遂有德也遂世守之及胡公不淫故周賜之姓使祀虞帝胡公滿遂之後也事周武王賜姓曰嬀封諸陳紹舜後○嬀九危反疏注胡公至舜後正義曰胡公封陳之由襄二十五年傳已具之矣世本舜姓姚氏哀元年傳稱夏后少康奔虞虞思妻之以二姚虞思猶姓姚也至胡公周乃賜姓爲嬀耳因昔虞舜居嬀水故周賜以嬀爲姓也陳世家言舜居嬀汭其後因姓嬀氏謂胡公之前已姓嬀矣是馬遷之妄也臣聞盛德必百世祀虞之世數。未也繼守將在齊其兆既存矣言陳氏興盛於齊形兆已見○見賢遍反疏其兆既存矣○正義曰陳氏世世益賢而位漸高有恩德而得民意其有國之徵兆既存在矣言可知也

附釋音春秋左傳注疏卷第四十四

春秋左傳注疏卷四十四校勘記　阮元撰盧宣旬摘錄

附釋音春秋左傳注疏卷第四十四　昭七年盡八年

（經七年）

即燕與齊平　監本毛本即誤既

傳以其不分明　閩本監本毛本不誤下

杜言將適楚者　重脩監本杜誤持

鄉曰衞齊惡　監本毛本鄉作卿非也

不奪親之所名　浦鏜正誤奪下有人字據穀梁增也

（傳七年）

齊求之也　宋本以下正義三節總入注文斝耳玉爵之下

燕必知其音意乃成耳　正德本閩本音作旨宋本監本毛本無音字乃下有行字

至河間鄚縣入易水　釋文云鄚本又作莫宋本誤鄭

賂以瑤罋　石經初刻罋從瓦後改從缶

注析羽至於軫 宋本以下正義八節總入遂赦之注下

繫之於旞 閩本監本毛本旞作旞非也

所以注旌於干首也 宋本監本毛本以作謂是也諸本作旌宋本作旄閩本干誤于

亦短於諸侯之旌二刃 此本旌字下空闕二字

執無宇也 諸本作宇此本誤字今改正

普天之下 釋文普作溥云今之左氏傳本或作普陳樹華云毛詩作溥孟子引詩亦作普據釋文則左傳舊作溥也

故王臣公 石經臣字改刊案後漢書濟南安王傳注袁紹傳注引此句下有公臣卿句下皁臣輿誤作皁臣隸脫輿臣隸句

言正無私也 宋本言下有公字

之言扶也 宋本閩本監本毛本之上有夫字是也

末知其義 宋本閩本監本毛本末作未是也

爲隱亡人之法也 案釋文引服注亡上有匿字

行善法故能啓疆 諸本作疆淳熙本作彊

以紂爲上 宋本監本毛本上作主是也

取而臣以往 淳熙本取誤敢

往去之 宋本淳熙本纂圖本監本毛本之作也

今在華容城內 淳熙本城誤戎

注宮室至城內 宋本以下正義四節總入及楚不能荅郊勞注下

言露寢生人所居 浦鏜正誤露作路按鄭注作路

以血塗其十 監本十作卜宋本毛本作上是也

大宰蘧啓彊 纂圖本閩本監本毛本彊作疆是也下同

奉承以來 毛本奉承誤倒

日我先君共王 淳熙本纂圖本日作曰案正義云日謂往日也董遇注無日字毛誼父六經正誤以作日月之日爲誤非也岳本此處缺

日月以巽 補各本巽作冀注同

何蜀之敢望 石經此處刓缺纂圖本毛本敢作告非也

君若不求 石經此處缺宋本淳熙本纂圖本監本毛本求作來是也

既祭以車轢之 考文既祭二字誤作前監本毛本轢作櫟非監本下轢字不誤

孟僖子爲介 諸本作介石經初刻誤个後改正

誰將當日食 石經宋本淳熙本岳本纂圖本監本毛本目作日是也

故禍在衞大在魯小也 岳本脫也字

注衞地至降婁 宋本以下正義三節總入三日從時注下

是在地封域 宋本無是字

引堪餘云 監本毛本餘作輿是也

戌降婁魯也 宋本閩本監本毛本作戍此本誤成今改正

詩所謂彼日而食于何不臧者 案陳樹華云詩作此日而食漢書五行志引亦作此日引傳無者字

朔月辛卯 案今本毛詩月誤日

豫筭而盡知 宋本豫上有皆字筭作算是也毛本同

當其各也 閩本各作名亦誤宋本監本毛本作咎

照臨下上 閩本上作士亦非宋本監本毛本作土是也

故鳴之以鼓折 閩本折作拆亦非宋本監本毛本作柝不誤

教之脩德之去　宋本毛本之下有以字監本初刻亦脫後擠刊

晉人來治杞田　淳熙本來誤作求石經宋本岳本纂圖本閩本監本毛本祀作杞是也

前汝叔侯不盡歸　宋本岳本汝作女正義同

前女至杞田　宋本此節正義在注文不書非公命之下

成孟氏邑本杞田　淳熙本田誤山

言季孫亦將疑我不忠　淳熙本我誤戎

吳無以待之　石經宋本岳本纂圖本監本毛本吳作吾是也

魯國汴縣東南有桃虛　宋本岳本纂圖本監本毛本汴作卞是也

使長鬣者相　案說文引傳作儠是儠爲正字鬣爲假借字

欲先夸魯侯　宋本淳熙本先作光是也葉鈔釋文亦作光

使長鬣者相　宋本以下正義二節總入慎守寶矣節注下

薳啓彊見魯侯　宋本薳作蔿閩本監本毛本彊作疆

薳啓彊聞之　纂圖本閩本監本毛本彊作疆

言齊晉越將伐魯而取之　淳熙本脫而字

並走羣望　臧琳云當作並趣羣望字之壞也詩棫樸左右趣之傳趣趨也箋云文王臨祭祀其容濟濟然故左右之諸臣皆促疾於事謂相助積薪望祀山川雖不積薪然諸臣之促疾祀事則同也古趣字多有誤作走者如玉篇趣下引詩來朝趣馬今詩作走馬是趣譌走之一證也

今夢黃熊入于寢門　石經此處刓缺宋本岳本于作於正義曰諸本皆作熊釋文作能又云今本作能者勝案陸說是也

昔堯殛鯀于羽山　釋文云殛本又作極段玉裁云極窮也孟子言極之於所往是也凡作殛者皆極字之假借也

今夢至寢門　宋本以下正義五節總入賜子產莒之二方鼎注下

孫炎曰書云　宋本曰作引是也

則熊似羆似豕之獸　宋本無似羆二字

張叔皮論云　案錢大昕云李善注文選卷六卷四十三引張升反論卷三十一卷四十引張叔及論卷五十五引張升反論語與春秋疏所引本是一篇而篇名或云反論或云反論語或云及論或云皮論其人名或云叔或云升考後漢書文苑傳有張升字彥真陳留尉氏人著賦誄頌碑書凡六十篇梁七錄有外黃令張升集二卷反論殆升所撰之一篇如解嘲釋譏之類曰皮曰及皆字形相涉而譌叔與升亦字形相涉也

賓爵下革　宋本閩本監本毛本革誤華據潛揅堂文集所引改正

故晉繼周祀鯀也　宋本無也周下有當字

子產爲豐施歸州田於韓宣子 毛本於改于

豐施 淳熙本施字空缺

荷擔也以微薄喻貴重 釋文亦作擔宋本作檐毛詛父六經正誤云擔作檐誤當作擔案毛詛父云誤非也依說文當作儋古書多假檐爲之擔俗字貴重宋本誤倒作重貴

若屬有疆場之言 纂圖本毛本場誤場

而豐氏受其大討 毛本受誤愛

傳信子產 宋本淳熙本岳本纂圖本監本毛本信作言是也

注傳言至不諒 宋本此節正義在以易原縣於樂大心注下

貞而不諒 重脩監本貞誤真

以賜樂大心也 岳本脫也字

鄭人殺伯有 岳本脫人字

注公孫段豐氏黨 宋本以下正義九節總入不亦宜乎注下

何休膏肓 宋本肓作育是也

子產雖立良止　宋本閩本監本毛本良作艮不誤下同

令雩祀百辛卽士有益于民者　宋本閩本監本毛本辛卽作辟卿是也

旣生魄陽曰魂　纂圖本毛本魂作魄非也

惑陰陽以靈　宋本閩本監本毛本惑作感不誤

魄感魂強　宋本強作彊

形旣入士　宋本監本毛本士作土是也

則魂魄強　宋本淳熙本纂圖本毛本強作彊與石經合

用物至魄強　宋本毛本強作彊下魄強同

則物備　宋本物下有能字

此言從微而至著耳　耳字依宋本改此本誤斗閩本監本毛本作蓋亦非

注相尚至以酒　宋本以下正義三節總入使從嬖大夫注下

君之羈臣　石經此處缺淳化本羈作羇

以其罪降　補監本毛本降作降注同

詩曰至急難　宋本以下正義四節總入余敢忘高圉亞圉注下

喻人當居平守之世　宋本監本毛本守作安是也

漢魏以來　毛本漢字實缺

孟僖子病不能相禮　諸本有相字論語季氏篇疏引傳文同釋文無相字云本或作病不能相禮惠棟云今本禮上有相字下云苟能禮者從之則相字衍蓋襲上文相儀之誤當從釋文

孔某年三十五　諸本作孔某此本作孔立形相近而誤毛本作子非正義曰當言三十四而云五蓋相傳誤耳

孔某年三十五　宋本以下正義五節總入孟僖子可則效巳矣之下

家吾本姓篇云　宋本監本毛本吾作語是也

宋佊公熙　毛本佊作泯是也泯與杜注閔同今本家語作襄公大誤

金父生皐夷父　浦鏜正誤皐作睪

伯夏卽生梁紇　宋本無卽字是也

卽生孔子　宋本子下有也字

其祖弗父何以有宋而授厲公　毛本授誤受

三命茲益共 後漢書馬援傳注引作三命滋益恭

亦不敢侮慢之字 宋本岳本纂圖本監本毛本亦上有人字岳監毛三本脫慢

注南宮至敬叔 宋本監本毛本無至字是也

單獻公弃親用羈 宋本岳本羈作覊與石經合

治官居職非一法則 宋本淳熙本纂圖本岳本監本毛本無則字是也

同始異終 淳熙本異誤易

或燕燕居息或憔悴事國 石經居字事字上旁並有以字後人所妄加也

詩曰至事國 宋本以下正義四節總入故以配日注下

十二年始市 閩本市作布亦非宋本監本毛本作巿是也

嬖人婤姶生孟縶 閩本姶誤始正義及下同纂圖本下婤姶生子亦誤始

孔成子夢康叔謂已立元 毛本元誤兀

夢時元未生下 監本元作至非也宋本以下正義五節總入故孔成子節注

且說夢已下 宋本已作以

孟縶之足不良能行 石經此處缺監本毛本能作弱按不良能行猶言不善於能行也正義欲於不良斷句非也

能行向下讀之 監本作弱行向下讀之毛本作弱向下行誤

今蓍辭 宋本岳本監本今作令是也

嗣吉何建 釋文云何本或作可建陳樹華云可乃古何字

得吉則當從吉而建之也 諸本作吉淳熙本誤言

大誓曰 纂圖本大作泰非也

襲於休祥 淳熙本襲作聚

（經八年） 宋本春秋正義卷第二十八石經春秋經傳集解昭三第廿二岳本昭下有公字並盡十二年

招與公子過共殺偃師 重脩監本共作其非也

又推過爲首 宋本又上有招字是也

以招爲首惡也 監本毛本首惡誤倒

楚人執陳行人干徵師殺之 宋殘本干誤于

劉賈穎曰 宋本穎作頴是也

注嬖人至故書　閩本監本毛本脫注字

注魏榆晉地　宋本以下正義四節總入是宮也節注下

（傳八年）

知魏榆亦地名也　宋本無也字

石不能言或馮焉　案漢書五行志言下有神字蓋後人依杜注增之耳不可信也

怨讟動于民　石經此處缺宋本宋殘本淳熙本足利本于作於

莫保其性　石經此處缺宋本宋殘本保作信案漢書五行志引同師古曰信猶保也一說信讀爲申

俾躬處休　石經此處缺釋文俾作卑云本又作俾

以言能而自處其美地　宋本言能作能言是也

與刪詩之後　毛本與誤則

元配夫人也　宋本宋殘本淳熙本岳本纂圖本監本毛本配下有嫡字是也釋文作適云本又作嫡

屬諸徒招　石經宋本宋殘本淳熙本岳本纂圖本閩本監本毛本諸下有司字是也案史記管蔡世家索隱曰招或作苕或作昭

哀公有癈疾　北宋刻釋文亦作癈纂圖本閩本監本毛本誤作廢案說文云癈固疾也在疒部毛誼父六經正誤云與國本作廢非也

注經書辛丑從赴　宋本以下正義二節總入公子留奔鄭節注下
楚人執而殺之　諸本作而此本誤弓今改正
楚人執陳行人干徵師殺之　纂圖本監本毛本作楚子誤
故重發之　諸本作發此本誤廢今改正
而發傳有三者　案襄十一年正義作而傳發其三者
因良霄以顯其稱行人　案襄十一年正義人下有之事二字
賀虒郊也　石經宋本宋殘本淳熙本岳本纂圖本監本毛本郊作祁是也
自根牟至于商衞　宋殘本商作商非也
琅邪陽都縣有牟鄉五葉　淳熙本纂圖本監本毛本邪作琊字案宋殘本以下缺
子成頃公子固也　毛本頃誤逐
亦授甲將助之　毛本授誤受
又數人告於道　石經宋本纂圖本毛本於作于
將往至陳氏　宋本以下正義三節總入遂和之如初注下

聞彊氏授甲將攻子 監本彊誤疆

茂不茂 陳樹華云茂書作懋案茂懋字異而音義並同也

服行也 監本服上脫注字

謚法祇動追懼曰頃 監本毛本謚作諡祇作祗非毛本曰誤民

注壬午至月誤 宋本以下正義九節總入臣聞盛德節注下

奉孫吳圍陳 纂圖本圍誤圉

曆與經合 此本合字實缺據宋本閩本監本毛本補

戍楚之大夫 宋本淳熙本岳本纂圖本監本毛本足利本無之字是也

臣必致死禮以息楚 宋本淳熙本毛本足利本楚下有國字監本初刻亦脫後擠增案石經此處缺以字數計之當有國字

陳顓頊之族也 宋本族作後

對曰至楚國 監本毛本楚國作息楚非是

於時猶有書專言之 宋本監本毛本專作傳

析木之津 浦鏜正誤木下補謂字按謂字不當有爾雅邢昺疏可證也

幕能師顓頊者也 宋本師作帥與外傳合

顓頊生窮蟬 閩本監本蟬誤燀下同

蟜牛生瞽叟 閩本監本毛本叟作瞍下同

虞之世數未也 毛本數作文誤也

春秋左傳注疏卷四十四校勘記

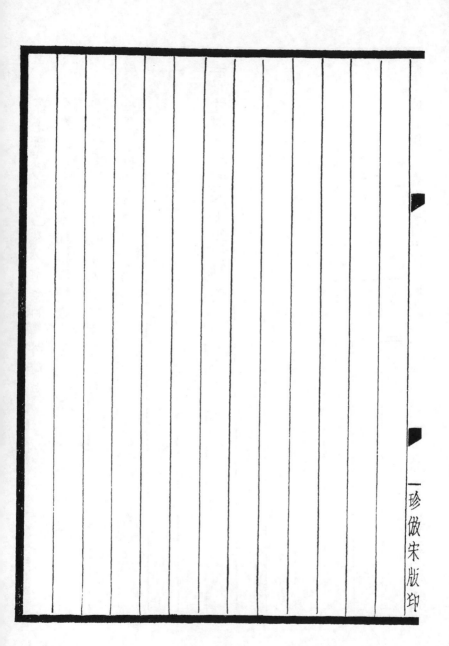

附釋音春秋左傳注疏卷第四十五 昭九年盡十二年

杜氏注 孔穎達疏

經九年春叔弓會楚子于陳以事往非行會禮疏注以事會禮○正義曰此與宣十五年公孫歸父會楚子于宋其事同也楚子在彼魯敬大國自往會之非楚子召使會自以小國事大國之禮往○許遷于夷許畏鄭欲遷故以自遷爲文疏注許畏至爲文正義曰許自楚莊王以來世屬於楚常與鄭爲仇敵今畏鄭欲遷都近楚楚從其意而遷之故以許自遷爲文若許不欲遷而楚彊遷之則當云楚人遷許如宋人遷宿齊人遷陽○夏四月陳災天火曰災陳既已滅降爲楚縣而書陳災者猶晉之梁山沙鹿崩不書晉災言繫於所災所害故以所在爲名疏注天火至爲名○正義曰天火曰災宣十六年傳例也公羊穀梁經皆作陳火公羊傳曰陳已滅矣其言陳火何存陳也穀梁傳曰國曰災邑曰火火不志此何以志閔陳而存之也賈服取彼爲說言愍陳不與楚故存陳而書之言陳尚爲國也杜以左氏無此義故辯而異之云陳既已滅降爲楚縣不言楚陳災而直書陳災者猶如晉之梁山沙鹿崩不書也以彼不繫晉知法自不當繫楚非是存陳如舊國也凡災害所及繫於所災所害之處故以所在爲名不復繫其本國大都以名通例不繫國陳是楚之大都無緣當繫於楚二傳妄說故杜不從所災所害者所災謂陳災是也所害謂梁山沙鹿崩是也然災害繫於所災所害而宣十六年不直云宣榭火而以宣榭繫成周者以宣榭其名不顯若不繫成周不知何處宣榭與此別也○秋仲孫貜如齊○貜俱縛反○冬築郎囿○囿音又苑也於郎地築苑

傳九年春叔弓宋華亥鄭游吉衛趙黶會楚子于陳楚子在陳故四國大夫往非盟主所召不行會禮故

不總書○黶於滅反【疏】注楚子至總書正義曰往年楚公子弃疾帥師圍陳楚子不親行也既滅陳以爲縣楚子自往巡行鎭撫之魯宋鄭衛聞其在陳畏威加敬各遣大夫往彼會之非是盟主所召至亦不行會禮故魯史獨書己使不復總書諸國也傳因叔弓所見故歷序四國大夫以見諸國皆行非獨魯也十年叔孫婼如晉葬晉平公傳因歷序諸國大夫此意與彼同也服虔以爲此會宋鄭衛之大夫不書叔弓後也服見文七年公會諸侯晉大夫盟于扈傳歷序諸國乃云公後至故不書所會凡會諸侯不書所會後也後至不書其國辟不敏也服意準彼爲義故云叔弓後耳彼爲盟主所召故諱後期此則楚非盟主何以當諱春秋之意豈欲魯棄晉而從楚乃爲之諱其會楚遲也且彼不書所會乃總書諸侯此若是會經何以不總書叔弓會諸侯之大夫傳何以不言叔弓會楚子宋華亥鄭游吉衛趙黶于陳也今傳以四國大夫共會楚子義非扈類足以可明且叔弓若後傳當言之傳不言後而服以爲後是欲代丘明爲傳非解之也故杜顯而異之言不行會禮故不總書見此意

○二月庚申楚公子弃疾遷許于夷實城父此時改城父爲夷故傳實之城父縣屬譙郡【疏】注此時至譙郡○正義曰杜以地名經傳不同而傳言實者則以爲名有改易也傳不言實則以爲二名並存也所言實者皆舉舊以實新此地舊名城父此時新改爲夷然言城父是舊名故傳以實明之凡有二義經書未改之名傳以所改實明之凡有二義經書未改之名傳以所改實之則昭十八年許遷于白羽傳云許遷於析實白羽定十年公會齊侯于夾谷傳云會于祝其實夾谷是也若經書已改之名則傳亦舉其已改實其未改之號即此許遷于夷傳云遷許于夷實城父定十三年齊侯衞侯次于垂葭傳云次于垂葭實郹氏是也此四者或經書未改或經書已改傳皆上句舉其已改之名下句實其未改之號凡一地前後二名者非謂經時爲未改之名傳時爲已改之名乃於經傳以前上世之時已有所改前後之名夫子集史記而爲經丘明采簡牘而作傳史記或書其舊名者即白羽夾谷是也或史記書其後名者即夷與垂葭是也丘明據簡牘爲傳以所改後名而實

之故僖二十五年秦取析矣襄二十六年聲子云析。公之亂皆舉白羽改爲析之後但簡牘稱析故杜云於傳時白羽改爲析止謂簡牘之時非丘明作傳時
也若其不然孔子脩經丘明作傳事相連接時日不遠豈可脩經時爲白羽作傳卽改爲析故杜云此四者皆爲所在之地舊名絕於當時史記有遺者也劉
炫不審思杜意怪僖公襄公之世已有析名而規杜氏非也
取州來淮北之田以益之益許田
【疏】取州至益之○正義曰釋例云州來淮南下蔡縣汝水之南。也淮北之田淮水北田則州來邑在淮南邑民有田在淮北也許國盡遷于夷夷田少故取以益之
伍舉授許男田然丹遷城父人於陳以夷濮西田益之以夷田在濮水西者與城父人○濮音卜
遷方城外人於。許成十五年許遷於葉因謂之許今許遷於夷故以方城外人實其處傳言靈王使民不安○葉始涉反處昌慮反
○周甘人與晉閻嘉爭閻田甘人甘大夫襄也閻嘉晉閻縣大夫○閻以廉反
【疏】。注甘人至大夫○正義曰孔子父叔梁紇爲鄹邑之長論語謂孔子爲鄹人之子是典邑大夫法當以邑名冠之而稱人知此甘人卽是下文甘大夫襄也甘人是甘縣大夫知閻嘉是晉之閻縣大夫名嘉也甘閻接竟田或相侵故共爭之
晉梁丙張趯率陰戎伐潁。陰戎陸渾之戎潁周邑○趯他歷反
王使詹桓伯辭於晉。辭責讓之桓伯周大夫○詹之廉反
曰我自夏以后稷魏駘。芮岐畢吾西土也在夏世以后稷功受此五國爲西土之長駘在始平武功縣所治釐城岐在扶風美陽縣西北○夏戶雅反注同駘他來反依字應作部芮如銳反岐其宜反長丁丈反下師長同治直吏反釐本又作斄他來反又音來一音力之反
【疏】注在夏至西北○正義曰周語云昔我先世后稷以服事虞夏及夏之衰也棄稷弗務我先王不窋用失其官案本紀不窋是后稷之子繼其父業世爲大國故受此五國爲西土之長也釋例土地名云魏河東河北縣也芮馮翊臨晉縣芮鄉是也畢在京兆長安縣西北駘在武功岐在美陽今

案其地芮在魏之西南。百餘里耳岐在駘之西北無百里也詩稱后稷封邰與岐畢相近爲之長可矣計魏在邰東六百餘里而令邰國與魏爲長道路太遙公劉居豳又在岐西北四百餘里此極言遠竟而辭不及豳並不知其故

傳 及武王克商蒲姑商奄吾東土也 樂安博昌縣北有蒲姑城○蒲如字又音薄奄於撿反樂音洛

【疏】及武至東土正義曰武王克商光有天下外薄四海皆爲周地上文既言西土故以下唯說三方其實西方所至過於上文自岐以西猶是周竟但不復重言之耳服虔云蒲姑商奄濱東海者也蒲姑齊也商奄魯也二十年傳曰蒲姑氏因之定四年傳曰因商奄之民命以伯禽

巴濮楚鄧吾南土也肅慎燕亳吾北土也 肅慎。北夷在玄菟。北三千餘里○巴必加反燕於賢反亳步各反

【疏】巴濮至北土○正義曰土地名云巴巴郡江州縣也楚南郡江陵縣也鄧義陽鄧縣也建寧郡南有濮夷地然則巴楚鄧中夏之國唯濮爲遠夷耳土地名又云燕國薊縣也亳是小國闕不知所在蓋與燕相近亦是中國也唯肅慎爲遠夷○注肅慎至餘里○正義曰書序云成王既伐東夷肅慎來賀魯語云武王克商肅慎氏貢楛矢韋昭云肅慎東北夷之國去扶餘千里晉之玄菟郡在遼東。北杜言玄菟北三千里是北夷之近東者故杜言北夷韋言東北夷

吾何邇封之有 邇近也

【疏】吾何邇封之有○正義曰言我之封疆何近之有邇近也

文武成康之建母弟以蕃屏周亦其廢隊是爲 爲後世廢隊兄弟之國當救濟之○蕃方元反屏必井反隊直類反注同爲于僞反注同

【疏】文武至是爲○正義曰傳稱虢仲虢叔王季之穆是文王母弟也管蔡郕霍魯衛毛聃史記以爲武王之母弟也唐叔成王之母弟也其康王之母弟則書傳無文文王周之始王故言文王文王未得封諸侯也弟以同母爲親故言母弟耳所封非同母者亦多矣建爲國君所以爲藩籬屏蔽周室使與天子蔽郭患難亦其慮後世子孫或有廢隊王命望諸侯共救濟之是爲此也

豈如弁髦而因以敝之 童子垂髦始冠必三加冠成禮而弃其始冠故

言弁髦因以敝之。○弁皮彥反本又作卞髦音毛始冠古亂反【疏】豈如至敝之○正義曰豈如弁髦因以敝之者弁謂緇布冠○髦謂童子垂髦凡加冠之禮先用緇布之冠斂括垂髦三加之後去緇布之冠不復更用故云因以敝之今王自比豈得將王室如緇布冠加髦之後不須復用因以敝之猶言以我王家封建晉國之後因即弃而不事之也○注童子至冠也○正義曰案禮未髻之時必垂髦故云童子垂髦也士冠禮始冠緇布冠次加皮弁次加爵弁是始冠必三加冠也其記冠義云始冠緇布之冠冠而敝之可也玉藻亦云始冠緇布冠自諸侯下達冠而敝。可也鄭玄云本大古耳非時王之法服也是言本古而暫冠既加而即弃是禮成而弃其始冠故云弁髦而因以敝之也弁有爵弁皮弁嫌緇布之冠不得名弁故云弁亦冠也周禮弁師掌冕是弁爲大名也劉炫以爲弁髦二物以童子垂髦爲髦。彼兩髦又云因以敝之者謂親没不髦案禮加冠以後親没以前身既成人猶自垂髦何得云童子垂髦髦既親没乃弃杜注何以不言親没也若三加之後弃弁不弃髦杜注何得云弃其始冠故言弁髦因以敝之既連髦而言明非親没之髦也髦之形像鄭注士喪禮云未聞

先王居檮杌于四裔以禦螭魅言檮杌略舉四凶之一下言四裔則三苗在其中○檮徒刀反杌五忽反裔以制反禦魚呂反螭勑知反魅本又作鬽武冀反【疏】注言檮至其中○正義曰文十八年傳稱舜臣堯流四凶族渾敦窮奇檮杌饕餮投諸四裔以禦螭魅先儒皆以爲渾敦驩兜也窮奇共工也檮杌鯀也饕餮三苗也此傳以晉率陰戎伐潁。止須言饕餮耳而。云檮杌者略舉四凶之一耳下言四裔則三苗在其中可知也若直說鯀當言居檮杌于羽山不須言四裔也故允姓之姦居于瓜州允姓陰戎之祖與三苗俱放三危者瓜州今敦煌○姦古顏反瓜古華反敦都門反煌音皇【疏】注允姓至敦煌正義曰此言主責陰戎知允姓陰戎之祖也言允姓之姦者謂其姦邪之人惡言之也尙書云竄三苗于三危此言允姓居于瓜州時同而人別知與三苗俱放於三危也伯父惠公歸自秦而誘以來僖十。十五年晉惠公自秦歸二十。二年秦

晉遷陸渾之戎於伊川使偪我諸姬入我郊甸則戎焉取之邑外為郊郊外為甸言戎取周郊甸之地○偪彼力反甸
徒遍反焉於虔反又如字【疏】則戎焉取之○正義曰焉猶何也若不由晉則戎何得取周之地也○注邑外至之地○正義曰釋地云邑外謂之郊周禮載
師掌任土之法具敘王畿之內遠近之次自國中以外有近郊遠郊次甸次稍次縣次都是郊外為甸也陸渾之戎居伊洛之間是取周郊甸之地戎有
中國誰之咎也咎在晉○咎其九反后稷封殖天下今戎制之不亦難乎后稷修封疆殖五穀今戎得之
唯以畜牧○殖時力反疆居良反畜許又反一音許六反牧音目又音茂伯父圖之我在伯父猶衣服之有冠冕木
水之有本原民人之有謀主也民人謀主宗族之師長【疏】我在至主也○正義曰言我周存在於伯父有益如衣服云云
伯父若裂冠毀冕拔本塞原專弃謀主雖戎狄其何有余一人伯父猶然則雖戎狄無所可責
晉率陰戎伐周邑故云然【疏】雖戎至一人○正義曰言伯父我親猶自如此則雖戎狄其何有恩義於我一人既無恩親侵我亦無可責叔向謂
宣子曰文之伯也豈能改物言文公雖霸未能改正朔易服色○伯如字又音霸翼戴天子而加之以共
翼佐也自文以來世有衰德而暴滅宗周宗周天子以宣示其侈諸侯之貳不亦宜乎
且王辭直子其圖之宣子說王有姻喪外親之喪○說音悅【疏】王有姻喪○正義曰隱元年傳云士踰月外姻至姻
是外親故杜云外親之喪也服虔云婦之父曰姻王之后喪父於王亦有服義故往弔案妻父為姻雖有此稱王之納后必取諸侯之女后之父母不得身在
京師往弔可耳何以得致襚也以致襚言之知是外親之喪耳不知外親喪是誰死使趙成如周弔且致閻田與襚襚送死衣

○襚音遂贈死衣服反賴俘王亦使賓滑執甘大夫襄以說於晉晉人禮而歸之賓滑周大夫○俘方夫反滑乎八反又于八反說如字又音悅○夏四月陳災鄭裨竈曰五年陳將復封封五十二年而遂亡子產問其故對曰陳水屬也陳顓頊之後故爲水屬○復扶又反下注復封皆同【疏】陳水屬○正義曰陳顓頊之後顓頊以水德王天下故爲水屬也陳是舜後舜爲土德不近言土屬而遠繫顓頊爲水屬者蓋裨竈知陳將欲復興須取水爲占驗假此以爲言耳未必帝王子孫永與所承同德楚之先世嘗爲火官卽以火爲楚象豈復五行之官後世皆依其行乎此皆賢哲有以知之非吾徒所測火水妃也火畏水故爲之妃○妃方非反一音配注同【疏】注火畏至之妃○正義曰陰陽之書有五行妃合之說甲乙木也丙丁火也戊己土也庚辛金也壬癸水也木克土土克水水克火火克金金克木木畏金以乙爲庚妃也金畏火以辛爲丙妃也火畏水以丁爲壬妃也水畏土以癸爲戊妃也土畏。木以己爲甲妃也杜用此說故云火畏水故爲之妃也服虔云火離也水坎也易卦離爲中女坎爲中男故火爲水。妃而楚所相也相治也楚之先祝融爲高辛氏火正主治火事○相息亮反注同【疏】注相治至火事○正義曰相訓助也主火而助君爲治故以爲治也二十九年傳曰火正曰祝融顓頊氏有子曰犂爲祝融楚世家云高陽生稱稱生卷章卷章生。犂犂爲高辛氏火正甚有功能光融天下帝嚳命曰祝融共工作亂帝使。黎誅之而不盡帝誅黎而以其弟吳回爲後復居火正爲祝融回生陸終陸終生子六人六曰季連楚其後也是楚之先爲火正治火事今火出而火陳火心星也火出於周爲五月而以四月出者以置閏長曆推前年誤置閏【疏】注火心至置閏○正義曰襄九年傳曰心爲大火十七年傳曰火出於周爲五月今經書四月陳災傳言火出而火陳火得以四月出者長曆云閏當在此年五月後而在前年故火以四月出也長曆以爲前年閏八月則此年四月五日得中氣二十日得五月節故四

月得火見逐楚而建陳也水得妃而與陳與則楚衰故曰逐楚而建陳疏注水得至建陳○正義曰杜以陳爲楚邑楚人在陳陳與則楚
衰故曰逐楚而建陳當。謂逐去楚人之在陳者若穿封戌爲陳公者也但敺逐楚國之人於義甚通劉炫乃改逐爲遁言火逃遁去楚而建立陳國而規杜非
也妃以五成故曰五年妃合也五行各相妃合得五而成故五歲而陳復封爲十三年陳侯吳歸于陳傳○妃音配注妃並同疏
注妃合至陳傳○正義曰妃合釋詁文也易繫辭云天一地二天三地四天五地六天七地八天九地十天數五地數五五位相得而各有合鄭玄云天地之
氣各有五五行之次一曰水天數也二曰火地數也三曰木天數也四曰金地數也五曰土天數也此五者陰無匹陽無耦故又合之地六爲天一匹也天七
爲地二耦也地八爲天三匹也天九爲地四耦也地十爲天五匹也二五陰陽各有合然後氣相得施化行也是言五行各相妃合生數以上皆得五而成故
云五歲而陳將復封歲五及鶉火而後陳卒亡楚克有之天之道也故曰五十二年是歲歲在
星紀五歲及大梁而陳復封自大梁四歲而及鶉火後四周四十八歲凡五及鶉火五十二年天數以五爲紀故五及鶉火火盛水衰疏注是歲至水衰
○正義曰如杜所注歲星每年而行一次至昭三十二年則歲星在寅未至於丑其傳云越得歲而吳伐之故服氏以爲有事于武宮之歲龍度天門謂十五
年歲星從申越未而至午曆家以周天十二次次別爲百四十四分歲星每年行一百四十五分是歲星行一次外剩行一分積一百四十四年乃剩行一次
故昭十五年得。超一辰今杜氏既無此義而三十二年歲星得在丑者但歲星之行天之常數超辰之義不言自顯故杜不注若然楚卒。滅陳在哀十七年則
歲星當。踰鶉火至鶉尾而云五及鶉火者以顓頊歲在鶉火而滅故禆竈舉大略而言云五及鶉火不復細言殘數雖至鶉尾亦經由鶉火天有五星又大微
宮中有五帝坐又四方中央亦有五是天數以五爲紀故五及鶉火也歲星天之貴神所在之國必昌歲在鶉火火得歲星之助火既盛而水則衰○晉

荀盈如齊逆女自爲逆○爲于僞反還六月卒于戲陽魏郡內黃縣北有戲陽城○戲許宜反殯于絳未葬晉侯飲酒樂。膳宰屠。蒯。趨入請佐公使尊公之使人執尊酌酒請爲之佐○樂音洛屠音徒禮記作杜蒯苦怪反使尊如字亦所吏反許之公許之而遂酌以飲工工樂師師。曠也○飲於鴆反下又飲同疏。注工樂師師曠也○正義曰禮記檀弓說此事云知悼子卒未葬平公飲酒師曠李調侍知工即師曠也外嬖叔即李調也曰女爲君耳將司。聽也樂所以聽耳○女音汝下皆同疏注樂所以聽耳○正義曰樂以和心聲從耳入故樂者所以聽耳大師掌樂務使君聽故爲君耳將司聽也辰在子卯謂之疾日疾惡也紂以甲子喪桀以乙卯亡故國君以爲忌日○喪息浪反疏注疾惡至忌日○正義曰訓疾爲惡言王者惡此日不以舉吉事也尚書武成篇云時甲子昧爽受率其旅若林會于牧野罔有敵于我師前徒倒戈攻于後以北血流漂杵是紂以甲子喪也詩云韋顧既伐昆吾夏桀言昆吾與桀同時死也十八年傳二月乙卯周毛得殺毛伯過而代之萇弘曰毛得必亡是昆吾稔之日也昆吾之死與桀同日知桀以乙卯亡也以此二王之亡爲天誅之日故國君以爲忌日惡此日也檀弓云君子有終身之憂故忌日不樂鄭玄云謂死日也彼謂親亡之日至此日而念親故。此日不用舉吉事非是惡此日也此與忌日名同意異君徹宴樂學人舍業爲疾故也君之卿佐是謂股肱股肱或虧何痛如之言痛疾過於忌日○舍音捨爲于僞反下爲是同女弗聞而樂是不聽也不聞是義而作樂又飲外嬖嬖叔外都大夫之嬖者疏注外都至嬖者○正義曰此言外嬖嬖叔即李調是也禮記云調也君之褻臣也既云褻臣而謂之外嬖知是外都大夫之嬖者猶晉獻公時有外嬖梁伍東關嬖伍曰女爲君目將司明也職。在外故主視服以旌禮旌表也禮以行事事政令事有其物物類也物有其容容貌也今君之容非其物也有卿佐之喪而作樂歡會故曰非其物而女不見是不明也亦自飲也曰味以行氣氣以實志氣和則志充疏服以至不明○正義曰吉有弁冕凶有衰麻禮有吉凶之異作衣服以表之如此之類是服以旌禮也周禮司服六冕以祭祀皮弁以視朝韋弁以即戎冠弁以田獵如此之類是禮禮以行事也傳稱哀有哭泣樂有歌舞如此之類是事有其物言行事各有其物類也記稱衰麻則有哀色端冕則有敬色介冑則有不可犯之色周禮保氏教國子六儀一曰祭祀之容二曰賓客之容三曰朝廷之容四曰喪紀之容五曰軍旅之容六曰車馬之容少儀曰言語之美穆穆皇皇朝廷之美濟濟翔翔祭祀之美齊齊皇皇車馬之美騑騑翼翼鸞和之美肅肅雍雍如此之類是物有其容也君有卿佐之喪宜有悲哀之貌而與羣臣飲酒作樂今君之容貌非其類也而女不見是不明也志以定言在心爲志發口爲言言以出令臣實司味二御失官而君弗命臣之罪也工與嬖叔侍御君者失官不聽明疏味以至罪也○正義曰調和飲食之味以養人所以行人氣也氣得和順所以充人志也志意充滿慮之於心所以定言語也詳審言語宣之於口所以出號令也臣實主掌食味今工師不聽叔也不明二侍御者並失其官而君不出令以罪之必是食味失宜是臣之罪也公說徹酒初公欲廢知氏而立其外嬖爲是悛而止○說音悅知音智下同悛七全反疏公說至而止○正義曰公心欲廢知氏故輕悼子之喪不廢飲酒得蒯以禮責之乃知君臣義重其禮不可。輒廢爲是悛而止悛改也改革前意也禮記記此事飲酒事同而其言盡別記是傳聞故與此異二者必有一謬當傳實而記虛也秋八月使荀躒。佐下軍以說焉躒荀盈之子知文子也佐下軍代父也說自解說○躒本又作櫟力狄反徐音洛○孟僖子如齊殷聘禮也自叔老聘齊至今二十年禮意久曠今脩盛聘以無忘舊好故曰禮○好呼報反【疏】注自叔至曰禮○正義曰襄二十年叔老聘齊至今二十年更不遣聘是邦交禮意久曠絕也殷訓盛也今脩盛聘以無忘舊好故禮之也聘禮云小聘曰問不享有獻不及夫人主人不延几不郊勞然則聘禮經之所言是大聘也王制云諸侯之於天子也比年一小聘三年一大聘鄭玄云小聘使大夫大聘使卿聘禮既是大聘使卿矣殷聘又當盛於大聘不知以何爲盛或當享禮之物多矣○

冬築郎囿書時也季平子欲其速成也叔孫昭子曰詩曰經始勿亟庶民子來詩大雅言文王始經營靈臺非急疾之衆民自以子義來勸樂爲之○亟紀力反樂如字又五教反一音洛【疏】詩曰至子來○正義曰大雅靈臺之篇也言文王經始靈臺之基趾其意勿使急成之但其衆民自以子成父事而來勸樂而早成之耳子成父事不待督帥故云子來以示民樂之意焉用速成其以勦民也勦勞也○焉於虔反勦初交反又子小反無囿猶可無民其可乎

經十年春王正月○夏齊欒施來奔耆酒好內以取敗亡故書名○耆市志反傳同好呼報反○秋七月季孫意如叔弓仲孫貜帥師伐莒三大夫皆卿故書之季孫爲主二子從之【疏】注三大至從之正義曰成二年鞍之戰魯四卿並書此三卿皆書重兵詳內故備書之其他國行兵唯書元帥而已略外也傳云平子伐莒取郠平丘又獨見執明是季孫爲伐莒之主二子從之○戊子晉侯彪卒五同盟彪彼蚪反○九月叔孫婼如晉○葬晉平公三月而葬速○十有二月甲子宋公成卒十一同盟也無冬史闕文○成音城何休音恤【疏】注五同盟正義曰彪以襄十六年即位其年盟于溴梁十九年于祝柯二十年于澶淵二十五年于重丘二十七年于宋不數元年虢會是五同盟○注十一同盟○正義曰成以成十六年即位十七年盟于柯陵十八年于虛朾襄

三年于雞澤五年于戚九年于戲十一年于亳城北十五年及向戌盟于劉十六年于溴梁十九年于柷柯二十年于澶淵二十五年于重丘二十七年于宋元年于虢皆魯宋俱在凡十三同盟杜意盟數多者不數特盟襄十五年向戌盟于劉及虢盟不數故十一劉炫幷數以規杜過非也如此數盟不同者或由轉寫誤

傳十年春王正月有星出于婺女客星也不書非孛○婺武付反孛滿對反鄭裨竈言於子產曰七月戊子晉君將死今茲歲在顓頊之虛歲歲星也顓頊之虛謂玄枵○裨婢支反虛起魚反注同枵許驕反【疏】注歲歲至玄枵○正義曰釋天云玄枵虛也顓頊之虛虛也郭璞曰虛在正北顓頊水德位在北方當以北方三次以玄枵為中玄枵次有三宿又虛在其中以水位在北顓頊居之故謂玄枵虛星為顓頊之虛也姜氏任氏實守其地。姜齊姓任薛姓齊薛二國守居玄枵之地○任音壬注同其維首而有妖星焉告邑姜也客星居。玄枵之維首邑姜齊大公女晉唐叔之母星占婺女為既嫁之女織女。為處女邑姜齊之既嫁女妖星在婺女齊得歲故知禍歸邑姜○大音泰【疏】居其至姜也○正義曰維者綱也玄枵次有三宿女為其初女是次之綱維也居其維首謂星居之也其玄枵維首而有妖異之星焉以將死之妖告邑姜也邑姜齊女告邑姜言其子孫當死也邑姜晉之妣也天以七紀二十八宿面七○妣必履反宿音秀【疏】邑姜晉之妣也正義曰曲禮云生曰母死曰妣鄭玄云妣之言媲媲於考也邑姜唐叔之母故為晉之妣也邑姜亦是成王之母而於周無災任姜共守其地而不告薛女此則裨竈自知非吾徒所能測戊子逢公以登星斯於是乎出逢公殷諸侯居齊地者逢公將死妖星出婺女時非歲星所在故齊自當禍而以戊子日卒【疏】戊子至乎出○正義曰昔戊子之日逢公死其神以此日登天於時有星是此星也於是婺女乎出爾時妖星出於婺女而戊子逢公死今此星亦出婺女知戊子晉君當死也逢公死日星出婺女當時猶有書記故裨竈得而知之○注逢公至日卒○正義曰二十年晏子說齊地云有逢伯陵因之則陵是逢君之始祖也周語說玄枵之次云我皇妣大姜之姪伯陵之後逢公之所馮神也孔晁云大姜大王之妃王季之母也女子謂昆弟之子曰姪伯陵大姜之祖逢公大姜之姪伯陵之後逢公殷諸侯也然則伯陵之後世爲逢君皆是逢公未知戊子卒者。何。名號也逢公死時妖星亦出婺女於時歲星不在齊分故齊地之君自當其禍此時歲在齊分故外孫當之吾是以譏之爲晉侯虒卒傳○齊惠欒高氏皆耆酒。欒高二族皆出惠公信內多怨說婦人言故多怨○說音悅彊於陳鮑氏而惡之惡陳鮑○惡烏路反注同夏有告陳桓子曰子旗子良將攻陳鮑亦告鮑氏桓子授甲而如鮑氏遭子良醉而騁欲及子良醉故。騁告鮑文子○騁勑領反遂見文子文子鮑國則亦授甲矣使視二子二子子旗子良則皆從。飲酒桓子曰彼雖不信彼傳言者傳直專反○聞我授甲則必逐我及其飲酒也先伐諸陳鮑方睦遂伐欒高氏子良曰先得公陳鮑焉往欲以公自輔。助○先伐諸一本無伐字焉於虔反下焉歸同遂伐虎門欲入公不聽故伐公門疏。齊惠欒高氏○正義曰齊惠公生子。欒公子高高生子尾尾生子良欒生子雅雅生子旗旗。生是欒孫良是高孫孫以王父字。王。父字爲氏皆出惠公故曰惠欒高氏也○遂伐虎門○正義曰周禮師氏掌以美詔王居虎門之左司王朝鄭玄云虎門路寢門也王日視朝於路寢門外畫虎焉以明勇猛於守宜也司猶察也察王之視朝若有善道可行者則當前以詔王彼。師氏察王得失明其近王故以虎門爲路寢門此亦當然或以虎門非路寢門當是宮之外門不與周禮同晏平仲端委立

于虎門之外端委朝服【疏】注端委。朝服○正義曰元年傳劉定公謂趙文子云吾與子弁冕端委哀七年傳曰大伯端委以治周禮則端委是
在公之服故云朝服鄭玄云諸侯與其臣皮弁以視朔朝服以視朝其朝服玄冠緇布衣素積以爲裳也四族召之無所往四族欒高陳鮑
其徒曰助陳鮑乎曰何善焉言無善義可助助欒高乎曰庸愈乎罪惡不差於陳鮑○差初賣反然則
歸乎曰君伐焉歸公召之而後入公卜使。王黑以靈姑銔率吉請斷三尺焉而
用之王黑齊。大夫靈姑銔公旗名。斷。三尺。不敢與君同○銔扶眉反又音平率所律反徐所類反斷丁管反注同【疏】公卜至用之○正義曰公卜卜
與欒高戰也靈姑銔者齊侯旗旗之名卜使王黑以此靈姑銔之旗率人以戰得吉也禮諸侯當建交龍之旂此靈姑銔蓋是交龍之旂當時爲之名其義不
可知也知是旗者以請斷三尺而用之故知是旗五月庚辰戰于稷稷祀后稷之處○稷地名六國時齊有稷下館處昌慮反欒高
敗。又敗諸莊莊六軌之道【疏】注莊六軌之道○正義曰釋宮云六達謂之莊舊說皆云六道旁出杜皆以一達爲一軌國人追之
又敗諸鹿門鹿門齊城門欒施高彊。來奔高彊不書非卿陳鮑分其室晏子謂桓子必致諸
公讓德之主也謂。懿德凡有血氣皆有爭心故利不可強不可強取○爭爭鬬之爭強其丈反注同
思義爲愈義利之本也蘊。利生孽。姑使無蘊乎蘊畜也孽。妖害也○蘊紆粉反孽魚列反畜勑六反可以
滋長桓子盡致諸公而請老于莒莒齊邑○長丁丈反桓子召子山子山子。商子周襄三十一年子尾所逐羣
公子私具幄幕器用從者之衣屨私具不告公○幄於角反幕音莫從才用反屨九具反而反棘焉棘子山故邑齊

國西安縣東有戲里亭子商亦如之而反其邑子周亦如之而與之夫于子周本無邑故更與之濟南於
陵縣西北有于亭反子城子公公孫捷三子八年子旗所逐而皆益其祿凡公子公孫之無祿者
私分之邑桓子以己邑分之國之貧約孤寡者私與之粟曰詩云陳錫載。周能施也詩大
雅言文王能布陳大利以賜天下行之周徧○載如字詩作哉毛云哉載也鄭云始也施始豉反下注同徧音遍桓公是以霸齊桓公亦能施
以致霸【疏】曰詩云至。桓。公是以霸○正義曰曰者桓子辭也既私施與又言己施之意大雅文王之篇錫賜載行周徧也言文王能布陳大利以賜天下
行之周徧此言文王之能施也桓公亦用此能。霸諸侯焉得不務施乎言己多施為此也公與桓子莒之旁邑辭讓不受穆孟
姬為之請高唐陳氏始大穆孟姬景公母傳言陳氏所以興○為于僞反○秋七月平子伐莒取郠。郠莒
邑取郠不書公見討平丘魯諱之○郠古杏反獻俘始用人於亳社以人祭殷社○俘芳夫反亳步洛反臧武仲在齊聞
之曰周公其不饗魯祭乎周公饗義魯無義。詩曰德音孔昭。視民不佻詩小雅佻偷也
言明德君子必愛民○視如字詩作示佻他彫反佻之謂甚矣而壹用之將誰福哉壹同也同人於畜牲○畜許又反
【疏】詩曰至福哉○正義曰小雅鹿鳴之篇也孔甚昭明佻偷也言君子之人為賓客德音甚明其視下民不偷薄苟且也偷之已謂甚矣而一同畜牲用之
將誰肯福祐之哉佻偷釋言文李巡曰佻偷薄之偷也孫炎曰偷苟且也○戊子晉平公卒如禪竈之言鄭伯如晉及河
晉人辭之游吉遂如晉禮諸侯不相弔故辭九月叔孫婼齊國弱宋華定衛北宮喜鄭罕

虎許人曹人莒人邾人。薛人杞人小邾人如晉葬平公也經不書諸侯大夫者非盟會鄭子
皮將以幣行見新君之贄○見賢遍反下不得見下文因見同贄音至子產曰喪焉用幣用幣必百兩載幣用車
百乘○焉於虔反乘繩證反【疏】。百兩○正義曰尚書武王戎車三百兩孔安國云兵車稱兩百兩必千人千人至將不行
行用也不行必盡用之不得見新君將自費用盡○費芳味反下同幾千人而國不亡言千人之費不可數○幾居豈
反數所角反子皮固請以行既葬諸侯之大夫欲因見新君叔孫昭子曰非禮也弗
聽叔向辭之曰大夫之事畢矣送葬禮畢而又命孤孤斬焉在衰。絰之中既葬未卒哭故猶服
斬衰○衰七雷反絰直結反其以嘉服見則喪禮未畢其以喪服見是重受弔也大夫將若。
之何皆無辭以見子皮盡用其幣歸謂子羽曰非知之實難將在行之言不患不知患
不能行○嘉服見如字又賢遍反下同重直用反以見賢遍反下同夫子知之矣我則不足言己由子產之戒既知其不可而遂行之
是我之不足【疏】非知至不足○正義曰尚書說命云非知之艱行之惟艱此言出彼意也非知之實爲難將在行之爲難也言子產語己己既知之知而
不行所以自悔夫子子產知之矣知喪不用幣也我則知不足。矣書曰欲敗度縱敗禮逸書○敗必邁反下同【疏】書曰至敗禮正
義曰尚書太甲篇也孔傳云言己放縱情欲毀敗禮儀法度我之謂矣夫子知度與禮矣我實縱欲而不能
自克也欲因喪以慶新君故縱而行之不能自勝○勝音升昭子至自晉大夫皆見高彊。而見退高彊子良昭

珍倣宋版印

子語諸大夫曰爲人子不可不愼也哉昔慶封亡子尾多受邑而稍致諸君君以爲忠而甚寵之將死疾于公宮○在公宮被疾語魚據反輦而歸君親推之推其車而送之○推如字又他回反注同其子不能任是以在此忠爲令德其子弗能任罪猶及之難不愼也喪夫人之力弃德曠宗以及其身不害乎夫人謂子尾曠空也○任音壬下同喪息浪反夫音扶注同

疏難不愼○正義曰言人居身難可不謹愼

詩曰不自我先不自我後其是之謂乎詩小雅言禍亂不在他正當己身以喻高彊身自取此禍○冬十二月宋平公卒初元公惡寺人柳欲殺之元公平公大子佐也○惡烏路反寺又作侍

疏○詩曰至我後○正義曰正月大夫刺幽王也云父母生我胡俾我瘉不自我先不自我後注云父母謂文武也天使父母生我何故不長遂我而使我遭此暴虐之政而病此何不出我之前居我之後窮苦之情苟欲免身○平○正義曰謚法內外賓服曰平○元正義曰謚法好建國都曰元

及喪柳熾炭于位以溫地○熾尺志反炭吐旦反將至則去之使公坐其處○去起呂反惡烏路反比葬又有寵言元公好惡無常○比必利反好呼報反惡烏路反

經十有一年春王二月叔弓如宋○葬宋平公○夏四月丁巳楚子虔誘蔡侯般殺之于申蔡侯雖弒父而立楚子誘而殺之刑其羣士蔡大夫深怨故以楚子名告○虔其連反般音班弒申志反傳放此

疏注蔡侯至名告○正義曰蔡侯雖弒父而立實宜受討但立爲君於蔡已十三年楚子誘而殺之又刑其羣士不以弒父之罪討之蔡大夫深怨楚子故以楚子名赴告

禮諸侯不生名書名是罪絕之事以其名告欲使諸國之史書名以罪絕之楚也若是楚告不當自罪其君知是蔡人告也公子圍殺君取國改名曰虔

公子弃疾帥師圍蔡○五月甲申夫人歸氏薨昭公母胡女歸姓○大蒐于比蒲○仲孫貜會邾子盟于祲祥祲祥地闕○比音毗徐扶夷反祲子鴆反徐又七林反○秋季孫意如會晉韓起齊國弱宋華亥衛北宮佗鄭罕虎曹人杞人于厥慭。厥慭地闕○佗徒何反慭魚靳反徐五巾反一音五轄反○九月己亥葬我小君齊歸齊謚○齊如字○冬十有一月丁酉楚師滅蔡執蔡世子有以歸用之用之殺以祭山

疏正蔡世子○正義曰父既死矣猶稱世子者君死而國被圍未暇以禮即位故國以世子告

傳十一年春王二月叔弓如宋葬平公也嫌以聘事行故傳具之○景王問於萇弘曰今茲諸侯何實吉何實凶○萇萇弘周大夫○萇直良反對曰蔡凶此蔡侯般弒其君之歲也歲在豕韋襄三十年蔡世子般弒其君歲在豕韋至今十三歲歲復在豕韋般即靈侯也○復扶又反下歲復在同弗過此矣言蔡凶不過此年楚將有之然壅也蔡近楚故知楚將有之楚無德而享大利所以壅積其惡○壅於勇反注及後同近附近之近下同歲及大梁蔡復楚凶天之道也楚靈王弒立之歲歲在大梁到昭十三年歲復在大。梁美惡周必復故知楚凶楚子在申召蔡靈侯靈侯將往蔡大夫曰王貪而無信唯蔡於感。蔡近楚之大國故楚常恨其不服順○於感戶暗反今幣重而言甘誘我也不如無往蔡侯不可。五月丙申楚子伏甲而饗蔡侯於申醉

而執之夏四月丁巳殺之刑其士七十人公子弃疾帥師圍蔡傳言楚子無道○重直用反韓宣子問於叔向曰楚其克乎對曰克哉蔡侯獲罪於其君謂弒父而立而不能其民不能施德天將假手於楚以斃之借楚手以討蔡○斃婢世反何故不克然肸聞之不信以幸不可再也楚王奉孫吳以討於陳曰將定而國陳人聽命而遂縣之事在八年今又誘蔡而殺其君以圍其國雖幸而克必受其咎弗能久矣桀克有緡以喪其國紂克東夷而隕其身紂為黎之蒐東夷叛之桀為仍之會有緡叛之故伐而克之○緡武巾反喪息浪反下且喪君同隕于敏反【疏】桀克至其身○正義曰桀身奔南巢故云喪國也紂首縣白旗故云隕身也楚小位下而亟暴於二王能無咎乎天之假助不善非祚之也厚其凶惡而降之罰也且譬之如天其有五材而將用之力盡而敝之是以無拯不可沒振金木水火土五者為物用久則必有敝盡盡則弃捐故言無拯拯猶救助也不可沒振猶沒不可復振○亟欺冀反數也咎其又反下同祚本又作酢在路反拯拯濟之拯注同振之慎反捐以專反救本亦作捄音救不可復振扶又反本或作沒振【疏】楚小至咎乎正義曰亟數也比於桀紂則楚小位下而數行暴虐甚於桀紂二王能無咎惡乎○是以至沒振○正義曰拯音烝之上聲也方言云出溺為拯拯是救助之義天之用楚如人用五材力盡而敝敝則棄之是以無救助之者拯是救溺之名遂以救溺為喻也不可沈沒之後復振救之振亦救也言楚如沒水不可救也○注金至弃捐○正義曰金木水火土五者之材皆為物用用久則必敝盡敝盡則弃捐之捐亦弃也言天之用楚亦如此也○

五月齊歸薨大蒐于比蒲非禮也○孟僖子會邾莊公盟于祲祥脩好禮也 蒐非存亡之由故臨喪不宜爲之盟會以安社稷故喪盟謂之禮○好呼報反 泉丘人有女夢以其帷幕孟氏之廟 泉丘魯邑○夢以其帷位悲反一本作夢以帷幕音莫 遂奔僖子其僚從之 鄰女爲僚友者隨而奔僖子○僚力彫反 盟于清丘之社曰有子無相弃也 二女自共盟 僖子使助薳。氏之簉。簉副倅也薳氏之女爲僖子副妾別居在外故僖子納泉丘人女令副助之○薳爲彼反本又作蔿簉本又作造初又反說文簉從廿倅七對反令力呈反 【疏】注簉副至助之○正義曰禮有副車倅車皆謂副貳之車也簉亦副倅之意妻爲正適妾爲副貳薳氏之女先爲副貳別居在外故使泉丘人女與之聚居令副助而爲對偶之 反自祲祥宿于薳氏生懿子及南宮敬叔於泉丘人其僚無子使字敬叔 字養也。似雙生○生如字或一音所敬反 【疏】於泉丘人○正義曰以傳直云宿於薳氏即連言生懿子及南宮敬叔氏薳氏所生故傳顯云生懿子及南宮敬叔於泉丘人於泉丘人宜上讀爲句

○楚師在蔡 向四月之師○向本又作鄉亦作向同許亮反 晉荀吳謂韓宣子曰不能救陳又不能救蔡物以無親 物事也 【疏】。物以無親○正義曰物事也事事如此以是故無人肯親我晉國 晉之不能亦可知也已。爲盟主而不恤亡國將焉用之 ○將焉於虔反 ○。秋會于厥慭謀救蔡也 不書救蔡不果救。蔡 鄭子皮將行子產曰行不遠不能救蔡也蔡小而不順楚大而不德天將弃蔡以壅楚盈而罰之 盈楚惡 蔡必亡矣且喪君而能守者鮮矣三年王。其有咎乎美惡

周必復王惡周矣元年楚子弒君而立歲在大梁後三年十三歲歲星周復於大梁○鮮息淺反復於扶反一本又作復在晉人使
狐父請蔡于楚弗許狐父晉大夫○狐音胡○單子會韓宣子于戚單子單成公視下言徐叔
向曰單子其將死乎朝有著定著定朝內列位常處謂之表著○著張慮反徐治居反注及下同處昌慮反疏注著定至
表著○正義曰著定謂佇立定處故謂朝內列位常處也周禮司士正朝儀之位辨其貴賤之等王南鄉三公北面東上孤東面北上卿大夫西面北上王族
故士虎士在路門之右南面東上大僕大右大僕從者在路門之左南面西上鄭玄云此王日視朝事於路門外之位此是朝上之位貴賤有定處也會有表
亦是位之定處但著下言定則表亦是定故直言會有表耳俗本表下有旗謬也野會設表為位亦當有物記處如今之位版也謂之表著者杜意當以下文
表著之位謂此也劉炫謂下文有著有表二文不同以著定為朝有著不得謂之表著而規杜氏今知非者杜意當以下文會朝之言必聞於表著故於朝有
著之文并探下文會有表以配著故云謂之表著所以覆結下文非謂著之一字即名表著也劉炫不達杜旨而為規過非也會有表。野會設表以為
位疏注野會至為位○正義曰禮諸侯建旂設旂以為表也周禮司儀云將合諸侯則令為壇三成宮旁一門覲禮云諸侯覲于天子為宮方三百步四
門壇十有二尋深四尺上介皆奉其君之旂置于宮尚左公侯伯子男皆就其旂而立鄭玄云置于宮者建之豫為其君見王之位也諸公中階之前北面東
上諸侯東階之東西面北上諸伯西階之西東面北上諸子門東北面東上諸男門西北面東上尚左者建旂公東上侯先。伯伯先子子先男而位皆上東方
也諸侯入壝門或左或右各就其旂而立王降階南鄉見之是天子於野會諸侯設表以為位也周禮大司馬中冬教大閱門立四表是。以設表為位也盟主
之會諸侯必亦。旂表位大夫聚會亦應有以表位但無文以言耳衣有襘。帶有結襘領會結帶結也○襘古會外反說文云帶所結也

左傳注疏 卷四十五

十二 中華書局聚

朝之言必聞于表著之位所以昭事序也視不過結襘之中所以道容貌也言以命之容貌以明之失則有闕今單子爲王官伯而命事於會視不登帶言不過步貌不道容而言不昭矣不道不共不昭不從貌正曰共言順曰從○道音導下同疏言不過步○正義曰言聲所聞不過一步○注貌正。曰從○正義曰洪範五事貌曰恭言曰從其意。云容貌當恭恪言是則可從是貌正曰共言順曰從無守氣矣爲此年冬單子卒起本疏無守氣○正義曰言無守身之氣將必死○九月葬齊歸公不慼晉士之送葬者歸以語史趙史趙曰必爲魯郊言昭公必出在郊野不能有國○語魚據反疏晉。士至魯郊○正義曰傳稱文襄之制夫人喪士弔大夫送葬此言晉士送葬者蓋大夫來而士爲介未必士獨行也此士侍以公不慼語史趙故特言士耳必爲魯郊言昭公必爲魯人所逐而出在郊者曰何故曰歸姓也不思親祖不歸也姓生也言不思親則不爲祖考所歸。祐○祐音又叔向曰魯公室其卑乎君有大喪國不廢蒐謂蒐比蒲有三年之喪而無一日之慼國不恤喪不忌君也忌。畏也君無慼容不顧親也國不忌君君不顧親能無卑乎殆其失國爲二十五年公孫於齊傳○冬十一月楚子滅蔡用隱大子于岡山蔡靈公之太子蔡侯。廬之父○岡音剛廬力吳反疏用。隱大子于。岡。山○正義曰此時楚以畜牲用之無人爲之作謚必是蔡侯廬歸國乃追謚其父爲隱耳釋例土地名岡山闕不知其處經言以歸用之必是楚地山也申無宇曰不祥五牲不相爲用況用諸侯乎五牲牛羊豕犬雞○爲于僞反或如字疏況用侯諸○正義曰世子雖未即位以其父既死則當君處故以諸侯言之甚之也○注五牲至犬雞○正義曰爾雅以此五者弁馬爲六畜周禮謂之六牲但馬非常祭所用故去馬而以此五者當之 王必悔之悔爲暴虐 ○十二月單成公卒終叔向之言 ○楚子城陳蔡不羹。襄城縣東南有不羹城定陵西北有不羹亭○羹舊音郎漢書地理志作更字 疏。不羹○正義曰古者羹臛之字音亦爲郎故魯頌閟宮楚辭招魂與史游急就篇羹與房漿糠爲韻但近世以來獨以此地音爲郎耳 使弃疾爲蔡公王問於申無宇曰弃疾在蔡何如對曰擇子莫如父擇臣莫如君鄭莊公城櫟而寘子元焉使昭公不立子元鄭公子莊公寘子元於櫟桓十五年厲公因之以殺櫟大夫檀伯遂居櫟卒使昭公不安位而見殺○櫟力狄反 疏注子元至見殺○正義曰杜以子元爲鄭公子曼伯與檀伯爲一人莊公城櫟而置子元又使檀伯爲櫟邑大夫故厲公得因子元而殺檀伯劉炫以爲傳言城櫟以置子元當謂賜元以櫟則以元爲櫟邑之長若其別有大夫子元寄居於櫟使是城櫟以置檀伯何言置子元也若厲公因子元以殺檀伯則子元是櫟邑之一夫耳豈是莊公城櫟之咎乎且桓十五年傳云鄭伯因櫟人殺檀伯不言因子元也子元鄭之公子不得爲櫟人也鄭衆云子元即檀伯也厲公殺檀伯居櫟因櫟之衆偪弱昭公使至殺死案桓五年傳云子元請爲左拒即云曼伯爲右拒則曼伯子元近是爲一以規杜氏今知劉說非者案晉封桓叔于曲沃而以欒賓傅之鄭使許叔居許而以公孫獲爲佐楚使大子建居城父而以奮楊助之並是一邑之內而有二人則莊。城櫟而置子元別有檀伯居櫟何爲不可子元共櫟邑之人而納厲公但此因棄疾在蔡故特指子元桓十五年直明厲公之入故總言櫟人辭有彼此不可爲。怪劉。子元爲曼伯案隱五年傳云曼伯與子元潛軍軍其後又下。云鄭二公子敗燕師于北制是子元非曼伯也劉妄規杜非也 齊桓公城穀而寘管仲焉至于今賴之城穀在莊三十二年臣聞五大不在邊五細不在庭上古金木水火土謂之五官玄鳥氏丹鳥氏亦有五又以五鳩鳩民五雉爲五工正蓋立官之本也末世隨事施職是以官無常數今無宇稱習古言故云五大也言五官之長專盛過節則不可居邊細弱不勝任亦不可居朝廷

疏注上古至朝廷○正義曰二十九年傳曰有五行之官是謂五官木正曰句芒火正曰祝融金正曰蓐收水正曰玄冥土正曰后土是上古金木水火土謂之五官也十七年傳云少皞氏紀於鳥爲鳥師而鳥名鳳鳥氏曆正也玄鳥氏司分者也伯趙氏司至者也青鳥氏司啓者也丹鳥氏司閉者也是玄鳥丹鳥氏亦有五也彼傳又云五鳩鳩民者也五雉爲五工正數皆有五蓋古立官之本以五爲常末世隨事施職是以官無常數不復以五耳今無宇稱習古言故云三大也言五官之長其人大大專盛過節則不可居邊城或將據邊城以陵本國也五官之長大細弱則不勝其任不能使威行於下將爲人所陵亦不可居朝廷也賈逵云五大謂大子母弟貴寵公子公孫累世正卿也鄭衆云大子晉申生居曲沃是也母弟鄭共叔段居京是也貴寵公子若弃疾在蔡是也貴寵公孫若無知食渠丘是也累世正卿衛甯殖居蒲孫氏居戚是也五細賤妨貴少陵長遠間親新間舊小加大也不在庭不當使居朝廷爲政也此五大五細無宇唯言五耳不知五者何謂故先儒各自以意言之雖杜之言亦無明證正以彼不必通故改之耳

親不在外羇不在內今弃疾在外鄭丹在內襄十九年丹奔楚君其少戒王曰國有大城何如對曰鄭京櫟實殺曼伯曼伯檀伯也厲公得櫟又并京○曼音萬

疏注又并京○正義曰厲公并京傳無其事正以京櫟連言故云又并京

宋蕭亳實殺子游在莊十二年齊渠丘實殺無知在莊九年渠丘今齊國西安縣也齊大夫雍廩邑

疏注在莊至廩邑○正義曰渠丘爲雍廩之邑傳無其文以彼傳言雍廩殺無知此云齊渠丘實殺無知以此知渠丘是雍廩邑也鄭衆以渠丘爲無知之邑無知不坐邑死何以言渠丘殺無知蕭亳非

子游之邑渠丘不得爲無知邑衛蒲戚實出獻公蒲甯殖邑戚孫林父邑出獻公在襄十四年○出如字徐音黜若由是觀之則害於國末大必折折其本尾大不掉君所知也爲十三年陳蔡作亂傳○掉徒弔反【疏】則害至不掉○正義曰宋殺子游齊殺無知乃是賴得大邑以討簒賊而謂之害於國者以其能專廢置則是國害天子之建諸侯欲令。蕃屏王室諸侯之有城邑欲令指揮從己不得使下邑制國都故大城爲國害也末大必折以樹木喻也尾大不掉以畜獸喻也楚語說此事云制城邑若體。牲焉自首領股肱至於拇指毛脈大能掉小故變而不。勤夫邊境者國之尾也譬之如牛馬處暑之既至䖟。𧒂之既多而不能掉其尾臣。懼之

經十有二年春齊高偃帥師納北燕伯于陽三年燕伯出奔齊高偃高傒玄孫齊大夫陽卽唐燕別邑中山有唐縣不言于燕未得國都○傒音奚【疏】注三年至國都○正義曰劉炫云杜譜以偃與鄰爲一亦云高傒玄孫案襄二十九年傳云敬仲曾孫鄰非玄孫也今知非者案世本敬仲生莊子莊子生傾子傾子之孫鄰是偃爲敬仲玄孫也經言于陽傳言于唐知陽卽唐也不言于燕未得國都與哀二年納蒯聵于戚同○三月壬申鄭伯嘉卒五同盟【疏】注五同盟○正義曰嘉以襄九年卽位其年盟于戲十一年于亳城北十六年于湨梁二十年于澶淵二十五年于重丘二十七年于宋元年于虢皆魯鄭俱在凡七云五者杜以其盟既多故皆據君在盟會而言之襄二十七年是大夫之盟元年虢會讀舊書二者不數故爲五也或。可。轉寫錯誤夏宋公使華定來聘定華椒孫○公如晉至河乃復晉人以莒故辭公○五月葬鄭簡公三月而葬速楚殺其大夫成熊傳在葬簡公上經從赴○熊音雄○秋七月○冬十月公子慭出奔齊書名謀亂故也○慭魚覲反一讀爲整工領反○楚子伐徐不書圍以乾谿。師告【疏】注不

書至師告○正義曰傳稱使蕩侯潘子司馬督囂尹午陵尹喜帥師圍徐以懼吳楚子次于乾谿以為之援如傳文則實圍徐也不書圍者不以所圍之師告以乾谿援師告也

○晉伐鮮虞不書將帥史闕文○將子匠反帥所類反【疏】注不書至闕文○正義曰十五年晉荀吳帥師伐鮮虞定四年晉士鞅衛孔圉帥師伐鮮虞二者皆書將帥此獨不書將帥知是史闕或是告辭略史闕不得書亦得言史闕文也穀梁曰其曰晉狄之也不正其與夷狄交伐中國故狄稱之也賈服取以為說左氏無貶中國從夷狄之法傳曰亡者侮之亂者取之又曰間攜貳覆昏亂霸王之器也鮮虞夷狄也近居中山不式王命不共諸夏不事盟主伐而取之唯恐知力不足焉有以夏討夷反狄中國從此以後用師多矣何以不常狄晉更復書其將也杜以其言不通故顯而異之

傳十二年春齊高偃納北燕伯款于唐因其衆也言因唐衆欲納之故得先入唐○三月鄭簡公卒將為葬除除葬道○為于僞反○及游氏之廟游氏子大叔族將毀焉子大叔使其除徒執用以立而無庸毀用毀廟具【疏】執用至庸毀○正義曰用謂毀廟之具若今鍫钁之類也庸亦用也教其除道之徒執所用作具以佇立而無用卽毀廟也曰子產過女而問何故不毀乃曰不忍廟也諾將毀矣教毀廟者之辭○女音汝既如是子產乃使辟之司墓之室有當道者簡公別營葬地不在鄭先公舊墓故道有臨時迁直也司墓之室鄭之掌公墓大夫徒屬之家○迁音于一音於【疏】司墓之室○正義曰周禮墓大夫下大夫二人中士八人掌凡邦墓之地域為之圖令國民族葬鄭之司墓亦當如彼此是掌公墓大夫也言之室有當道者則非司墓自家之室故注以毀為徒屬之家猶尚書注云玄孫之親言之以見高祖曾祖之弟皆親親相似之則朝而塴塴下棺○朝如字塴北鄧反徐甫贈反禮家作窆徐驗反義同【疏】注塴下棺○正義曰周禮作窆禮記作封此作塴皆是葬時下

棺於壙之事而其字不同是聲相近經篆隸而字轉易耳弗毀則日中而塴。子大叔請毀之曰無若諸侯之賓何不欲久留賓子產曰諸侯之賓能來會吾喪豈憚日中無損於賓而民不害何故不爲遂弗毀日中而葬君子謂子產於是乎知禮禮無毀人以自成也○憚待旦反

○夏宋華定來聘通嗣君也宋元公新即位公。享之爲賦蓼蕭弗知又不荅賦蓼蕭詩小雅義取燕笑語兮是以有譽處兮樂與華定燕語也又曰既見君子爲龍爲光欲以寵光賓也又曰宜兄宜弟令德壽凱言。賓有令德可以壽樂也又曰和鸞雍雍萬福攸同言欲與賓同福祿也○爲于僞反蓼音六樂音洛疏。爲賦蓼蕭○正義曰享燕之禮自有常樂今特云爲賦蓼蕭者文四年衛甯武子來聘公與之宴爲賦湛露及彤弓注云非禮之常公特命樂人以示意則知此亦特命樂人所以嘗試華定昭子曰必亡宴語之不懷懷思也寵光之不宣宣揚也令德之不知同福之不受將何以在爲二十年華定出奔傳○疏昭子至不受○正義曰不懷不宣不知不受皆據華定爲文也詩云燕笑語兮言定當思此笑語與主相對也詩云爲龍爲光定當應此寵光宣揚之也詩云令德。受凱定當知己有德與否須辭謝之也詩云萬福攸同定當受。同福荷君恩也各準事而爲之文

○齊侯衛侯鄭伯如晉朝嗣君也晉昭公新立○公如晉亦欲朝嗣君○至河乃復取郠之役在十年莒人愬于晉晉有平公之喪未之治也故辭公公子慭遂如晉慭魯大夫如晉不書還不復會而奔故史不書於策疏。注慭魯至於策○正義曰此經書公子慭出奔齊名見於經則慭是卿也出奔既書於策如晉亦應書之今不書者杜以宣十八年書公孫歸父如晉歸父還自晉至笙遂奔齊傳

稱歸父還至笙聞公薨乃壇帷復命於介然後出奔書曰歸父還自晉善之也彼善之故書其去又書其還此慭知己謀泄逃介而先不復命於君而還出奔故史不書於策言其爲此故不書其如晉也劉炫云杜以慭還不復命於介而奔止可不書其還何故如晉亦不書也此蓋謂君使臣聘必當告廟告廟乃得書於策公歸告復不告使慭故不書如晉今刪定以爲慭初欲謀亂魯國而往聘晉魯人責其謀亂不復命故賤而不錄其聘也出奔書者榮其罪人斯得故顯而書之也劉以爲出聘不告廟故不書而規杜氏案不復命而奔傳有其事公子慭不告廟傳無其文以無文之事妄規杜氏非也○

晉侯享諸侯子產相鄭伯辭於享請免喪而後聽命 簡公未葬○相息亮反下同 【疏】子產至於享○正義曰僖九年宋桓公卒未葬襄公會諸侯故曰子是先君未葬有從會之禮也鄭偪於楚以固事晉故父雖未葬朝晉嗣君不得已而行於情可許也諸侯相享享必有樂未葬不可以從吉故辭享爲得禮

晉人許之禮也 善晉不奪孝子之情

晉侯以齊侯晏中行穆子相 穆子荀吳

投壺晉侯先穆子曰有酒如淮有肉如坻 淮水名坻山名○淮舊如字四瀆水也學者皆以淮坻之韻不切云淮當爲濰濰齊地水名下稱澠亦是齊國水也案澠是齊水齊侯稱之荀吳既非齊人不應遠舉濰水古韻緩作淮足得無勞改也坻直疑反徐直夷反詩云宛在水中曰坻坻水中高地也 【疏】投壺正義曰禮記有投壺之禮其文無相者咒辭此中行穆子與齊侯皆有言辭者投之中否似若有神故設爲此語或可投時皆有言語禮自不載之耳伯瑕責穆子唯言壺何爲焉其以中爲儁責其失辭不云法不言是投壺皆有言也凡宴不射即爲投壺投壺之禮壺去席二矢半司射執八筭東面投壺如射三而止其矢室中五扶堂上七扶庭中九扶鋪四指曰扶扶四寸也筭長尺二寸壺頸脩七寸腹脩五寸口徑二寸半容斗五升壺中實小豆焉爲其矢之躍而出也小豆取滑且堅矢以柘若棘毋去其皮取其堅且重也舊說矢大七分○注淮水名坻山名○正義曰杜以淮爲水名當謂

四瀆之淮也劉炫以為淮坻非韻淮當作濰又以坻為水中之地以規杜氏今知不然者以古之為韻不甚要切故詩云汎彼柏舟在彼中河髧彼兩髦實維我儀又云為絺為綌服之無斁儀河斁綌尚得為韻淮坻相韻何故不可此若齊侯之語容可舉齊地濰水此是穆子在晉何意舉齊地水乎又酒肉相對多少相似案爾雅小洲曰陼小陼曰沚小沚曰坻何得以坻之小地對淮之大水故杜以坻為山名劉炫又以山無名坻者案楚子觀兵於坻箕之山坻非山乎劉以此規杜失非也寡君中此為諸侯師中之齊侯舉矢曰有酒如澠有肉如陵澠水出齊國臨淄縣北入時水陵大阜也○中丁仲反下及注同澠音繩時如字本或作溡音同疏注澠水至阜也○正義曰釋例云澠水出齊國臨淄縣北經樂安博昌縣南界西入時水釋地云大阜曰陵寡人中此與君代興代更也○更音庚亦中之伯瑕謂穆子伯瑕士文伯曰子失辭吾固師諸侯矣壺何為焉其以中儁也言投壺中不足為儁異齊君弱吾君歸弗來矣欲與晉君代興是弱之○齊君弱吾君輕吾君以為弱也穆子曰吾軍帥彊禦卒乘競勸今猶古也齊將何事言晉德不衰於古齊不事晉將無所事○帥所類反禦魚呂反卒子忽反乘繩證反○公孫傁趨進曰日旰君勤可以出矣以齊侯出傁齊大夫傳言晉之衰○傁素口反徐又所流反旰古旦反○楚子謂成虎若敖之餘也遂殺之成虎令尹子玉之孫與鬬氏同出於若敖宣四年鬬椒作亂今楚子信譖而託討若敖之餘疏注成虎○正義曰經書熊虎傳言虎者此人名熊字虎傳言其字經書其名名字相覆猶伯魚名鯉或譖成虎於楚子成虎知之而不能行書曰楚殺其大夫成虎懷寵也解經所以書名○六月葬鄭簡公傳終子產辭享明既葬則為免喪經書五月誤○晉

荀吳僞會齊師者假道於鮮虞遂入昔陽鮮虞白狄別種在中山新市縣昔陽肥國都樂平沾縣東有昔陽城○種章勇反沾張廉反韋昭音拈字林他廉反

疏○注鮮虞至陽城○正義曰宣十五年晉師滅赤狄潞氏十六年晉人滅赤狄甲氏及留吁成三年晉郤克衛孫良夫伐。牆咎如傳曰討赤狄之餘焉是赤狄已滅盡矣知鮮虞與肥皆白狄之別種也杜以。昔陽爲肥國之都樂平沾縣東有昔陽城疑此爲都也下注云鉅鹿下曲陽縣西南有肥累城復疑肥國取彼肥爲名也劉炫以爲齊在晉東僞會齊師當自晉而東行也假道鮮虞遂入昔陽則昔陽當在鮮虞之東也今案樂平沾縣在中山新市西南五百餘里何當假道於東北之鮮虞而反入西南之昔陽也既入昔陽而別言滅肥則肥與昔陽不得爲一安得以昔陽爲肥國之都也。昔陽卽是肥都何以復言鉅鹿下曲陽有肥累之城疑是肥名取於彼也肥爲小國竟不必遠豈肥名取鉅鹿之城建都於樂平之縣也十五年荀吳伐鮮虞圍鼓杜云鼓白狄之別鉅鹿下曲陽縣有鼓聚炫謂肥鼓並在鉅鹿昔陽卽是鼓都在鮮虞之東南也二十二年傳云晉荀吳使師僞糴者負甲以息於昔陽之門外遂襲鼓滅之則昔陽之爲鼓都斷可知矣今杜以昔陽爲肥國都是者以傳云遂入昔陽卽云壬午滅肥是因入而滅之故云昔陽肥國都也昔陽既在樂平沾縣而杜又云鉅鹿下曲陽縣西南有肥累城相去遠者以肥是本封之名後遷於昔陽猶若杞國本都陳留後遷緣陵鄭本都京兆後遷。虢鄶與此何異。且昔陽今屬廉州去下曲陽道路非。遠在中山南二百。許里劉炫自云肥之與鼓俱在曲陽足知肥累城與昔陽不甚懸絕劉意欲破杜乃云樂平沾縣在中山新市西南五百餘里又自云昔陽鼓國都與肥相近在中山東南是自相矛楯也然鮮虞在北昔陽在南所以得假道鮮虞遂入昔陽者荀吳意欲滅肥恐肥國防備故從晉之北竟僞欲東南而行往會齊師故先迴路假道鮮虞南入昔陽如湯之。伐桀迂路從陑出其不意故也且杜君土地例稱有者皆疑辭故杜云樂平沾縣東有昔陽是疑而不定又且都縣移動古今不一則晉時樂平沾縣何知不是今之昔陽但肥都昔陽與鼓相近晉既滅得肥國故二十二年息昔陽之門外遂襲鼓而取之昔陽非鼓都也劉意好異聞妄規杜過非也秋八月壬午滅肥以肥子緜皐歸肥白狄也緜皐其君名鉅鹿下曲陽縣西。有肥累城爲下晉伐鮮虞起○皐古刀反累劣彼反又力輒反○周原伯絞虐其輿臣使曹逃原伯絞周大夫原公也輿衆也曹羣也○絞古卯反疏。注原伯絞周大夫○正義曰杜以原伯絞爲周大夫甘簡公爲周卿士此無明據以意言耳

冬十月壬申朔原輿人逐絞而立公子跪尋跪尋絞弟○跪求委反又音詭絞奔郊郊周地○甘簡公無子立其弟過甘簡公周卿士○過古禾反下之子過反過將去成景之族。成公景公皆過之先君○去起呂反成景之族賂劉獻公欲使殺過劉獻公亦周卿士劉定公子○丙申殺甘悼公悼公卽過而立成公之孫鰌鰌平公鰌音秋○丁酉殺獻太子之傅庾皮之子過過劉獻公太子之傅殺瑕辛于市及宮嬖綽王孫沒劉州鳩陰忌老陽子六子周大夫及庾過皆甘悼公之黨傳言周衰原甘二族所以遂微○季平子立而不禮於南蒯蒯南遺之子季氏費邑宰○蒯苦怪反費音秘南蒯謂子仲子仲公子憖吾出季氏而歸其室於公室季氏家財子更其位更代也○更音庚注同我以費爲公臣子仲許之南蒯語叔仲穆子且告之故穆子叔仲帶之子叔仲小也語以欲出季氏以不見禮故○語魚據反注同季悼子之卒也叔孫昭子以再命爲卿悼子季武子之子平子父也傳言叔孫之見命乃在平子爲卿之前及平子伐莒克之更受三命十年平子伐莒以。功加三命昭子不伐莒亦以例加爲三命疏。季悼至爲卿○正義曰悼子之卒不書於經則是未爲卿也其卒當在武子之前平

子以孫繼祖武子卒後卽平子立也傳言悼子卒者欲見昭子爲卿遠在平子之先○注十年至三命○正義曰十年平子伐莒名書於經卽平子於時已爲
卿矣釋例曰魯之叔孫父兄再命而書於經晉司空亞旅一命而經不書推此知諸侯之卿大夫再命以上皆書於經自一命以下大夫及士經皆稱人名氏
不得見也劉賈云春秋之序三命以上乃書於經穎氏以爲再命稱人傳云叔孫昭子三命踰父兄昭公十年昭子始加三命先此叔孫皆自見經知所書皆
再命也是杜檢傳文知再命書名平子伐莒書名知其已再命矣平子伐莒克之昭子不伐莒也昭子無功而更受三命知平子以功加三命昭子以例加爲
三命也 叔仲子欲構二家欲構使相憎 謂平子曰三命踰父兄非禮也言昭子受三命自踰其先人
疏注言昭至先人○正義曰禮記文王世子云其朝于公內朝庶子治之雖有三命不踰父兄鄭玄云治之治公族之禮也唯於內朝則然其餘會聚之事
則與庶姓同一命齒于鄉里再命齒于父族三命不齒不齒者不在父兄行列中也彼言三命不踰父兄者自謂在公內朝位在父兄下耳非謂不得受三命
踰父兄也叔仲子欲構二家因禮有三命不踰父兄之法遂言昭子受三命自踰其先人以此爲非禮也平子初得其言不甚曉解故使昭子令自貶黜見昭
子不服乃自知其非故懼而歸罪於叔仲子也昭子無兄叔仲子引禮法連言之耳 平子曰然故使昭子使昭子自貶黜 昭子曰
叔孫氏有家禍殺適立庶故婼也及此禍在四年適丁歷反 ○若因禍以斃之則聞命矣
言因亂討己不敢辭 若不廢君命則固有著矣著位次 昭子朝而命吏曰婼將與季氏訟書
辭無頗頗偏也○頗普何反 季孫懼而歸罪於叔仲子故叔仲小南蒯公子憖謀季氏憖
告公而遂從公如晉憖子仲 南蒯懼不克以費叛如齊子仲還及衞聞亂逃介而

先介副使也○介音界使所吏反及郊聞費叛遂奔齊言及郊解經所以書出疏注言及至書出○正義曰凡言出奔皆自內而出文七年晉先蔑奔秦先在秦地因卽奔秦故不言出也歸父還自晉至笙遂奔齊笙在魯之竟外故不言出也此言及郊已入魯竟傳言及郊解經所以書出

南蒯之將叛也其鄉人或知之過之而歎鄉人過蒯而歎且言曰恤恤乎湫乎攸乎恤恤憂患湫愁隘攸懸危之貌○湫子小反徐又在酒反一音秋攸如字徐以帚反隘於賣反懸音玄本又作縣疏注恤恤至之貌○正義曰釋詁云恤憂也故以恤恤爲憂患之意也湫是湫隘故以湫爲愁隘之意也詩云攸攸旆旌故以攸爲懸之貌也言南蒯之心若此深思而淺謀邇身而遠。志家臣而君圖家臣而圖人君之事故言思深而淺身近而志遠○思息嗣反注同謀疏深思至君圖○正義曰深思而淺謀思慮深而知計淺言其知小而謀大也邇身而遠志身卑近而志高遠言其越分以求通也家臣而君圖爲家臣而謀君事言其非己所當爲也上二句言其心下一句指其事爲下句而發上句故注倒言之有人矣哉言今有此人微以。戒之南蒯枚筮之。不指其事汎。卜吉凶○枚武回反汎芳劍反疏南蒯枚筮之○正義曰禮有銜枚所銜之木大如箸也今人數物云一枚兩枚。是籌之名也尚書大禹謨舜禪禹禹讓不受請帝枚卜功臣惟吉之從孔安國云枚謂歷卜之而從其吉彼謂人下一籌使歷卜之也此則不告筮者以所筮之事空下一籌而使之筮故杜云不指其事汎卜吉凶也或以爲杜云汎卜吉凶謂枚雷總卜曲禮云無雷同是總衆之辭也今俗。諺云枚雷則其義理或然也遇坤䷁坤。上坤。下坤之○坤苦門反比䷇坤下坎上比坤六五爻變○比毗志反注同曰黃裳元吉坤六五爻辭以爲大吉也示子服惠伯曰卽欲有事何如惠伯曰吾嘗學此矣忠信之事則可不然必敗外彊。內溫忠

也坎險故彊坤順故溫彊而能溫所以爲忠疏以爲大吉○正義曰筮遇。此爻而辭云黃裳元吉南蒯自以爲所謀之事必大吉○注坎險至爲忠○正

義曰坎象云習坎重險是坎爲險也說卦云坤順也六五爻變則上體爲坎坎有險難故爲剛彊也坤道和順故爲溫柔也剛彊以禦難柔順以事主故外彊

而能內溫所以爲忠也和以率貞信也水和而土安正和正信之本也故曰黃裳元吉黃中之色也裳下

之飾也元善之長也中不忠不得其色言非黃○長丁丈反疏注水和至本也○正義曰坎爲水水性和柔坤爲土

土性安正率循也貞正也用和柔之性以循安正道既和且正。信之本故爲信也○故曰黃裳元吉○正義曰天下之事雖則萬端總之諸法大歸忠信而已

能忠能信無施不可以有忠信故曰黃裳元吉解此爻辭之意。下不共不得其飾不爲裳事不善不得其極失中德

疏注失中德○正義曰極訓爲中不得其忠言其失中德也此文以上二句類之當云善不極不得爲長文不然者惠伯之語雖反覆相疊不可字字相對

讀便而言故與上不類外內倡和爲忠不相違也○倡昌亮反和戶臥反率事以信爲共率猶行也疏注率猶行也○

正義曰率訓循循。而行故率猶行也供養三德爲善三德謂正直剛克柔克也○供九用反養餘亮反疏注三德至克也○正義曰洪範

三德一曰正直二曰剛克三曰柔克孔安國云正直者能正人之曲直剛克者剛能立事柔克者和柔能治三者皆人之性也剛則失之於彊柔則失之於弱

故貴其能剛能柔謂剛不苛酷柔不滯溺也供養三德爲善者剛則抑之柔則進之以志意供給長養之使合於中道各成其德乃爲善也董遇注本爲共養

解云盡共所以養成三德也○非此三者弗當非忠信善不當此卦○當如字注同或下浪反疏黃中至弗當○正義曰既言爻爲此辭之

意又解此辭所言之義也五方則爲五色黃是中央之色也衣裳所以飾身裳是在下之飾也元者始也首也於物爲初始於人爲頭首元是諸善之長也五

方之中猶人之心中心中不忠則不得其黃之色也身體之下猶名位之下爲下不共則不得其裳之飾也舉事不善則不得其善之中言爲事不中則非善
之長也更覆言忠共善三者之義外內倡和爲忠言君在內臣在外君倡臣和不相乖違是名爲忠也行事以信無有虛詐是名爲共也人之爲德有正直剛
柔供養此三者之德使其德無愆乃名爲善也非此三者忠也共也善也則於此卦不當也不當此卦雖吉不可○且夫易不可以占險
將何事也且可飾乎夫易猶此易謂黃裳元吉之卦問其何事欲令從下之飾○夫音扶注同令力呈反疏且夫至未也○正義曰且
夫易謂此黃裳元吉之易也唯可以占忠信之事不可以占危險之事也問南蒯令將欲爲何事也且可飾乎言此易所占唯且可爲在下之飾乎不可爲餘
事也中美能黃忠則黃也上美爲元善則元也下美則裳共則裳也忠善共三者皆成可。如此筮之言吉也三者猶有所闕筮雖吉未可用也○注夫易至之
飾○正義曰惠伯指論此卦而言夫易非是漫言易故知夫易猶言此易謂此黃裳元吉之易卦也險謂危險言此卦不可以占危險之事心疑南蒯事險故
問將何事也且可爲下之飾也欲令南蒯從下之飾爲共中美能黃上美爲元下美則裳參成可筮參美盡備吉可
如筮○參七南反又音三猶有闕也筮雖吉未也有闕謂不參成將適費飲鄉人酒南蒯自其家還適費○飲於鴆
反鄉人或歌之曰我有圃生之杞乎言南蒯在費欲爲亂如杞生於園圃非宜也杞世所謂。枸杞也○圃布古反杞音紀
枸音苟○本又作狗○從我者子乎子男子之。通稱言從。己可不失今之尊○稱尺證反去我者鄙乎倍其鄰者恥乎
鄰猶親也○倍音佩已乎已乎非吾黨之士乎已乎已乎言自遂不改疏鄉人至士乎○正義曰鄉人以南蒯季氏家臣而欲
反害季氏故爲歌以感切之也圃者所以殖菜蔬也杞非可食之物我有圃生之杞以喻南蒯在費欲爲亂也若能從我之言不爲亂者是爲子也子者男子

之美稱不失尊貴得爲子也去我而背叛者鄙賤之行也倍其隣近者恥惡之事也若已乎已乎自遂其心不肯改者則不復是吾黨之士乎釋木云杞枸檵

舍人曰枸杞也○注已乎至不改○正義曰杜此解原南蒯之意蒯。君云此事已乎已乎自遂其心如不肯改則此南蒯非復是吾黨之士也服虔云已乎。決

絕之辭則謂歌者自言己意可已乎已乎此南蒯今已非是吾黨之士乎 平子欲使昭子逐叔仲小欲以自解說小聞之

不敢朝昭子命吏謂小待政於朝曰吾不爲怨府言不能爲季氏逐小生怨禍之聚爲明年叔弓圍費傳○

爲季于僞反下同○楚子狩于州來狩冬獵也○狩本亦作守同手又反注同次于潁尾潁水之尾在下蔡。使蕩侯

潘子司馬督。囂尹午陵尹喜帥師圍徐以懼吳五子楚大夫徐吳與國故圍之以偪吳○潘普干反督音篤本

亦作裻囂五刀反徐許驕反楚子次于乾谿在譙國城父縣南以爲之援雨雪王皮冠秦復陶秦所遺羽

衣也○援于眷反雨于付反王皮冠一本作楚子皮冠復音服一音福陶徒刀反遺唯季反疏。注秦所遺羽衣○正義曰文在冠下爲上知是衣也目之

以秦明是秦所遺也。冒雪。服之知是毛羽之衣可以禦雨雪也翠被以翠羽飾被○被普義反注及下同豹舄○以豹皮爲履舄音昔執鞭。

以出執鞭以教令○鞭必緜反注或革旁作更者五孟反非也僕析父從楚大夫○析星歷反從才用反疏翠被○正義曰釋鳥云翠鷸樊

光云青。出交州李巡曰其羽可以飾物郭璞曰似。燕紺色生鬱林鄭子臧好鷸冠以此鳥之羽飾冠○僕析父從○正義曰劉炫以爲僕析父從右尹子革夕

見於王爲下與革語張本以規杜今知不然者若僕析父共子革二人同時見王王與之語則二人並在子革獨對傳應云子革對曰不得直云對故杜以爲

右尹子革將夕故下即云對事理分明劉妄規杜過非也右尹子革夕子。革鄭丹夕莫見莫音暮見賢遍反○王見之去冠。被。

舍鞭敬大臣○去起呂反舍音捨與之語曰昔我先王熊繹楚始封君○繹音亦疏注楚始封君○正義曰此與呂級王
孫牟燮父禽父杜所注者皆是世家文也燮父禽父亦王孫傳於牟言王孫燮禽亦蒙之與呂級。齊太公之子丁公○級音急本亦作伋王孫
牟衛康叔子康伯燮父晉唐叔之子○燮素協反父音甫下同禽父周公子伯禽並事康王康王成王子四國皆有
分我獨無有四國齊晉魯衛分珍寶之器○分扶問反下及注皆同疏注四國至之器○正義曰書序云武王既勝殷邦諸侯班宗彝作分
器旅獒云明王慎德四夷咸賓無有遠邇畢獻方物惟服食器用王乃昭德之致于異姓之邦無替厥服分寶玉于伯叔之國時庸展親魯語云古者分同姓
以珍玉展親也分異姓以遠方之職貢使無忘服也是言諸侯皆得天子之分器也定四年傳稱分魯公以夏后氏之璜封父之繁弱分康叔以大呂之鍾分
唐叔以密須之鼓闕鞏之甲沽洗之。鍾其齊之所得則無以言之今吾使人於周求鼎以爲分王其與我乎對
曰與君王哉昔我先王熊繹辟在荆山在新城沶鄉縣南○辟匹亦反沶音市又音示篳。路藍縷。以處
草莽跋涉山林以事。天子唯是桃弧棘矢以共禦王事桃弧棘矢以禦不祥言楚在山林少所出有○
篳音必藍力甘反縷力主反莽武黨反跋蒲末反共音恭禦魚呂反齊王舅也成王母齊大公女晉及魯衛王母弟也楚
是以無分而彼皆有今周與四國服事君王將唯命是從豈其愛鼎王曰昔我
皇祖伯父昆吾舊許是宅。陸終氏生六子長曰昆吾少曰季連季連楚之祖故謂昆吾爲伯父昆吾嘗居許地故曰舊許是宅○長
丁丈反少詩照反嘗一本作曾才能反疏注陸終至是宅○正義曰楚世家云陸終生子六人坼剖而產焉。一曰昆吾二曰參胡三曰彭祖四曰會人五

曰曹姓六曰季連季連芊姓楚其後也昆吾是楚之遠祖之兄也舊許是宅昆吾嘗居許地許既南遷故云舊許是宅其地此時屬鄭故云鄭人貪賴其田而不我與哀十七年傳衛侯夢見人登昆吾之觀北面而譟曰登此昆吾之。虛杜云今在濮陽城中蓋昆吾居此二處未知孰為先後也今鄭人貪賴其田而不我與我若求之其與我乎對曰與君王哉周不愛鼎鄭敢愛田王曰昔諸侯遠我而畏晉今我大城陳蔡不羹賦皆千乘子與有勞焉諸侯其畏我乎對曰畏君王哉是四國者專足畏也四國陳蔡二不羹○遠于萬反羹音郎乘繩證反與音預【疏】注四國至不羹○正義曰劉炫以為楚語云靈王城陳蔡不羹使僕夫子晳。問於范無宇曰今吾城三國賦皆千乘亦當晉矣諸侯其來乎對曰是三城者豈不使諸侯之。惕焉彼再言三城無四國也縱使不羹有二或當前後遷焉非是並有二也炫謂古四字積畫四當為三以規杜過今知不然者以三之與四古雖積畫錯否難知但。今諸儒所注春秋傳本並云四國無作三者國語是不傳之書何可執以為真而攻左氏劉雖有所規未可從也又加之以楚敢不畏君王哉工尹路請曰君王命剝圭以為鏚柲。鏚斧也柲柄也破圭玉以飾斧柄○剝邦角反鏚音戚柲音破圭玉以飾斧柄○正義曰斧。柯長三尺和氏之玉柲【疏】長一尺二寸圭玉非為斧柄之物故知破之為飾敢請命請制度之命王入視之析父謂子革吾子楚國之望也今與王言如響國其若之何譏其順王心如響應聲○響許丈反應應對之應子革曰摩厲以須王出吾刃將斬矣。以己喻鋒刃欲自摩厲以王斬王之淫慝○慝他得反王出復語左史倚相趨過倚相楚史名○復扶又反倚於綺反徐其綺反相息亮反王曰是良史也子善視之是能讀三墳五典八索九丘皆古書名○墳扶云反索所白反本又作素疏注皆古書名○正義曰孔安國尚書序云伏犧神農黃帝之書謂之三墳言大道也少昊顓頊高辛唐虞之書謂之五典言常道也八卦之說謂之八索求其義也九州之志謂之九丘丘聚也言九州所有土地所生風氣所宜皆聚此書也楚左史倚相能讀三墳五典八索九丘即謂上世帝王遺書也周禮外史掌三皇五帝之書鄭玄云楚靈王所謂三墳五典是也賈逵云三墳三王之書五典五帝之典八索八王之法九丘九州亡國之戒延篤言張平子說三墳三禮禮爲大防爾雅曰墳大防也書曰誰能典朕三禮三禮天地人之禮也五典五帝之常道也八索周禮八議之刑索空空設之九丘周禮之九刑丘空也亦空設之馬融說三墳三氣陰陽始生天地人之氣也五典五行也八索八卦九丘九州之數也此諸家者各以意言無正驗杜所不信故云皆古書名。對曰臣嘗問焉昔穆王欲肆其心周穆王肆極也周行天下將皆必有車轍馬跡焉祭公謀父作祈招之詩以止王心謀父周卿士祈父周司馬世掌甲兵之職招其名祭公方諫遊行故指司馬官而言此詩逸○周行如字又下孟反轍直列反祭側界反招常遙反又音昭父音甫疏注謀父至詩逸○正義曰尚書酒誥云若疇圻父是祈父爲官名也詩小雅有祈父之篇其詩云祈父予王之爪牙胡轉予于恤毛傳云祈父司馬也職掌封圻之甲兵鄭箋云此司馬也時人以其職號之故曰祈父杜用彼說故云祈父司馬世掌甲兵之職也祈既是官故以招爲其名謂穆王之時有司馬之官其名曰招也祭公方諫遊行故指司馬官而爲言也賈逵云祈求也昭明也言求明德也馬融以圻爲王圻千里王者遊戲不過圻內昭明也言千里之內足明德王是以獲沒於祇宮。獲沒不見篡弒○祇音支又音祁篡初患反弒申志反疏祇宮○正義曰馬融云圻內遊觀之宮也杜不解蓋以爲王離宮之名也臣問其詩而不知也若問遠焉其焉能知之王曰子能乎對曰能其詩曰祈招之愔愔式昭德音愔愔安和貌式用也昭明也○焉能於虔反愔愔一心反徐於林反思我王度式如玉式如金金玉取其堅重形民之力而無醉飽之心言國之用民當隨其力任如金冶之器隨器而制形故言形民之力去其醉飽過盈之心○冶音也去起呂反

疏其詩至之心○正義曰穆王之時有祈父官名招即是司馬官也職掌兵甲常從王行祭公謀王遊行設言以戒司馬也言祈招之愔愔美其志性安和愔愔然也女當用此職掌以明我王之德音也思使我王之德度用如玉然用如金然使之堅而且重可寶愛也若用民力當隨其所能而制其形模依此形模用民之力而無有醉飽盈溢之心也以王之遊行必勞損民力故令依法用之○注言國至之心○正義曰言國之用民當隨其力任量其力之所堪而任用之不使勞役過其所堪也如金冶之器隨器而制形者鑄冶之家將作器而制其模謂之為形今代猶名焉用民之力依模用之故言形民之力也食充其腹謂之飽酒卒其量謂之醉醉飽者是酒食饜足過度之名也穆王用民之力不知饜足故令去其醉飽過盈之心

王揖而入饋不食寢不寐數日深感子革之言○饋其位反數所主反不能自克以及於難克勝也○難乃旦反勝升證反又音升仲尼曰古也有志克己復禮仁也信善哉楚靈王若能如是豈其辱於乾谿○晉伐鮮虞因肥之役也肥役在此年

疏克己復禮仁也○正義曰劉炫云克訓勝也己謂身也有嗜慾當以禮義齊之嗜慾與禮義交戰使禮義勝其嗜慾身得歸復於禮如是乃為仁也復反也言情為嗜慾所逼己離禮而更歸復之今刊定云克訓勝也己謂身也謂身能勝去嗜慾反復於禮也

附釋音春秋左傳注疏卷第四十五

春秋左傳注疏卷四十五校勘記　　阮元撰盧宣旬摘錄

附釋音春秋左傳注疏卷第四十五 昭九年盡十二年

〔經九年〕

注以事會禮 宋本監本毛本事下有至字

則當云楚人遷許 宋本云作爲

而書陳災者 淳熙本災誤少

災言繫於所災所害 宋本岳本監本毛本言作害是也

不書也 宋本書下有晉字是也

〔傳九年〕

楚公子弃疾遷許于夷 石經于字缺

此時至譙郡 宋本以下正義二節揔入注文使民不安之下

故傳以實明之 閩本監本毛本明作名

傳以所改實之 監本實下有名字毛本作明字並衍文

凡有二義經書未改之名傳以所改實之 補案此十六字誤衍上文

傳云許遷於析 毛本於改于

次于垂葭實鄍氏是也 閩本監本毛本鄍作郥非

已有所改前後之名 毛本已作亦

夫子集史記而爲經 毛本夫誤父段玉裁校本作孔

析公之亂 臧禮堂云案傳云子儀之亂析公奔晉此作析公之亂蓋孔沖遠誤憶耳

汝水之南也 宋本也作地

然丹遷城父人於陳 纂圖本毛本於作于下於許同並非

許遷於葉 釋文亦作於纂圖本毛本作于非

甘人至大夫 宋本以下正義十六節總入注文賓滑周大夫之下

晉梁丙張趯率陰戎伐頳 石經初刻誤潁後改正下歸頳俘頳同

楨伯周大夫 淳熙本楨作相

駘 釋文云依字應作郃顧炎武云詩作郃

百餘里耳監本百字實缺

肅愼北夷淳熙本北誤伯

在元菟北三千餘里諸本作北此本誤此今改正

卽在遼東北宋本重東字此本誤脫

亦其廢隊是爲石經隊初刊作墜後磨去土字是也

故言弁髦因以敝之宋本淳熙本岳本纂圖本足利本之字下有弁亦冠也四字與正義合

冠而敝可也宋本可上有之字是也

爲髦彼兩髦閩本監本毛本彼作被非也

止須言鬈鬌耳閩本監本毛本止誤正

而云檮杌者毛本云改言

僖十十五年補案十字誤重

二十二年纂圖本下二字作三非也

邑外謂之郊宋本毛本謂誤爲

后稷脩封疆岳本前後並作脩此處作修
木水之有本原纂圖本原改源
雖戎狄其何有余一人淳熙本戎誤戍
而暴滅宗周石經宋本滅作蔑
陳水屬宋本以下正義七節總入故曰五十二年句注下
火水妃也陸粲附注云下注妃合音配則此亦同音大玄注引傳作火水嬰也嬰古妃字
土長木以己爲甲妃也宋本監本毛本木作水非也
故火爲水妃毛本妃作也非也
卷章生犂宋本犂作黎
帝使黎誅之監本毛本黎作犂下同
當謂逐去楚人之在陳者閩本監本毛本謂作爲非也
故昭十五年得超一辰宋本閩本監本毛本作超此本誤招今訂正
若然楚卒滅陳此本滅字模糊依宋本補正閩本監本毛本作城非也

則歲星當偷鶉火至鶉尾 閩本監本毛本偷作逾亦非宋本作踰○今從宋本

卒于戲陽 案後漢書光武紀作羛陽注引左傳文云戲與羛同又按說文我部云魏郡有羛陽縣

膳宰屠蒯趨入 纂圖本監本毛本膳作饍案饍俗膳字諸本作屠蒯禮記作杜蕢鄭注云杜蕢或作屠蒯

工樂師師曠也 閩本監本曠作矌非也正義同毛本正義亦誤矌

工樂師師曠也 宋本以下正義七節總入公說徹酒節注下

將司聽也 纂圖本毛本司作師非毛本正義亦誤

故此日不用舉吉事 宋本故下有忌字是也

是謂股肱 石經此處殘缺纂圖本閩本監本毛本謂作爲非也

職在外故主視 監本毛本在誤爲

其禮不可輒廢 毛本輒作徹非也

使荀躒佐下軍以說焉 釋文云躒本又作櫟軍字監本空缺

主人不延几 浦鏜正誤延作筵與聘禮合

詩曰至子來 宋本此節正義在無囿猶可節下

無圉猶可　顧炎武云石經圉誤宥案石經不誤炎武非也

（經十年）

耆酒好內　淳熙本纂圖本閩本監本毛本耆作嗜閩本內誤肉

三月而葬速　淳熙本月誤日

宋公成卒　釋文云成音城何休音恤案公羊作戌釋文云宋戌讀左傳者音城何云向恤與君同名則宜音恤

注五同盟　宋本此節正義在九月節注下注十一同盟節正義在十有二月節注下

十八年于虛朾　監本朾誤村

十六年于狊梁　閩本監本毛本狊作溴亦非宋本作湨是也○今從宋本

（傳十年）

注歲歲至玄枵　宋本以下正義五節總入吾是以譏之注下

實守其地　韋昭周語注引作其祀

客星居玄枵之維首　宋本玄作女非也

織女爲處女　纂圖本毛本爲作謂非是

則陵是逢君之始祖也宋本則下有伯字是也

未知戊子卒者何名號也宋本閩本監本毛本同何下宋本有所字

齊惠欒高氏皆耆酒宋本脫皆字石經此處殘缺

故騁告鮑文子淳熙本岳本纂圖本騁作驅

則皆從飲酒石經宋本淳熙本岳本纂圖本監本毛本從作將是也

欲以公自輔助淳熙本纂圖本足利本助作佐

齊惠欒高氏宋本以下正義六節總入穆孟姬節注下

齊惠公生子欒毛本齊誤晉宋本生下有公字是也

旗生是欒孫宋本無生字是也

孫以王父字王父字爲氏宋本王父字不重是也

彼師氏察王得失毛本師誤司

晏平仲端委立于虎門之外宋殘本此句起

端委朝服案九年注作端委禮服

公卜使王黑以靈姑銔率 宋殘本王字模糊

王黑齊大夫 宋殘本大字模糊

斷三尺不敢與君同 宋殘本斷三不三字模糊

欒高敗 宋殘本敗作師

欒施高彊來奔 纂圖本毛本彊作強非也

謂懿德 宋本淳熙本岳本纂圖本閩本監本毛本謂上有讓之二字是也石經讓字殘缺

蘊利生孽 石經宋本宋殘本淳熙本岳本足利本蘊作薀下及注同與北宋刻釋文合說文薀字注引春秋傳亦作薀利生孽案蘊俗薀字岳本孽作孽釋文作孼說文無孼字

蘊畜也孽妖害也 淳熙本妖誤疾宋殘本淳熙本岳本纂圖本注文七字在姑使無薀乎句下與此本同

子山子商 宋殘本商誤啇

陳錫載周 諸本作載周語國語引詩同釋文云詩作哉毛傳云哉載也

曰詩云至桓公是以霸 監本毛本無桓公二字宋本作曰詩至以霸

桓公亦用此能霸諸侯 宋本能下有施是以三字

郰莒邑 重脩監本郰誤鄒

魯無義 石經義字下後人旁增矣字

視民不恌 釋文云詩作示案詩亦作視

郳人薛人 石經宋本宋殘本淳熙本岳本纂圖本足利本郳人下有滕人二字

百兩 宋本以下正義三節總入而不能自克也注下

孤斬焉在衰絰之中 釋文云衰本又作縗字石經此處正作衰字足以正前此改刊之不誤

大夫將若之何 毛本若作知非也

我則知不足矣 宋本無矣字

高彊見而退 閩本監本彊作疆非也

昭子語諸大夫曰 案石經夫字以下一行十一字自爲字起皆改刊初刻似多一字改從定本故次行僅九字也

其子弗能任罪猶及之難不慎也 石經子字起慎字止此行計十一字自之字以下刓缺

不害乎 石經宋本淳熙本宋殘本岳本纂圖本閩本監本毛本不下有亦字是也

難不慎 宋本以下正義二節總入詩曰不自我先節注下

言人居身難此本身字模糊據宋本補閩本監本作之毛本作其皆非也

詩曰至我後宋本閩本監本毛本正義在冬十二月節之前

〇平〇正義曰此節正義閩本毛本監本在注文平公大子佐也之下與此本同宋本在注文言元公好惡無常之下

內外賓服曰平梁玉繩云逸書謚法解平謚有三而內外賓服乃正也孔氏誤

好建國都曰元案逸周書謚法解好作始

（經十一年）

春王二月石經此處殘缺傳文亦作二月公羊作正月

但立爲君於蔡毛本於作于

仲孫纂圖本仲誤季

厥憖釋文憖徐五巾反惠棟云案公羊作屈銀是憖讀爲銀徐音是也說文云憖从心猌聲又犬部云猌從犬來聲讀又若銀是古音皆以憖爲銀

（傳十一年）

歲復在大梁毛本梁誤楚

唯蔡於感諸本作感釋文云戶暗反石經亦不加小旁此古字之僅存者

五月丙申石經宋本宋殘本淳熙本岳本纂圖本足利本五作三是也

不可再也淳熙本可作阿毛本再作討並誤

桀克有緡以喪其國自桀字以下宋殘本缺一葉

桀克至其身宋本以下正義四節總入注文猶沒不可復振之下

非祚之也釋文祚作胙云本又作祚陳樹華云當作胙爲正

猶沒不可復振釋文云本亦無復字

○水木至弃捐宋本水作注金二字是也

僖子使助薳氏之簉釋文云薳本又作蔿簉本又作𦿵說文簉從卄案五經文字卄部𦿵字注云又又反倅也春秋傳從竹

簉副至助之宋本以下正義二節總入注文似雙生之下

似雙生纂圖本似誤以

物以無親宋本此節正義在注文狐父晉大夫之下

亦可知也已爲盟主而不恤亡國將焉用之岳本已作己石經此處刓缺此行也字起將字止計十一字案陳樹華云宋本及明刻諸本並作已止之已岳本作人己之己惜釋文無音石經又缺以文義論之當作已止之已又案惠棟讀本以已字屬上是作已不作己也

○秋會于厥慭 宋本無○

不果救蔡 宋本淳熙本岳本纂圖本足利本無蔡字是也

三年王其有咎乎 宋殘本自王字以下起

歲在大梁 監本毛本在誤爲釋文云本或作於

單子其將死乎 臧琳云漢書五行志無將字乎作虖虖古乎字

注著定至表著 宋本以下正義五節總入無守氣矣注下

必聞於表著 宋本於作于

會有表 正義云俗本表下有旗謬也

侯先伯 毛本伯誤西

是以設表爲位也 宋本是下有亦字

必亦旂表位 宋本亦下有以字

衣有襘 釋文亦作襘閩本誤襘監本誤繪下結襘並同按說文衣部有襘字帶所結也禮記作袷注云交領也此傳云視不過結襘之中卽曲禮天子視不上於袷不下於帶也然則杜釋襘爲領會可正許氏之誤

注貌正曰從 宋本正下有至字

其意云 監本毛本云作曰

晉士至魯郊 宋本此節正義在君無感容節注下

則不爲祖考所歸祐 岳本祐作佑此本所誤听閩本遂作聽今據諸本改正

忌畏也 宋殘本此處模糊纂圖本閩本監本毛本忌畏誤倒

蔡侯廬之父 釋文亦作廬纂圖本作盧非

用隱大子于山岡 宋本以下正義三節揔入王必悔之注下山岡字誤倒

楚子城陳蔡不羹 諸本作羹釋文云漢書地理志作更字

不羹 宋本以下正義六節總入尾大不掉節注下

與檀伯爲一人 補案一當作二諸本並誤今改正

則莊城櫟而置子元 宋本莊下有公字

不可爲恠 閩本恠作悻尤非宋本監本毛本作怪是也

劉子元爲曼伯 補宋本毛本劉下有又以二字監本初刻無後擠補閩本亦脫又字

又下云 閩本監本毛本云作文非

亦不可居朝廷 閩本監本廷作庭非

羈不在內 石經宋本宋殘本岳本羈作羇

國有大臣 石經宋本宋殘本淳熙本岳本纂圖本閩本監本毛本臣作城是也○今訂正

在襄生四年 閩本監本生作公亦誤宋本宋殘本淳熙本岳本纂圖本毛本生作十是也○今訂正

欲令蕃屏王室 毛本蕃作藩按說文蕃艸茂也从艸番聲藩屏也从艸潘聲毛本是

若體牲焉 案國語楚語牲作性

故變而不勤 閩本監本毛本勤作動

蚉蠆之既多 案國語楚語蠆作蠭當攷

臣懼之 宋本臣下有亦字與楚語合

〔經十二年〕

或可轉寫錯誤 閩本監本毛本轉作傳○案可當作由

以乾谿師告 淳熙本師誤帥

何以不常狄晉而復之其人也閩本監本毛本之作舉宋本作書而作更人作將是也○今從宋本

〔傳十二年〕

言因唐衆欲納之毛本言因誤倒

執用至庸毀宋本以下正義三節總入以自成也之下

故道有臨時迂直也釋文亦作迂宋本宋殘本作透毛本時誤在

則朝而堋石經此處缺釋文云堋禮家作窆正義曰周禮作窆禮記作封此作窆其字不同是聲相近經篆隸而字轉易耳案說文作堋字注引春秋傳曰朝而堋

享之岳本享上增公字非也

言賓有令德宋本賓作實

爲賦蓼蕭宋本以下正義二節總入注文華定出奔傳下

令德受凱補案受當作壽毛本亦誤

定當受同福宋本受下有此字

注愁魯至於策宋本以下正義五節總入以齊侯出句注下

宛在水中曰坻 補案曰字誤衍

或可投時皆有言語 閩本監本毛本可作作非

即爲投壺 閩本監本毛本即作是非

服之无斁 宋本无作無

吾軍帥彊禦 纂圖本毛本帥誤師釋文彊作強

日旰君勤 石經君字下缺說文旰字注引春秋傳曰日旰君勞

成虎 宋本此節正義在注文解經所以書名之下

注鮮虞至陽城 宋本此節正義在注文爲下晉伐鮮虞起之下

晉郤克衞孫良夫伐墻咎如 宋本墻作廧

杜以昔陽爲肥國之都 正德本閩本監本昔作晉非毛本作者尤誤

昔陽即是肥都 宋本昔上有若字

後還號鄗 此本號字模糊據宋本補閩本毛本作號監本作虢並非

與此何異且 宋本異耳作異且且字屬下讀是也○補案此本且作八不成字今改從宋本

去下曲陽道路非遠毛本遠作遠非是

在中山南二百許里閩本監本毛本許作餘

如湯之伐桀監本毛本伐作放按書序作伐桀史記殷本紀亦云湯伐桀

鉅鹿下曲陽縣西有肥累城宋本宋殘本淳熙本岳本足利本西下有南字案郡國志引注亦作西南

原伯絞周大夫宋本此節正義在注文郊周地之下

過將去成景之族閩本監本景下衍公字是也

以功加三命毛本功誤至

季悼子至命爲卿宋本以下正義十九節總入小聞之節注下

著位次宋本宋殘本淳熙本岳本纂圖本閩本監本毛本作著此本誤者今改正宋殘本位作仁非也

故以攸爲懸之貌也宋本之上有危字是也

邇身而遠志宋殘本遠作逮非也

微以感之閩本監本感誤戒

汎卜吉凶淳熙本卜吉二字誤作旨纂圖本作下亦非

是籌之名也宋本是上有則枚二字是也

今俗該云閩本監本毛本該作語亦非宋本作諺是也○今從宋本

坤上坤下坤宋本宋殘本淳熙本岳本纂圖本足利本作坤下坤上坤不誤

外彊內温忠也纂圖本閩本監本毛本彊作強注及正義並同

筮遇比爻閩本監本毛本比作此

既和且正信之本毛本信作性非

解此爻辭之意閩本監本毛本意下衍也字

循而行宋本循下有道字是也

供養三德爲善正義引董遇注本爲共養解云盡共所以養成三德也案惠棟云古供字作共董季直本是也訓爲盡共恐未然三德謂黃裳玄也注亦誤

黃中至弗當宋本此節在失中德正義之前

可如此筮之言吉也閩本監本如作知

南蒯自其家遷適費宋本宋殘本淳熙本岳本足利本遷作還不誤

杞世所謂狗杞也此本狗字模糊據宋本補淳熙本岳本纂圖本閩本監本毛本作枸

子男子之通稱沈彤云通當作美

言從己可不失今之尊宋本宋殘本岳本已作己不誤

杞枸檵閩本監本檵誤檵

蒯君云宋本監本毛本君誤若

服虔云已乎閩本監本乎誤矣宋本已乎重與傳文合

潁水之尾在下蔡宋本宋殘本淳熙本岳本纂圖本蔡下有西字

司馬督宋殘本淳熙本督作督石經督字下半殘缺釋文作裻云本亦作督案五經文字云裻音督則石經必作督不作裻也惠棟云裻與督通說文云裻背縫莊子養生主云緣督以為經亦謂背縫也方言云繞緍謂之襐裺郭氏云衣督脊也

注秦所遺羽衣宋本以下正義十四節總入仲尼曰節之下

冒雪服之閩本監本毛本冒作冐非服閩本誤復監本誤腹毛本誤羽

執鞭以出諸本作鞭釋文云或革旁作更者五孟反非也

青出交州宋本青下有羽字是也

似燕紺色 宋本燕作鷰字按唐人作燕鳥字多如此

子華鄭丹 監本華誤草

王見之去冠被 按襄十四年正義引作去皮冠以意增字耳

與呂級 釋文云級本又作汲岳本足利本作伋案六經正誤云呂級與國本作汲尙書作伋姑兩存之

姑洗之鐘 宋本閩本監本毛本鐘作鍾

篳路藍縷 纂圖本毛本足利本藍作籃案史記作華露藍蔞徐廣曰案服虔云華露柴車素大路也藍蔞言衣敝壞其蔞藍藍然也是徐廣所見服氏本亦作藍山井鼎云作藍恐非誤也

以事天子 宋殘本事字以下全缺

一曰昆吾 宋本閩本監本毛本有一字此本空缺今據補

登此昆吾之虛 閩本監本毛本虛作墟

使僕夫子晳問於范無宇曰 閩本晳誤晢諸本作問此本誤門今訂正

豈不使諸侯之惕焉 案國語楚語之下有心惕二字

但古今諸儒 古字據宋本補閩本監本毛本亦脫

工尹路請曰石經初刊有工字後磨去故此行九字

君王命剝圭以爲鏚柲釋文亦作柲閩本監本毛本誤秘閩監本注同毛本注作柄尤非又按鏚者戚之俗字戚者戉也戉者大斧也

斧柯長三尺毛本柯誤何

析父謂子革石經析字磨改革字以下一行計九字

以斬王之淫慝足利本斬作斲與釋文合

三墳三王之書宋本王作皇

各以意言無正驗宋本言下有皆字

故云皆古書名監本毛本名下衍耳字

昔穆王欲肆其心案家語作昔周穆王李善注赭白馬賦引無昔字有周字陳樹華云疑作昔周穆王蓋楚亦有穆王子革對楚子言故加周字此非引書者以意增改也

祭公謀父作祈招之詩正義曰賈逵云祈求也昭明也馬融以祈爲王圻千里據此則賈逵本作祈昭馬融本作圻昭也

王是以獲沒於祇宮釋文沒作歿祇宮家語作支宮祇宮在南鄭見竹書紀年顧炎武惠棟並引之也按祇與支音同古音之十六部今音之五支也傳作祇家語作支正是一字

形民之力家語形作刑惠棟云古刑字皆作形段玉裁云形同型型法也謂為之程法以用民之力而不太過也杜注得之型古通作刑亦作形正義云作器而制其模謂之為形正謂形卽型也

去其醉飽過盈之心正義亦作盈毛本誤淫

常從王行毛本常誤當

依此形模監本毛本此作其

謂之為形今代猶名焉此本形今誤飛今據宋本閩本監本毛本訂正

有嗜慾當以禮義齊之宋本有上有身字嗜作耆下同

今刊定云閩本監本毛本刊誤劉

春秋左傳注疏卷四十五校勘記

西元二〇二四年三月一日重製一版

春秋左傳正義

冊三（唐孔穎達撰）

平裝四冊基本定價參仟參佰元正

（郵運匯費另加）

發行人　張敏君

發行處　中華書局

臺北市內湖區舊宗路二段一八一巷八號五樓（5FL., No. 8, Lane 181, JIOU-TZUNG Rd., Sec 2, NEI HU, TAIPEI, 11494, TAIWAN）

客服電話：886-8797-8396

公司傳真：886-8797-8909

匯款帳戶：華南商業銀行西湖分行
179100026931

印　　刷：維中科技有限公司
海瑞印刷品有限公司

No. N0017-3

國家圖書館出版品預行編目(CIP)資料

春秋左傳正義/(唐)孔穎達撰. -- 重製一版. -- 臺北市 : 中華書局, 2024.03

冊 ; 公分

ISBN 978-626-7349-11-3(全套 : 平裝)

1.CST: 左傳 2.CST: 注釋

621.732 113001481